CÓMO FUNCIONAN LAS COSAS

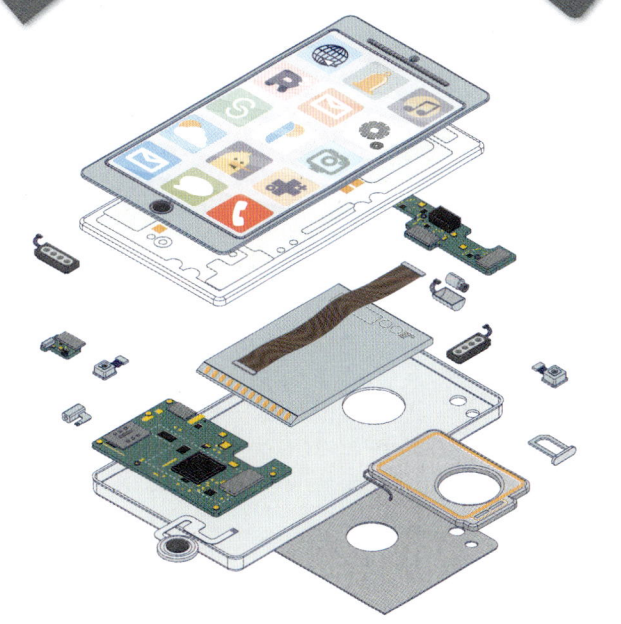

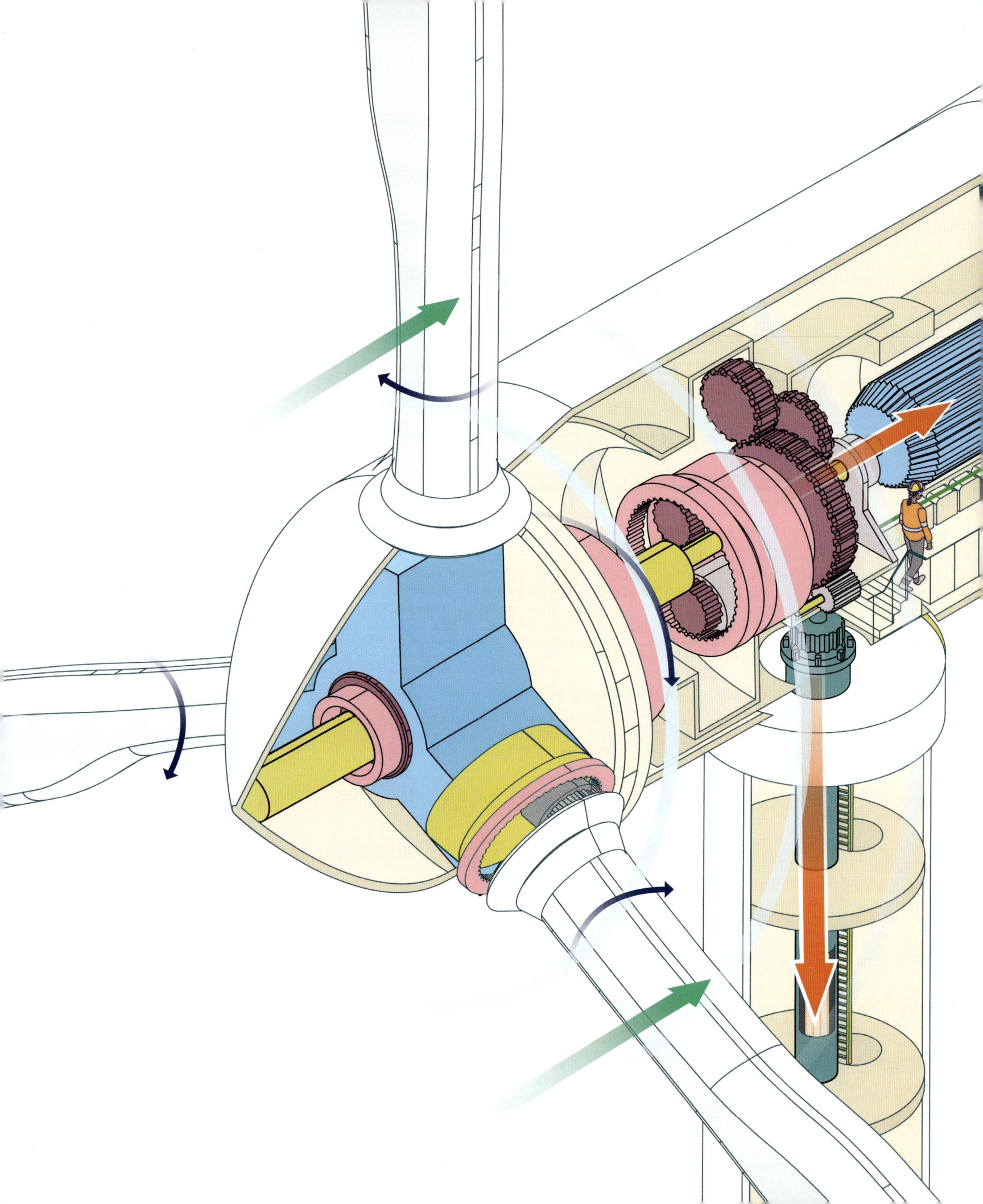

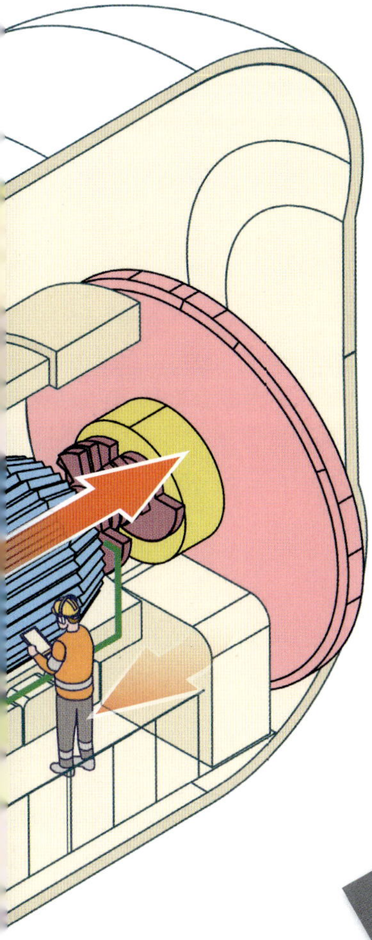

CÓMO FUNCIONAN LAS COSAS

DK LONDRES

Edición sénior Peter Frances, Rob Houston
Diseño de proyecto sénior Ina Stradins
Diseño de proyecto Francis Wong, Steve Woosnam-Savage
Edición Helen Fewster, Sarah MacLeod, Annie Moss,
Gill Pitts, Hannah Westlake
Edición de arte Karen Constanti, Alison Gardner,
Mik Gates, Simon Murrell
Asistencia en diseño Clarisse Hassan
Responsable editorial Angeles Gavira Guerrero
Edición de arte sénior Michael Duffy
Ilustración Peter Bull, Ed Byrne, Dan Crisp,
Mark Franklin, Phil Gamble, Julian@KJA-artists,
Max@KJA-artists, Simon Tegg
Archivo Multimedia DK Romaine Werblow
Documentación fotográfica Laura Barwick
Edición de proyecto Jacqueline Street-Elkayam
Producción Laura Andrews
Diseño de cubierta Akiko Kato
Dirección de desarrollo de diseño de cubierta Sophia MTT
Dirección editorial adjunta Liz Wheeler
Dirección de arte Karen Self
Dirección editorial Jonathan Metcalf
Dirección de diseño Phil Ormerod

DK DELHI

Diseño de proyecto sénior Vaibhav Rastogi
Diseño de proyecto Rupanki Arora Kaushik
Edición de arte Nobina Chakravorty, Sonakshi Singh
Ilustración Priyal Motel
Diseño DTP Jaypal Chauhan, Bimlesh Tiwary
Documentación fotográfica sénior Surya Sankash Sarangi
Coordinación de cubierta sénior Priyanka Sharma-Saddi
Diseño de cubierta DTP Rakesh Kumar

DE LA EDICIÓN EN ESPAÑOL

Coordinación editorial
Cristina Gómez de las Cortinas
Asistencia editorial y producción
Eduard Sepúlveda

COLABORACIONES

Jack Challoner, Clive Gifford
Wendy Horobin, Tom Jackson

ASESORÍA

Roger Bridgman, Hilary Lamb,
Professor Mark Viney
Dr Rebecca Williams

Publicado originalmente en Gran Bretaña en 2022
por Dorling Kindersley Limited
DK, One Embassy Gardens, 8 Viaduct Gardens,
London SW11 7BW

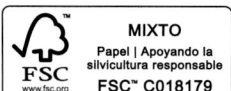

Contenidos

Nuestro cuerpo

Sistemas y aparatos	10
ADN y genes	12
Esqueleto	14
Músculos	18
Nervios y cerebro	20
Sentidos	22
Corazón y pulmones	26
Piel, pelo y uñas	28
Digestión	30
Comida y nutrición	34
Hormonas	36
Sistema inmune	38
Vacunas	40
Reproducción	42

En casa

Casas de madera	46
Casas de ladrillo	48
Cuarto de baño	52
Cocina	54
Hacer la comida	56
Calefacción y aire acondicionado	58
Agua caliente y bombas de calor	60
Reformas	62
Hogar digital	66
Entretenimiento en casa	68
Videojuegos	70

Ciudad e industria

Obras	74
Grúas	76
Rascacielos	78
Ascensores	82
Hospitales	84
Quirófanos	86
Cines	88
Estadios	90
Centros de distribución	92
Supermercados	94
Medios de pago	96
Carreteras	98
Coches eléctricos	100
Motores eléctricos	102
Redes de telecomunicaciones	104
Teléfonos inteligentes	106
GPS	108
Internet	110
Ferrocarriles	112
Trenes	114
Cruceros	116
Yates y veleros	118
Submarinos	120
Puertos de contenedores	122
Aeropuertos	124
Pistas	126
Aviones	128
Drones	130

Ciudad e industria (continuación)

Líneas de montaje — **132**

Granjas ganaderas — **136**

Cultivos — **138**

Minas — **142**

Refinerías de petróleo — **146**

Acerías — **148**

Pozos petrolíferos — **152**

Centrales termoeléctricas — **154**

Energía nuclear — **156**

Aerogeneradores — **158**

Energía solar — **160**

Centrales hidroeléctricas — **162**

Red eléctrica — **166**

Biocombustibles — **168**

Aguas residuales — **170**

Vertederos — **172**

Reciclaje — **174**

Reprocesamiento de materiales — **176**

Mundo natural

Bacterias — **180**

Células vegetales y animales — **182**

Clasificación biológica — **184**

Cadena trófica — **186**

Ciclo del carbono — **188**

Praderas — **190**

Desiertos — **194**

Selvas tropicales — **196**

Bosques templados — **198**

Bosques boreales — **200**

Tundra — **202**

Hábitats de agua dulce — **204**

Marismas — **208**

Arrecifes de coral — **210**

Océanos — **212**

Hábitat urbano — **214**

Si miras detenidamente las ilustraciones de este libro, hallarás detalles divertidos o inesperados.

Nuestro planeta

Capas de la Tierra	**220**
Placas tectónicas	**222**
Ciclo litológico	**224**
Cordilleras	**226**
Volcanes	**228**
Terremotos y tsunamis	**232**
Cuencas fluviales	**234**
Cuevas	**238**
Glaciares	**240**
Corrientes marinas	**244**
Islas volcánicas	**246**
Lecho marino	**248**
Fuentes hidrotermales	**250**
Costas	**252**
Atmósfera	**256**
Ciclo del agua	**256**
Tiempo atmosférico	**258**
Estaciones	**260**
Efecto invernadero	**262**

Espacio

Planetas	**270**
Asteroides, cometas y meteoros	**274**
Estrellas	**276**
Supernovas	**278**
Galaxias	**280**
Big Bang	**282**
Telescopios ópticos	**284**
Radiotelescopios	**286**
Cohetes	**288**
Vuelos espaciales	**292**
Satélites	**294**
Estaciones espaciales	**296**
Trajes espaciales	**298**
Vehículos de reentrada	**300**
Sondas espaciales	**302**
Rovers	**304**
Índice	**308**
Agradecimientos	**319**

Bajo la piel se desarrollan funciones para distribuir oxígeno y alimento a todas las células microscópicas del cuerpo. En ellas, mecanismos moleculares como el ADN y las proteínas llevan a cabo los procesos que el cuerpo necesita para correr, cantar o manejar electrodomésticos.

Nuestro
cuerpo

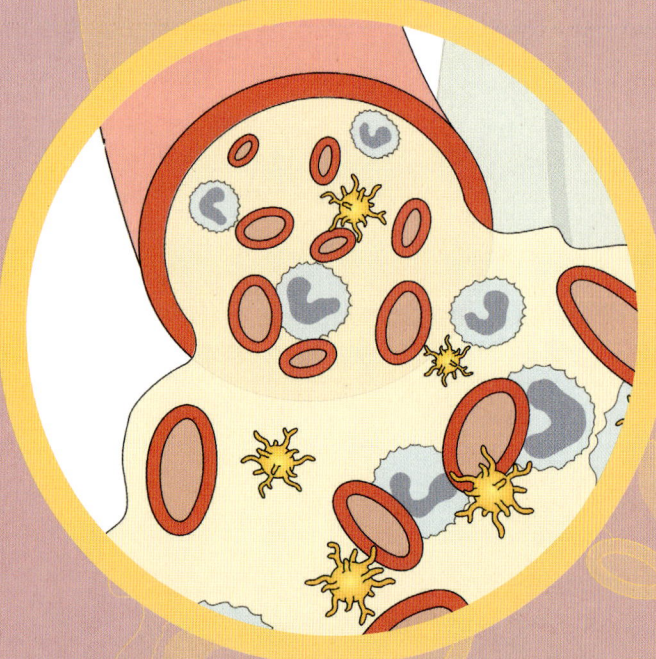

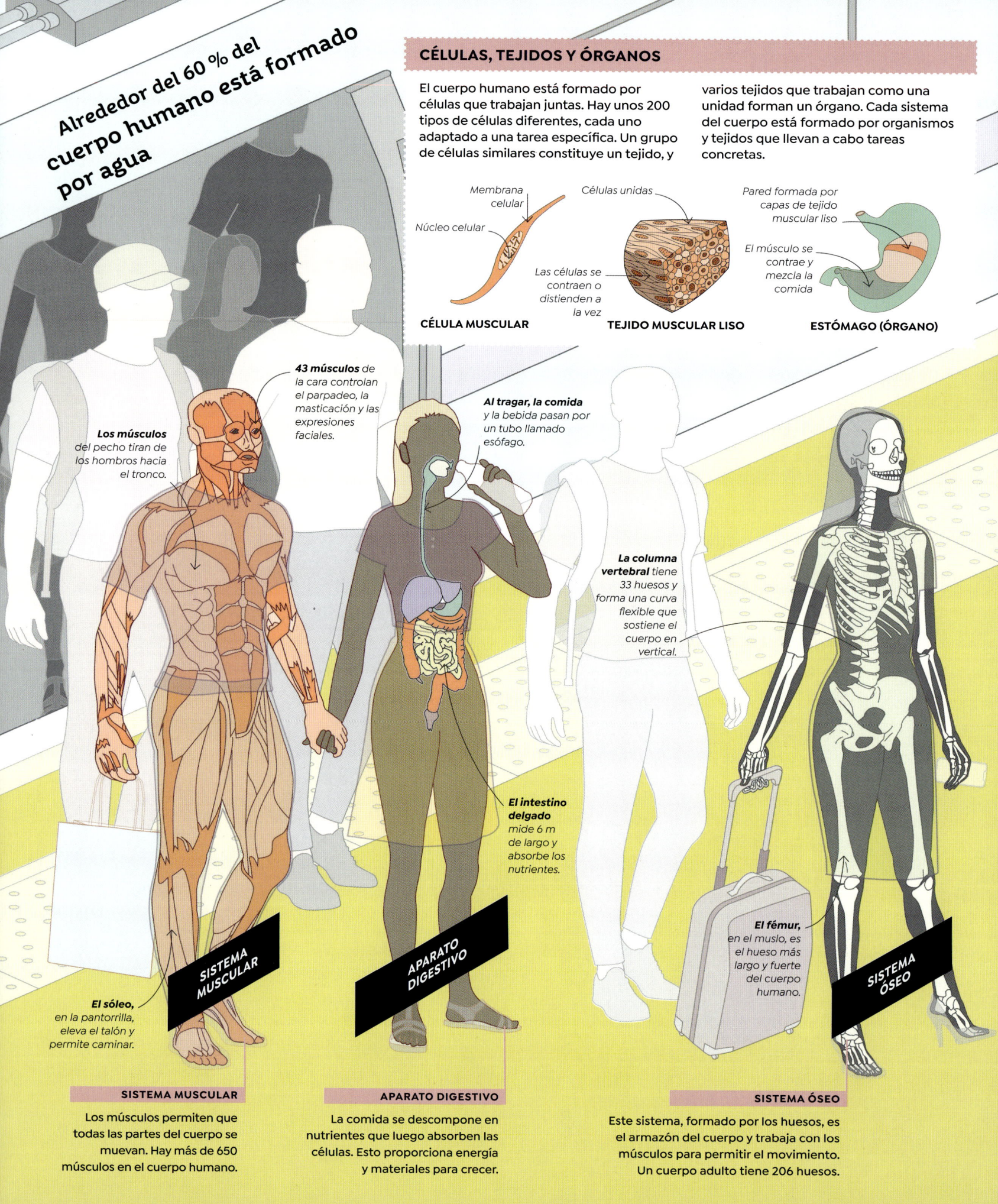

Alrededor del 60 % del cuerpo humano está formado por agua

CÉLULAS, TEJIDOS Y ÓRGANOS

El cuerpo humano está formado por células que trabajan juntas. Hay unos 200 tipos de células diferentes, cada uno adaptado a una tarea específica. Un grupo de células similares constituye un tejido, y varios tejidos que trabajan como una unidad forman un órgano. Cada sistema del cuerpo está formado por organismos y tejidos que llevan a cabo tareas concretas.

Membrana celular

Núcleo celular

Las células se contraen o distienden a la vez

CÉLULA MUSCULAR

Células unidas

TEJIDO MUSCULAR LISO

Pared formada por capas de tejido muscular liso

El músculo se contrae y mezcla la comida

ESTÓMAGO (ÓRGANO)

Los músculos del pecho tiran de los hombros hacia el tronco.

43 músculos de la cara controlan el parpadeo, la masticación y las expresiones faciales.

Al tragar, la comida y la bebida pasan por un tubo llamado esófago.

La columna vertebral tiene 33 huesos y forma una curva flexible que sostiene el cuerpo en vertical.

El intestino delgado mide 6 m de largo y absorbe los nutrientes.

El fémur, en el muslo, es el hueso más largo y fuerte del cuerpo humano.

El sóleo, en la pantorrilla, eleva el talón y permite caminar.

SISTEMA MUSCULAR

APARATO DIGESTIVO

SISTEMA ÓSEO

SISTEMA MUSCULAR
Los músculos permiten que todas las partes del cuerpo se muevan. Hay más de 650 músculos en el cuerpo humano.

APARATO DIGESTIVO
La comida se descompone en nutrientes que luego absorben las células. Esto proporciona energía y materiales para crecer.

SISTEMA ÓSEO
Este sistema, formado por los huesos, es el armazón del cuerpo y trabaja con los músculos para permitir el movimiento. Un cuerpo adulto tiene 206 huesos.

Sistemas y aparatos

El cuerpo humano está formado por varios sistemas y aparatos que trabajan juntos. Cada uno tiene una tarea. Por ejemplo, el aparato respiratorio toma oxígeno del aire y lo lleva a los vasos sanguíneos. Cada aparato está formado por tejidos y órganos, que realizan dichas tareas.

CRECIMIENTO Y DESARROLLO

Los seres humanos empezamos siendo una única célula en el útero. Cuando nacemos tenemos unos 26 000 millones de células. Un adulto tiene unos 37 billones.

SISTEMA TEGUMENTARIO

Este sistema, formado por la piel, el pelo y las uñas, protege el cuerpo del mundo exterior.

APARATO REPRODUCTOR

Los aparatos reproductores femenino y masculino son necesarios para procrear nuevos seres humanos.

La médula espinal conecta el cerebro con el resto del sistema nervioso.

El diafragma es un gran músculo que ayuda a respirar.

SISTEMA NERVIOSO

APARATO REPRODUCTOR

SISTEMA TEGUMENTARIO

El nervio ciático es el más largo: va de la columna vertebral a la planta del pie.

Los vasos sanguíneos llevan oxígeno, azúcares, nutrientes y desechos por todo el cuerpo.

SISTEMA CIRCULATORIO

Está compuesto por el corazón y los vasos sanguíneos. El corazón bombea sangre a todos los órganos y tejidos.

APARATO RESPIRATORIO

SISTEMA CIRCULATORIO

APARATO RESPIRATORIO

Este aparato absorbe oxígeno del aire, donde pasa al torrente sanguíneo, y libera el dióxido de carbono que el cuerpo desecha.

SISTEMA NERVIOSO

El sistema nervioso capta las señales del exterior y controla el cuerpo. El cerebro recibe los mensajes de los nervios sensitivos y envía impulsos de control a los músculos.

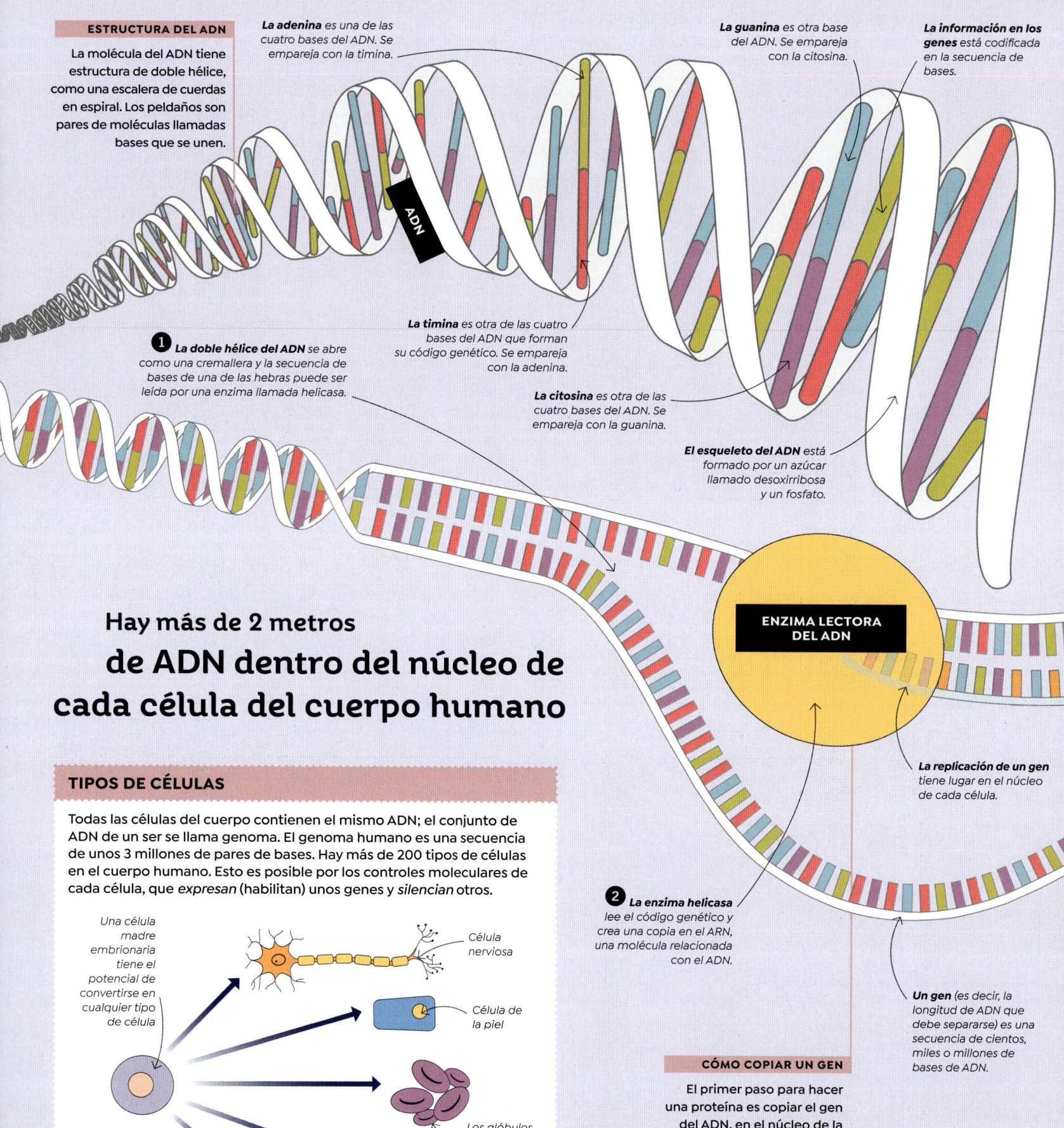

ESTRUCTURA DEL ADN

La molécula del ADN tiene estructura de doble hélice, como una escalera de cuerdas en espiral. Los peldaños son pares de moléculas llamadas bases que se unen.

La adenina es una de las cuatro bases del ADN. Se empareja con la timina.

La guanina es otra base del ADN. Se empareja con la citosina.

La información en los genes está codificada en la secuencia de bases.

ADN

1 *La doble hélice del ADN* se abre como una cremallera y la secuencia de bases de una de las hebras puede ser leída por una enzima llamada helicasa.

La timina es otra de las cuatro bases del ADN que forman su código genético. Se empareja con la adenina.

La citosina es otra de las cuatro bases del ADN. Se empareja con la guanina.

El esqueleto del ADN está formado por un azúcar llamado desoxirribosa y un fosfato.

ENZIMA LECTORA DEL ADN

Hay más de 2 metros de ADN dentro del núcleo de cada célula del cuerpo humano

La replicación de un gen tiene lugar en el núcleo de cada célula.

TIPOS DE CÉLULAS

Todas las células del cuerpo contienen el mismo ADN; el conjunto de ADN de un ser se llama genoma. El genoma humano es una secuencia de unos 3 millones de pares de bases. Hay más de 200 tipos de células en el cuerpo humano. Esto es posible por los controles moleculares de cada célula, que *expresan* (habilitan) unos genes y *silencian* otros.

Una célula madre embrionaria tiene el potencial de convertirse en cualquier tipo de célula

Célula nerviosa

Célula de la piel

Los glóbulos rojos pierden su núcleo y su ADN cuando maduran

Célula del hígado

Célula muscular

2 *La enzima helicasa* lee el código genético y crea una copia en el ARN, una molécula relacionada con el ADN.

Un gen (es decir, la longitud de ADN que debe separarse) es una secuencia de cientos, miles o millones de bases de ADN.

CÓMO COPIAR UN GEN

El primer paso para hacer una proteína es copiar el gen del ADN, en el núcleo de la célula. La copia es una molécula de una hebra llamada ARN (ácido ribonucleico). Para hacerlo, la doble hélice del ADN se abre como una cremallera.

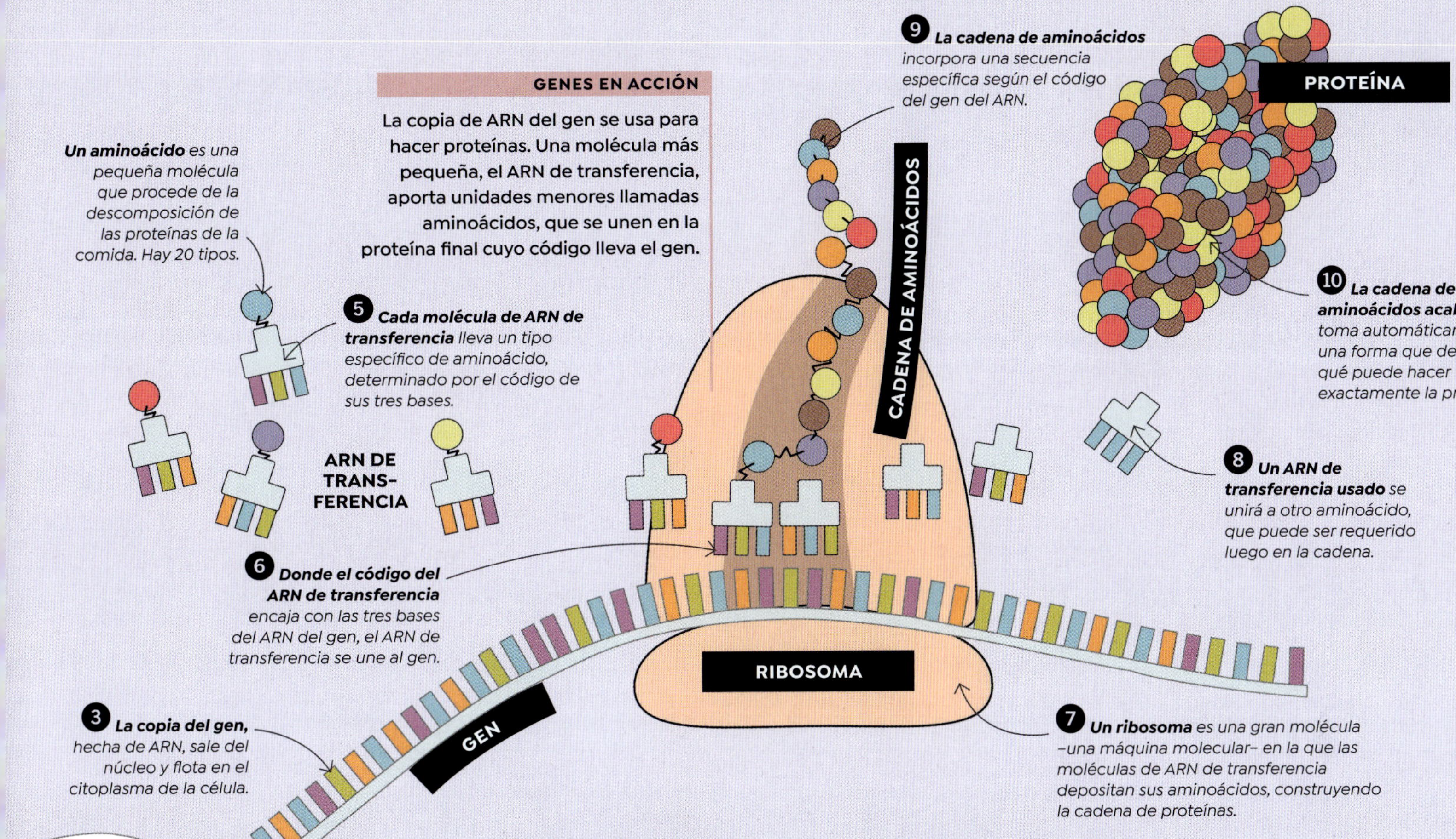

9 La cadena de aminoácidos incorpora una secuencia específica según el código del gen del ARN.

PROTEÍNA

GENES EN ACCIÓN

La copia de ARN del gen se usa para hacer proteínas. Una molécula más pequeña, el ARN de transferencia, aporta unidades menores llamadas aminoácidos, que se unen en la proteína final cuyo código lleva el gen.

Un aminoácido es una pequeña molécula que procede de la descomposición de las proteínas de la comida. Hay 20 tipos.

5 Cada molécula de ARN de transferencia lleva un tipo específico de aminoácido, determinado por el código de sus tres bases.

ARN DE TRANSFERENCIA

CADENA DE AMINOÁCIDOS

10 La cadena de aminoácidos acabada toma automáticamente una forma que determina qué puede hacer exactamente la proteína.

6 Donde el código del ARN de transferencia encaja con las tres bases del ARN del gen, el ARN de transferencia se une al gen.

8 Un ARN de transferencia usado se unirá a otro aminoácido, que puede ser requerido luego en la cadena.

GEN

3 La copia del gen, hecha de ARN, sale del núcleo y flota en el citoplasma de la célula.

RIBOSOMA

7 Un ribosoma es una gran molécula –una máquina molecular– en la que las moléculas de ARN de transferencia depositan sus aminoácidos, construyendo la cadena de proteínas.

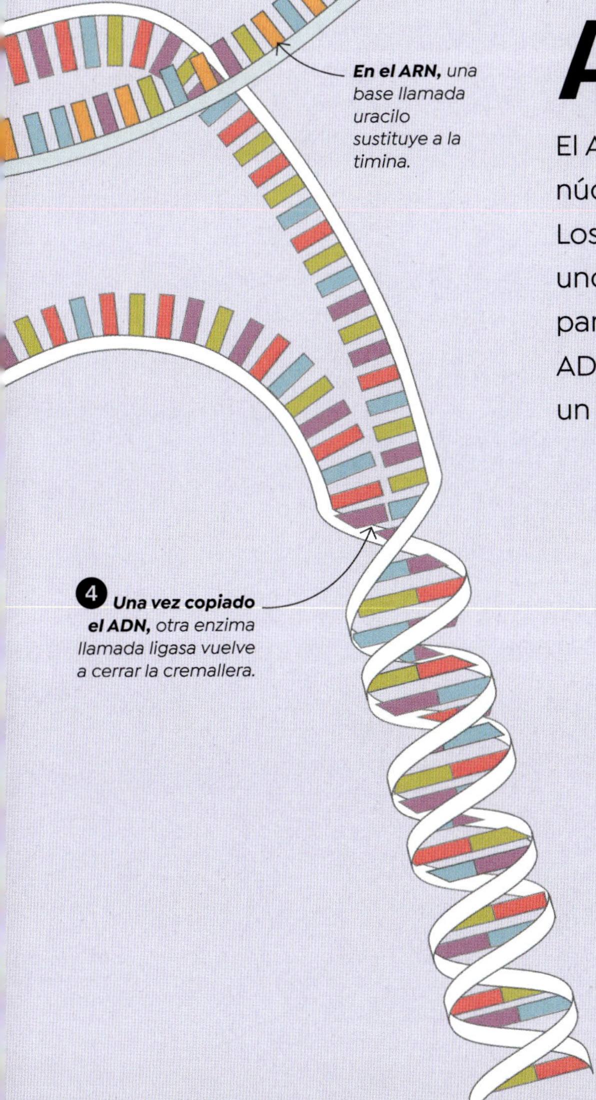

En el ARN, una base llamada uracilo sustituye a la timina.

ADN y genes

El ADN (ácido desoxirribonucleico) es una sustancia química presente en el núcleo de las células. Es una molécula larga y fina que porta información. Los genes son secciones particulares del ADN; cada célula humana tiene unos 20 000 genes. En muchos casos, la información de los genes se usa para hacer proteínas, cada una con una tarea diferente en el cuerpo. El ADN es la razón por la cual ciertos rasgos pasan de una generación a otra: un bebé obtiene la mitad de su ADN de cada progenitor.

4 Una vez copiado el ADN, otra enzima llamada ligasa vuelve a cerrar la cremallera.

Las proteínas creadas por los genes ayudan a determinar características simples como el color de los ojos, pero también complejas, como la propensión a las enfermedades, la aptitud deportiva e incluso la capacidad para enrollar la lengua. Muchas de ellas dependen también de lo que aprendamos y practiquemos.

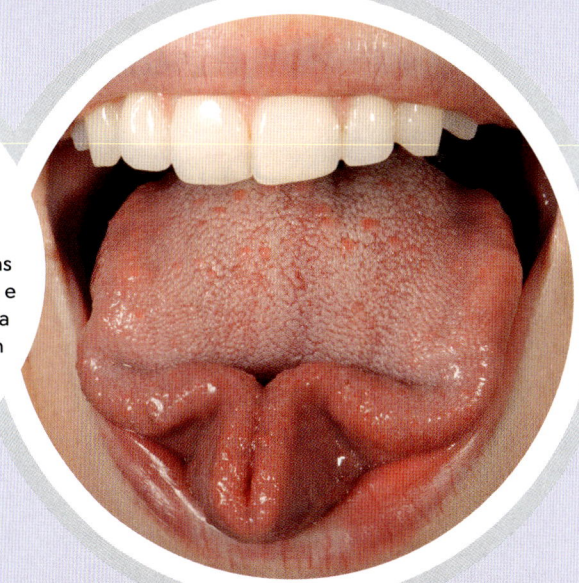

HABILIDADES GENÉTICAS

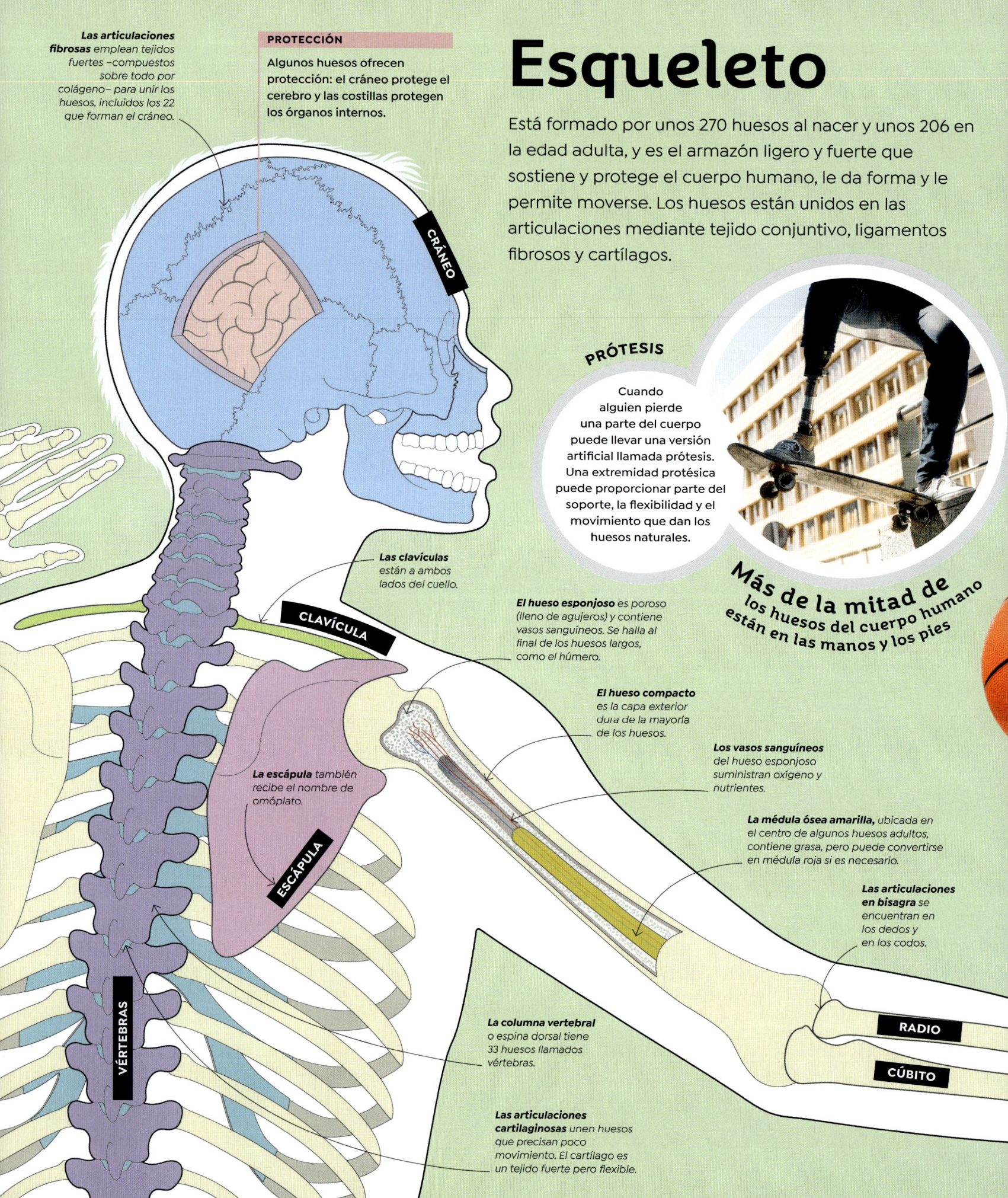

Esqueleto

Está formado por unos 270 huesos al nacer y unos 206 en la edad adulta, y es el armazón ligero y fuerte que sostiene y protege el cuerpo humano, le da forma y le permite moverse. Los huesos están unidos en las articulaciones mediante tejido conjuntivo, ligamentos fibrosos y cartílagos.

Las articulaciones fibrosas emplean tejidos fuertes –compuestos sobre todo por colágeno– para unir los huesos, incluidos los 22 que forman el cráneo.

PROTECCIÓN

Algunos huesos ofrecen protección: el cráneo protege el cerebro y las costillas protegen los órganos internos.

CRÁNEO

PRÓTESIS

Cuando alguien pierde una parte del cuerpo puede llevar una versión artificial llamada prótesis. Una extremidad protésica puede proporcionar parte del soporte, la flexibilidad y el movimiento que dan los huesos naturales.

Más de la mitad de los huesos del cuerpo humano están en las manos y los pies

Las clavículas están a ambos lados del cuello.

CLAVÍCULA

El hueso esponjoso es poroso (lleno de agujeros) y contiene vasos sanguíneos. Se halla al final de los huesos largos, como el húmero.

El hueso compacto es la capa exterior dura de la mayoría de los huesos.

Los vasos sanguíneos del hueso esponjoso suministran oxígeno y nutrientes.

La médula ósea amarilla, ubicada en el centro de algunos huesos adultos, contiene grasa, pero puede convertirse en médula roja si es necesario.

La escápula también recibe el nombre de omóplato.

ESCÁPULA

Las articulaciones en bisagra se encuentran en los dedos y en los codos.

VÉRTEBRAS

La columna vertebral o espina dorsal tiene 33 huesos llamados vértebras.

RADIO

CÚBITO

Las articulaciones cartilaginosas unen huesos que precisan poco movimiento. El cartílago es un tejido fuerte pero flexible.

TIPOS DE FRACTURAS

Los huesos son duros, pero con una fuerza suficiente pueden romperse de varias maneras, desde las fracturas en tallo verde (parciales) hasta las abiertas, que desgarran la piel. Por fortuna, las células óseas viejas siempre son reemplazadas por células nuevas, de manera que los huesos no se quedan rotos, pero necesitan férulas o escayolas para curarse.

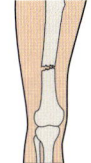
CERRADA

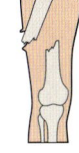
ABIERTA

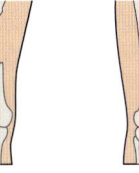
SIN DESPLAZA-MIENTO

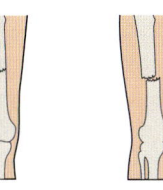
CON DESPLAZA-MIENTO

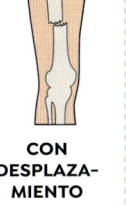
CONMINUTA

IMPACTADA

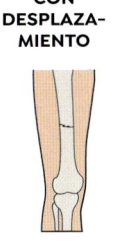
EN TALLO VERDE

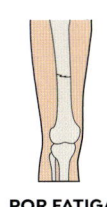
POR FATIGA

Ligamento

Cartílago

Membrana sinovial

Líquido sinovial

Músculo

En muchas articulaciones, los extremos de los huesos están cubiertos de cartílago duro y separados por una cápsula llena de líquido viscoso que mantiene los huesos separados y suaviza sus movimientos.

ARTICULACIONES SINOVIALES

Los huesos irregulares tienen formas inusuales, como los de la cara y la columna vertebral (las vértebras).

Los huesos planos, como el esternón y los huesos del cráneo, son más anchos que gruesos.

PRODUCCIÓN DE GLÓBULOS

Las células sanguíneas se producen en la médula ósea roja, dentro de la mayoría de los huesos. Cada día se crean millones de glóbulos.

Los huesos largos, como el húmero, son duros y más anchos en los extremos que en el medio.

El cartílago es un tejido duro y flexible presente en las articulaciones, la nariz, las orejas, la tráquea y las costillas. Buena parte del esqueleto de los niños es de cartílago, que se convierte en hueso al crecer.

HÚMERO

COSTILLAS

Los huesos sesamoideos, ubicados en las muñecas, tobillos y rodillas, son pequeños y tienen tendones insertados.

FORMA Y SOPORTE

Los huesos dan forma y soporte al cuerpo, manteniéndolo erguido. También constituyen la base de los músculos y otros tejidos.

El corazón y los pulmones están protegidos por la caja torácica.

Una articulación es el punto en que se unen dos huesos. Puede ser de tres tipos: sinovial, fibrosa y cartilaginosa.

Los huesos cortos están en las muñecas y los tobillos. Son redondeados y esponjosos en gran medida.

PELVIS

Las articulaciones sinoviales unen huesos que deben moverse con libertad, como los de los brazos y las piernas. Llevan una cápsula llena de líquido sinovial.

FÉMUR

Las articulaciones esferoideas de las caderas y los hombros permiten a los huesos largos con cabezas redondas rotar en cavidades cóncavas.

UNA COLUMNA FLEXIBLE

La espina dorsal es un increíble ejemplo de ingeniería estructural. Esta delgada columna sostiene la cabeza, protege la médula espinal y constituye el armazón de las caderas y costillas. Tiene 33 huesos sujetos por ligamentos. Entre ellos hay discos mullidos que absorben los impactos y permiten a los huesos moverse en varias direcciones sin roces. Los discos contienen una sustancia gelatinosa recubierta por una funda fibrosa elástica que puede doblarse y comprimirse. El ejercicio mantiene la columna flexible porque fortalece los músculos que la sostienen y la protegen de lesiones.

Columna alineada

Columna arqueada

Columna inclinada

Igual presión de los huesos

Los huesos se mueven a un lado

Los huesos se separan en bisagra

Disco en reposo

Los discos sobresalen en el lado opuesto

Los discos sobresalen por delante

POSICIÓN ERGUIDA

INCLINACIÓN LATERAL

INCLINACIÓN POSTERIOR

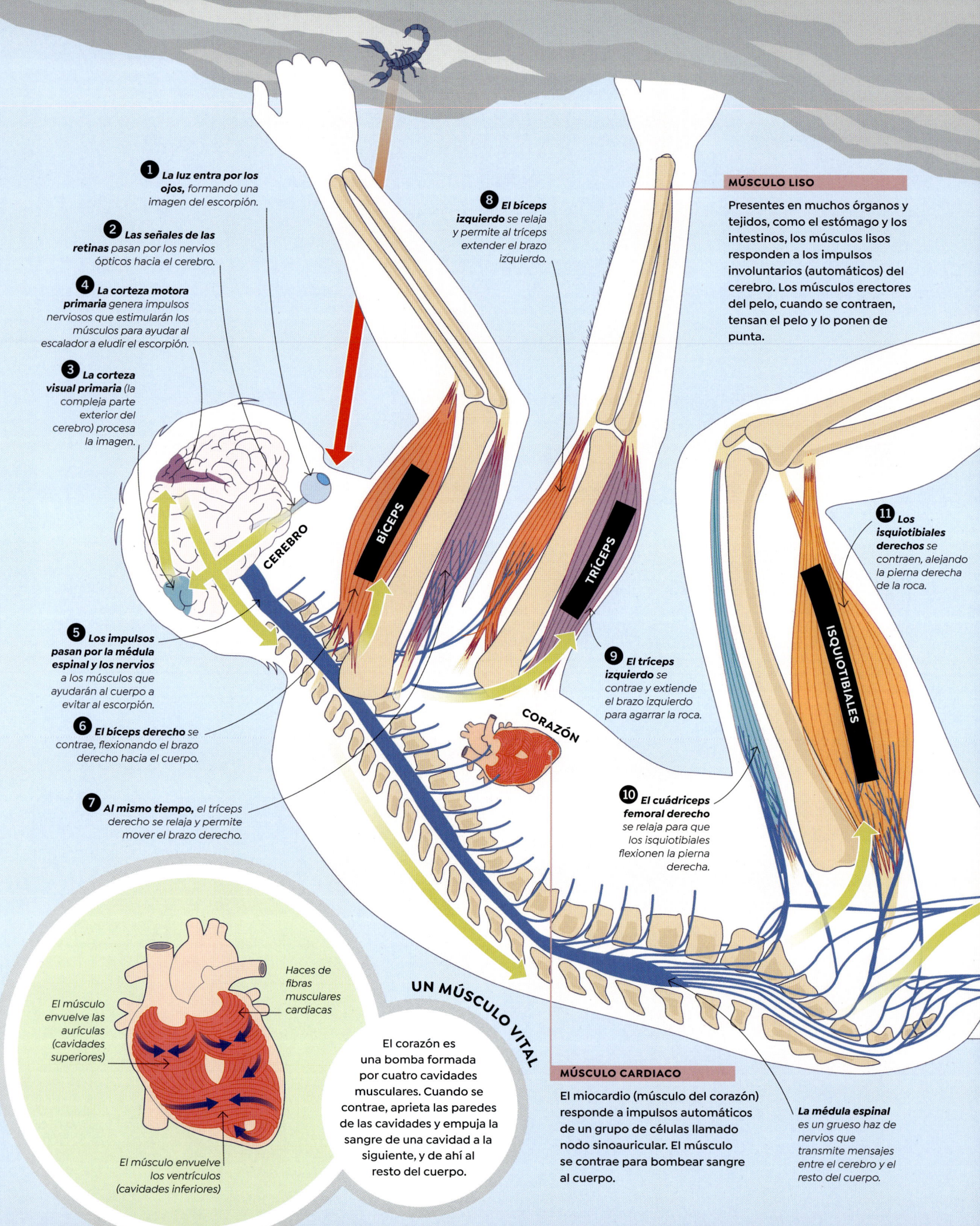

1 *La luz entra por los ojos,* formando una imagen del escorpión.

2 *Las señales de las retinas* pasan por los nervios ópticos hacia el cerebro.

4 *La corteza motora primaria* genera impulsos nerviosos que estimularán los músculos para ayudar al escalador a eludir el escorpión.

3 *La corteza visual primaria* (la compleja parte exterior del cerebro) procesa la imagen.

5 *Los impulsos pasan por la médula espinal y los nervios* a los músculos que ayudarán al cuerpo a evitar al escorpión.

6 *El bíceps derecho* se contrae, flexionando el brazo derecho hacia el cuerpo.

7 *Al mismo tiempo,* el tríceps derecho se relaja y permite mover el brazo derecho.

8 *El bíceps izquierdo* se relaja y permite al tríceps extender el brazo izquierdo.

9 *El tríceps izquierdo* se contrae y extiende el brazo izquierdo para agarrar la roca.

10 *El cuádriceps femoral derecho* se relaja para que los isquiotibiales flexionen la pierna derecha.

11 *Los isquiotibiales derechos* se contraen, alejando la pierna derecha de la roca.

CEREBRO

BÍCEPS

TRÍCEPS

ISQUIOTIBIALES

CORAZÓN

MÚSCULO LISO

Presentes en muchos órganos y tejidos, como el estómago y los intestinos, los músculos lisos responden a los impulsos involuntarios (automáticos) del cerebro. Los músculos erectores del pelo, cuando se contraen, tensan el pelo y lo ponen de punta.

UN MÚSCULO VITAL

El músculo envuelve las aurículas (cavidades superiores)

Haces de fibras musculares cardiacas

El músculo envuelve los ventrículos (cavidades inferiores)

El corazón es una bomba formada por cuatro cavidades musculares. Cuando se contrae, aprieta las paredes de las cavidades y empuja la sangre de una cavidad a la siguiente, y de ahí al resto del cuerpo.

MÚSCULO CARDIACO

El miocardio (músculo del corazón) responde a impulsos automáticos de un grupo de células llamado nodo sinoauricular. El músculo se contrae para bombear sangre al cuerpo.

La médula espinal es un grueso haz de nervios que transmite mensajes entre el cerebro y el resto del cuerpo.

Cuando los músculos sufren un sobreesfuerzo se dañan. A medida que el cuerpo repara el daño, las fibras se unen y se incrementa el tamaño del músculo. Los culturistas se basan en este proceso para desarrollar sus músculos hasta límites asombrosos.

CULTURISMO

El músculo esquelético está rodeado de una capa protectora de tejido conjuntivo llamada epimisio.

Un fascículo es un haz de fibras musculares rodeado de una membrana llamada perimisio.

La fibra muscular es una célula alargada y cilíndrica.

Una miofibrilla es una estructura de la fibra muscular que se contrae cuando el músculo se activa.

FIBRAS MUSCULARES

El músculo esquelético consiste en haces de cientos de miles de fibras musculares cilíndricas de 0,0 a 0,08 mm de ancho.

El cuerpo humano tiene unos 700 músculos esqueléticos

Hay parejas de músculos opuestos: cuando el agonista se relaja, el antagonista de contrae.

12 *El cuádriceps izquierdo* se contrae y la pierna izquierda se extiende, lista para la siguiente maniobra.

13 *Los isquiotibiales derechos* se relajan y permiten extender la pierna.

CUÁDRICEPS

MÚSCULO ESQUELÉTICO

Este tejido está compuesto por fibras largas que se adhieren a los huesos mediante los tendones. Tales fibras responden a impulsos voluntarios (intencionados) del cerebro. Su principal función es mover el esqueleto.

Los tendones son trozos de tejido conjuntivo que adhieren los músculos a los huesos.

SISTEMA MUSCULAR

Los tejidos musculares esquelético, liso y cardíaco forman el sistema muscular. Requieren mucha energía y, como consecuencia, producen calor, manteniendo el cuerpo caliente. Los músculos cercanos a la superficie del cuerpo se denominan superficiales; los cercanos a los huesos y órganos internos son los profundos.

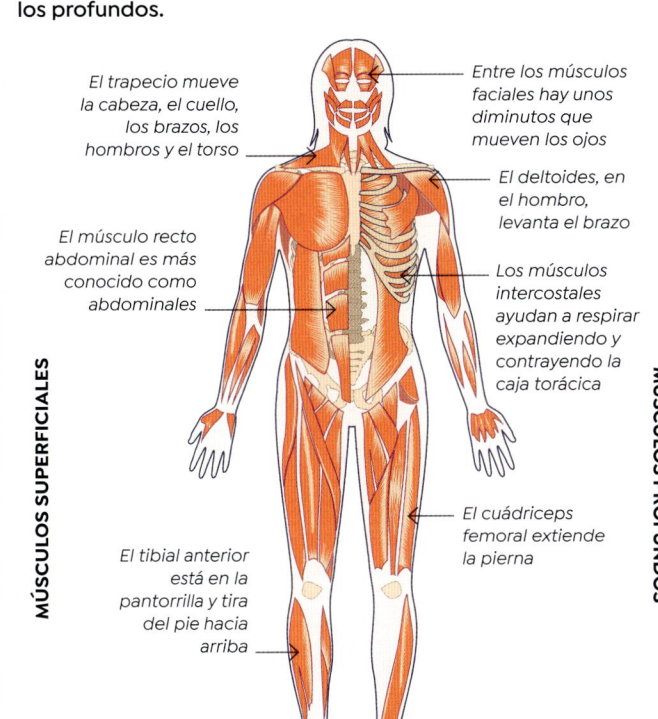

El trapecio mueve la cabeza, el cuello, los brazos, los hombros y el torso

El músculo recto abdominal es más conocido como abdominales

Entre los músculos faciales hay unos diminutos que mueven los ojos

El deltoides, en el hombro, levanta el brazo

Los músculos intercostales ayudan a respirar expandiendo y contrayendo la caja torácica

El cuádriceps femoral extiende la pierna

El tibial anterior está en la pantorrilla y tira del pie hacia arriba

MÚSCULOS SUPERFICIALES

MÚSCULOS PROFUNDOS

Músculos

Desde las gruesas paredes musculares que presionan las cavidades del corazón hasta los músculos erectores del pelo, que ponen el vello de los brazos de punta, los músculos son los tejidos que permiten mover el cuerpo. Todos, excepto los del corazón, se activan con impulsos que se originan en el cerebro y se transmiten a través de los nervios. Estos impulsos hacen que los músculos se contraigan y produzcan movimiento.

Nervios y cerebro

Una columna de nervios llamada médula espinal atraviesa los huesos de la columna vertebral y transmite impulsos eléctricos entre el cerebro y el resto del cuerpo. Cada nervio es un haz de neuronas (células nerviosas). Los impulsos llegan al cerebro desde los sentidos y salen hacia ciertas partes del cuerpo; pueden ser voluntarios o involuntarios (por ejemplo, para respirar).

SISTEMA NERVIOSO

Los nervios que conectan la médula espinal están muy ramificados. Lejos de la médula son pequeños y numerosos, y así pueden alcanzar todos los tejidos y órganos del cuerpo. Se juntan para formar haces más gruesos que confluyen con la médula espinal en los huecos que hay entre las vértebras.

El cerebro y la médula espinal forman el sistema nervioso central

Pares de nervios se despliegan desde el cerebro y la médula espinal

Los nervios del cuerpo forman el sistema nervioso periférico

Los nervios sensitivos y motores están muy ramificados

Cada neurona puede comunicarse del cerebro con otras 10 000

Las dendritas se unen a los axones de otras neuronas

Un axón es una larga fibra nerviosa que conduce impulsos eléctricos

Núcleo

Cuerpo celular

Cada neurona tiene un cuerpo con núcleo, unas ramificaciones llamadas dendritas que atraen impulsos al cuerpo y una cola llamada axón que transmite los impulsos.

NEURONA

1 *Los receptores sensitivos* de la mano generan impulsos que pasan por los nervios sensitivos

El sistema nervioso periférico transmite impulsos a y desde la médula espinal y el cerebro.

2 *Los nervios sensitivos* envían información al cerebro desde los sentidos, como lo que se siente al tocar a un gato.

8 *Un impulso motor* llega a los músculos del antebrazo, que acciona los dedos mediante largos tendones para acariciar al gato.

La longitud de todas las neuronas del cerebro en línea es de 500 000 km

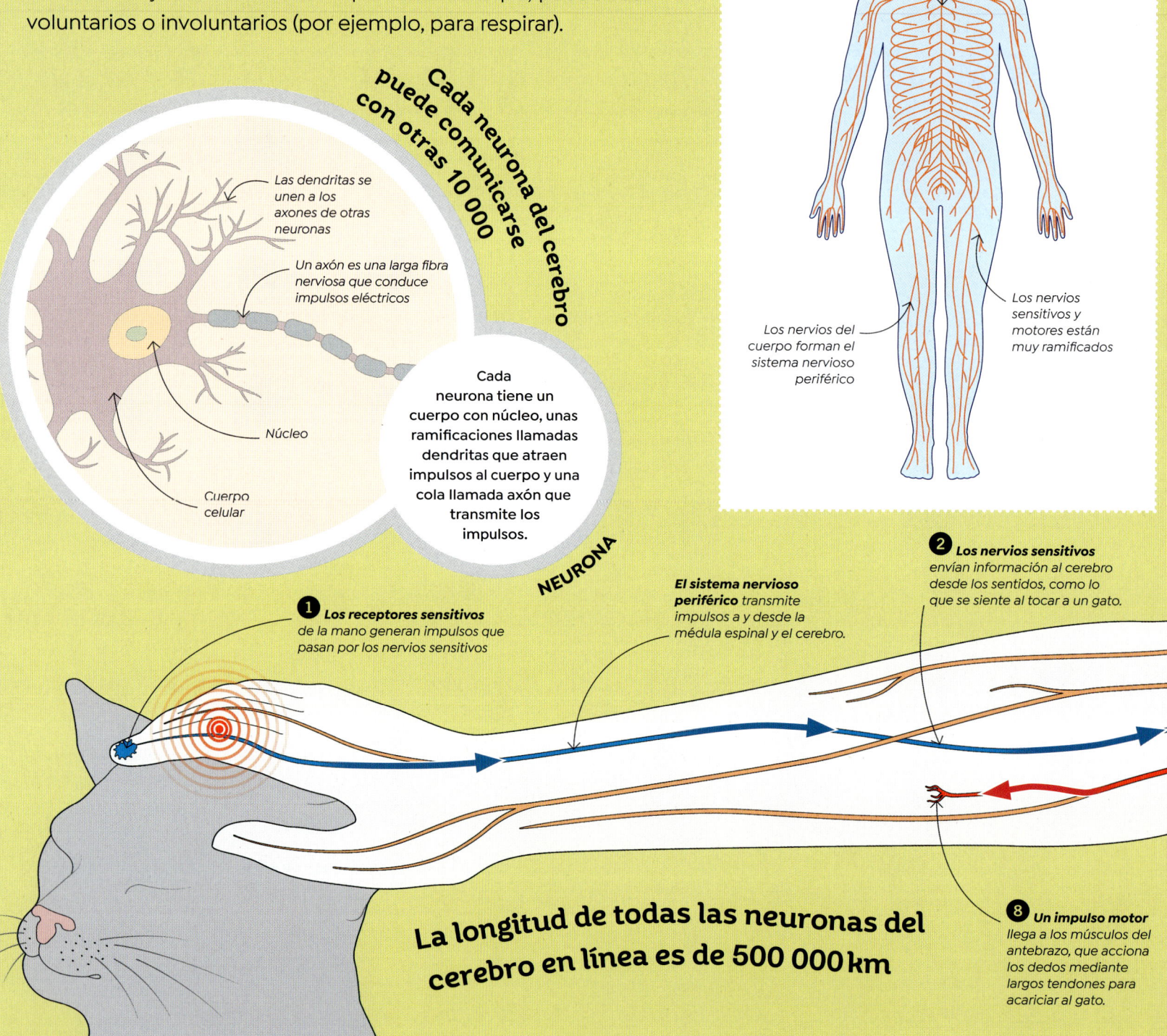

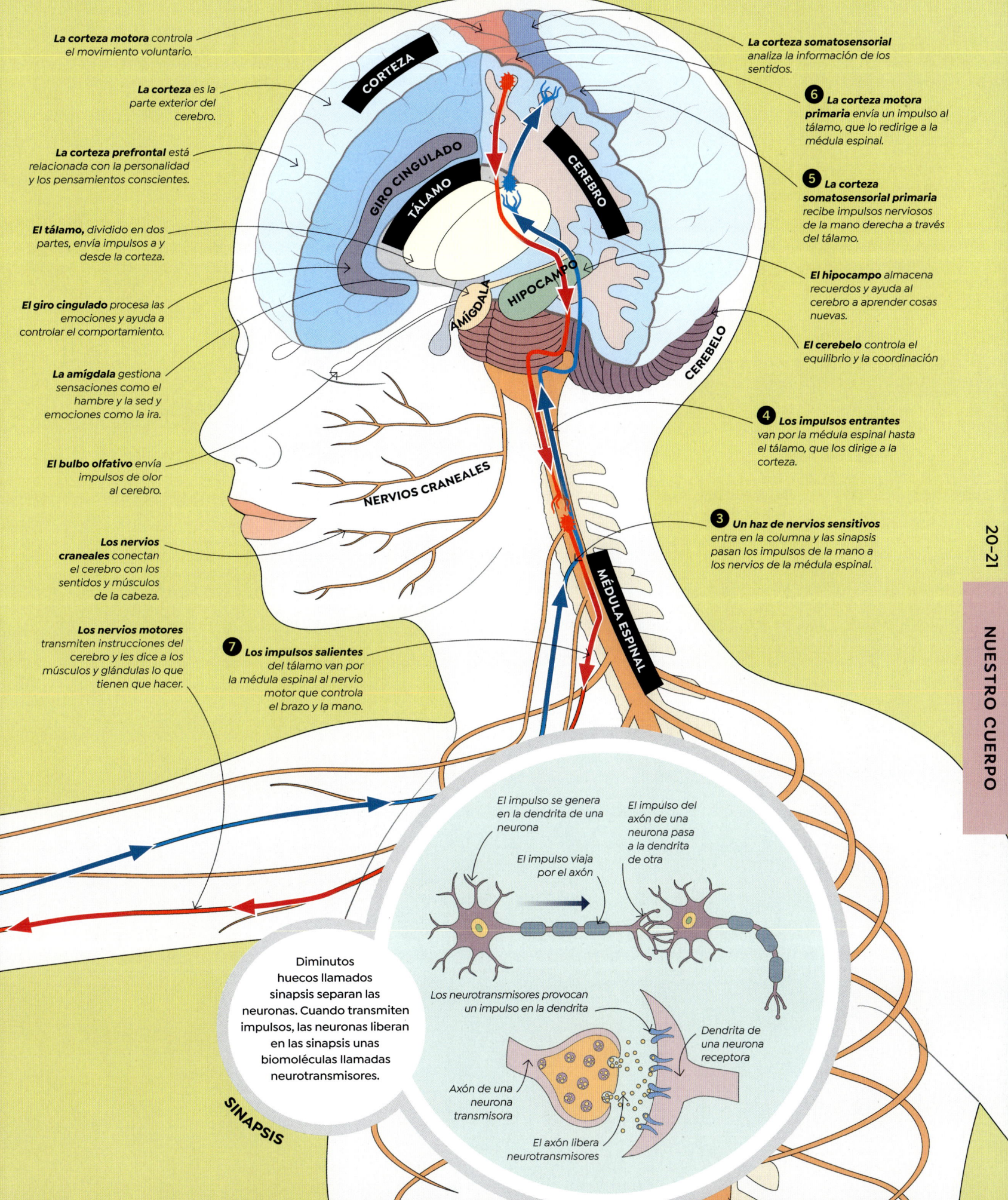

La corteza motora controla el movimiento voluntario.

La corteza es la parte exterior del cerebro.

La corteza prefrontal está relacionada con la personalidad y los pensamientos conscientes.

El tálamo, dividido en dos partes, envía impulsos a y desde la corteza.

El giro cingulado procesa las emociones y ayuda a controlar el comportamiento.

La amígdala gestiona sensaciones como el hambre y la sed y emociones como la ira.

El bulbo olfativo envía impulsos de olor al cerebro.

Los nervios craneales conectan el cerebro con los sentidos y músculos de la cabeza.

Los nervios motores transmiten instrucciones del cerebro y les dice a los músculos y glándulas lo que tienen que hacer.

La corteza somatosensorial analiza la información de los sentidos.

6 **La corteza motora primaria** envía un impulso al tálamo, que lo redirige a la médula espinal.

5 **La corteza somatosensorial primaria** recibe impulsos nerviosos de la mano derecha a través del tálamo.

El hipocampo almacena recuerdos y ayuda al cerebro a aprender cosas nuevas.

El cerebelo controla el equilibrio y la coordinación

4 **Los impulsos entrantes** van por la médula espinal hasta el tálamo, que los dirige a la corteza.

3 **Un haz de nervios sensitivos** entra en la columna y las sinapsis pasan los impulsos de la mano a los nervios de la médula espinal.

7 **Los impulsos salientes** del tálamo van por la médula espinal al nervio motor que controla el brazo y la mano.

CORTEZA

GIRO CINGULADO

TÁLAMO

CEREBRO

AMÍGDALA

HIPOCAMPO

CEREBELO

NERVIOS CRANEALES

MÉDULA ESPINAL

Diminutos huecos llamados sinapsis separan las neuronas. Cuando transmiten impulsos, las neuronas liberan en las sinapsis unas biomoléculas llamadas neurotransmisores.

SINAPSIS

El impulso se genera en la dendrita de una neurona

El impulso del axón de una neurona pasa a la dendrita de otra

El impulso viaja por el axón

Los neurotransmisores provocan un impulso en la dendrita

Dendrita de una neurona receptora

Axón de una neurona transmisora

El axón libera neurotransmisores

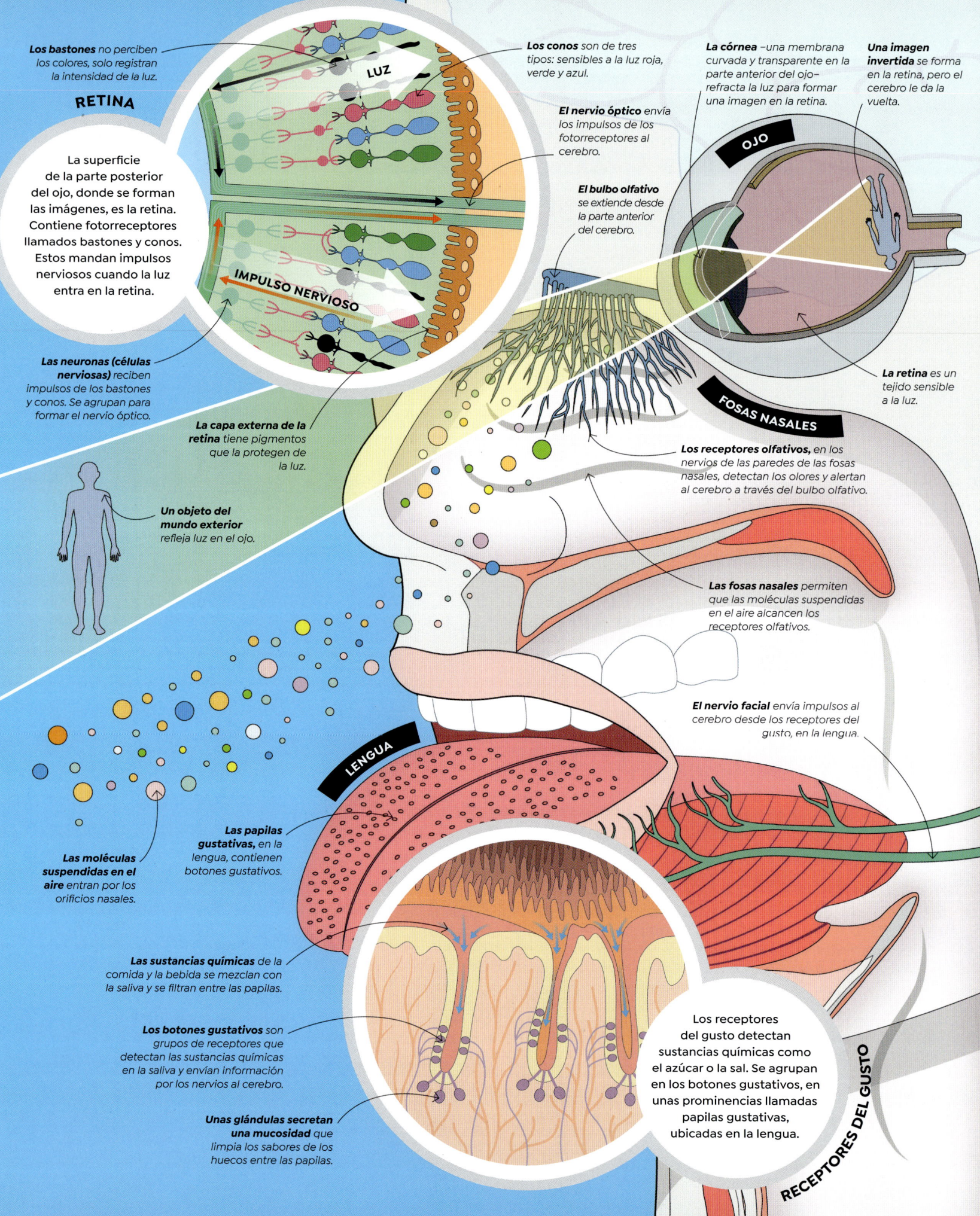

Los bastones no perciben los colores, solo registran la intensidad de la luz.

RETINA

La superficie de la parte posterior del ojo, donde se forman las imágenes, es la retina. Contiene fotorreceptores llamados bastones y conos. Estos mandan impulsos nerviosos cuando la luz entra en la retina.

LUZ

IMPULSO NERVIOSO

Las neuronas (células nerviosas) reciben impulsos de los bastones y conos. Se agrupan para formar el nervio óptico.

La capa externa de la retina tiene pigmentos que la protegen de la luz.

Un objeto del mundo exterior refleja luz en el ojo.

Los conos son de tres tipos: sensibles a la luz roja, verde y azul.

El nervio óptico envía los impulsos de los fotorreceptores al cerebro.

El bulbo olfativo se extiende desde la parte anterior del cerebro.

La córnea –una membrana curvada y transparente en la parte anterior del ojo– refracta la luz para formar una imagen en la retina.

Una imagen invertida se forma en la retina, pero el cerebro le da la vuelta.

OJO

La retina es un tejido sensible a la luz.

FOSAS NASALES

Los receptores olfativos, en los nervios de las paredes de las fosas nasales, detectan los olores y alertan al cerebro a través del bulbo olfativo.

Las fosas nasales permiten que las moléculas suspendidas en el aire alcancen los receptores olfativos.

El nervio facial envía impulsos al cerebro desde los receptores del gusto, en la lengua.

Las moléculas suspendidas en el aire entran por los orificios nasales.

LENGUA

Las papilas gustativas, en la lengua, contienen botones gustativos.

Las sustancias químicas de la comida y la bebida se mezclan con la saliva y se filtran entre las papilas.

Los botones gustativos son grupos de receptores que detectan las sustancias químicas en la saliva y envían información por los nervios al cerebro.

Unas glándulas secretan una mucosidad que limpia los sabores de los huecos entre las papilas.

Los receptores del gusto detectan sustancias químicas como el azúcar o la sal. Se agrupan en los botones gustativos, en unas prominencias llamadas papilas gustativas, ubicadas en la lengua.

RECEPTORES DEL GUSTO

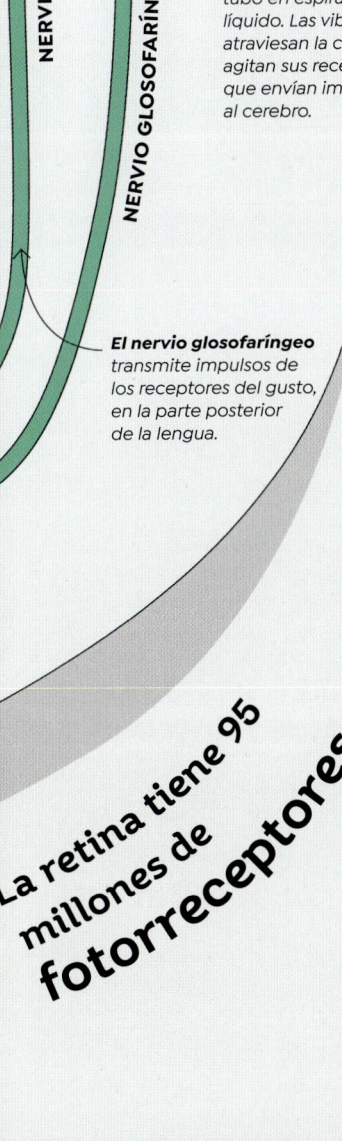

El oído interno procesa la información acústica y contiene órganos diminutos que detectan el movimiento giratorio, la gravedad y la aceleración.

El vestíbulo contiene sensores de gravedad y aceleración.

Los conductos semicirculares contienen sensores del movimiento giratorio.

❶ La oreja o pabellón auditivo ayuda a captar los sonidos e informa de dónde vienen.

OREJA

NERVIO FACIAL

OÍDO INTERNO

NERVIO GLOSOFARÍNGEO

❹ La cóclea es un tubo en espiral lleno de líquido. Las vibraciones atraviesan la cóclea y agitan sus receptores, que envían impulsos al cerebro.

❷ El sonido hace vibrar el tímpano, una fina membrana al final del canal auditivo.

❸ Tres huesecillos –martillo, yunque y estribo– transmiten vibraciones del tímpano a la cóclea.

El nervio glosofaríngeo transmite impulsos de los receptores del gusto, en la parte posterior de la lengua.

La retina tiene 95 millones de **fotorreceptores**

Un niño tiene unos 10 000 botones gustativos y una persona anciana, menos de 5000

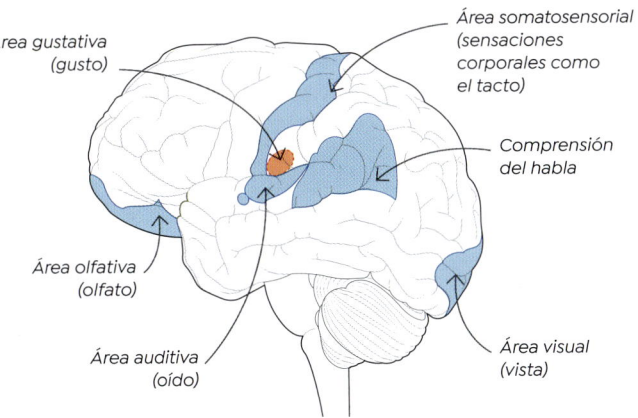

EQUILIBRIO

Nuestro sentido del equilibrio depende en parte de la información de los ojos y de los receptores de la piel y las articulaciones. Pero el vestíbulo y los conductos semicirculares tienen un papel clave. Los receptores pilosos de estos órganos envían información al cerebro sobre la posición y el movimiento de la cabeza, datos vitales para mantenernos erguidos.

Sentidos

Nuestros sentidos –vista, oído, gusto, olfato y tacto– proporcionan información al cerebro sobre nuestro entorno. Cada sentido posee unos receptores en los extremos de los nervios. Cuando se activan por estímulos como la luz, el calor, el sonido o las sustancias químicas, los receptores envían impulsos eléctricos al cerebro. Este usa la información obtenida de los sentidos para crear nuestra conciencia del mundo, llamada percepción.

PERCEPCIÓN TOTAL

Los impulsos creados por los receptores viajan por los nervios hasta el tálamo (ver p. 21), una estructura dividida en dos partes, una en cada lado del cerebro. El tálamo transmite los impulsos de los sentidos a las áreas adecuadas de la capa exterior del cerebro, llamada corteza. Ahí se procesan los impulsos sensoriales, lo cual nos permite percibir el mundo que nos rodea.

Área gustativa (gusto)

Área somatosensorial (sensaciones corporales como el tacto)

Comprensión del habla

Área olfativa (olfato)

Área auditiva (oído)

Área visual (vista)

EL SEXTO SENTIDO

La propiocepción, considerada por muchos el sexto sentido, es la manera innata del cuerpo de saber dónde está y cómo se mueve. Los sensores de los músculos, la piel y las articulaciones unen fuerzas con los ojos y los órganos del equilibrio de los oídos para enviar mensajes al cerebro, y este le dice al cuerpo que cambie de posición o se pare.

El oído interno envía información sobre rotación, aceleración y gravedad

Los ojos informan de la posición

Los impulsos de las extremidades van por la médula al cerebro

Los sensores de las articulaciones informan al cerebro de que los brazos están extendidos

Los sensores de presión y tensión de las piernas y los pies envían impulsos

CONCIENCIA INCONSCIENTE

El cuerpo ajusta su posición constantemente para mantener el equilibrio. La mayor parte del tiempo no nos damos cuenta de ello.

Corazón y pulmones

Desde antes de nacer, el corazón de una persona late más de 60 veces por minuto para mantenerla viva. Este órgano vital es una bomba muscular que consta de cuatro cavidades. Con cada latido bombea sangre a todo el cuerpo a través de una compacta red de vasos sanguíneos. La sangre lleva a las células el oxígeno absorbido del aire por los pulmones y extrae el dióxido de carbono de desecho, que se exhala desde los propios pulmones.

Los pulmones toman aire rico en oxígeno del exterior en cada inspiración y expulsan aire rico en dióxido de carbono en cada espiración.

Las venas son vasos sanguíneos que llevan sangre al corazón.

Los capilares son vasos microscópicos que llevan sangre a todos los tejidos del cuerpo.

Las arterias son vasos sanguíneos de pared muscular que llevan sangre rica en oxígeno desde el corazón a los órganos.

LA CIRCULACIÓN DE LA SANGRE

Los capilares son diminutos vasos sanguíneos que forman una extensa red por todo el cuerpo. A través de sus finas paredes, el oxígeno pasa de la sangre a las células de los tejidos cercanos. El dióxido de carbono que las células producen como desecho pasa de estas a la sangre, que también transporta nutrientes absorbidos de la comida digerida.

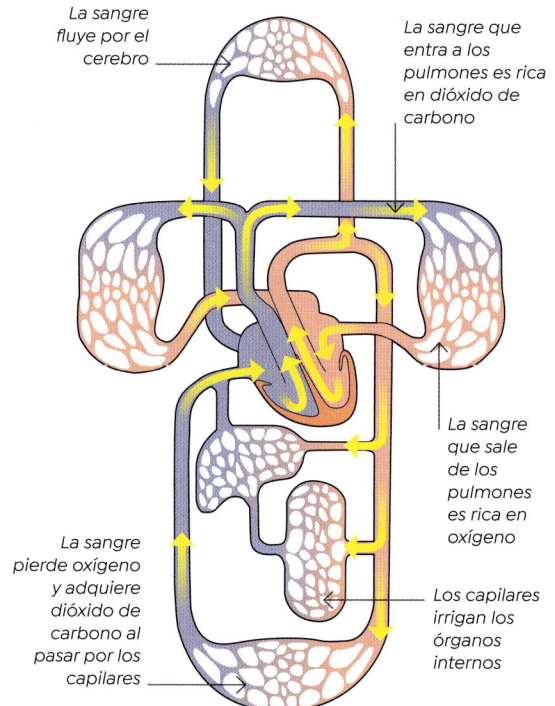

La sangre fluye por el cerebro

La sangre que entra a los pulmones es rica en dióxido de carbono

La sangre que sale de los pulmones es rica en oxígeno

La sangre pierde oxígeno y adquiere dióxido de carbono al pasar por los capilares

Los capilares irrigan los órganos internos

En una sola gota de sangre hay cinco millones de glóbulos rojos

ARTERIA

PULMÓN

El plasma, componente líquido de la sangre, lleva nutrientes disueltos de la comida digerida.

Los glóbulos rojos contienen un componente llamado hemoglobina que absorbe oxígeno.

El corazón late más de 36 millones de veces al año

GLÓBULO BLANCO

SANGRE

GLÓBULO ROJO

PLAQUETA

Los glóbulos blancos son esenciales para el sistema inmunitario, que combate las enfermedades.

Las plaquetas ayudan a espesar la sangre cuando debe coagularse en una herida.

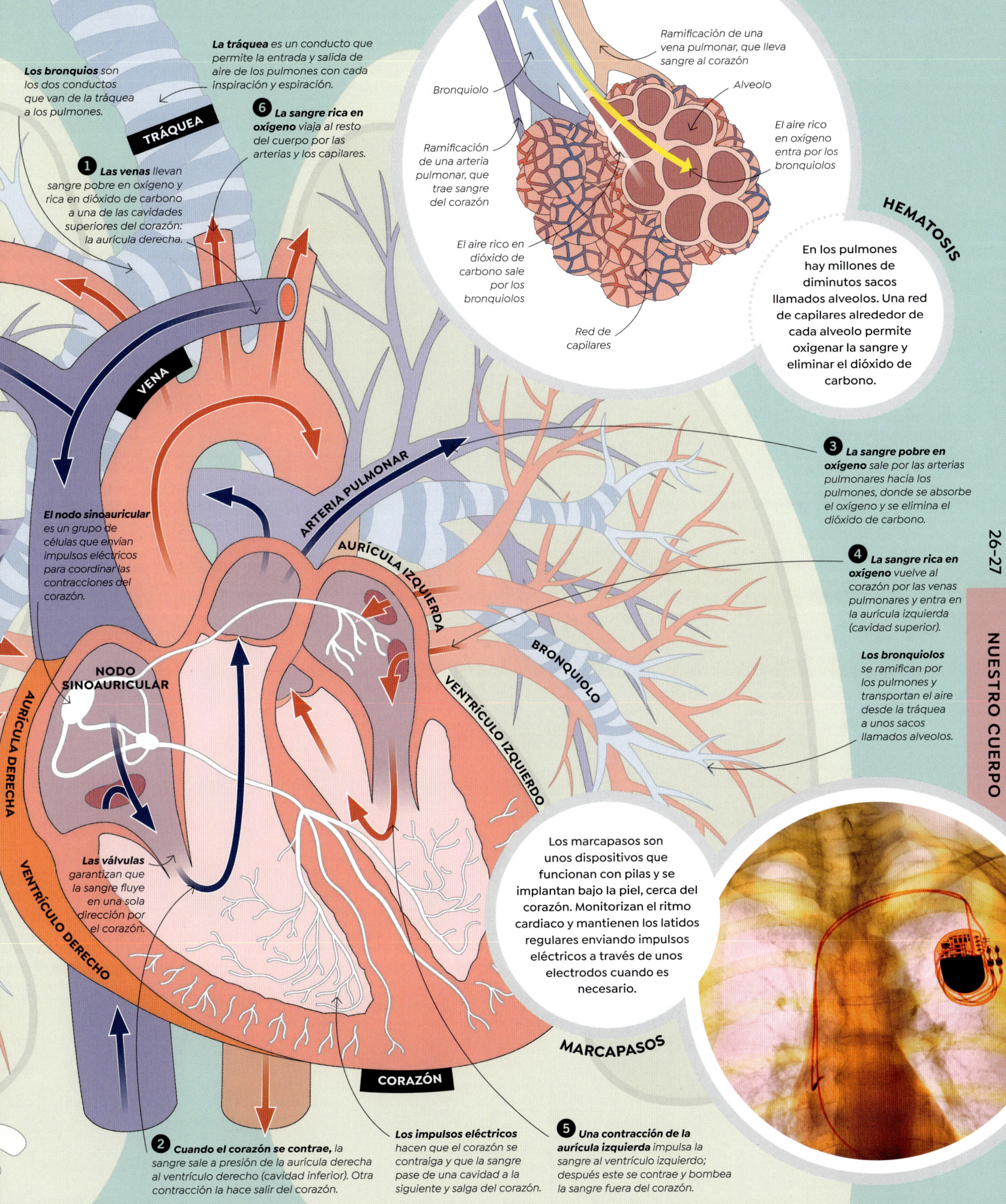

Los bronquios son los dos conductos que van de la tráquea a los pulmones.

La tráquea es un conducto que permite la entrada y salida de aire de los pulmones con cada inspiración y espiración.

TRÁQUEA

❶ Las venas llevan sangre pobre en oxígeno y rica en dióxido de carbono a una de las cavidades superiores del corazón: la aurícula derecha.

❻ La sangre rica en oxígeno viaja al resto del cuerpo por las arterias y los capilares.

Bronquiolo

Ramificación de una vena pulmonar, que lleva sangre al corazón

Alveolo

Ramificación de una arteria pulmonar, que trae sangre del corazón

El aire rico en oxígeno entra por los bronquiolos

El aire rico en dióxido de carbono sale por los bronquiolos

Red de capilares

HEMATOSIS

En los pulmones hay millones de diminutos sacos llamados alveolos. Una red de capilares alrededor de cada alveolo permite oxigenar la sangre y eliminar el dióxido de carbono.

VENA

ARTERIA PULMONAR

AURÍCULA IZQUIERDA

BRONQUIOLO

VENTRÍCULO IZQUIERDO

El nodo sinoauricular es un grupo de células que envían impulsos eléctricos para coordinar las contracciones del corazón.

❸ La sangre pobre en oxígeno sale por las arterias pulmonares hacia los pulmones, donde se absorbe el oxígeno y se elimina el dióxido de carbono.

❹ La sangre rica en oxígeno vuelve al corazón por las venas pulmonares y entra en la aurícula izquierda (cavidad superior).

Los bronquiolos se ramifican por los pulmones y transportan el aire desde la tráquea a unos sacos llamados alveolos.

NODO SINOAURICULAR

AURÍCULA DERECHA

VENTRÍCULO DERECHO

Las válvulas garantizan que la sangre fluye en una sola dirección por el corazón.

Los marcapasos son unos dispositivos que funcionan con pilas y se implantan bajo la piel, cerca del corazón. Monitorizan el ritmo cardiaco y mantienen los latidos regulares enviando impulsos eléctricos a través de unos electrodos cuando es necesario.

MARCAPASOS

CORAZÓN

❷ Cuando el corazón se contrae, la sangre sale a presión de la aurícula derecha al ventrículo derecho (cavidad inferior). Otra contracción la hace salir del corazón.

Los impulsos eléctricos hacen que el corazón se contraiga y que la sangre pase de una cavidad a la siguiente y salga del corazón.

❺ Una contracción de la aurícula izquierda impulsa la sangre al ventrículo izquierdo; después este se contrae y bombea la sangre fuera del corazón.

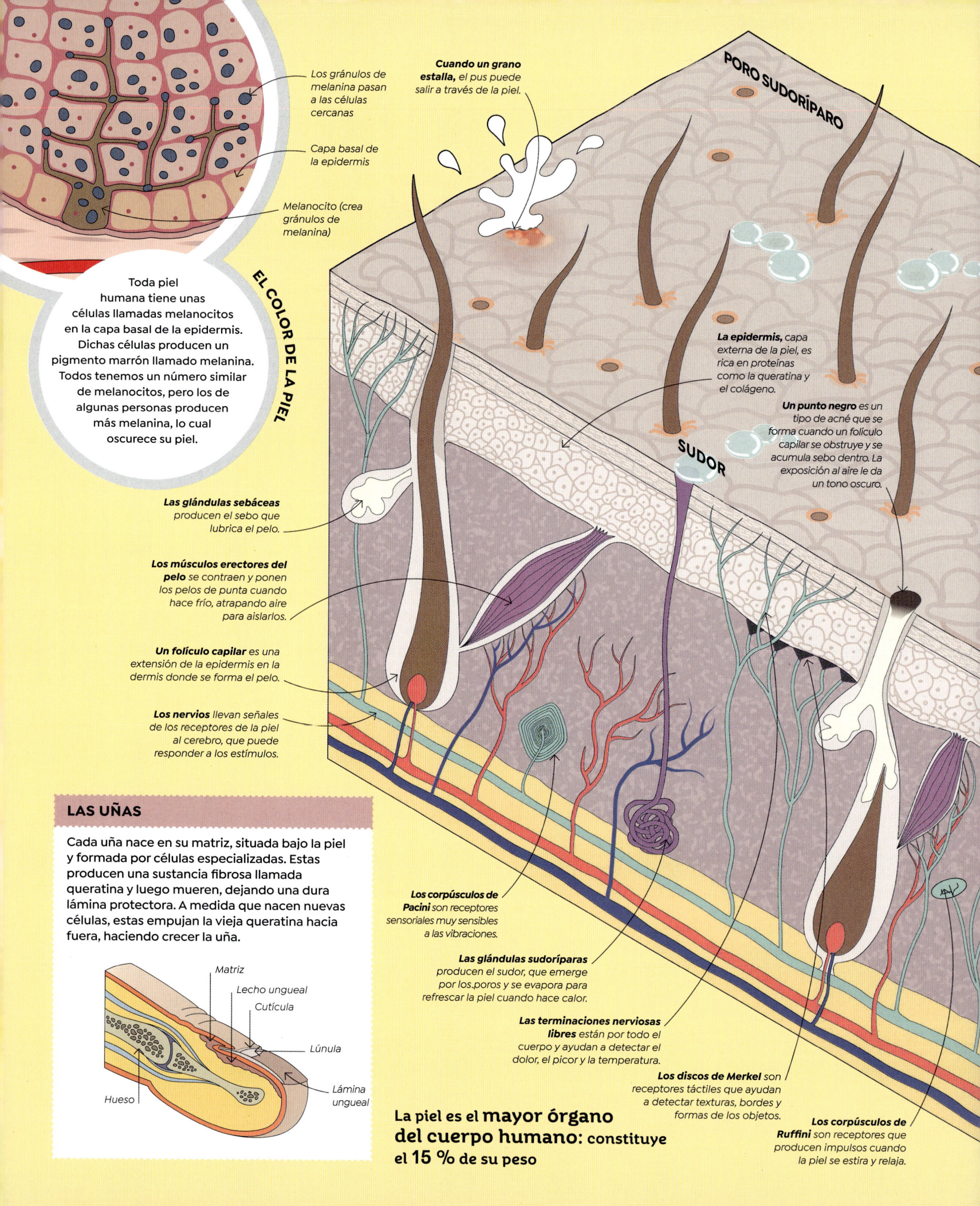

Los gránulos de melanina pasan a las células cercanas

Capa basal de la epidermis

Melanocito (crea gránulos de melanina)

Cuando un grano estalla, el pus puede salir a través de la piel.

PORO SUDORÍPARO

Toda piel humana tiene unas células llamadas melanocitos en la capa basal de la epidermis. Dichas células producen un pigmento marrón llamado melanina. Todos tenemos un número similar de melanocitos, pero los de algunas personas producen más melanina, lo cual oscurece su piel.

EL COLOR DE LA PIEL

La epidermis, capa externa de la piel, es rica en proteínas como la queratina y el colágeno.

Un punto negro es un tipo de acné que se forma cuando un folículo capilar se obstruye y se acumula sebo dentro. La exposición al aire le da un tono oscuro.

SUDOR

Las glándulas sebáceas producen el sebo que lubrica el pelo.

Los músculos erectores del pelo se contraen y ponen los pelos de punta cuando hace frío, atrapando aire para aislarlos.

Un folículo capilar es una extensión de la epidermis en la dermis donde se forma el pelo.

Los nervios llevan señales de los receptores de la piel al cerebro, que puede responder a los estímulos.

LAS UÑAS

Cada uña nace en su matriz, situada bajo la piel y formada por células especializadas. Estas producen una sustancia fibrosa llamada queratina y luego mueren, dejando una dura lámina protectora. A medida que nacen nuevas células, estas empujan la vieja queratina hacia fuera, haciendo crecer la uña.

Los corpúsculos de Pacini son receptores sensoriales muy sensibles a las vibraciones.

Las glándulas sudoríparas producen el sudor, que emerge por los poros y se evapora para refrescar la piel cuando hace calor.

Matriz

Lecho ungueal

Cutícula

Lúnula

Hueso

Lámina ungueal

Las terminaciones nerviosas libres están por todo el cuerpo y ayudan a detectar el dolor, el picor y la temperatura.

Los discos de Merkel son receptores táctiles que ayudan a detectar texturas, bordes y formas de los objetos.

La piel es el **mayor órgano del cuerpo humano**: constituye el **15 %** de su peso

Los corpúsculos de Ruffini son receptores que producen impulsos cuando la piel se estira y relaja.

Piel, pelo y uñas

La piel, el pelo y las uñas forman el sistema tegumentario, una barrera con el mundo exterior. La piel nos protege del calor, la luz y las heridas, y detecta los cambios de presión y temperatura. También trabaja junto con el pelo para mantener el cuerpo a la temperatura correcta, atrapando aire para aislarnos cuando hace frío y sudando para refrescarnos cuando hace calor.

El tallo del cabello crece desde el folículo, sobre la epidermis.

❶ Una herida en la piel permite entrar en el cuerpo a las bacterias, que pueden causar peligrosas infecciones; el sistema inmune (ver pp. 38-39) se pone en acción para acabar con la amenaza.

PELO

CORTE EN LA PIEL

Un punto blanco es un tipo de acné que se forma cuando un folículo capilar se obstruye, se acumula sebo y bacterias y se produce pus, lo que le da el tono claro.

❷ Las células cercanas reconocen a los invasores y liberan unas proteínas llamadas citoquinas que se extienden por los tejidos próximos.

❸ Las citoquinas hacen que los vasos sanguíneos cercanos se dilaten (causando enrojecimiento e hinchazón) y atraen glóbulos blancos (neutrófilos y macrófagos), que atacan a las bacterias.

❹ Los neutrófilos y macrófagos fagocitan y destruyen las bacterias, ralentizando o deteniendo la infección.

Los corpúsculos de Meissner son terminaciones nerviosas relacionadas con el tacto suave.

EPIDERMIS

DERMIS

HIPODERMIS

Una arteriola es un vaso sanguíneo que aporta oxígeno y nutrientes a la piel.

La piel está compuesta por tres capas: epidermis, dermis e hipodermis.

Una vénula es un vaso sanguíneo que se lleva dióxido de carbono y otros desechos.

Esta imagen muestra colas de Demodex folliculorum asomando en las pestañas de su huésped. Estos ácaros viven inocuamente en los folículos de las pestañas, donde se alimentan de células muertas.

ÁCAROS EN LAS PESTAÑAS

CÓMO CRECE EL PELO

Los cabellos son tallos de queratina que crecen a partir de unas estructuras de la dermis llamadas folículos. Se desarrollan en tres fases. La fase anágena, la más activa, dura varios años en el cuero cabelludo.

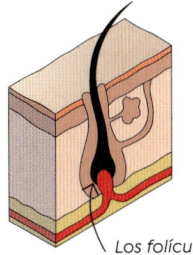

Los folículos producen tallos capilares

ANÁGENA
Las células de la raíz se dividen y tiran el pelo viejo.

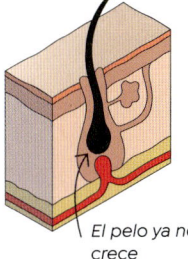

El pelo ya no crece

CATÁGENA
El tallo se desprende de la base del folículo.

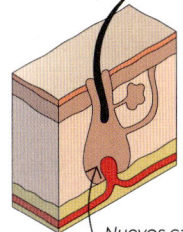

Nuevos cabellos reemplazan a los caídos

TELÓGENA
Fase de reposo, en la que el pelo está listo para caer.

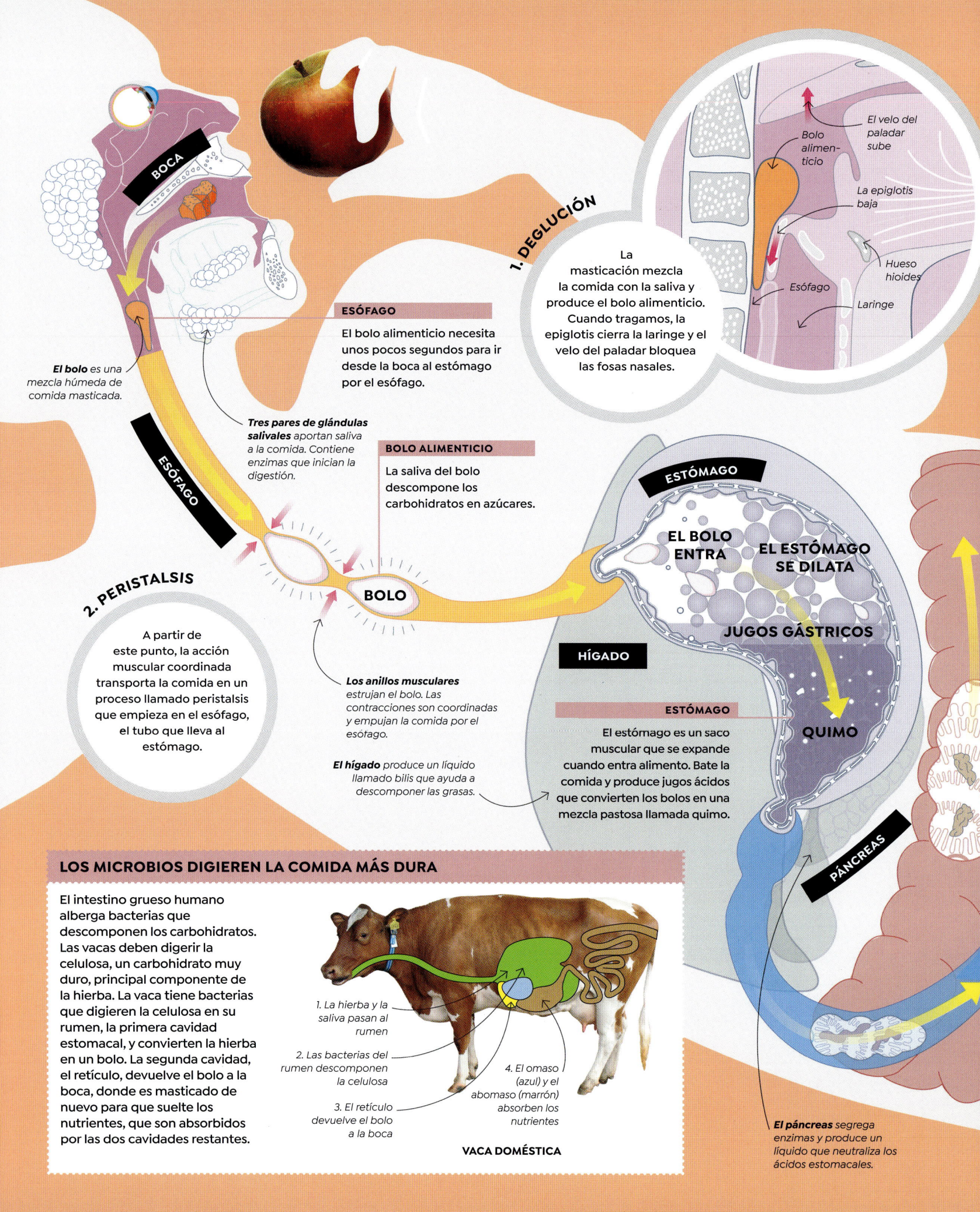

BOCA

El bolo es una mezcla húmeda de comida masticada.

ESÓFAGO

Tres pares de glándulas salivales aportan saliva a la comida. Contiene enzimas que inician la digestión.

ESÓFAGO

El bolo alimenticio necesita unos pocos segundos para ir desde la boca al estómago por el esófago.

BOLO ALIMENTICIO

La saliva del bolo descompone los carbohidratos en azúcares.

1. DEGLUCIÓN

La masticación mezcla la comida con la saliva y produce el bolo alimenticio. Cuando tragamos, la epiglotis cierra la laringe y el velo del paladar bloquea las fosas nasales.

El velo del paladar sube

Bolo alimenticio

La epiglotis baja

Esófago

Hueso hioides

Laringe

2. PERISTALSIS

A partir de este punto, la acción muscular coordinada transporta la comida en un proceso llamado peristalsis que empieza en el esófago, el tubo que lleva al estómago.

BOLO

Los anillos musculares estrujan el bolo. Las contracciones son coordinadas y empujan la comida por el esófago.

El hígado produce un líquido llamado bilis que ayuda a descomponer las grasas.

ESTÓMAGO

EL BOLO ENTRA

EL ESTÓMAGO SE DILATA

JUGOS GÁSTRICOS

QUIMO

HÍGADO

ESTÓMAGO

El estómago es un saco muscular que se expande cuando entra alimento. Bate la comida y produce jugos ácidos que convierten los bolos en una mezcla pastosa llamada quimo.

PÁNCREAS

El páncreas segrega enzimas y produce un líquido que neutraliza los ácidos estomacales.

LOS MICROBIOS DIGIEREN LA COMIDA MÁS DURA

El intestino grueso humano alberga bacterias que descomponen los carbohidratos. Las vacas deben digerir la celulosa, un carbohidrato muy duro, principal componente de la hierba. La vaca tiene bacterias que digieren la celulosa en su rumen, la primera cavidad estomacal, y convierten la hierba en un bolo. La segunda cavidad, el retículo, devuelve el bolo a la boca, donde es masticado de nuevo para que suelte los nutrientes, que son absorbidos por las dos cavidades restantes.

1. La hierba y la saliva pasan al rumen

2. Las bacterias del rumen descomponen la celulosa

3. El retículo devuelve el bolo a la boca

4. El omaso (azul) y el abomaso (marrón) absorben los nutrientes

VACA DOMÉSTICA

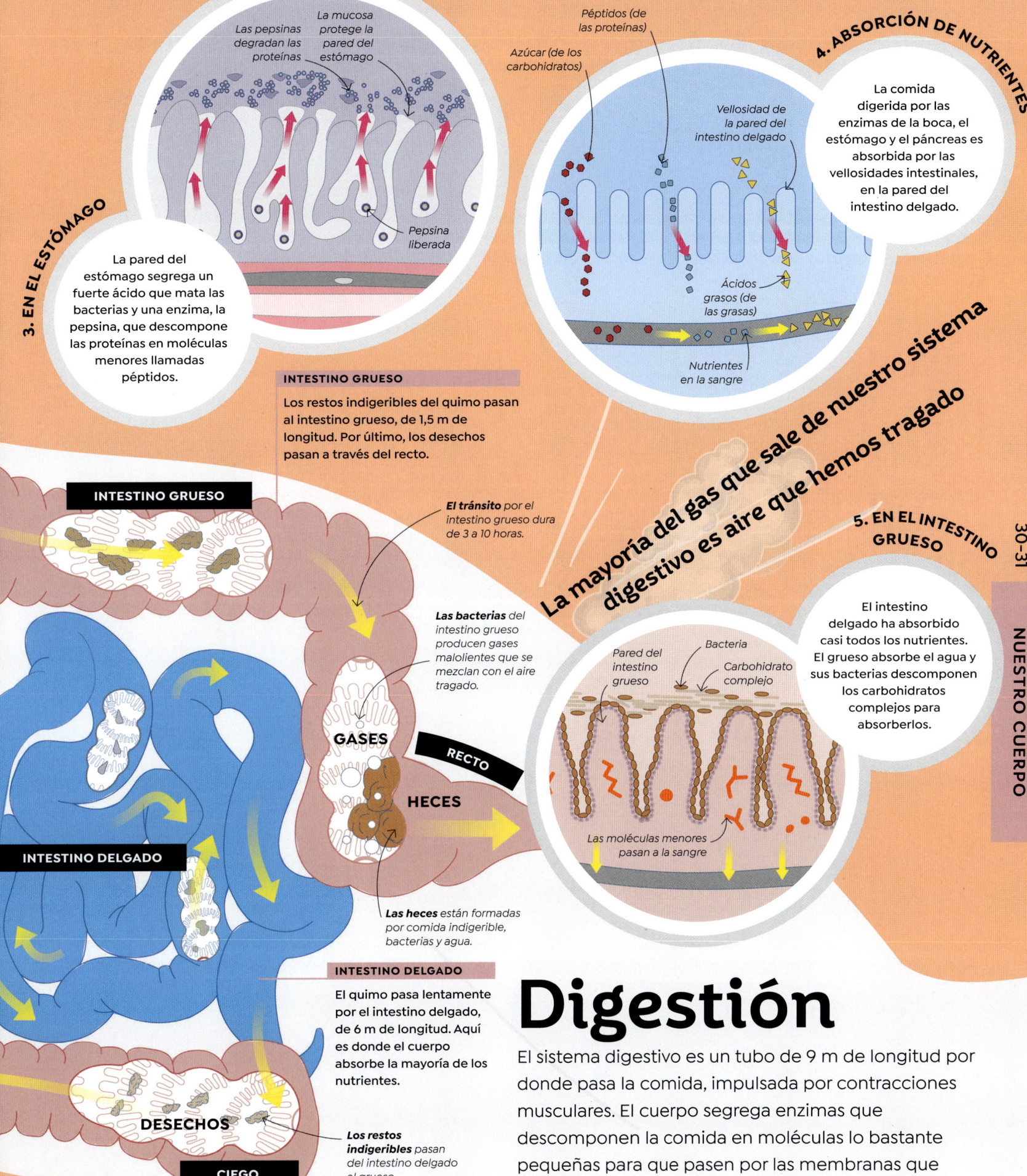

3. EN EL ESTÓMAGO

Las pepsinas degradan las proteínas

La mucosa protege la pared del estómago

Pepsina liberada

La pared del estómago segrega un fuerte ácido que mata las bacterias y una enzima, la pepsina, que descompone las proteínas en moléculas menores llamadas péptidos.

4. ABSORCIÓN DE NUTRIENTES

Péptidos (de las proteínas)

Azúcar (de los carbohidratos)

Vellosidad de la pared del intestino delgado

Ácidos grasos (de las grasas)

Nutrientes en la sangre

La comida digerida por las enzimas de la boca, el estómago y el páncreas es absorbida por las vellosidades intestinales, en la pared del intestino delgado.

INTESTINO GRUESO

Los restos indigeribles del quimo pasan al intestino grueso, de 1,5 m de longitud. Por último, los desechos pasan a través del recto.

INTESTINO GRUESO

El tránsito por el intestino grueso dura de 3 a 10 horas.

Las bacterias del intestino grueso producen gases malolientes que se mezclan con el aire tragado.

GASES

RECTO

HECES

Las heces están formadas por comida indigerible, bacterias y agua.

INTESTINO DELGADO

INTESTINO DELGADO

El quimo pasa lentamente por el intestino delgado, de 6 m de longitud. Aquí es donde el cuerpo absorbe la mayoría de los nutrientes.

Los restos indigeribles pasan del intestino delgado al grueso.

DESECHOS

CIEGO

La mayoría del gas que sale de nuestro sistema digestivo es aire que hemos tragado

5. EN EL INTESTINO GRUESO

Pared del intestino grueso

Bacteria

Carbohidrato complejo

Las moléculas menores pasan a la sangre

El intestino delgado ha absorbido casi todos los nutrientes. El grueso absorbe el agua y sus bacterias descomponen los carbohidratos complejos para absorberlos.

Digestión

El sistema digestivo es un tubo de 9 m de longitud por donde pasa la comida, impulsada por contracciones musculares. El cuerpo segrega enzimas que descomponen la comida en moléculas lo bastante pequeñas para que pasen por las membranas que recubren el sistema digestivo y lleguen a la sangre.

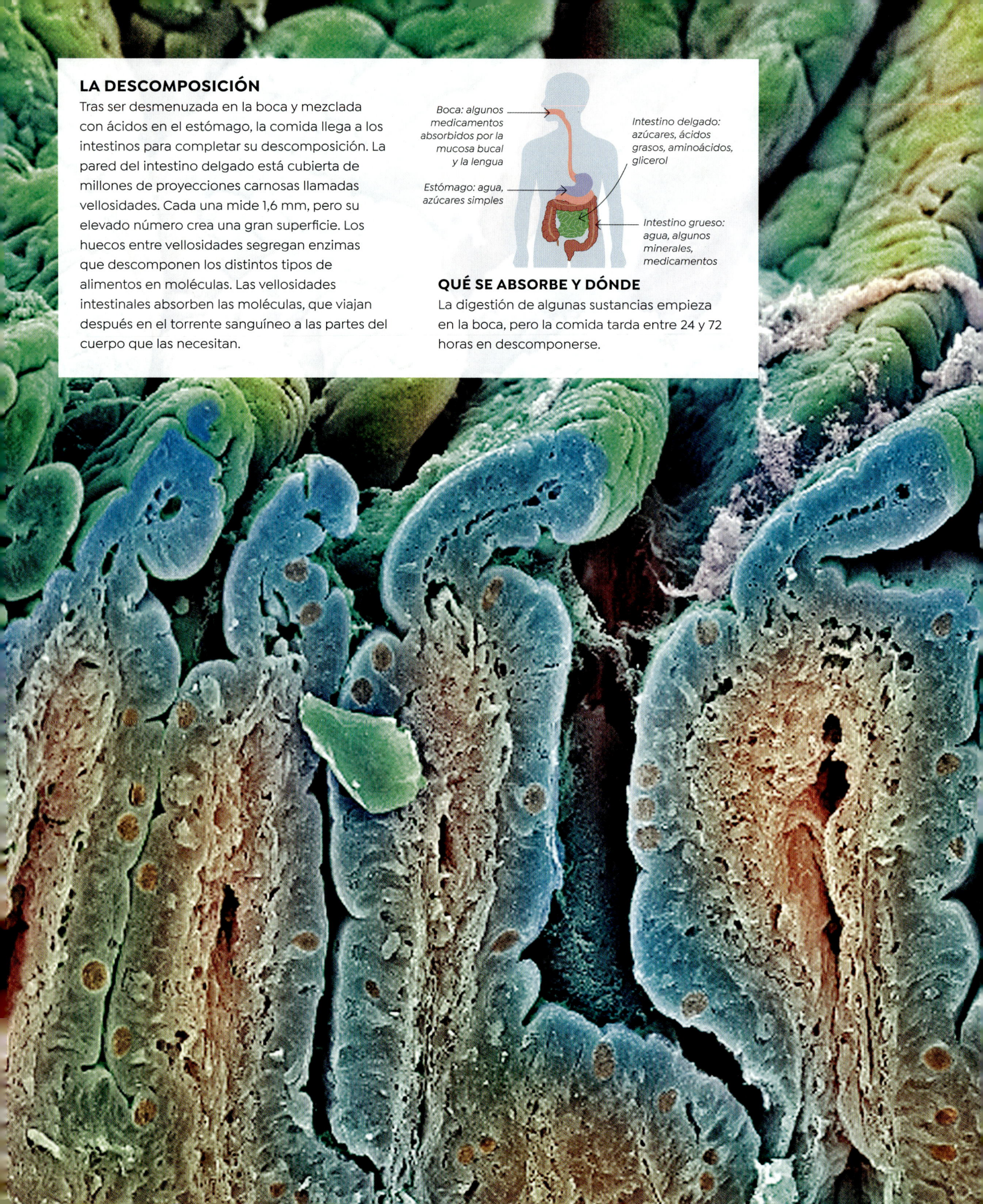

LA DESCOMPOSICIÓN

Tras ser desmenuzada en la boca y mezclada con ácidos en el estómago, la comida llega a los intestinos para completar su descomposición. La pared del intestino delgado está cubierta de millones de proyecciones carnosas llamadas vellosidades. Cada una mide 1,6 mm, pero su elevado número crea una gran superficie. Los huecos entre vellosidades segregan enzimas que descomponen los distintos tipos de alimentos en moléculas. Las vellosidades intestinales absorben las moléculas, que viajan después en el torrente sanguíneo a las partes del cuerpo que las necesitan.

Boca: algunos medicamentos absorbidos por la mucosa bucal y la lengua

Estómago: agua, azúcares simples

Intestino delgado: azúcares, ácidos grasos, aminoácidos, glicerol

Intestino grueso: agua, algunos minerales, medicamentos

QUÉ SE ABSORBE Y DÓNDE

La digestión de algunas sustancias empieza en la boca, pero la comida tarda entre 24 y 72 horas en descomponerse.

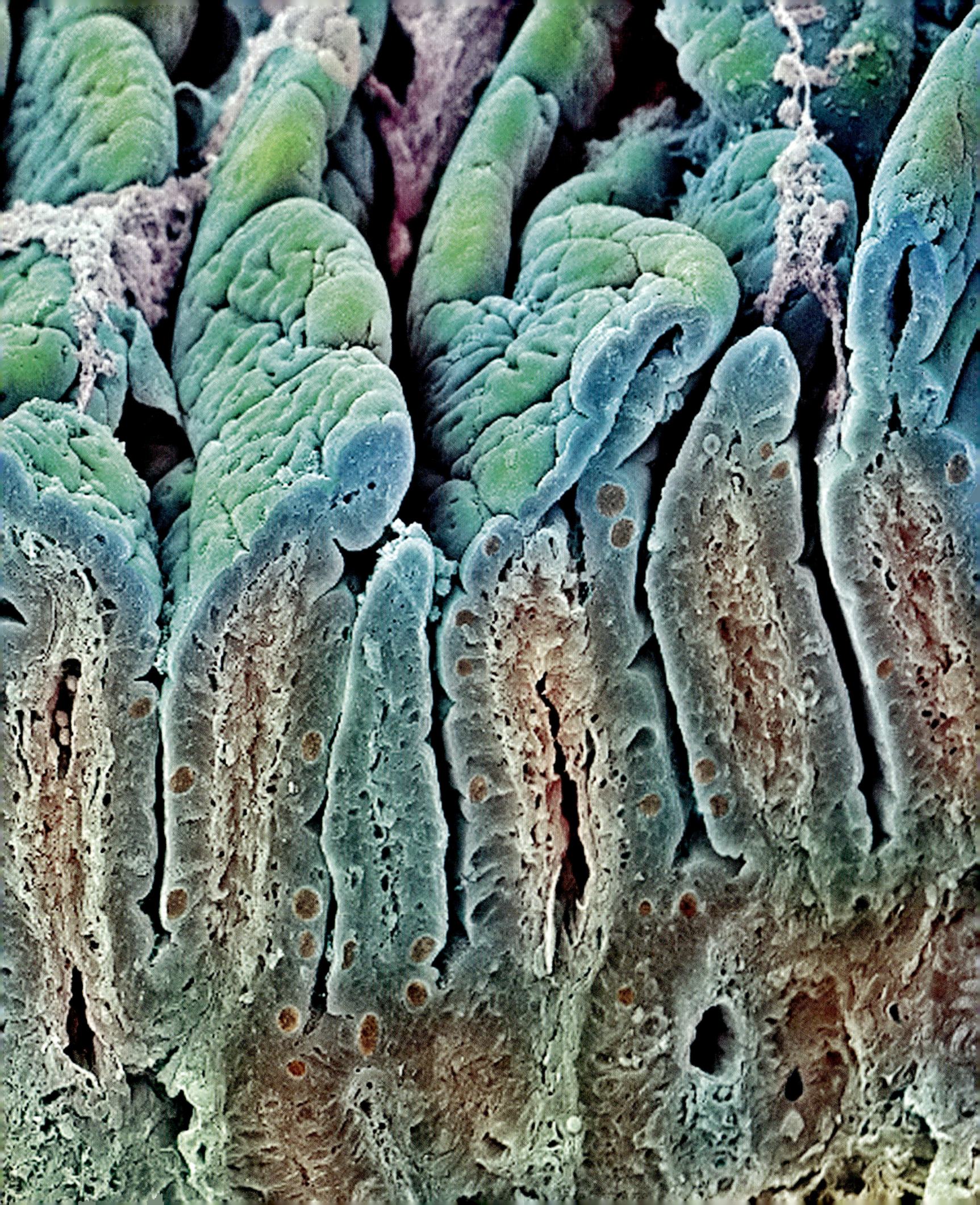

GRASAS

Todas las células necesitan grasas para formar sus membranas y ayudar al cuerpo a absorber nutrientes. Las grasas no saturadas, presentes en los aceites vegetales, los frutos secos y el pescado, reducen el riesgo de enfermedad.

Las verduras son vitales en una dieta sana porque son ricas en fibra, vitaminas y minerales. Estos nutrientes ayudan a prevenir enfermedades coronarias y algunos tipos de cáncer.

El azúcar proporciona energía rápida, pero es difícil de regular, a menos que se haga mucho ejercicio. Por eso puede provocar aumento de peso y diabetes.

La cafeína, propia del café y el té, no tiene valor nutricional.

Los lácteos, como la leche, la mantequilla o el queso, son fuentes de proteínas y grasas.

GRASAS

VERDURAS

Las alternativas a los lácteos, como la bebida de soja, tienen calcio añadido por sus fabricantes para asegurarse de que quienes no consumen lácteos tienen los nutrientes que necesitan.

La fruta es rica en agua, vitaminas, minerales y fibra, que ayudan a la digestión y previenen las enfermedades..

AGUA

Ayuda al cuerpo a digerir la comida y a mantenerlo a la temperatura adecuada. El agua es parte esencial de muchos procesos físicos.

El pescado es una excelente fuente de proteínas y grasas no saturadas, muy beneficiosas para la salud.

La carne forma parte de la dieta humana desde hace dos millones de años. Es rica en proteínas y vitamina B.

Una dieta sana se consigue comiendo platos variados, consumiendo todos los tipos de alimentos y evitando el exceso de azúcar.

CARNE

¿Te apetece una hamburguesa de saltamontes con unos jugosos gusanos? Unos dos millones de personas comen insectos a menudo. Este número va a aumentar debido al cambio climático, ya que producir comida basada en los insectos requiere menos energía, agua y tierra que otros alimentos ricos en proteínas, como la carne.

Los alimentos fermentados, como el kimchi, el chucrut y el yogur, ayudan a equilibrar las bacterias de los intestinos.

COMER INSECTOS

La energía que proporciona la comida se mide en kilocalorías (kcal). Un huevo grande tiene 80 kcal.

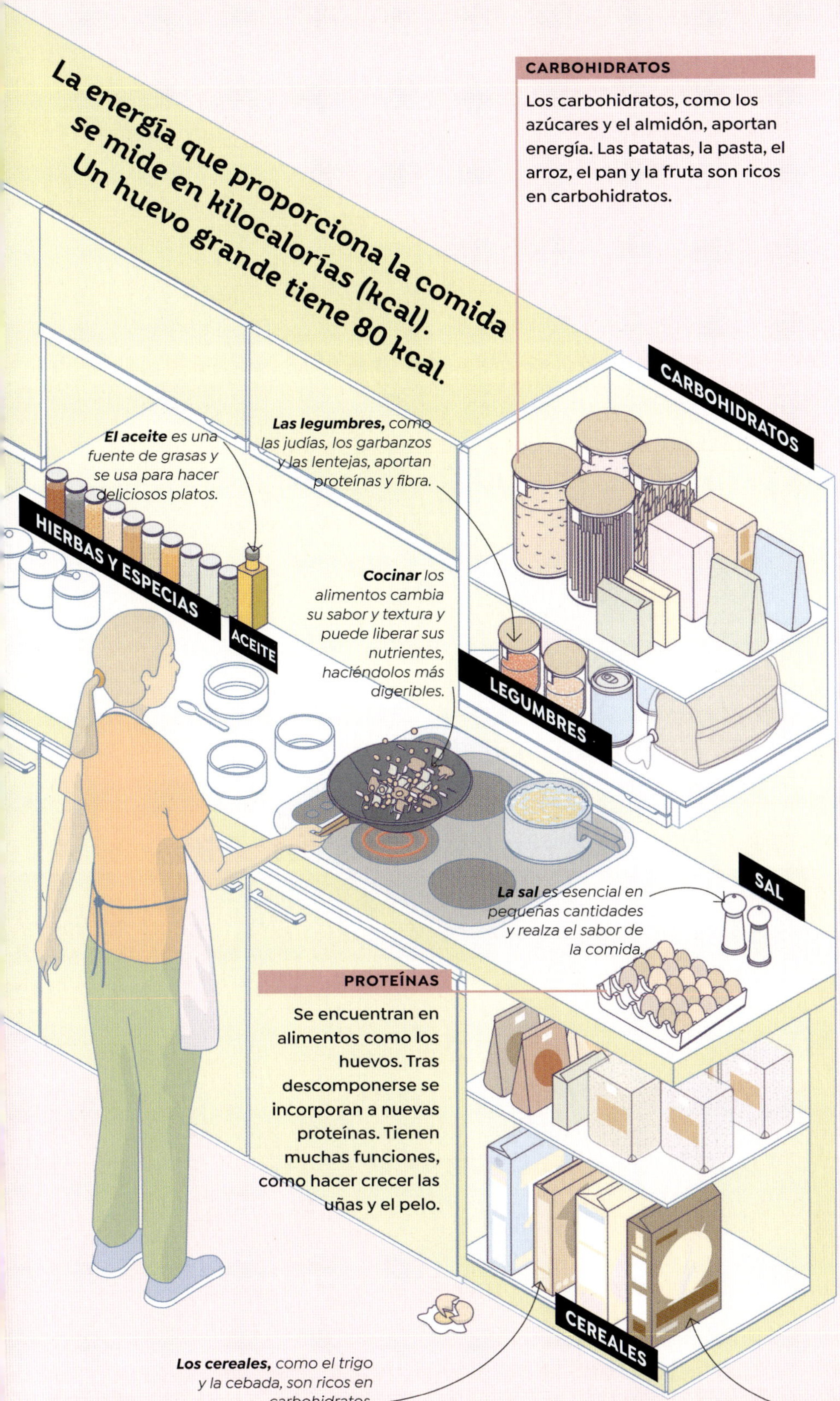

CARBOHIDRATOS

Los carbohidratos, como los azúcares y el almidón, aportan energía. Las patatas, la pasta, el arroz, el pan y la fruta son ricos en carbohidratos.

VITAMINAS Y MINERALES

Las vitaminas y los minerales son nutrientes necesarios en pequeñas cantidades, pero esenciales para mantener el cuerpo sano. Su deficiencia puede producir fatiga y enfermedades como el escorbuto y el raquitismo.

VITAMINA A
Importante para un sistema inmune sano.

VITAMINA B
Grupo de ocho vitaminas con varios roles.

VITAMINA C
Ayuda en procesos como la curación de heridas.

VITAMINA D
Mantiene sanos los huesos y los músculos.

VITAMINA E
Protege la piel y los ojos y combate la enfermedad.

CALCIO
Mineral que hace funcionar los huesos y músculos.

YODO
Mineral vital en la producción de algunas hormonas.

HIERRO
Mineral necesario para producir glóbulos rojos.

ZINC
Mineral necesario para crear nuevas células y curar heridas.

CARBOHIDRATOS

El aceite es una fuente de grasas y se usa para hacer deliciosos platos.

Las legumbres, como las judías, los garbanzos y las lentejas, aportan proteínas y fibra.

HIERBAS Y ESPECIAS

ACEITE

Cocinar los alimentos cambia su sabor y textura y puede liberar sus nutrientes, haciéndolos más digeribles.

LEGUMBRES

La sal es esencial en pequeñas cantidades y realza el sabor de la comida.

SAL

PROTEÍNAS

Se encuentran en alimentos como los huevos. Tras descomponerse se incorporan a nuevas proteínas. Tienen muchas funciones, como hacer crecer las uñas y el pelo.

CÉLULAS ADIPOSAS

El cuerpo, cuando consume carbohidratos en exceso, los convierte en grasa. Sumada a las grasas de la comida, esta grasa se almacena en las células adiposas, ubicadas bajo la piel y en torno al hígado. Actúa como reserva de energía cuando la comida es escasa o aumenta la actividad, y ayuda a mantener el cuerpo caliente.

Las células adiposas se llaman adipocitos

Los cereales, como el trigo y la cebada, son ricos en carbohidratos.

CEREALES

La fibra es un tipo de carbohidrato indigerible, pero mantiene sano el sistema digestivo.

Comida y nutrición

La comida y la bebida que consumimos deberían dotar al cuerpo de todo lo necesario para mantenerlo activo, curar las heridas y combatir la enfermedad. La comida proporciona macronutrientes (como carbohidratos, proteínas y grasas) y micronutrientes (como vitaminas y minerales).

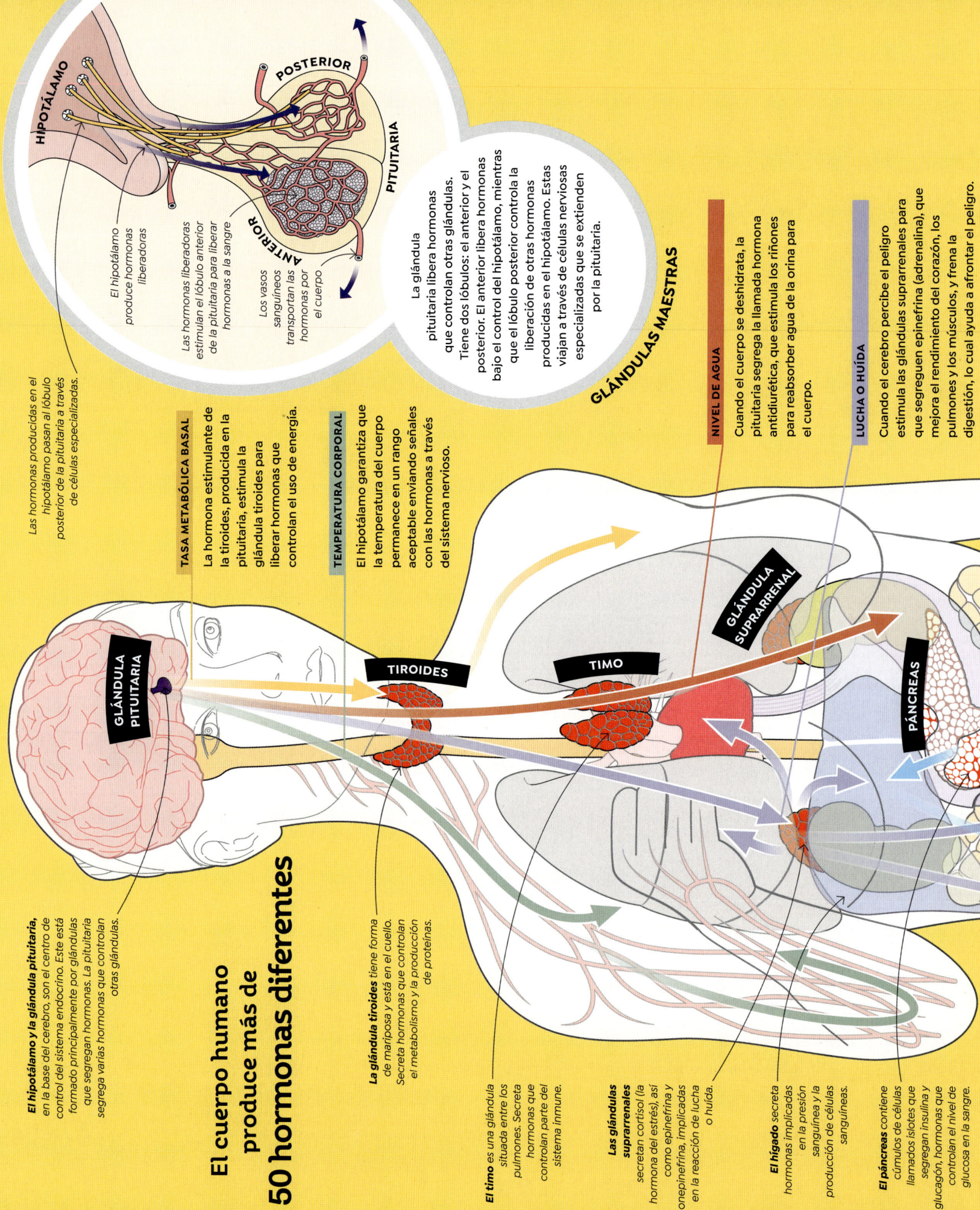

El cuerpo humano produce más de 50 hormonas diferentes

HIPOTÁLAMO

POSTERIOR

PITUITARIA

ANTERIOR

El hipotálamo produce hormonas liberadoras

Las hormonas liberadoras estimulan el lóbulo anterior de la pituitaria para liberar hormonas a la sangre

Los vasos sanguíneos transportan las hormonas por el cuerpo

Las hormonas producidas en el hipotálamo pasan al lóbulo posterior de pituitaria a través de células especializadas.

La glándula pituitaria libera hormonas que controlan otras glándulas. Tiene dos lóbulos: el anterior y el posterior. El anterior libera hormonas bajo el control del hipotálamo, mientras que el lóbulo posterior controla la liberación de otras hormonas producidas en el hipotálamo. Estas viajan a través de células nerviosas especializadas que se extienden por la pituitaria.

GLÁNDULAS MAESTRAS

TASA METABÓLICA BASAL

La hormona estimulante de la tiroides, producida en la pituitaria, estimula la glándula tiroides para liberar hormonas que controlan el uso de energía.

TEMPERATURA CORPORAL

El hipotálamo garantiza que la temperatura del cuerpo permanece en un rango aceptable enviando señales con las hormonas a través del sistema nervioso.

NIVEL DE AGUA

Cuando el cuerpo se deshidrata, la pituitaria segrega la llamada hormona antidiurética, que estimula los riñones para reabsorber agua de la orina para el cuerpo.

LUCHA O HUÍDA

Cuando el cerebro percibe el peligro estimula las glándulas suprarrenales para que segreguen epinefrina (adrenalina), que mejora el rendimiento del corazón, los pulmones y los músculos, y frena la digestión, lo cual ayuda a afrontar el peligro.

GLÁNDULA PITUITARIA

TIROIDES

TIMO

GLÁNDULA SUPRARRENAL

PÁNCREAS

El hipotálamo y la glándula pituitaria, en la base del cerebro, son el centro de control del sistema endocrino. Este está formado principalmente por glándulas que segregan hormonas. La pituitaria segrega varias hormonas que controlan otras glándulas.

La glándula tiroides tiene forma de mariposa y está en el cuello. Secreta hormonas que controlan el metabolismo y la producción de proteínas.

El timo es una glándula situada entre los pulmones. Secreta hormonas que controlan parte del sistema inmune.

Las glándulas suprarrenales secretan cortisol (la hormona del estrés), así como epinefrina y nonepinefrina, implicadas en la reacción de lucha o huída.

El hígado secreta hormonas implicadas en la presión sanguínea y la producción de células sanguíneas.

El páncreas contiene cúmulos de células llamados islotes que segregan insulina y glucagón, hormonas que controlan el nivel de glucosa en la sangre.

Hormonas

Las hormonas son las mensajeras químicas del cuerpo: controlan cómo usa la energía y cómo crece y se desarrolla. Unos grupos de células llamados glándulas segregan (liberan) hormonas en la sangre. Cuando una hormona alcanza sus objetivos, ya sean células o tejidos, hace que funcionen de un modo concreto.

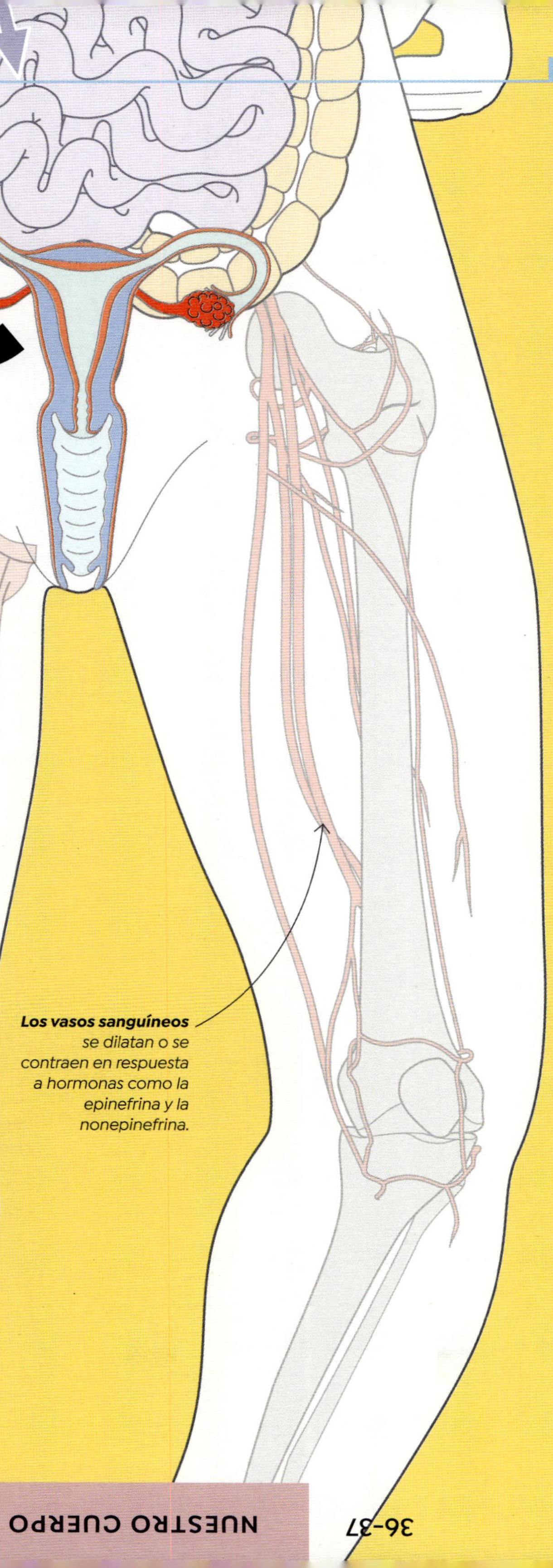

GLUCOSA EN LA SANGRE

El páncreas segrega insulina y glucagón, que regulan el nivel de glucosa en la sangre. Estas hormonas estimulan el hígado para liberar glucosa cuando es preciso o absorberla cuando hay un exceso.

REALIMENTACIÓN NEGATIVA

Las hormonas ayudan a mantener el equilibrio en los sistemas del cuerpo. Algunas lo hacen por realimentación negativa: cuando algo se desequilibra se liberan hormonas para corregir la alteración. Un buen ejemplo es la glucosa en la sangre, controlada por la insulina y el glucagón.

Si el nivel de glucosa cae, el páncreas secreta glucagón

El glucagón va al hígado

El hígado convierte el glucógeno en glucosa, liberando energía

NIVEL NORMAL DE AZÚCAR EN LA SANGRE

Si el nivel de glucosa sube, el páncreas secreta insulina

La insulina viaja en la sangre

El hígado convierte la glucosa en glucógeno para guardar energía

La digestión se ralentiza gracias a la epinefrina y el cortisol. Es parte de la reacción del cuerpo al estrés o al peligro.

Los ovarios de las mujeres adultas secretan estrógenos y progesterona, que controlan el ciclo reproductivo.

OVARIO

Los músculos almacenan glucosa cuando el nivel de insulina es alto.

Los vasos sanguíneos se dilatan o se contraen en respuesta a hormonas como la epinefrina y la nonepinefrina.

HORMONAS Y PUBERTAD

Durante la pubertad, que empieza entre los 10 y los 12 años, el cuerpo incrementa la secreción de hormonas sexuales: testosterona, estrógenos y progesterona. Estas tienen efectos sensibles en el cuerpo: causan el desarrollo de los aparatos reproductores y los caracteres sexuales secundarios, como el crecimiento del vello facial o de los senos. Muchos adolescentes también tienen acné.

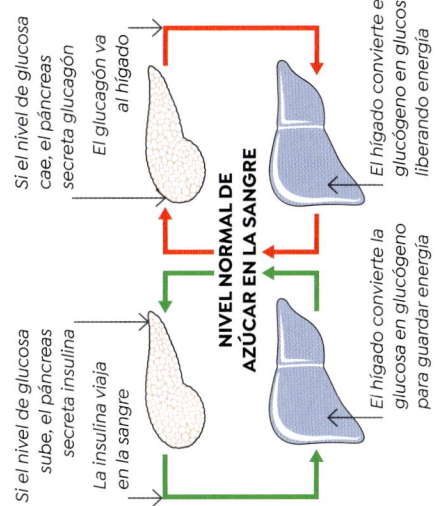

Los virus son gérmenes más pequeños que las bacterias. No son seres vivos, pero contienen ADN o ARN, estructuras químicas que portan genes con instrucciones sobre cómo replicarse (hacer copias de sí mismos). Los virus secuestran la maquinaria de replicación de las células del cuerpo (situada en su núcleo) para hacer copias de sí mismos. Estas copias dejan luego el cuerpo celular huésped e infectan otras células para replicarse.

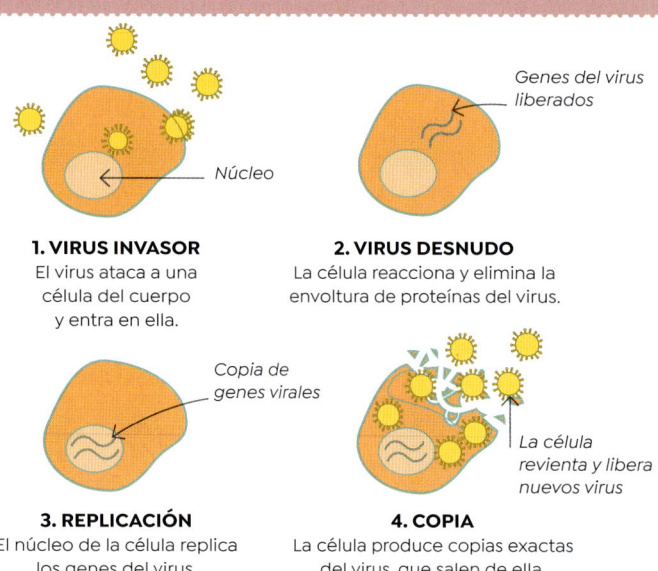

Núcleo

Genes del virus liberados

1. VIRUS INVASOR
El virus ataca a una célula del cuerpo y entra en ella.

2. VIRUS DESNUDO
La célula reacciona y elimina la envoltura de proteínas del virus.

Copia de genes virales

La célula revienta y libera nuevos virus

3. REPLICACIÓN
El núcleo de la célula replica los genes del virus.

4. COPIA
La célula produce copias exactas del virus, que salen de ella.

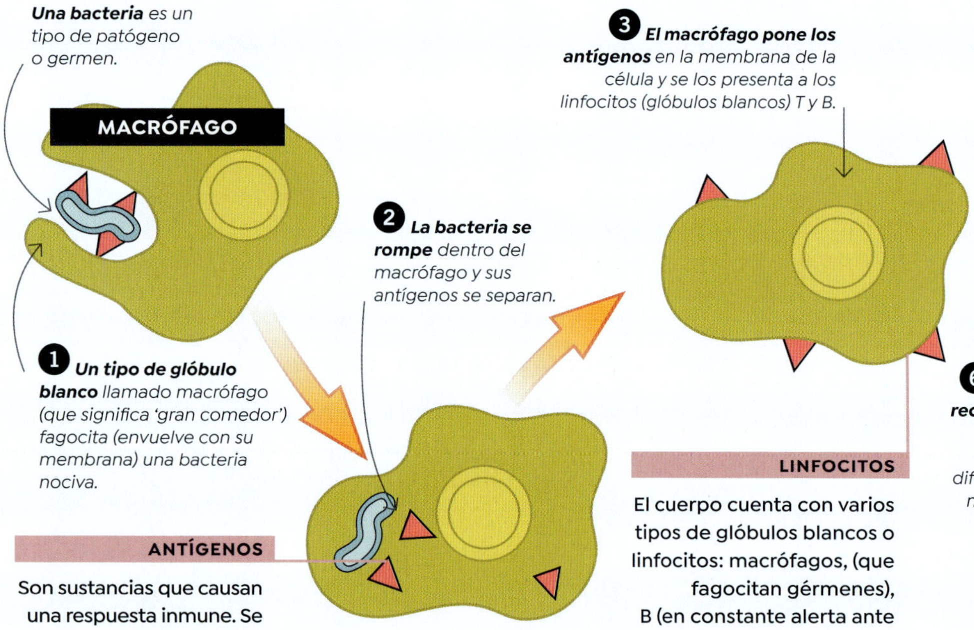

4 *Los linfocitos T que reconocen* el antígeno presentado quedan activados y se replican en cuatro tipos distintos.

Se producen linfocitos T, cada uno con receptores únicos que reconocen un antígeno específico.

LINFOCITO T

Los linfocitos T colaboradores reconocen a los patógenos que atacaron en el pasado.

LINFOCITO T COLABORADOR

5 *Los linfocitos T colaboradores liberan citoquinas, que activan los linfocitos B que reconocen el antígeno.*

Antígeno del macrófago.

Antígeno del macrófago.

LINFOCITO B

6 *Los linfocitos B que reconocen* el antígeno se activan y se replican como dos clones diferentes: linfocitos B de memoria y plasmáticos.

Una bacteria es un tipo de patógeno o germen.

MACRÓFAGO

2 *La bacteria se rompe* dentro del macrófago y sus antígenos se separan.

3 *El macrófago pone los antígenos* en la membrana de la célula y se los presenta a los linfocitos (glóbulos blancos) T y B.

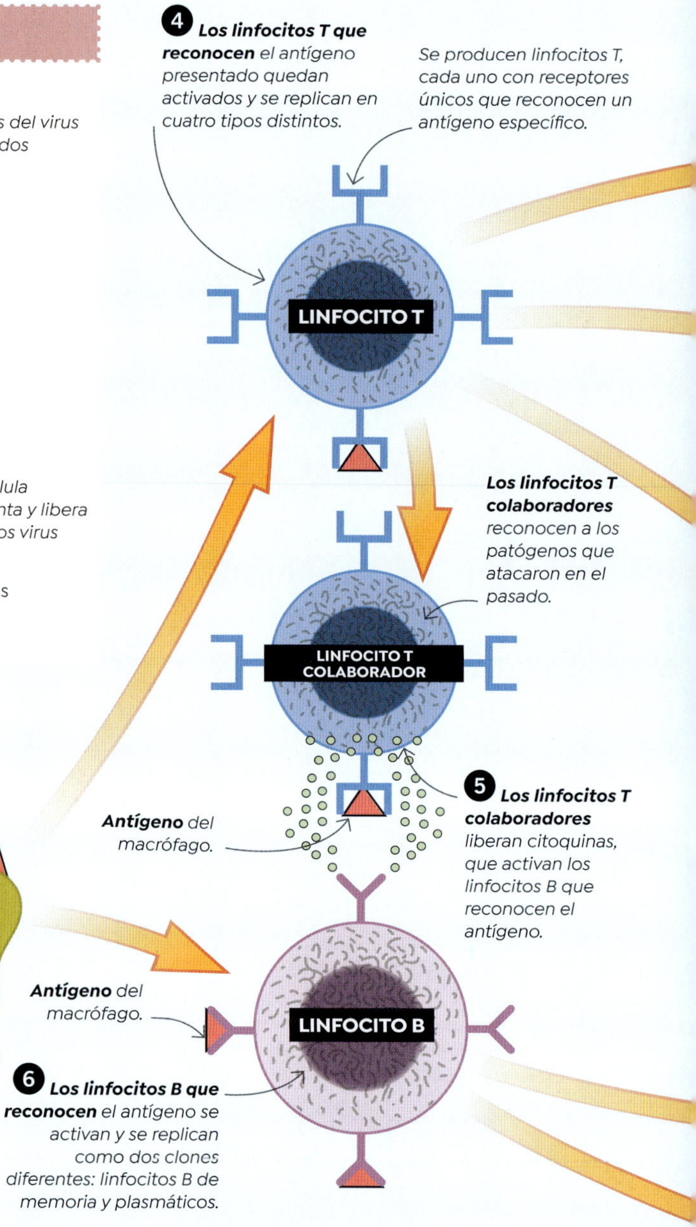

1 *Un tipo de glóbulo blanco* llamado macrófago (que significa 'gran comedor') fagocita (envuelve con su membrana) una bacteria nociva.

ANTÍGENOS

Son sustancias que causan una respuesta inmune. Se hallan en la superficie de los virus y las bacterias, así como en algunos alimentos y venenos.

LINFOCITOS

El cuerpo cuenta con varios tipos de glóbulos blancos o linfocitos: macrófagos, (que fagocitan gérmenes), B (en constante alerta ante las amenazas) y T (que estimulan a los linfocitos B y matan a células dañadas o infectadas).

INMUNIDAD INNATA

El cuerpo también tiene un sistema inmune general (no específico) innato que apunta a todo lo que identifica como extraño. Este sistema se vale de respuestas inmunitarias como la inflamación, secreciones como los mocos y las lágrimas, y barreras físicas como la piel y los diminutos cilios de las vías respiratorias (en la imagen), que atrapan patógenos inhalados.

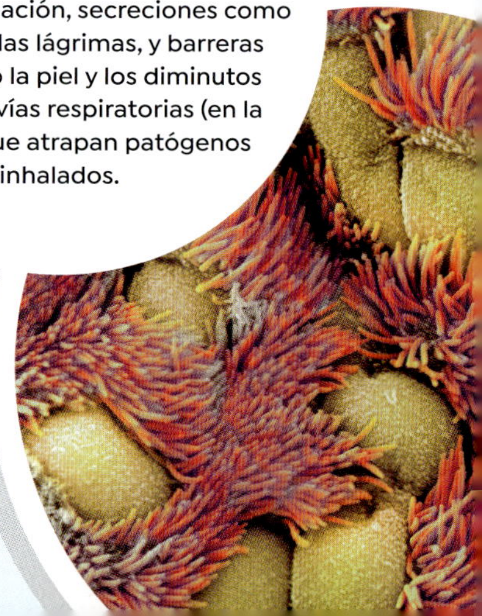

Sistema inmune

Cuando los patógenos (gérmenes) como las bacterias y los virus infectan el cuerpo, el sistema inmune entra en acción para defenderlo. Este sistema está formado por un enorme equipo de células especializadas que colaboran para neutralizar las amenazas. Su base son los glóbulos blancos y unas moléculas llamadas anticuerpos, hechas a medida para luchar contra patógenos específicos.

LINFOCITOS T CITOTÓXICOS

LINFOCITO T CITOTÓXICO

Los linfocitos T citotóxicos destruyen células dañadas o infectadas.

LINFOCITO T REGULADOR

Los linfocitos T reguladores estabilizan el sistema inmune cuando una infección remite.

LINFOCITO T DE MEMORIA

Los linfocitos T de memoria que reconocen el antígeno viven muchos años y aceleran la respuesta si el mismo patógeno ataca de nuevo.

Un linfocito T citotóxico reconoce y ataca a un antígeno de una célula infectada y libera compuestos que abren poros en la célula, causando su muerte.

El linfocito T citotóxico reconoce el antígeno y libera compuestos

La célula muere al derramarse su contenido

En la membrana se abren poros

La célula está infectada y contiene antígenos

Cada día, el cuerpo produce 100 000 millones de linfocitos

PATÓGENOS

Un patógeno o germen es cualquier cosa que causa una infección. Provocan una amplia variedad de enfermedades, como el resfriado común. Se replican (reproducen) dentro del cuerpo y pueden infectar a otras personas, por ejemplo, cuando se estornuda a su lado.

BACTERIAS
Estos patógenos pueden causar neumonía, cólera y tétanos.

VIRUS
Causan resfriados, gripe, covid-19 y varicela.

PROTISTAS
Estos organismos unicelulares pueden causar malaria.

HONGOS
Causan infecciones fúngicas, como el pie de atleta.

Los linfocitos B de memoria replicados viven muchos años en el cuerpo, listos para responder si vuelve la infección.

Se producen millones de linfocitos B distintos, uno para cada antígeno diferente.

8 Algunos anticuerpos atacan a las bacterias (u otros patógenos), haciendo que se amontonen y queden inactivas.

9 Los anticuerpos adjuntos también impiden que los patógenos se unan a las células, donde pueden multiplicarse.

LINFOCITOS B DE MEMORIA

7 Los linfocitos plasmáticos liberan gran número de anticuerpos.

BACTERIAS

ANTICUERPOS

LINFOCITO PLASMÁTICO

CÉLULAS

10 Los anticuerpos, al unirse a las bacterias u otros patógenos, atraen a los macrófagos y señalan a los patógenos para su eliminación.

Los linfocitos plasmáticos son linfocitos B que producen un anticuerpo específico para cada patógeno.

Los anticuerpos atacan a los patógenos y los señalan para ser destruidos por los linfocitos. Viven en la sangre muchos años después de la infección.

PATÓGENOS NEUTRALIZADOS

Cuando los anticuerpos atacan a un patógeno pueden neutralizarlo, impidiendo que cause una infección. Un virus neutralizado, por ejemplo, no puede unirse a las células.

13 El macrófago libera la bacteria destruida, que ahora es incapaz de replicarse e infectar las células del cuerpo.

11 El macrófago engulle la bacteria en un proceso llamado fagocitosis, que significa 'comer células'.

12 El macrófago rodea a la bacteria y la encierra en un espacio llamado vacuola, donde es digerida (descompuesta).

VACUNACIÓN

Las vacunas suelen inyectarse con una aguja hipodérmica en el tejido muscular o adiposo que hay bajo la piel, aunque algunas se administran en aerosol nasal o en pastillas.

1 *La vacuna se inyecta* a través de la piel con una aguja hipodérmica.

TIPOS DE VACUNAS

Hay varios tipos de vacunas, como los tres que se muestran a continuación. En cada caso, enseñan al sistema inmune a reconocer patógenos o gérmenes específicos.

Las vacunas atenuadas contienen patógenos vivos pero debilitados, de manera que no pueden causar la enfermedad.

Las vacunas inactivadas usan patógenos muertos pero que mantienen sus antígenos.

Los antígenos se encuentran en la superficie de los patógenos.

VACUNAS

ANTÍGENOS

Las vacunas de subunidades contienen solo partes del patógeno como los antígenos, que crean una reacción inmunitaria sin provocar la enfermedad.

TRANSMISIÓN DE GÉRMENES

Algunos patógenos van de una víctima a otra a través de organismos vivos llamados vectores, como los mosquitos y las garrapatas (en la imagen).

Las vacunas evitan más de 2,5 millones de muertes al año

2 *Un tipo de glóbulo blanco,* llamado linfocito B, se une a los antígenos de la vacuna. Esto activa los linfocitos B y los estimula para replicarse como linfocitos B plasmáticos y de memoria.

LINFOCITO B

3 *Los linfocitos plasmáticos* son engañados para que liberen grandes cantidades de anticuerpos para afrontar la falsa amenaza.

Los anticuerpos atacan a los patógenos y los señalan para que los linfocitos los destruyan.

LINFOCITOS B PLASMÁTICOS

ANTICUERPOS

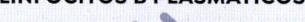

DESARROLLO DE VACUNAS

Las nuevas vacunas pasan por rigurosas pruebas de seguridad. Se prueban en animales y luego en pequeños grupos de personas, antes de someterse a ensayos en grupos de población más amplios y variados.

4 *Los linfocitos B de memoria* que reconocen el antígeno del patógeno inyectado en la vacuna viven muchos años en el cuerpo.

LINFOCITOS B DE MEMORIA

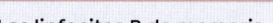

INMUNIDAD A LARGO PLAZO

Los linfocitos B de memoria viven muchos años, siempre listos para clonarse si vuelve la amenaza. Si el patógeno usado en la vacuna ataca en el futuro, los linfocitos B se copian a sí mismos para acabar con el invasor.

Vacunas

Los patógenos (gérmenes) causan enfermedades infecciosas. El sistema inmune (ver pp. 38-39) está capacitado para producir unas moléculas llamadas anticuerpos, que luchan contra cualquier infección. Algunas células inmunitarias viven muchos años en el cuerpo, ofreciendo inmunidad contra futuros ataques. Las vacunas estimulan esta reacción inmune sin necesidad de sufrir la enfermedad.

(ver pp. 38-39)

INMUNIDAD DE REBAÑO

Las vacunas protegen a millones de personas de enfermedades infecciosas mortales como la viruela, el tétanos, la gripe, el sarampión y el covid-19. Vacunar a la mayoría de la población proporciona inmunidad de rebaño, que impide que los patógenos afecten a personas que no pueden vacunarse. Sin huéspedes que infectar, el patógeno desaparece.

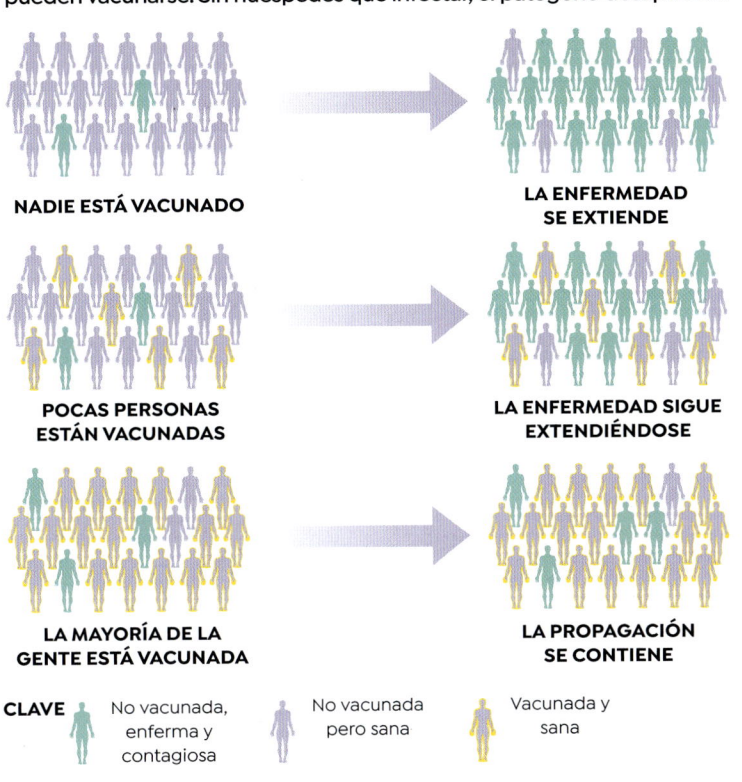

NADIE ESTÁ VACUNADO

LA ENFERMEDAD SE EXTIENDE

POCAS PERSONAS ESTÁN VACUNADAS

LA ENFERMEDAD SIGUE EXTENDIÉNDOSE

LA MAYORÍA DE LA GENTE ESTÁ VACUNADA

LA PROPAGACIÓN SE CONTIENE

CLAVE

No vacunada, enferma y contagiosa

No vacunada pero sana

Vacunada y sana

La viruela mató a 300 millones de personas en el siglo XX, antes de que las vacunas la erradicaran en 1980

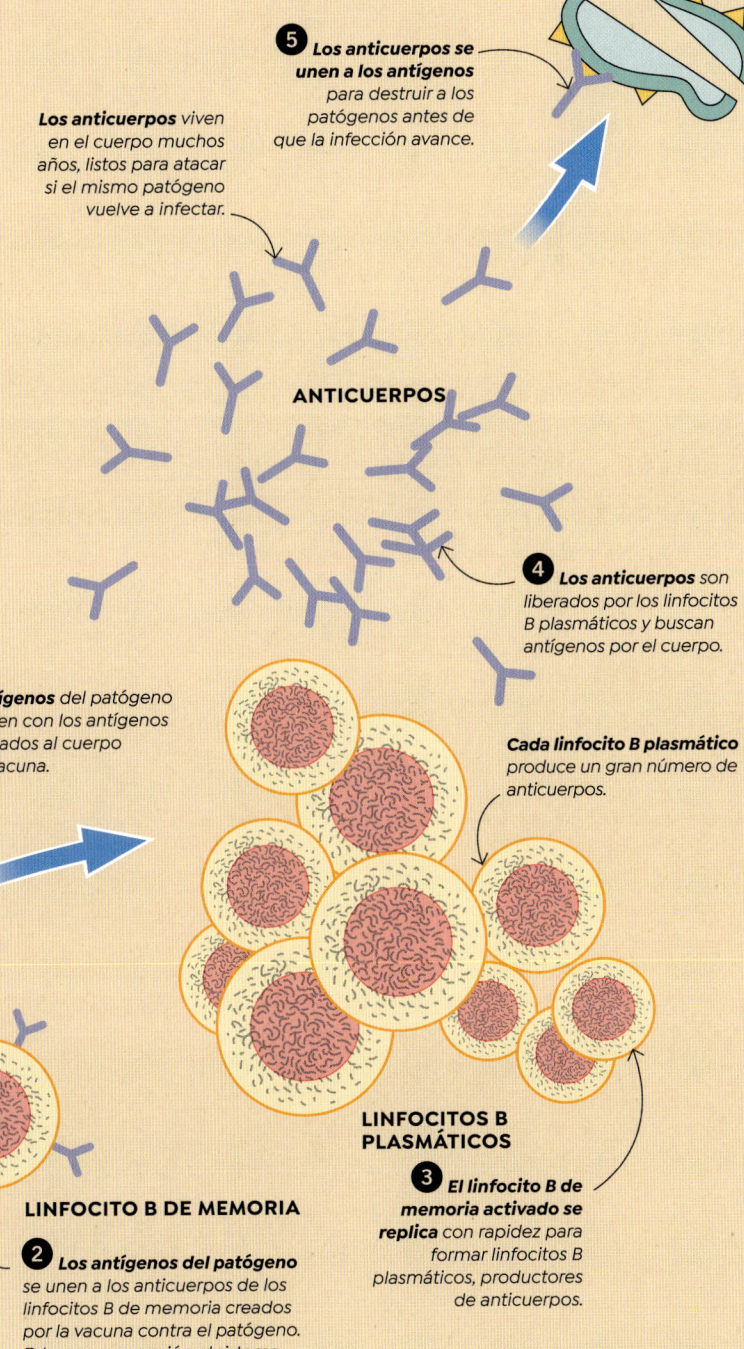

5 *Los anticuerpos se unen a los antígenos* para destruir a los patógenos antes de que la infección avance.

Los anticuerpos viven en el cuerpo muchos años, listos para atacar si el mismo patógeno vuelve a infectar.

ANTICUERPOS

4 *Los anticuerpos son liberados por los linfocitos B plasmáticos y buscan antígenos por el cuerpo.*

Los antígenos del patógeno coinciden con los antígenos presentados al cuerpo por la vacuna.

Cada linfocito B plasmático produce un gran número de anticuerpos.

LINFOCITOS B PLASMÁTICOS

3 *El linfocito B de memoria activado se replica con rapidez para formar linfocitos B plasmáticos, productores de anticuerpos.*

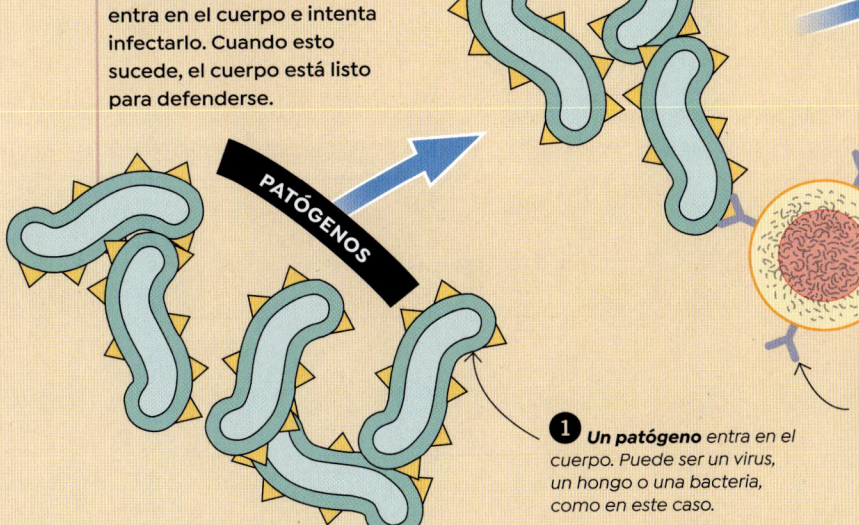

INFECCIÓN

A veces un patógeno contra el cual se está vacunado entra en el cuerpo e intenta infectarlo. Cuando esto sucede, el cuerpo está listo para defenderse.

PATÓGENOS

1 *Un patógeno* entra en el cuerpo. Puede ser un virus, un hongo o una bacteria, como en este caso.

LINFOCITO B DE MEMORIA

2 *Los antígenos del patógeno* se unen a los anticuerpos de los linfocitos B de memoria creados por la vacuna contra el patógeno. Esto pone en acción el sistema inmune.

Reproducción

La vida de todo ser humano empieza con la reproducción, un proceso que se inicia cuando un gameto masculino (espermatozoide) fecunda un gameto femenino (óvulo). Este se desarrolla en el útero de la mujer durante un periodo de unos nueve meses, hasta llegar a ser un bebé totalmente formado.

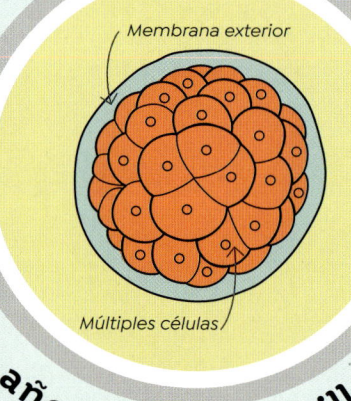

3. MASA DE CÉLULAS

Todas las células de una mórula son idénticas y pueden transformarse en cualquier tipo de célula. En cinco días empiezan a diferenciarse en tipos concretos.

Membrana exterior

Múltiples células

Cada año nacen 140 millones de bebés en el mundo

2. DIVISIÓN CELULAR

Poco después de la fecundación, el óvulo (ahora llamado cigoto) realiza su primera división celular y se duplica. Para lograr la fecundación, el espermatozoide ha sido absorbido, dejando solo su núcleo. Este se ha fundido con el núcleo del óvulo. Cada uno contribuye con la mitad del ADN necesario para que se desarrolle un nuevo ser humano.

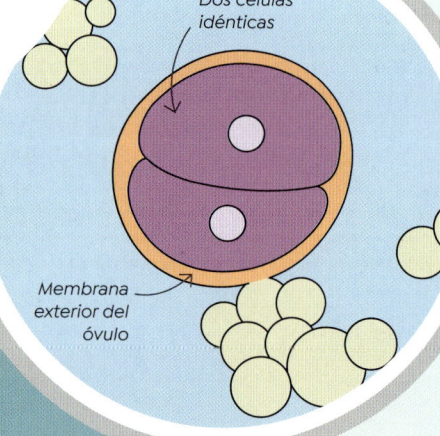

Dos células idénticas

Membrana exterior del óvulo

❶ *La fecundación* empieza cuando un espermatozoide entra en un óvulo.

CIGOTO

❷ *El cigoto* (óvulo fecundado) se divide en células idénticas.

❸ *Una mórula* es una masa de unas 16 células que se forma tres días después de la fecundación tras repetidas divisiones de las células del cigoto.

TROMPA DE FALOPIO

MÓRULA

OVARIO

APARATO REPRODUCTOR MASCULINO

De los muchos espermatozoides liberados en la eyaculación, solo uno fecunda el óvulo. Los testículos producen millones de espermatozoides a diario. Durante el acto sexual, pasan por los conductos deferentes y se mezclan con un fluido llamado semen, procedente de las vesículas seminales y la próstata, que facilita el transporte. Finalmente, salen por los conductos eyaculatorios y la uretra, en el pene.

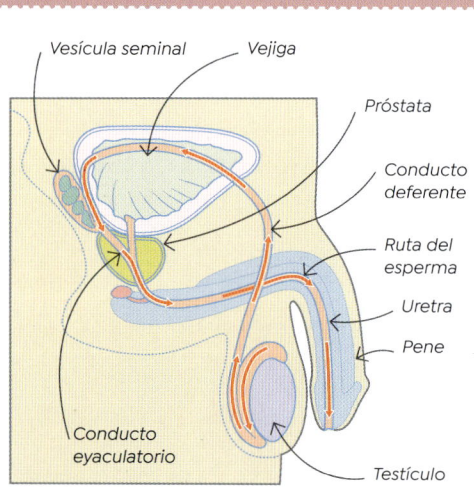

Vesícula seminal · Vejiga

Próstata

Conducto deferente

Ruta del esperma

Uretra

Pene

Conducto eyaculatorio

Testículo

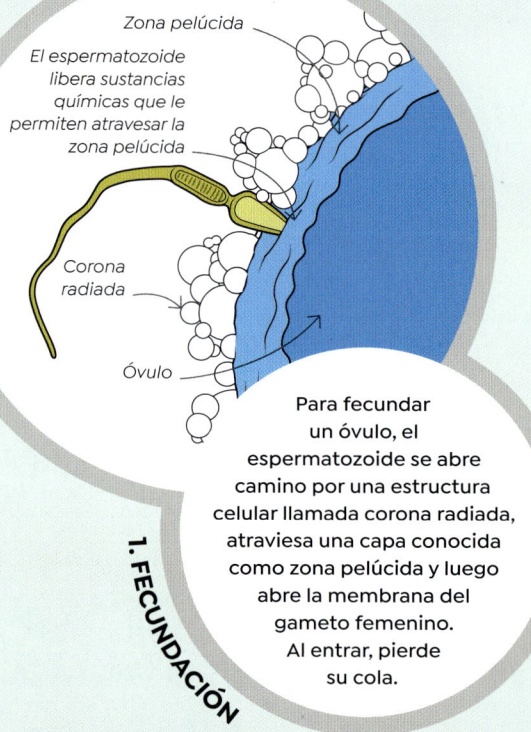

Zona pelúcida

El espermatozoide libera sustancias químicas que le permiten atravesar la zona pelúcida

Corona radiada

Óvulo

Para fecundar un óvulo, el espermatozoide se abre camino por una estructura celular llamada corona radiada, atraviesa una capa conocida como zona pelúcida y luego abre la membrana del gameto femenino. Al entrar, pierde su cola.

1. FECUNDACIÓN

VIDA EN CRECIMIENTO

La masa celular interior de la blástula se convierte en embrión; en unas nueve semanas, este se transforma en un feto como el de la imagen. Un feto posee todas las características del futuro bebé, pero con el tamaño de una pera. El feto crece y madura dentro del amnios, un saco protector lleno de líquido. Unos nueve meses después de la reproducción, está listo para nacer.

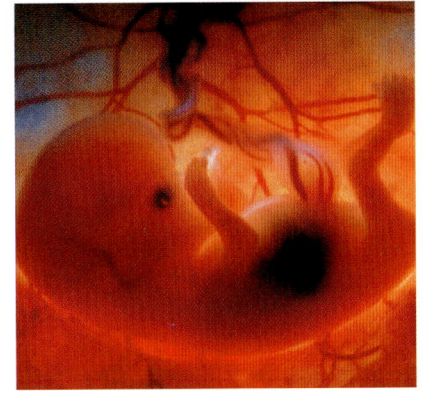

Las niñas nacen con miles de folículos inmaduros, que maduran uno a uno a partir de la pubertad

El óvulo empieza a madurar dentro del folículo

El folículo está casi maduro

Ovario

El folículo se rompe y libera un óvulo maduro: es la llamada ovulación

La mujer tiene dos ovarios, cada uno con muchos folículos inmaduros. Una vez al mes, un folículo de uno de los ovarios desarrolla y libera un óvulo maduro.

OVULACIÓN

En la trompas de Falopio, el óvulo procedente del ovario se encuentra con el esperma que ha entrado por la vagina.

El útero es el órgano en el que se desarrolla el embrión.

ÚTERO

BLÁSTULA

Las fimbrias son una especie de dedos que agarran el óvulo en la trompa de Falopio.

El miometrio es una capa muscular de la pared uterina.

El ligamento ovárico conecta el ovario con el útero.

El ovario es el órgano donde maduran los óvulos (gametos femeninos).

4 **La blástula,** evolución de la mórula, es una masa celular llena de fluido que se implanta en la pared del útero.

El endometrio, la capa más interior del útero, tiene unas ricas reservas de sangre para nutrir al embrión.

CÉRVIX

El cérvix o cuello uterino es un tejido de forma cilíndrica que conecta la vagina con el útero.

El canal de parto o vagina es un cilindro muscular flexible a través del cual nacen los bebés.

CANAL DE PARTO

VAGINA

La blástula se desarrolla unos seis días después de la fecundación y luego se implanta en la pared del útero. La masa celular interior se convierte en embrión y genera las células corporales del futuro bebé. La capa externa, llamada trofoblasto, se interconecta con una compleja estructura creada por la madre para formar la placenta, que proporciona nutrientes al feto.

4. IMPLANTACIÓN EN EL ÚTERO

Un bebé recién nacido tiene unos 26 000 millones de células

Las células ya no son idénticas

La masa celular interior se convierte en embrión

Pared del útero

Trofoblasto

En
casa

Nuestras casas varían mucho de un país a otro; muchas de ellas cuentan con tecnologías que nos protegen del mal tiempo, nos ayudan a cocinar y lavar, nos ofrecen entretenimiento y nos conectan con el mundo exterior.

Casas de madera

La madera es un material relativamente ligero, sólido y abundante que permite construir con rapidez. Se corta, moldea y une fácilmente para formar robustas estructuras que transmiten el peso del edificio a los cimientos. Además, es un material reciclable y renovable, ya que pueden plantarse nuevos árboles. Cada año se construyen cientos de miles de casas de madera.

CASAS PREFABRICADAS

Algunas casas se montan en fábricas. Primero se construyen los suelos y las paredes y luego se instalan los cables, las tuberías y las ventanas. Tras añadir los techos y el aislamiento, se rematan con la cubierta y el revestimiento exterior. Una vez acabadas se llevan en camión a su ubicación final, donde ya se han puesto los cimientos.

Las vigas son recios travesaños de madera o acero que soportan el peso del techo.

Una cañería permite que las aguas residuales de los cuartos de baño desagüen en el alcantarillado y que los gases fétidos salgan por el respiradero.

El andamio es una estructura rígida de acero que sirve para trabajar en las partes altas del edificio.

Las aberturas para las ventanas se hacen en el entramado; las ventanas se pondrán después.

ANDAMIO

VIGAS DEL TECHO

VIGAS DEL PISO

ARMAZÓN DE MADERA

Los operarios comprueban que la casa coincide con los planos en cada etapa del proyecto.

El suelo de la planta baja, por lo general de hormigón, se cubre con baldosas, madera o moqueta cuando la mayor parte de la construcción está terminada.

La tubería de desagüe atraviesa los cimientos de la casa y lleva las aguas residuales al alcantarillado.

SOLADO

SUELO DE HORMIGÓN

VIGAS

CIMENTACIÓN

LADRILLOS

CIMENTACIÓN

Primero se cava una zanja y en ella se construyen los cimientos de la casa con ladrillos, vigas, hormigón y otros materiales.

Los suministros, como la electricidad, el agua y el gas, entran por tuberías y cables insertos en los cimientos.

Las vigas de los cimientos soportan el peso del suelo y del aislamiento.

Los cimientos de ladrillo reparten el peso del edificio por un área más amplia para prevenir su hundimiento.

El nivel se usa para comprobar que los cimientos del edificio están nivelados.

El aislamiento, hecho de madera maciza y contrachapada (en láminas adheridas), se coloca bajo la losa de hormigón para reducir la humedad y la pérdida de calor.

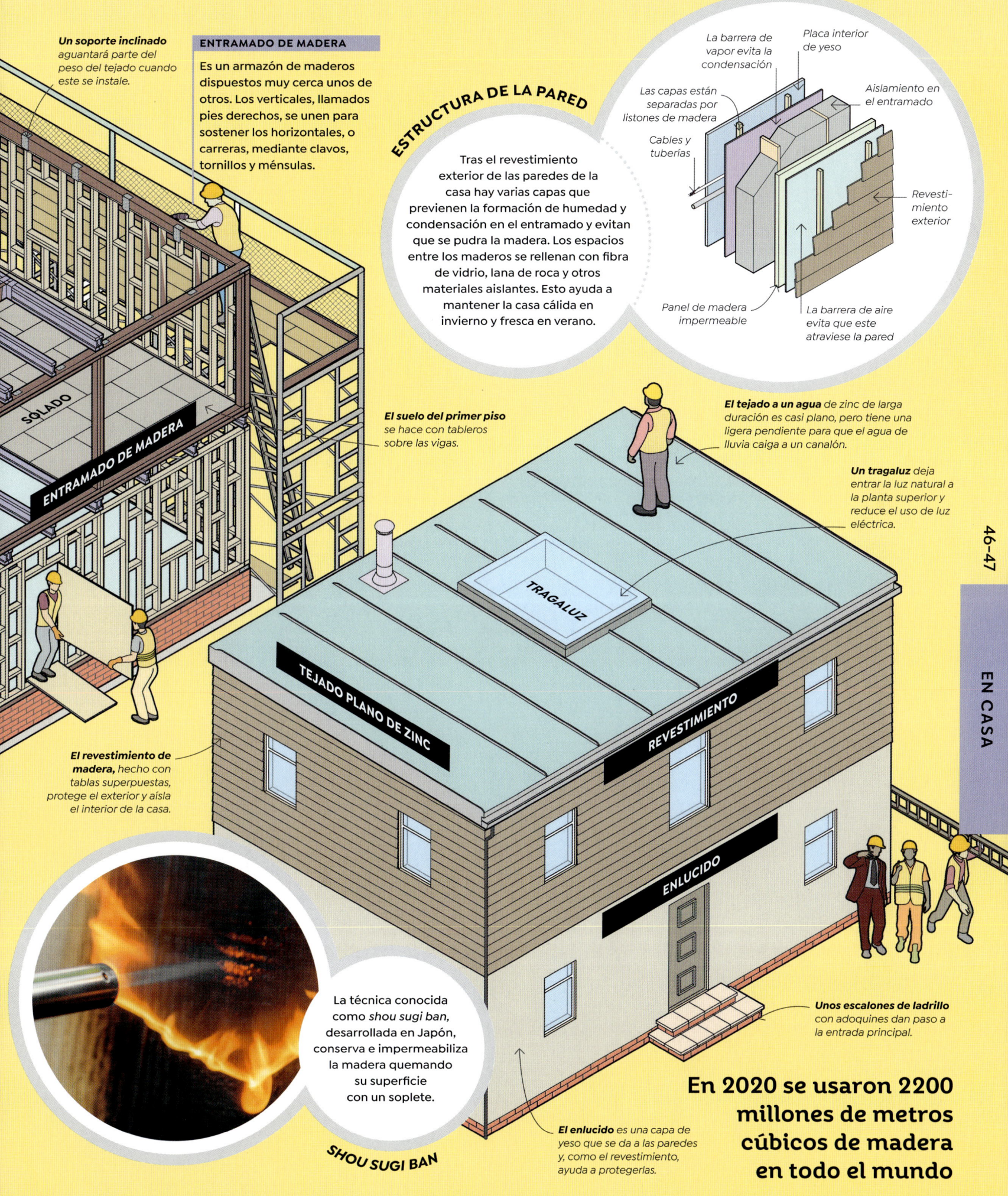

Un soporte inclinado aguantará parte del peso del tejado cuando este se instale.

ENTRAMADO DE MADERA

Es un armazón de maderos dispuestos muy cerca unos de otros. Los verticales, llamados pies derechos, se unen para sostener los horizontales, o carreras, mediante clavos, tornillos y ménsulas.

ESTRUCTURA DE LA PARED

Tras el revestimiento exterior de las paredes de la casa hay varias capas que previenen la formación de humedad y condensación en el entramado y evitan que se pudra la madera. Los espacios entre los maderos se rellenan con fibra de vidrio, lana de roca y otros materiales aislantes. Esto ayuda a mantener la casa cálida en invierno y fresca en verano.

La barrera de vapor evita la condensación

Placa interior de yeso

Las capas están separadas por listones de madera

Aislamiento en el entramado

Cables y tuberías

Revestimiento exterior

Panel de madera impermeable

La barrera de aire evita que este atraviese la pared

SOLADO

ENTRAMADO DE MADERA

El suelo del primer piso se hace con tableros sobre las vigas.

El tejado a un agua de zinc de larga duración es casi plano, pero tiene una ligera pendiente para que el agua de lluvia caiga a un canalón.

Un tragaluz deja entrar la luz natural a la planta superior y reduce el uso de luz eléctrica.

TRAGALUZ

TEJADO PLANO DE ZINC

REVESTIMIENTO

El revestimiento de madera, hecho con tablas superpuestas, protege el exterior y aísla el interior de la casa.

ENLUCIDO

La técnica conocida como *shou sugi ban,* desarrollada en Japón, conserva e impermeabiliza la madera quemando su superficie con un soplete.

Unos escalones de ladrillo con adoquines dan paso a la entrada principal.

El enlucido es una capa de yeso que se da a las paredes y, como el revestimiento, ayuda a protegerlas.

SHOU SUGI BAN

En 2020 se usaron 2200 millones de metros cúbicos de madera en todo el mundo

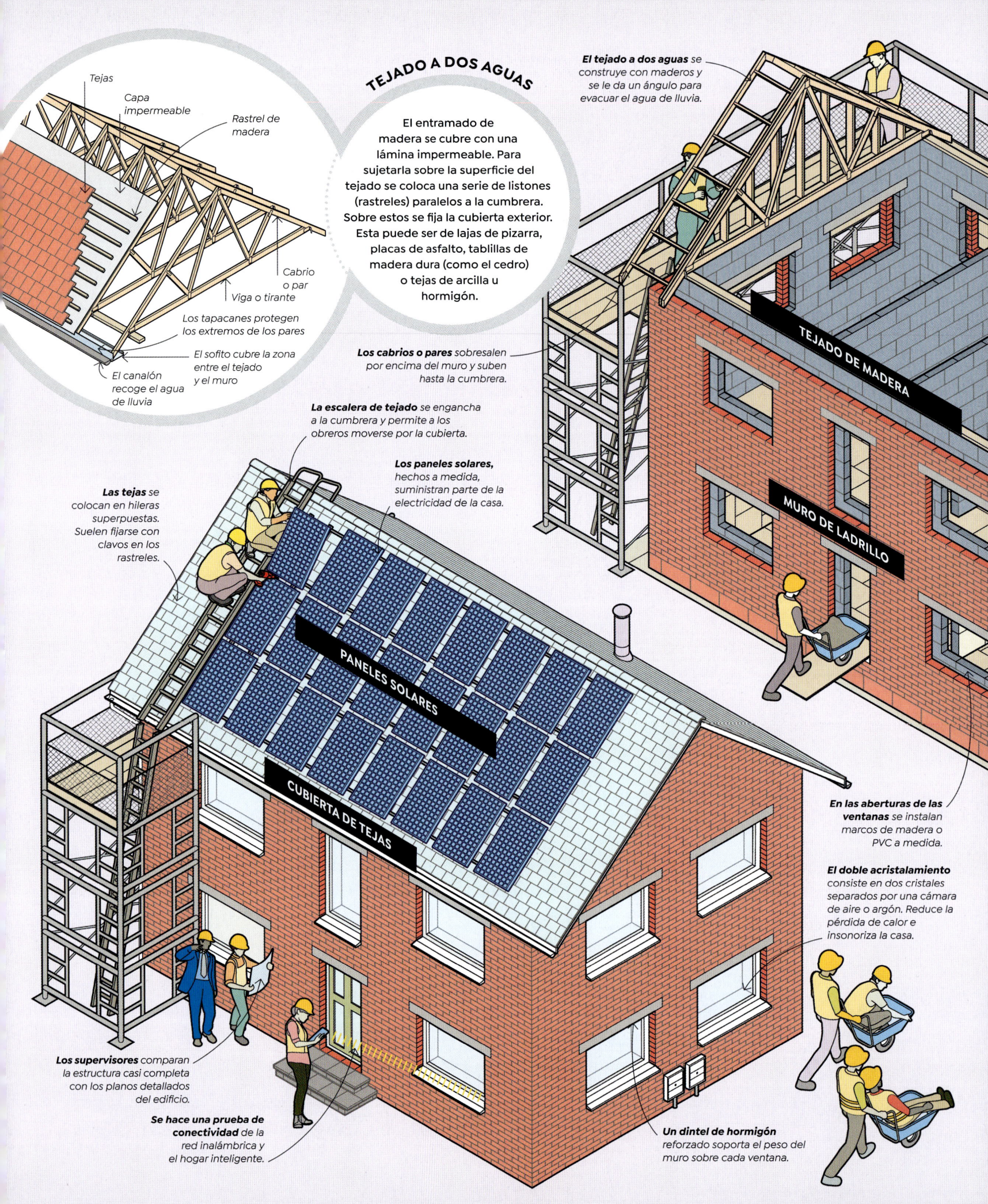

TEJADO A DOS AGUAS

El entramado de madera se cubre con una lámina impermeable. Para sujetarla sobre la superficie del tejado se coloca una serie de listones (rastreles) paralelos a la cumbrera. Sobre estos se fija la cubierta exterior. Esta puede ser de lajas de pizarra, placas de asfalto, tablillas de madera dura (como el cedro) o tejas de arcilla u hormigón.

Tejas

Capa impermeable

Rastrel de madera

Cabrio o par

Viga o tirante

Los tapacanes protegen los extremos de los pares

El sofito cubre la zona entre el tejado y el muro

El canalón recoge el agua de lluvia

El tejado a dos aguas se construye con maderos y se le da un ángulo para evacuar el agua de lluvia.

Los cabrios o pares sobresalen por encima del muro y suben hasta la cumbrera.

La escalera de tejado se engancha a la cumbrera y permite a los obreros moverse por la cubierta.

Los paneles solares, hechos a medida, suministran parte de la electricidad de la casa.

Las tejas se colocan en hileras superpuestas. Suelen fijarse con clavos en los rastreles.

TEJADO DE MADERA

MURO DE LADRILLO

PANELES SOLARES

CUBIERTA DE TEJAS

En las aberturas de las ventanas se instalan marcos de madera o PVC a medida.

El doble acristalamiento consiste en dos cristales separados por una cámara de aire o argón. Reduce la pérdida de calor e insonoriza la casa.

Los supervisores comparan la estructura casi completa con los planos detallados del edificio.

Se hace una prueba de conectividad de la red inalámbrica y el hogar inteligente.

Un dintel de hormigón reforzado soporta el peso del muro sobre cada ventana.

Las paredes interiores son de ladrillo y están revestidas con placas de escayola.

El suelo del piso superior se construye fijando paneles a las vigas con una pistola de clavos.

ANDAMIO

Para reducir el impacto de la construcción en el medio ambiente, muchos constructores hacen casas de madera, ladrillo, acero y plástico reciclado, como la de la imagen. Otros apuestan por nuevos materiales sostenibles que dependen menos del cemento o los combustibles fósiles, como el cáñamo, el bambú y el corcho. El cáñamo puede mezclarse con cal y agua para hacer ladrillos.

Casas de ladrillo

Las casas de ladrillo son robustas, duraderas y resistentes al moho y la pudrición. Se construyen *in situ*, tienen sólidos cimientos y sus muros se hacen superponiendo hileras de ladrillos unidos con mortero. Muchas de estas casas tienen muros dobles: un muro exterior de ladrillos separado de un muro interior de bloques de hormigón por una cámara aislante.

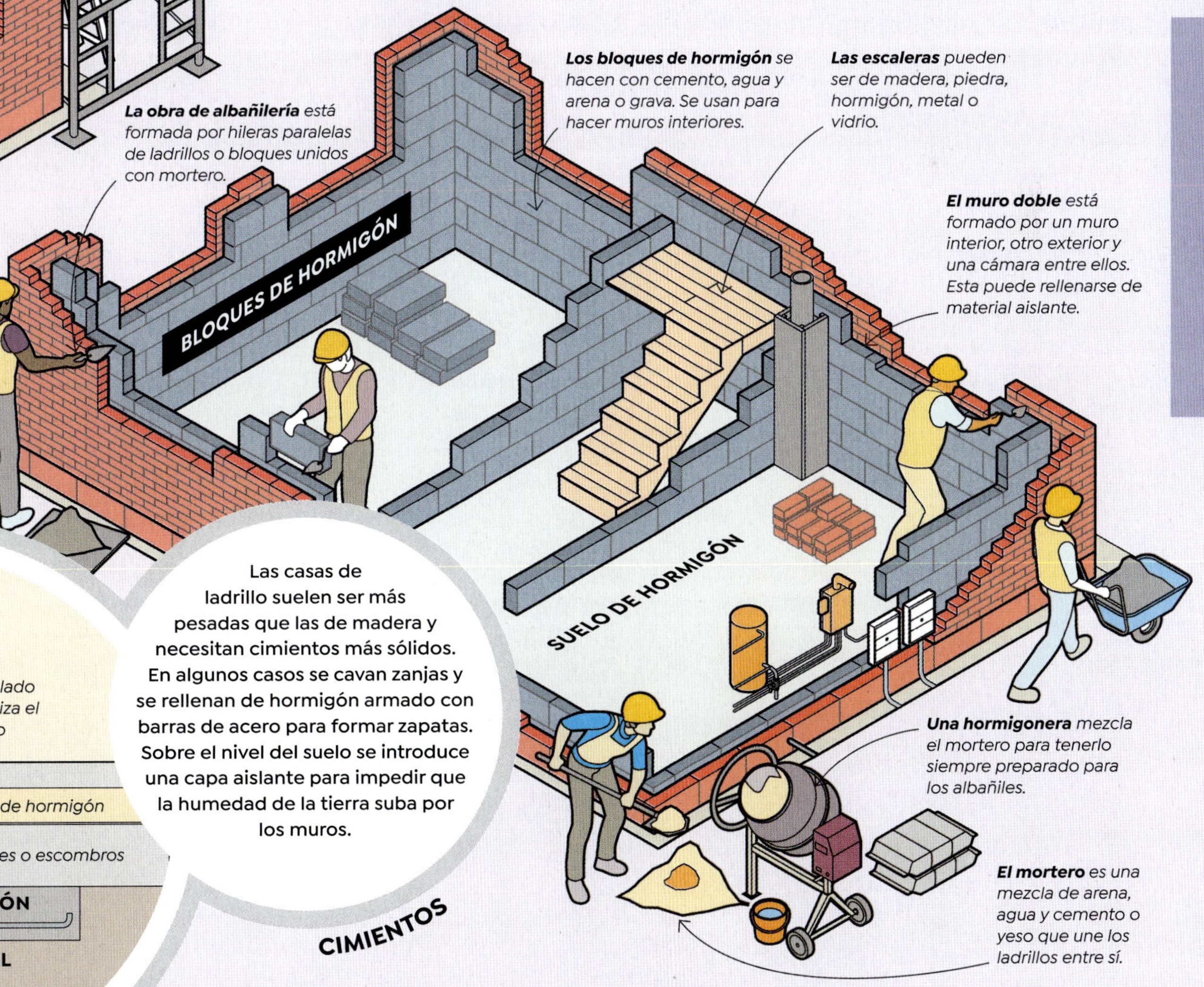

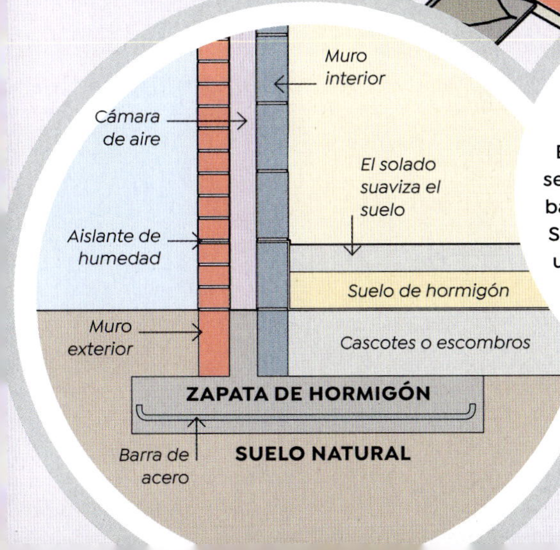

Los bloques de hormigón se hacen con cemento, agua y arena o grava. Se usan para hacer muros interiores.

Las escaleras pueden ser de madera, piedra, hormigón, metal o vidrio.

La obra de albañilería está formada por hileras paralelas de ladrillos o bloques unidos con mortero.

El muro doble está formado por un muro interior, otro exterior y una cámara entre ellos. Esta puede rellenarse de material aislante.

BLOQUES DE HORMIGÓN

Los ladrillos se hacen con arcilla, arena, agua y aditivos. Se les da la forma y luego se cuecen en un horno.

SUELO DE HORMIGÓN

Las casas de ladrillo suelen ser más pesadas que las de madera y necesitan cimientos más sólidos. En algunos casos se cavan zanjas y se rellenan de hormigón armado con barras de acero para formar zapatas. Sobre el nivel del suelo se introduce una capa aislante para impedir que la humedad de la tierra suba por los muros.

Muro interior

Cámara de aire

El solado suaviza el suelo

Aislante de humedad

Suelo de hormigón

Muro exterior

Cascotes o escombros

ZAPATA DE HORMIGÓN

Barra de acero

SUELO NATURAL

CIMIENTOS

Una hormigonera mezcla el mortero para tenerlo siempre preparado para los albañiles.

El mortero es una mezcla de arena, agua y cemento o yeso que une los ladrillos entre sí.

VIVIR EN CUEVAS

La región de Capadocia, en Turquía, es famosa por sus viviendas de más de 2000 años de antigüedad excavadas en las rocas. Estas son de un material volcánico relativamente blando llamado ignimbrita, que el viento y el agua han erosionado hasta formar altas chimeneas. Los lugareños aprovecharon la escasa dureza de las rocas para hacer viviendas, almacenes, establos e incluso iglesias. En otras partes de la región se excavaron cámaras y pasajes subterráneos para formar poblados. El mayor es Derinkuyu, con 85 m de profundidad; llegó a tener 22 000 habitantes.

Edificios modernos

Establos

Cocinas

Habitaciones

Capilla

Ventilación y pozo

Depósito

CIUDAD SUBTERRÁNEA DE DERINKUYU

Cuarto de baño

Aunque suele ser la habitación más pequeña de la casa, el cuarto de baño está lleno de tecnología. Por él pasa más agua que por cualquier otra parte de la casa. El agua fluye por aparatos sanitarios como el lavabo, el váter, el baño o la ducha. Los aparatos eléctricos siguen estrictas normas de seguridad, ya que el agua conduce la electricidad.

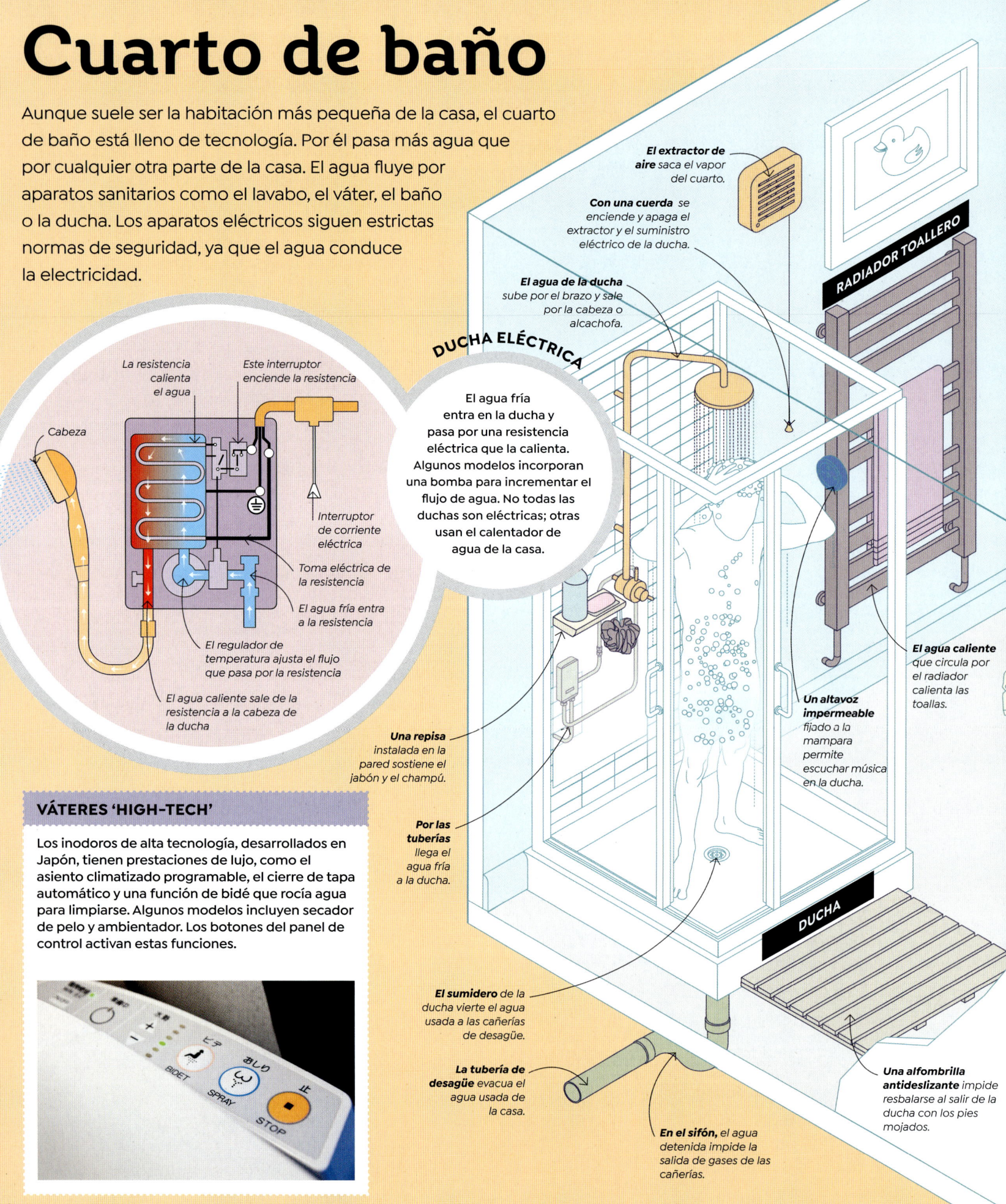

El extractor de aire saca el vapor del cuarto.

Con una cuerda se enciende y apaga el extractor y el suministro eléctrico de la ducha.

El agua de la ducha sube por el brazo y sale por la cabeza o alcachofa.

RADIADOR TOALLERO

DUCHA ELÉCTRICA

El agua fría entra en la ducha y pasa por una resistencia eléctrica que la calienta. Algunos modelos incorporan una bomba para incrementar el flujo de agua. No todas las duchas son eléctricas; otras usan el calentador de agua de la casa.

La resistencia calienta el agua

Este interruptor enciende la resistencia

Cabeza

Interruptor de corriente eléctrica

Toma eléctrica de la resistencia

El agua fría entra a la resistencia

El regulador de temperatura ajusta el flujo que pasa por la resistencia

El agua caliente sale de la resistencia a la cabeza de la ducha

El agua caliente que circula por el radiador calienta las toallas.

Un altavoz impermeable fijado a la mampara permite escuchar música en la ducha.

Una repisa instalada en la pared sostiene el jabón y el champú.

Por las tuberías llega el agua fría a la ducha.

VÁTERES 'HIGH-TECH'

Los inodoros de alta tecnología, desarrollados en Japón, tienen prestaciones de lujo, como el asiento climatizado programable, el cierre de tapa automático y una función de bidé que rocía agua para limpiarse. Algunos modelos incluyen secador de pelo y ambientador. Los botones del panel de control activan estas funciones.

DUCHA

El sumidero de la ducha vierte el agua usada a las cañerías de desagüe.

La tubería de desagüe evacua el agua usada de la casa.

Una alfombrilla antideslizante impide resbalarse al salir de la ducha con los pies mojados.

En el sifón, el agua detenida impide la salida de gases de las cañerías.

Las **puertas correderas** del armario actúan como espejos y ocultan los artículos de tocador.

El alicatado cerámico protege la pared de las salpicaduras de agua y jabón.

El enchufe permite usar máquinas de afeitar y secadores de manera segura.

El grifo monomando combina agua fría y caliente.

En el lavabo nos lavamos las manos y la cara.

LAVABO

El cubo de basura se abre pisando un pedal.

El sifón, con forma de U, retiene el agua para impedir la salida de gases fétidos de las cañerías.

El agua sale por el borde a la taza del váter.

La tubería de desagüe conduce el agua usada a las cañerías y al alcantarillado.

TAZA

VÁTER

CISTERNA

Al tirar de la cisterna, un mecanismo vacía el agua en la taza del váter.

Una cisterna suele contener entre 10 y 15 litros de agua procedente del suministro doméstico.

Un émbolo se levanta y hace que el agua entre en el mecanismo de descarga.

El agua entra en el inodoro por una tubería y se acumula en un depósito llamado cisterna.

La temperatura se controla girando el mando a un lado u otro

El flujo de agua se controla subiendo o bajando el mando

Una válvula cerámica da paso al agua de los tubos

El agua sale por la boca del grifo

Tubo del agua caliente

Tubo del agua fría

El agua de las cañerías sube por los tubos

Un grifo monomando mezcla el agua caliente y fría, que llegan por distintas tuberías, en un solo chorro. Esto facilita el control de la temperatura del agua.

GRIFO MONOMANDO

ANIMALES SEDIENTOS

A veces las mascotas también quieren usar el inodoro, pero por motivos diferentes que sus dueños. Los gatos se encaraman al asiento del váter cuando tienen sed porque el agua recién descargada está más fresca que la de su plato. Cuando se tira de la cisterna, los animales sienten fascinación por los remolinos de agua e intentan tocarlos.

EN CASA

Los ratones y las ratas portan bacterias como la salmonela. No se debe comer nada que hayan tocado.

A los ratones y las ratas les encantan las cocinas: les ofrecen calor, refugio y mucha comida. El cubo de la basura debe estar tapado y los platos y cacharros sucios han de recogerse para impedir que los roedores se den un festín. Además, los agujeros y las grietas en las paredes y el suelo deben cerrarse.

ROEDORES VORACES

La palabra cocina viene del latín *coquere*, que significa cocinar

Los hornos eléctricos se calientan con un elemento llamado resistencia.

HORNO

VENTILADOR

EVAPORADOR

6. El tubo devuelve el refrigerante al compresor al terminar el ciclo de refrigeración.

5. El ventilador distribuye el aire frío por el interior de la nevera.

El interior de la nevera está a unos 4 °C para conservar la comida e impedir el nacimiento de bacterias.

4. El serpentín del evaporador absorbe el aire del interior para mantener el frío.

NEVERA

El lavavajillas expulsa agua caliente a través de un brazo rotatorio.

3. El refrigerante se expande y se enfría cuando es bombeado al serpentín del evaporador.

LAVAVAJILLAS

1. El compresor convierte el refrigerante gaseoso en líquido caliente a alta presión.

CONDENSADOR

El sumidero del lavavajillas evacua el agua, el detergente y los restos de comida.

2. El serpentín del condensador transfiere el calor de la nevera al exterior.

Cocina

La cocina es el corazón de muchas casas. Es donde se guarda, se prepara y a menudo se consume la comida. Las cocinas están llenas de aparatos que permiten cocinar, limpiar y conservar los alimentos con facilidad. Muchos requieren electricidad para activar resistencias, bombas o motores. Las neveras, por ejemplo, tienen bombas que mueven energía térmica para enfriar su interior.

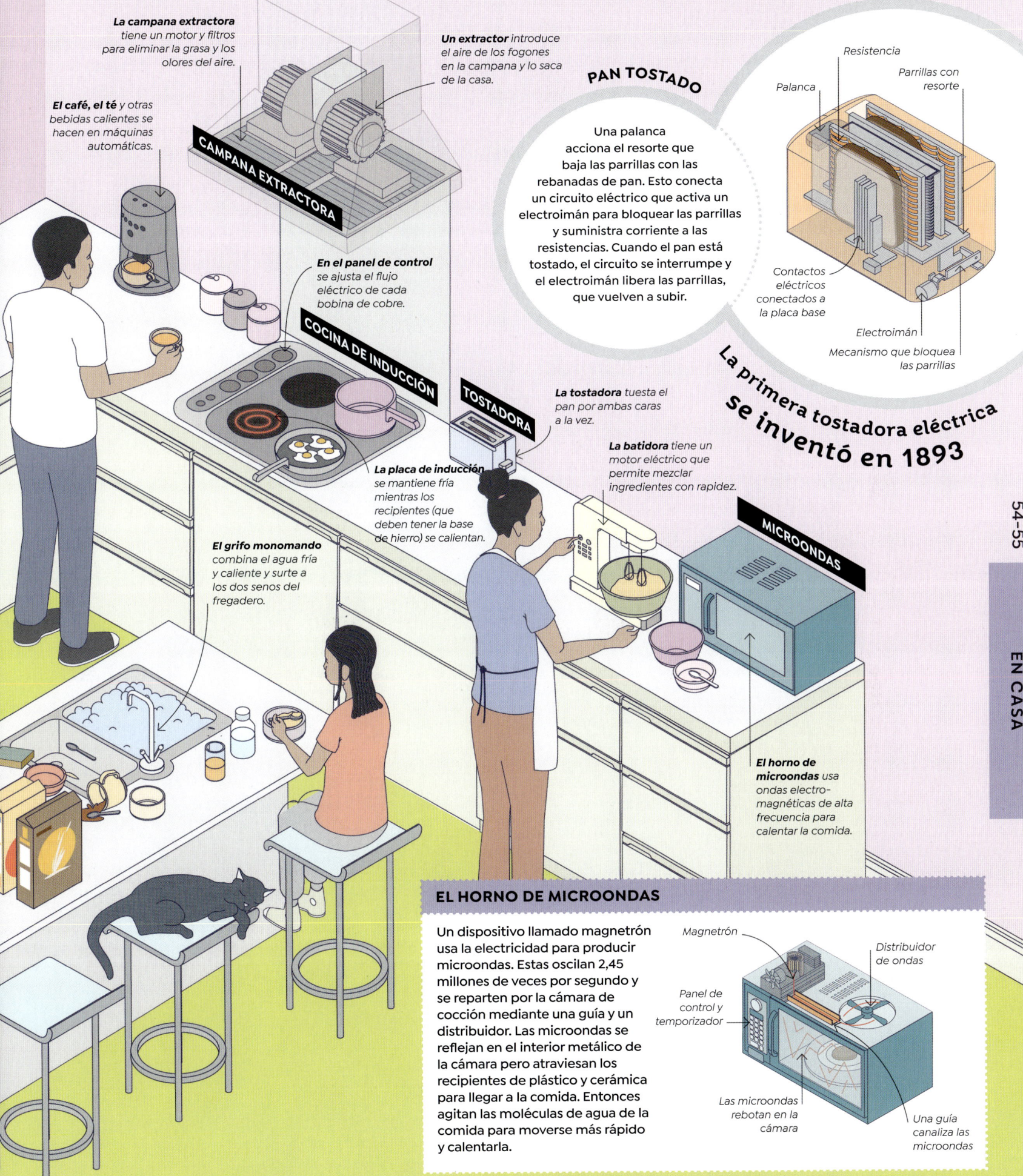

La campana extractora tiene un motor y filtros para eliminar la grasa y los olores del aire.

Un extractor introduce el aire de los fogones en la campana y lo saca de la casa.

El café, el té y otras bebidas calientes se hacen en máquinas automáticas.

CAMPANA EXTRACTORA

PAN TOSTADO

Una palanca acciona el resorte que baja las parrillas con las rebanadas de pan. Esto conecta un circuito eléctrico que activa un electroimán para bloquear las parrillas y suministra corriente a las resistencias. Cuando el pan está tostado, el circuito se interrumpe y el electroimán libera las parrillas, que vuelven a subir.

Resistencia

Palanca

Parrillas con resorte

Contactos eléctricos conectados a la placa base

Electroimán

Mecanismo que bloquea las parrillas

En el panel de control se ajusta el flujo eléctrico de cada bobina de cobre.

COCINA DE INDUCCIÓN

TOSTADORA

La tostadora tuesta el pan por ambas caras a la vez.

La placa de inducción se mantiene fría mientras los recipientes (que deben tener la base de hierro) se calientan.

La batidora tiene un motor eléctrico que permite mezclar ingredientes con rapidez.

La primera tostadora eléctrica se inventó en 1893

MICROONDAS

El grifo monomando combina el agua fría y caliente y surte a los dos senos del fregadero.

El horno de microondas usa ondas electro-magnéticas de alta frecuencia para calentar la comida.

EL HORNO DE MICROONDAS

Un dispositivo llamado magnetrón usa la electricidad para producir microondas. Estas oscilan 2,45 millones de veces por segundo y se reparten por la cámara de cocción mediante una guía y un distribuidor. Las microondas se reflejan en el interior metálico de la cámara pero atraviesan los recipientes de plástico y cerámica para llegar a la comida. Entonces agitan las moléculas de agua de la comida para moverse más rápido y calentarla.

Magnetrón

Distribuidor de ondas

Panel de control y temporizador

Las microondas rebotan en la cámara

Una guía canaliza las microondas

Hacer la comida

Hay muchas maneras de cocinar, pero todas consisten en calentar la comida para cambiar su textura, sabor y apariencia. La cocción puede espesar las salsas, suavizar las verduras crudas para que se digieran mejor, eliminar bacterias nocivas y causar reacciones químicas que convierten ingredientes incomibles en auténticas delicias.

TRANSFERENCIA DE CALOR

El calor se propaga de las zonas calientes a las frías. Para cada plato se opta por un método de cocción, basado en una de las tres formas de transferir calor a la comida.

RADIACIÓN

Mediante las ondas infrarrojas, esta forma de energía transfiere el calor de un fuego, una barbacoa, una parrilla o un gratinador a la comida.

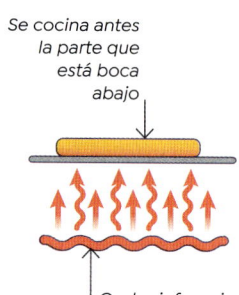

Se cocina antes la parte que está boca abajo

Ondas infrarrojas

CONDUCCIÓN

El calor se transfiere entre los materiales por contacto directo. La comida fría y cruda se cocina por inmersión en agua hirviendo.

El agua se calienta por contacto directo con la cacerola

El agua hirviendo calienta la comida

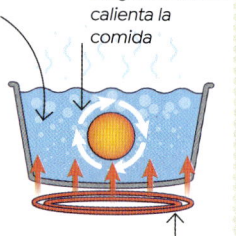

Cacerola en contacto con el quemador

CONVECCIÓN

El calor se transfiere por el movimiento de un líquido o del aire que rodea a la comida. En una vaporera, el vapor y el aire caliente suben y cocinan la comida.

El vapor calienta la comida por convección

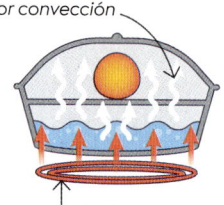

El calor lleva el agua a ebullición

COCINA ELÉCTRICA

La corriente llega a la placa, que contiene una resistencia eléctrica. Esta se opone al flujo eléctrico, empieza a calentarse y transfiere el calor al recipiente con la comida.

El aceite y la mantequilla conducen el calor de la sartén a la comida y evitan que esta se pegue a la sartén.

Los controles de temperatura regulan el flujo eléctrico y, por tanto, el calor que da la resistencia.

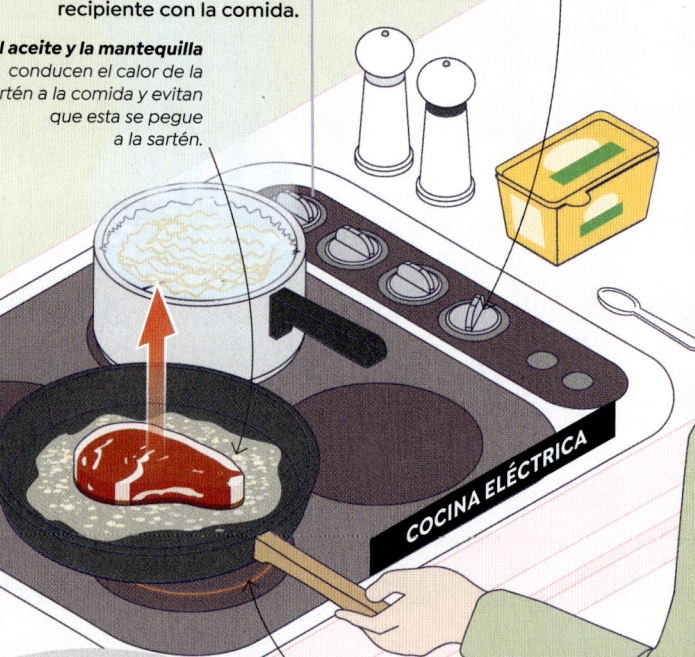

COCINA ELÉCTRICA

La bobina metálica de la cocina está cubierta de una placa vitrocerámica que reparte el calor.

COCINAR CARNE

La carne está compuesta de proteínas y grasas. Cuando se cocina, estas experimentan cambios. Las proteínas y las fibras musculares se descomponen, salen el agua y algunos jugos, y la textura cambia. Se produce la llamada reacción de Maillard: los aminoácidos y azúcares se combinan para dar sabor y un tono marrón a la carne.

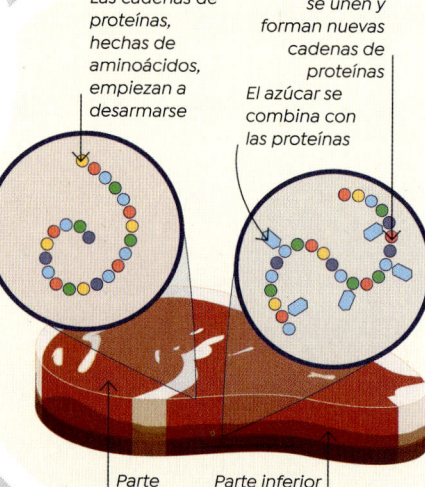

Las cadenas de proteínas, hechas de aminoácidos, empiezan a desarmarse

Los aminoácidos se unen y forman nuevas cadenas de proteínas

El azúcar se combina con las proteínas

Parte superior cruda

Parte inferior cocinada

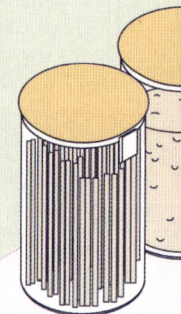

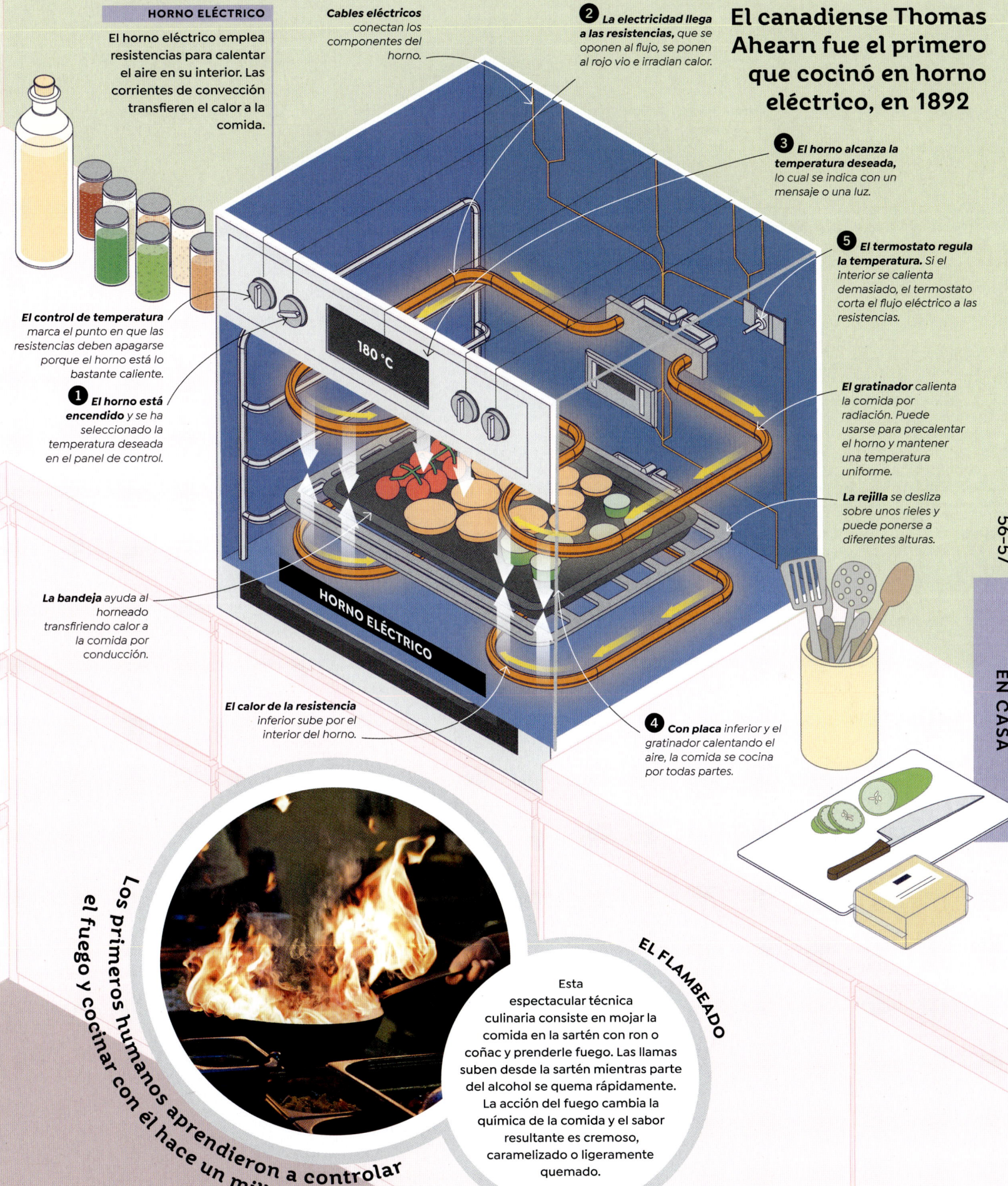

HORNO ELÉCTRICO

El horno eléctrico emplea resistencias para calentar el aire en su interior. Las corrientes de convección transfieren el calor a la comida.

Cables eléctricos conectan los componentes del horno.

2 **La electricidad llega a las resistencias,** que se oponen al flujo, se ponen al rojo vio e irradian calor.

El canadiense Thomas Ahearn fue el primero que cocinó en horno eléctrico, en 1892

3 **El horno alcanza la temperatura deseada,** lo cual se indica con un mensaje o una luz.

5 **El termostato regula la temperatura.** *Si el interior se calienta demasiado, el termostato corta el flujo eléctrico a las resistencias.*

El control de temperatura *marca el punto en que las resistencias deben apagarse porque el horno está lo bastante caliente.*

1 **El horno está encendido** *y se ha seleccionado la temperatura deseada en el panel de control.*

180 °C

El gratinador *calienta la comida por radiación. Puede usarse para precalentar el horno y mantener una temperatura uniforme.*

La rejilla *se desliza sobre unos rieles y puede ponerse a diferentes alturas.*

La bandeja *ayuda al horneado transfiriendo calor a la comida por conducción.*

HORNO ELÉCTRICO

El calor de la resistencia *inferior sube por el interior del horno.*

4 **Con placa** *inferior y el gratinador calentando el aire, la comida se cocina por todas partes.*

Los primeros humanos aprendieron a controlar el fuego y cocinar con él hace un millón de años

EL FLAMBEADO

Esta espectacular técnica culinaria consiste en mojar la comida en la sartén con ron o coñac y prenderle fuego. Las llamas suben desde la sartén mientras parte del alcohol se quema rápidamente. La acción del fuego cambia la química de la comida y el sabor resultante es cremoso, caramelizado o ligeramente quemado.

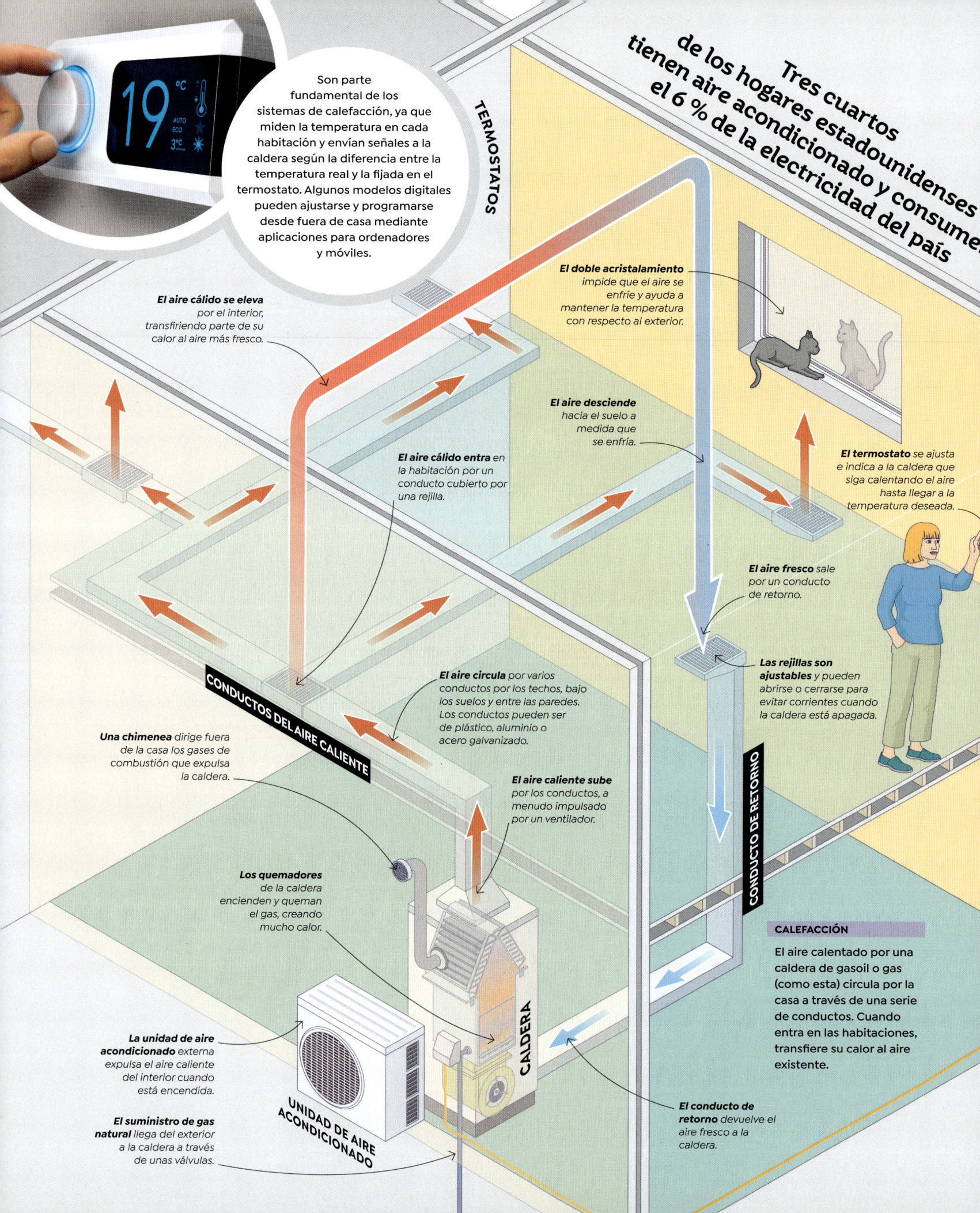

TERMOSTATOS

Son parte fundamental de los sistemas de calefacción, ya que miden la temperatura en cada habitación y envían señales a la caldera según la diferencia entre la temperatura real y la fijada en el termostato. Algunos modelos digitales pueden ajustarse y programarse desde fuera de casa mediante aplicaciones para ordenadores y móviles.

El doble acristalamiento impide que el aire se enfríe y ayuda a mantener la temperatura con respecto al exterior.

El aire cálido se eleva por el interior, transfiriendo parte de su calor al aire más fresco.

El aire desciende hacia el suelo a medida que se enfría.

El aire cálido entra en la habitación por un conducto cubierto por una rejilla.

El termostato se ajusta e indica a la caldera que siga calentando el aire hasta llegar a la temperatura deseada.

El aire fresco sale por un conducto de retorno.

CONDUCTOS DEL AIRE CALIENTE

Una chimenea dirige fuera de la casa los gases de combustión que expulsa la caldera.

El aire circula por varios conductos por los techos, bajo los suelos y entre las paredes. Los conductos pueden ser de plástico, aluminio o acero galvanizado.

Las rejillas son ajustables y pueden abrirse o cerrarse para evitar corrientes cuando la caldera está apagada.

CONDUCTO DE RETORNO

El aire caliente sube por los conductos, a menudo impulsado por un ventilador.

Los quemadores de la caldera encienden y queman el gas, creando mucho calor.

CALDERA

CALEFACCIÓN

El aire calentado por una caldera de gasoil o gas (como esta) circula por la casa a través de una serie de conductos. Cuando entra en las habitaciones, transfiere su calor al aire existente.

La unidad de aire acondicionado externa expulsa el aire caliente del interior cuando está encendida.

UNIDAD DE AIRE ACONDICIONADO

El suministro de gas natural llega del exterior a la caldera a través de unas válvulas.

El conducto de retorno devuelve el aire fresco a la caldera.

Calefacción y aire acondicionado

El clima en los espacios interiores de las casas, oficinas y otros edificios se controla calentando, enfriando y moviendo el aire. La calefacción puede distribuir el calor por todo un edificio, mientras que el aire acondicionado refresca el ambiente y controla el flujo y la calidad del aire. Ambos sistemas consumen mucha energía, pero también pueden mejorar su eficiencia con el uso de termostatos y el aislamiento.

AISLAMIENTO

Cuando hay una diferencia de temperatura, el calor va de las zonas cálidas a las frescas. Los edificios pueden ganar eficiencia energética con aislamientos de espuma o fibra, que atrapan el calor e impiden que se escape por las paredes y el techo.

AIRE ACONDICIONADO

Una parte del acondicionador de aire está dentro de la casa y la otra, fuera. La unidad interior aspira el aire cálido de las habitaciones y baja su temperatura, haciéndolo pasar junto un serpentín evaporador enfriado por un gas refrigerante. Este lleva el calor afuera, donde se airea a través del serpentín del condensador.

Los acondicionadores de aire no solo refrescan la casa, también le restan humedad

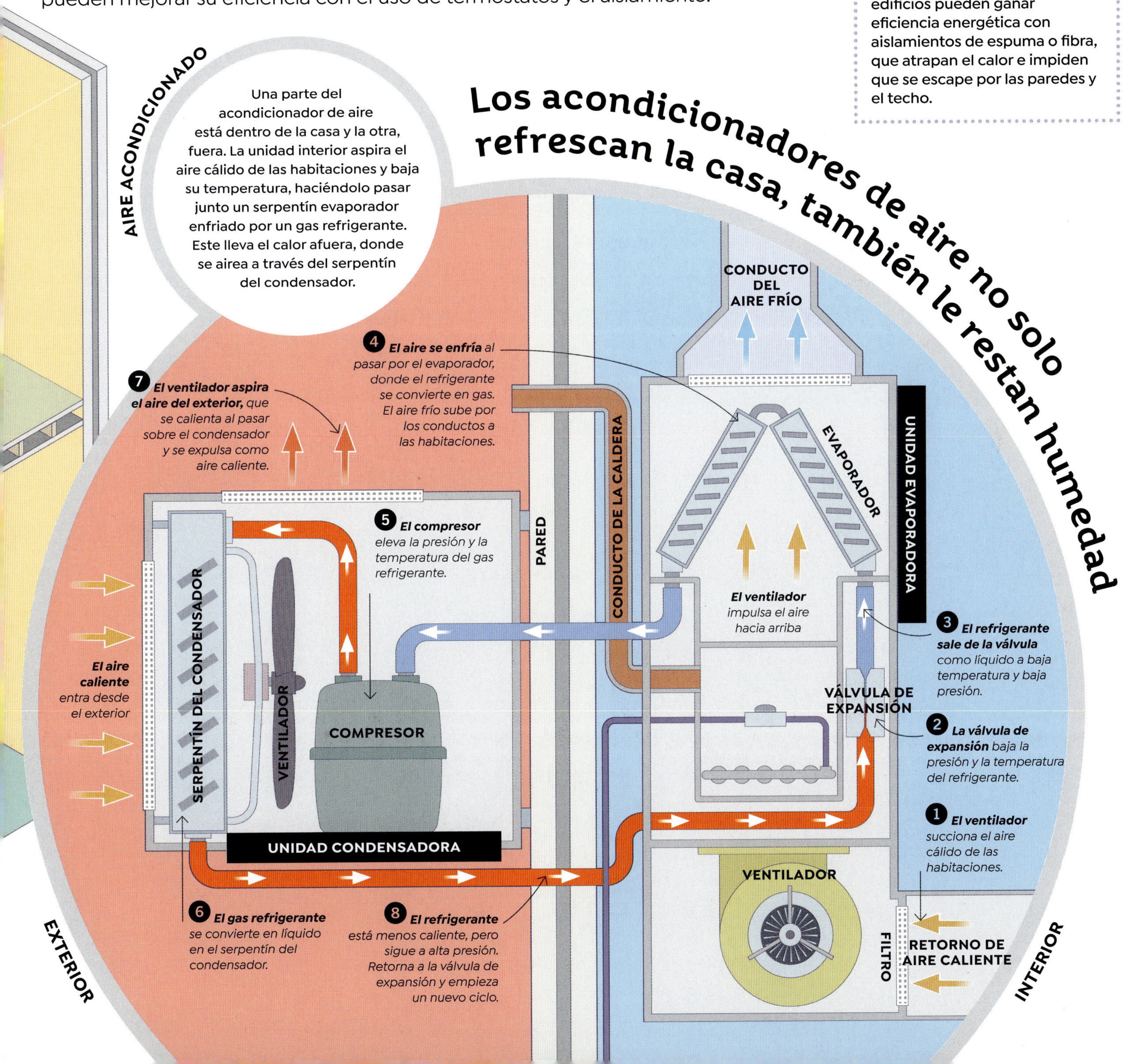

4 *El aire se enfría* al pasar por el evaporador, donde el refrigerante se convierte en gas. El aire frío sube por los conductos a las habitaciones.

CONDUCTO DEL AIRE FRÍO

7 *El ventilador aspira el aire del exterior,* que se calienta al pasar sobre el condensador y se expulsa como aire caliente.

5 *El compresor* eleva la presión y la temperatura del gas refrigerante.

EVAPORADOR

UNIDAD EVAPORADORA

El ventilador impulsa el aire hacia arriba

3 *El refrigerante sale de la válvula* como líquido a baja temperatura y baja presión.

VÁLVULA DE EXPANSIÓN

2 *La válvula de expansión* baja la presión y la temperatura del refrigerante.

SERPENTÍN DEL CONDENSADOR

VENTILADOR

COMPRESOR

PARED

CONDUCTO DE LA CALDERA

El aire caliente entra desde el exterior

UNIDAD CONDENSADORA

1 *El ventilador* succiona el aire cálido de las habitaciones.

VENTILADOR

6 *El gas refrigerante* se convierte en líquido en el serpentín del condensador.

8 *El refrigerante* está menos caliente, pero sigue a alta presión. Retorna a la válvula de expansión y empieza un nuevo ciclo.

FILTRO

RETORNO DE AIRE CALIENTE

EXTERIOR

INTERIOR

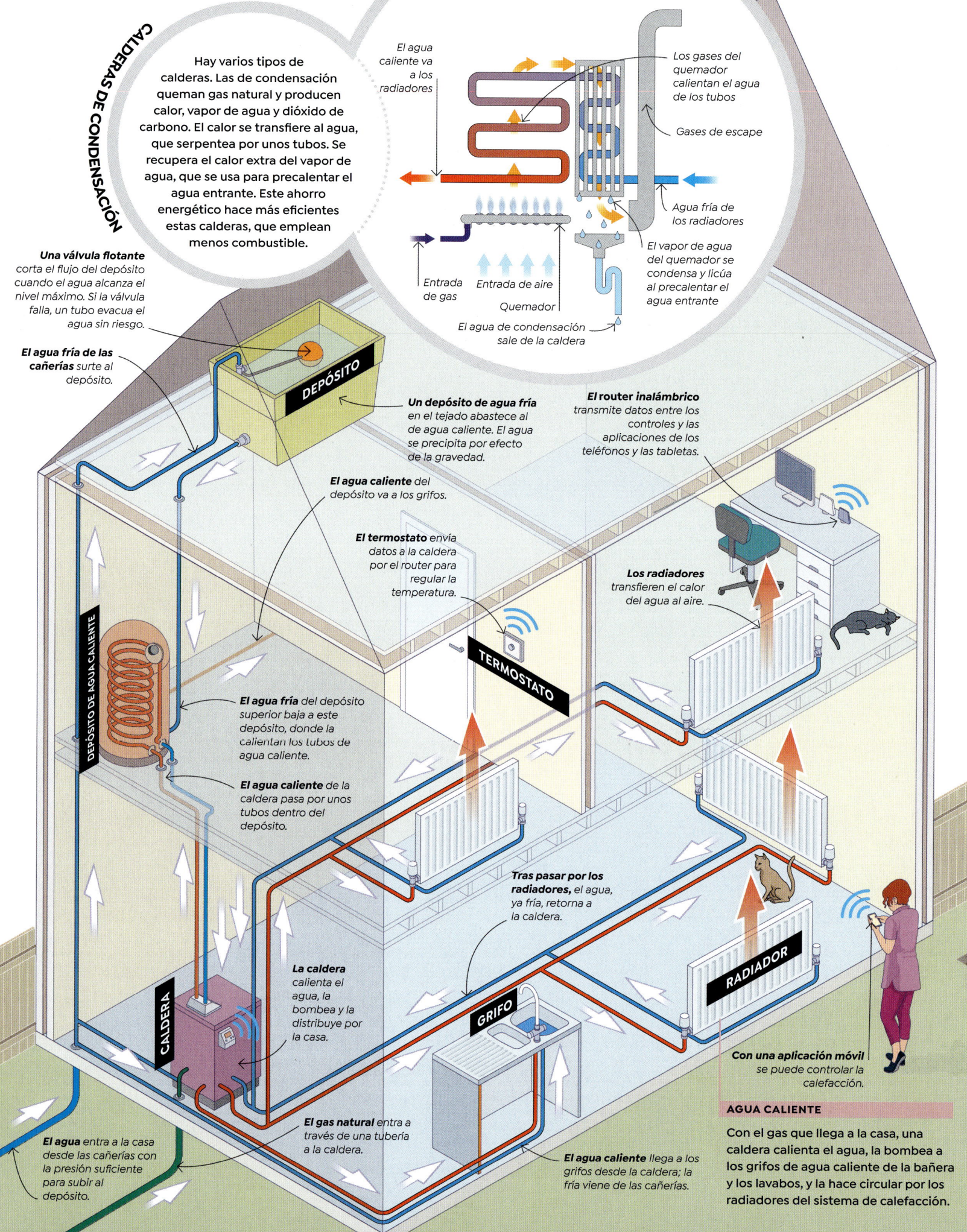

Hay varios tipos de calderas. Las de condensación queman gas natural y producen calor, vapor de agua y dióxido de carbono. El calor se transfiere al agua, que serpentea por unos tubos. Se recupera el calor extra del vapor de agua, que se usa para precalentar el agua entrante. Este ahorro energético hace más eficientes estas calderas, que emplean menos combustible.

El agua caliente va a los radiadores

Los gases del quemador calientan el agua de los tubos

Gases de escape

Agua fría de los radiadores

El vapor de agua del quemador se condensa y licúa al precalentar el agua entrante

Entrada de gas

Entrada de aire

Quemador

El agua de condensación sale de la caldera

Una válvula flotante *corta el flujo del depósito cuando el agua alcanza el nivel máximo. Si la válvula falla, un tubo evacua el agua sin riesgo.*

El agua fría de las cañerías *surte al depósito.*

DEPÓSITO

Un depósito de agua fría *en el tejado abastece al de agua caliente. El agua se precipita por efecto de la gravedad.*

El router inalámbrico *transmite datos entre los controles y las aplicaciones de los teléfonos y las tabletas.*

El agua caliente *del depósito va a los grifos.*

El termostato *envía datos a la caldera por el router para regular la temperatura.*

Los radiadores *transfieren el calor del agua al aire.*

DEPÓSITO DE AGUA CALIENTE

El agua fría *del depósito superior baja a este depósito, donde la calientan los tubos de agua caliente.*

El agua caliente *de la caldera pasa por unos tubos dentro del depósito.*

TERMOSTATO

Tras pasar por los radiadores, *el agua, ya fría, retorna a la caldera.*

La caldera *calienta el agua, la bombea y la distribuye por la casa.*

CALDERA

GRIFO

RADIADOR

Con una aplicación móvil *se puede controlar la calefacción.*

El gas natural *entra a través de una tubería a la caldera.*

El agua *entra a la casa desde las cañerías con la presión suficiente para subir al depósito.*

El agua caliente *llega a los grifos desde la caldera; la fría viene de las cañerías.*

AGUA CALIENTE

Con el gas que llega a la casa, una caldera calienta el agua, la bombea a los grifos de agua caliente de la bañera y los lavabos, y la hace circular por los radiadores del sistema de calefacción.

Agua caliente y bombas de calor

En las casas, el agua se calienta para su uso directo en los baños y las duchas, y también para calentar las habitaciones. En respuesta a la preocupación sobre el impacto de los combustibles fósiles en el medio ambiente, cada vez se utilizan más las energías renovables. Entre ellas destaca la obtención de calor de la tierra y el aire usando unas máquinas llamadas bombas de calor.

Las bombas de calor son eficientes porque liberan más energía térmica que la energía eléctrica que usan

BOMBAS DE CALOR

Un sistema de bomba de calor aprovecha la inercia térmica del subsuelo para calentar un fluido que circula por un circuito de tubos bajo el suelo de la casa.

El calor que irradian los tubos calienta el suelo y, por tanto, la habitación.

La bomba de calor geotérmica envía bajo tierra el líquido frío (una mezcla de agua y anticongelante) y, una vez caliente, lo impulsa bajo el suelo de la casa.

Unos tubos instalados sobre un material aislante llevan el líquido caliente por el circuito.

BOMBA DE CALOR GEOTÉRMICA

SUELO RADIANTE

Un circuito de tubos subterráneos lleva el líquido, que absorbe el calor de la tierra.

El fluido ya se ha enfriado cuando retorna a la bomba de calor.

TUBOS SUBTERRÁNEOS

EL REFRIGERANTE

En una bomba de calor geotérmica, el refrigerante (suele ser propano) pasa por dos dispositivos llamados intercambiadores de calor. Al hacerlo, toma calor del agua que fluye por los tubos bajo el suelo exterior y cambia de líquido a gas. Luego, al comprimirlo, se calienta y retoma su estado líquido mientras calienta el agua que circula por los tubos instalados bajo el suelo de la casa.

1. El líquido circula por los tubos subterráneos y toma la temperatura de la tierra

2. El líquido pasa por un intercambiador de calor, cediendo el calor a un refrigerante, que cambia de líquido a gas

3. Al ser comprimido, el refrigerante se calienta

6. El ciclo vuelve a empezar

5. El refrigerante pasa por una válvula de expansión; su temperatura cae por debajo de la de la tierra y así puede capturar más calor

4. En el segundo intercambiador de calor, el refrigerante cede calor al agua que fluye bajo el suelo y vuelve a licuarse

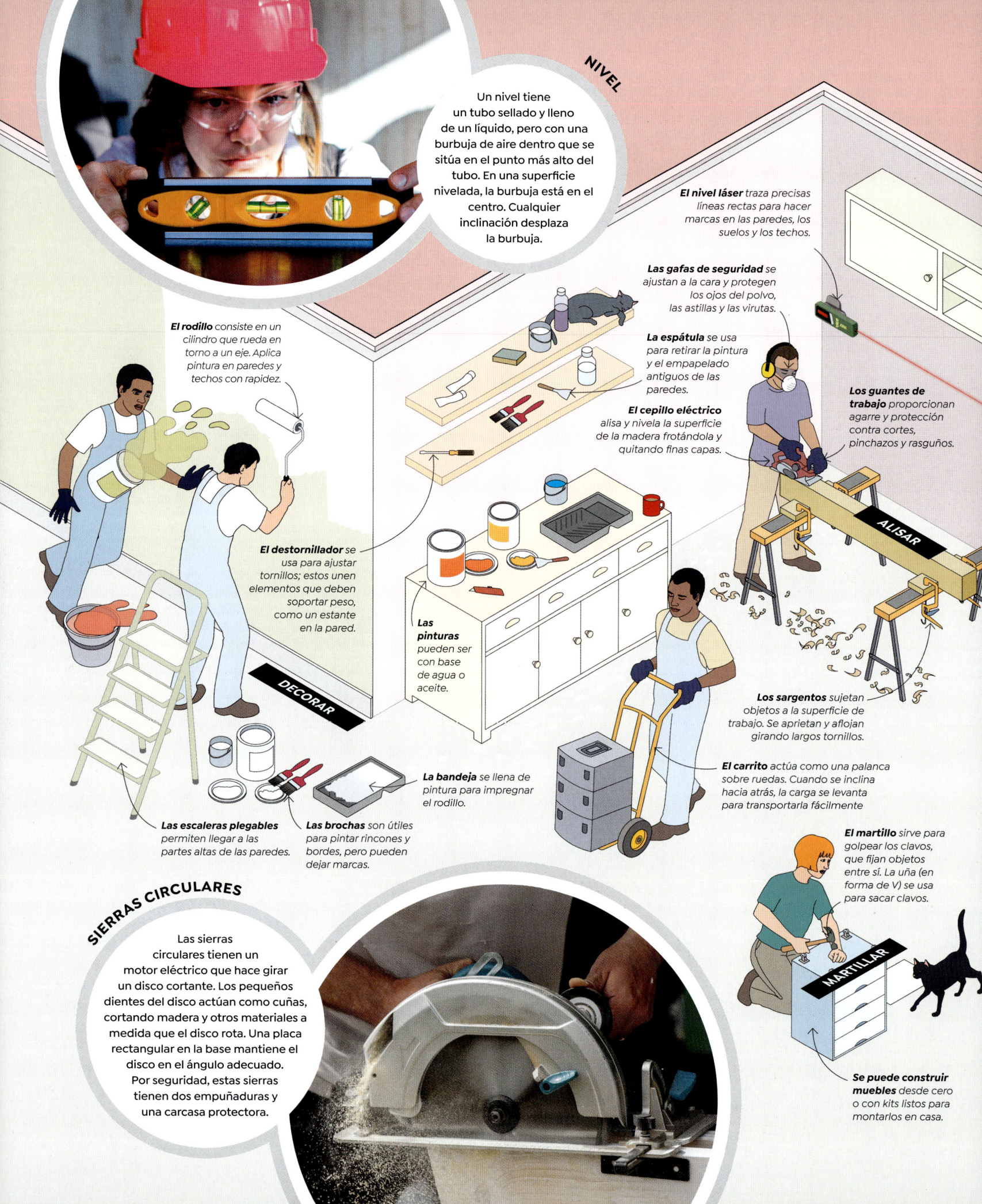

Un nivel tiene un tubo sellado y lleno de un líquido, pero con una burbuja de aire dentro que se sitúa en el punto más alto del tubo. En una superficie nivelada, la burbuja está en el centro. Cualquier inclinación desplaza la burbuja.

El nivel láser traza precisas líneas rectas para hacer marcas en las paredes, los suelos y los techos.

Las gafas de seguridad se ajustan a la cara y protegen los ojos del polvo, las astillas y las virutas.

La espátula se usa para retirar la pintura y el empapelado antiguos de las paredes.

El cepillo eléctrico alisa y nivela la superficie de la madera frotándola y quitando finas capas.

Los guantes de trabajo proporcionan agarre y protección contra cortes, pinchazos y rasguños.

El rodillo consiste en un cilindro que rueda en torno a un eje. Aplica pintura en paredes y techos con rapidez.

El destornillador se usa para ajustar tornillos; estos unen elementos que deben soportar peso, como un estante en la pared.

Las pinturas pueden ser con base de agua o aceite.

ALISAR

Los sargentos sujetan objetos a la superficie de trabajo. Se aprietan y aflojan girando largos tornillos.

DECORAR

El carrito actúa como una palanca sobre ruedas. Cuando se inclina hacia atrás, la carga se levanta para transportarla fácilmente

La bandeja se llena de pintura para impregnar el rodillo.

Las escaleras plegables permiten llegar a las partes altas de las paredes.

Las brochas son útiles para pintar rincones y bordes, pero pueden dejar marcas.

El martillo sirve para golpear los clavos, que fijan objetos entre sí. La uña (en forma de V) se usa para sacar clavos.

MARTILLAR

Se puede construir muebles desde cero o con kits listos para montarlos en casa.

SIERRAS CIRCULARES

Las sierras circulares tienen un motor eléctrico que hace girar un disco cortante. Los pequeños dientes del disco actúan como cuñas, cortando madera y otros materiales a medida que el disco rota. Una placa rectangular en la base mantiene el disco en el ángulo adecuado. Por seguridad, estas sierras tienen dos empuñaduras y una carcasa protectora.

Reformas

Las reformas pueden ser trabajos sencillos, como repintar, o proyectos más complicados, como cambiar la disposición de un edificio o ampliarlo. Hay herramientas muy simples, como el martillo, que apenas ha cambiado desde hace siglos. Otros útiles con componentes como motores o láseres trabajan con mayor rapidez y precisión.

Muchas reformas consisten en crear hogares digitales o inteligentes. En 2025 habrá unos 500 millones de ellos en el mundo

Los trabajos de carpintería son la causa más común de accidentes de bricolaje

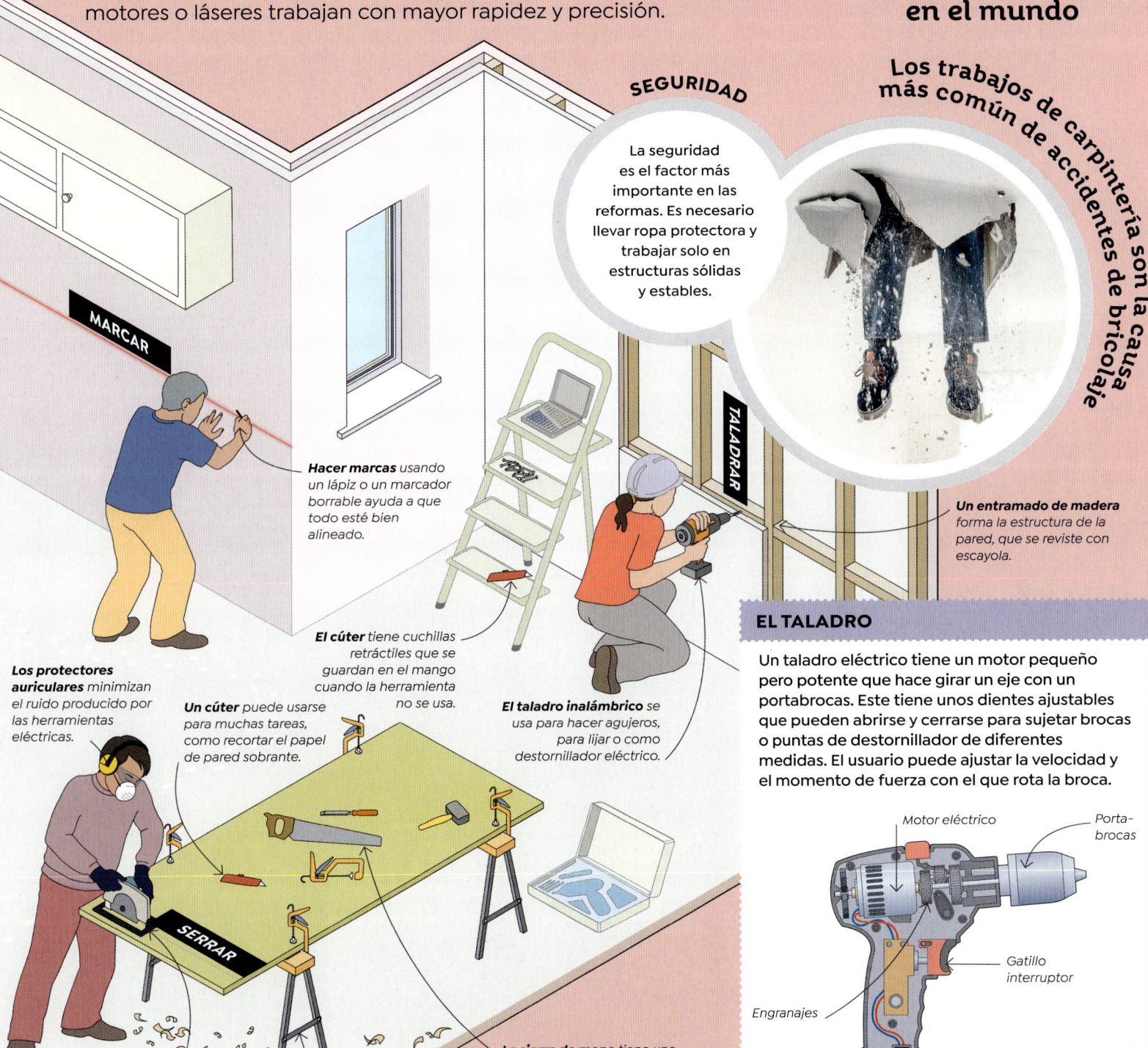

SEGURIDAD

La seguridad es el factor más importante en las reformas. Es necesario llevar ropa protectora y trabajar solo en estructuras sólidas y estables.

MARCAR

Hacer marcas usando un lápiz o un marcador borrable ayuda a que todo esté bien alineado.

TALADRAR

Un entramado de madera forma la estructura de la pared, que se reviste con escayola.

Los protectores auriculares minimizan el ruido producido por las herramientas eléctricas.

El cúter tiene cuchillas retráctiles que se guardan en el mango cuando la herramienta no se usa.

Un cúter puede usarse para muchas tareas, como recortar el papel de pared sobrante.

El taladro inalámbrico se usa para hacer agujeros, para lijar o como destornillador eléctrico.

SERRAR

La sierra de mano tiene una larga hoja dentada que penetra en la madera para cortarla.

La sierra circular corta largos trozos de madera, plástico y otros materiales.

Los caballetes se usan por pares y sostienen tablones, puertas y otros elementos grandes.

EL TALADRO

Un taladro eléctrico tiene un motor pequeño pero potente que hace girar un eje con un portabrocas. Este tiene unos dientes ajustables que pueden abrirse y cerrarse para sujetar brocas o puntas de destornillador de diferentes medidas. El usuario puede ajustar la velocidad y el momento de fuerza con el que rota la broca.

Motor eléctrico

Porta-brocas

Gatillo interruptor

Engranajes

Batería recargable

EDIFICIOS ECOLÓGICOS

Los edificios altos suelen considerarse poco ecológicos. Sin embargo, muchos arquitectos están diseñando edificios que gestionan mejor la energía y el agua, incorporan materiales sostenibles y mejoran la biodiversidad de su entorno con balcones llenos de plantas.

Luz solar

Los árboles absorben dióxido de carbono y liberan oxígeno

Temperatura interior

Dióxido de carbono

30 °C
86 °F

Oxígeno

21 °C
70 °F

Temperatura exterior

El follaje desvía el polvo y el viento

Sombra

Agua reciclada

OASIS URBANO

El Bosco Verticale, en Milán (Italia), tiene cientos de plantas para mejorar la calidad del aire; se riegan con su propia agua reciclada.

Hogar digital

Las casas contienen decenas de dispositivos capaces de trabajar por su cuenta o conectarse a una red informática para compartir datos. Con las aplicaciones adecuadas, estos aparatos pueden controlarse con la voz o tocando la pantalla de un teléfono o una tableta. Ahorran tiempo, trabajo y energía.

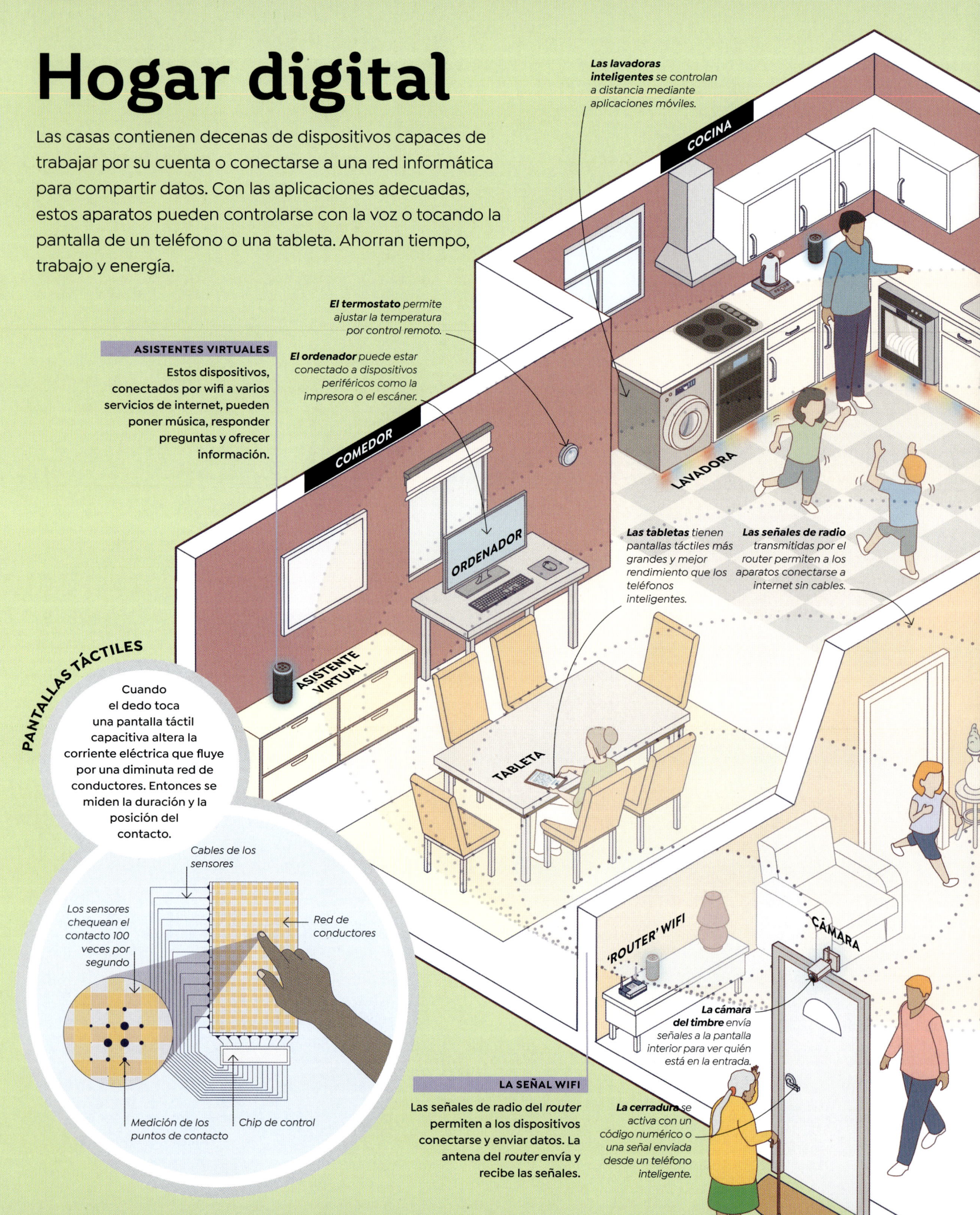

Las lavadoras inteligentes se controlan a distancia mediante aplicaciones móviles.

COCINA

El termostato permite ajustar la temperatura por control remoto.

ASISTENTES VIRTUALES

Estos dispositivos, conectados por wifi a varios servicios de internet, pueden poner música, responder preguntas y ofrecer información.

El ordenador puede estar conectado a dispositivos periféricos como la impresora o el escáner.

COMEDOR

LAVADORA

ORDENADOR

Las tabletas tienen pantallas táctiles más grandes y mejor rendimiento que los teléfonos inteligentes.

Las señales de radio transmitidas por el router permiten a los aparatos conectarse a internet sin cables.

ASISTENTE VIRTUAL

PANTALLAS TÁCTILES

Cuando el dedo toca una pantalla táctil capacitiva altera la corriente eléctrica que fluye por una diminuta red de conductores. Entonces se miden la duración y la posición del contacto.

TABLETA

Cables de los sensores

Los sensores chequean el contacto 100 veces por segundo

Red de conductores

Medición de los puntos de contacto

Chip de control

'ROUTER' WIFI

CÁMARA

La cámara del timbre envía señales a la pantalla interior para ver quién está en la entrada.

LA SEÑAL WIFI

Las señales de radio del *router* permiten a los dispositivos conectarse y enviar datos. La antena del *router* envía y recibe las señales.

La cerradura se activa con un código numérico o una señal enviada desde un teléfono inteligente.

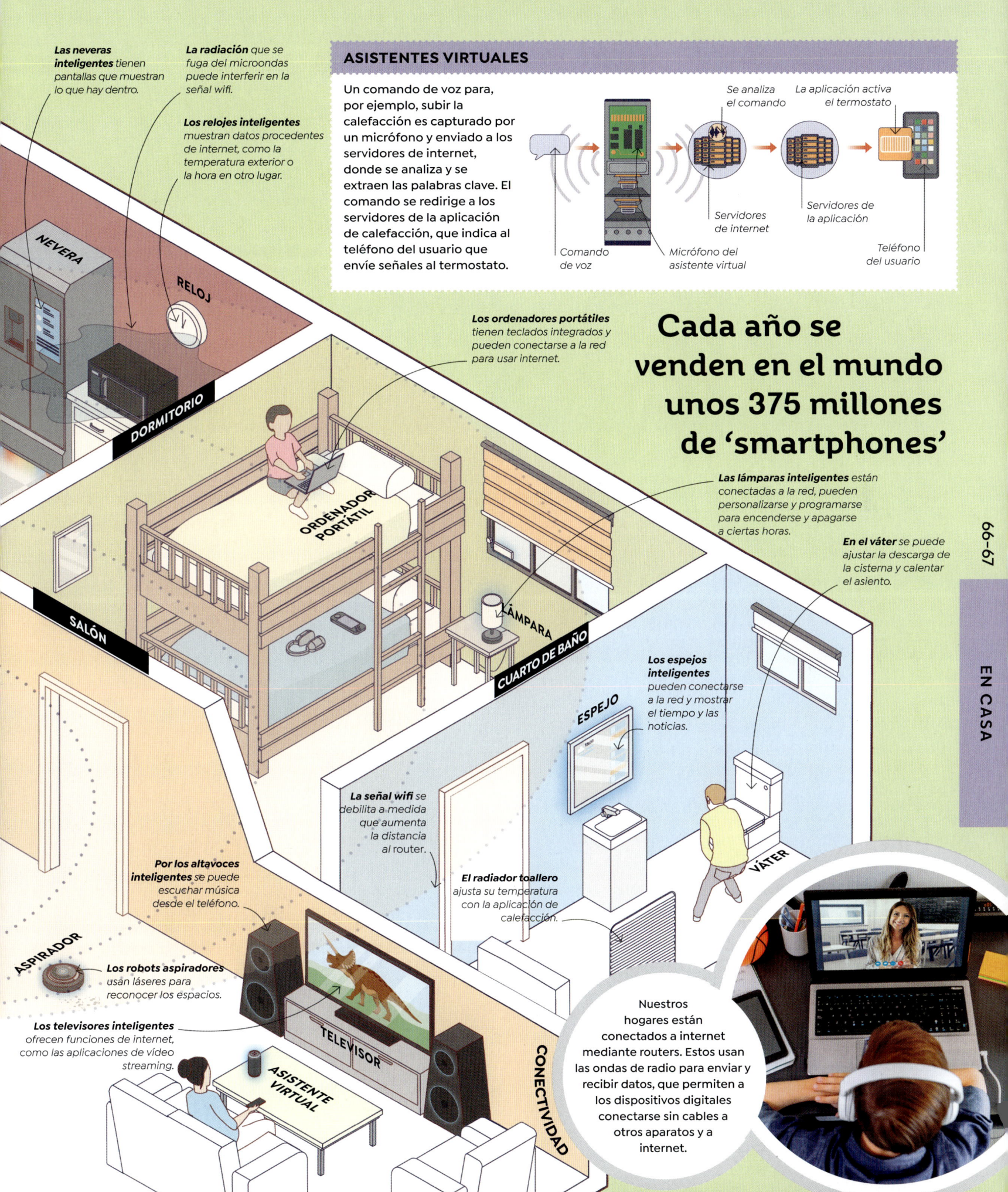

EN CASA

Las neveras inteligentes tienen pantallas que muestran lo que hay dentro.

La radiación que se fuga del microondas puede interferir en la señal wifi.

Los relojes inteligentes muestran datos procedentes de internet, como la temperatura exterior o la hora en otro lugar.

NEVERA

RELOJ

DORMITORIO

ASISTENTES VIRTUALES

Un comando de voz para, por ejemplo, subir la calefacción es capturado por un micrófono y enviado a los servidores de internet, donde se analiza y se extraen las palabras clave. El comando se redirige a los servidores de la aplicación de calefacción, que indica al teléfono del usuario que envíe señales al termostato.

Se analiza el comando

La aplicación activa el termostato

Comando de voz

Micrófono del asistente virtual

Servidores de internet

Servidores de la aplicación

Teléfono del usuario

Los ordenadores portátiles tienen teclados integrados y pueden conectarse a la red para usar internet.

Cada año se venden en el mundo unos 375 millones de 'smartphones'

ORDENADOR PORTÁTIL

Las lámparas inteligentes están conectadas a la red, pueden personalizarse y programarse para encenderse y apagarse a ciertas horas.

En el váter se puede ajustar la descarga de la cisterna y calentar el asiento.

SALÓN

LÁMPARA

CUARTO DE BAÑO

Los espejos inteligentes pueden conectarse a la red y mostrar el tiempo y las noticias.

ESPEJO

La señal wifi se debilita a medida que aumenta la distancia al router.

El radiador toallero ajusta su temperatura con la aplicación de calefacción.

VÁTER

Por los altavoces inteligentes se puede escuchar música desde el teléfono.

ASPIRADOR

Los robots aspiradores usan láseres para reconocer los espacios.

Los televisores inteligentes ofrecen funciones de internet, como las aplicaciones de vídeo streaming.

TELEVISOR

ASISTENTE VIRTUAL

CONECTIVIDAD

Nuestros hogares están conectados a internet mediante routers. Estos usan las ondas de radio para enviar y recibir datos, que permiten a los dispositivos digitales conectarse sin cables a otros aparatos y a internet.

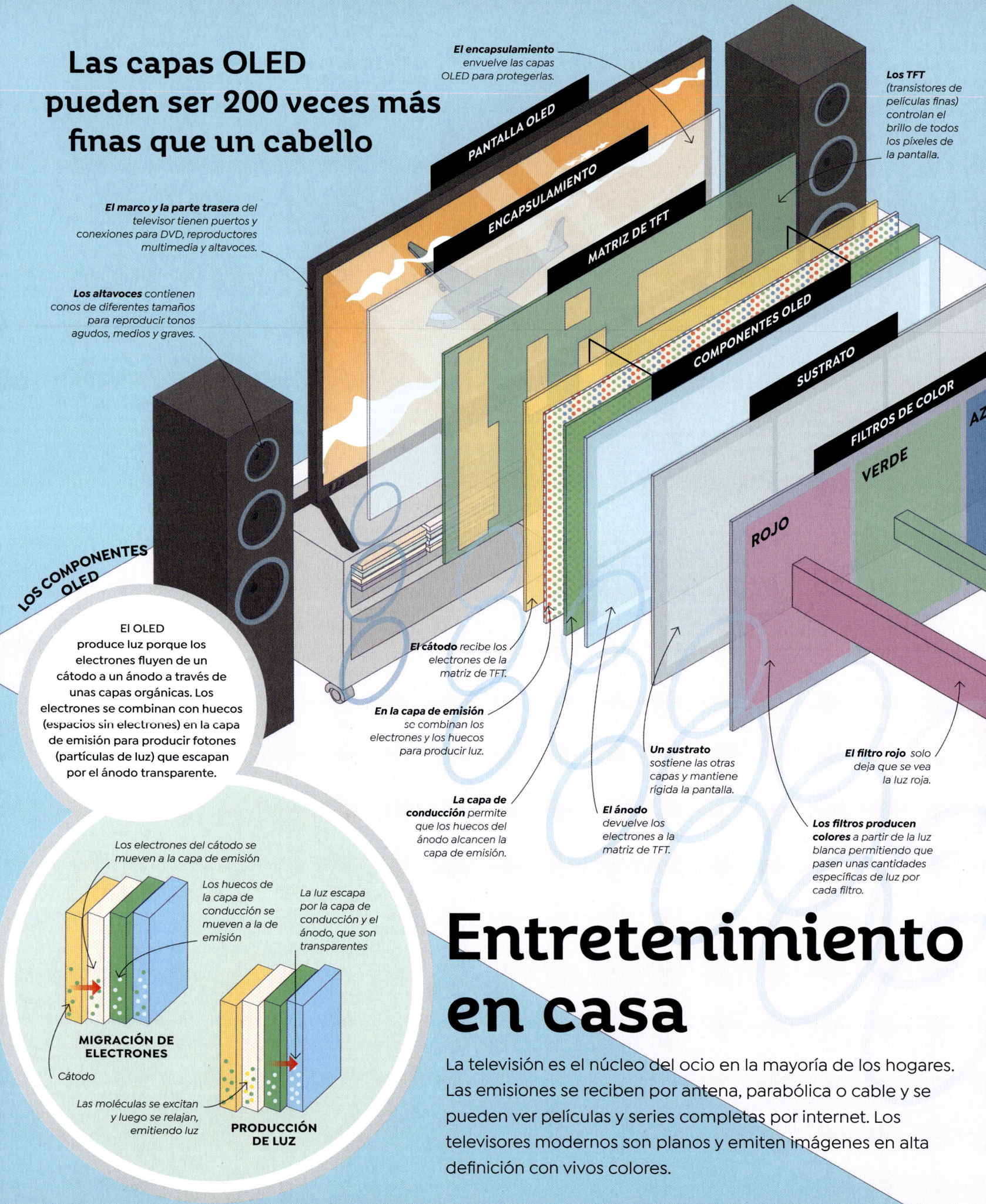

Las capas OLED pueden ser 200 veces más finas que un cabello

El encapsulamiento envuelve las capas OLED para protegerlas.

Los TFT (transistores de películas finas) controlan el brillo de todos los píxeles de la pantalla.

El marco y la parte trasera del televisor tienen puertos y conexiones para DVD, reproductores multimedia y altavoces.

Los altavoces contienen conos de diferentes tamaños para reproducir tonos agudos, medios y graves.

PANTALLA OLED

ENCAPSULAMIENTO

MATRIZ DE TFT

COMPONENTES OLED

SUSTRATO

FILTROS DE COLOR

AZUL

VERDE

ROJO

LOS COMPONENTES OLED

El OLED produce luz porque los electrones fluyen de un cátodo a un ánodo a través de unas capas orgánicas. Los electrones se combinan con huecos (espacios sin electrones) en la capa de emisión para producir fotones (partículas de luz) que escapan por el ánodo transparente.

El cátodo recibe los electrones de la matriz de TFT.

En la capa de emisión se combinan los electrones y los huecos para producir luz.

La capa de conducción permite que los huecos del ánodo alcancen la capa de emisión.

El ánodo devuelve los electrones a la matriz de TFT.

Un sustrato sostiene las otras capas y mantiene rígida la pantalla.

El filtro rojo solo deja que se vea la luz roja.

Los filtros producen colores a partir de la luz blanca permitiendo que pasen unas cantidades específicas de luz por cada filtro.

Los electrones del cátodo se mueven a la capa de emisión

Los huecos de la capa de conducción se mueven a la de emisión

La luz escapa por la capa de conducción y el ánodo, que son transparentes

MIGRACIÓN DE ELECTRONES

Cátodo

Las moléculas se excitan y luego se relajan, emitiendo luz

PRODUCCIÓN DE LUZ

Entretenimiento en casa

La televisión es el núcleo del ocio en la mayoría de los hogares. Las emisiones se reciben por antena, parabólica o cable y se pueden ver películas y series completas por internet. Los televisores modernos son planos y emiten imágenes en alta definición con vivos colores.

'ROUTER' WIFI

Este dispositivo conecta la red doméstica con internet mediante un transmisor-receptor de radio. Los aparatos se comunican con el *router* por ondas de radio.

Al filtro azul no le llega luz cuando se genera un píxel naranja en la pantalla.

EL SONIDO DIGITAL

Los sonidos son señales analógicas, pero hoy solemos escucharlos en dispositivos digitales. Un conversor de señal analógica a digital (CAD) convierte las señales analógicas en datos digitales, codificados con series de números binarios (ceros y unos). Este código puede ser procesado por un ordenador y enviarse como archivo. Antes de que se puedan escuchar los sonidos, se vuelven a convertir en señales analógicas.

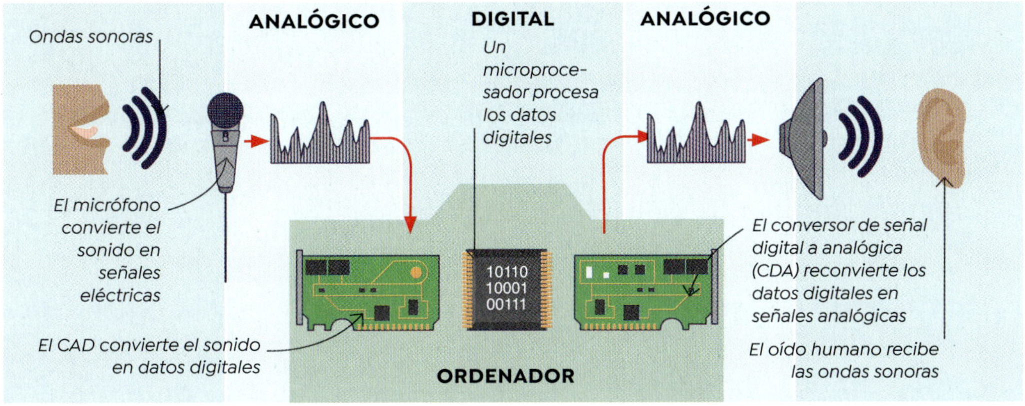

Ondas sonoras

ANALÓGICO

DIGITAL
Un microprocesador procesa los datos digitales

ANALÓGICO

El micrófono convierte el sonido en señales eléctricas

El CAD convierte el sonido en datos digitales

10110
10001
00111

El conversor de señal digital a analógica (CDA) reconvierte los datos digitales en señales analógicas

El oído humano recibe las ondas sonoras

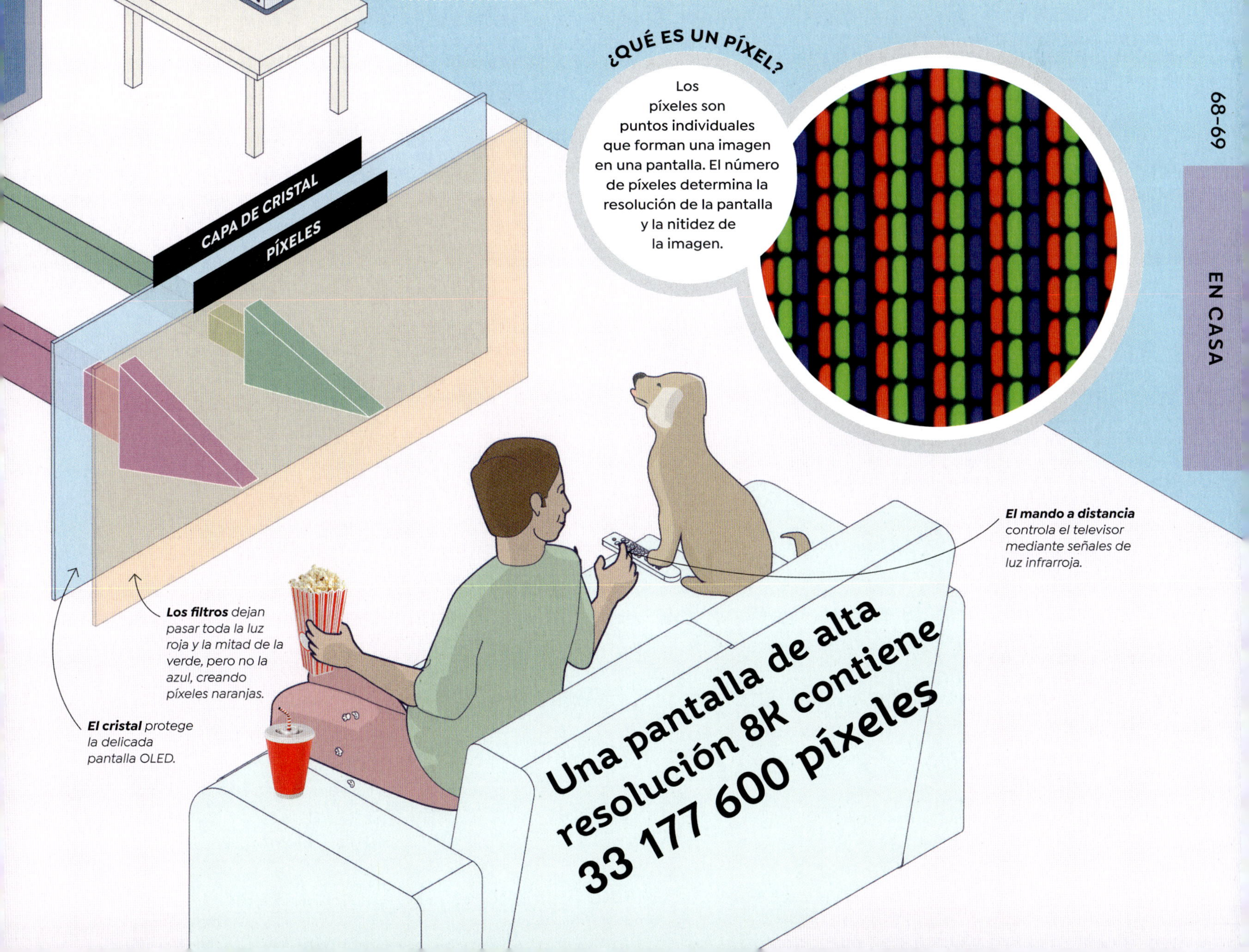

ORDENADOR

¿QUÉ ES UN PÍXEL?

Los píxeles son puntos individuales que forman una imagen en una pantalla. El número de píxeles determina la resolución de la pantalla y la nitidez de la imagen.

CAPA DE CRISTAL

PÍXELES

El mando a distancia controla el televisor mediante señales de luz infrarroja.

Los filtros dejan pasar toda la luz roja y la mitad de la verde, pero no la azul, creando píxeles naranjas.

El cristal protege la delicada pantalla OLED.

Una pantalla de alta resolución 8K contiene 33 177 600 píxeles

Videojuegos

La tecnología de los videojuegos, uno de los entretenimientos más populares del mundo, está en constante evolución. Se puede jugar en solitario o con otras personas en teléfonos, tabletas, ordenadores o videoconsolas. Las últimas consolas son potentes máquinas que ofrecen imágenes rápidas de alta resolución, sonido envolvente y experiencias 3D realistas.

Con una tableta se pueden comprar y descargar videojuegos de una tienda de aplicaciones

TABLETA

Los gráficos de realidad virtual vistos a través de unas gafas sitúan al jugador en un mundo virtual en 3D.

El alabeo lo detecta el acelerómetro de las gafas cuando el jugador ladea la cabeza. El acelerómetro también monitoriza el cabeceo y la guiñada.

Al mover la cabeza hacia adelante y atrás cambia el cabeceo de las gafas y, por tanto, la visión del juego.

La guiñada la miden las gafas cuando el jugador gira la cabeza a la derecha y la izquierda.

Los mandos de movimiento convierten el movimiento físico de las manos en acciones en 3D dentro del mundo virtual.

Un router wifi permite que los mandos inalámbricos se comuniquen con la consola y que esta se conecte a internet.

'ROUTER'

REALIDAD VIRTUAL

William Higinbotham inventó en 1958 el primer juego de ordenador con gráficos móviles: Tennis for Two

Los auriculares tienen altavoces para que la experiencia sea más realista y micrófono para los comandos de voz.

MUNDOS VIRTUALES

Las gafas de realidad virtual (RV) muestran visiones ligeramente diferentes a cada ojo para crear ilusión de profundidad. Cuando las gafas detectan movimientos de la cabeza, la consola ajusta las visiones de forma que el jugador se siente parte de un mundo virtual en 3D. Con los mandos de movimiento, que convierten los gestos de las manos en acciones virtuales, los juegos son increíblemente realistas.

Las gafas incluyen altavoces estéreo cuyos sonidos virtuales parecen venir de diferentes direcciones

La pantalla izquierda proyecta una visión del mundo virtual

La pantalla derecha proyecta una visión ligeramente distinta, creando una escena en 3D

AURICULARES

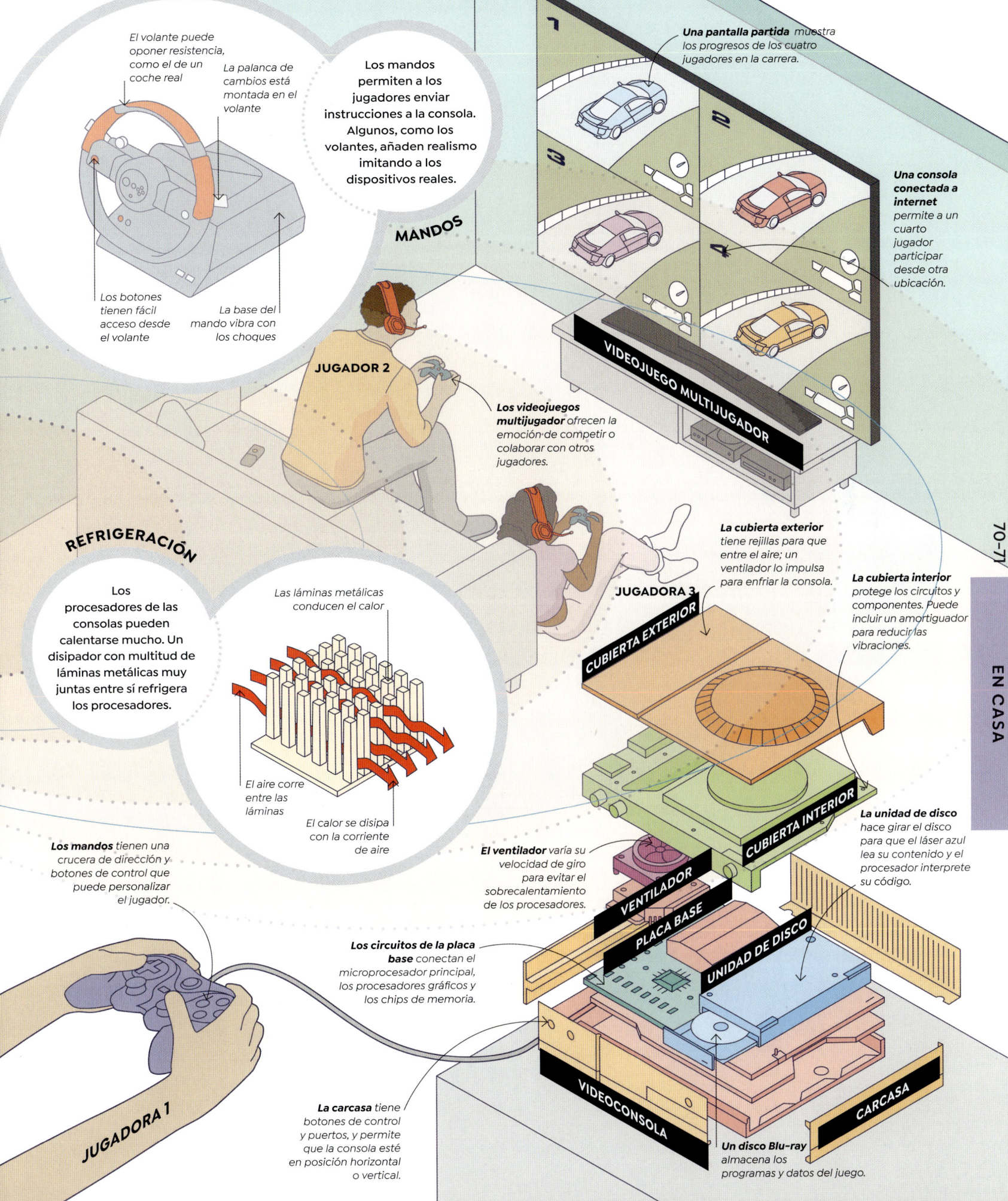

El volante puede oponer resistencia, como el de un coche real

La palanca de cambios está montada en el volante

Los mandos permiten a los jugadores enviar instrucciones a la consola. Algunos, como los volantes, añaden realismo imitando a los dispositivos reales.

Los botones tienen fácil acceso desde el volante

La base del mando vibra con los choques

MANDOS

Una pantalla partida muestra los progresos de los cuatro jugadores en la carrera.

Una consola conectada a internet permite a un cuarto jugador participar desde otra ubicación.

JUGADOR 2

Los videojuegos multijugador ofrecen la emoción de competir o colaborar con otros jugadores.

VIDEOJUEGO MULTIJUGADOR

REFRIGERACIÓN

Los procesadores de las consolas pueden calentarse mucho. Un disipador con multitud de láminas metálicas muy juntas entre sí refrigera los procesadores.

Las láminas metálicas conducen el calor

El aire corre entre las láminas

El calor se disipa con la corriente de aire

JUGADORA 3

La cubierta exterior tiene rejillas para que entre el aire; un ventilador lo impulsa para enfriar la consola.

La cubierta interior protege los circuitos y componentes. Puede incluir un amortiguador para reducir las vibraciones.

CUBIERTA EXTERIOR

CUBIERTA INTERIOR

La unidad de disco hace girar el disco para que el láser azul lea su contenido y el procesador interprete su código.

Los mandos tienen una crucera de dirección y botones de control que puede personalizar el jugador.

El ventilador varía su velocidad de giro para evitar el sobrecalentamiento de los procesadores.

VENTILADOR

Los circuitos de la placa base conectan el microprocesador principal, los procesadores gráficos y los chips de memoria.

PLACA BASE

UNIDAD DE DISCO

JUGADORA 1

La carcasa tiene botones de control y puertos, y permite que la consola esté en posición horizontal o vertical.

VIDEOCONSOLA

Un disco Blu-ray almacena los programas y datos del juego.

CARCASA

Ciudad e industria

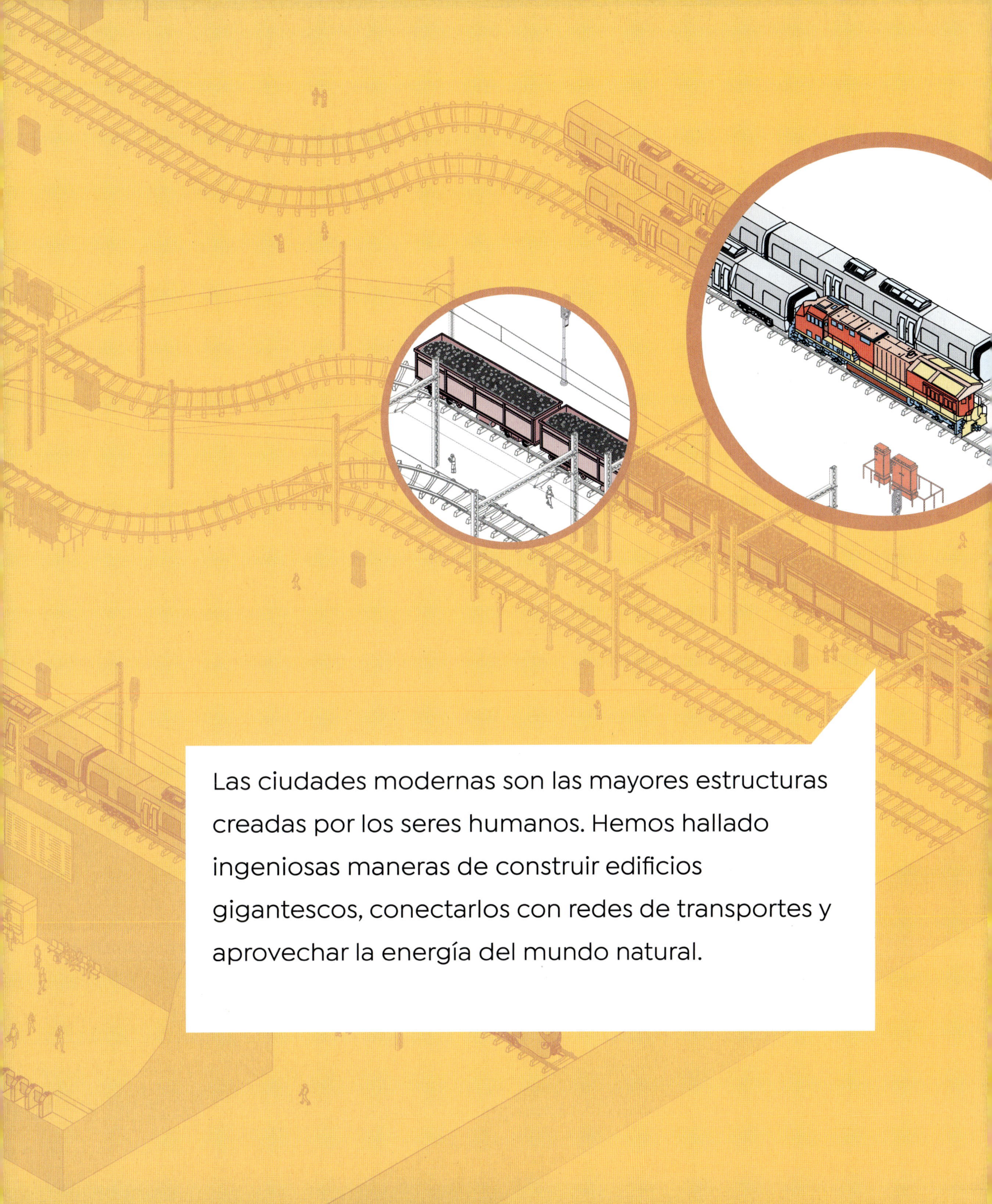

Las ciudades modernas son las mayores estructuras creadas por los seres humanos. Hemos hallado ingeniosas maneras de construir edificios gigantescos, conectarlos con redes de transportes y aprovechar la energía del mundo natural.

Obras

Construir un edificio o una estructura como un puente, una carretera o un túnel requiere precisión, trabajo en equipo y maquinaria especializada. Los proyectos varían en tamaño, desde las viviendas unifamiliares hasta los complejos comerciales y los rascacielos. Algunas partes se construyen *in situ*, pero otras se hacen en otros lugares y se llevan a la obra para montarlas.

CASETAS DE OBRA

Los contenedores, una vez llenos de escombros, se transportan en camiones.

Los obreros descansan en módulos seguros y apartados de la obra.

SERVICIO DE COMIDAS

En las oficinas, el jefe de obra convoca reuniones de planificación, programa el trabajo y encarga el material.

ASEOS

CASETAS DE OBRA

Estos módulos están apartados de la construcción y albergan las oficinas, los aseos y los comedores donde los trabajadores comen durante las pausas.

SALAS DE DESCANSO

OFICINAS

DEPÓSITO DE MATERIALES

Las carretillas elevadoras llevan los palés de ladrillos desde el depósito.

Los camiones de plataforma transportan vigas de acero.

Los camiones portacontenedores se llevan los escombros de la obra.

Este compartimento contiene las bombas y un potente motor diésel

Cabina

Cilindros hidráulicos de la pluma

EXCAVADORAS

Cuchara

Pluma

Las orugas le permiten moverse por terrenos accidentados y embarrados

Las excavadoras avanzan sobre orugas y excavan mediante una pala de acero montada en un largo brazo accionado por cilindros hidráulicos. Pueden girar 360°.

SEGURIDAD

DEPÓSITO DE MATERIALES

Los encargados se aseguran de que los materiales lleguen con suficiente antelación. Entonces se descargan en el depósito y se anotan en los inventarios.

ENTRADA

Todos los materiales y las personas que entran y salen de la obra pasan por el control de seguridad.

OPERARIOS PRINCIPALES

Topógrafo
Mide y marca el terreno para que el edificio concuerde con los planos.

Peón
Hace trabajos físicos como transportar materiales y cavar zanjas.

Soldador
Corta y une el metal que forma los armazones de los edificios.

Capataz
Operario especializado que supervisa el trabajo de varios obreros.

Albañil
Levanta muros usando piedras, ladrillos o bloques unidos con mortero.

Cada año se usan en el mundo 30 000 millones de toneladas de hormigón, el peso de 91 000 edificios como el Empire State

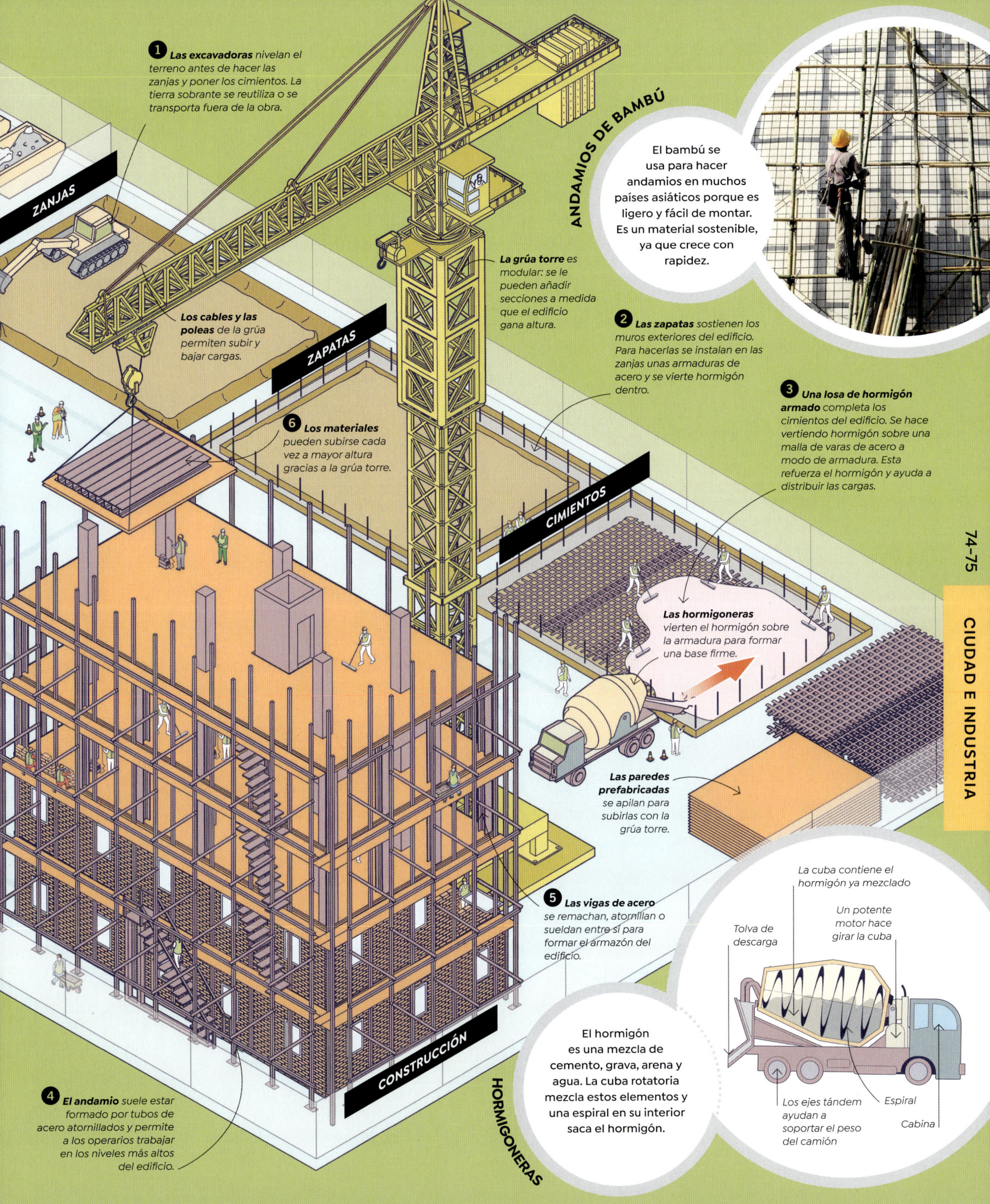

1 **Las excavadoras** nivelan el terreno antes de hacer las zanjas y poner los cimientos. La tierra sobrante se reutiliza o se transporta fuera de la obra.

ZANJAS

ANDAMIOS DE BAMBÚ

El bambú se usa para hacer andamios en muchos países asiáticos porque es ligero y fácil de montar. Es un material sostenible, ya que crece con rapidez.

La grúa torre es modular: se le pueden añadir secciones a medida que el edificio gana altura.

Los cables y las poleas de la grúa permiten subir y bajar cargas.

ZAPATAS

2 **Las zapatas** sostienen los muros exteriores del edificio. Para hacerlas se instalan en las zanjas unas armaduras de acero y se vierte hormigón dentro.

3 **Una losa de hormigón armado** completa los cimientos del edificio. Se hace vertiendo hormigón sobre una malla de varas de acero a modo de armadura. Esta refuerza el hormigón y ayuda a distribuir las cargas.

6 **Los materiales** pueden subirse cada vez a mayor altura gracias a la grúa torre.

CIMIENTOS

Las hormigoneras vierten el hormigón sobre la armadura para formar una base firme.

Las paredes prefabricadas se apilan para subirlas con la grúa torre.

5 **Las vigas de acero** se remachan, atornillan o sueldan entre sí para formar el armazón del edificio.

CONSTRUCCIÓN

HORMIGONERAS

4 **El andamio** suele estar formado por tubos de acero atornillados y permite a los operarios trabajar en los niveles más altos del edificio.

El hormigón es una mezcla de cemento, grava, arena y agua. La cuba rotatoria mezcla estos elementos y una espiral en su interior saca el hormigón.

La cuba contiene el hormigón ya mezclado

Un potente motor hace girar la cuba

Tolva de descarga

Los ejes tándem ayudan a soportar el peso del camión

Espiral

Cabina

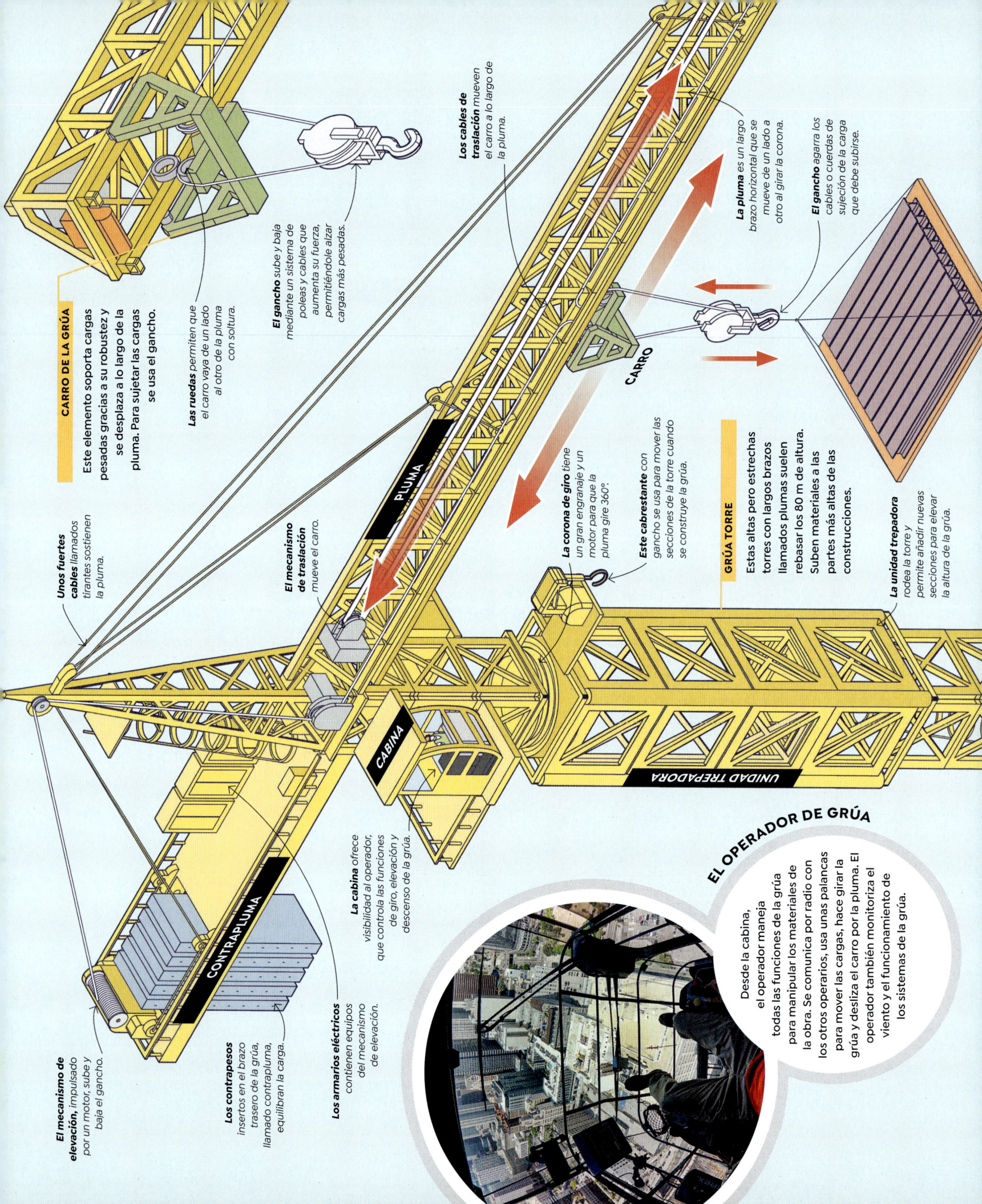

CARRO DE LA GRÚA

Este elemento soporta cargas pesadas gracias a su robustez y se desplaza a lo largo de la pluma. Para sujetar las cargas se usa el gancho.

Las ruedas permiten que el carro vaya de un lado al otro de la pluma con soltura.

El gancho sube y baja mediante un sistema de poleas y cables que aumenta su fuerza, permitiéndole alzar cargas más pesadas.

Los cables de traslación mueven el carro a lo largo de la pluma.

La pluma es un largo brazo horizontal que se mueve de un lado a otro al girar la corona.

El gancho agarra los cables o cuerdas de sujeción de la carga que debe subirse.

CARRO

PLUMA

Unos fuertes cables llamados tirantes sostienen la pluma.

El mecanismo de traslación mueve el carro.

La corona de giro tiene un gran engranaje y un motor para que la pluma gire 360°.

Este cabrestante con gancho se usa para mover las secciones de la torre cuando se construye la grúa.

GRÚA TORRE

Estas altas pero estrechas torres con largos brazos llamados plumas suelen rebasar los 80 m de altura. Suben materiales a las partes más altas de las construcciones.

La unidad trepadora rodea la torre y permite añadir nuevas secciones para elevar la altura de la grúa.

La cabina ofrece visibilidad al operador, que controla las funciones de giro, elevación y descenso de la grúa.

CABINA

UNIDAD TREPADORA

CONTRAPLUMA

El mecanismo de elevación, impulsado por un motor, sube y baja el gancho.

Los contrapesos insertos en el brazo trasero de la grúa, llamado contrapluma, equilibran la carga.

Los armarios eléctricos contienen equipos del mecanismo de elevación.

EL OPERADOR DE GRÚA

Desde la cabina, el operador maneja todas las funciones de la grúa para manipular los materiales de la obra. Se comunica por radio con los otros operarios, usa unas palancas para mover las cargas, hace girar la grúa y desliza el carro por la pluma. El operador también monitoriza el viento y el funcionamiento de los sistemas de la grúa.

Grúas

Las grúas son complejas máquinas que usan poleas y cables para alzar cargas pesadas a grandes alturas. Hay muchos tipos de grúas en los puertos, las fábricas y, sobre todo, en las obras. Las grandes grúas torre permiten construir altos hoteles, bloques de apartamentos y edificios de oficinas de manera rápida y segura.

CÓMO SE CONSTRUYE UNA GRÚA

Las grúas torre empiezan a montarse en el suelo usando una grúa móvil. Cuando la grúa debe ganar altura se emplea una unidad trepadora con mecanismos hidráulicos para elevar la parte superior. Cada nueva sección se monta en tierra y luego se sube y se instala mediante el cabrestante de la grúa.

La nueva sección se inserta en la unidad trepadora y se atornilla a la torre

La unidad trepadora rodea la sección superior de la torre

El gancho sube la sección de la torre

Los gatos hidráulicos de la unidad trepadora elevan la grúa, creando espacio para una nueva sección

Big Carl, la grúa más alta del mundo puede alcanzar 250 m de altura

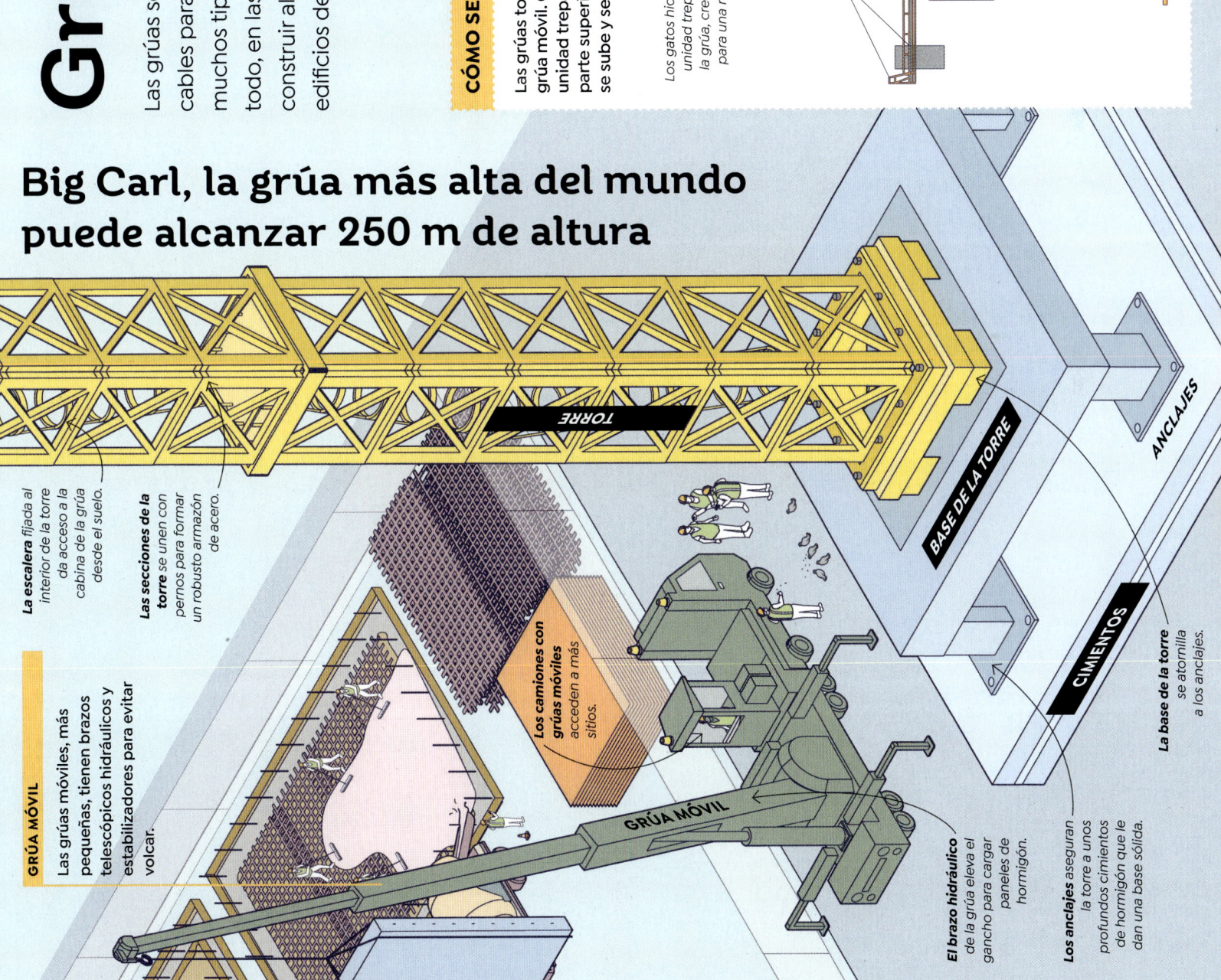

La escalera fijada al interior de la torre da acceso a la cabina de la grúa desde el suelo.

Las secciones de la torre se unen con pernos para formar un robusto armazón de acero.

TORRE

BASE DE LA TORRE

ANCLAJES

CIMIENTOS

La base de la torre se atornilla a los anclajes.

Los anclajes aseguran la torre a unos profundos cimientos de hormigón que le dan una base sólida.

El brazo hidráulico de la grúa eleva el gancho para cargar paneles de hormigón.

GRÚA MÓVIL

Los camiones con grúas móviles acceden a más sitios.

GRÚA MÓVIL

Las grúas móviles, más pequeñas, tienen brazos telescópicos hidráulicos y estabilizadores para evitar volcar.

Rascacielos

Las ciudades no solo se extienden hacia afuera, también lo hacen hacia arriba gracias a los rascacielos. Estos edificios tienen 150 m de altura como mínimo y la mayoría de su volumen está ocupado por oficinas, hoteles y apartamentos. Los adelantos en diseño, materiales y técnicas de construcción han hecho que cada vez se construyan más rascacielos, y más altos.

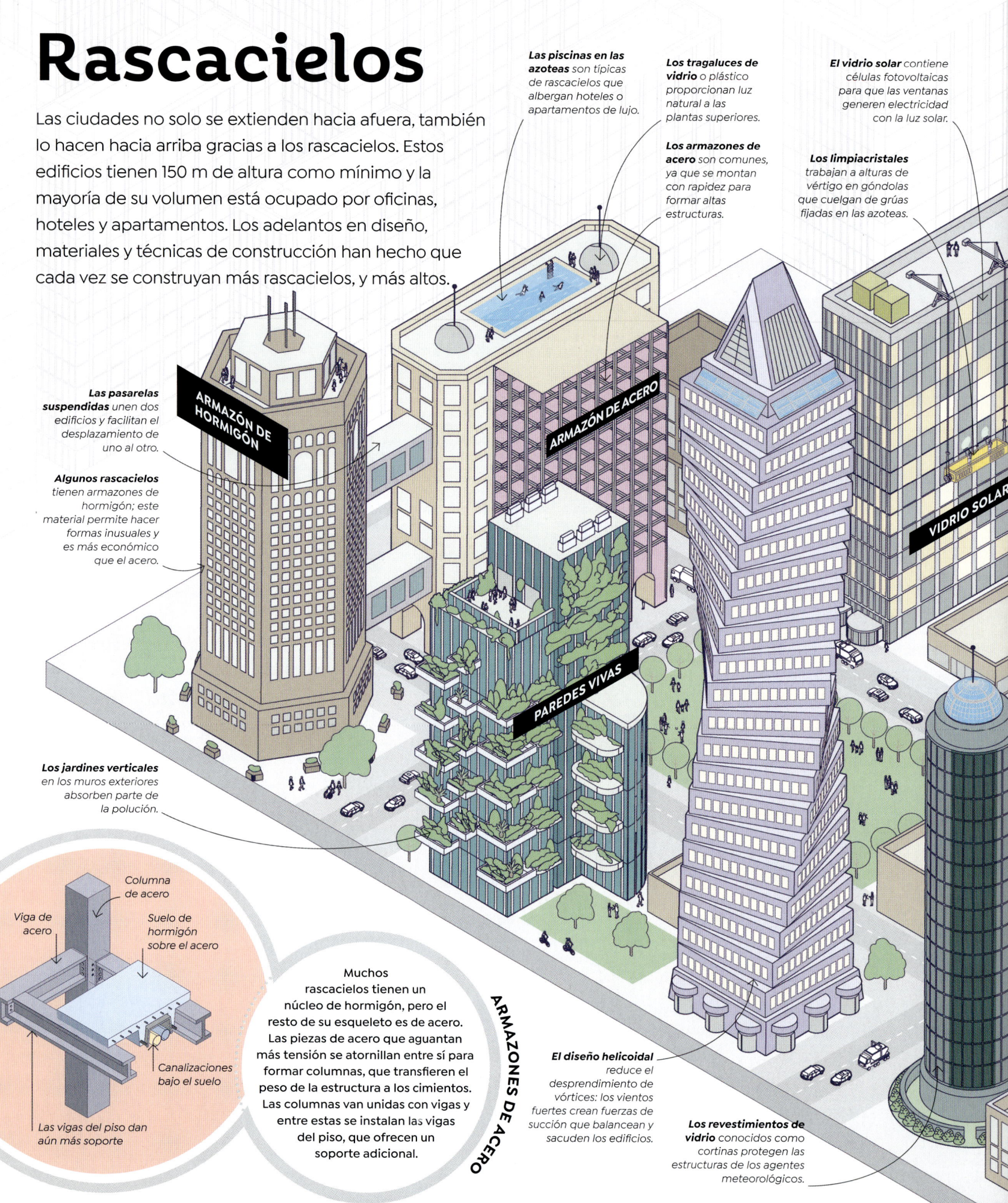

Las piscinas en las azoteas son típicas de rascacielos que albergan hoteles o apartamentos de lujo.

Los tragaluces de vidrio o plástico proporcionan luz natural a las plantas superiores.

El vidrio solar contiene células fotovoltaicas para que las ventanas generen electricidad con la luz solar.

Los armazones de acero son comunes, ya que se montan con rapidez para formar altas estructuras.

Los limpiacristales trabajan a alturas de vértigo en góndolas que cuelgan de grúas fijadas en las azoteas.

Las pasarelas suspendidas unen dos edificios y facilitan el desplazamiento de uno al otro.

Algunos rascacielos tienen armazones de hormigón; este material permite hacer formas inusuales y es más económico que el acero.

Los jardines verticales en los muros exteriores absorben parte de la polución.

ARMAZÓN DE HORMIGÓN

ARMAZÓN DE ACERO

PAREDES VIVAS

VIDRIO SOLAR

ARMAZONES DE ACERO

Columna de acero

Viga de acero

Suelo de hormigón sobre el acero

Canalizaciones bajo el suelo

Las vigas del piso dan aún más soporte

Muchos rascacielos tienen un núcleo de hormigón, pero el resto de su esqueleto es de acero. Las piezas de acero que aguantan más tensión se atornillan entre sí para formar columnas, que transfieren el peso de la estructura a los cimientos. Las columnas van unidas con vigas y entre estas se instalan las vigas del piso, que ofrecen un soporte adicional.

El diseño helicoidal reduce el desprendimiento de vórtices: los vientos fuertes crean fuerzas de succión que balancean y sacuden los edificios.

Los revestimientos de vidrio conocidos como cortinas protegen las estructuras de los agentes meteorológicos.

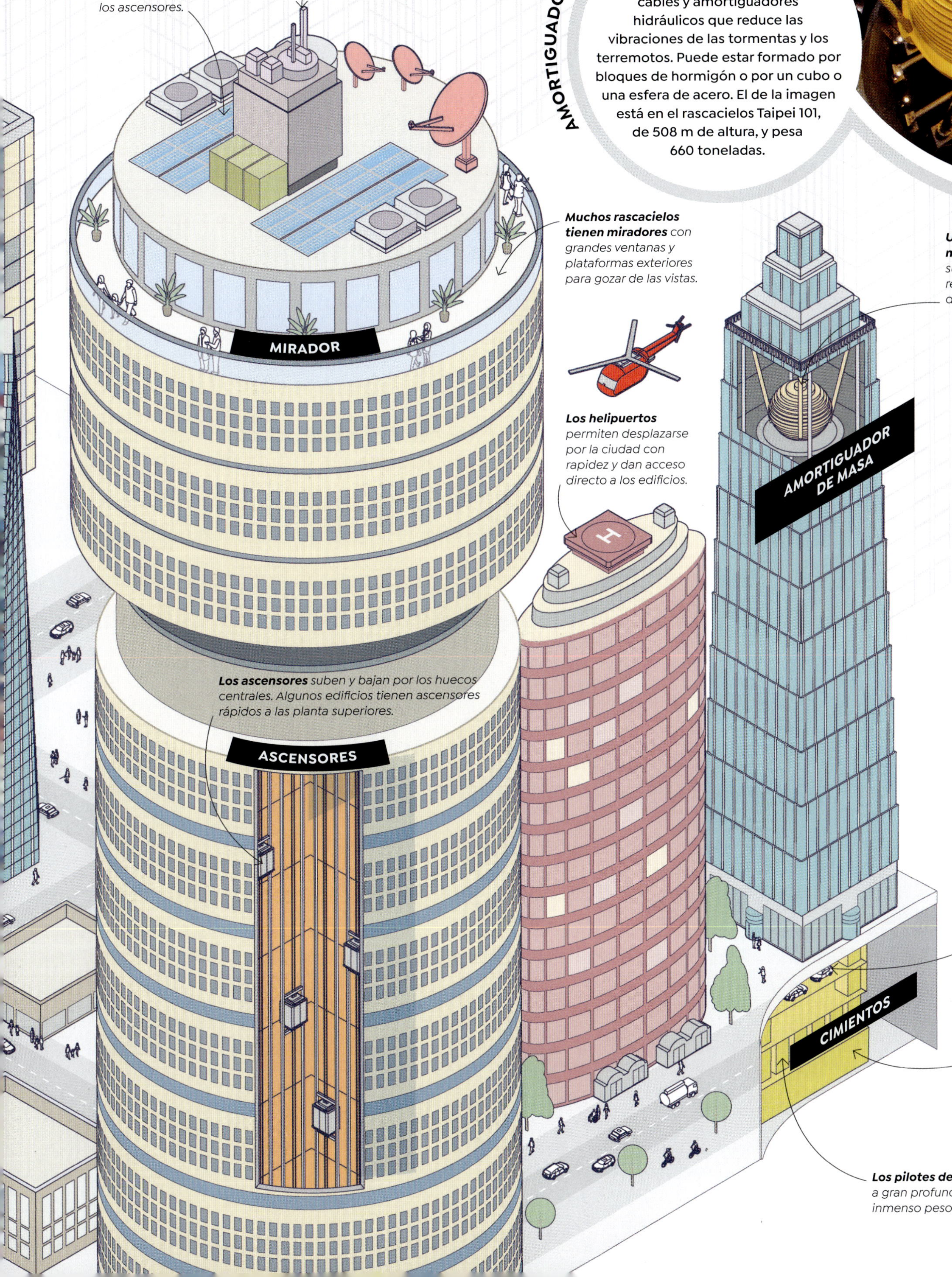

Los paneles solares producen parte de la electricidad que necesitan las luces, las calefacciones y los ascensores.

Las antenas conectan los edificios con las redes globales de telecomunicaciones.

Un amortiguador de masa es un gran peso pendiente de cables y amortiguadores hidráulicos que reduce las vibraciones de las tormentas y los terremotos. Puede estar formado por bloques de hormigón o por un cubo o una esfera de acero. El de la imagen está en el rascacielos Taipei 101, de 508 m de altura, y pesa 660 toneladas.

Muchos rascacielos tienen miradores con grandes ventanas y plataformas exteriores para gozar de las vistas.

MIRADOR

Un amortiguador de masa en la parte superior del rascacielos reduce las vibraciones dañinas.

Los helipuertos permiten desplazarse por la ciudad con rapidez y dan acceso directo a los edificios.

AMORTIGUADOR DE MASA

CIUDAD E INDUSTRIA

El Burj Khalifa de Dubái es el rascacielos más alto del mundo, con 828 m. Tiene 160 plantas con hoteles, oficinas y viviendas

Los ascensores suben y bajan por los huecos centrales. Algunos edificios tienen ascensores rápidos a las planta superiores.

ASCENSORES

Los aparcamientos subterráneos, construidos sobre los cimientos, ofrecen preciadas plazas en zonas con escasez de aparcamiento en la calle.

CIMIENTOS

Los cimientos se hacen en hoyos profundos con hormigón armado, ya que los rascacielos necesitan bases sólidas.

Los pilotes de cimentación se alojan a gran profundidad para soportar el inmenso peso de las estructuras.

VIVIR EN LAS ALTURAS

Cuando el terreno escasea hay que construir hacia arriba. En ciudades como Hong Kong (en la imagen), los rascacielos permiten que millones de personas vivan y trabajen en un área relativamente pequeña. Cuando se diseña un rascacielos hay que tener en cuenta el riesgo de terremotos y la fuerza del viento. Se construyen con armazones de hormigón o acero de los que cuelgan los muros, en vez de que los muros soporten la carga de la estructura, como en las casas normales. Los muros suelen ser de vidrio o piedra pulida. Los rascacielos se hicieron viables con el desarrollo de los ascensores eléctricos, en la década de 1880.

LOS MÁS ALTOS

Estos edificios ostentaron en su tiempo el récord mundial de altura, pero acabarán siendo superados por un gigante de 1000 m.

828 m

508 m

452 m

381 m

BURJ KHALIFA 2010

TAIPEI 101 2004

TORRES PETRONAS, 1998

EMPIRE STATE BUILDING, 1931

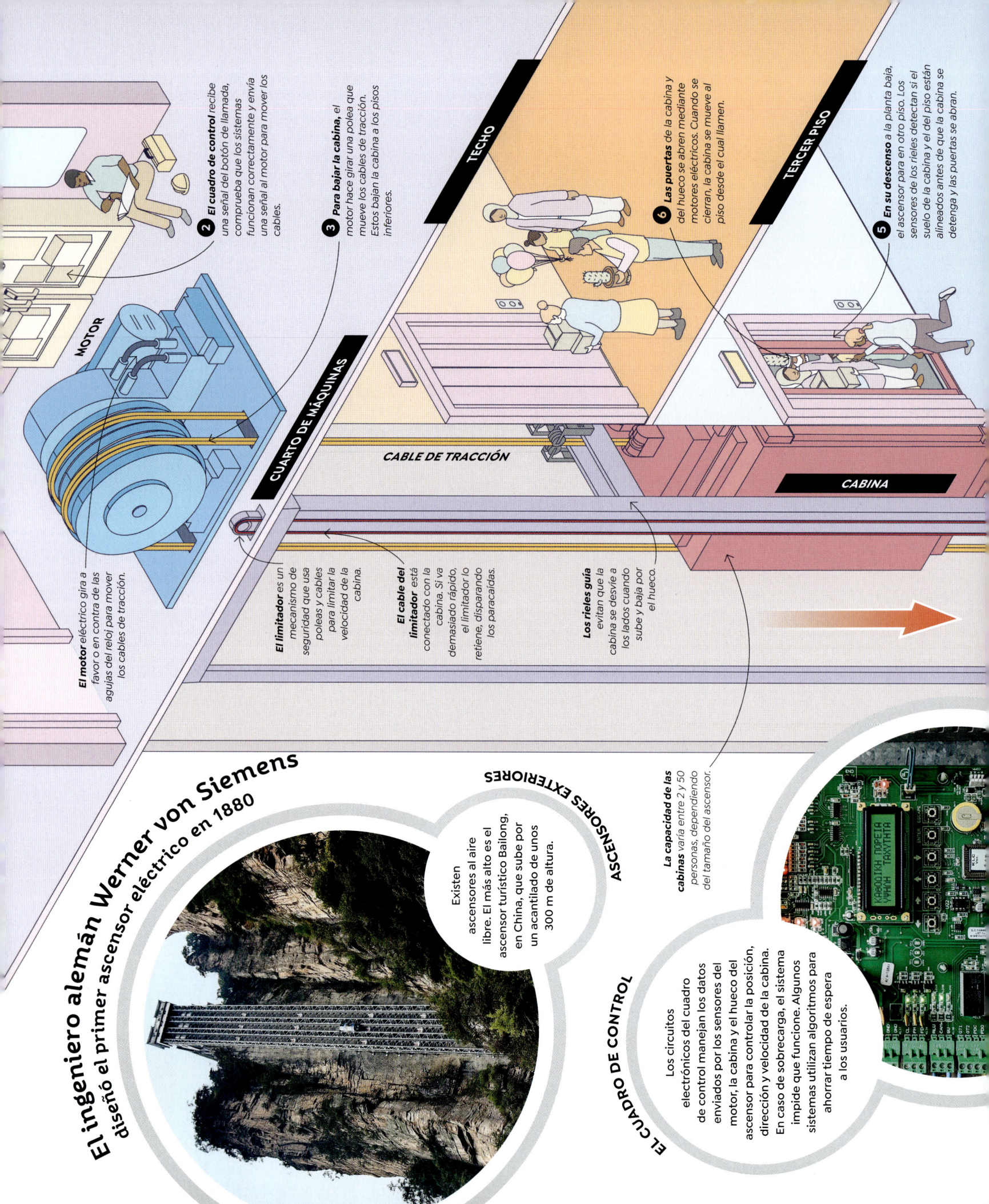

MOTOR

El motor eléctrico gira a favor o en contra de las agujas del reloj para mover los cables de tracción.

CUARTO DE MÁQUINAS

2 **El cuadro de control** recibe una señal del botón de llamada, comprueba que los sistemas funcionan correctamente y envía una señal al motor para mover los cables.

3 **Para bajar la cabina,** el motor hace girar una polea que mueve los cables de tracción. Estos bajan la cabina a los pisos inferiores.

TECHO

6 **Las puertas** de la cabina y del hueco se abren mediante motores eléctricos. Cuando se cierran, la cabina se mueve al piso desde el cual llamen.

TERCER PISO

5 **En su descenso** a la planta baja, el ascensor para en otro piso. Los sensores de los rieles detectan si el suelo de la cabina y el del piso están alineados antes de que la cabina se detenga y las puertas se abran.

CABLE DE TRACCIÓN

El limitador es un mecanismo de seguridad que usa poleas y cables para limitar la velocidad de la cabina.

El cable del limitador está conectado con la cabina. Si va demasiado rápido, el limitador lo retiene, disparando los paracaídas.

Los rieles guía evitan que la cabina se desvíe a los lados cuando sube y baja por el hueco.

CABINA

El ingeniero alemán Werner von Siemens diseñó el primer ascensor eléctrico en 1880

ASCENSORES EXTERIORES

Existen ascensores al aire libre. El más alto es el ascensor turístico Bailong, en China, que sube por un acantilado de unos 300 m de altura.

EL CUADRO DE CONTROL

La capacidad de las cabinas varía entre 2 y 50 personas, dependiendo del tamaño del ascensor.

Los circuitos electrónicos del cuadro de control manejan los datos enviados por los sensores del motor, la cabina y el hueco del ascensor para controlar la posición, dirección y velocidad de la cabina. En caso de sobrecarga, el sistema impide que funcione. Algunos sistemas utilizan algoritmos para ahorrar tiempo de espera a los usuarios.

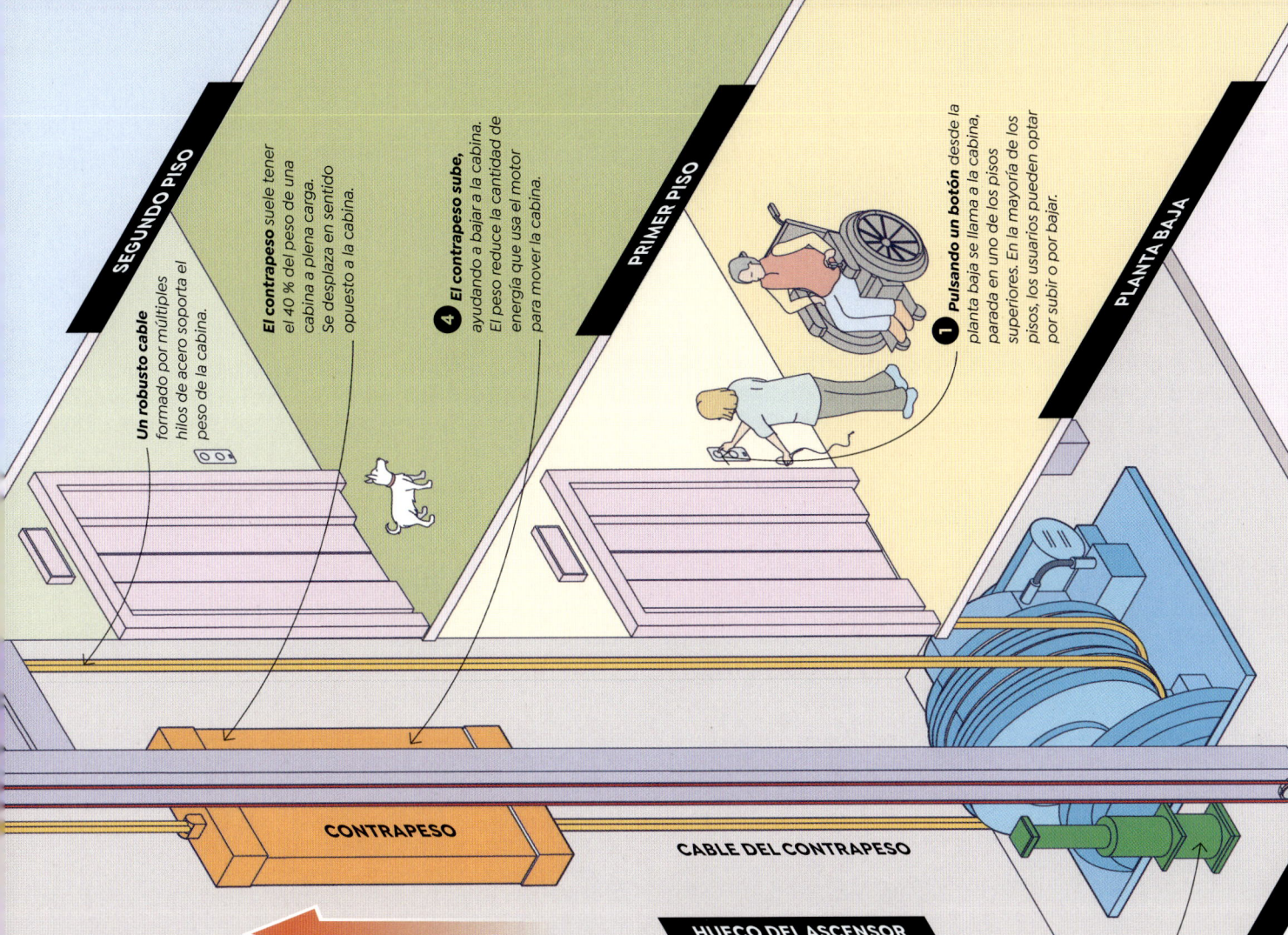

Ascensores

Los ascensores suben y bajan cargas y personas entre las plantas de los edificios. Aunque muchos tienen mecanismos hidráulicos, la mayoría de los ascensores funcionan con cables y poleas. El desarrollo de ascensores rápidos y seguros hizo posible la construcción de edificios altos y rascacielos.

Un amortiguador con un mecanismo de suspensión suaviza el impacto de la cabina si los sistemas de seguridad fallan.

ASCENSORES HORIZONTALES

Nuevos sistemas sin cables permiten a las cabinas desplazarse no solo en vertical, sino también en horizontal. Emplean la tecnología de levitación magnética usada en los trenes maglev (ver p. 113) para propulsar las cabinas por vías de acero. Al poder albergar muchas cabinas en un solo hueco, este sistema es más eficiente.

SEGUNDO PISO

Un robusto cable formado por múltiples hilos de acero soporta el peso de la cabina.

El contrapeso suele tener el 40 % del peso de una cabina a plena carga. Se desplaza en sentido opuesto a la cabina.

4 **El contrapeso sube,** ayudando a bajar a la cabina. El peso reduce la cantidad de energía que usa el motor para mover la cabina.

PRIMER PISO

1 **Pulsando un botón** desde la planta baja se llama a la cabina, parada en uno de los pisos superiores. En la mayoría de los pisos, los usuarios pueden optar por subir o por bajar.

PLANTA BAJA

La polea tensora mantiene la tensión adecuada en el cable del limitador mientras la cabina se desplaza.

CONTRAPESO

CABLE DEL CONTRAPESO

HUECO DEL ASCENSOR

SÓTANO

Un ascensor de alta velocidad de la Torre de Shanghái, en China, recorre 121 plantas en solo 53 segundos

Hospitales

Los hospitales prestan al público una completa gama de servicios de salud, desde investigación y diagnosis hasta complejas operaciones quirúrgicas. Cuando se trata de una urgencia, lo primero es averiguar qué necesita el paciente: es lo que se conoce como triaje. Muchos pacientes vuelven a casa el primer día, pero otros pasan días o semanas ingresados en unidades específicas.

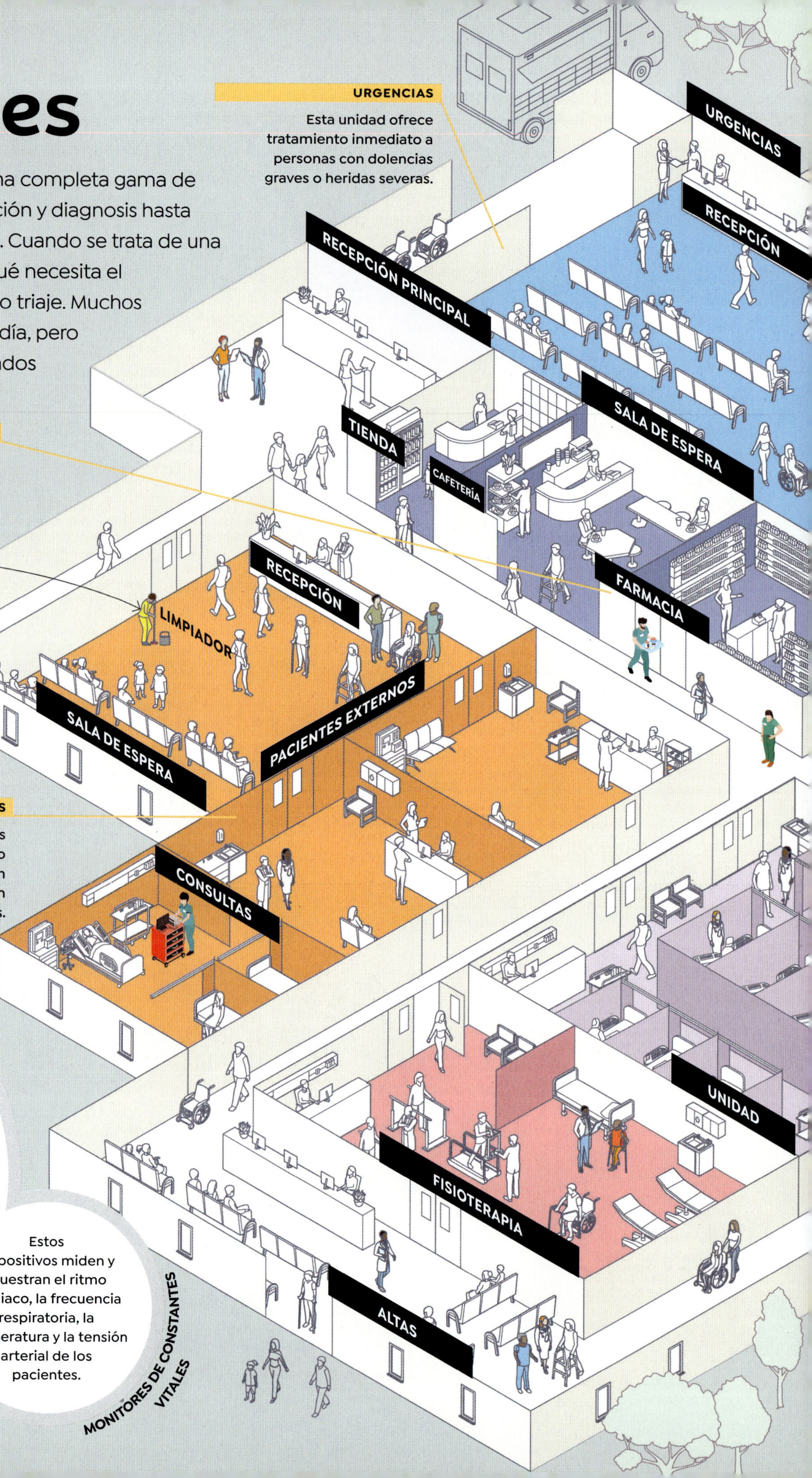

URGENCIAS
Esta unidad ofrece tratamiento inmediato a personas con dolencias graves o heridas severas.

URGENCIAS

RECEPCIÓN PRINCIPAL

RECEPCIÓN

FARMACIA
El personal de esta unidad gestiona, prueba y provee los medicamentos. También asesora a los médicos sobre las medicinas y dosis adecuadas para los pacientes.

TIENDA

CAFETERÍA

SALA DE ESPERA

La limpieza frecuente limita la propagación de enfermedades e infecciones.

ENTRADA PRINCIPAL

LIMPIADOR

RECEPCIÓN

FARMACIA

SALA DE ESPERA

PACIENTES EXTERNOS

PACIENTES EXTERNOS
Las personas con dolencias que no requieren ingreso hospitalario son diagnosticadas y tratadas en consultas externas.

CONSULTAS

Estos dispositivos miden y muestran el ritmo cardiaco, la frecuencia respiratoria, la temperatura y la tensión arterial de los pacientes.

MONITORES DE CONSTANTES VITALES

FISIOTERAPIA

UNIDAD

ALTAS

SALAS DE TRATAMIENTO

TRIAJE

Generador de rayos X

Monitor digital

Monitor

Detector de rayos X

Los rayos X traspasan la piel y los tejidos blandos, pero son absorbidos por los huesos y cartílagos, haciéndolos visibles en imágenes llamadas radiografías.

EQUIPOS DE RAYOS X

ESCÁNERES DE IRM

Los escáneres de imagen por resonancia magnética (IRM) usan imanes para que los átomos de hidrógeno del cuerpo puedan ser detectados por las ondas de radio.

Una bobina de radiofrecuencia emite y detecta ondas de radio

Los imanes concentran el campo magnético producido por el electroimán

Electroimán

El paciente se mueve en una mesa motorizada

RAYOS X

RADIOLOGÍA

EQUIPO DE RAYOS X

TRAUMATOLOGÍA

CIRUJÍA

CIRUGÍA AMBULATORIA

CIRUJANO

TRAUMATOLOGÍA

Las radiografías detectan fracturas de huesos. Estos suelen escayolarse hasta que las fracturas se curan.

RADIOLOGÍA

Las máquinas como los equipos de rayos X o los escáneres de IRM y ultrasonidos son vitales para observar el interior del cuerpo y diagnosticar ciertas dolencias.

CIRUGÍA AMBULATORIA

Aquí se llevan a cabo intervenciones quirúrgicas menores, como extirpar uñas encarnadas o amígdalas. Los pacientes suelen volver a casa el mismo día.

UNIDADES

Los pacientes ingresados ocupan camas en unidades que ofrecen cuidados especializados. Por ejemplo, los niños son tratados en la unidad de pediatría.

PERSONAL PRINCIPAL

Médico
Diagnostica enfermedades y propone tratamientos.

Farmacólogo
Gestiona y despacha los medicamentos.

Cirujano
Realiza operaciones quirúrgicas.

Técnico
Toma y analiza muestras e imágenes.

Enfermero
Proporciona cuidados médicos a los pacientes.

Limpiador
Limpia y mantiene la higiene en el edificio y los equipos.

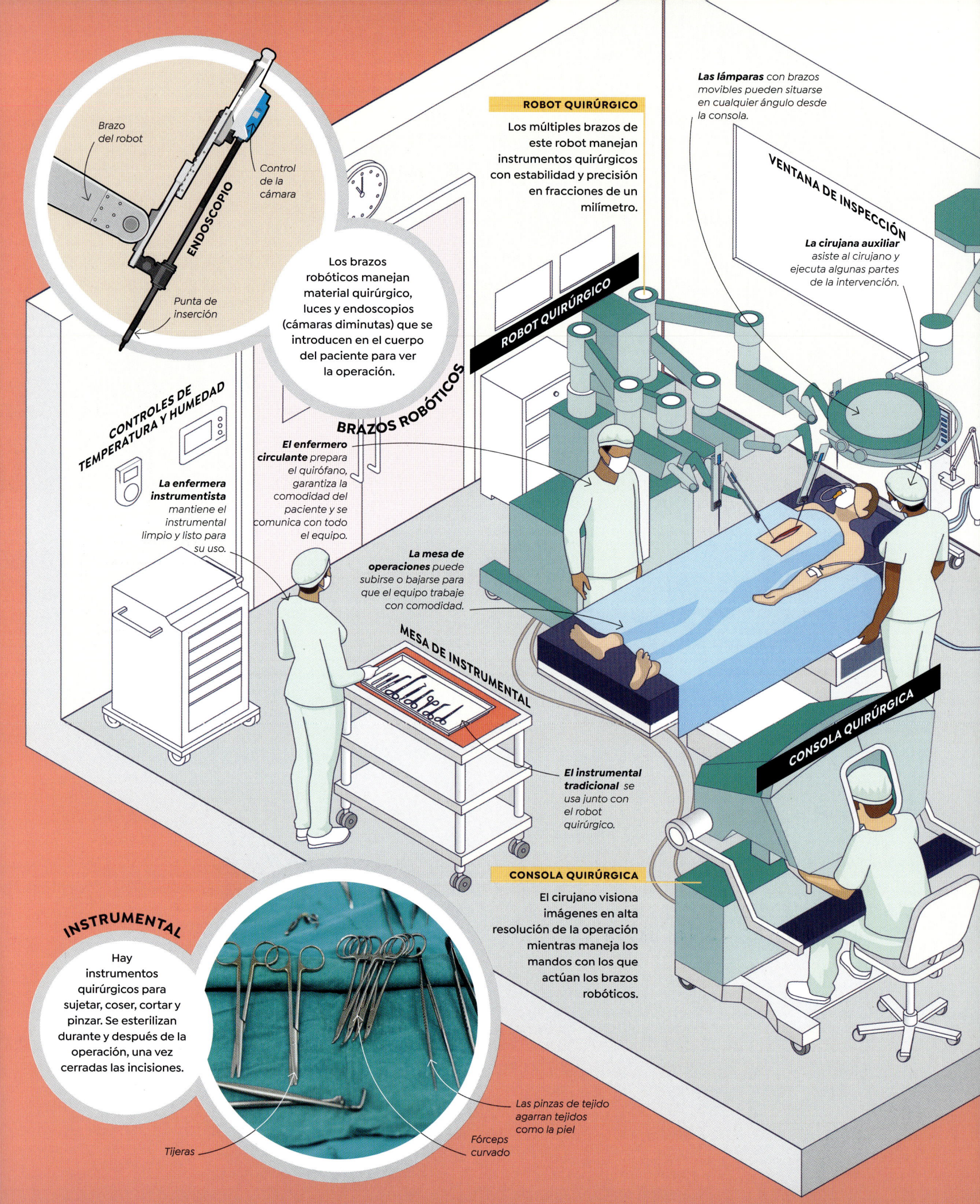

Brazo del robot

Control de la cámara

ENDOSCOPIO

Punta de inserción

Los brazos robóticos manejan material quirúrgico, luces y endoscopios (cámaras diminutas) que se introducen en el cuerpo del paciente para ver la operación.

CONTROLES DE TEMPERATURA Y HUMEDAD

La enfermera instrumentista mantiene el instrumental limpio y listo para su uso.

BRAZOS ROBÓTICOS

El enfermero circulante prepara el quirófano, garantiza la comodidad del paciente y se comunica con todo el equipo.

La mesa de operaciones puede subirse o bajarse para que el equipo trabaje con comodidad.

ROBOT QUIRÚRGICO

Los múltiples brazos de este robot manejan instrumentos quirúrgicos con estabilidad y precisión en fracciones de un milímetro.

Las lámparas con brazos movibles pueden situarse en cualquier ángulo desde la consola.

VENTANA DE INSPECCIÓN

La cirujana auxiliar asiste al cirujano y ejecuta algunas partes de la intervención.

ROBOT QUIRÚRGICO

CONSOLA QUIRÚRGICA

MESA DE INSTRUMENTAL

El instrumental tradicional se usa junto con el robot quirúrgico.

CONSOLA QUIRÚRGICA

El cirujano visiona imágenes en alta resolución de la operación mientras maneja los mandos con los que actúan los brazos robóticos.

INSTRUMENTAL

Hay instrumentos quirúrgicos para sujetar, coser, cortar y pinzar. Se esterilizan durante y después de la operación, una vez cerradas las incisiones.

Tijeras

Fórceps curvado

Las pinzas de tejido agarran tejidos como la piel

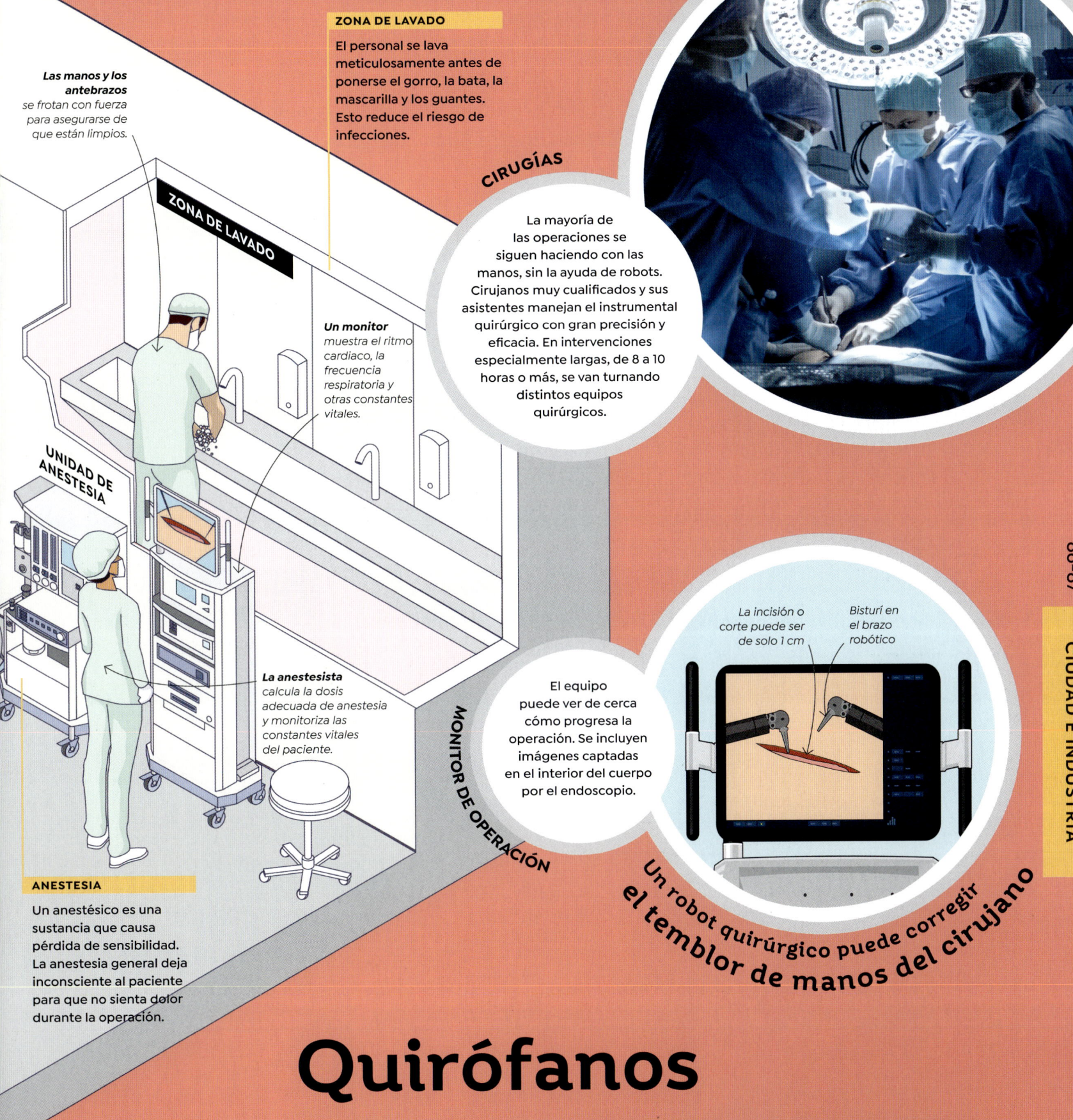

ZONA DE LAVADO

El personal se lava meticulosamente antes de ponerse el gorro, la bata, la mascarilla y los guantes. Esto reduce el riesgo de infecciones.

Las manos y los antebrazos *se frotan con fuerza para asegurarse de que están limpios.*

CIRUGÍAS

La mayoría de las operaciones se siguen haciendo con las manos, sin la ayuda de robots. Cirujanos muy cualificados y sus asistentes manejan el instrumental quirúrgico con gran precisión y eficacia. En intervenciones especialmente largas, de 8 a 10 horas o más, se van turnando distintos equipos quirúrgicos.

UNIDAD DE ANESTESIA

Un monitor *muestra el ritmo cardiaco, la frecuencia respiratoria y otras constantes vitales.*

La anestesista *calcula la dosis adecuada de anestesia y monitoriza las constantes vitales del paciente.*

MONITOR DE OPERACIÓN

El equipo puede ver de cerca cómo progresa la operación. Se incluyen imágenes captadas en el interior del cuerpo por el endoscopio.

La incisión o corte puede ser de solo 1 cm

Bisturí en el brazo robótico

ANESTESIA

Un anestésico es una sustancia que causa pérdida de sensibilidad. La anestesia general deja inconsciente al paciente para que no sienta dolor durante la operación.

Un robot quirúrgico puede corregir el temblor de manos del cirujano

Quirófanos

El quirófano es la sala donde se practica la cirugía invasiva. El cirujano, ayudado por un equipo cualificado, entra en el cuerpo del paciente y trabaja en él con instrumentos para reparar, quitar o sustituir determinadas partes. Cada vez se realizan más operaciones con la ayuda de robots quirúrgicos que manejan instrumental con precisión, pero siempre bajo la dirección de un cirujano.

Cines

Millones de personas en todo el mundo se emocionan con la acción y el dramatismo de las grandes pantallas. Las películas son sucesiones de imágenes fijas (fotogramas) que crean ilusión de movimiento cuando pasan a gran velocidad. Los cines guardan las películas como archivos informáticos y las muestran con proyectores digitales.

SONIDO ENVOLVENTE

En torno a la sala hay muchos altavoces. Los procesadores de sonido les envían señales para crear un paisaje sonoro tridimensional, con el público en el centro.

La iluminación de la sala se reduce al mínimo durante la proyección.

ALTAVOZ

Los altavoces traseros ofrecen el sonido ambiental o de fondo

Los efectos de sonido salen por los altavoces laterales

Con el sonido envolvente, los altavoces crean fascinantes paisajes sonoros que realzan las imágenes de la pantalla.

El diálogo suele oírse por los altavoces de la pantalla.

Los altavoces derechos reciben señales diferentes de los izquierdos

Estos altavoces dirigen el sonido al patio de butacas desde detrás de la pantalla.

En el café se sirven bebidas frías y calientes y tentempiés.

En el bar hay bebidas, palomitas, perritos calientes y otros tentempiés para llevar a la sala.

PALOMITAS

Las palomitas de maíz son un tentempié muy popular en el cine. Al calentar los granos de maíz, el agua que contienen se convierte en vapor y explotan.

Los cines actuales suelen tener varias salas.

CAFÉ

PALOMITAS

SALA 1

Los espacios sociales son perfectos para relajarse o esperar a los amigos.

Las palomitas se hacen y se mantienen calientes en una máquina. Se sirven con mantequilla, saladas o azucaradas.

ENTRADA

Las cintas guían a los clientes a la taquilla antes de entrar al vestíbulo del cine.

TAQUILLA

Las entradas se compran en la taquilla. Las entradas reservadas también se recogen aquí.

Un empleado revisa las entradas.

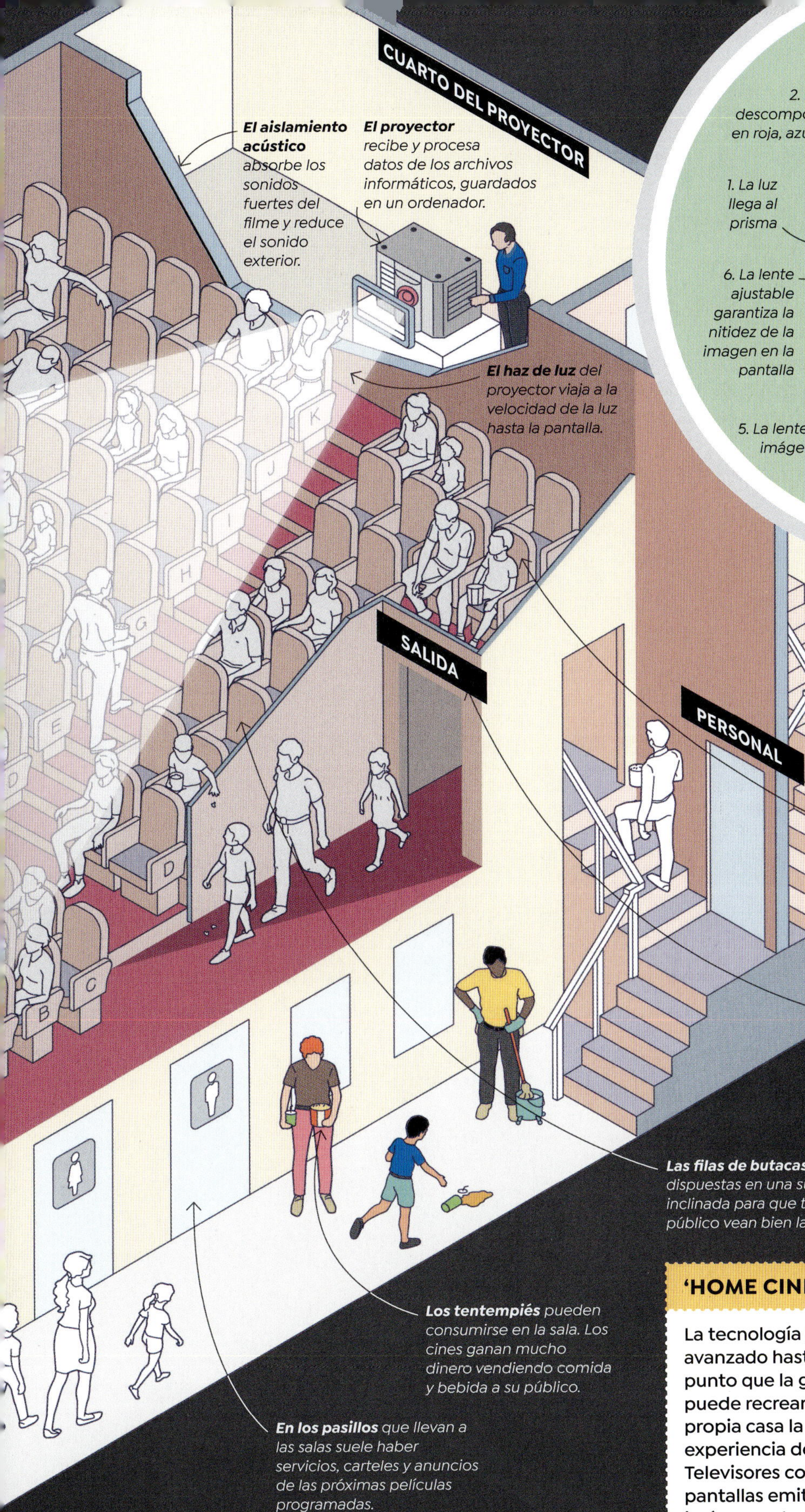

El aislamiento acústico absorbe los sonidos fuertes del filme y reduce el sonido exterior.

El proyector recibe y procesa datos de los archivos informáticos, guardados en un ordenador.

El haz de luz del proyector viaja a la velocidad de la luz hasta la pantalla.

3. Cada DMD produce imágenes en un color

2. El prisma descompone la luz en roja, azul y verde

1. La luz llega al prisma

6. La lente ajustable garantiza la nitidez de la imagen en la pantalla

5. La lente combina imágenes de los tres DMD

4. Los reflejos rojos, verdes y azules de cada DMD vuelven a atravesar el prisma

El procesamiento digital de la luz (DLP en inglés) es un sistema de proyección mediante dispositivos digitales de microespejos (DMD). Estos tienen millones de espejos microscópicos que se inclinan en contra o hacia la luz miles de veces por segundo. Cada espejo produce un píxel, creándose imágenes detalladas que pasan por lentes y se proyectan en pantallas.

PROYECTORES DLP

SALIDA

PERSONAL

En el cuarto del proyector está el proyeccionista, que se asegura de que la película se vea bien.

Las butacas deben ser cómodas para personas de todos los tamaños. Las hay reclinables y con soportes para bebidas, cargadores USB y reposapiés.

Los letreros iluminados muestran las salidas de emergencia. Muchas salas tienen luces en el suelo para ayudar al público a orientarse una vez empezada la proyección.

Las filas de butacas están dispuestas en una superficie inclinada para que todo el público vean bien la pantalla.

Los tentempiés pueden consumirse en la sala. Los cines ganan mucho dinero vendiendo comida y bebida a su público.

En los pasillos que llevan a las salas suele haber servicios, carteles y anuncios de las próximas películas programadas.

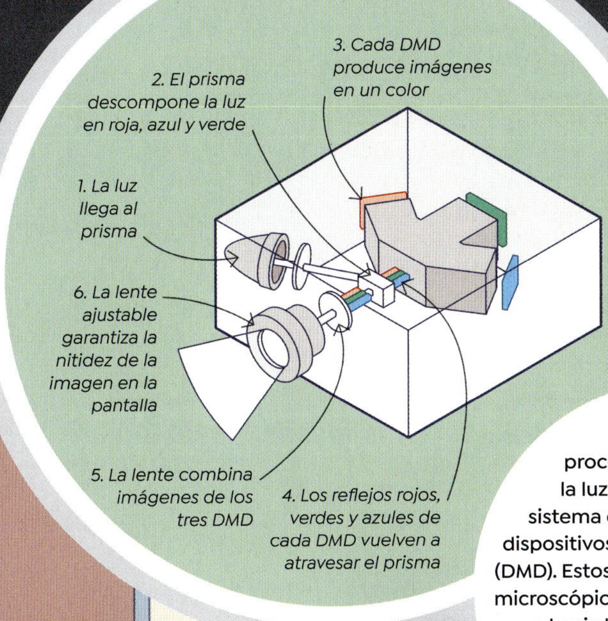

'HOME CINEMA'

La tecnología ha avanzado hasta tal punto que la gente puede recrear en su propia casa la experiencia de ir al cine. Televisores con grandes pantallas emiten imágenes de muy alta resolución. Varios altavoces conectados a un amplificador y a un procesador dividen y dirigen el sonido, creando una sensación envolvente.

Kinépolis Madrid, en España, es el mayor complejo de cines del mundo, con capacidad para 9200 personas

Algunos estadios tienen la capacidad de cambiar sus terrenos de juego. En el Sapporo Dome japonés (abajo), el campo de fútbol puede deslizarse sobre el de béisbol. El terreno de hierba natural del Tottenham Hotspur Stadium inglés se retira en tres plataformas de 300 ruedas y 3000 toneladas cada una para dar paso al campo de hierba artificial que hay debajo.

Estadios

Grandes recintos acogen los mejores eventos deportivos del mundo, presenciados por miles de espectadores desde sus gradas. En estas imponentes instalaciones también se celebran conciertos y otros espectáculos. Algunos, como el Camp Nou (España), el Wembley Stadium (Inglaterra) y el Fenway Park (Estados Unidos), son puntos de referencia mundiales.

Los pilares y los cables sostienen la cubierta permanente, que cobija a más espectadores cuando el techo retráctil está desplegado.

Los palcos corporativos ofrecen cenas y buenas vistas del campo a empresas y sus clientes.

Las localidades se organizan en gradas y secciones que pueden incluir zonas para familias.

¡DÍA DE PARTIDO!

Asistir a un gran estadio lleno de público puede ser una experiencia emocionante. Los aficionados aclaman a su equipo, abuchean o silban las decisiones de los árbitros y saltan de sus asientos en las jugadas clave. A veces se levantan en secuencia para formar espectaculares olas que recorren todo el estadio.

Los salones para eventos los usa el club o se alquilan a empresas o aficionados para ocasiones especiales.

El museo alberga trofeos, fotografías y recuerdos de las estrellas del pasado y el presente del club.

ESPACIOS CORPORATIVOS

Los pasajes interiores permiten al público desplazarse y acceder a sus asientos de forma fácil y segura.

3 **Los puestos de comida** ofrecen tentempiés a los espectadores. En ciertos eventos también venden programas.

PUESTOS DE COMIDA

TIENDA OFICIAL

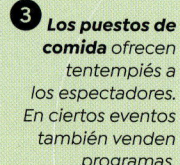

1 **Los aficionados** acuden al estadio en sus vehículos o en transporte público.

2 **Las entradas** se verifican en tornos electrónicos antes de entrar al recinto. Suele haber accesos separados para aficionados de distintos equipos.

Los autocares a veces corren a cuenta del club para que los aficionados que viven lejos puedan ir al estadio.

Los productos del club, como camisetas y bufandas, se venden en su tienda oficial.

4 **El público se sienta** en localidades numeradas. El personal del club ayuda a los aficionados a encontrar sus asientos.

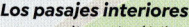
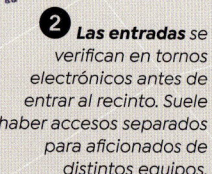

El estadio de críquet Narendra Modi, en la India, es el mayor del mundo, con capacidad para 132 000 espectadores

ESTADIOS CUBIERTOS

En los estadios con techos retráctiles se puede practicar deporte al aire libre y a cubierto si hace mal tiempo. Algunos cierran el techo para acoger espectáculos ruidosos, como los conciertos. Los techos suelen estar formados por segmentos que se mueven con cabrestantes accionados por motores eléctricos.

El techo retráctil puede abrirse o cerrarse dependiendo del evento o el tiempo.

Los focos LED de la cubierta iluminan las gradas y el campo por la noche.

Las grandes pantallas en las caras de este cubo transmiten la acción al público.

8 **Las pantallas** muestran lo más destacado del partido, que también puede emitirse por televisión e internet.

7 **Las imágenes de las cámaras** se montan con comentarios y entrevistas en las salas de medios.

El salón de jugadores es un espacio privado donde los jugadores comen y socializan antes o después del partido.

En el gimnasio los jugadores se entrenan y se recuperan de las lesiones.

Las cabinas de prensa ofrecen excelentes vistas a los comentaristas de radio y televisión.

En los vestuarios, los equipos local y visitante se cambian de ropa y escuchan charlas técnicas y motivacionales sobre el partido.

TECHO RETRÁCTIL

TERCER GRADERÍO

SALAS DE MEDIOS

SEGUNDO GRADERÍO

SALÓN

PANTALLAS

GIMNASIO

CABINAS DE PRENSA

VESTUARIOS

ASIENTOS

PRIMER GRADERÍO

6 **Las cámaras** captan la acción en el terreno de juego desde varias posiciones del estadio.

5 **Solo los jugadores,** el personal médico y los árbitros pueden entrar en el terreno de juego. El personal de seguridad impide que entren aficionados, y a veces animales.

NUEVAS TECNOLOGÍAS

Los campos de hierba suelen reforzarse con fibras sintéticas. El terreno del Wembley Stadium tiene 75 000 km de fibra. El césped natural y artificial se asienta sobre varias capas con entramados de tuberías de drenaje y calefacción. Por estas últimas circula agua caliente para evitar que el césped se congele.

Los antiguos griegos construyeron los primeros estadios deportivos con las gradas en laderas de colinas

Terreno de juego

Las fibras sintéticas hacen el césped más resistente

Capa de arena

Capa de enraizamiento

Capa de sellado

Capa base

Las tuberías de drenaje evacuan el exceso de agua

Tuberías de calefacción

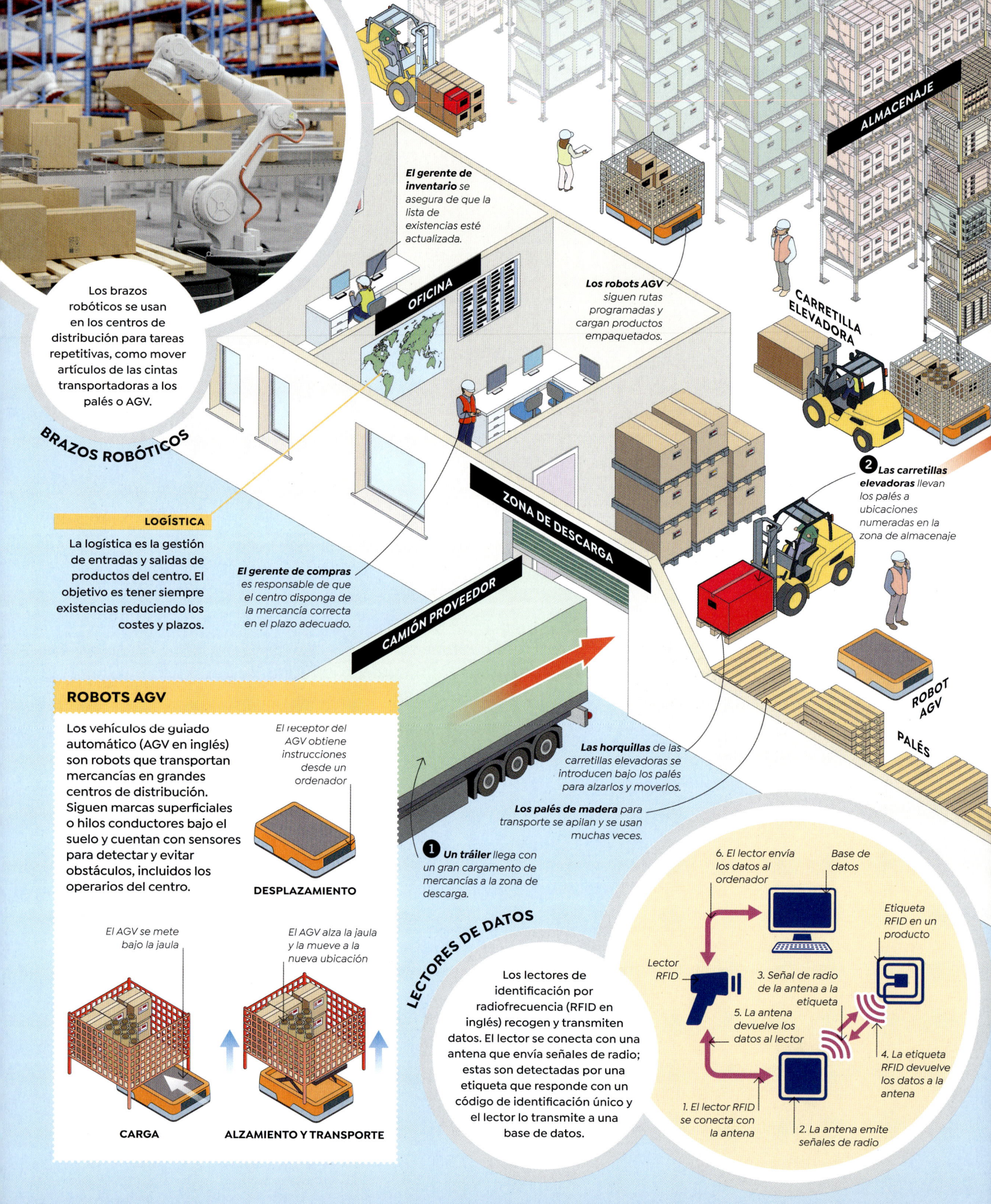

Los brazos robóticos se usan en los centros de distribución para tareas repetitivas, como mover artículos de las cintas transportadoras a los palés o AGV.

BRAZOS ROBÓTICOS

El gerente de inventario se asegura de que la lista de existencias esté actualizada.

OFICINA

Los robots AGV siguen rutas programadas y cargan productos empaquetados.

ALMACENAJE

CARRETILLA ELEVADORA

❷ *Las carretillas elevadoras* llevan los palés a ubicaciones numeradas en la zona de almacenaje

LOGÍSTICA

La logística es la gestión de entradas y salidas de productos del centro. El objetivo es tener siempre existencias reduciendo los costes y plazos.

El gerente de compras es responsable de que el centro disponga de la mercancía correcta en el plazo adecuado.

ZONA DE DESCARGA

CAMIÓN PROVEEDOR

ROBOT AGV

PALÉS

ROBOTS AGV

Los vehículos de guiado automático (AGV en inglés) son robots que transportan mercancías en grandes centros de distribución. Siguen marcas superficiales o hilos conductores bajo el suelo y cuentan con sensores para detectar y evitar obstáculos, incluidos los operarios del centro.

El receptor del AGV obtiene instrucciones desde un ordenador

DESPLAZAMIENTO

Las horquillas de las carretillas elevadoras se introducen bajo los palés para alzarlos y moverlos.

Los palés de madera para transporte se apilan y se usan muchas veces.

❶ *Un tráiler* llega con un gran cargamento de mercancías a la zona de descarga.

LECTORES DE DATOS

El AGV se mete bajo la jaula

El AGV alza la jaula y la mueve a la nueva ubicación

CARGA

ALZAMIENTO Y TRANSPORTE

Los lectores de identificación por radiofrecuencia (RFID en inglés) recogen y transmiten datos. El lector se conecta con una antena que envía señales de radio; estas son detectadas por una etiqueta que responde con un código de identificación único y el lector lo transmite a una base de datos.

6. El lector envía los datos al ordenador

Base de datos

Etiqueta RFID en un producto

Lector RFID

3. Señal de radio de la antena a la etiqueta

5. La antena devuelve los datos al lector

4. La etiqueta RFID devuelve los datos a la antena

1. El lector RFID se conecta con la antena

2. La antena emite señales de radio

3 *Los preparadores de pedidos* usan elevadores de tijera para localizar los productos.

4 *Las transpaletas* se utilizan para transportar pequeñas cantidades de cajas por el almacén.

Los repositores comprueban las existencias e introducen datos en el inventario del centro.

5 *Los productos* se ponen en cintas transportadoras para proceder a su empaquetado.

Las cajas de cartón, a veces hechas con papel reciclado, se usan en grandes cantidades para empaquetar.

ZONA DE EMPAQUETADO

En los centros de distribución de Europa se usan 3000 millones de palés cada día

Los elevadores de tijera suelen ser hidráulicos y dan acceso a los estantes más altos.

ELEVADOR DE TIJERA

CINTA TRANSPORTADORA

7 *Los paquetes se pesan* y se agrupan por pesos similares.

8 *Los paquetes se escanean* y los datos se envían a la base de datos de ventas antes de expedirlos.

ZONA DE ESCANEO

6 *Los operarios empaquetan* los productos uno a uno o en grupos y etiquetan las cajas.

CAMIÓN DISTRIBUIDOR

EMPAQUETADO

Los empaquetadores eligen las cajas adecuadas para los productos, añaden el relleno para protegerlos y se aseguran de que los paquetes estén bien sellados y etiquetados.

9 *El camión de reparto* está cargado. El conductor recibe datos de los destinos para entregar pedidos a clientes de muchos lugares distintos.

Centros de distribución

La superficie del centro MQY1 de Amazon en Tennessee (Estados Unidos) equivale a 48 campos de fútbol

Tanto si se compran *online*, por teléfono o en una tienda, todos los productos pasan al menos por un centro de distribución antes de llegar a manos del cliente. Estos enormes almacenes reciben productos al por mayor de los fabricantes y sus operarios los localizan, empaquetan y envían a clientes y comercios.

Supermercados

La compra principal de la semana suele hacerse en el supermercado. Estas grandes tiendas de autoservicio tienen en sus estantes miles de alimentos, bebidas y artículos para el hogar. El primer supermercado abrió en la década de 1920 y hoy la mayoría usa tecnologías como las aplicaciones, los inventarios por escáner y las cajas inteligentes para ahorrar tiempo a sus clientes.

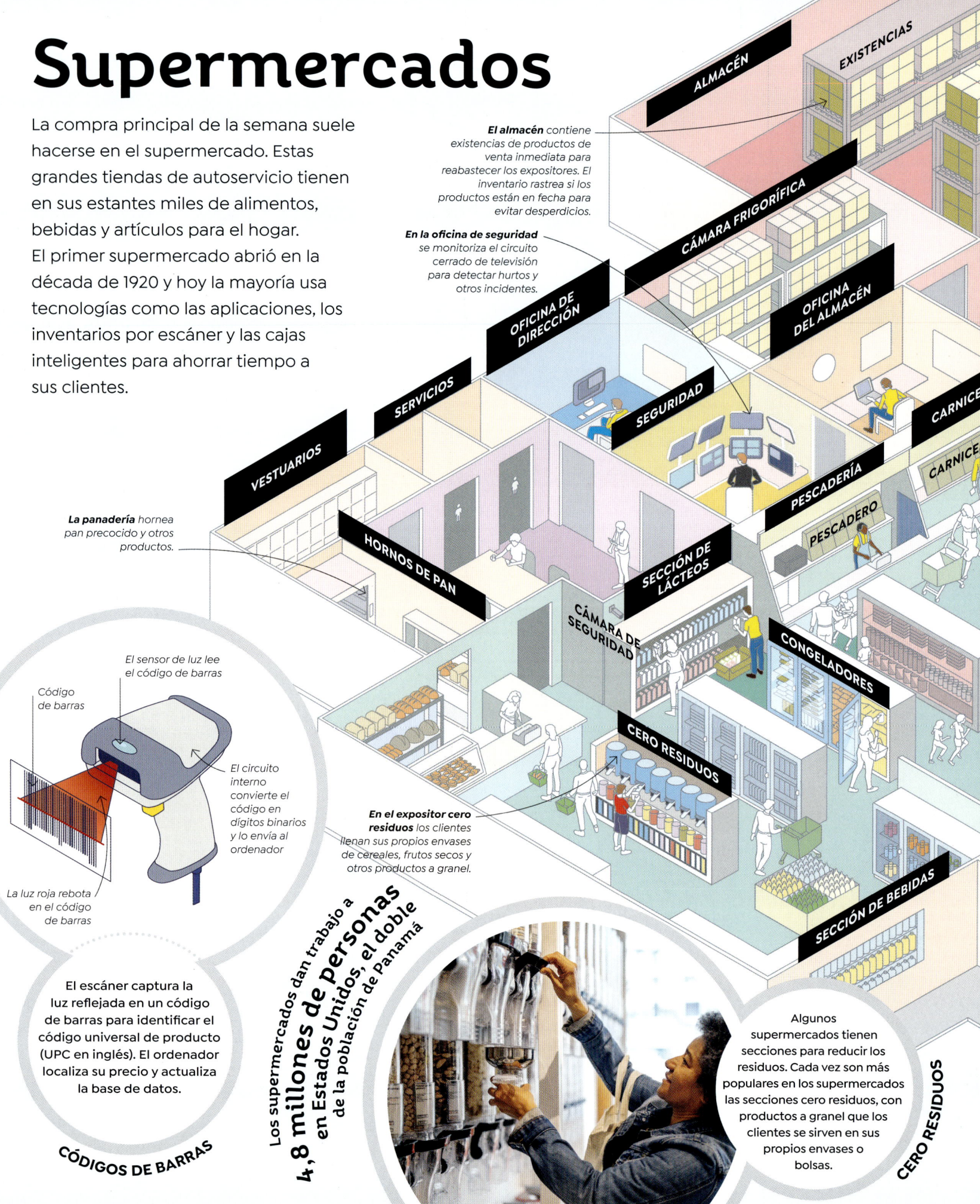

El almacén contiene existencias de productos de venta inmediata para reabastecer los expositores. El inventario rastrea si los productos están en fecha para evitar desperdicios.

En la oficina de seguridad se monitoriza el circuito cerrado de televisión para detectar hurtos y otros incidentes.

La panadería hornea pan precocido y otros productos.

ALMACÉN · EXISTENCIAS

CÁMARA FRIGORÍFICA

OFICINA DE DIRECCIÓN

OFICINA DEL ALMACÉN

SERVICIOS

VESTUARIOS

SEGURIDAD

CARNICERÍA · CARNICERO

PESCADERÍA · PESCADERO

HORNOS DE PAN

SECCIÓN DE LÁCTEOS

CÁMARA DE SEGURIDAD

CONGELADORES

CERO RESIDUOS

SECCIÓN DE BEBIDAS

Código de barras

El sensor de luz lee el código de barras

El circuito interno convierte el código en dígitos binarios y lo envía al ordenador

La luz roja rebota en el código de barras

En el expositor cero residuos los clientes llenan sus propios envases de cereales, frutos secos y otros productos a granel.

El escáner captura la luz reflejada en un código de barras para identificar el código universal de producto (UPC en inglés). El ordenador localiza su precio y actualiza la base de datos.

CÓDIGOS DE BARRAS

Los supermercados dan trabajo a **4,8 millones de personas** en Estados Unidos, el doble de la población de Panamá

Algunos supermercados tienen secciones para reducir los residuos. Cada vez son más populares en los supermercados las secciones cero residuos, con productos a granel que los clientes se sirven en sus propios envases o bolsas.

CERO RESIDUOS

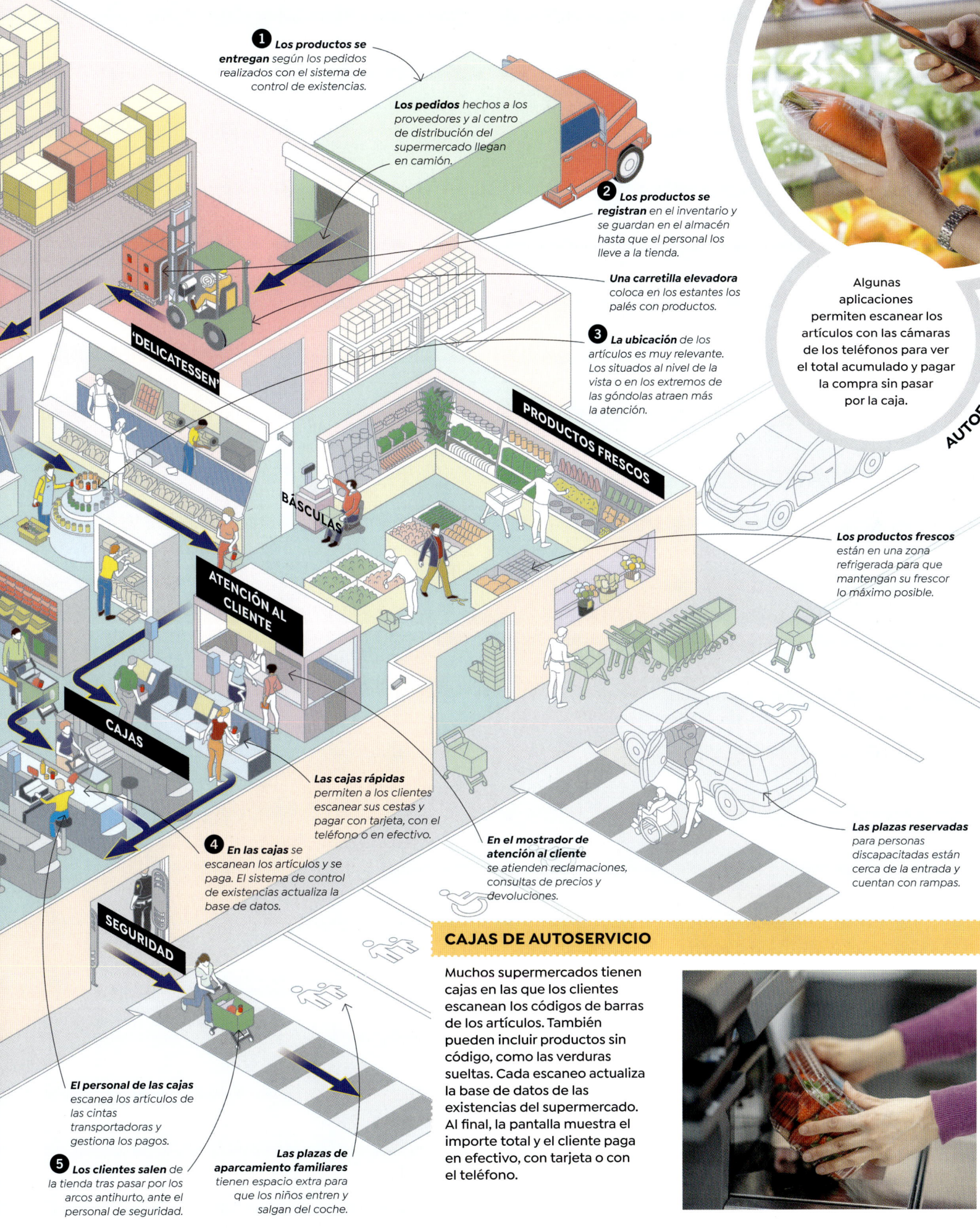

1 *Los productos se entregan* según los pedidos realizados con el sistema de control de existencias.

Los pedidos hechos a los proveedores y al centro de distribución del supermercado llegan en camión.

2 *Los productos se registran* en el inventario y se guardan en el almacén hasta que el personal los lleve a la tienda.

Una carretilla elevadora coloca en los estantes los palés con productos.

3 *La ubicación* de los artículos es muy relevante. Los situados al nivel de la vista o en los extremos de las góndolas atraen más la atención.

Algunas aplicaciones permiten escanear los artículos con las cámaras de los teléfonos para ver el total acumulado y pagar la compra sin pasar por la caja.

AUTOESCANEO

'DELICATESSEN'

BÁSCULAS

PRODUCTOS FRESCOS

ATENCIÓN AL CLIENTE

Los productos frescos están en una zona refrigerada para que mantengan su frescor lo máximo posible.

CAJAS

Las cajas rápidas permiten a los clientes escanear sus cestas y pagar con tarjeta, con el teléfono o en efectivo.

En el mostrador de atención al cliente se atienden reclamaciones, consultas de precios y devoluciones.

Las plazas reservadas para personas discapacitadas están cerca de la entrada y cuentan con rampas.

4 *En las cajas* se escanean los artículos y se paga. El sistema de control de existencias actualiza la base de datos.

SEGURIDAD

El personal de las cajas escanea los artículos de las cintas transportadoras y gestiona los pagos.

5 *Los clientes salen* de la tienda tras pasar por los arcos antihurto, ante el personal de seguridad.

Las plazas de aparcamiento familiares tienen espacio extra para que los niños entren y salgan del coche.

CAJAS DE AUTOSERVICIO

Muchos supermercados tienen cajas en las que los clientes escanean los códigos de barras de los artículos. También pueden incluir productos sin código, como las verduras sueltas. Cada escaneo actualiza la base de datos de las existencias del supermercado. Al final, la pantalla muestra el importe total y el cliente paga en efectivo, con tarjeta o con el teléfono.

Medios de pago

Llevar unas monedas tintineando en el bolsillo era común hasta la llegada de los sistemas de pago electrónico, a finales del siglo XX. Los billetes y las monedas aún se usan para pagar ciertos artículos y servicios, pero las tarjetas y los teléfonos inteligentes son cada vez más comunes. Hoy las tiendas, los restaurantes y otros negocios aceptan varios medios de pago.

Los códigos de barras identifican los artículos y las etiquetas antihurto disparan las alarmas cuando salen de las tiendas.

MONEDAS

Se acuñan monedas de diferentes valores con pesos y tamaños distintos. Los estampados en relieve ayudan a las personas invidentes a diferenciarlas.

Los griegos acuñaron las primeras monedas hace 2600 años en el reino de Lidia

El pago en efectivo (con billetes y monedas) se acepta en la mayoría de los comercios.

PAGO EN EFECTIVO

El PIN (siglas inglesas del número de identificación personal) debe teclearse al pagar.

PAGO CON CHIP Y PIN

El cajón de la registradora guarda el dinero. Algunos cajones identifican y pesan cada moneda y billete para calcular con exactitud el total acumulado.

DISEÑO ANTIFALSIFICACIÓN

Para impedir que los falsificadores hagan dinero falso, los billetes se fabrican con tintas, papeles y plásticos especiales. También tienen elementos de seguridad, como tiras o hilos entrelazados con el papel, marcas de agua (imágenes embebidas en el papel) u hologramas difíciles de copiar con exactitud.

La imagen del holograma cambia cuando se mueve

La ventana plástica revela una imagen al trasluz

COUNTRY
100
100
123257455

Cada billete tiene su número de serie, rastreable en una base de datos

Tira de aluminio entrelazada con el papel

Una pequeña impresora produce los recibos para los clientes.

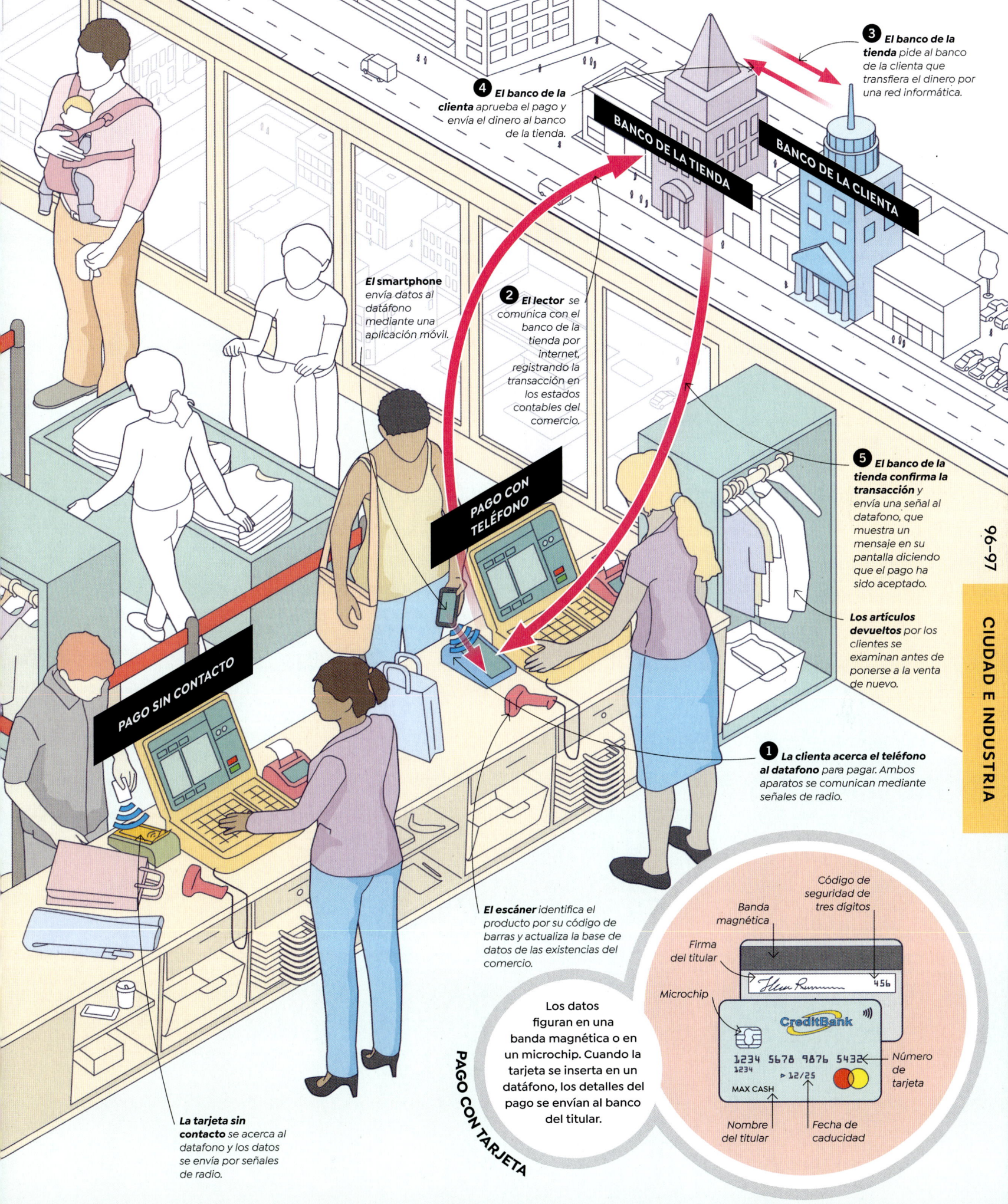

3 *El banco de la tienda* pide al banco de la clienta que transfiera el dinero por una red informática.

4 *El banco de la clienta* aprueba el pago y envía el dinero al banco de la tienda.

BANCO DE LA TIENDA

BANCO DE LA CLIENTA

El smartphone envía datos al datáfono mediante una aplicación móvil.

2 *El lector* se comunica con el banco de la tienda por internet, registrando la transacción en los estados contables del comercio.

5 *El banco de la tienda confirma la transacción* y envía una señal al datafono, que muestra un mensaje en su pantalla diciendo que el pago ha sido aceptado.

Los artículos devueltos por los clientes se examinan antes de ponerse a la venta de nuevo.

PAGO CON TELÉFONO

PAGO SIN CONTACTO

1 *La clienta acerca el teléfono al datafono* para pagar. Ambos aparatos se comunican mediante señales de radio.

El escáner identifica el producto por su código de barras y actualiza la base de datos de las existencias del comercio.

La tarjeta sin contacto se acerca al datáfono y los datos se envía por señales de radio.

PAGO CON TARJETA

Los datos figuran en una banda magnética o en un microchip. Cuando la tarjeta se inserta en un datáfono, los detalles del pago se envían al banco del titular.

Banda magnética

Código de seguridad de tres dígitos

Firma del titular

Microchip

456

CreditBank

1234 5678 9876 5432

1234

▶ 12/25

MAX CASH

Nombre del titular

Fecha de caducidad

Número de tarjeta

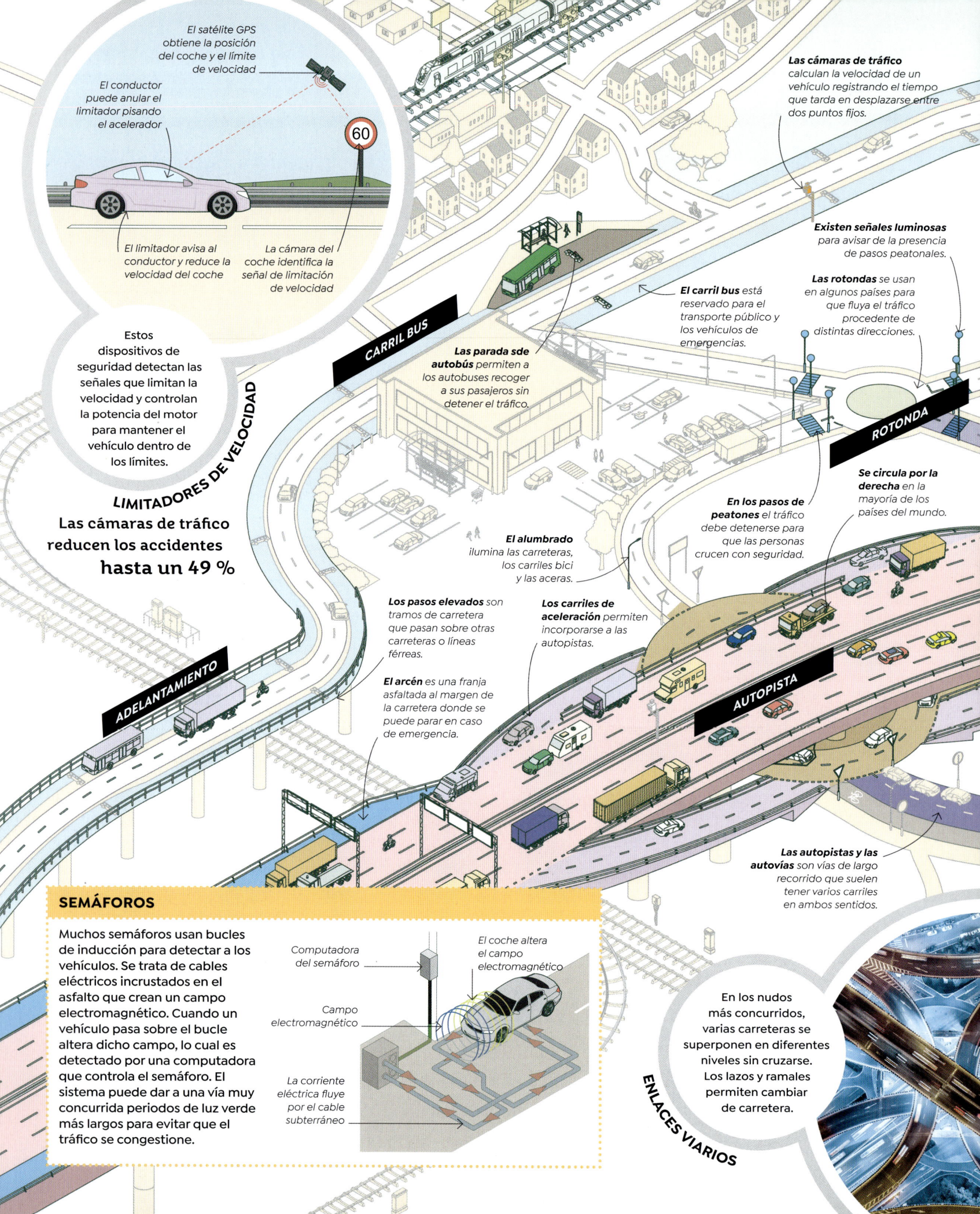

El satélite GPS obtiene la posición del coche y el límite de velocidad

El conductor puede anular el limitador pisando el acelerador

El limitador avisa al conductor y reduce la velocidad del coche

La cámara del coche identifica la señal de limitación de velocidad

Estos dispositivos de seguridad detectan las señales que limitan la velocidad y controlan la potencia del motor para mantener el vehículo dentro de los límites.

LIMITADORES DE VELOCIDAD
Las cámaras de tráfico reducen los accidentes hasta un 49 %

ADELANTAMIENTO

CARRIL BUS

Las cámaras de tráfico calculan la velocidad de un vehículo registrando el tiempo que tarda en desplazarse entre dos puntos fijos.

Existen señales luminosas para avisar de la presencia de pasos peatonales.

El carril bus está reservado para el transporte público y los vehículos de emergencias.

Las rotondas se usan en algunos países para que fluya el tráfico procedente de distintas direcciones.

Las parada sde autobús permiten a los autobuses recoger a sus pasajeros sin detener el tráfico.

ROTONDA

Se circula por la derecha en la mayoría de los países del mundo.

En los pasos de peatones el tráfico debe detenerse para que las personas crucen con seguridad.

El alumbrado ilumina las carreteras, los carriles bici y las aceras.

Los pasos elevados son tramos de carretera que pasan sobre otras carreteras o líneas férreas.

Los carriles de aceleración permiten incorporarse a las autopistas.

El arcén es una franja asfaltada al margen de la carretera donde se puede parar en caso de emergencia.

AUTOPISTA

Las autopistas y las autovías son vías de largo recorrido que suelen tener varios carriles en ambos sentidos.

SEMÁFOROS

Muchos semáforos usan bucles de inducción para detectar a los vehículos. Se trata de cables eléctricos incrustados en el asfalto que crean un campo electromagnético. Cuando un vehículo pasa sobre el bucle altera dicho campo, lo cual es detectado por una computadora que controla el semáforo. El sistema puede dar a una vía muy concurrida periodos de luz verde más largos para evitar que el tráfico se congestione.

Computadora del semáforo

El coche altera el campo electromagnético

Campo electromagnético

La corriente eléctrica fluye por el cable subterráneo

En los nudos más concurridos, varias carreteras se superponen en diferentes niveles sin cruzarse. Los lazos y ramales permiten cambiar de carretera.

ENLACES VIARIOS

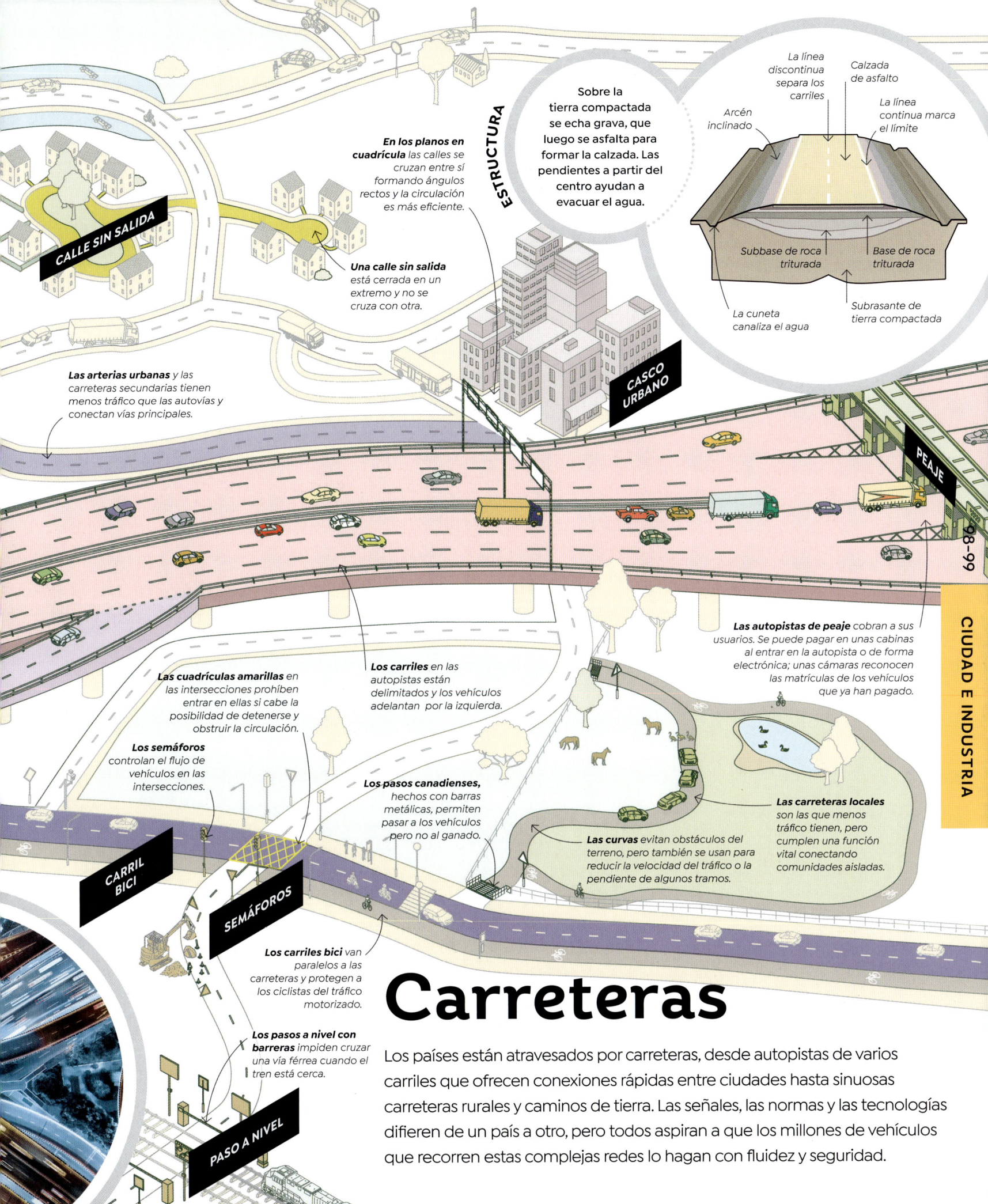

Sobre la tierra compactada se echa grava, que luego se asfalta para formar la calzada. Las pendientes a partir del centro ayudan a evacuar el agua.

La línea discontinua separa los carriles

Calzada de asfalto

Arcén inclinado

La línea continua marca el límite

Subbase de roca triturada

Base de roca triturada

La cuneta canaliza el agua

Subrasante de tierra compactada

En los planos en cuadrícula las calles se cruzan entre sí formando ángulos rectos y la circulación es más eficiente.

CALLE SIN SALIDA

Una calle sin salida está cerrada en un extremo y no se cruza con otra.

Las arterias urbanas y las carreteras secundarias tienen menos tráfico que las autovías y conectan vías principales.

CASCO URBANO

PEAJE

Las autopistas de peaje cobran a sus usuarios. Se puede pagar en unas cabinas al entrar en la autopista o de forma electrónica; unas cámaras reconocen las matrículas de los vehículos que ya han pagado.

Las cuadrículas amarillas en las intersecciones prohíben entrar en ellas si cabe la posibilidad de detenerse y obstruir la circulación.

Los carriles en las autopistas están delimitados y los vehículos adelantan por la izquierda.

Los semáforos controlan el flujo de vehículos en las intersecciones.

Los pasos canadienses, hechos con barras metálicas, permiten pasar a los vehículos pero no al ganado.

Las curvas evitan obstáculos del terreno, pero también se usan para reducir la velocidad del tráfico o la pendiente de algunos tramos.

Las carreteras locales son las que menos tráfico tienen, pero cumplen una función vital conectando comunidades aisladas.

CARRIL BICI

SEMÁFOROS

Los carriles bici van paralelos a las carreteras y protegen a los ciclistas del tráfico motorizado.

Los pasos a nivel con barreras impiden cruzar una vía férrea cuando el tren está cerca.

Carreteras

Los países están atravesados por carreteras, desde autopistas de varios carriles que ofrecen conexiones rápidas entre ciudades hasta sinuosas carreteras rurales y caminos de tierra. Las señales, las normas y las tecnologías difieren de un país a otro, pero todos aspiran a que los millones de vehículos que recorren estas complejas redes lo hagan con fluidez y seguridad.

PASO A NIVEL

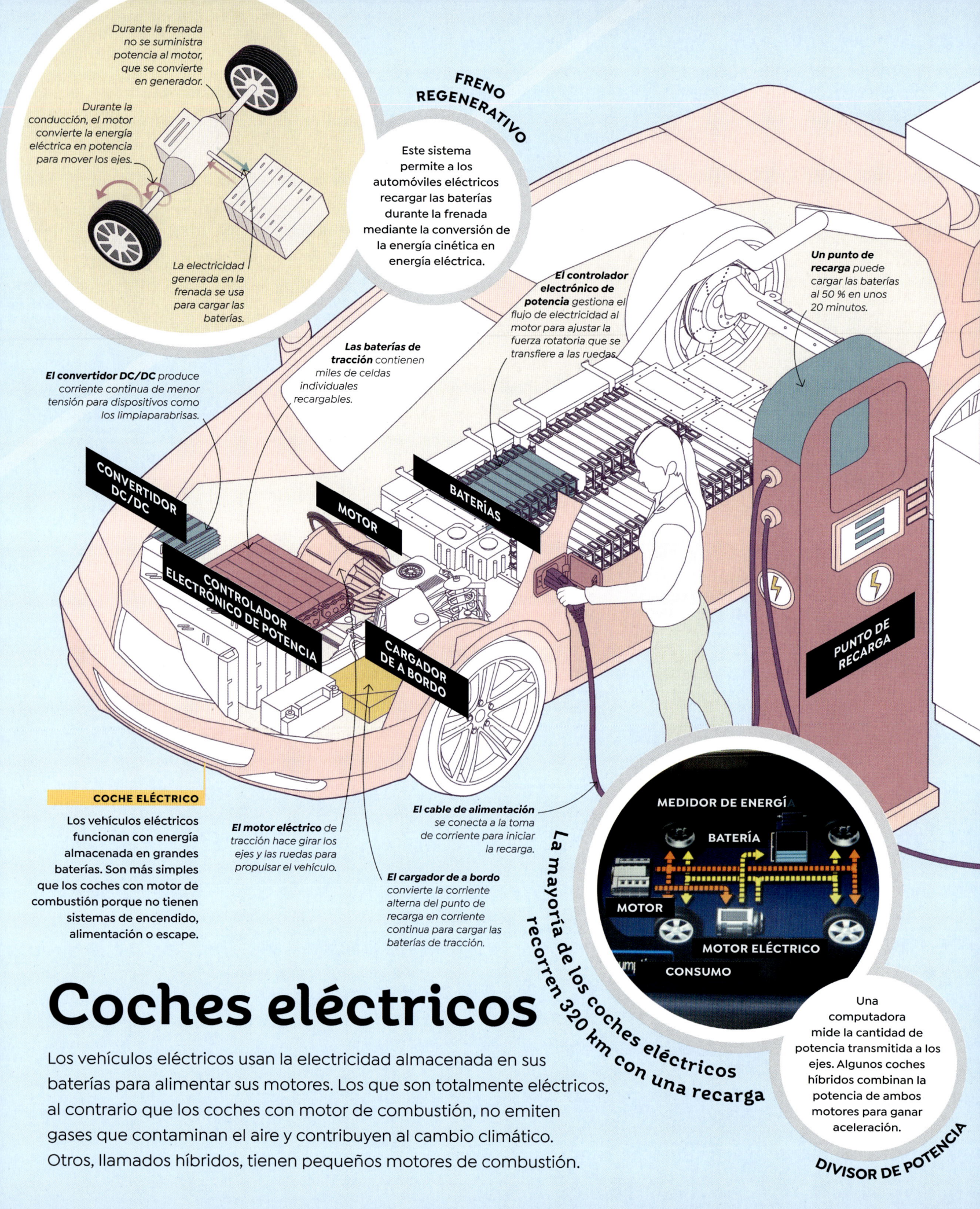

Durante la frenada no se suministra potencia al motor, que se convierte en generador.

Durante la conducción, el motor convierte la energía eléctrica en potencia para mover los ejes.

La electricidad generada en la frenada se usa para cargar las baterías.

FRENO REGENERATIVO

Este sistema permite a los automóviles eléctricos recargar las baterías durante la frenada mediante la conversión de la energía cinética en energía eléctrica.

El controlador electrónico de potencia gestiona el flujo de electricidad al motor para ajustar la fuerza rotatoria que se transfiere a las ruedas.

Un punto de recarga puede cargar las baterías al 50 % en unos 20 minutos.

El convertidor DC/DC produce corriente continua de menor tensión para dispositivos como los limpiaparabrisas.

Las baterías de tracción contienen miles de celdas individuales recargables.

CONVERTIDOR DC/DC

BATERÍAS

MOTOR

CONTROLADOR ELECTRÓNICO DE POTENCIA

CARGADOR DE A BORDO

PUNTO DE RECARGA

COCHE ELÉCTRICO

Los vehículos eléctricos funcionan con energía almacenada en grandes baterías. Son más simples que los coches con motor de combustión porque no tienen sistemas de encendido, alimentación o escape.

El motor eléctrico de tracción hace girar los ejes y las ruedas para propulsar el vehículo.

El cable de alimentación se conecta a la toma de corriente para iniciar la recarga.

El cargador de a bordo convierte la corriente alterna del punto de recarga en corriente continua para cargar las baterías de tracción.

La mayoría de los coches eléctricos recorren 320 km con una recarga

MEDIDOR DE ENERGÍA

BATERÍA

MOTOR

MOTOR ELÉCTRICO

CONSUMO

Una computadora mide la cantidad de potencia transmitida a los ejes. Algunos coches híbridos combinan la potencia de ambos motores para ganar aceleración.

DIVISOR DE POTENCIA

Coches eléctricos

Los vehículos eléctricos usan la electricidad almacenada en sus baterías para alimentar sus motores. Los que son totalmente eléctricos, al contrario que los coches con motor de combustión, no emiten gases que contaminan el aire y contribuyen al cambio climático. Otros, llamados híbridos, tienen pequeños motores de combustión.

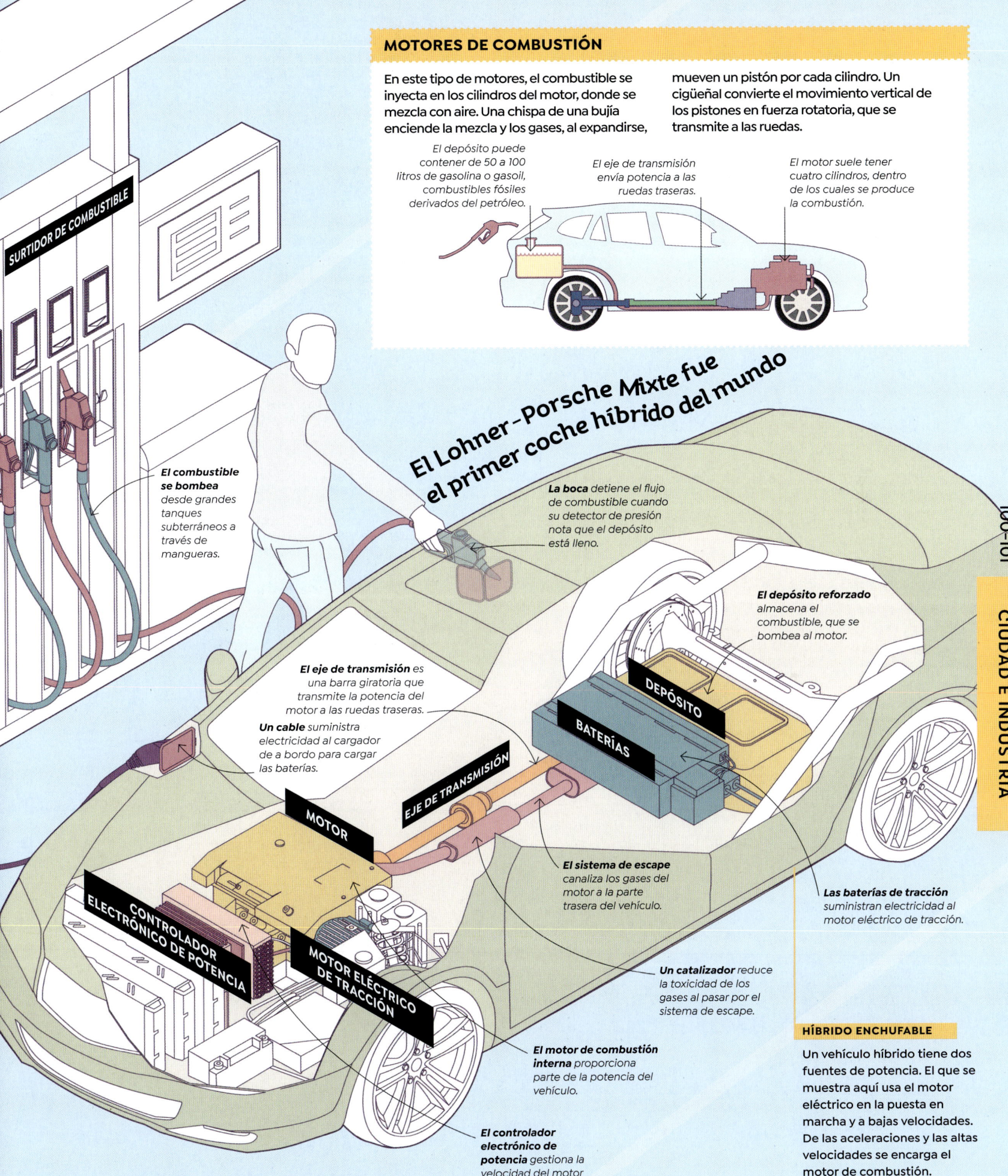

MOTORES DE COMBUSTIÓN

En este tipo de motores, el combustible se inyecta en los cilindros del motor, donde se mezcla con aire. Una chispa de una bujía enciende la mezcla y los gases, al expandirse, mueven un pistón por cada cilindro. Un cigüeñal convierte el movimiento vertical de los pistones en fuerza rotatoria, que se transmite a las ruedas.

El depósito puede contener de 50 a 100 litros de gasolina o gasoil, combustibles fósiles derivados del petróleo.

El eje de transmisión envía potencia a las ruedas traseras.

El motor suele tener cuatro cilindros, dentro de los cuales se produce la combustión.

SURTIDOR DE COMBUSTIBLE

El combustible se bombea desde grandes tanques subterráneos a través de mangueras.

El Lohner-Porsche Mixte fue el primer coche híbrido del mundo

La boca detiene el flujo de combustible cuando su detector de presión nota que el depósito está lleno.

El depósito reforzado almacena el combustible, que se bombea al motor.

DEPÓSITO

BATERÍAS

El eje de transmisión es una barra giratoria que transmite la potencia del motor a las ruedas traseras.

Un cable suministra electricidad al cargador de a bordo para cargar las baterías.

EJE DE TRANSMISIÓN

MOTOR

El sistema de escape canaliza los gases del motor a la parte trasera del vehículo.

Las baterías de tracción suministran electricidad al motor eléctrico de tracción.

CONTROLADOR ELECTRÓNICO DE POTENCIA

MOTOR ELÉCTRICO DE TRACCIÓN

Un catalizador reduce la toxicidad de los gases al pasar por el sistema de escape.

El motor de combustión interna proporciona parte de la potencia del vehículo.

El controlador electrónico de potencia gestiona la velocidad del motor de tracción.

HÍBRIDO ENCHUFABLE

Un vehículo híbrido tiene dos fuentes de potencia. El que se muestra aquí usa el motor eléctrico en la puesta en marcha y a bajas velocidades. De las aceleraciones y las altas velocidades se encarga el motor de combustión.

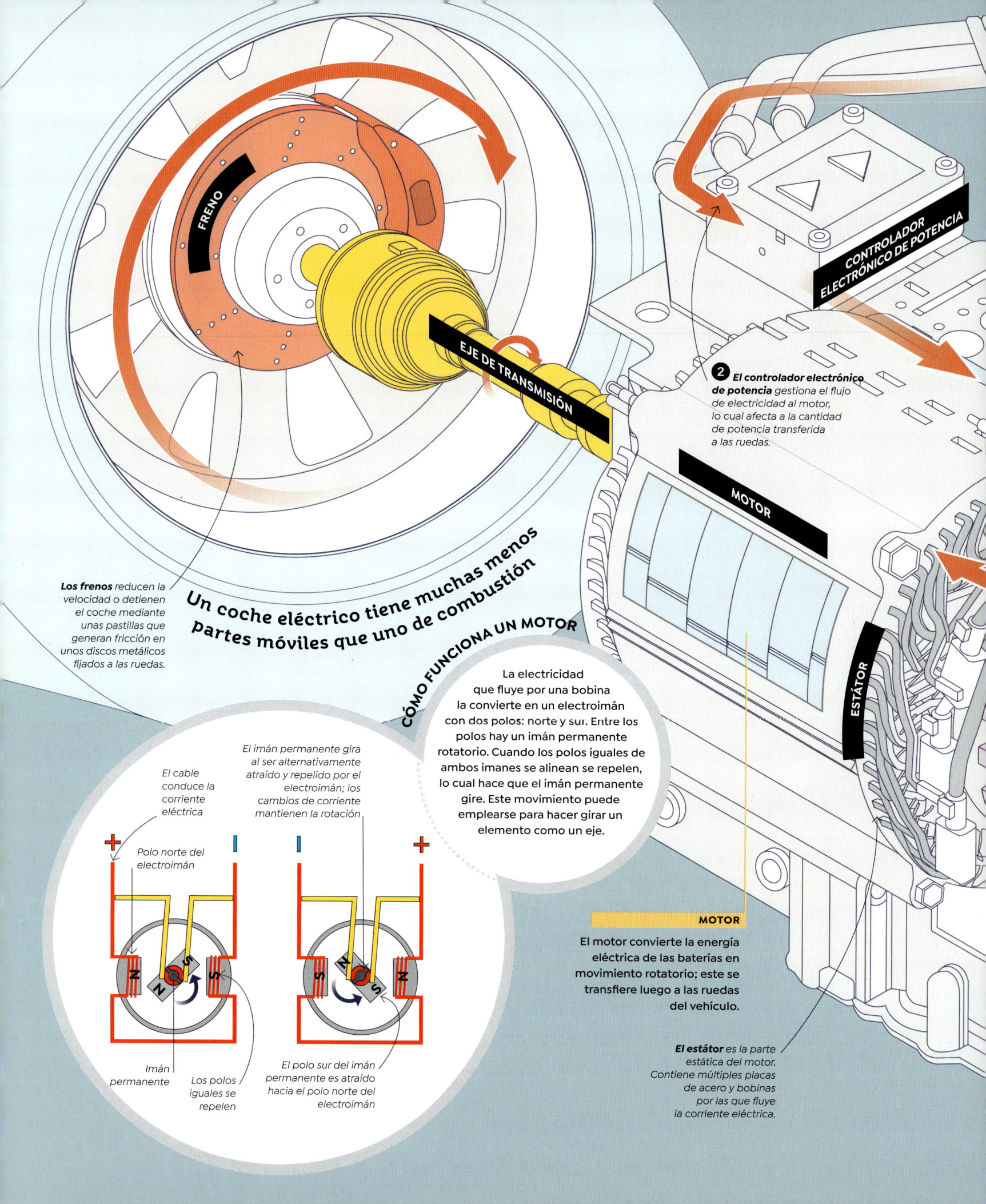

FRENO

EJE DE TRANSMISIÓN

2 *El controlador electrónico de potencia* gestiona el flujo de electricidad al motor, lo cual afecta a la cantidad de potencia transferida a las ruedas.

MOTOR

ESTÁTOR

Los frenos reducen la velocidad o detienen el coche mediante unas pastillas que generan fricción en unos discos metálicos fijados a las ruedas.

Un coche eléctrico tiene muchas menos partes móviles que uno de combustión

CÓMO FUNCIONA UN MOTOR

La electricidad que fluye por una bobina la convierte en un electroimán con dos polos: norte y sur. Entre los polos hay un imán permanente rotatorio. Cuando los polos iguales de ambos imanes se alinean se repelen, lo cual hace que el imán permanente gire. Este movimiento puede emplearse para hacer girar un elemento como un eje.

El imán permanente gira al ser alternativamente atraído y repelido por el electroimán; los cambios de corriente mantienen la rotación

El cable conduce la corriente eléctrica

Polo norte del electroimán

+

Imán permanente

Los polos iguales se repelen

El polo sur del imán permanente es atraído hacia el polo norte del electroimán

MOTOR

El motor convierte la energía eléctrica de las baterías en movimiento rotatorio; este se transfiere luego a las ruedas del vehículo.

El estátor es la parte estática del motor. Contiene múltiples placas de acero y bobinas por las que fluye la corriente eléctrica.

Motores eléctricos

Los motores eléctricos están en todas partes, desde los pequeños mecanismos que vibran en los teléfonos hasta los enormes propulsores de los buques mercantes. Un coche puede tener unos 80 pequeños motores que activan ventiladores, limpiaparabrisas o cerraduras. Los vehículos eléctricos tienen uno o más potentes motores de tracción que mueven sus ruedas sin las nocivas emisiones de gases propias de los motores de combustión.

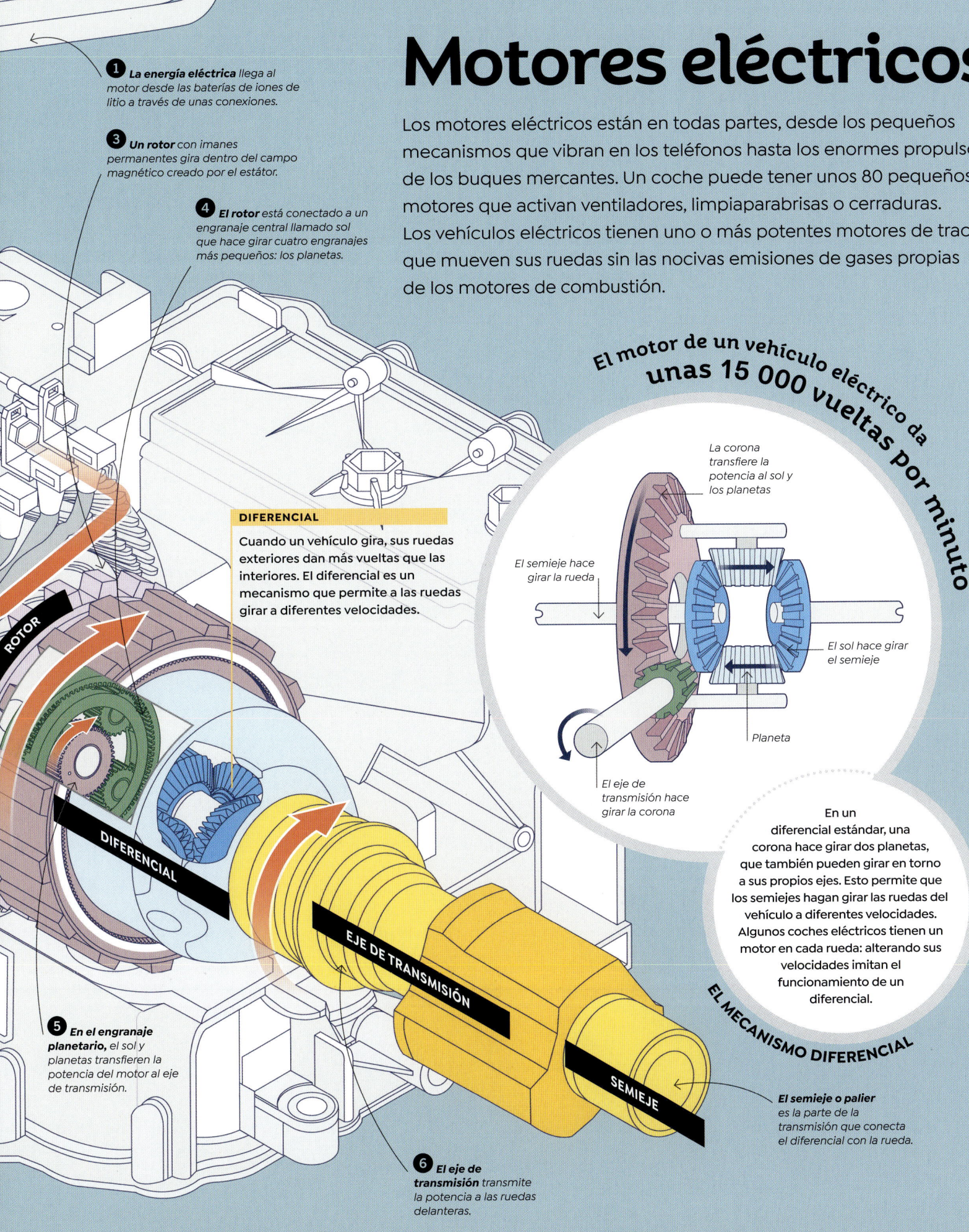

1 *La energía eléctrica* llega al motor desde las baterías de iones de litio a través de unas conexiones.

3 *Un rotor* con imanes permanentes gira dentro del campo magnético creado por el estátor.

4 *El rotor* está conectado a un engranaje central llamado sol que hace girar cuatro engranajes más pequeños: los planetas.

ROTOR

DIFERENCIAL

Cuando un vehículo gira, sus ruedas exteriores dan más vueltas que las interiores. El diferencial es un mecanismo que permite a las ruedas girar a diferentes velocidades.

DIFERENCIAL

EJE DE TRANSMISIÓN

SEMIEJE

5 *En el engranaje planetario,* el sol y planetas transfieren la potencia del motor al eje de transmisión.

6 *El eje de transmisión* transmite la potencia a las ruedas delanteras.

El motor de un vehículo eléctrico da **unas 15 000 vueltas por minuto**

La corona transfiere la potencia al sol y los planetas

El semieje hace girar la rueda

El sol hace girar el semieje

Planeta

El eje de transmisión hace girar la corona

EL MECANISMO DIFERENCIAL

En un diferencial estándar, una corona hace girar dos planetas, que también pueden girar en torno a sus propios ejes. Esto permite que los semiejes hagan girar las ruedas del vehículo a diferentes velocidades. Algunos coches eléctricos tienen un motor en cada rueda: alterando sus velocidades imitan el funcionamiento de un diferencial.

El semieje o palier es la parte de la transmisión que conecta el diferencial con la rueda.

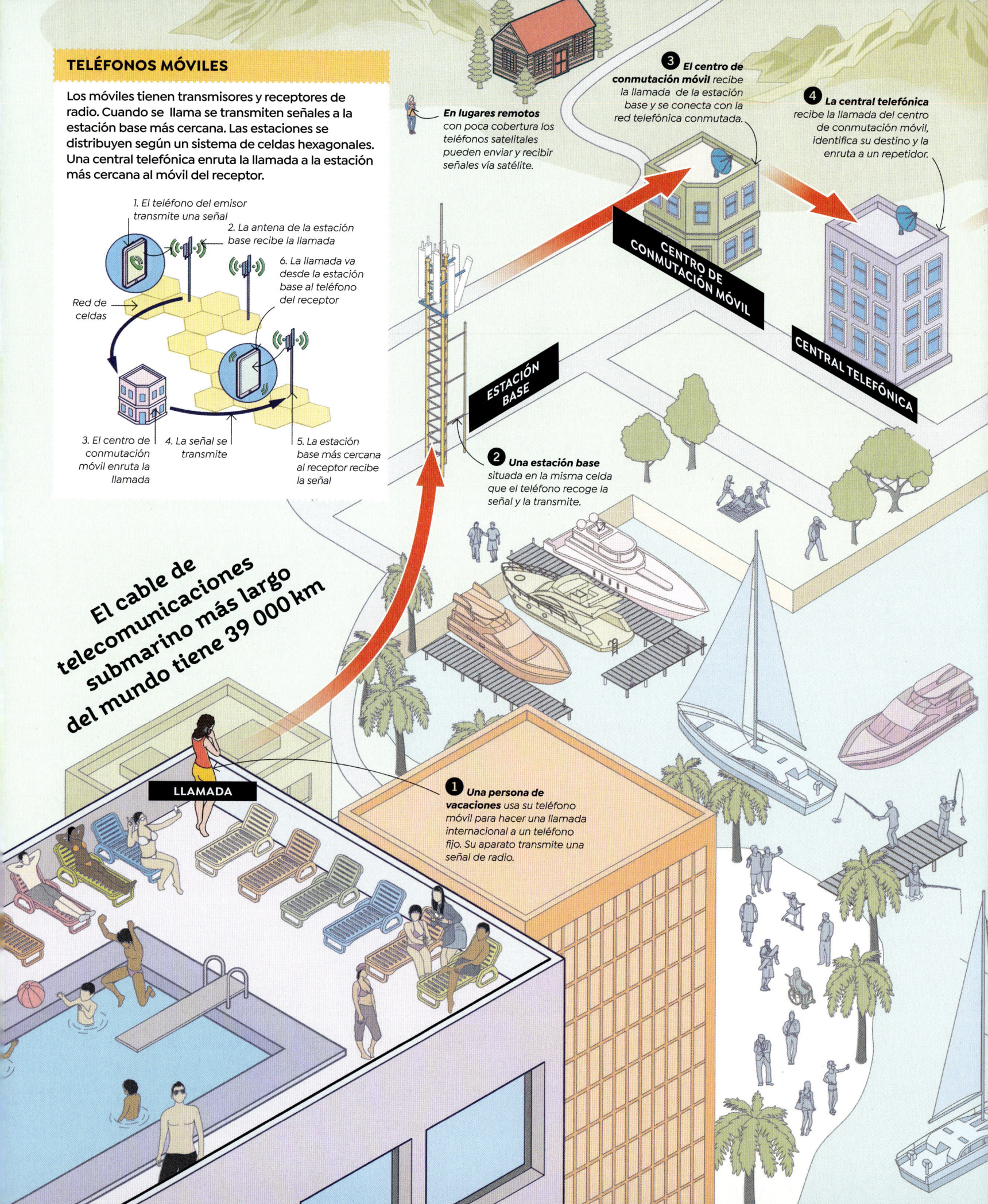

TELÉFONOS MÓVILES

Los móviles tienen transmisores y receptores de radio. Cuando se llama se transmiten señales a la estación base más cercana. Las estaciones se distribuyen según un sistema de celdas hexagonales. Una central telefónica enruta la llamada a la estación más cercana al móvil del receptor.

1. El teléfono del emisor transmite una señal

2. La antena de la estación base recibe la llamada

6. La llamada va desde la estación base al teléfono del receptor

Red de celdas

3. El centro de conmutación móvil enruta la llamada

4. La señal se transmite

5. La estación base más cercana al receptor recibe la señal

En lugares remotos con poca cobertura los teléfonos satelitales pueden enviar y recibir señales vía satélite.

③ **El centro de conmutación móvil** recibe la llamada de la estación base y se conecta con la red telefónica conmutada.

④ **La central telefónica** recibe la llamada del centro de conmutación móvil, identifica su destino y la enruta a un repetidor.

CENTRO DE CONMUTACIÓN MÓVIL

CENTRAL TELEFÓNICA

ESTACIÓN BASE

② **Una estación base** situada en la misma celda que el teléfono recoge la señal y la transmite.

El cable de telecomunicaciones submarino más largo del mundo tiene 39 000 km

LLAMADA

① **Una persona de vacaciones** usa su teléfono móvil para hacer una llamada internacional a un teléfono fijo. Su aparato transmite una señal de radio.

Redes de telecomunicaciones

Las telecomunicaciones han reducido el mundo al permitirnos conversar y compartir datos sin importar la distancia. Los teléfonos móviles y fijos usan micrófonos para captar las ondas sonoras y convertirlas en señales eléctricas. Estas viajan en forma de ondas de radio entre antenas y satélites o como corrientes eléctricas o haces de luz a través de cables.

5 *Un repetidor* recibe la señal a través de una de sus múltiples antenas y la pasa a una central internacional.

REPETIDOR

6 *Una central internacional* envía la señal por un cable submarino o por satélite mediante una gran antena parabólica.

CENTRAL INTERNACIONAL

Los satélites de comunicaciones transmiten un pequeño número de llamadas de larga distancia entre centrales.

7 *Un cable de fibra óptica* submarino, no más grueso que una manguera de jardín, transmite la llamada entre continentes.

CABLE DE FIBRA ÓPTICA

8 *La central internacional* de destino recibe la llamada y la pasa a un repetidor

CENTRAL INTERNACIONAL

104-105

CIUDAD E INDUSTRIA

9 *Un repetidor* recibe la señal y la desvía a una central interurbana.

REPETIDOR

10 *La central interurbana* enruta la llamada a través de un cable de fibra óptica soterrado a la central local adecuada.

Los cables telefónicos conectan los teléfonos fijos de las viviendas.

Haz de fibras ópticas

El núcleo del cable es de vidrio

Camisa del cable

Cable individual

Revestimiento

CENTRAL INTERURBANA

CENTRAL LOCAL

RECEPTOR

REGISTRO DE ENLACE

11 *La central local* recibe la llamada.

13 *La llamada llega al teléfono del receptor,* cuyo altavoz convierte las señales eléctricas en sonidos.

CABLES DE FIBRA ÓPTICA

Cada cable tiene cientos de filamentos de vidrio del grosor del cabello humano con un revestimiento sintético. Los datos y la voz viajan como haces de luz a través de los filamentos por la reflexión interna. Así circula gran parte del tráfico mundial de telefonía e internet.

12 *Un registro de enlace* lleva la llamada a la vivienda del receptor a través de un cable subterráneo.

Teléfonos inteligentes

Un teléfono inteligente, o *smartphone*, es un dispositivo que combina las funciones de un teléfono móvil y un ordenador. Mediante potentes chips procesadores y de memoria puede manejar a la vez varios programas, recibir llamadas, mensajes y datos, y transmitir sonidos e imágenes. La mayoría navega con GPS (ver pp. 108–109) y todos usan las ondas de radio para conectarse con su red móvil y con otros dispositivos a través de Bluetooth o comunicación de campo cercano (NFC).

La CPU de un *'smartphone'* puede procesar 2800 millones de instrucciones por segundo

UNIDAD CENTRAL DE PROCESAMIENTO

Se la conoce por sus siglas en inglés, CPU, y controla las funciones del teléfono. Está agrupada con los chips de memoria y los procesadores gráficos.

Las aplicaciones o apps son programas de juegos, redes sociales o vídeo streaming que pueden usarse en el teléfono.

Una pequeña abertura aloja la lente de la cámara frontal.

La carcasa delantera da rigidez al teléfono y contiene una rejilla para el altavoz.

El soporte de la pantalla refuerza el reducido espacio entre la pantalla táctil y los otros componentes.

La placa secundaria es un circuito que complementa la placa base.

Un motor en miniatura hace vibrar el teléfono cuando llega una llamada.

PLACA SECUNDARIA

MOTOR

PANTALLA

Un cable cinta conecta la placa base con la placa secundaria.

PANTALLA TÁCTIL

Detecta los deslizamientos y los toques y los convierte en comandos que se envían como señales a la CPU del teléfono.

Los diminutos conos del altavoz vibran para emitir sonidos por el aire.

ALTAVOZ

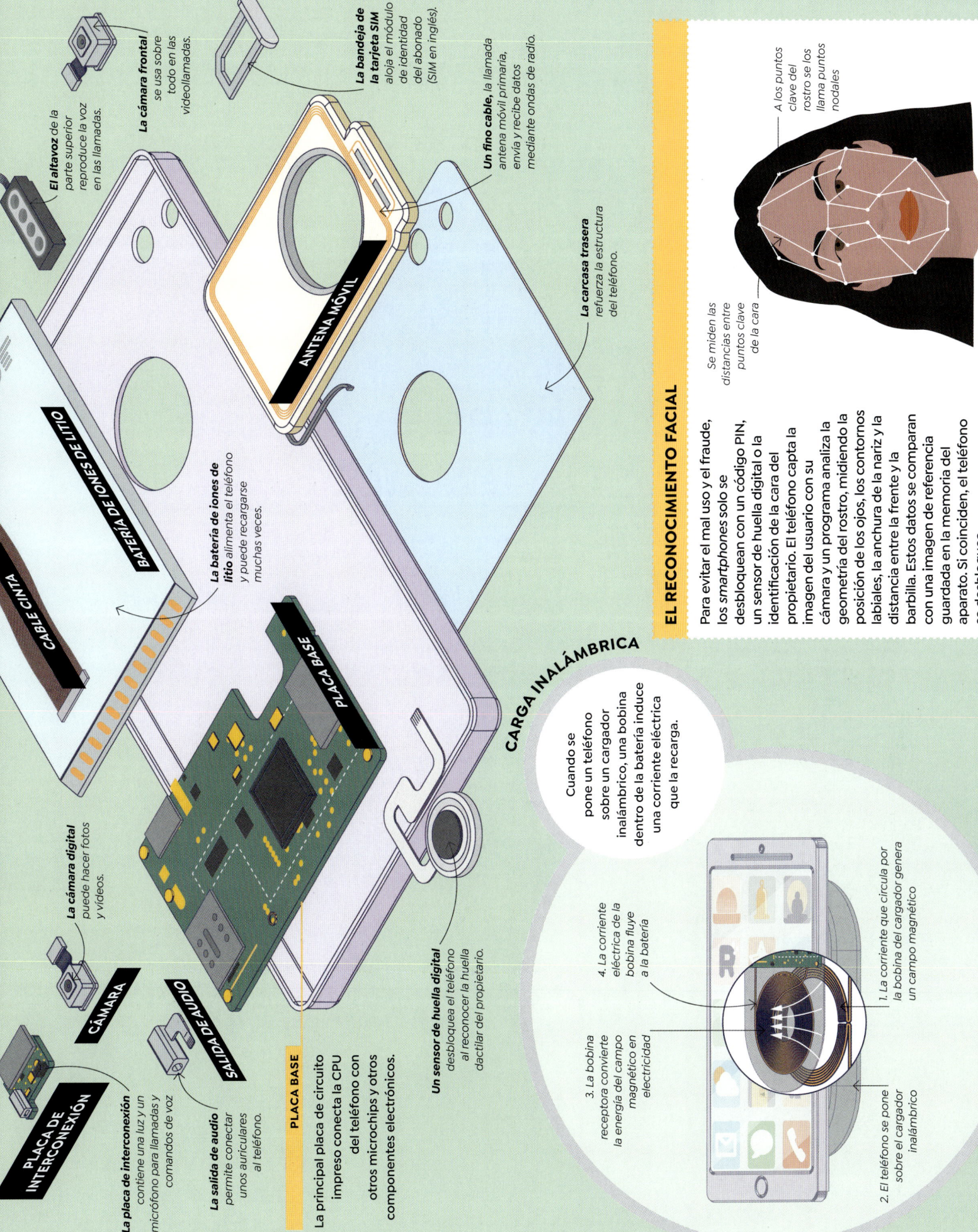

El altavoz de la parte superior reproduce la voz en las llamadas.

La cámara frontal se usa sobre todo en las videollamadas.

La bandeja de la tarjeta SIM aloja el módulo de identidad del abonado (SIM en inglés).

Un fino cable, la llamada antena móvil primaria, envía y recibe datos mediante ondas de radio.

La carcasa trasera refuerza la estructura del teléfono.

ANTENA MÓVIL

CABLE CINTA

BATERÍA DE IONES DE LITIO

La batería de iones de litio alimenta el teléfono y puede recargarse muchas veces.

PLACA BASE

La cámara digital puede hacer fotos y vídeos.

CÁMARA

SALIDA DE AUDIO

La placa de interconexión contiene una luz y un micrófono para llamadas y comandos de voz.

La salida de audio permite conectar unos auriculares al teléfono.

PLACA DE INTERCONEXIÓN

PLACA BASE

La principal placa de circuito impreso conecta la CPU del teléfono con otros microchips y otros componentes electrónicos.

Un sensor de huella digital desbloquea el teléfono al reconocer la huella dactilar del propietario.

EL RECONOCIMIENTO FACIAL

A los puntos clave del rostro se los llama puntos nodales

Se miden las distancias entre puntos clave de la cara

Para evitar el mal uso y el fraude, los smartphones solo se desbloquean con un código PIN, un sensor de huella digital o la identificación de la cara del propietario. El teléfono capta la imagen de la cara del propietario. El teléfono capta la imagen del usuario con su cámara y un programa analiza la geometría del rostro, midiendo la posición de los ojos, los contornos labiales, la anchura de la nariz y la distancia entre la frente y la barbilla. Estos datos se comparan con una imagen de referencia guardada en la memoria del aparato. Si coinciden, el teléfono se desbloquea.

CARGA INALÁMBRICA

Cuando se pone un teléfono sobre un cargador inalámbrico, una bobina dentro de la batería induce una corriente eléctrica que la recarga.

4. La corriente eléctrica de la bobina fluye a la batería

3. La bobina receptora convierte la energía del campo magnético en electricidad

1. La corriente que circula por la bobina del cargador genera un campo magnético

2. El teléfono se pone sobre el cargador inalámbrico

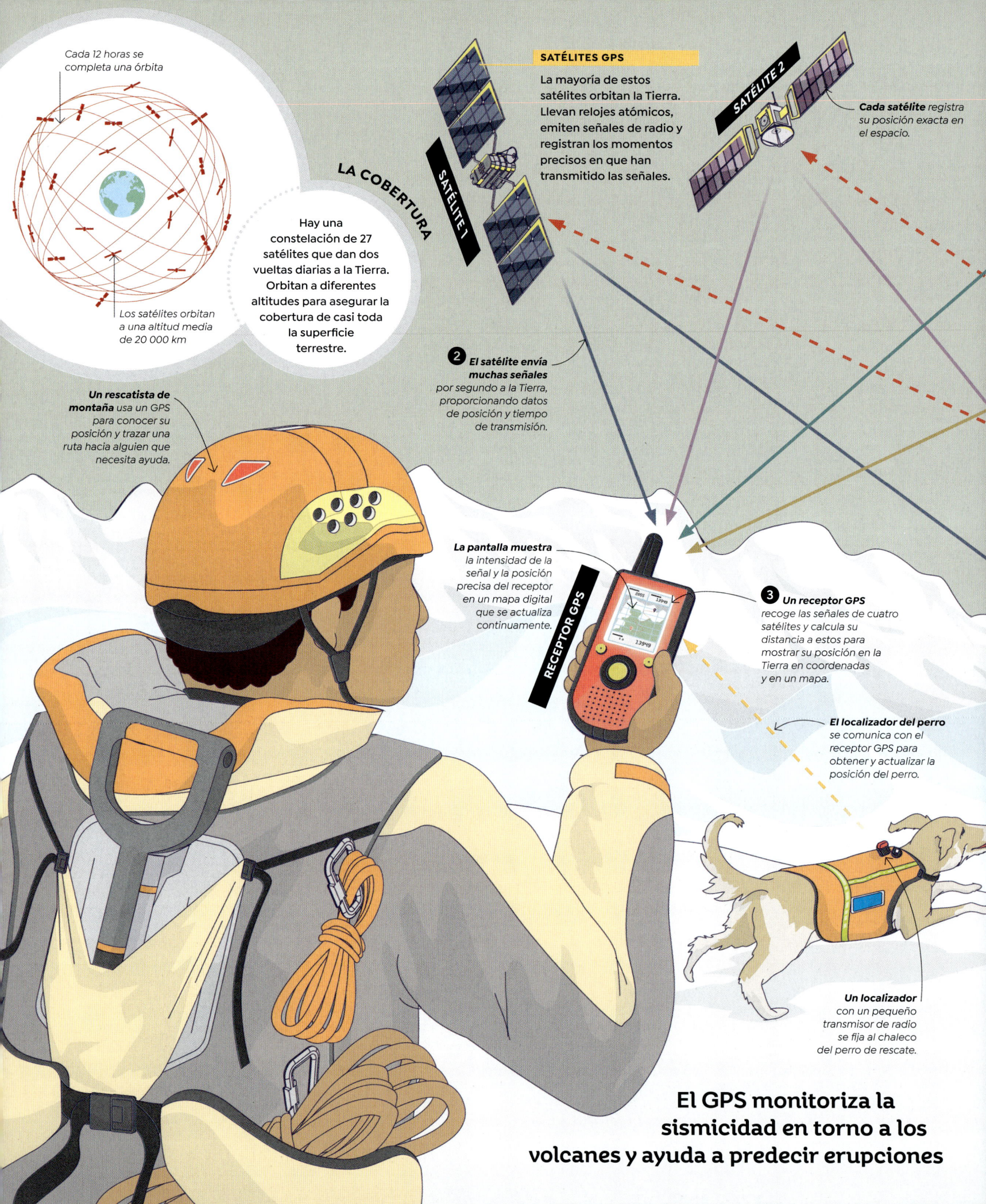

Cada 12 horas se completa una órbita

Los satélites orbitan a una altitud media de 20 000 km

SATÉLITES GPS

La mayoría de estos satélites orbitan la Tierra. Llevan relojes atómicos, emiten señales de radio y registran los momentos precisos en que han transmitido las señales.

SATÉLITE 2

Cada satélite registra su posición exacta en el espacio.

LA COBERTURA

Hay una constelación de 27 satélites que dan dos vueltas diarias a la Tierra. Orbitan a diferentes altitudes para asegurar la cobertura de casi toda la superficie terrestre.

SATÉLITE 1

2 *El satélite envía muchas señales* por segundo a la Tierra, proporcionando datos de posición y tiempo de transmisión.

Un rescatista de montaña usa un GPS para conocer su posición y trazar una ruta hacia alguien que necesita ayuda.

La pantalla muestra la intensidad de la señal y la posición precisa del receptor en un mapa digital que se actualiza continuamente.

RECEPTOR GPS

3 *Un receptor GPS* recoge las señales de cuatro satélites y calcula su distancia a estos para mostrar su posición en la Tierra en coordenadas y en un mapa.

El localizador del perro se comunica con el receptor GPS para obtener y actualizar la posición del perro.

Un localizador con un pequeño transmisor de radio se fija al chaleco del perro de rescate.

El GPS monitoriza la sismicidad en torno a los volcanes y ayuda a predecir erupciones

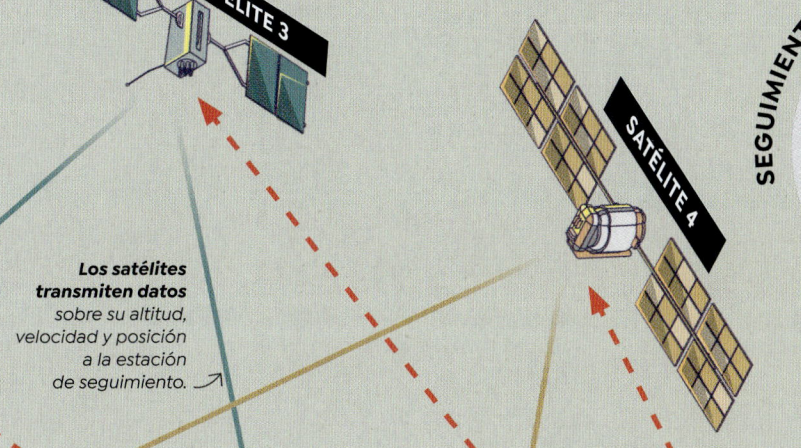

SATÉLITE 3

Los satélites transmiten datos sobre su altitud, velocidad y posición a la estación de seguimiento.

SATÉLITE 4

Los animales salvajes con collares GPS pueden ser geolocalizados para conocer sus movimientos, hábitos alimentarios y territorios, y para evitar la caza furtiva.

GPS

El sistema de posicionamiento global (GPS en inglés) utiliza satélites que orbitan la Tierra para fijar la posición de una persona o máquina en la superficie terrestre. Lo usan los navegadores de los coches, los relojes y los teléfonos inteligentes para medir velocidades y distancias. También forma parte de los sistemas de navegación de los barcos, aviones y robots móviles.

108-109

CIUDAD E INDUSTRIA

Grandes radomos protegen las sensibles antenas de radio de las inclemencias del tiempo.

① *Una antena parabólica* envía datos y programas a los satélites usando ondas de radio.

ESTACIONES TERRESTRES

Estas instalaciones, repartidas por todo el mundo, cargan programas y comandos en los satélites GPS y recogen de ellos datos telemétricos y de rendimiento.

La estación de seguimiento chequea posibles errores de los relojes atómicos y de las órbitas o el rendimiento de los satélites.

La estación de seguimiento se comunica con la antena terrestre y la estación de control maestro.

ESTACIÓN DE SEGUIMIENTO

ANTENA TERRESTRE

CÓMO SE DETERMINA LA POSICIÓN

Un receptor GPS recibe señales simultáneas de múltiples satélites. Con el tiempo que tarda la señal de un satélite en llegar al receptor se puede calcular a qué distancia se encuentra. Conociendo este dato, el receptor puede estar en cualquier punto de la superficie de una esfera cuyo radio sea igual a la distancia al satélite. Pero cuando se conocen las distancias de al menos tres satélites, el receptor solo puede estar en un punto de la superficie terrestre.

Posición en la superficie de una esfera

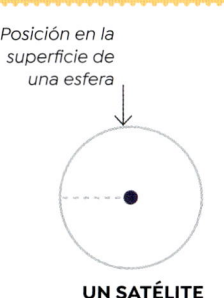

UN SATÉLITE
La distancia a un satélite sitúa el receptor en algún punto de la superficie de una esfera.

Distancia del satélite a la Tierra

Los puntos de intersección muestran dos posiciones posibles

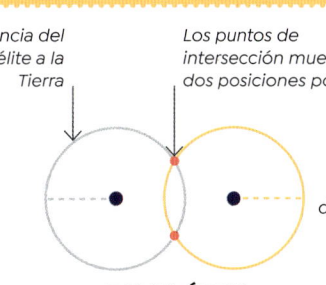

DOS SATÉLITES
Con dos satélites, la posición se reduce a la intersección de las dos esferas.

Posición exacta del receptor GPS

TRES O MÁS SATÉLITES
El tercer satélite proporciona la posición exacta. Se puede usar un cuarto para sincronizar los relojes de los satélites y el receptor.

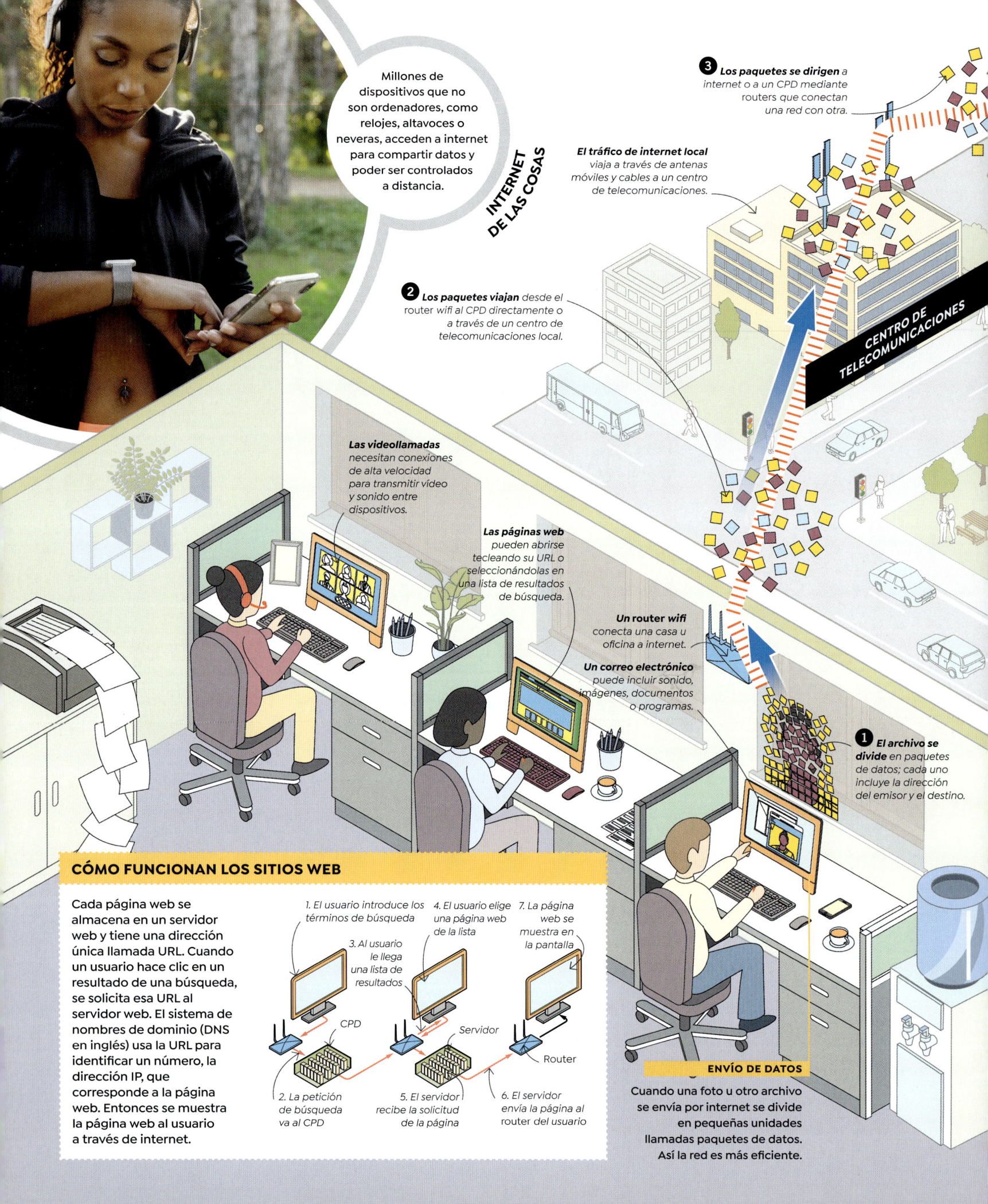

Millones de dispositivos que no son ordenadores, como relojes, altavoces o neveras, acceden a internet para compartir datos y poder ser controlados a distancia.

INTERNET DE LAS COSAS

3 *Los paquetes se dirigen* a internet o a un CPD mediante routers *que conectan una red con otra.*

El tráfico de internet local viaja a través de antenas móviles y cables a un centro de telecomunicaciones.

2 *Los paquetes viajan* desde el router wifi al CPD directamente o a través de un centro de telecomunicaciones local.

CENTRO DE TELECOMUNICACIONES

Las videollamadas necesitan conexiones de alta velocidad para transmitir vídeo y sonido entre dispositivos.

Las páginas web pueden abrirse tecleando su URL o seleccionándolas en una lista de resultados de búsqueda.

Un router wifi conecta una casa u oficina a internet.

Un correo electrónico puede incluir sonido, imágenes, documentos o programas.

1 *El archivo se divide* en paquetes de datos; cada uno incluye la dirección del emisor y el destino.

CÓMO FUNCIONAN LOS SITIOS WEB

Cada página web se almacena en un servidor web y tiene una dirección única llamada URL. Cuando un usuario hace clic en un resultado de una búsqueda, se solicita esa URL al servidor web. El sistema de nombres de dominio (DNS en inglés) usa la URL para identificar un número, la dirección IP, que corresponde a la página web. Entonces se muestra la página web al usuario a través de internet.

1. El usuario introduce los términos de búsqueda

3. Al usuario le llega una lista de resultados

4. El usuario elige una página web de la lista

7. La página web se muestra en la pantalla

CPD

Servidor

2. La petición de búsqueda va al CPD

5. El servidor recibe la solicitud de la página

6. El servidor envía la página al router del usuario

Router

ENVÍO DE DATOS

Cuando una foto u otro archivo se envía por internet se divide en pequeñas unidades llamadas paquetes de datos. Así la red es más eficiente.

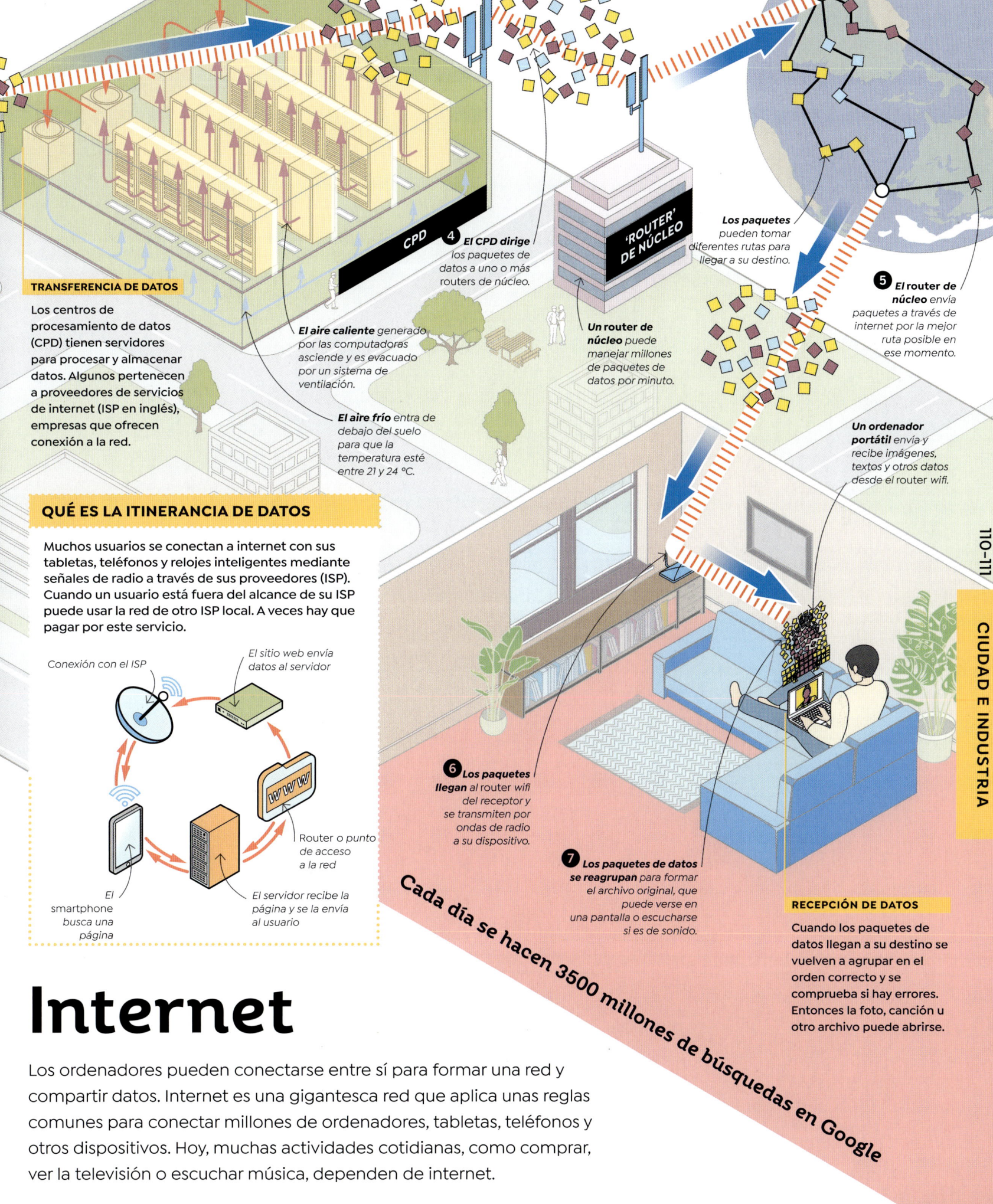

TRANSFERENCIA DE DATOS

Los centros de procesamiento de datos (CPD) tienen servidores para procesar y almacenar datos. Algunos pertenecen a proveedores de servicios de internet (ISP en inglés), empresas que ofrecen conexión a la red.

CPD

4 *El CPD dirige* los paquetes de datos a uno o más routers de núcleo.

El aire caliente generado por las computadoras asciende y es evacuado por un sistema de ventilación.

El aire frío entra de debajo del suelo para que la temperatura esté entre 21 y 24 ℃.

'ROUTER' DE NÚCLEO

Un router de núcleo puede manejar millones de paquetes de datos por minuto.

Los paquetes pueden tomar diferentes rutas para llegar a su destino.

5 *El router de núcleo* envía paquetes a través de internet por la mejor ruta posible en ese momento.

Un ordenador portátil envía y recibe imágenes, textos y otros datos desde el router wifi.

QUÉ ES LA ITINERANCIA DE DATOS

Muchos usuarios se conectan a internet con sus tabletas, teléfonos y relojes inteligentes mediante señales de radio a través de sus proveedores (ISP). Cuando un usuario está fuera del alcance de su ISP puede usar la red de otro ISP local. A veces hay que pagar por este servicio.

Conexión con el ISP

El sitio web envía datos al servidor

El smartphone busca una página

Router o punto de acceso a la red

El servidor recibe la página y se la envía al usuario

6 *Los paquetes llegan* al router wifi del receptor y se transmiten por ondas de radio a su dispositivo.

7 *Los paquetes de datos se reagrupan* para formar el archivo original, que puede verse en una pantalla o escucharse si es de sonido.

RECEPCIÓN DE DATOS

Cuando los paquetes de datos llegan a su destino se vuelven a agrupar en el orden correcto y se comprueba si hay errores. Entonces la foto, canción u otro archivo puede abrirse.

Cada día se hacen 3500 millones de búsquedas en Google

Internet

Los ordenadores pueden conectarse entre sí para formar una red y compartir datos. Internet es una gigantesca red que aplica unas reglas comunes para conectar millones de ordenadores, tabletas, teléfonos y otros dispositivos. Hoy, muchas actividades cotidianas, como comprar, ver la televisión o escuchar música, dependen de internet.

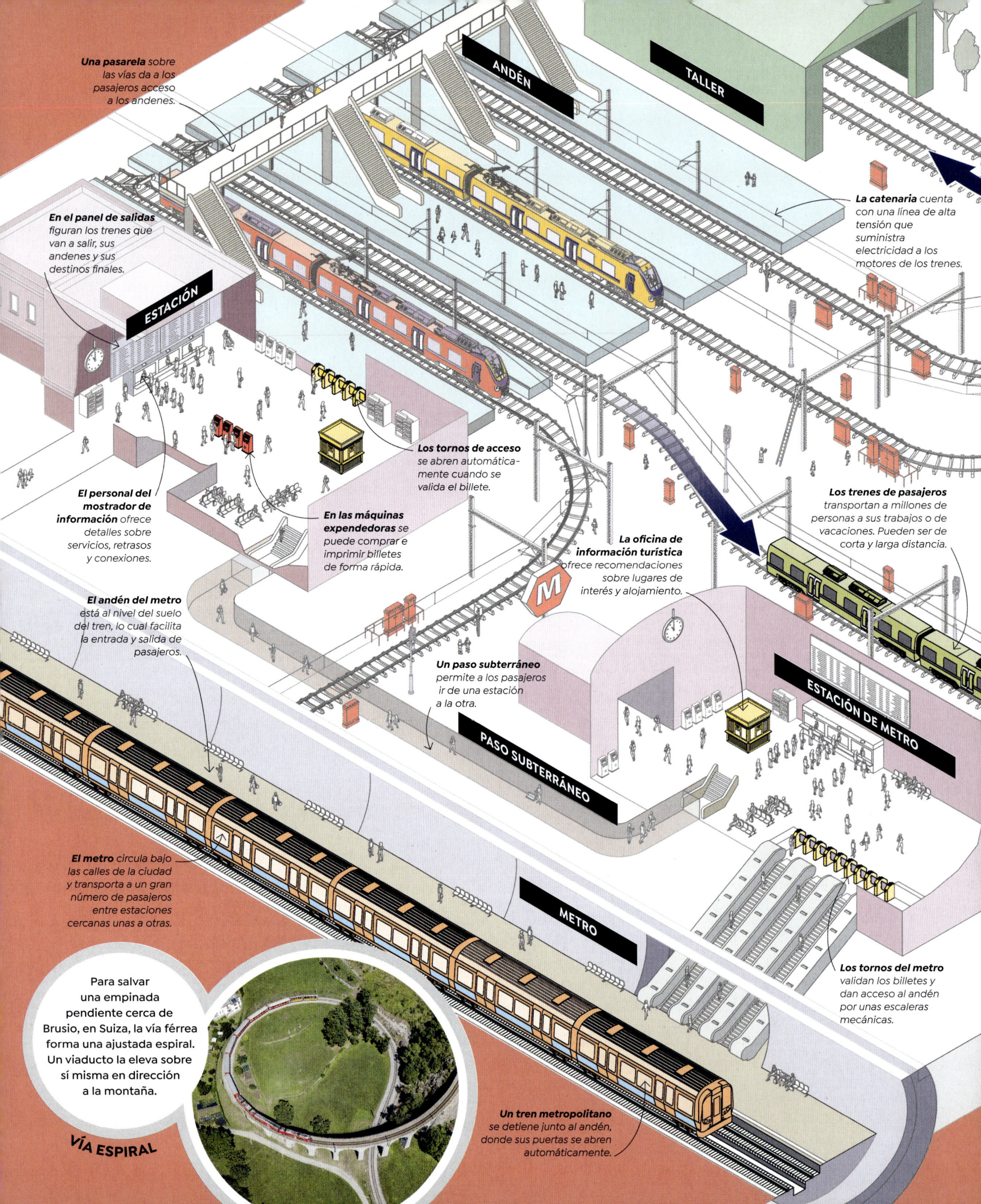

Una pasarela sobre las vías da a los pasajeros acceso a los andenes.

ANDÉN

TALLER

En el panel de salidas figuran los trenes que van a salir, sus andenes y sus destinos finales.

La catenaria cuenta con una línea de alta tensión que suministra electricidad a los motores de los trenes.

ESTACIÓN

El personal del mostrador de información ofrece detalles sobre servicios, retrasos y conexiones.

Los tornos de acceso se abren automáticamente cuando se valida el billete.

En las máquinas expendedoras se puede comprar e imprimir billetes de forma rápida.

Los trenes de pasajeros transportan a millones de personas a sus trabajos o de vacaciones. Pueden ser de corta y larga distancia.

La oficina de información turística ofrece recomendaciones sobre lugares de interés y alojamiento.

El andén del metro está al nivel del suelo del tren, lo cual facilita la entrada y salida de pasajeros.

ESTACIÓN DE METRO

Un paso subterráneo permite a los pasajeros ir de una estación a la otra.

PASO SUBTERRÁNEO

El metro circula bajo las calles de la ciudad y transporta a un gran número de pasajeros entre estaciones cercanas unas a otras.

METRO

Los tornos del metro validan los billetes y dan acceso al andén por unas escaleras mecánicas.

Para salvar una empinada pendiente cerca de Brusio, en Suiza, la vía férrea forma una ajustada espiral. Un viaducto la eleva sobre sí misma en dirección a la montaña.

VÍA ESPIRAL

Un tren metropolitano se detiene junto al andén, donde sus puertas se abren automáticamente.

Cada día 3,6 millones de personas pasan por la estación japonesa de Shinjuku, la más concurrida del mundo

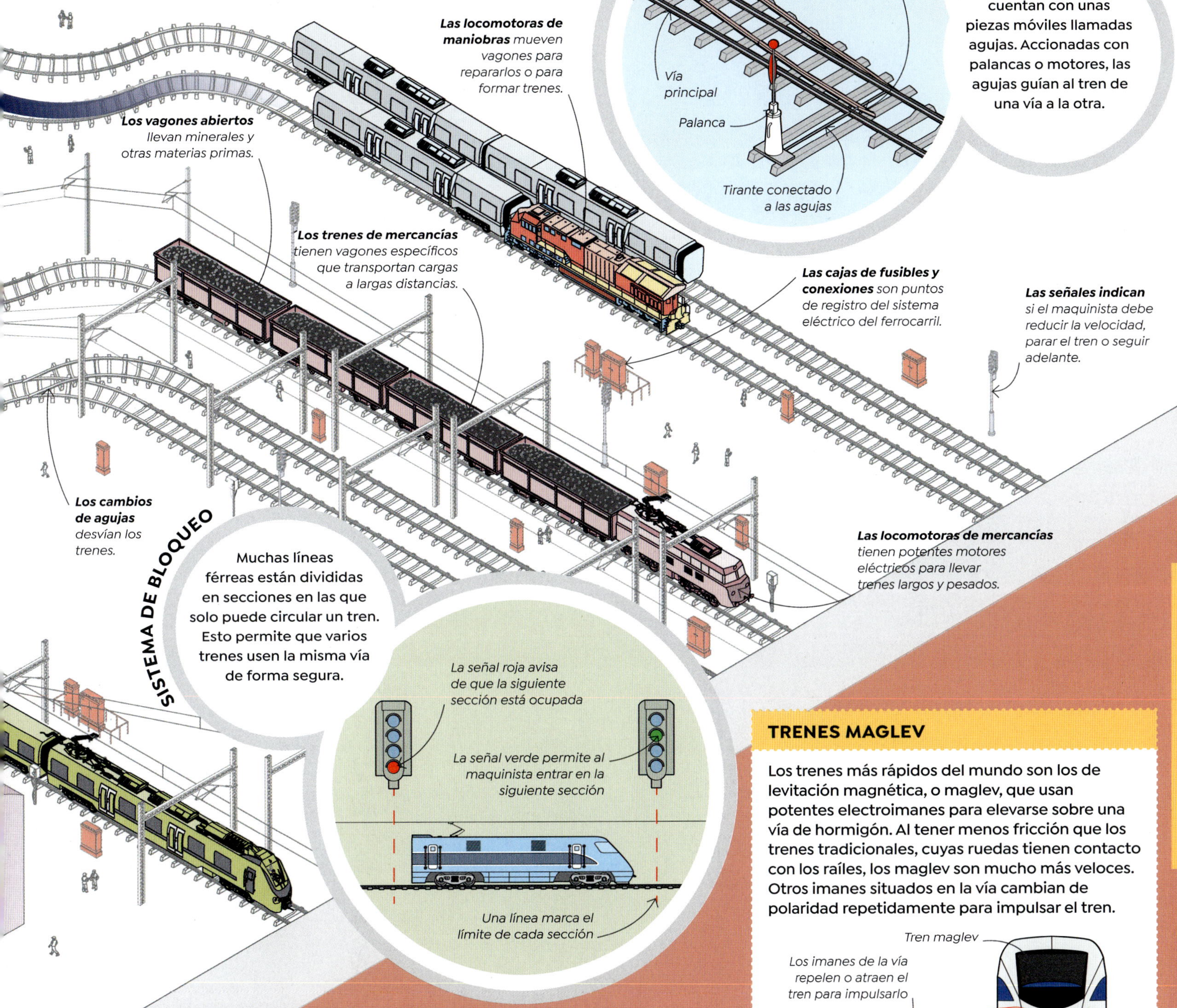

Las locomotoras de maniobras mueven vagones para repararlos o para formar trenes.

Los vagones abiertos llevan minerales y otras materias primas.

Los trenes de mercancías tienen vagones específicos que transportan cargas a largas distancias.

Los cambios de agujas desvían los trenes.

CAMBIOS DE AGUJAS

Vía desviada

Las agujas se mueven para dirigir el tren a la vía desviada

Vía principal

Palanca

Tirante conectado a las agujas

Los desvíos cuentan con unas piezas móviles llamadas agujas. Accionadas con palancas o motores, las agujas guían al tren de una vía a la otra.

Las cajas de fusibles y conexiones son puntos de registro del sistema eléctrico del ferrocarril.

Las señales indican si el maquinista debe reducir la velocidad, parar el tren o seguir adelante.

Las locomotoras de mercancías tienen potentes motores eléctricos para llevar trenes largos y pesados.

SISTEMA DE BLOQUEO

Muchas líneas férreas están divididas en secciones en las que solo puede circular un tren. Esto permite que varios trenes usen la misma vía de forma segura.

La señal roja avisa de que la siguiente sección está ocupada

La señal verde permite al maquinista entrar en la siguiente sección

Una línea marca el límite de cada sección

TRENES MAGLEV

Los trenes más rápidos del mundo son los de levitación magnética, o maglev, que usan potentes electroimanes para elevarse sobre una vía de hormigón. Al tener menos fricción que los trenes tradicionales, cuyas ruedas tienen contacto con los raíles, los maglev son mucho más veloces. Otros imanes situados en la vía cambian de polaridad repetidamente para impulsar el tren.

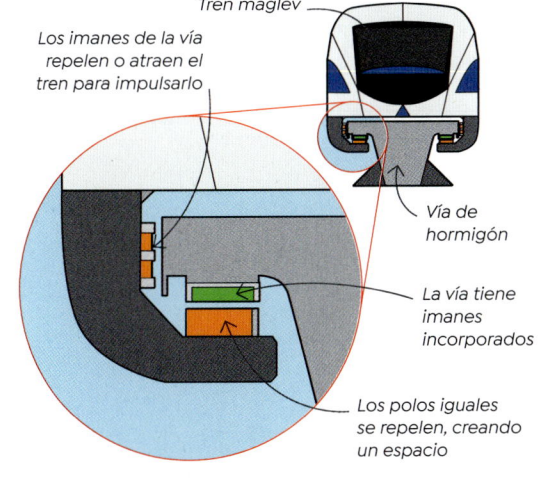

Tren maglev

Los imanes de la vía repelen o atraen el tren para impulsarlo

Vía de hormigón

La vía tiene imanes incorporados

Los polos iguales se repelen, creando un espacio

Ferrocarriles

El ferrocarril es la espina dorsal de los sistemas de transportes de muchas naciones. Hay 1,4 millones de kilómetros de vías férreas en el mundo. Se usan para transportar personas y mercancías entre estaciones y depósitos. Las grandes estaciones ferroviarias de las ciudades suelen formar parte de intercambiadores con conexiones a otras redes de transportes, como el metro.

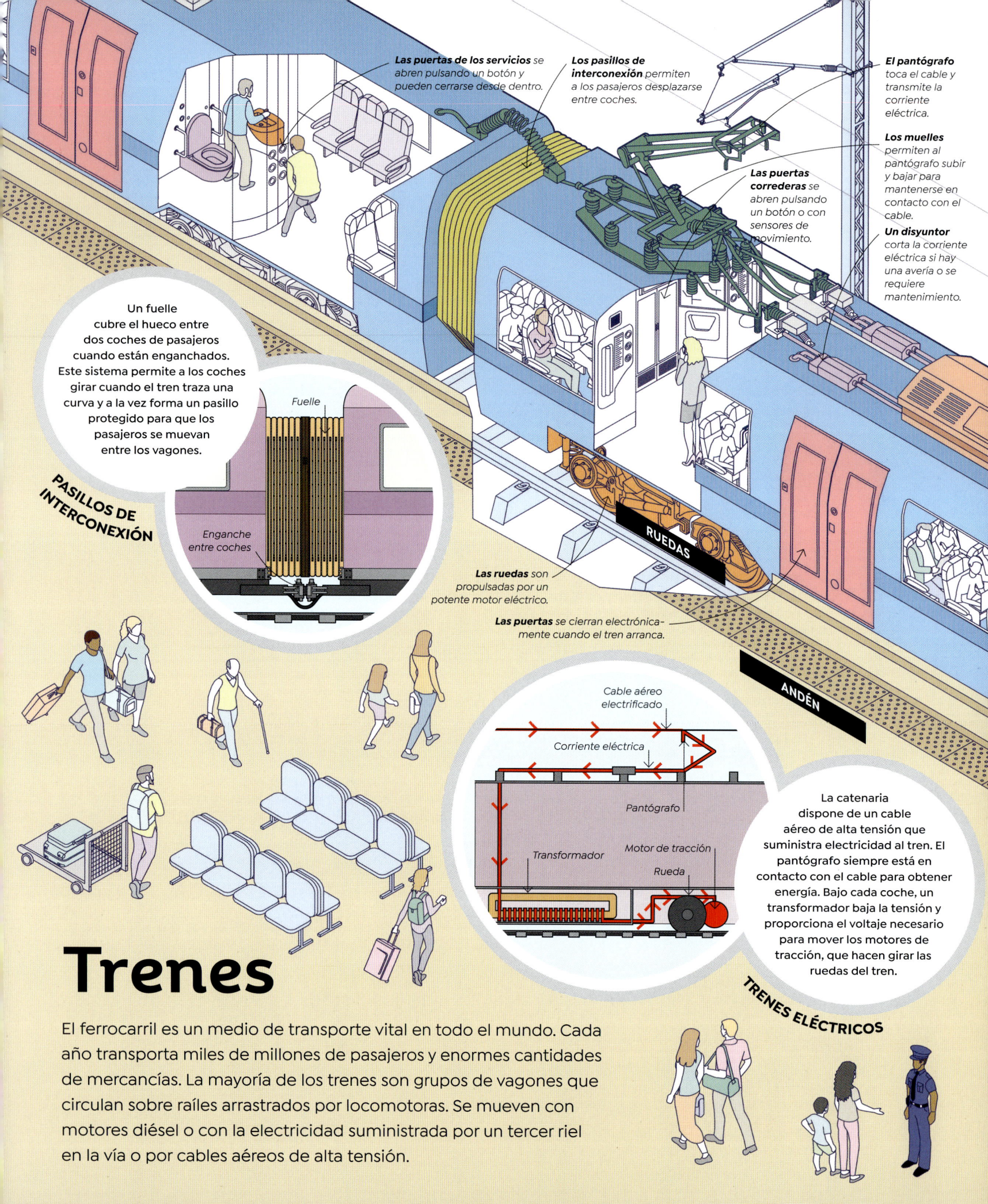

Las puertas de los servicios se abren pulsando un botón y pueden cerrarse desde dentro.

Los pasillos de interconexión permiten a los pasajeros desplazarse entre coches.

El pantógrafo toca el cable y transmite la corriente eléctrica.

Los muelles permiten al pantógrafo subir y bajar para mantenerse en contacto con el cable.

Las puertas correderas se abren pulsando un botón o con sensores de movimiento.

Un disyuntor corta la corriente eléctrica si hay una avería o se requiere mantenimiento.

Un fuelle cubre el hueco entre dos coches de pasajeros cuando están enganchados. Este sistema permite a los coches girar cuando el tren traza una curva y a la vez forma un pasillo protegido para que los pasajeros se muevan entre los vagones.

PASILLOS DE INTERCONEXIÓN

Fuelle

Enganche entre coches

RUEDAS

Las ruedas son propulsadas por un potente motor eléctrico.

Las puertas se cierran electrónicamente cuando el tren arranca.

ANDÉN

Cable aéreo electrificado

Corriente eléctrica

Pantógrafo

Transformador

Motor de tracción

Rueda

La catenaria dispone de un cable aéreo de alta tensión que suministra electricidad al tren. El pantógrafo siempre está en contacto con el cable para obtener energía. Bajo cada coche, un transformador baja la tensión y proporciona el voltaje necesario para mover los motores de tracción, que hacen girar las ruedas del tren.

TRENES ELÉCTRICOS

Trenes

El ferrocarril es un medio de transporte vital en todo el mundo. Cada año transporta miles de millones de pasajeros y enormes cantidades de mercancías. La mayoría de los trenes son grupos de vagones que circulan sobre raíles arrastrados por locomotoras. Se mueven con motores diésel o con la electricidad suministrada por un tercer riel en la vía o por cables aéreos de alta tensión.

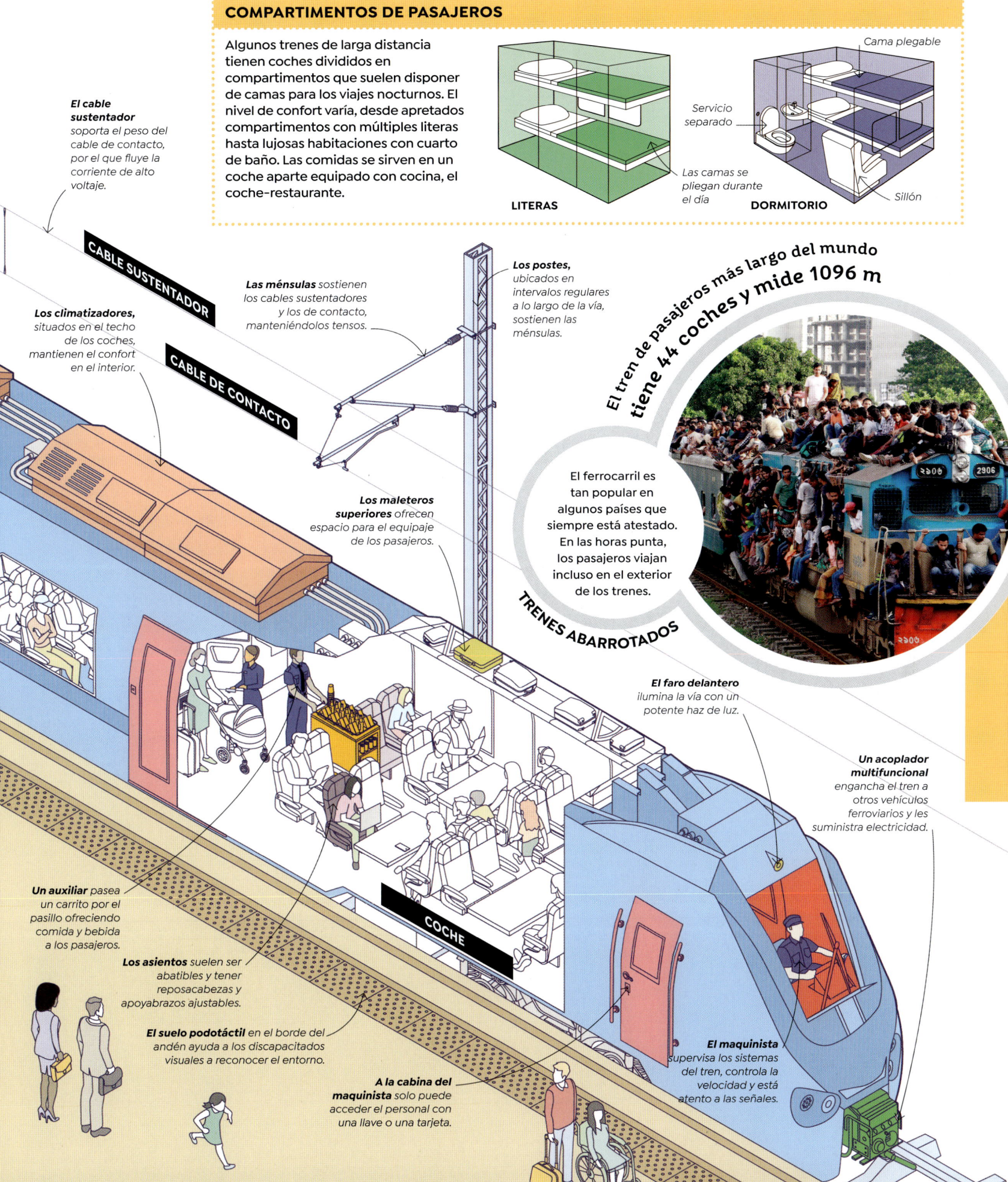

COMPARTIMENTOS DE PASAJEROS

Algunos trenes de larga distancia tienen coches divididos en compartimentos que suelen disponer de camas para los viajes nocturnos. El nivel de confort varía, desde apretados compartimentos con múltiples literas hasta lujosas habitaciones con cuarto de baño. Las comidas se sirven en un coche aparte equipado con cocina, el coche-restaurante.

Cama plegable

Servicio separado

Las camas se pliegan durante el día

LITERAS

Sillón

DORMITORIO

El cable sustentador *soporta el peso del cable de contacto, por el que fluye la corriente de alto voltaje.*

CABLE SUSTENTADOR

Las ménsulas *sostienen los cables sustentadores y los de contacto, manteniéndolos tensos.*

Los postes, *ubicados en intervalos regulares a lo largo de la vía, sostienen las ménsulas.*

Los climatizadores, *situados en el techo de los coches, mantienen el confort en el interior.*

CABLE DE CONTACTO

Los maleteros superiores *ofrecen espacio para el equipaje de los pasajeros.*

El tren de pasajeros más largo del mundo tiene 44 coches y mide 1096 m

El ferrocarril es tan popular en algunos países que siempre está atestado. En las horas punta, los pasajeros viajan incluso en el exterior de los trenes.

TRENES ABARROTADOS

El faro delantero *ilumina la vía con un potente haz de luz.*

Un acoplador multifuncional *engancha el tren a otros vehículos ferroviarios y les suministra electricidad.*

Un auxiliar *pasea un carrito por el pasillo ofreciendo comida y bebida a los pasajeros.*

Los asientos *suelen ser abatibles y tener reposacabezas y apoyabrazos ajustables.*

COCHE

El suelo podotáctil *en el borde del andén ayuda a los discapacitados visuales a reconocer el entorno.*

A la cabina del maquinista *solo puede acceder el personal con una llave o una tarjeta.*

El maquinista *supervisa los sistemas del tren, controla la velocidad y está atento a las señales.*

DETECCIÓN DE BALLENAS

Por desgracia, muchas ballenas mueren cada año al ser golpeadas por barcos grandes. Conocer sus movimientos puede ayudar a evitar colisiones. Boyas provistas de micrófonos submarinos localizan a las ballenas e identifican las especies usando inteligencia artificial. Una vez avisados, los capitanes pueden reducir la velocidad o cambiar el rumbo si es necesario.

Con unos 360 m de eslora y 64 m de manga, el 'Wonder of the Seas' es el mayor crucero del mundo

CAMAROTES

En los camarotes los viajeros duermen, se asean y guardan su equipaje. Algunos cuentan con balcones y lujosas instalaciones para descansar.

DIVERSIÓN

Las actividades de ocio van desde clases de cocina y artesanía hasta espectáculos y deportes. Muchos viajeros prefieren tomárselo con calma y disfrutar de las vistas.

El minigolf, el tenis y el tejo son deportes típicos de crucero.

Los salvavidas pueden lanzarse al agua en caso de que alguien caiga por la borda.

Las pelotas de minigolf son de caparazón de langosta y se degradan al caer al agua.

Las piscinas son de agua marina filtrada y tratada químicamente. Algunas tienen máquinas de olas que imitan las condiciones del mar.

Un gran tobogán baja desde una cubierta a una piscina en una cubierta inferior.

Las barandillas de seguridad en las cubiertas impiden que la gente se caiga al agua.

Los cines y teatros al aire libre permiten ver películas y espectáculos con el océano alrededor.

El casco es el cuerpo del barco. Está dividido horizontalmente en cubiertas y verticalmente en compartimentos por sólidos tabiques llamados mamparos.

Los restaurantes sirven miles de comidas cada día.

Motores diesel, eléctricos o de gas generan la energía que hace girar la hélice.

MINIGOLF

PISCINA

CAFÉ

TENIS

PISCINA DE OLAS

PISCINA

CINE AL AIRE LIBRE

BAR

RESTAURANTE

CAMAROTES

HÉLICE DE MANIOBRA

QUILLA

TIMÓN

HÉLICE

PROPULSIÓN

Los motores hacen giran un eje conectado a las palas de la hélice. Estas mueven el agua hacia atrás creando una fuerza opuesta, llamada empuje, que propulsa el barco hacia adelante.

El timón desvía el agua para que el barco cambie de rumbo.

La hélice puede tener muchos metros de diámetro.

Las hélices de maniobra mueven la popa o la proa del barco para maniobrar en los puertos.

La quilla es la parte más profunda del barco. Va de proa a popa como una espina dorsal.

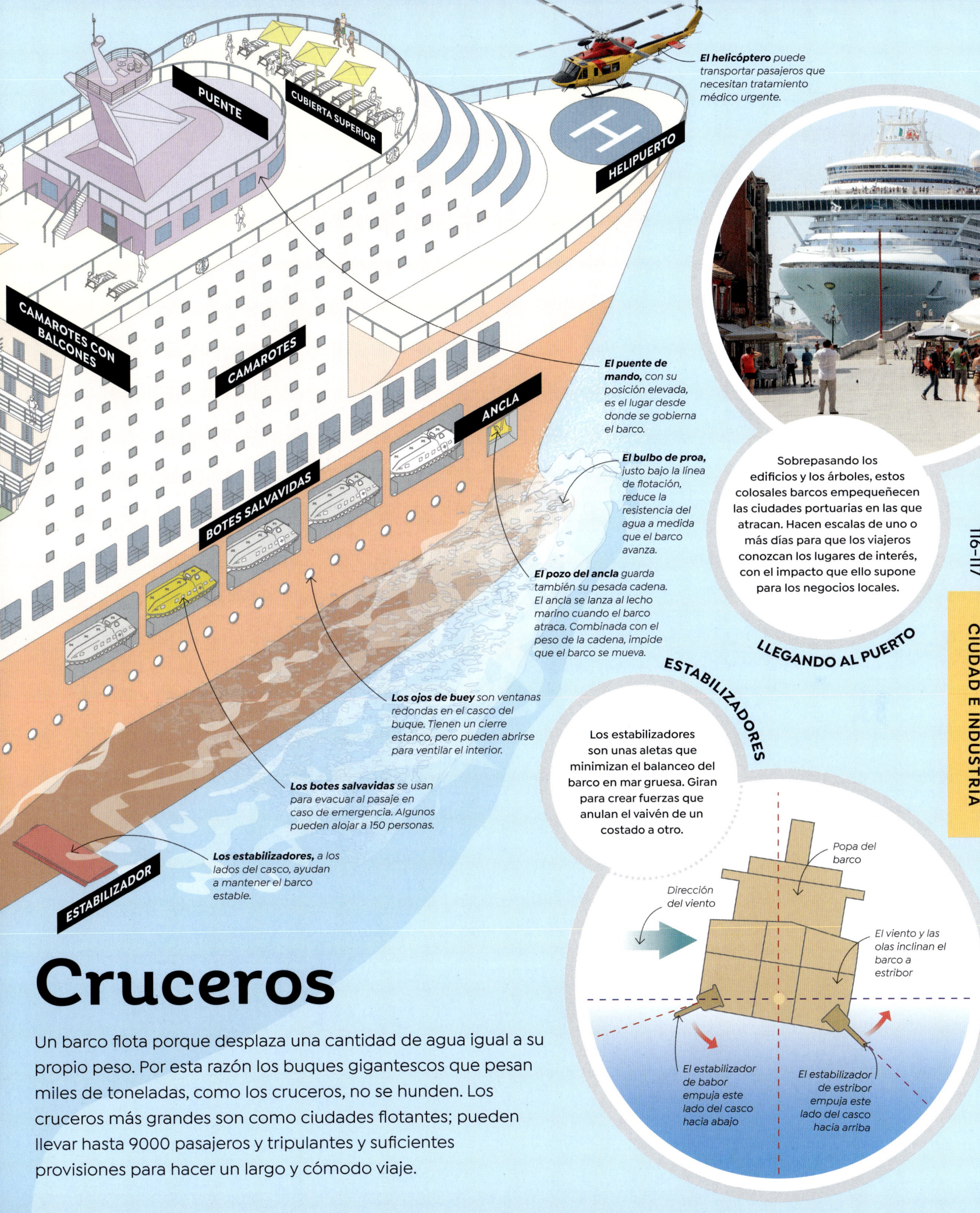

PUENTE

CUBIERTA SUPERIOR

HELIPUERTO

CAMAROTES CON BALCONES

CAMAROTES

ANCLA

BOTES SALVAVIDAS

ESTABILIZADOR

El helicóptero puede transportar pasajeros que necesitan tratamiento médico urgente.

El puente de mando, con su posición elevada, es el lugar desde donde se gobierna el barco.

El bulbo de proa, justo bajo la línea de flotación, reduce la resistencia del agua a medida que el barco avanza.

El pozo del ancla guarda también su pesada cadena. El ancla se lanza al lecho marino cuando el barco atraca. Combinada con el peso de la cadena, impide que el barco se mueva.

Los ojos de buey son ventanas redondas en el casco del buque. Tienen un cierre estanco, pero pueden abrirse para ventilar el interior.

Los botes salvavidas se usan para evacuar al pasaje en caso de emergencia. Algunos pueden alojar a 150 personas.

Los estabilizadores, a los lados del casco, ayudan a mantener el barco estable.

Sobrepasando los edificios y los árboles, estos colosales barcos empequeñecen las ciudades portuarias en las que atracan. Hacen escalas de uno o más días para que los viajeros conozcan los lugares de interés, con el impacto que ello supone para los negocios locales.

LLEGANDO AL PUERTO

ESTABILIZADORES

Los estabilizadores son unas aletas que minimizan el balanceo del barco en mar gruesa. Giran para crear fuerzas que anulan el vaivén de un costado a otro.

Popa del barco

Dirección del viento

El viento y las olas inclinan el barco a estribor

El estabilizador de babor empuja este lado del casco hacia abajo

El estabilizador de estribor empuja este lado del casco hacia arriba

Cruceros

Un barco flota porque desplaza una cantidad de agua igual a su propio peso. Por esta razón los buques gigantescos que pesan miles de toneladas, como los cruceros, no se hunden. Los cruceros más grandes son como ciudades flotantes; pueden llevar hasta 9000 pasajeros y tripulantes y suficientes provisiones para hacer un largo y cómodo viaje.

Yates y veleros

Son embarcaciones de recreo acondicionadas para pasar varios días navegando. Los rápidos y ligeros veleros se utilizan para hacer cruceros y regatas, mientras que los llamados superyates tienen más de 50 metros de eslora, no pueden navegar en aguas poco profundas y su construcción es muy costosa.

El velero más rápido, pilotado por el australiano Paul Larsen, alcanzó una velocidad de 121 km/h

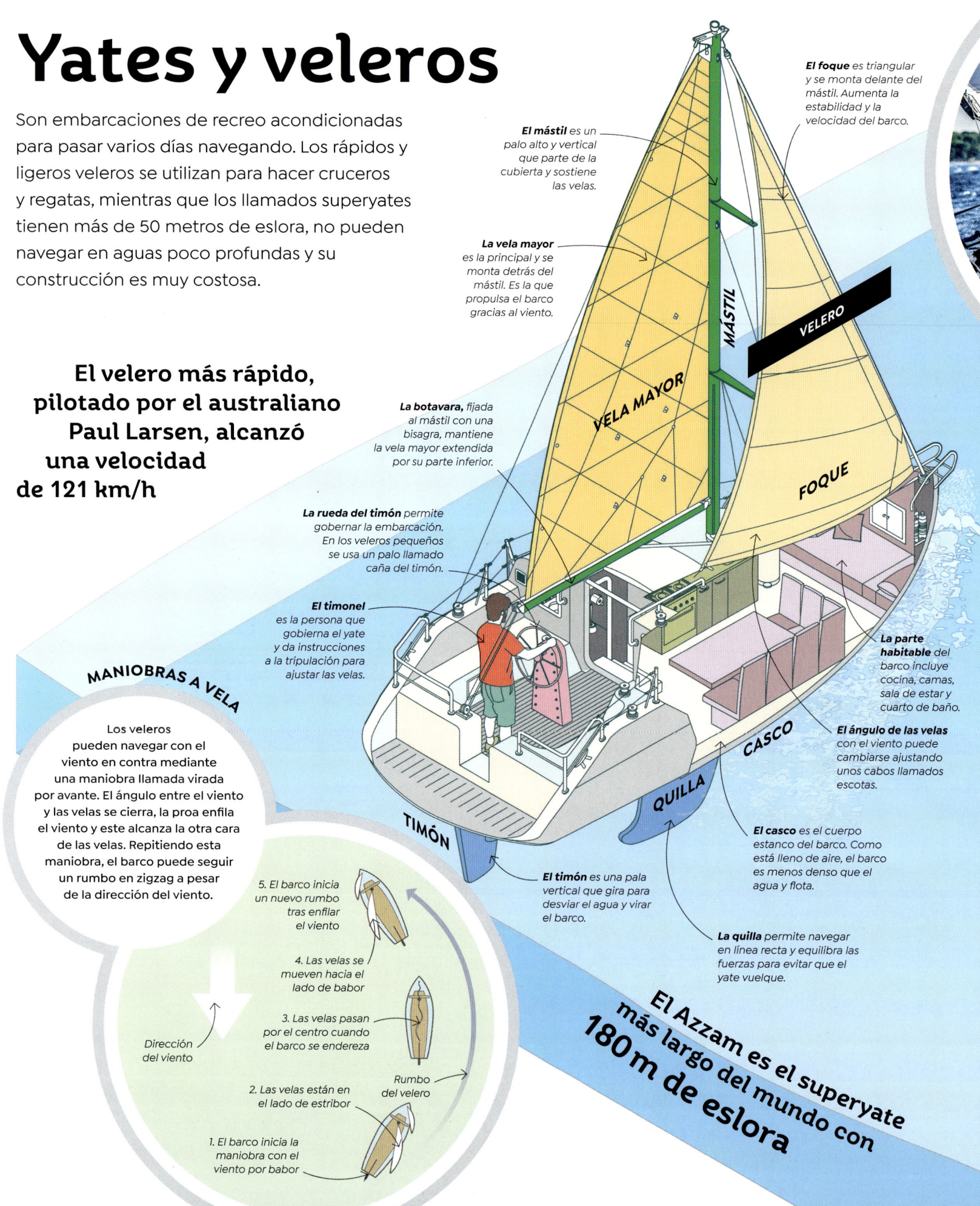

El foque es triangular y se monta delante del mástil. Aumenta la estabilidad y la velocidad del barco.

El mástil es un palo alto y vertical que parte de la cubierta y sostiene las velas.

La vela mayor es la principal y se monta detrás del mástil. Es la que propulsa el barco gracias al viento.

MÁSTIL

VELERO

VELA MAYOR

FOQUE

La botavara, fijada al mástil con una bisagra, mantiene la vela mayor extendida por su parte inferior.

La rueda del timón permite gobernar la embarcación. En los veleros pequeños se usa un palo llamado caña del timón.

El timonel es la persona que gobierna el yate y da instrucciones a la tripulación para ajustar las velas.

La parte habitable del barco incluye cocina, camas, sala de estar y cuarto de baño.

El ángulo de las velas con el viento puede cambiarse ajustando unos cabos llamados escotas.

CASCO

QUILLA

TIMÓN

El casco es el cuerpo estanco del barco. Como está lleno de aire, el barco es menos denso que el agua y flota.

El timón es una pala vertical que gira para desviar el agua y virar el barco.

La quilla permite navegar en línea recta y equilibra las fuerzas para evitar que el yate vuelque.

MANIOBRAS A VELA

Los veleros pueden navegar con el viento en contra mediante una maniobra llamada virada por avante. El ángulo entre el viento y las velas se cierra, la proa enfila el viento y este alcanza la otra cara de las velas. Repitiendo esta maniobra, el barco puede seguir un rumbo en zigzag a pesar de la dirección del viento.

5. El barco inicia un nuevo rumbo tras enfilar el viento

4. Las velas se mueven hacia el lado de babor

3. Las velas pasan por el centro cuando el barco se endereza

Dirección del viento

2. Las velas están en el lado de estribor

Rumbo del velero

1. El barco inicia la maniobra con el viento por babor

El Azzam es el superyate más largo del mundo con 180 m de eslora

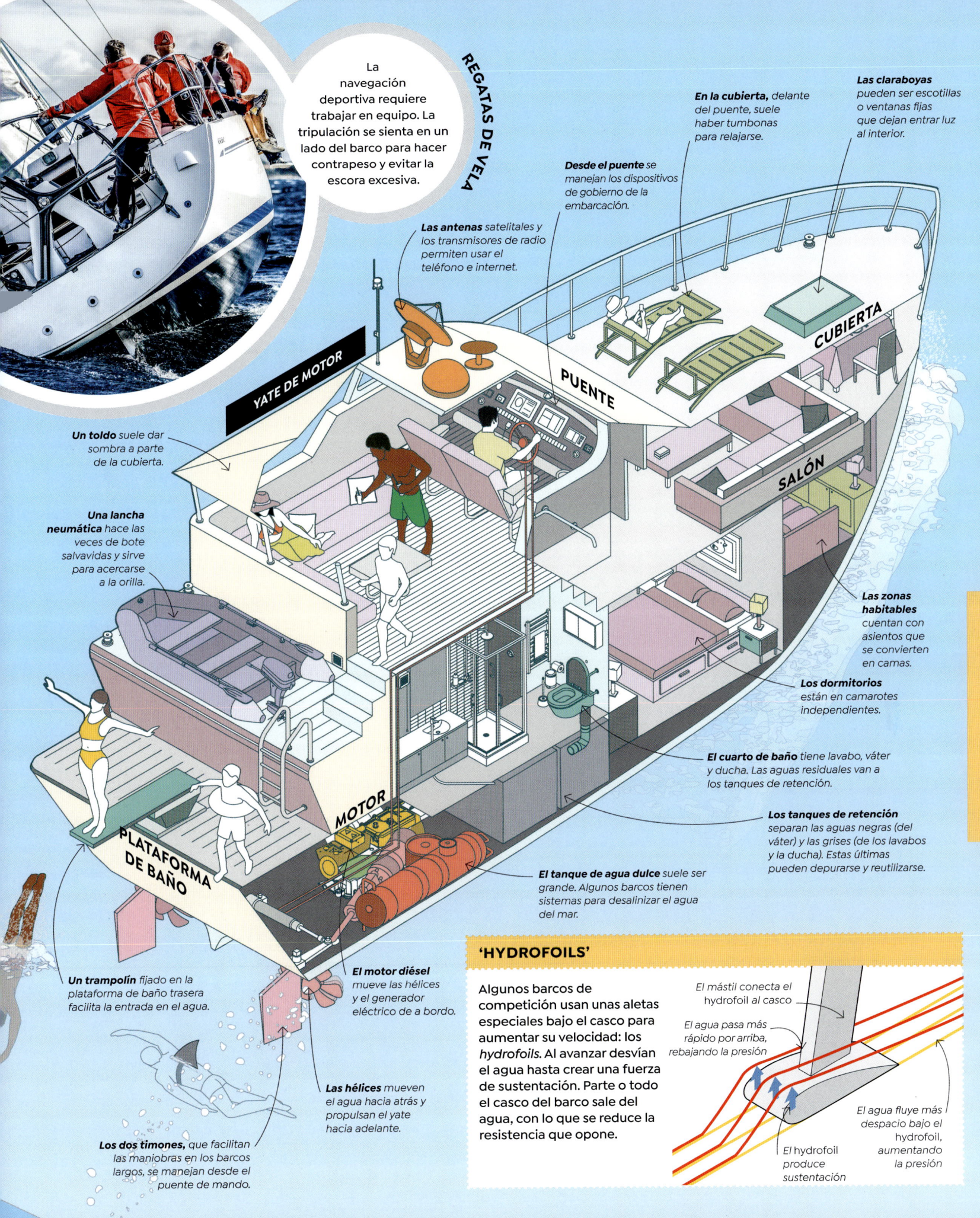

La navegación deportiva requiere trabajar en equipo. La tripulación se sienta en un lado del barco para hacer contrapeso y evitar la escora excesiva.

Las antenas satelitales y los transmisores de radio permiten usar el teléfono e internet.

Desde el puente se manejan los dispositivos de gobierno de la embarcación.

En la cubierta, delante del puente, suele haber tumbonas para relajarse.

Las claraboyas pueden ser escotillas o ventanas fijas que dejan entrar luz al interior.

CUBIERTA

PUENTE

SALÓN

YATE DE MOTOR

Un toldo suele dar sombra a parte de la cubierta.

Una lancha neumática hace las veces de bote salvavidas y sirve para acercarse a la orilla.

Las zonas habitables cuentan con asientos que se convierten en camas.

Los dormitorios están en camarotes independientes.

El cuarto de baño tiene lavabo, váter y ducha. Las aguas residuales van a los tanques de retención.

Los tanques de retención separan las aguas negras (del váter) y las grises (de los lavabos y la ducha). Estas últimas pueden depurarse y reutilizarse.

MOTOR

PLATAFORMA DE BAÑO

Un trampolín fijado en la plataforma de baño trasera facilita la entrada en el agua.

El motor diésel mueve las hélices y el generador eléctrico de a bordo.

Las hélices mueven el agua hacia atrás y propulsan el yate hacia adelante.

El tanque de agua dulce suele ser grande. Algunos barcos tienen sistemas para desalinizar el agua del mar.

Los dos timones, que facilitan las maniobras en los barcos largos, se manejan desde el puente de mando.

'HYDROFOILS'

Algunos barcos de competición usan unas aletas especiales bajo el casco para aumentar su velocidad: los *hydrofoils*. Al avanzar desvían el agua hasta crear una fuerza de sustentación. Parte o todo el casco del barco sale del agua, con lo que se reduce la resistencia que opone.

El mástil conecta el hydrofoil al casco

El agua pasa más rápido por arriba, rebajando la presión

El agua fluye más despacio bajo el hydrofoil, aumentando la presión

El hydrofoil produce sustentación

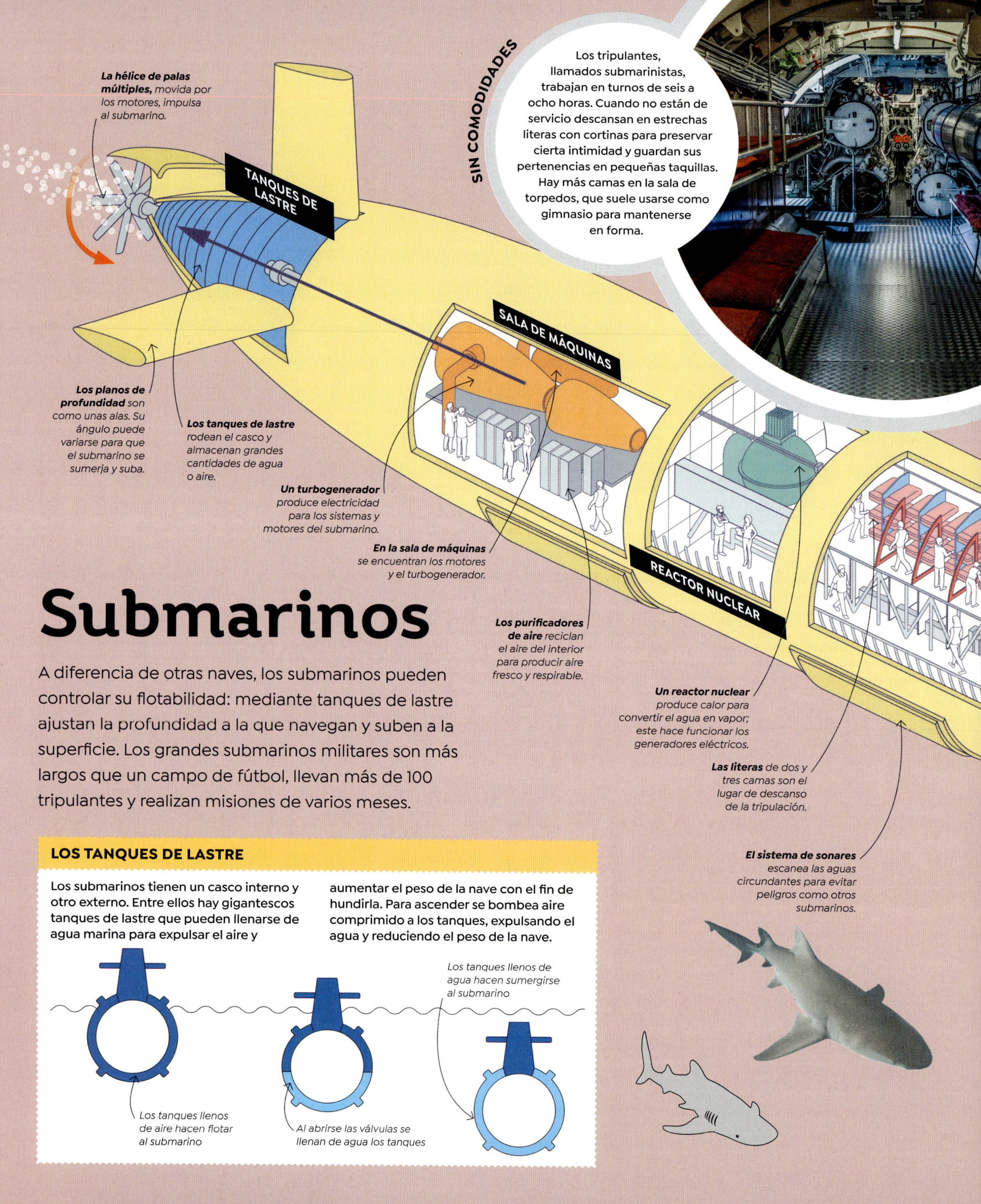

La hélice de palas múltiples, movida por los motores, impulsa al submarino.

TANQUES DE LASTRE

Los tripulantes, llamados submarinistas, trabajan en turnos de seis a ocho horas. Cuando no están de servicio descansan en estrechas literas con cortinas para preservar cierta intimidad y guardan sus pertenencias en pequeñas taquillas. Hay más camas en la sala de torpedos, que suele usarse como gimnasio para mantenerse en forma.

SALA DE MÁQUINAS

Los planos de profundidad son como unas alas. Su ángulo puede variarse para que el submarino se sumerja y suba.

Los tanques de lastre rodean el casco y almacenan grandes cantidades de agua o aire.

Un turbogenerador produce electricidad para los sistemas y motores del submarino.

En la sala de máquinas se encuentran los motores y el turbogenerador.

REACTOR NUCLEAR

Submarinos

A diferencia de otras naves, los submarinos pueden controlar su flotabilidad: mediante tanques de lastre ajustan la profundidad a la que navegan y suben a la superficie. Los grandes submarinos militares son más largos que un campo de fútbol, llevan más de 100 tripulantes y realizan misiones de varios meses.

Los purificadores de aire reciclan el aire del interior para producir aire fresco y respirable.

Un reactor nuclear produce calor para convertir el agua en vapor; este hace funcionar los generadores eléctricos.

Las literas de dos y tres camas son el lugar de descanso de la tripulación.

El sistema de sonares escanea las aguas circundantes para evitar peligros como otros submarinos.

LOS TANQUES DE LASTRE

Los submarinos tienen un casco interno y otro externo. Entre ellos hay gigantescos tanques de lastre que pueden llenarse de agua marina para expulsar el aire y aumentar el peso de la nave con el fin de hundirla. Para ascender se bombea aire comprimido a los tanques, expulsando el agua y reduciendo el peso de la nave.

Los tanques llenos de agua hacen sumergirse al submarino

Los tanques llenos de aire hacen flotar al submarino

Al abrirse las válvulas se llenan de agua los tanques

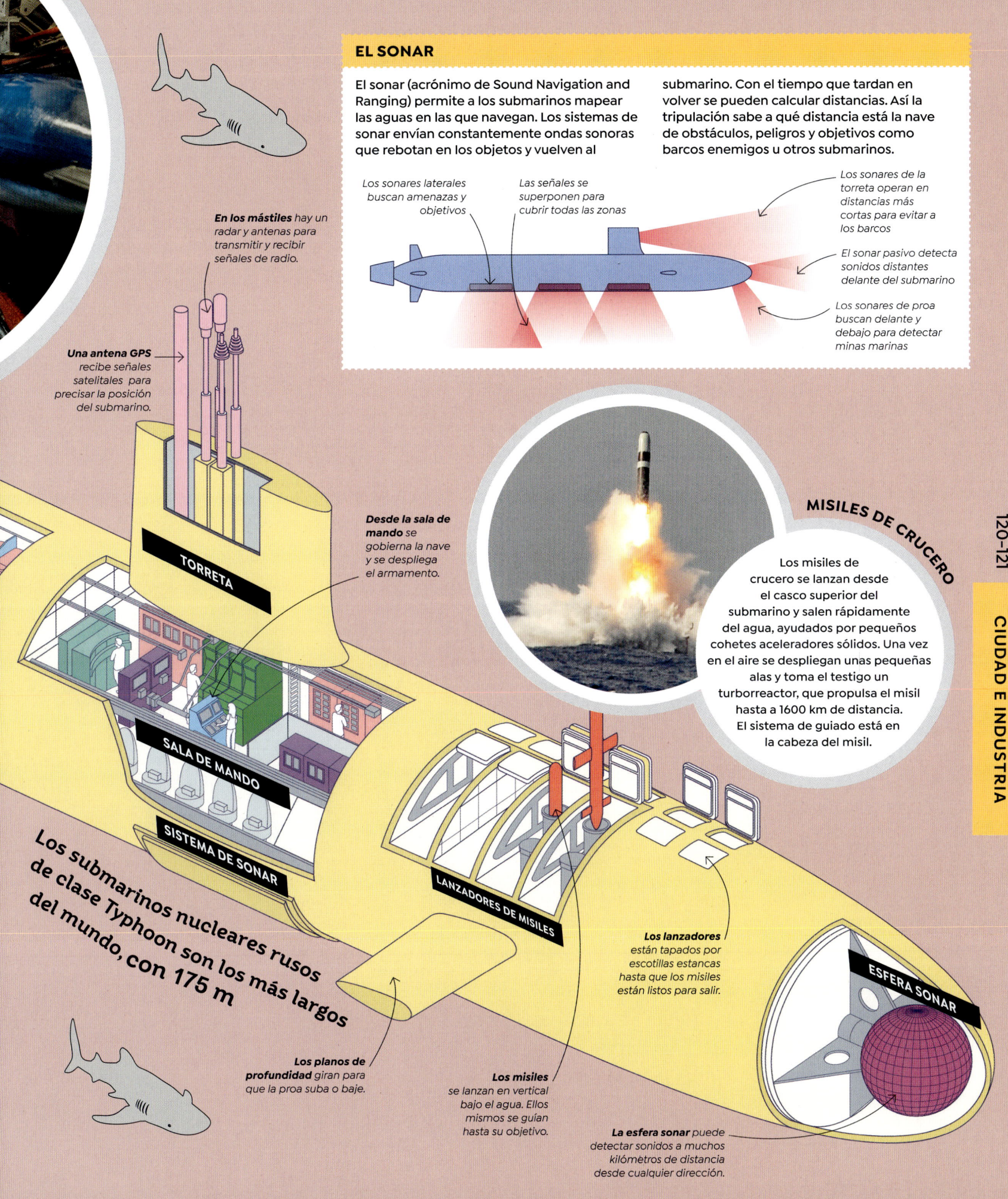

EL SONAR

El sonar (acrónimo de Sound Navigation and Ranging) permite a los submarinos mapear las aguas en las que navegan. Los sistemas de sonar envían constantemente ondas sonoras que rebotan en los objetos y vuelven al submarino. Con el tiempo que tardan en volver se pueden calcular distancias. Así la tripulación sabe a qué distancia está la nave de obstáculos, peligros y objetivos como barcos enemigos u otros submarinos.

Los sonares laterales buscan amenazas y objetivos

Las señales se superponen para cubrir todas las zonas

Los sonares de la torreta operan en distancias más cortas para evitar a los barcos

El sonar pasivo detecta sonidos distantes delante del submarino

Los sonares de proa buscan delante y debajo para detectar minas marinas

En los mástiles hay un radar y antenas para transmitir y recibir señales de radio.

Una antena GPS recibe señales satelitales para precisar la posición del submarino.

Desde la sala de mando se gobierna la nave y se despliega el armamento.

TORRETA

SALA DE MANDO

SISTEMA DE SONAR

MISILES DE CRUCERO

Los misiles de crucero se lanzan desde el casco superior del submarino y salen rápidamente del agua, ayudados por pequeños cohetes aceleradores sólidos. Una vez en el aire se despliegan unas pequeñas alas y toma el testigo un turborreactor, que propulsa el misil hasta a 1600 km de distancia. El sistema de guiado está en la cabeza del misil.

Los submarinos nucleares rusos de clase Typhoon son los más largos del mundo, con 175 m

LANZADORES DE MISILES

ESFERA SONAR

Los lanzadores están tapados por escotillas estancas hasta que los misiles están listos para salir.

Los planos de profundidad giran para que la proa suba o baje.

Los misiles se lanzan en vertical bajo el agua. Ellos mismos se guían hasta su objetivo.

La esfera sonar puede detectar sonidos a muchos kilómetros de distancia desde cualquier dirección.

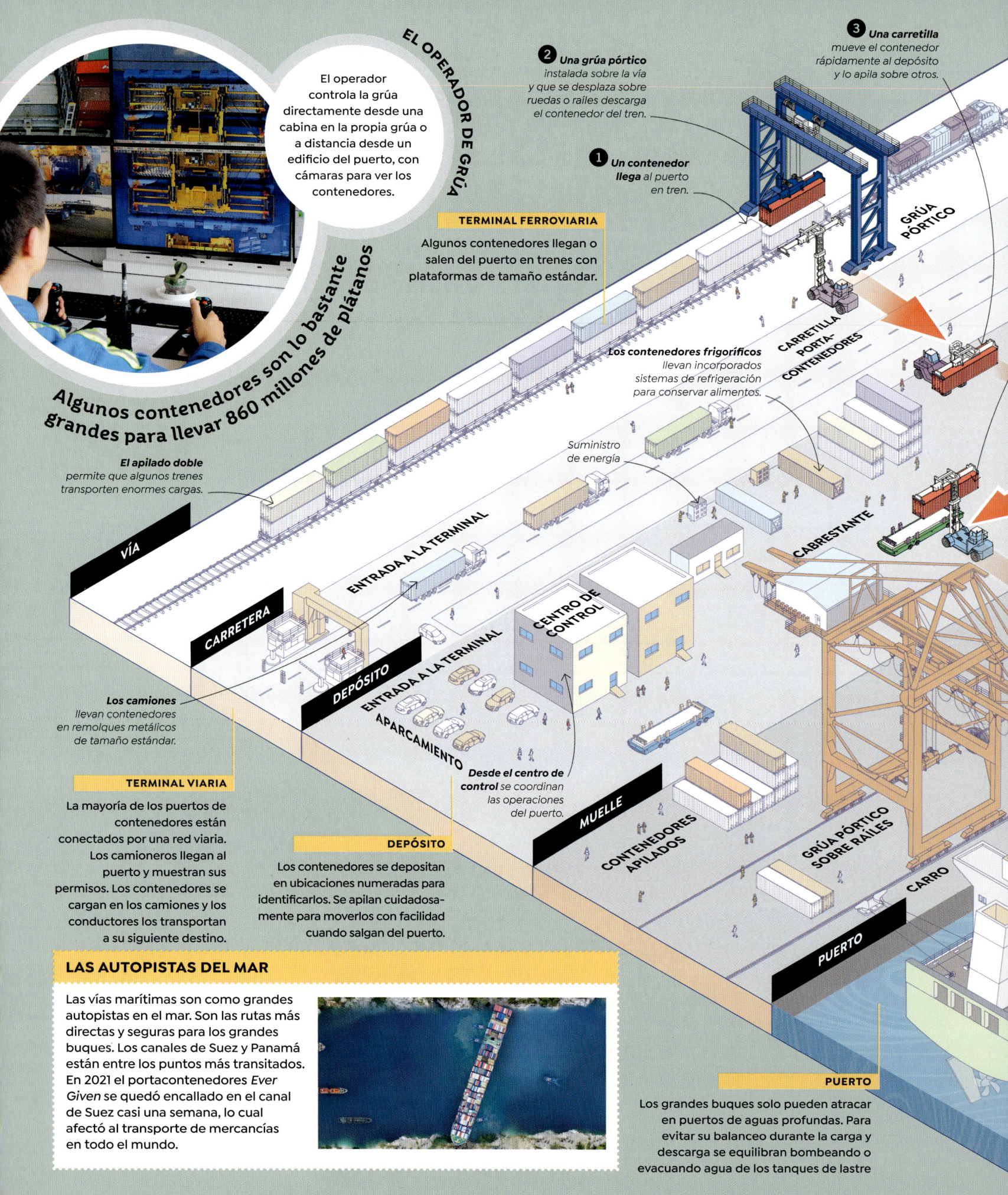

EL OPERADOR DE GRÚA

El operador controla la grúa directamente desde una cabina en la propia grúa o a distancia desde un edificio del puerto, con cámaras para ver los contenedores.

Algunos contenedores son lo bastante grandes para llevar 860 millones de plátanos

2 **Una grúa pórtico** *instalada sobre la vía y que se desplaza sobre ruedas o raíles descarga el contenedor del tren.*

3 **Una carretilla** *mueve el contenedor rápidamente al depósito y lo apila sobre otros.*

1 **Un contenedor llega** al puerto en tren.

TERMINAL FERROVIARIA
Algunos contenedores llegan o salen del puerto en trenes con plataformas de tamaño estándar.

Los contenedores frigoríficos *llevan incorporados sistemas de refrigeración para conservar alimentos.*

GRÚA PÓRTICO

CARRETILLA PORTA-CONTENEDORES

Suministro de energía

CABRESTANTE

El apilado doble *permite que algunos trenes transporten enormes cargas.*

VÍA

ENTRADA A LA TERMINAL

CARRETERA

DEPÓSITO

ENTRADA A LA TERMINAL

CENTRO DE CONTROL

APARCAMIENTO

Los camiones *llevan contenedores en remolques metálicos de tamaño estándar.*

Desde el centro de control se coordinan las operaciones del puerto.

MUELLE

CONTENEDORES APILADOS

GRÚA PÓRTICO SOBRE RAÍLES

CARRO

PUERTO

TERMINAL VIARIA
La mayoría de los puertos de contenedores están conectados por una red viaria. Los camioneros llegan al puerto y muestran sus permisos. Los contenedores se cargan en los camiones y los conductores los transportan a su siguiente destino.

DEPÓSITO
Los contenedores se depositan en ubicaciones numeradas para identificarlos. Se apilan cuidadosamente para moverlos con facilidad cuando salgan del puerto.

LAS AUTOPISTAS DEL MAR
Las vías marítimas son como grandes autopistas en el mar. Son las rutas más directas y seguras para los grandes buques. Los canales de Suez y Panamá están entre los puntos más transitados. En 2021 el portacontenedores *Ever Given* se quedó encallado en el canal de Suez casi una semana, lo cual afectó al transporte de mercancías en todo el mundo.

PUERTO
Los grandes buques solo pueden atracar en puertos de aguas profundas. Para evitar su balanceo durante la carga y descarga se equilibran bombeando o evacuando agua de los tanques de lastre

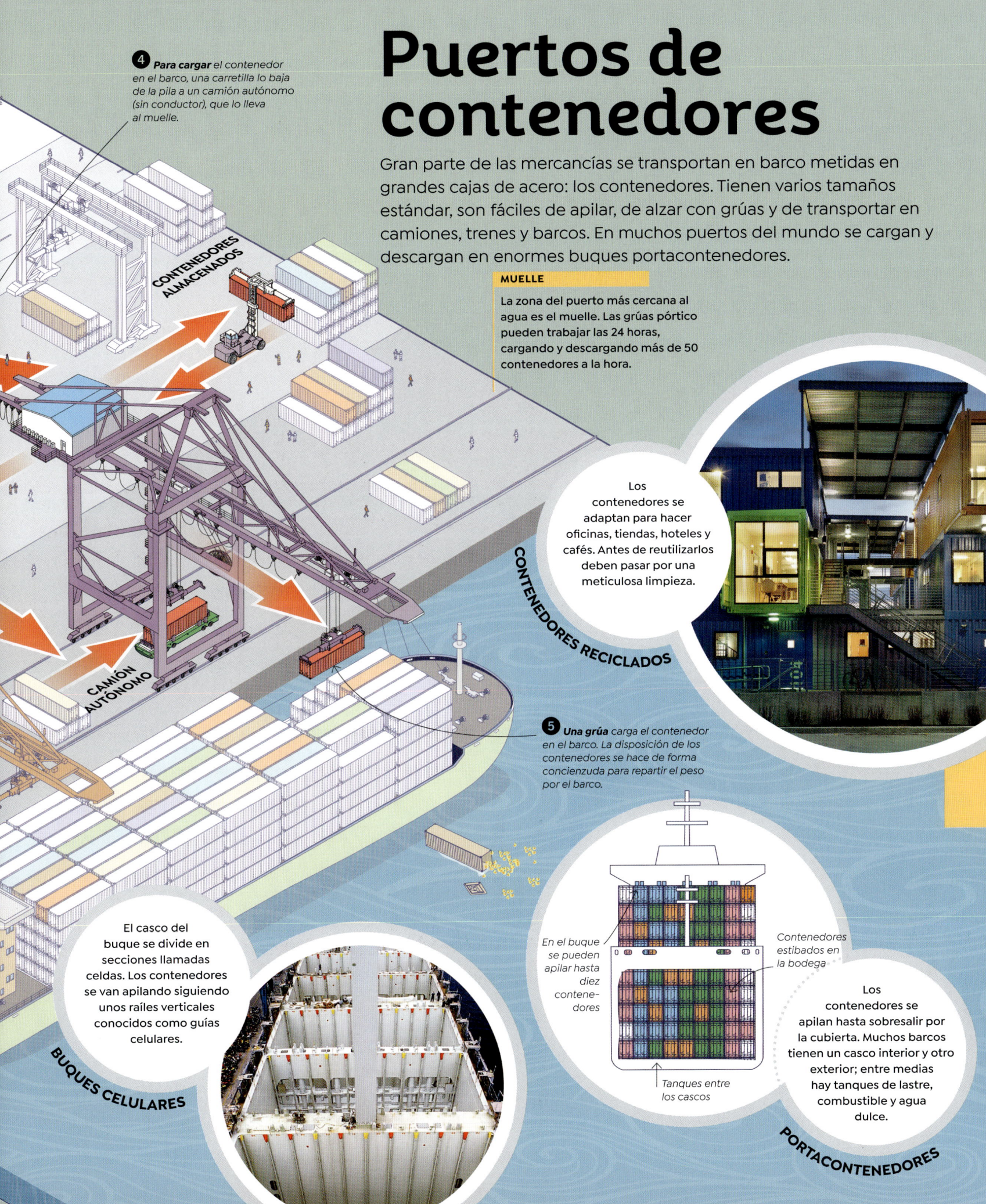

Puertos de contenedores

Gran parte de las mercancías se transportan en barco metidas en grandes cajas de acero: los contenedores. Tienen varios tamaños estándar, son fáciles de apilar, de alzar con grúas y de transportar en camiones, trenes y barcos. En muchos puertos del mundo se cargan y descargan en enormes buques portacontenedores.

4 Para cargar el contenedor en el barco, una carretilla lo baja de la pila a un camión autónomo (sin conductor), que lo lleva al muelle.

CONTENEDORES ALMACENADOS

CAMIÓN AUTÓNOMO

MUELLE

La zona del puerto más cercana al agua es el muelle. Las grúas pórtico pueden trabajar las 24 horas, cargando y descargando más de 50 contenedores a la hora.

CONTENEDORES RECICLADOS

Los contenedores se adaptan para hacer oficinas, tiendas, hoteles y cafés. Antes de reutilizarlos deben pasar por una meticulosa limpieza.

5 Una grúa carga el contenedor en el barco. La disposición de los contenedores se hace de forma concienzuda para repartir el peso por el barco.

BUQUES CELULARES

El casco del buque se divide en secciones llamadas celdas. Los contenedores se van apilando siguiendo unos raíles verticales conocidos como guías celulares.

En el buque se pueden apilar hasta diez contenedores

Contenedores estibados en la bodega

Tanques entre los cascos

PORTACONTENEDORES

Los contenedores se apilan hasta sobresalir por la cubierta. Muchos barcos tienen un casco interior y otro exterior; entre medias hay tanques de lastre, combustible y agua dulce.

ESCÁNERES DE RAYOS X

Estas máquinas toman imágenes que permiten al personal de seguridad ver el contenido del equipaje sin abrirlo. Los rayos X atraviesan algunos objetos, pero otros no, formando una imagen en una placa detectora que se envía a una pantalla. Ante cualquier objeto sospechoso se registra la maleta y se avisa a la policía.

Cinta transportadora

La segunda pantalla muestra el interior del bolso desde otro ángulo

Equipaje

Bandeja del equipaje

La pantalla muestra el contenido del equipaje

Botón de parada de emergencia

LLEGADAS

Los viajeros que llegan al aeropuerto salen del avión y pasan por el control de seguridad antes de irse.

8 *Los fingers son pasarelas articuladas que conducen a los pasajeros a los aviones.*

3 *El detector de metales comprueba si los pasajeros llevan materiales peligrosos.*

Las mochilas deben pasar por el escáner de seguridad.

4 *El personal de seguridad examina el equipaje con escáneres de rayos X. En algunos aeropuertos se hace después del control de pasaportes.*

SALIDAS

Quienes se disponen a viajar facturan y luego esperan su vuelo en la terminal de salidas. El procedimiento de seguridad varía de un país a otro.

5 *Un agente de policía comprueba si los pasaportes son válidos.*

SEGURIDAD

CONTROL DE PASAPORTES

7 *El personal de la aerolínea revisa las tarjetas de embarque antes de subir a bordo.*

6 *En la sala de espera los pasajeros aguardan su turno para embarcar.*

Los dispositivos electrónicos deben ponerse en modo avión.

SALA DE ESPERA

Chip insertado entre las páginas del pasaporte

PASSPORT

El pasaporte biométrico puede escanearse. Contiene un chip codificado con datos identificativos como una foto digitalizada, las huellas dactilares o un escáner de iris.

Antena de comunicación

Chip con datos biométricos

Aeropuertos

Un aeropuerto es mucho más que una pista donde aterrizan y despegan aviones. Los viajeros siguen complejos procedimientos al empezar y terminar sus viajes. Los aeropuertos también disponen de instalaciones para el mantenimiento, repostaje y limpieza de los aviones y para la manipulación de mercancías. Los más grandes registran más de 2000 vuelos diarios.

PASAPORTES BIOMÉTRICOS

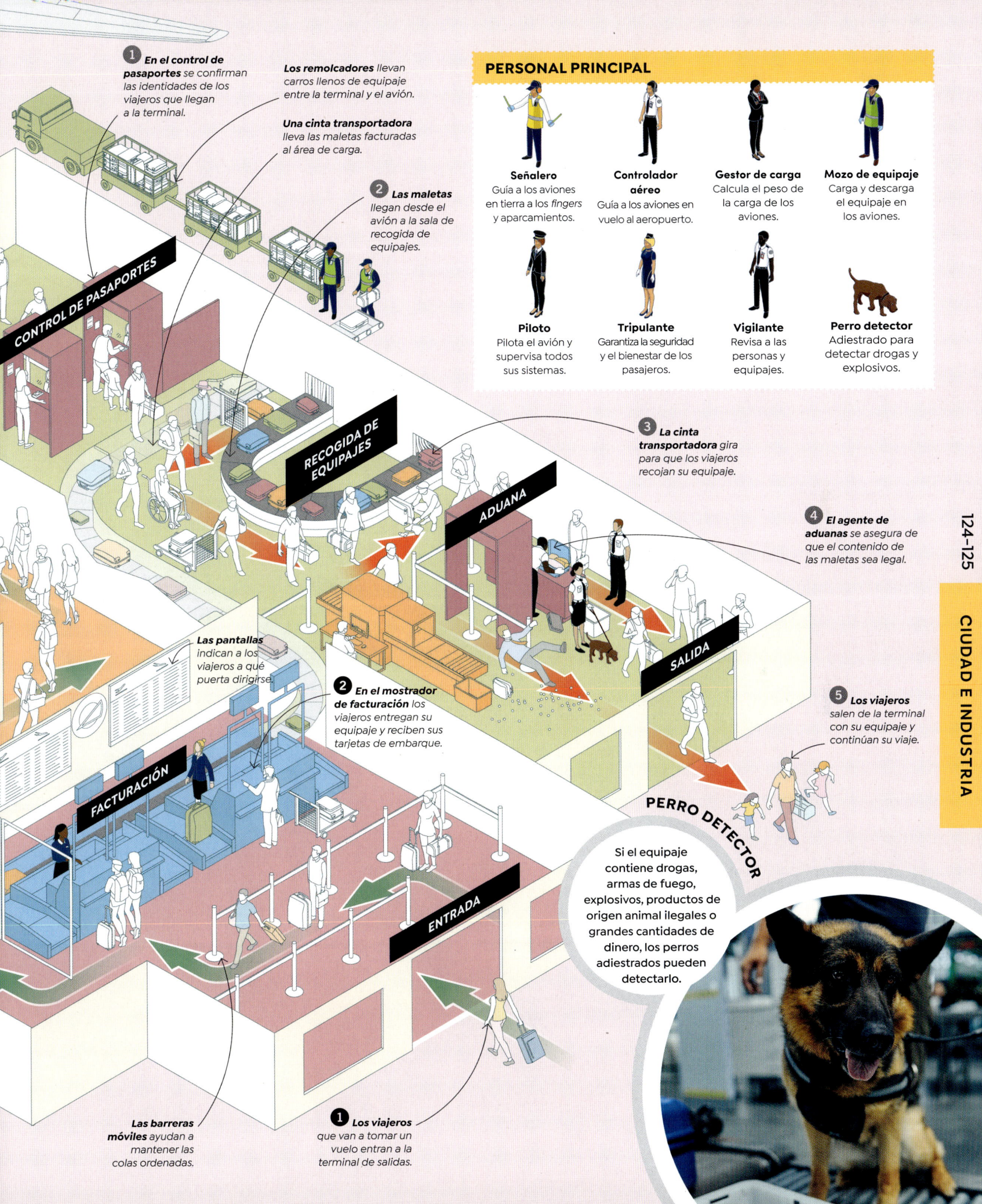

1 **En el control de pasaportes** se confirman las identidades de los viajeros que llegan a la terminal.

Los remolcadores llevan carros llenos de equipaje entre la terminal y el avión.

Una cinta transportadora lleva las maletas facturadas al área de carga.

2 **Las maletas** llegan desde el avión a la sala de recogida de equipajes.

CONTROL DE PASAPORTES

PERSONAL PRINCIPAL

Señalero
Guía a los aviones en tierra a los *fingers* y aparcamientos.

Controlador aéreo
Guía a los aviones en vuelo al aeropuerto.

Gestor de carga
Calcula el peso de la carga de los aviones.

Mozo de equipaje
Carga y descarga el equipaje en los aviones.

Piloto
Pilota el avión y supervisa todos sus sistemas.

Tripulante
Garantiza la seguridad y el bienestar de los pasajeros.

Vigilante
Revisa a las personas y equipajes.

Perro detector
Adiestrado para detectar drogas y explosivos.

RECOGIDA DE EQUIPAJES

3 **La cinta transportadora** gira para que los viajeros recojan su equipaje.

ADUANA

4 **El agente de aduanas** se asegura de que el contenido de las maletas sea legal.

SALIDA

Las pantallas indican a los viajeros a qué puerta dirigirse.

2 **En el mostrador de facturación** los viajeros entregan su equipaje y reciben sus tarjetas de embarque.

5 **Los viajeros** salen de la terminal con su equipaje y continúan su viaje.

FACTURACIÓN

PERRO DETECTOR

Si el equipaje contiene drogas, armas de fuego, explosivos, productos de origen animal ilegales o grandes cantidades de dinero, los perros adiestrados pueden detectarlo.

ENTRADA

Las barreras móviles ayudan a mantener las colas ordenadas.

1 **Los viajeros** que van a tomar un vuelo entran a la terminal de salidas.

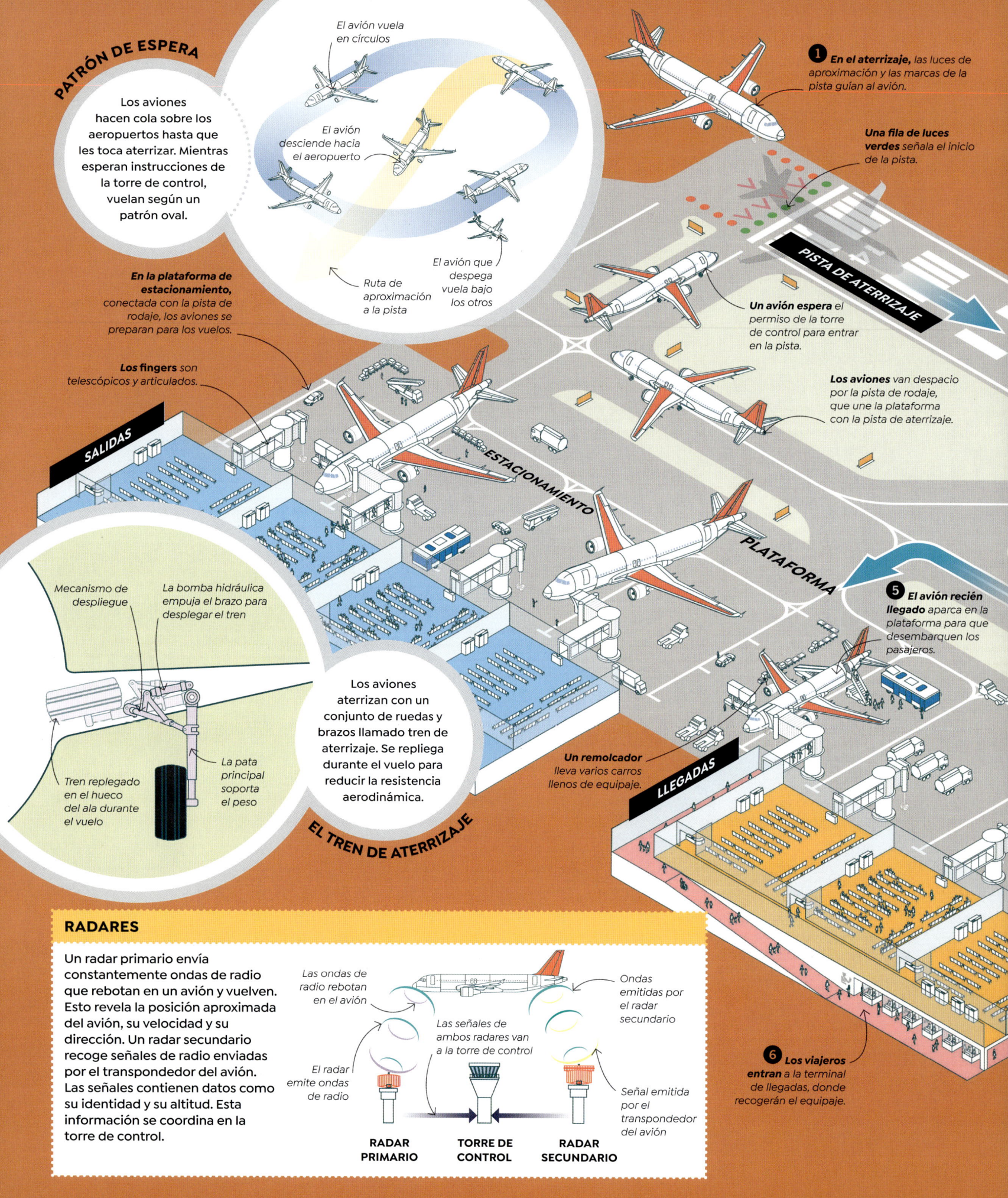

PATRÓN DE ESPERA

Los aviones hacen cola sobre los aeropuertos hasta que les toca aterrizar. Mientras esperan instrucciones de la torre de control, vuelan según un patrón oval.

El avión vuela en círculos

El avión desciende hacia el aeropuerto

El avión que despega vuela bajo los otros

Ruta de aproximación a la pista

1 *En el aterrizaje,* las luces de aproximación y las marcas de la pista guían al avión.

Una fila de luces verdes señala el inicio de la pista.

PISTA DE ATERRIZAJE

Un avión espera el permiso de la torre de control para entrar en la pista.

Los aviones van despacio por la pista de rodaje, que une la plataforma con la pista de aterrizaje.

En la plataforma de estacionamiento, conectada con la pista de rodaje, los aviones se preparan para los vuelos.

Los fingers son telescópicos y articulados.

SALIDAS

ESTACIONAMIENTO

PLATAFORMA

5 *El avión recién llegado* aparca en la plataforma para que desembarquen los pasajeros.

Un remolcador lleva varios carros llenos de equipaje.

LLEGADAS

Mecanismo de despliegue

La bomba hidráulica empuja el brazo para desplegar el tren

La pata principal soporta el peso

Tren replegado en el hueco del ala durante el vuelo

Los aviones aterrizan con un conjunto de ruedas y brazos llamado tren de aterrizaje. Se repliega durante el vuelo para reducir la resistencia aerodinámica.

EL TREN DE ATERRIZAJE

RADARES

Un radar primario envía constantemente ondas de radio que rebotan en un avión y vuelven. Esto revela la posición aproximada del avión, su velocidad y su dirección. Un radar secundario recoge señales de radio enviadas por el transpondedor del avión. Las señales contienen datos como su identidad y su altitud. Esta información se coordina en la torre de control.

Las ondas de radio rebotan en el avión

Ondas emitidas por el radar secundario

Las señales de ambos radares van a la torre de control

El radar emite ondas de radio

Señal emitida por el transpondedor del avión

RADAR PRIMARIO

TORRE DE CONTROL

RADAR SECUNDARIO

6 *Los viajeros entran* a la terminal de llegadas, donde recogerán el equipaje.

Pistas

En las pistas de los aeropuertos con mucho tráfico despegan y aterrizan aviones cada dos minutos. Con tantas operaciones al día se requiere una gran coordinación para que el tráfico aéreo fluya de manera eficiente y segura. Los controladores organizan las operaciones en el aire y en tierra, entre la plataforma a las pistas de rodaje y aterrizaje. Otras personas limpian, repostan, cargan y revisan los aviones para que estén listos para su próximo vuelo.

MARCAS EN LA PISTA

La línea central, la orientación expresada en grados y otras marcas suponen ayudas visuales para los pilotos durante el despegue y el aterrizaje.

2 *Las líneas dobles* señalan la zona de toma de contacto del avión.

La pista asfaltada más corta mide solo 400 m

3 *Después de aterrizar,* los aviones usan el empuje inverso para decelerar.

REPOSTAJE

Los aviones suelen repostar en el aeropuerto, pero las aeronaves más pequeñas, como los cazas militares, pueden recurrir a aviones cisterna para repostar en vuelo.

Las barreras indican los límites de la pista a los pilotos y la tripulación.

PISTA DE RODAJE

El radar de largo alcance puede detectar aviones a mucha altitud.

O DE ESTACIONAMIENTO
DE AERONAVES

Los camiones cisterna llevan combustible para los aviones que se disponen a volar.

Los controladores monitorizan los vuelos y asisten a los pilotos en tierra y aire.

Las grandes ventanas ofrecen vistas claras de las pistas y el cielo.

TORRE DE CONTROL

La torre de control alberga los servidores informáticos y las salas de control de aproximación, donde el personal coordina la información sobre aeronaves y previsiones meteorológicas.

TORRE DE CONTROL

Los números indican la orientación de la pista expresada en grados.

4 *Después de aterrizar,* el avión sale de la pista de camino a la plataforma.

La zona con marcas de chevron al final de la pista ofrece espacio extra en caso de despegue fallido.

Aviones

En un día normal, más de 100 000 aviones surcan los cielos del planeta. Varían en tamaño, desde ligeros monoplazas hasta gigantescos aviones comerciales capaces de transportar a más de 500 pasajeros entre continentes. Todas las aeronaves dependen de la sustentación para volar y de los motores para despegar del suelo y elevarse en el aire.

Las grandes alas proporcionan la sustentación que necesita un avión de pasajeros.

El mayor avión de pasajeros del mundo, el Airbus A380, puede llevar a 850 personas

La clase ejecutiva tiene menos asientos por fila y más espacio para las piernas.

Los váteres aspiran los desechos, que se depositan en un tanque en la cola del avión.

FUSELAJE

Las llamadas superficies de mando están en las alas y en la cola. Desvían el aire que pasa por ellas, modificando la orientación de la aeronave.

NAVEGACIÓN

El timón de dirección controla el giro a derecha e izquierda

El timón de profundidad hace ascender y descender el avión

Los alerones inclinan la nave a los laterales

CLASE EJECUTIVA

PRIMERA CLASE

BODEGA

Los reactores propulsan el avión a velocidades de crucero superiores a 1050 km/h.

MOTOR

Desde la cabina el piloto y el copiloto navegan y controlan el avión.

CABINA

El equipaje, la carga adicional y el correo se guardan en la bodega.

Los pasajeros de primera clase pagan un extra por disfrutar de mejor comida, más espacio y asientos más confortables.

En este compartimento descansan los tripulantes en los vuelos de larga distancia.

El tren delantero se repliega durante el vuelo, pero en tierra es el que cambia la dirección del avión.

El avión más rápido del mundo, el SR–71 Blackbird, alcanza los 3500 km/h

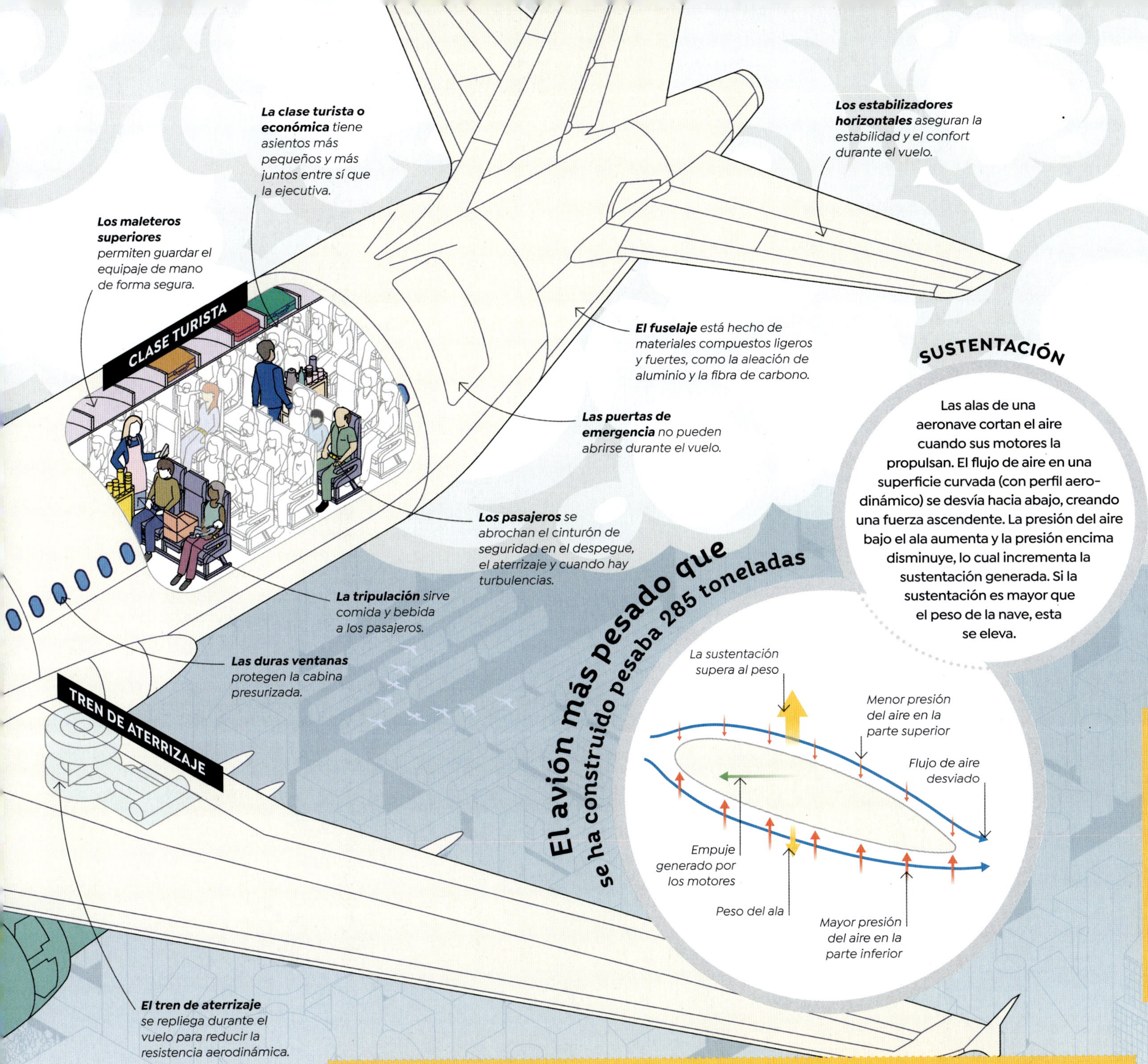

La clase turista o económica tiene asientos más pequeños y más juntos entre sí que la ejecutiva.

Los maleteros superiores permiten guardar el equipaje de mano de forma segura.

CLASE TURISTA

Los estabilizadores horizontales aseguran la estabilidad y el confort durante el vuelo.

El fuselaje está hecho de materiales compuestos ligeros y fuertes, como la aleación de aluminio y la fibra de carbono.

Las puertas de emergencia no pueden abrirse durante el vuelo.

Los pasajeros se abrochan el cinturón de seguridad en el despegue, el aterrizaje y cuando hay turbulencias.

La tripulación sirve comida y bebida a los pasajeros.

Las duras ventanas protegen la cabina presurizada.

TREN DE ATERRIZAJE

El tren de aterrizaje se repliega durante el vuelo para reducir la resistencia aerodinámica.

El avión más pesado que se ha construido pesaba 285 toneladas

SUSTENTACIÓN

Las alas de una aeronave cortan el aire cuando sus motores la propulsan. El flujo de aire en una superficie curvada (con perfil aerodinámico) se desvía hacia abajo, creando una fuerza ascendente. La presión del aire bajo el ala aumenta y la presión encima disminuye, lo cual incrementa la sustentación generada. Si la sustentación es mayor que el peso de la nave, esta se eleva.

La sustentación supera al peso

Menor presión del aire en la parte superior

Flujo de aire desviado

Empuje generado por los motores

Peso del ala

Mayor presión del aire en la parte inferior

MOTORES DE REACCIÓN

Los reactores usan un ventilador de admisión para insuflar aire al motor. El aire entra en la cámara de combustión, donde se mezcla con combustible y se quema, produciendo grandes cantidades de gases. Estos se expanden con rapidez hacia la tobera de escape a través de una turbina que mantiene el ventilador girando. La expulsión de los gases causa una reacción opuesta que empuja el avión hacia adelante a tal velocidad que crea sustentación.

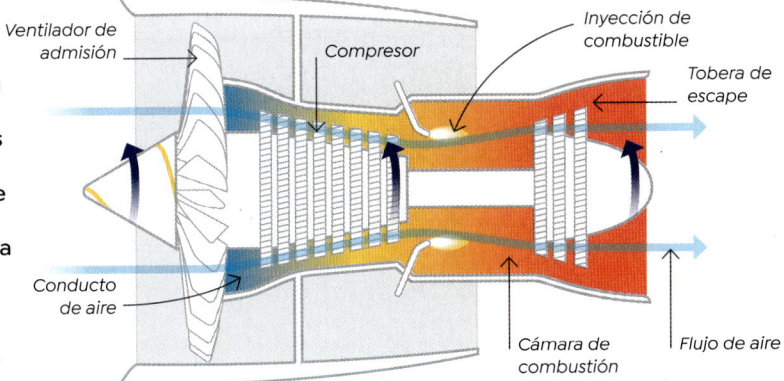

Ventilador de admisión

Compresor

Inyección de combustible

Tobera de escape

Conducto de aire

Cámara de combustión

Flujo de aire

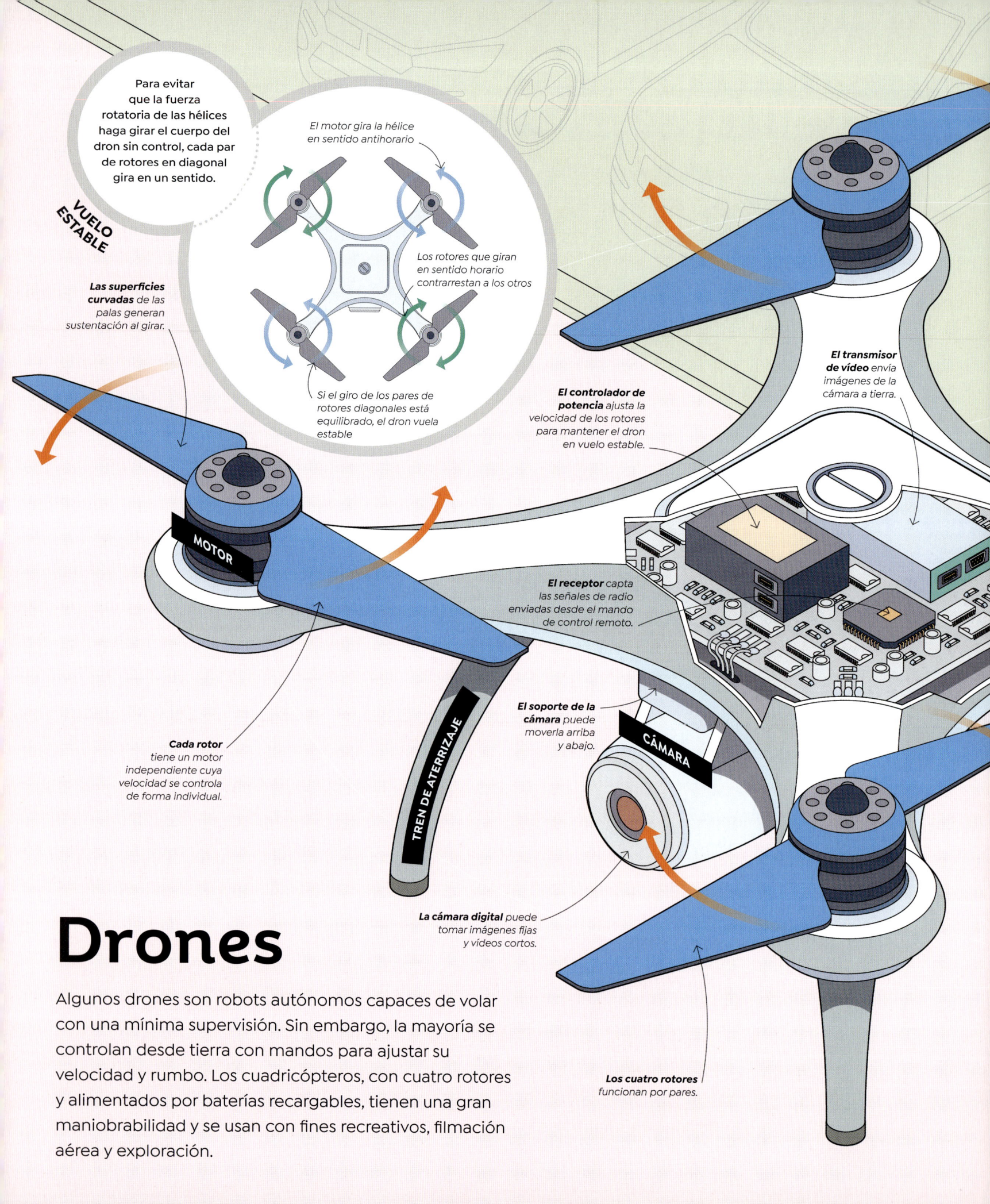

Para evitar que la fuerza rotatoria de las hélices haga girar el cuerpo del dron sin control, cada par de rotores en diagonal gira en un sentido.

VUELO ESTABLE

El motor gira la hélice en sentido antihorario

Los rotores que giran en sentido horario contrarrestan a los otros

Si el giro de los pares de rotores diagonales está equilibrado, el dron vuela estable

Las superficies curvadas de las palas generan sustentación al girar.

El controlador de potencia ajusta la velocidad de los rotores para mantener el dron en vuelo estable.

El transmisor de vídeo envía imágenes de la cámara a tierra.

MOTOR

El receptor capta las señales de radio enviadas desde el mando de control remoto.

Cada rotor tiene un motor independiente cuya velocidad se controla de forma individual.

TREN DE ATERRIZAJE

El soporte de la cámara puede moverla arriba y abajo.

CÁMARA

Drones

Algunos drones son robots autónomos capaces de volar con una mínima supervisión. Sin embargo, la mayoría se controlan desde tierra con mandos para ajustar su velocidad y rumbo. Los cuadricópteros, con cuatro rotores y alimentados por baterías recargables, tienen una gran maniobrabilidad y se usan con fines recreativos, filmación aérea y exploración.

La cámara digital puede tomar imágenes fijas y vídeos cortos.

Los cuatro rotores funcionan por pares.

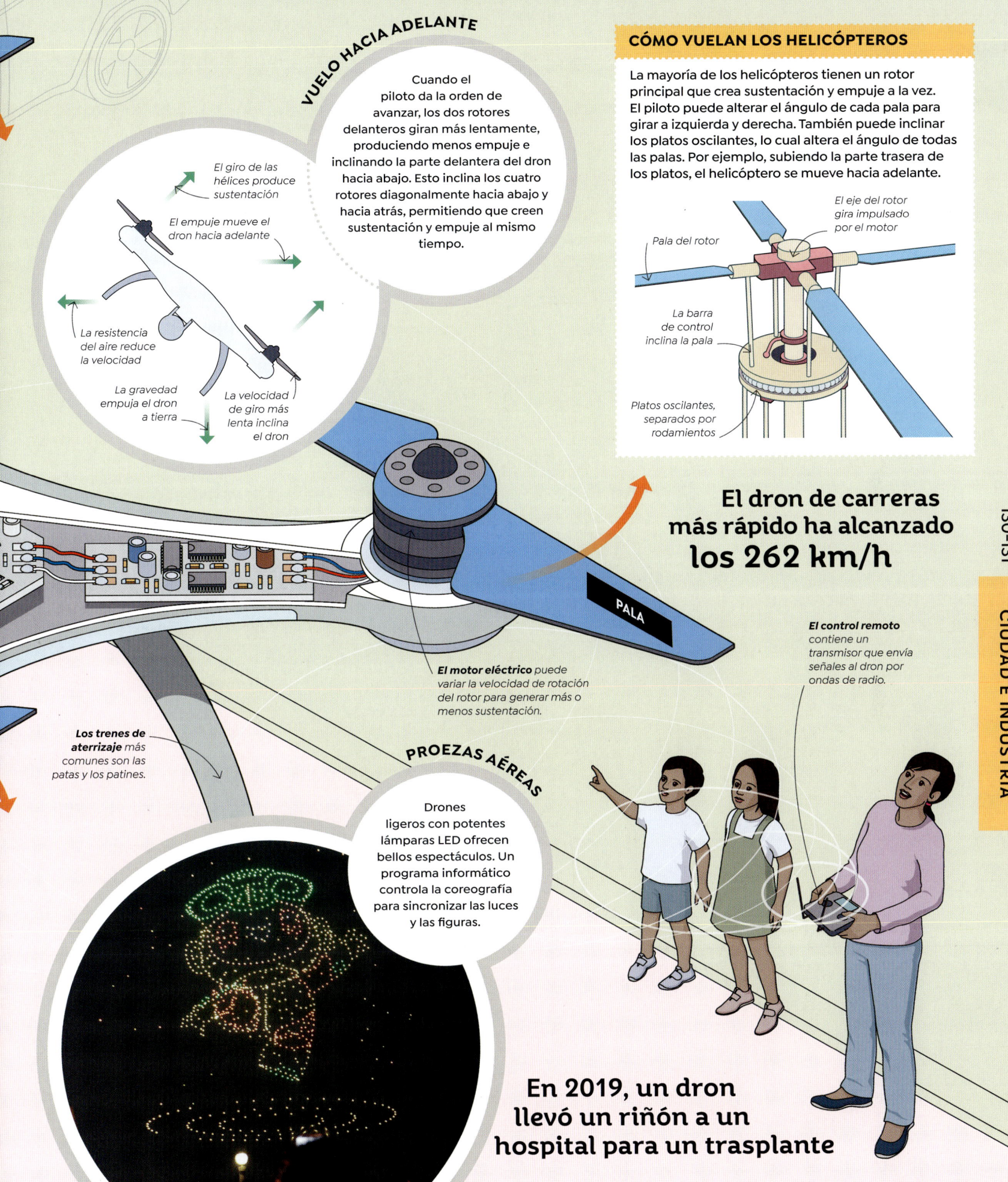

VUELO HACIA ADELANTE

Cuando el piloto da la orden de avanzar, los dos rotores delanteros giran más lentamente, produciendo menos empuje e inclinando la parte delantera del dron hacia abajo. Esto inclina los cuatro rotores diagonalmente hacia abajo y hacia atrás, permitiendo que creen sustentación y empuje al mismo tiempo.

El giro de las hélices produce sustentación

El empuje mueve el dron hacia adelante

La resistencia del aire reduce la velocidad

La gravedad empuja el dron a tierra

La velocidad de giro más lenta inclina el dron

CÓMO VUELAN LOS HELICÓPTEROS

La mayoría de los helicópteros tienen un rotor principal que crea sustentación y empuje a la vez. El piloto puede alterar el ángulo de cada pala para girar a izquierda y derecha. También puede inclinar los platos oscilantes, lo cual altera el ángulo de todas las palas. Por ejemplo, subiendo la parte trasera de los platos, el helicóptero se mueve hacia adelante.

El eje del rotor gira impulsado por el motor

Pala del rotor

La barra de control inclina la pala

Platos oscilantes, separados por rodamientos

PALA

El motor eléctrico puede variar la velocidad de rotación del rotor para generar más o menos sustentación.

Los trenes de aterrizaje más comunes son las patas y los patines.

El dron de carreras más rápido ha alcanzado los 262 km/h

El control remoto contiene un transmisor que envía señales al dron por ondas de radio.

PROEZAS AÉREAS

Drones ligeros con potentes lámparas LED ofrecen bellos espectáculos. Un programa informático controla la coreografía para sincronizar las luces y las figuras.

En 2019, un dron llevó un riñón a un hospital para un trasplante

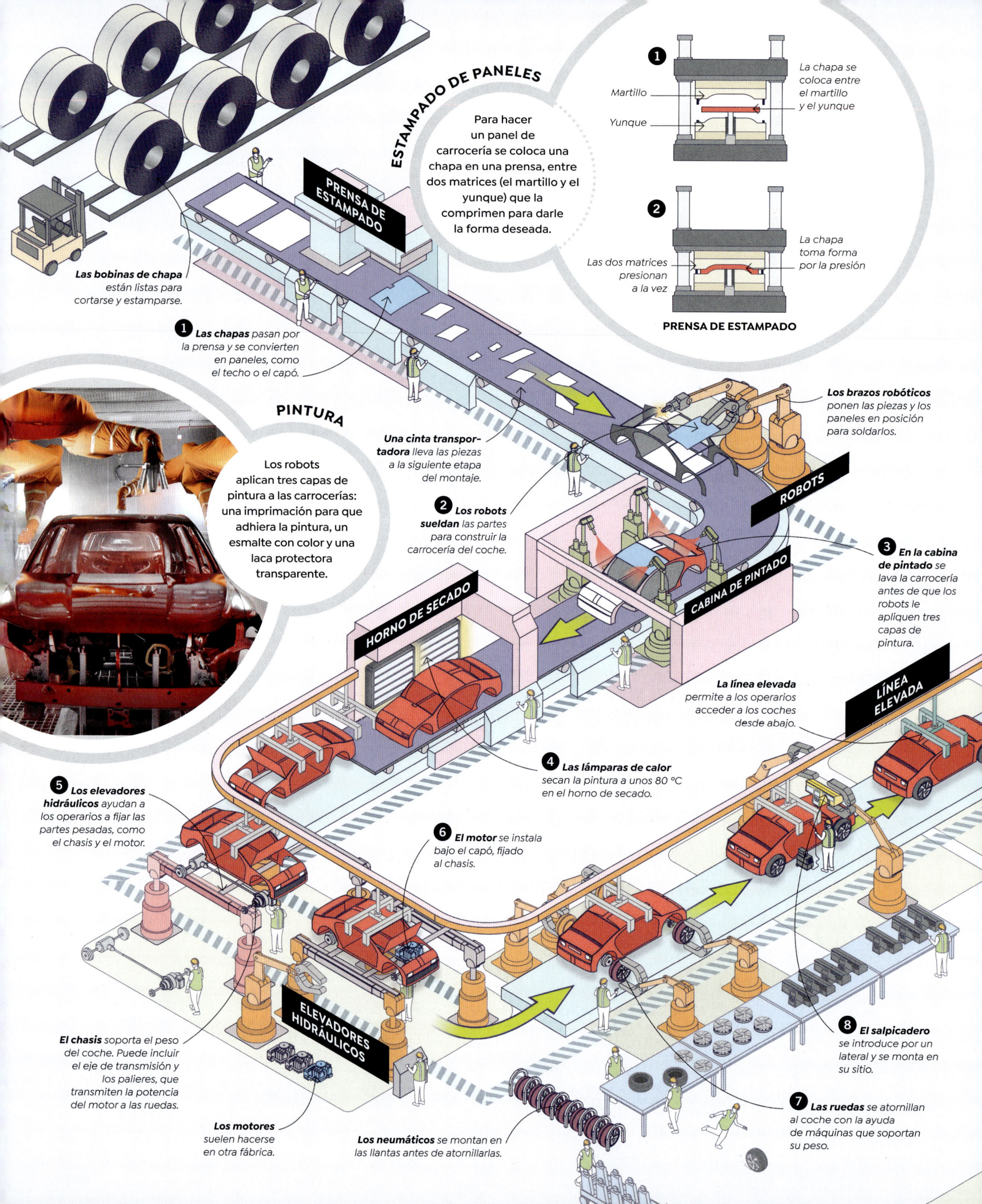

ESTAMPADO DE PANELES

Para hacer un panel de carrocería se coloca una chapa en una prensa, entre dos matrices (el martillo y el yunque) que la comprimen para darle la forma deseada.

1
La chapa se coloca entre el martillo y el yunque

Martillo

Yunque

2
La chapa toma forma por la presión

Las dos matrices presionan a la vez

PRENSA DE ESTAMPADO

PRENSA DE ESTAMPADO

Las bobinas de chapa están listas para cortarse y estamparse.

1 **Las chapas** pasan por la prensa y se convierten en paneles, como el techo o el capó.

Los brazos robóticos ponen las piezas y los paneles en posición para soldarlos.

PINTURA

Los robots aplican tres capas de pintura a las carrocerías: una imprimación para que adhiera la pintura, un esmalte con color y una laca protectora transparente.

Una cinta transportadora lleva las piezas a la siguiente etapa del montaje.

2 **Los robots sueldan** las partes para construir la carrocería del coche.

ROBOTS

3 **En la cabina de pintado** se lava la carrocería antes de que los robots le apliquen tres capas de pintura.

CABINA DE PINTADO

HORNO DE SECADO

La línea elevada permite a los operarios acceder a los coches desde abajo.

LÍNEA ELEVADA

4 **Las lámparas de calor** secan la pintura a unos 80 °C en el horno de secado.

5 **Los elevadores hidráulicos** ayudan a los operarios a fijar las partes pesadas, como el chasis y el motor.

6 **El motor** se instala bajo el capó, fijado al chasis.

8 **El salpicadero** se introduce por un lateral y se monta en su sitio.

ELEVADORES HIDRÁULICOS

El chasis soporta el peso del coche. Puede incluir el eje de transmisión y los palieres, que transmiten la potencia del motor a las ruedas.

Los motores suelen hacerse en otra fábrica.

Los neumáticos se montan en las llantas antes de atornillarlas.

7 **Las ruedas** se atornillan al coche con la ayuda de máquinas que soportan su peso.

Líneas de montaje

Los automóviles son máquinas complejas formadas por unas 30 000 piezas, desde pequeños tornillos hasta grandes componentes, como los parabrisas. Una línea de montaje es una manera rápida y eficiente de montar todas esas piezas, dividiendo la fabricación del vehículo en etapas. Personas y robots trabajan juntos mientras el automóvil avanza por una cadena de una etapa a otra.

HIDRÁULICA

Las herramientas hidráulicas permiten mover objetos pesados con facilidad. Dentro de cada dispositivo hay un fluido (normalmente aceite) y dos cilindros móviles llamados pistones. Al empujar el pistón pequeño con una fuerza mínima se aplica presión al fluido. Como este no puede comprimirse, produce una fuerza mayor que empuja el pistón grande.

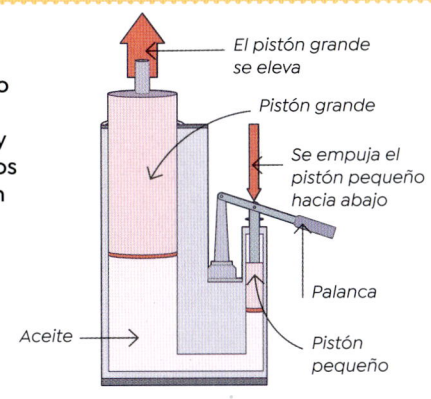

El pistón grande se eleva

Pistón grande

Se empuja el pistón pequeño hacia abajo

Palanca

Pistón pequeño

Aceite

En 2021 se fabricaron casi 80 millones de vehículos de motor

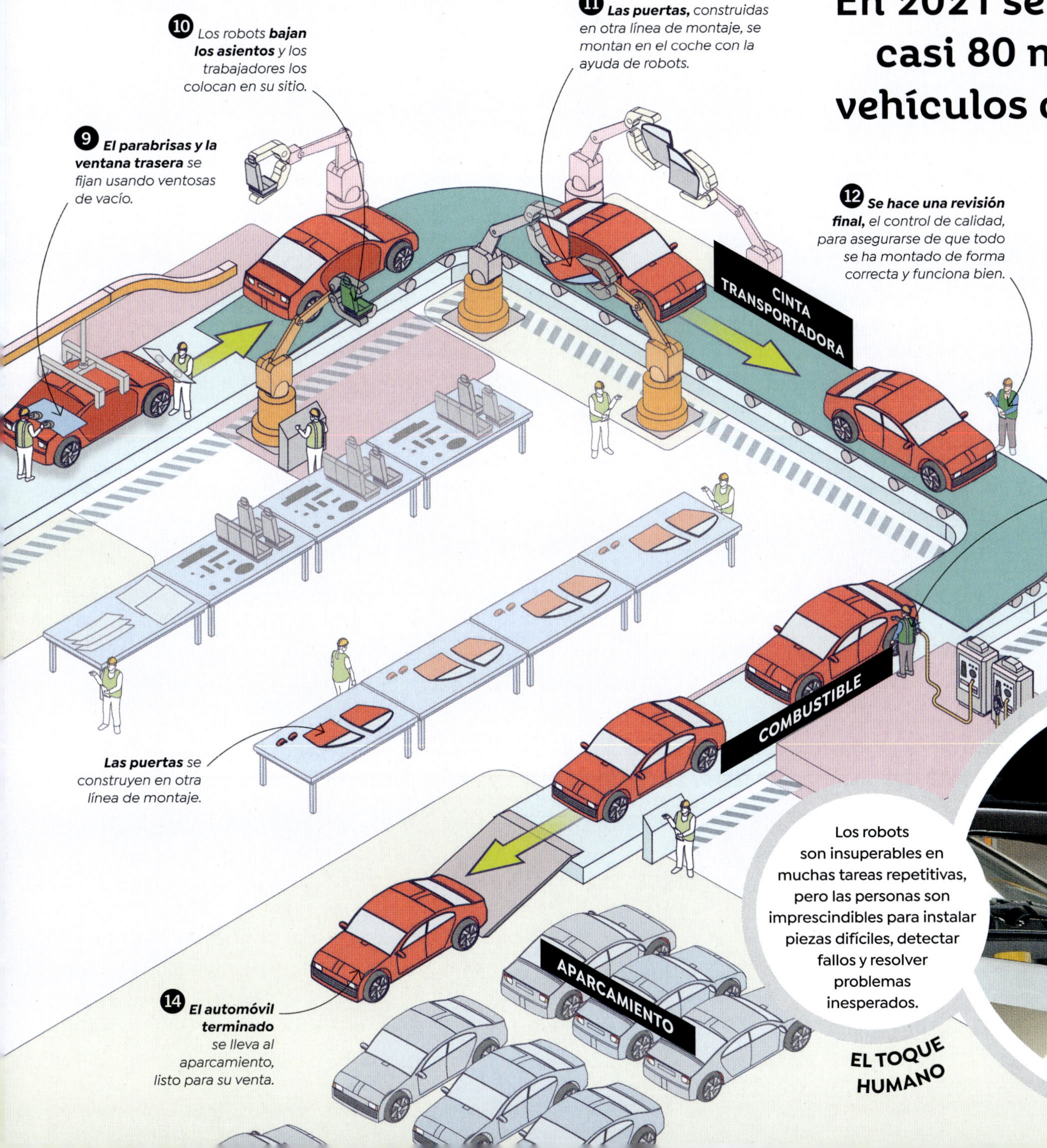

10 Los robots **bajan los asientos** y los trabajadores los colocan en su sitio.

11 **Las puertas,** construidas en otra línea de montaje, se montan en el coche con la ayuda de robots.

9 *El parabrisas y la ventana trasera se fijan usando ventosas de vacío.*

12 *Se hace una revisión final, el control de calidad, para asegurarse de que todo se ha montado de forma correcta y funciona bien.*

13 *El depósito se llena de combustible o se cargan las baterías para que el coche salga de la fábrica.*

CINTA TRANSPORTADORA

COMBUSTIBLE

Las puertas se construyen en otra línea de montaje.

APARCAMIENTO

14 *El automóvil terminado se lleva al aparcamiento, listo para su venta.*

Los robots son insuperables en muchas tareas repetitivas, pero las personas son imprescindibles para instalar piezas difíciles, detectar fallos y resolver problemas inesperados.

EL TOQUE HUMANO

AUTOMATIZACIÓN TOTAL

Los robots han acelerado la fabricación tanto que un coche puede hacerse en una hora y media. La mayoría se usan para tareas repetitivas o cargas pesadas porque son más precisos y rápidos que las personas. Pueden efectuar tareas variadas, como la soldadura y la pintura.

BRAZO ROBÓTICO DE SEIS EJES

Los brazos robóticos son muy flexibles. Tienen muchas articulaciones y son ideales para trabajar en sitios de difícil acceso.

Eje 3

Eje 4

Eje 5

Eje 6

Herramienta intercambiable

Eje 1

Eje 2

Granjas ganaderas

Los animales criados en granjas, que reciben el nombre de ganado, proporcionan carne, huevos, leche, lana y otros productos. Las granjas pequeñas tienen animales de varios tipos, pero las grandes explotaciones se especializan en un tipo de ganado, ya sea bovino, ovino o avícola. Factores como el clima, el paisaje y el espacio disponible afectan a esta especialización.

El ganado puede consumir comida cultivada en la propia granja, como hierba o heno, pero esta dienta debe reforzarse con pienso manufacturado, que suele suministrarse concentrado en gránulos o bloques. Algunos piensos contienen trigo y otros cereales con vitaminas y nutrientes añadidos.

DIETA ANIMAL

Gránulos concentrados

Maíz y fruta deshidratada

Grano y heno triturado

El heno o forraje es hierba segada en verano y guardada para alimentar al ganado en invierno.

Hay que limpiar el estiércol de los corrales, que puede usarse para fertilizar la tierra de cultivo.

Los juguetes entretienen a los animales y reducen el estrés y los conflictos en los corrales.

PAJAR

Las gallinas enjauladas se crían en interior, no pueden andar ni volar y deben sacar la cabeza de la jaula para alcanzar la comida.

Las cabañas proporcionan a las cabras refugio y un lugar para dormir. El corral tiene comederos, abrevaderos y objetos para que las cabras salten.

GALLINAS EN JAULAS

GALLINAS CAMPERAS

CORRAL DE CABRAS

Un comedero es un largo contenedor abierto donde pueden comer muchos animales a la vez.

Las gallinas ponedoras producen un huevo al día. Los huevos ruedan a una repisa para ser recogidos.

Los gallineros cobijan a las gallinas que se crían al aire libre.

GALLINAS EN SUELO

El espacio exterior permite a las gallinas escarbar en busca de semillas.

Marília, una vaca brasileña, produjo 123 litros de leche en 24 horas ¡Suficientes para llenar una bañera!

Las gallinas criadas en suelo pueden moverse dentro de la nave, pero no pueden salir al exterior.

Los comederos cuelgan del techo para que las gallinas picoteen las semillas.

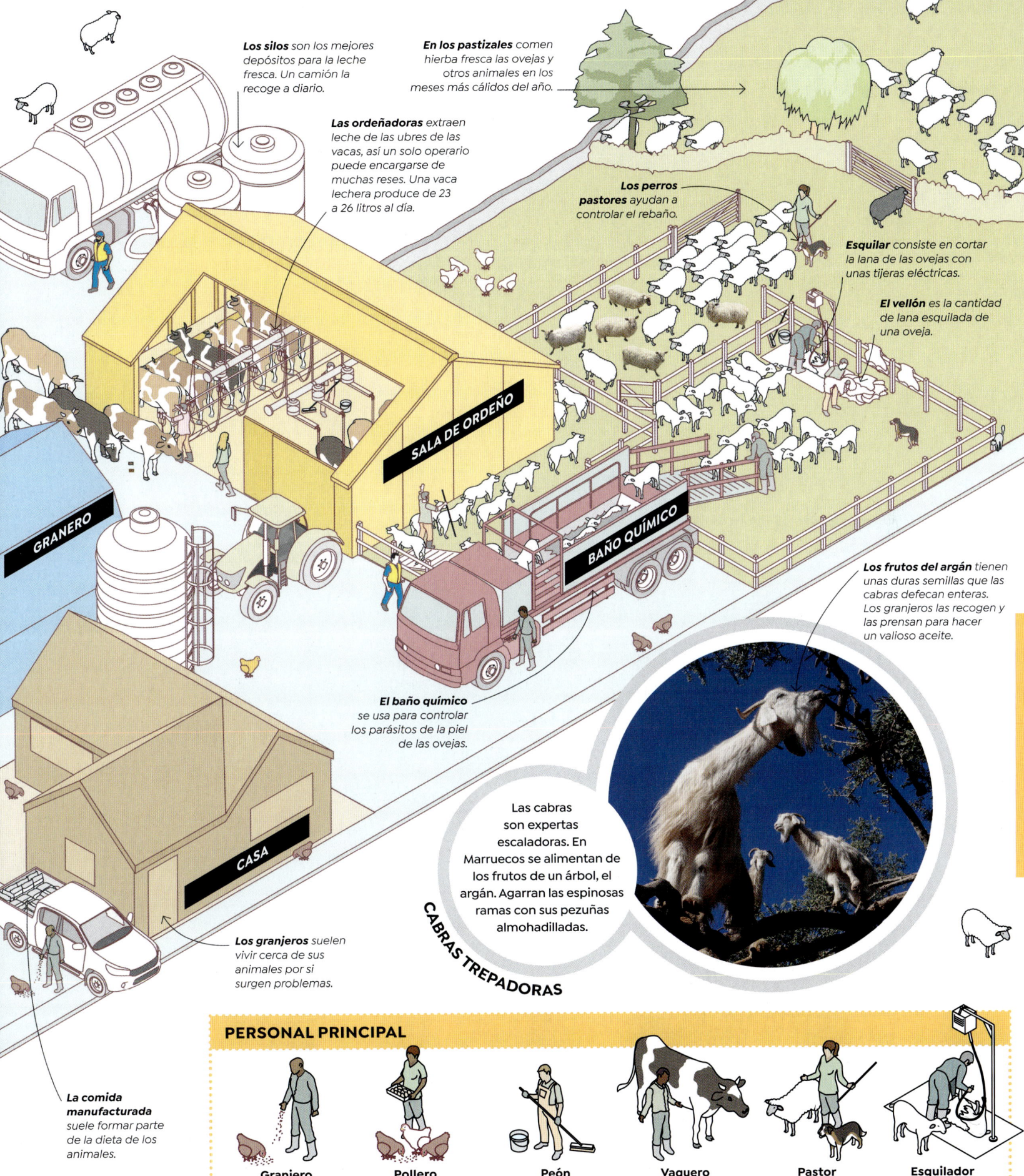

Los silos son los mejores depósitos para la leche fresca. Un camión la recoge a diario.

En los pastizales comen hierba fresca las ovejas y otros animales en los meses más cálidos del año.

Las ordeñadoras extraen leche de las ubres de las vacas, así un solo operario puede encargarse de muchas reses. Una vaca lechera produce de 23 a 26 litros al día.

Los perros pastores ayudan a controlar el rebaño.

Esquilar consiste en cortar la lana de las ovejas con unas tijeras eléctricas.

El vellón es la cantidad de lana esquilada de una oveja.

SALA DE ORDEÑO

GRANERO

BAÑO QUÍMICO

Los frutos del argán tienen unas duras semillas que las cabras defecan enteras. Los granjeros las recogen y las prensan para hacer un valioso aceite.

El baño químico se usa para controlar los parásitos de la piel de las ovejas.

CASA

Las cabras son expertas escaladoras. En Marruecos se alimentan de los frutos de un árbol, el argán. Agarran las espinosas ramas con sus pezuñas almohadilladas.

CABRAS TREPADORAS

Los granjeros suelen vivir cerca de sus animales por si surgen problemas.

La comida manufacturada suele formar parte de la dieta de los animales.

PERSONAL PRINCIPAL

Granjero
Organiza el trabajo en la granja y la compraventa de animales.

Pollero
Alimenta a las gallinas, recoge los huevos y limpia los gallineros.

Peón
Limpia, mantiene los equipos y ayuda a los otros trabajadores.

Vaquero
Cuida a las vacas y las ordeña a diario.

Pastor
Conduce al ganado entre los pastos y cuida su salud.

Esquilador
Va de una granja a otra cortando la lana a las ovejas.

Cultivos

La agricultura se inventó hace al menos 10 000 años como alternativa a la recolección de alimentos silvestres. Las plantas empezaron a cultivarse en un mismo lugar para maximizar la producción y facilitar la cosecha. Las explotaciones agrícolas modernas hacen lo mismo, pero con la ayuda de multitud de inventos y tecnologías.

TERRAZAS DE ARROZ

El arroz se cultiva en campos anegados, lo cual ayuda a crecer a las plantas jóvenes y evita las malas hierbas. En las pendientes se cultiva en terrazas.

④ Los fertilizantes de origen químico o natural, como el estiércol, se esparcen por el suelo para enriquecerlo.

CULTIVOS PRINCIPALES

Cuatro de los principales cultivos del mundo son gramíneas. De ellos, el maíz, el arroz y el trigo se cultivan por sus semillas, que se consumen enteras o molidas. La caña de azúcar es la principal fuente de azúcar, aunque del maíz se saca un sirope. El quinto cultivo, la patata, es un tubérculo básico en la dieta de mucha gente.

CAÑA DE AZÚCAR
(1900 millones de toneladas)

MAÍZ
(1100 millones de toneladas)

ARROZ
(782 millones de toneladas)

TRIGO
(734 millones de toneladas)

PATATA
(368 millones de toneladas)

El monocultivo consiste en cultivar la misma planta en el mismo suelo año tras año. Esto agota los nutrientes de la tierra, que necesita más fertilizantes para producir. La rotación de cultivos mantiene el suelo sano.

CICLO DE CULTIVO

Los agricultores siguen un ciclo de cultivo que empieza con la preparación del suelo y la siembra, y termina con la cosecha.

③ Los aspersores proporcionan agua extra a los brotes y las plantas jóvenes, sobre todo cuando llueve poco. Recibe el nombre de regadío.

② La sembradora pone las semillas en surcos a la misma distancia entre sí. A continuación entierra las semillas.

① El arado rompe la capa superficial del suelo antes de sembrar. Con los discos se preparan tierras nuevas y pedregosas.

ABONADO

RIEGO

ASPERSOR

SEMBRADORA

ARADO DE DISCOS

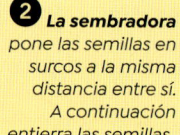

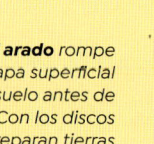

PREPARACIÓN DE LA TIERRA

SIEMBRA

Los tractores suelen disponer de GPS y pantalla táctil para monitorizar el equipo. En el futuro se usarán tractores autónomos (sin conductor).

Los pájaros pueden comerse las semillas antes de que broten. Para ahuyentarlos se usan espantapájaros, grabaciones de cantos de emergencia y dispositivos de ruido.

Solo se cultiva el 7 % del suelo del planeta

5 **Los pesticidas líquidos,** ya sean químicos o elaborados con plantas y minerales, se esparcen sobre los cultivos para evitar que se los coman los insectos.

Los drones se usan para rociar pesticidas en zonas de difícil acceso.

El grano se descarga en el remolque de un tractor que se mueve junto a la cosechadora.

Los tallos quedan troceados tras el paso del vehículo para recogerlos después.

6 **Una cosechadora combinada** corta las plantas (siega) y separa los granos de los tallos (trilla) mediante unos cilindros dentados.

REMOLQUE

COSECHADORA COMBINADA

El cabezal corta las plantas y las introduce en la cosechadora.

FUMIGADORA

ESPARCIDOR DE ESTIÉRCOL

COSECHA

CONTROL DE PLAGAS

Los compuestos químicos de los pesticidas están diseñados para descomponerse en sustancias inocuas. Cuando no se descomponen adecuadamente pueden dañar el medio ambiente.

Las aves pueden ayudar a controlar las plagas comiendo insectos.

Un esparcidor echa el estiércol animal y otros restos orgánicos desde un remolque en movimiento.

Los suelos deben tener un buen equilibrio de arcilla, sedimentos y arena para retener algo de humedad y a la vez drenar bien. Esto evita que la tierra se inunde y las raíces se ahoguen.

ALMACENAJE EN SILOS

Tras la cosecha, el grano se almacena en silos, donde se mantiene fuera del alcance de los insectos y roedores. Su humedad natural debe eliminarse para prevenir la formación de hongos. Los silos tienen ventiladores que mantienen el aire en movimiento y secan el grano.

La ventilación reduce la condensación dentro del silo

El aire circula, secando el grano

El grano de arriba es el último en secarse

El aire circula entre los granos

Los ventiladores hacen circular el aire

Los aspersores pueden controlarse manualmente, con temporizadores o con aplicaciones informáticas. Usan agua del suministro público, de ríos cercanos o de reservas subterráneas.

CRECER MÁS ALTO

La agricultura camina hacia la intensificación con el desarrollo de las granjas verticales. Plantas como la lechuga, la fresa y las aromáticas (albahaca en la imagen) son fáciles de cultivar mediante la hidroponía, un método que sustituye el suelo por una solución nutriente. Las condiciones ambientales pueden controlarse para proporcionar los niveles óptimos de luz, temperatura, humedad y ventilación. En espacios más pequeños pueden cultivarse más plantas y cosecharlas en menos tiempo. La luz rosa es la mejor para los cultivos de hoja, ya que acelera su desarrollo.

Planta

Iluminación superior

Bomba

Oxigenación

Solución nutriente

El líquido sube por las mechas al sustrato

RIEGO POR MECHA

Con este sistema, las plantas crecen en un sustrato de fibra de coco o perlita al que las mechas aportan la solución nutriente.

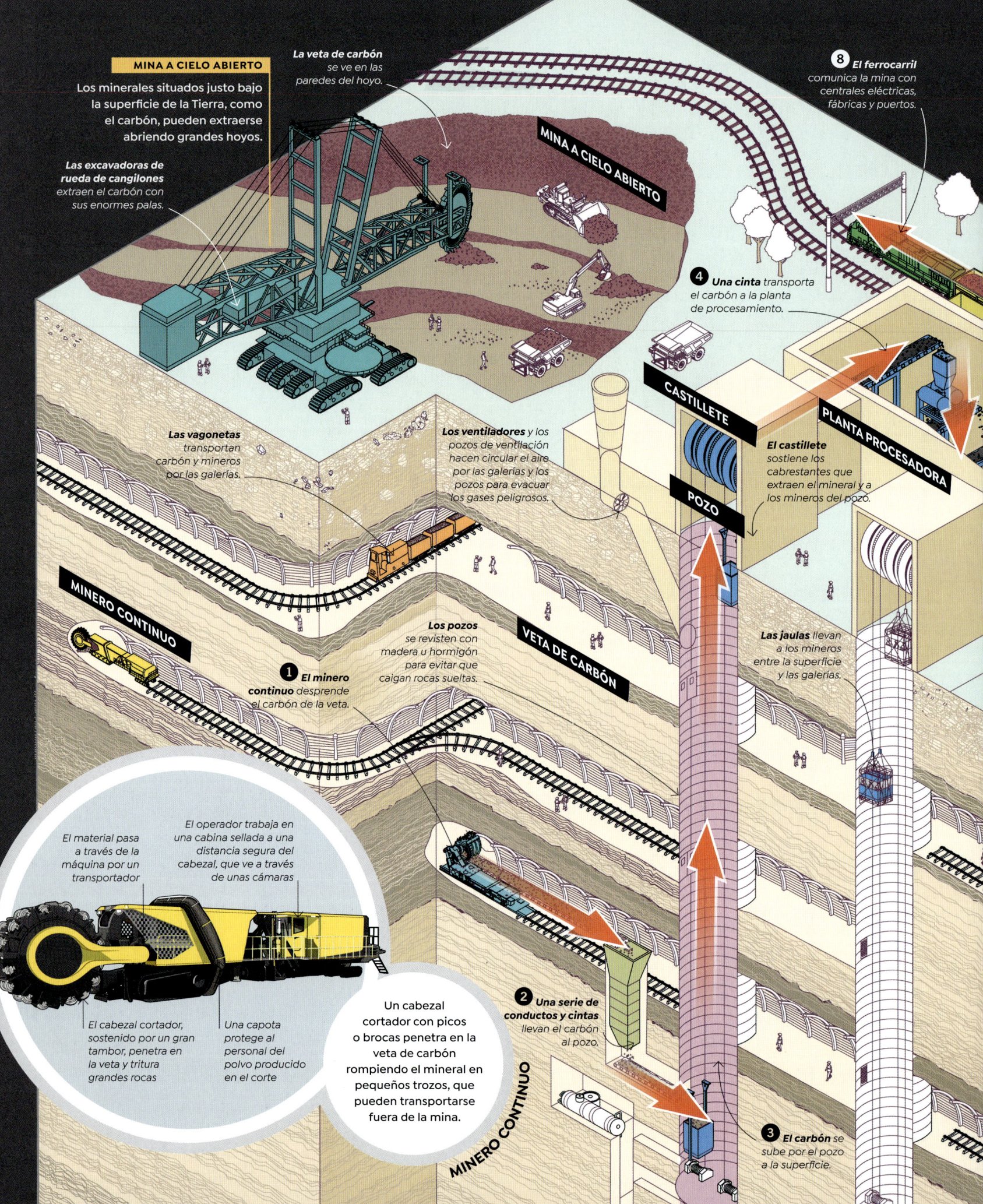

MINA A CIELO ABIERTO
Los minerales situados justo bajo la superficie de la Tierra, como el carbón, pueden extraerse abriendo grandes hoyos.

La veta de carbón se ve en las paredes del hoyo.

Las excavadoras de rueda de cangilones extraen el carbón con sus enormes palas.

MINA A CIELO ABIERTO

8 **El ferrocarril** comunica la mina con centrales eléctricas, fábricas y puertos.

4 **Una cinta** transporta el carbón a la planta de procesamiento.

CASTILLETE

POZO

PLANTA PROCESADORA

Las vagonetas transportan carbón y mineros por las galerías.

Los ventiladores y los pozos de ventilación hacen circular el aire por las galerías y los pozos para evacuar los gases peligrosos.

El castillete sostiene los cabrestantes que extraen el mineral y a los mineros del pozo.

MINERO CONTINUO

Los pozos se revisten con madera u hormigón para evitar que caigan rocas sueltas.

1 **El minero continuo** desprende el carbón de la veta.

VETA DE CARBÓN

Las jaulas llevan a los mineros entre la superficie y las galerías.

El material pasa a través de la máquina por un transportador

El operador trabaja en una cabina sellada a una distancia segura del cabezal, que ve a través de unas cámaras

El cabezal cortador, sostenido por un gran tambor, penetra en la veta y tritura grandes rocas

Una capota protege al personal del polvo producido en el corte

Un cabezal cortador con picos o brocas penetra en la veta de carbón rompiendo el mineral en pequeños trozos, que pueden transportarse fuera de la mina.

2 **Una serie de conductos y cintas** llevan el carbón al pozo.

MINERO CONTINUO

3 **El carbón** se sube por el pozo a la superficie.

Minas

Muchas de las materias primas usadas en la industria –como el carbón, los metales, las arcillas y la arena– están bajo tierra. Para sacarlas se construyen complejas redes de pozos y túneles llamadas minas subterráneas. Si los minerales no están a mucha profundidad se pueden extraer excavando desde la superficie con enormes máquinas.

5 *Una trituradora* parte el carbón en trozos más pequeños para compactar la carga.

6 *Las máquinas de cribado y lavado* clasifican el carbón en trozos de tamaño similar y le quitan la arena y el polvo.

7 *El carbón procesado* se carga en unos vagones específicos llamados tolvas.

Una lámpara recargable montada en el casco alumbra a los mineros.

La máscara y las gafas protegen los pulmones y los ojos del polvo y las sustancias químicas.

La ropa reflectante hace visible al minero para los operarios de máquinas y vehículos.

Las tolvas se cargan por arriba, pero se descargan por unas puertas que tienen debajo.

PLANTA PROCESADORA

El mineral, carbón en este caso, se criba, se lava y se seca para eliminar impurezas y sustancias que impedirían una combustión eficiente.

CIUDAD E INDUSTRIA

EQUIPO DE PROTECCIÓN

Los mineros visten ropa resistente, cascos y potentes lámparas. También llevan aparatos detectores de gases tóxicos e inflamables.

Las vías estrechas conectan las galerías con los pozos.

ENTIBACIÓN

El colapso de un túnel que bloquee la salida a la superficie es uno de los mayores riesgos en las minas. Los techos se refuerzan con vigas y arcos.

A las capas de roca y tierra sobre las vetas de carbón se les llama sobrecarga.

VETA DE CARBÓN

El carbón está dispuesto en vetas entre rocas sin valor. Los mineros deben llegar a las vetas para extraer la mayor cantidad de mineral posible.

La mina más profunda del mundo se extiende unos 4 km bajo tierra.

EN PEDAZOS

La minería a cielo abierto es una actividad a gran escala que requiere maquinaria en consonancia. La enorme excavadora de cangilones de la imagen se usa en la minería de carbón. Mide unos 230 m de longitud y 95 m de altura y puede excavar cerca de un cuarto de millón de metros cúbicos de carbón al día. A medida que la rueda gira, vacía el contenido de los cangilones en una cinta transportadora, que descarga el material en otra cinta externa o en un camión. Las mayores excavadoras funcionan día y noche y son los vehículos más grandes jamás construidos.

= 1000 volquetes

GRANDES CARGAS

La cantidad de material excavada por esta máquina puede llenar 10 000 volquetes de 24 metros cúbicos al día.

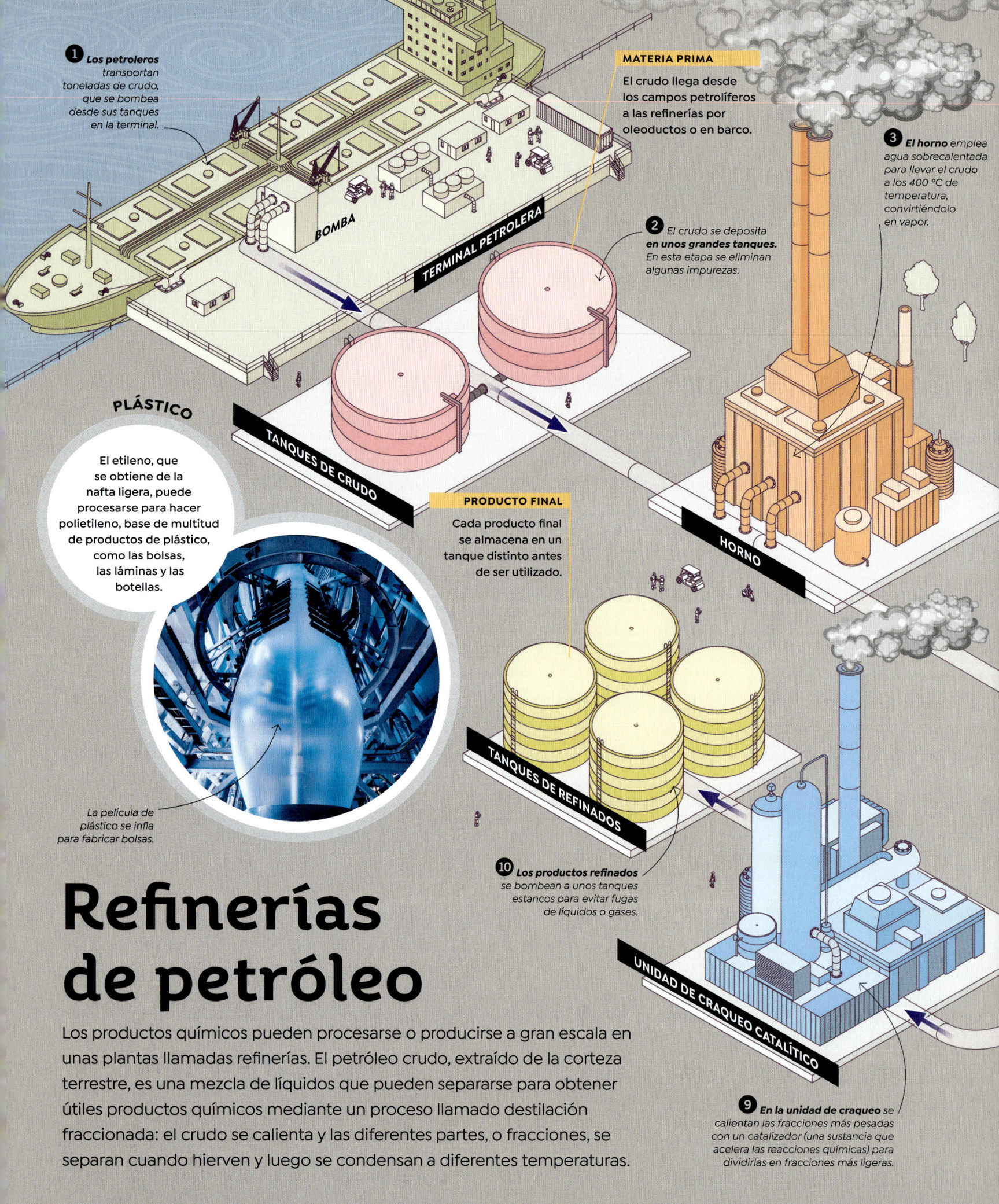

1 *Los petroleros* transportan toneladas de crudo, que se bombea desde sus tanques en la terminal.

MATERIA PRIMA

El crudo llega desde los campos petrolíferos a las refinerías por oleoductos o en barco.

3 *El horno* emplea agua sobrecalentada para llevar el crudo a los 400 °C de temperatura, convirtiéndolo en vapor.

BOMBA

TERMINAL PETROLERA

2 *El crudo se deposita en unos grandes tanques.* En esta etapa se eliminan algunas impurezas.

PLÁSTICO

El etileno, que se obtiene de la nafta ligera, puede procesarse para hacer polietileno, base de multitud de productos de plástico, como las bolsas, las láminas y las botellas.

TANQUES DE CRUDO

PRODUCTO FINAL

Cada producto final se almacena en un tanque distinto antes de ser utilizado.

HORNO

La película de plástico se infla para fabricar bolsas.

TANQUES DE REFINADOS

10 *Los productos refinados* se bombean a unos tanques estancos para evitar fugas de líquidos o gases.

Refinerías de petróleo

Los productos químicos pueden procesarse o producirse a gran escala en unas plantas llamadas refinerías. El petróleo crudo, extraído de la corteza terrestre, es una mezcla de líquidos que pueden separarse para obtener útiles productos químicos mediante un proceso llamado destilación fraccionada: el crudo se calienta y las diferentes partes, o fracciones, se separan cuando hierven y luego se condensan a diferentes temperaturas.

UNIDAD DE CRAQUEO CATALÍTICO

9 *En la unidad de craqueo* se calientan las fracciones más pesadas con un catalizador (una sustancia que acelera las reacciones químicas) para dividirlas en fracciones más ligeras.

VERTIDOS DE PETRÓLEO

Los derrames accidentales de crudo dañan el medio ambiente. Pueden limpiarse quemando el crudo en el lugar del vertido, retirándolo de la superficie tras aislarlo con barreras flotantes o mediante tratamientos químicos.

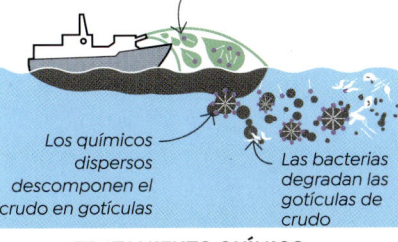

Los químicos se rocían en el agua

Los químicos dispersos descomponen el crudo en gotículas

Las bacterias degradan las gotículas de crudo

TRATAMIENTO QUÍMICO

Con la nafta ligera se produce etileno, componente esencial de los plásticos.

Los gases propano y butano no se condensan. Se procesan para embotellarse y se destinan a la producción de calor.

El vapor restante pasa por la ranura y sigue ascendiendo

El conducto de subida dirige el flujo de vapor

CAMPANA

Ranura

BANDEJA

La bandeja recoge el líquido condensado

VAPOR

NAFTA LIGERA

Las bandejas situadas en los diferentes niveles de la torre de destilación recogen los líquidos condensados. Cada bandeja tiene agujeros con campanas encima que permiten pasar el vapor pero evitan que el líquido baje.

CAMPANAS DE BORBOTEO

GASOLINA

La gasolina no se vuelve a procesar y constituye casi la mitad del petróleo refinado.

Los conductos de retorno *bajan el líquido sobrante.*

NAFTA PESADA

La nafta pesada se procesa por craqueo para producir gasolina.

5 **Cada fracción** se condensa a una altura y temperatura determinada. Las más ligeras tienen los puntos de ebullición más bajos, hierven antes y alcanzan mayor altura.

La torre de destilación es una alta columna dividida en niveles, cada uno con una bandeja que recoge una fracción diferente.

QUEROSENO

El queroseno se usa en lámparas y estufas o se refina para producir combustible de aviación.

4 **El oleoducto** lleva el vapor del crudo desde el horno a la torre de destilación.

GASÓLEO LIGERO

El gasóleo ligero se usa como combustible de generadores eléctricos y vehículos diésel.

DESTILACIÓN

Al hervir se producen diferentes compuestos químicos evaporando el crudo y condensando los gases en la torre de destilación.

6 **Una antorcha** quema los gases residuales que no pueden recuperarse ni reciclarse.

GASÓLEO PESADO

Con el gasóleo pesado se producen aceites lubricantes y combustibles para centrales eléctricas y motores navales.

RESIDUOS

El crudo residual, el que no hierve, se recoge en la bandeja inferior y se usa para hacer asfalto.

8 **Las fracciones más pesadas** tienen puntos de ebullición más altos y se envían a la unidad de craqueo catalítico para transformarlas en productos más ligeros y útiles.

ANTORCHA

TORRE DE DESTILACIÓN

7 **Las fracciones más pesadas** se enfrían rápidamente, se licúan y se recogen en el fondo de la torre.

Acerías

Con el acero, una aleación de hierro y carbono, se hacen productos de lo más variado, desde tornillos y tuercas hasta puentes y rascacielos. Se produce de dos maneras: en hornos de oxígeno básico a partir de hierro o en hornos de arco eléctrico que reciclan chatarra.

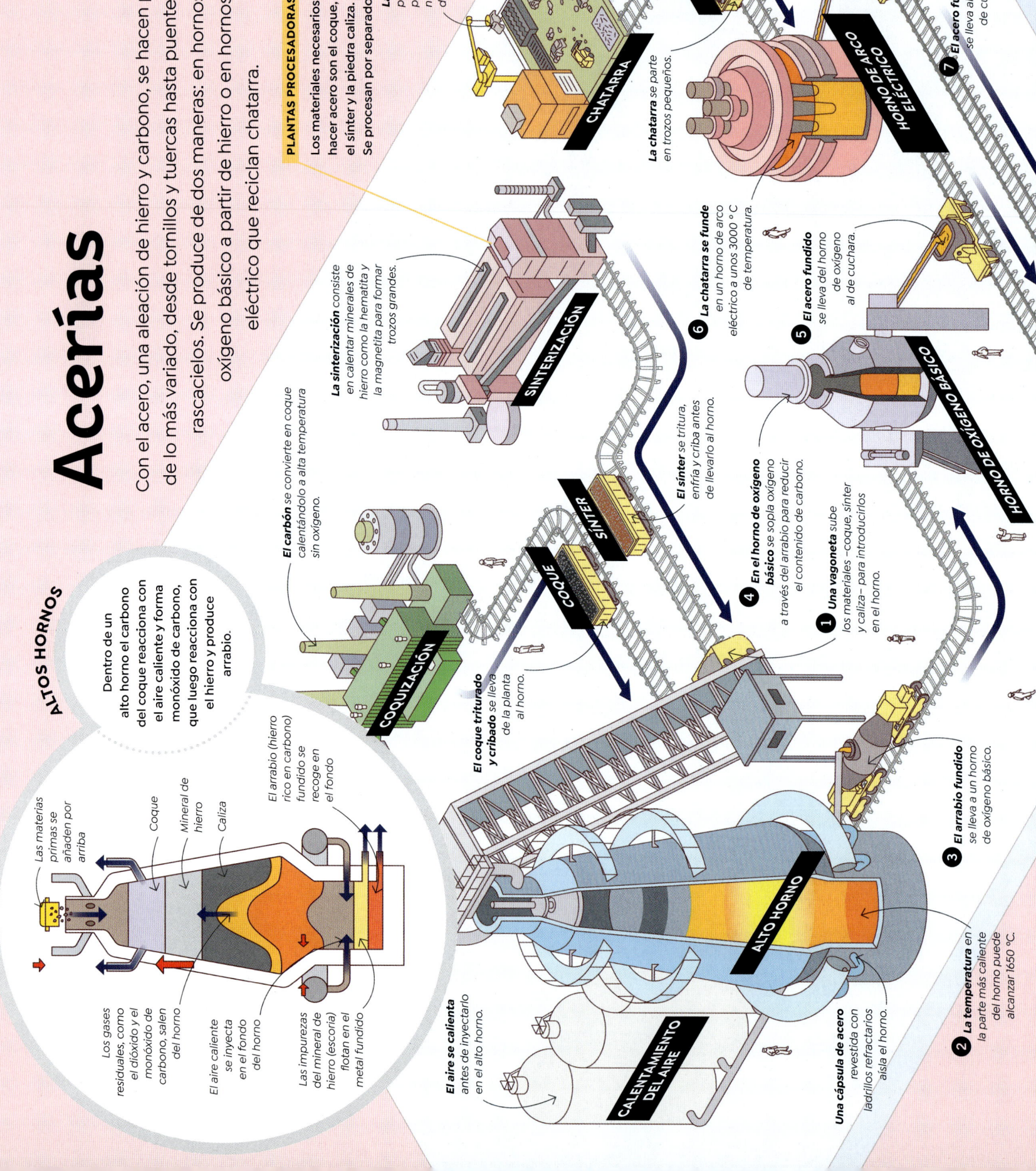

ALTOS HORNOS

Dentro de un alto horno el coque reacciona con el aire caliente y forma monóxido de carbono, que luego reacciona con el hierro y produce arrabio.

Las materias primas se añaden por arriba

Coque

Mineral de hierro

Caliza

El arrabio (hierro rico en carbono) fundido se recoge en el fondo

Los gases residuales, como el dióxido y el monóxido de carbono, salen del horno.

El aire caliente se inyecta en el fondo del horno.

Las impurezas del mineral de hierro (escoria) flotan en el metal fundido.

El aire se calienta antes de inyectarlo en el alto horno.

CALENTAMIENTO DEL AIRE

ALTO HORNO

Una cápsula de acero revestida con ladrillos refractarios aísla el horno.

2 *La temperatura en* la parte más caliente del horno puede alcanzar 1650 °C.

3 *El arrabio fundido* se lleva a un horno de oxígeno básico.

1 *Una vagoneta* sube los materiales –coque, sínter y caliza– para introducirlos en el horno.

4 *En el horno de oxígeno básico* se sopla oxígeno a través del arrabio para reducir el contenido de carbono.

HORNO DE OXÍGENO BÁSICO

5 *El acero fundido* se lleva del horno de oxígeno al de cuchara.

6 *La chatarra se funde* en un horno de arco eléctrico a unos 3000 °C de temperatura.

7 *El acero fundido* se lleva al horno de cuchara.

HORNO DE ARCO ELÉCTRICO

La chatarra se parte en trozos pequeños.

CHATARRA

La chatarra puede reciclarse para producir nuevos tipos de acero.

PLANTAS PROCESADORAS
Los materiales necesarios para hacer acero son el coque, el sínter y la piedra caliza. Se procesan por separado.

La sinterización consiste en calentar minerales de hierro como la hematita y la magnetita para formar trozos grandes.

SINTERIZACIÓN

El sínter se tritura, enfría y criba antes de llevarlo al horno.

El carbón se convierte en coque calentándolo a alta temperatura sin oxígeno.

COQUIZACIÓN

COQUE

SÍNTER

El coque triturado y cribado se lleva de la planta al horno.

ACERO

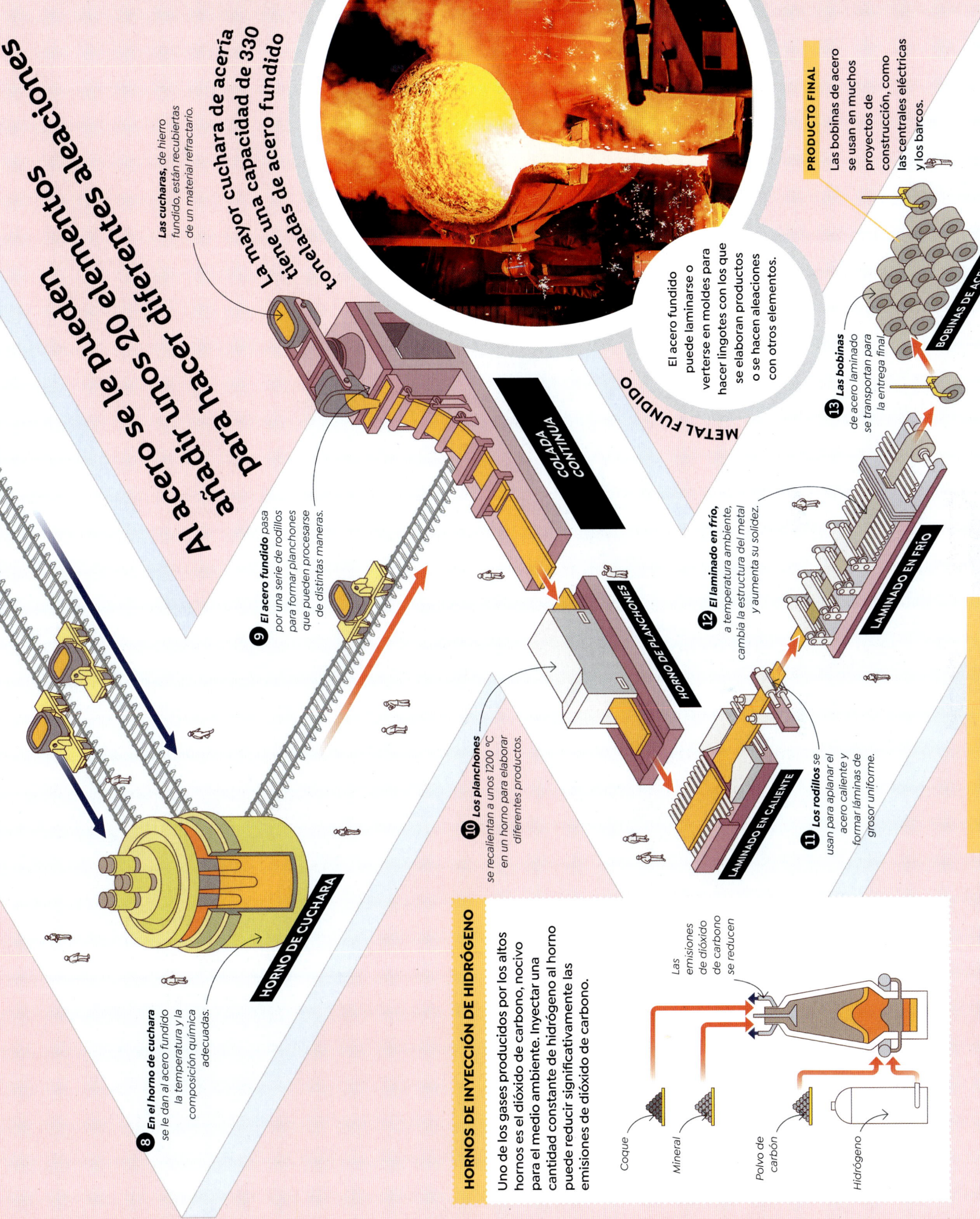

Al acero se le pueden añadir unos 20 elementos diferentes aleaciones para hacer

Las cucharas, de hierro fundido, están recubiertas de un material refractario.

La mayor cuchara de acería tiene una capacidad de 330 toneladas de acero fundido

El acero fundido puede laminarse o verterse en moldes para hacer lingotes con los que se elaboran productos o se hacen aleaciones con otros elementos.

9 **El acero fundido** pasa por una serie de rodillos para formar planchones que pueden procesarse de distintas maneras.

COLADA CONTINUA

METAL FUNDIDO

PRODUCTO FINAL

Las bobinas de acero se usan en muchos proyectos de construcción, como las centrales eléctricas y los barcos.

BOBINAS DE ACERO

13 **Las bobinas** de acero laminado se transportan para la entrega final.

12 **El laminado en frío,** a temperatura ambiente, cambia la estructura del metal y aumenta su solidez.

LAMINADO EN FRÍO

11 **Los rodillos** se usan para aplanar el acero caliente y formar láminas de grosor uniforme.

LAMINADO EN CALIENTE

10 **Los planchones** se recalientan a unos 1200 °C en un horno para elaborar diferentes productos.

HORNO DE PLANCHONES

8 **En el horno de cuchara** se le dan al acero fundido la temperatura y la composición química adecuadas.

HORNO DE CUCHARA

HORNOS DE INYECCIÓN DE HIDRÓGENO

Uno de los gases producidos por los altos hornos es el dióxido de carbono, nocivo para el medio ambiente. Inyectar una cantidad constante de hidrógeno al horno puede reducir significativamente las emisiones de dióxido de carbono.

Las emisiones de dióxido de carbono se reducen

Coque

Mineral

Polvo de carbón

Hidrógeno

ALEACIONES

Hay muchos tipos de acero. Su principal componente es el hierro, pero se añaden otros metales para darle propiedades particulares, como la solidez, la flexibilidad y la resistencia a la corrosión. Estas mezclas se llaman aleaciones. El acero al carbono es extremadamente fuerte, pero se corroe con el tiempo. El acero aleado contiene níquel, cobre y aluminio, y se corroe menos. El acero para herramientas es duradero y resiste el calor porque lleva tungsteno y cobalto. El cromo del acero inoxidable le da brillo e impide que se corroa.

Utensilios de cocina

Instrumental quirúrgico

ACERO INOXIDABLE

Construcción

Barcos

ACERO ALEADO

Herramientas de impacto y ajuste

Instrumentos de corte

ACERO PARA HERRAMIENTAS

Vallados

ACERO AL CARBONO

FUNCIONES DEL ACERO

El uso del acero está muy extendido y va desde los utensilios de cocina inoxidables hasta las vigas estructurales o las varillas corrugadas.

Pozos petrolíferos

El petróleo crudo es un líquido orgánico que se encuentra en depósitos subterráneos. Puede refinarse para elaborar multitud de productos útiles, como los combustibles, y se extrae a través de pozos perforados en el suelo.
Los pozos petrolíferos pueden hacerse en tierra o desde plataformas sobre el lecho marino.

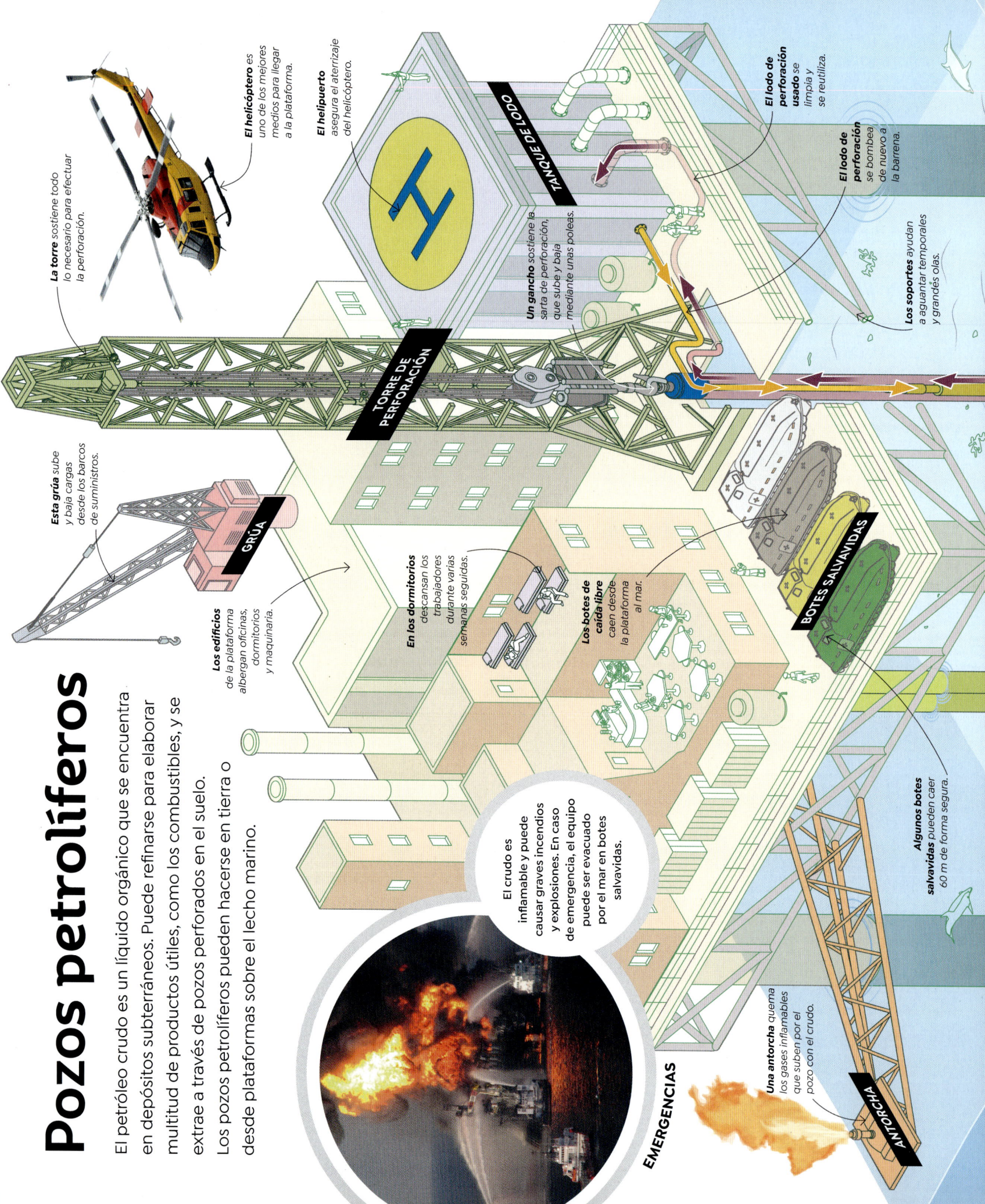

La torre sostiene todo lo necesario para efectuar la perforación.

El helicóptero es uno de los mejores medios para llegar a la plataforma.

El helipuerto asegura el aterrizaje del helicóptero.

El lodo de perforación usado se limpia y se reutiliza.

El lodo de perforación se bombea de nuevo a la barrena.

Los soportes ayudan a aguantar temporales y grandes olas.

TANQUE DE LODO

Un gancho sostiene la sarta de perforación, que sube y baja mediante unas poleas.

TORRE DE PERFORACIÓN

Esta grúa sube y baja cargas desde los barcos de suministros.

GRÚA

Los edificios de la plataforma albergan oficinas, dormitorios y maquinaria.

En los dormitorios descansan los trabajadores durante varias semanas seguidas.

Los botes de caída libre caen desde la plataforma al mar.

BOTES SALVAVIDAS

El crudo es inflamable y puede causar graves incendios y explosiones. En caso de emergencia, el equipo puede ser evacuado por el mar en botes salvavidas.

Algunos botes salvavidas pueden caer 60 m de forma segura.

EMERGENCIAS

Una antorcha quema los gases inflamables que suben por el pozo con el crudo.

ANTORCHA

BARRENAS

Aquí se acopla la tubería

Dientes de materiales duros en la punta de la barrena

El lodo de perforación fluye por el medio

Una rueda con rodamientos permite girar al cono

Cono

Las barrenas están hechas de carburo de tungsteno y diamante natural o sintético. Estos materiales son tan duros que pueden atravesar rocas sólidas sin mucha dificultad.

PERFORACIÓN

Una vez hallado un depósito de crudo se abre un profundo pozo en el lecho marino. El crudo se bombea después de extraerse la barrena.

La tubería interna bombea lodo de perforación (una mezcla de agua y arcilla) a la barrena para lubricarla y refrescarla.

La cabeza del revestimiento del pozo es el punto de fijación del sistema anti reventones.

SISTEMA ANTI REVENTONES

El sistema anti reventones está siempre listo para impedir que el crudo salga a borbotones.

La tubería externa saca el lodo de perforación usado.

La barrena perfora la roca hasta llegar al depósito de petróleo.

El petróleo se forma en la corteza terrestre a partir de restos de organismos vivos.

SISTEMAS ANTI REVENTONES

Un reventón es un flujo incontrolado de crudo. Existen sistemas que los evitan con afilados arietes que cortan la tubería para que no pase el crudo.

Las cuchillas de acero templado pueden cortar la tubería

Tubería de perforación

Unos cilindros hidráulicos empujan las cuchillas

TRAMPAS PETROLÍFERAS

La palabra petróleo significa 'aceite de roca'. El petróleo se forma naturalmente en las rocas y se filtra por sus poros hacia la superficie. Cuando encuentra una roca impermeable se queda atrapado y empieza a acumularse en un mismo sitio. Entonces se perfora la roca que lo tapona para sacarlo de la trampa.

El gas natural suele formarse al mismo tiempo que el petróleo

Roca impermeable

El petróleo se acumula en una roca porosa

Roca almacén (porosa)

Pozo petrolífero

OLEODUCTO

Los estratos de roca sobre el depósito crean una barrera que el crudo no traspasa de forma natural.

Las plataformas fijas se sostienen en el lecho marino. En aguas profundas hay plataformas flotantes.

Una red de oleoductos lleva el crudo a una refinería en tierra.

El agua marina puede corroer los componentes metálicos de la plataforma.

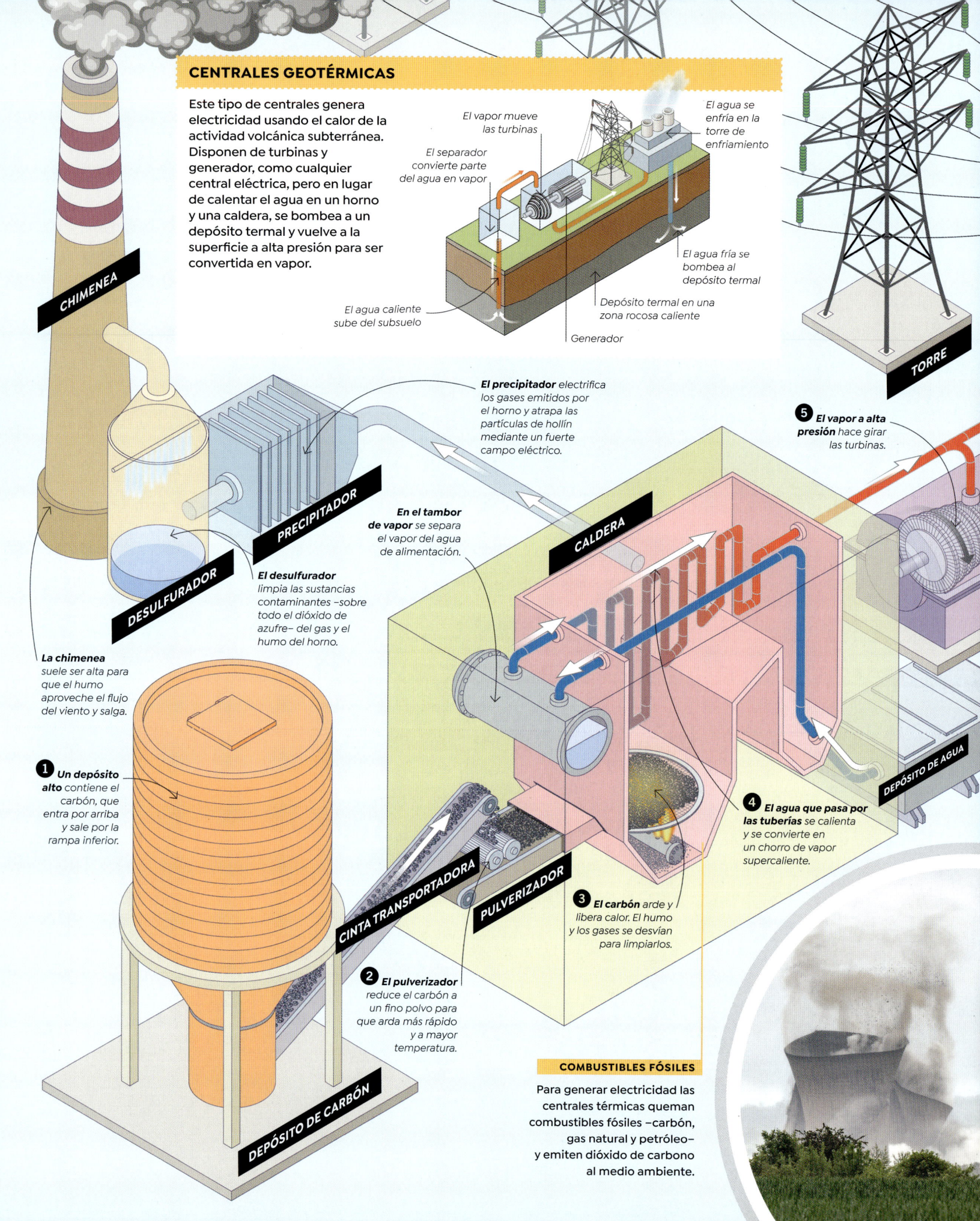

CENTRALES GEOTÉRMICAS

Este tipo de centrales genera electricidad usando el calor de la actividad volcánica subterránea. Disponen de turbinas y generador, como cualquier central eléctrica, pero en lugar de calentar el agua en un horno y una caldera, se bombea a un depósito termal y vuelve a la superficie a alta presión para ser convertida en vapor.

El vapor mueve las turbinas

El separador convierte parte del agua en vapor

El agua se enfría en la torre de enfriamiento

El agua fría se bombea al depósito termal

El agua caliente sube del subsuelo

Depósito termal en una zona rocosa caliente

Generador

CHIMENEA

TORRE

PRECIPITADOR

El precipitador electrifica los gases emitidos por el horno y atrapa las partículas de hollín mediante un fuerte campo eléctrico.

En el tambor de vapor se separa el vapor del agua de alimentación.

DESULFURADOR

El desulfurador limpia las sustancias contaminantes –sobre todo el dióxido de azufre– del gas y el humo del horno.

La chimenea suele ser alta para que el humo aproveche el flujo del viento y salga.

CALDERA

❺ **El vapor a alta presión** hace girar las turbinas.

❶ **Un depósito alto** contiene el carbón, que entra por arriba y sale por la rampa inferior.

❹ **El agua que pasa por las tuberías** se calienta y se convierte en un chorro de vapor supercaliente.

DEPÓSITO DE AGUA

CINTA TRANSPORTADORA

PULVERIZADOR

❸ **El carbón** arde y libera calor. El humo y los gases se desvían para limpiarlos.

❷ **El pulverizador** reduce el carbón a un fino polvo para que arda más rápido y a mayor temperatura.

DEPÓSITO DE CARBÓN

COMBUSTIBLES FÓSILES

Para generar electricidad las centrales térmicas queman combustibles fósiles –carbón, gas natural y petróleo– y emiten dióxido de carbono al medio ambiente.

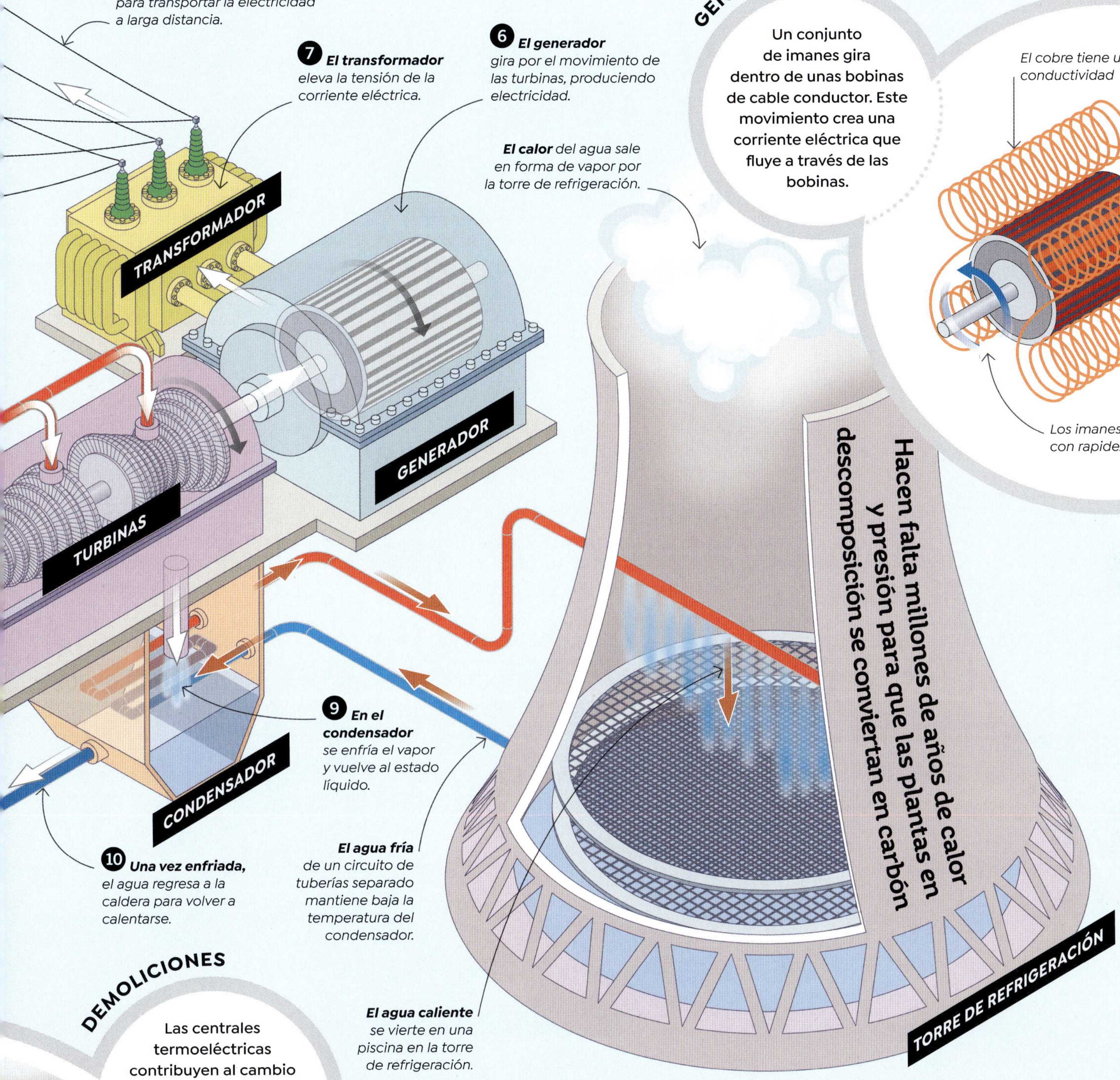

8 *La alta tensión* se usa para transportar la electricidad a larga distancia.

7 *El transformador* eleva la tensión de la corriente eléctrica.

6 *El generador* gira por el movimiento de las turbinas, produciendo electricidad.

El calor del agua sale en forma de vapor por la torre de refrigeración.

TRANSFORMADOR

GENERADOR

TURBINAS

GENERADORES

Un conjunto de imanes gira dentro de unas bobinas de cable conductor. Este movimiento crea una corriente eléctrica que fluye a través de las bobinas.

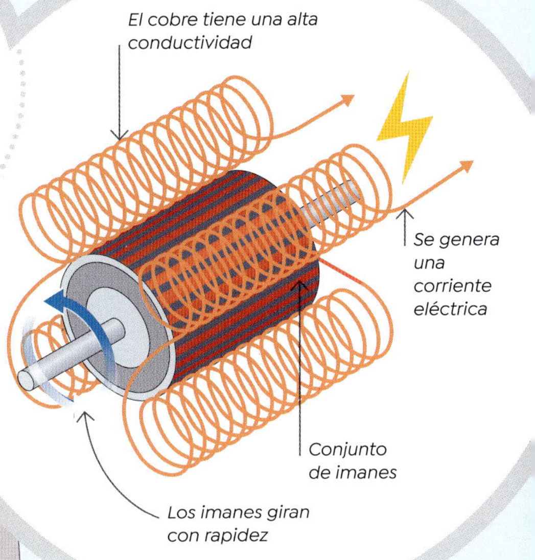

El cobre tiene una alta conductividad

Se genera una corriente eléctrica

Conjunto de imanes

Los imanes giran con rapidez

9 *En el condensador* se enfría el vapor y vuelve al estado líquido.

CONDENSADOR

10 *Una vez enfriada,* el agua regresa a la caldera para volver a calentarse.

El agua fría de un circuito de tuberías separado mantiene baja la temperatura del condensador.

Hacen falta millones de años de calor y presión para que las plantas en descomposición se conviertan en carbón

TORRE DE REFRIGERACIÓN

DEMOLICIONES

Las centrales termoeléctricas contribuyen al cambio climático, de modo que se están demoliendo para ser sustituidas por fuentes de energía renovables.

El agua caliente se vierte en una piscina en la torre de refrigeración.

Centrales termoeléctricas

Las centrales termoeléctricas generan electricidad usando la energía térmica producida por un combustible fósil como el carbón. La energía térmica se convierte en energía cinética (movimiento), que el generador convierte en energía eléctrica. La combustión es muy contaminante, de modo que estas centrales están cayendo en desuso.

Energía nuclear

En vez de arder, el combustible nuclear produce calor debido a una reacción llamada fisión nuclear. Este calor puede usarse para generar electricidad, al igual que en las centrales térmicas. Sin embargo, la energía nuclear no produce dióxido de carbono, gas causante del efecto invernadero.

El personal de la sala de control supervisa el reactor y el generador y se asegura de que funcionen bien en conjunto.

LA FISIÓN NUCLEAR

El choque de un neutrón con un átomo de uranio hace que este se divida en dos. Es la llamada fisión nuclear, que libera energía y más neutrones, creando una reacción en cadena.

Energía liberada

Átomo de uranio

Neutrón

El átomo se divide

Los neutrones continúan la reacción en cadena

El hormigón armado puede contener explosiones, incendios y fugas radiactivas.

3 *El vapor* a alta presión se canaliza a las turbinas.

SALA DE CONTROL

2 *El calor* producido por la fisión en el reactor hierve el agua del generador de vapor.

El blindaje absorbe la radiación, es decir, los rayos causados por la fisión, que pueden dañar a las células.

REACCIÓN NUCLEAR

Las reacciones desencadenadas por la fisión producen calor y, dentro del reactor, el calor convierte el agua en vapor, que mueve las turbinas.

REACTOR

GENERADOR DE VAPOR

BOMBA

La energía nuclear constituye el 15 % de la electricidad mundial

Las barras levantadas aceleran la reacción

Las barras bajadas ralentizan la reacción

Barras de combustible

BARRAS DE CONTROL

Las reacciones de fisión nuclear son tan rápidas que pueden producir potentes explosiones. Las barras de control, hechas de acero al boro, absorben los neutrones y ralentizan la reacción.

El agua fría retorna al reactor para iniciar el proceso de nuevo.

1 *El combustible nuclear* se agrupa en barras que se introducen en el reactor, donde tiene lugar la fisión.

Es preciso asegurarse de que la fisión se produce a un ritmo seguro: si va muy despacio, la reacción se detiene; demasiado rápido, el reactor podría fundirse.

SALA DE CONTROL

6 *La electricidad* generada por una central nuclear es igual que la de otras fuentes de energía.

1 *El refrigerante* calentado por el vapor del reactor se vierte en la torre de refrigeración, donde pierde el calor.

La energía nuclear proporciona el 20 % de la electricidad de Estados Unidos

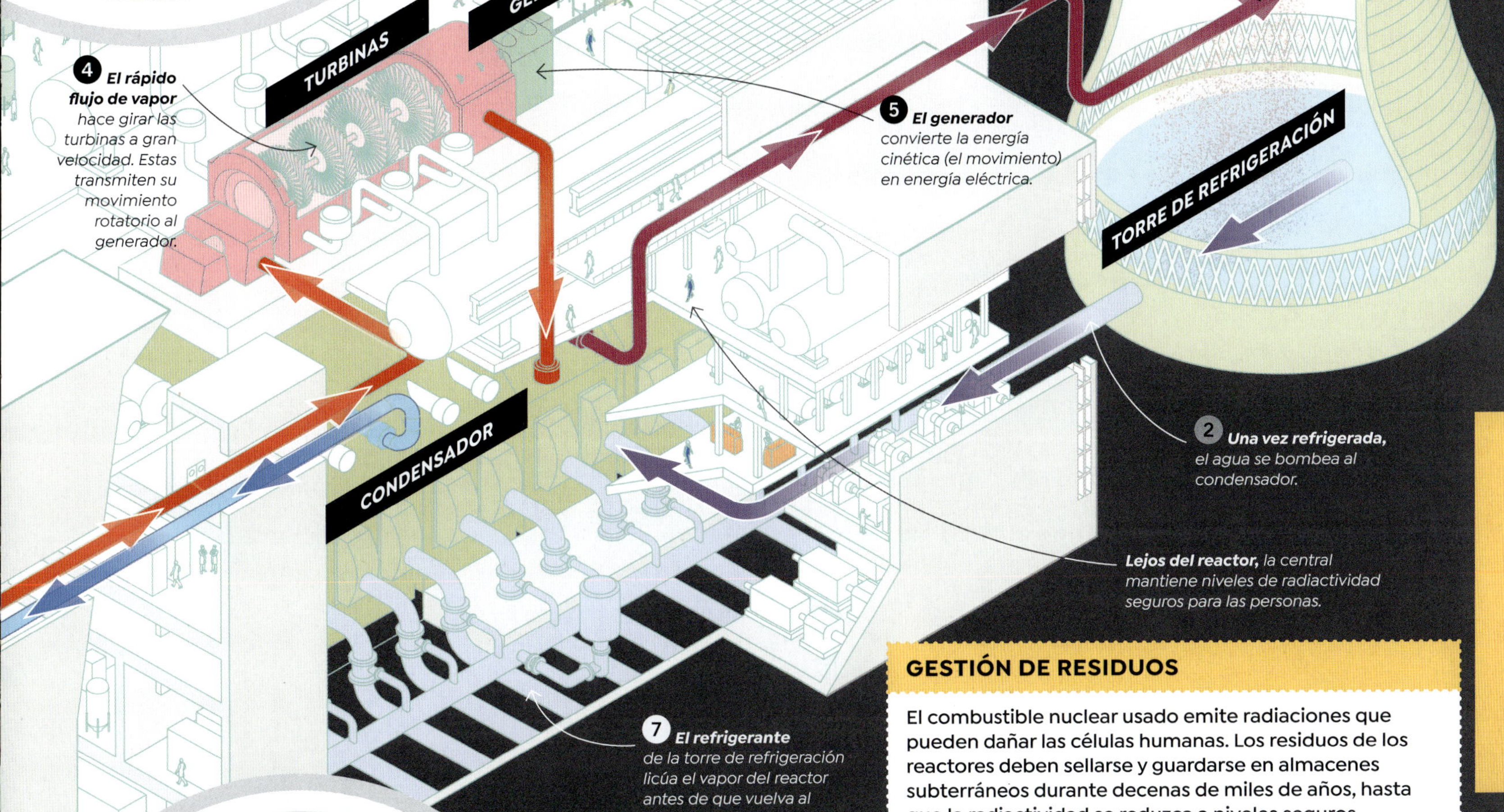

GENERADOR

TURBINAS

4 *El rápido flujo de vapor* hace girar las turbinas a gran velocidad. Estas transmiten su movimiento rotatorio al generador.

5 *El generador* convierte la energía cinética (el movimiento) en energía eléctrica.

TORRE DE REFRIGERACIÓN

CONDENSADOR

2 *Una vez refrigerada,* el agua se bombea al condensador.

Lejos del reactor, la central mantiene niveles de radiactividad seguros para las personas.

7 *El refrigerante* de la torre de refrigeración licúa el vapor del reactor antes de que vuelva al generador de vapor.

Barra de combustible

GESTIÓN DE RESIDUOS

El combustible nuclear usado emite radiaciones que pueden dañar las células humanas. Los residuos de los reactores deben sellarse y guardarse en almacenes subterráneos durante decenas de miles de años, hasta que la radiactividad se reduzca a niveles seguros.

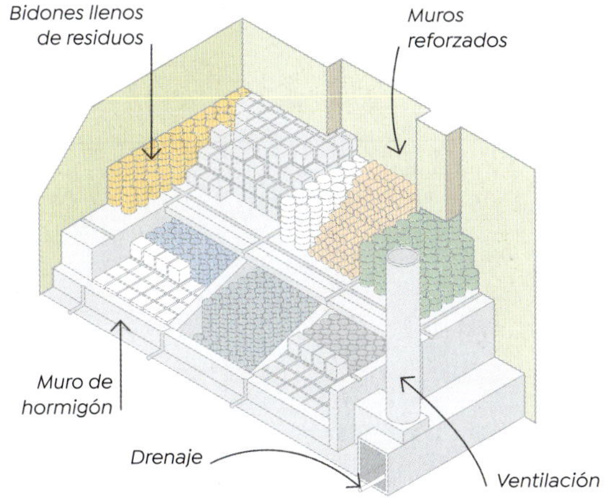

BARRAS DE COMBUSTIBLE

Las barras de combustible están hechas con *pellets* de dióxido de uranio. Un reactor tipo usa 29 toneladas al año. Una estación térmica necesita 2,7 millones de toneladas de carbón para generar la misma cantidad de electricidad.

Bidones llenos de residuos

Muros reforzados

Muro de hormigón

Drenaje

Ventilación

ALMACÉN DE RESIDUOS

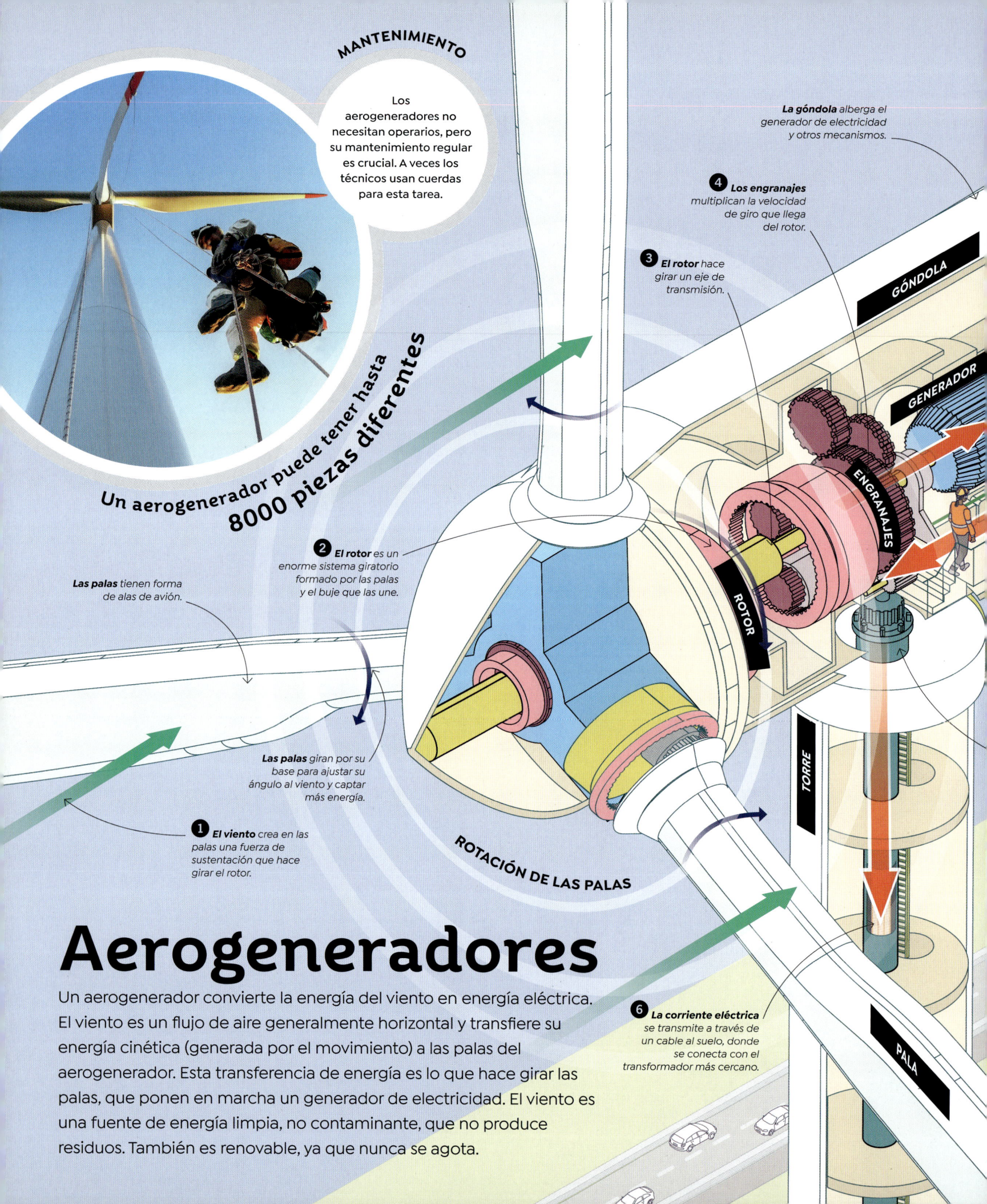

Los aerogeneradores no necesitan operarios, pero su mantenimiento regular es crucial. A veces los técnicos usan cuerdas para esta tarea.

La góndola alberga el generador de electricidad y otros mecanismos.

4 *Los engranajes* multiplican la velocidad de giro que llega del rotor.

3 *El rotor* hace girar un eje de transmisión.

Un aerogenerador puede tener hasta **8000 piezas diferentes**

2 *El rotor* es un enorme sistema giratorio formado por las palas y el buje que las une.

Las palas tienen forma de alas de avión.

Las palas giran por su base para ajustar su ángulo al viento y captar más energía.

1 *El viento* crea en las palas una fuerza de sustentación que hace girar el rotor.

GÓNDOLA

GENERADOR

ENGRANAJES

ROTOR

TORRE

ROTACIÓN DE LAS PALAS

Aerogeneradores

Un aerogenerador convierte la energía del viento en energía eléctrica. El viento es un flujo de aire generalmente horizontal y transfiere su energía cinética (generada por el movimiento) a las palas del aerogenerador. Esta transferencia de energía es lo que hace girar las palas, que ponen en marcha un generador de electricidad. El viento es una fuente de energía limpia, no contaminante, que no produce residuos. También es renovable, ya que nunca se agota.

6 *La corriente eléctrica* se transmite a través de un cable al suelo, donde se conecta con el transformador más cercano.

PALA

A máxima velocidad, las puntas de las palas pueden girar a 290 km/h

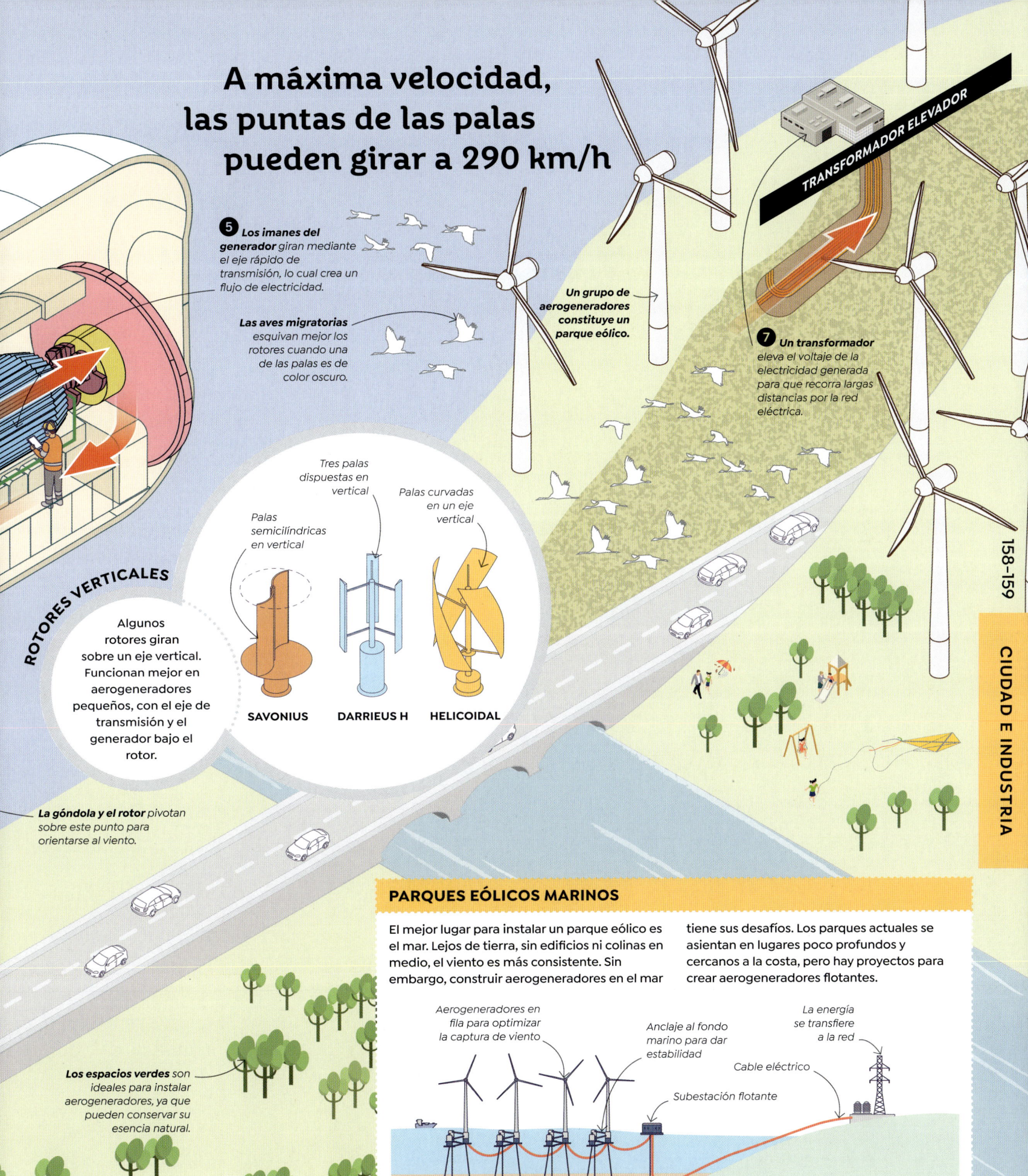

5 **Los imanes del generador** giran mediante el eje rápido de transmisión, lo cual crea un flujo de electricidad.

Las aves migratorias esquivan mejor los rotores cuando una de las palas es de color oscuro.

Un grupo de aerogeneradores constituye un parque eólico.

TRANSFORMADOR ELEVADOR

7 **Un transformador** eleva el voltaje de la electricidad generada para que recorra largas distancias por la red eléctrica.

ROTORES VERTICALES

Algunos rotores giran sobre un eje vertical. Funcionan mejor en aerogeneradores pequeños, con el eje de transmisión y el generador bajo el rotor.

Tres palas dispuestas en vertical

Palas curvadas en un eje vertical

Palas semicilíndricas en vertical

SAVONIUS   **DARRIEUS H**   **HELICOIDAL**

La góndola y el rotor pivotan sobre este punto para orientarse al viento.

CIUDAD E INDUSTRIA

Los espacios verdes son ideales para instalar aerogeneradores, ya que pueden conservar su esencia natural.

PARQUES EÓLICOS MARINOS

El mejor lugar para instalar un parque eólico es el mar. Lejos de tierra, sin edificios ni colinas en medio, el viento es más consistente. Sin embargo, construir aerogeneradores en el mar tiene sus desafíos. Los parques actuales se asientan en lugares poco profundos y cercanos a la costa, pero hay proyectos para crear aerogeneradores flotantes.

Aerogeneradores en fila para optimizar la captura de viento

Anclaje al fondo marino para dar estabilidad

La energía se transfiere a la red

Cable eléctrico

Subestación flotante

Energía solar

La luz y el calor que llegan del Sol a la Tierra se pueden capturar para sacarles partido. Al contrario que casi todas las otras formas de generar energía, que requieren construcciones a gran escala, las instalaciones solares pueden hacerse a la medida de una vivienda unifamiliar. Proporcionan agua caliente y electricidad, y apenas contaminan.

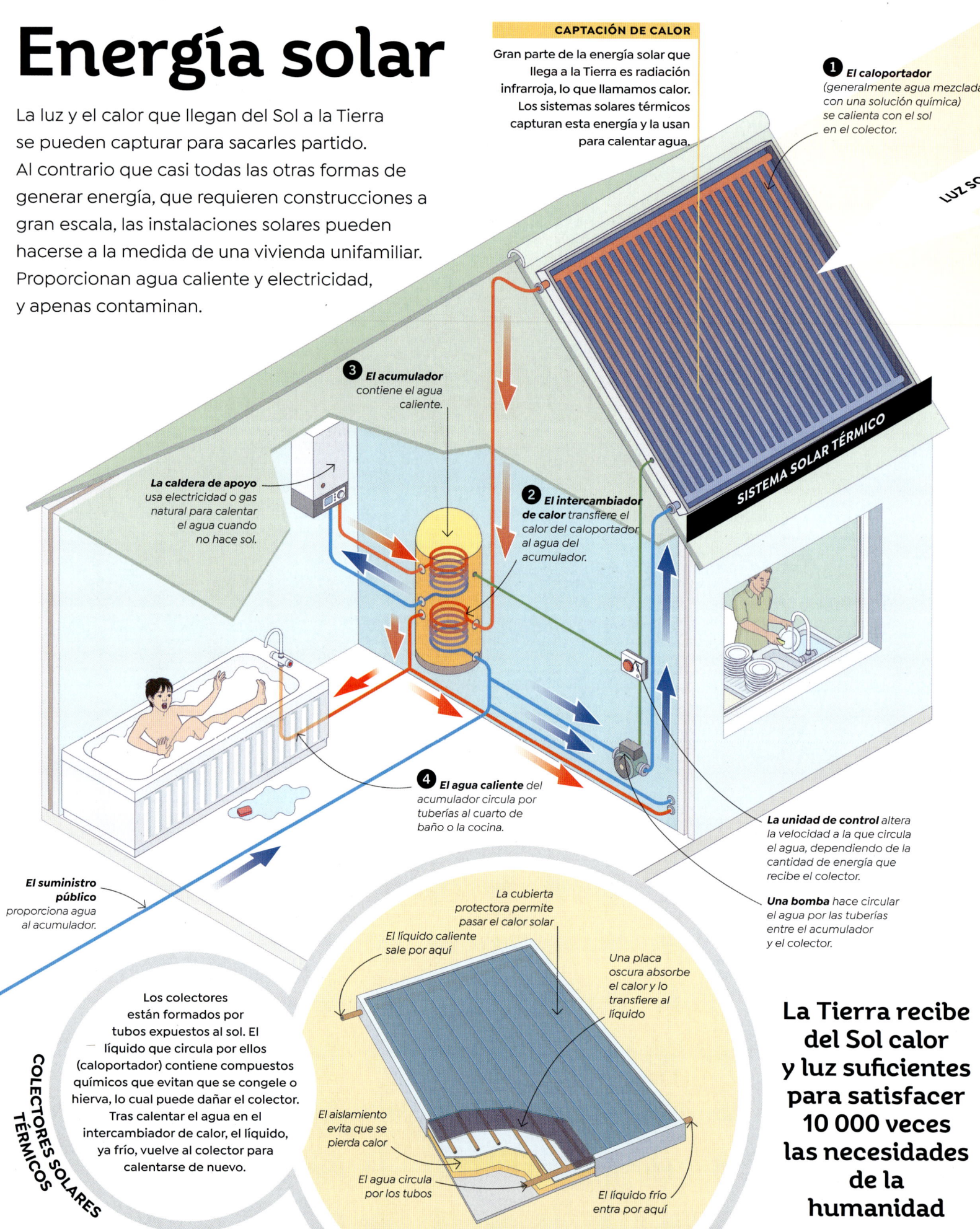

CAPTACIÓN DE CALOR

Gran parte de la energía solar que llega a la Tierra es radiación infrarroja, lo que llamamos calor. Los sistemas solares térmicos capturan esta energía y la usan para calentar agua.

❶ El caloportador (generalmente agua mezclada con una solución química) se calienta con el sol en el colector.

LUZ SOLAR

SISTEMA SOLAR TÉRMICO

❸ El acumulador contiene el agua caliente.

La caldera de apoyo usa electricidad o gas natural para calentar el agua cuando no hace sol.

❷ El intercambiador de calor transfiere el calor del caloportador al agua del acumulador.

❹ El agua caliente del acumulador circula por tuberías al cuarto de baño o la cocina.

La unidad de control altera la velocidad a la que circula el agua, dependiendo de la cantidad de energía que recibe el colector.

Una bomba hace circular el agua por las tuberías entre el acumulador y el colector.

El suministro público proporciona agua al acumulador.

COLECTORES SOLARES TÉRMICOS

Los colectores están formados por tubos expuestos al sol. El líquido que circula por ellos (caloportador) contiene compuestos químicos que evitan que se congele o hierva, lo cual puede dañar el colector. Tras calentar el agua en el intercambiador de calor, el líquido, ya frío, vuelve al colector para calentarse de nuevo.

La cubierta protectora permite pasar el calor solar

El líquido caliente sale por aquí

Una placa oscura absorbe el calor y lo transfiere al líquido

El aislamiento evita que se pierda calor

El agua circula por los tubos

El líquido frío entra por aquí

La Tierra recibe del Sol calor y luz suficientes para satisfacer 10 000 veces las necesidades de la humanidad

CÉLULAS FOTOVOLTAICAS

Los paneles solares están formados por células fotovoltaicas, cada una con dos capas de material semiconductor: la superior tiene electrones de sobra (con carga negativa); la inferior tiene huecos (con carga positiva). Los fotones solares liberan electrones de sus átomos. Los electrones libres van a los huecos a través de un conductor, creando una corriente.

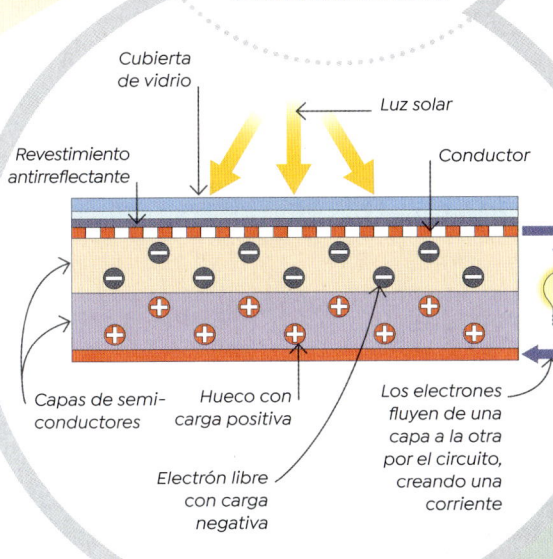

Cubierta de vidrio

Luz solar

Revestimiento antirreflectante

Conductor

Capas de semiconductores

Hueco con carga positiva

Los electrones fluyen de una capa a la otra por el circuito, creando una corriente

Electrón libre con carga negativa

ENERGÍA SOLAR CONCENTRADA

Este sistema se usa en lugares soleados y desérticos. Unos espejos concentran la luz solar en un rayo muy caliente que puede usarse para fundir o quemar materiales en un horno o para hervir agua y generar vapor a alta presión que mueva unas turbinas conectadas a un generador eléctrico.

PRODUCCIÓN DE ELECTRICIDAD

Los paneles solares emplean semiconductores para aprovechar la energía del sol y generar electricidad.

1 **Los paneles solares** deben colocarse de manera que capten la luz solar todo el día.

LUZ SOLAR

2 **La corriente** generada por los paneles es continua (CC), es decir, siempre fluye en una dirección.

3 **Un inversor** cambia de CC a CA.

SISTEMA FOTOVOLTAICO

El cuadro eléctrico tiene interruptores magnetotérmicos que interrumpen la corriente en caso de sobrecarga.

4 **El contador bidireccional** registra la electricidad producida por los paneles.

5 **Los cables** unen las tomas de corriente y llevan la electricidad producida por los paneles a toda la casa.

El agua puede calentarse con la electricidad de los paneles.

La corriente en las casas es alterna (CA), es decir, cambia de dirección varias veces por segundo.

El seccionador puede desconectar los paneles del circuito eléctrico.

6 **La corriente** hace funcionar los aparatos eléctricos, como el equipo de este grupo musical. Es posible instalar baterías para almacenar electricidad.

El contador inteligente mide la electricidad que consume la casa y la que transfiere a la red pública.

7 **La electricidad que no se utiliza** se puede transferir a la red pública. Cuando no hace sol, la red pública suministra electricidad a la casa.

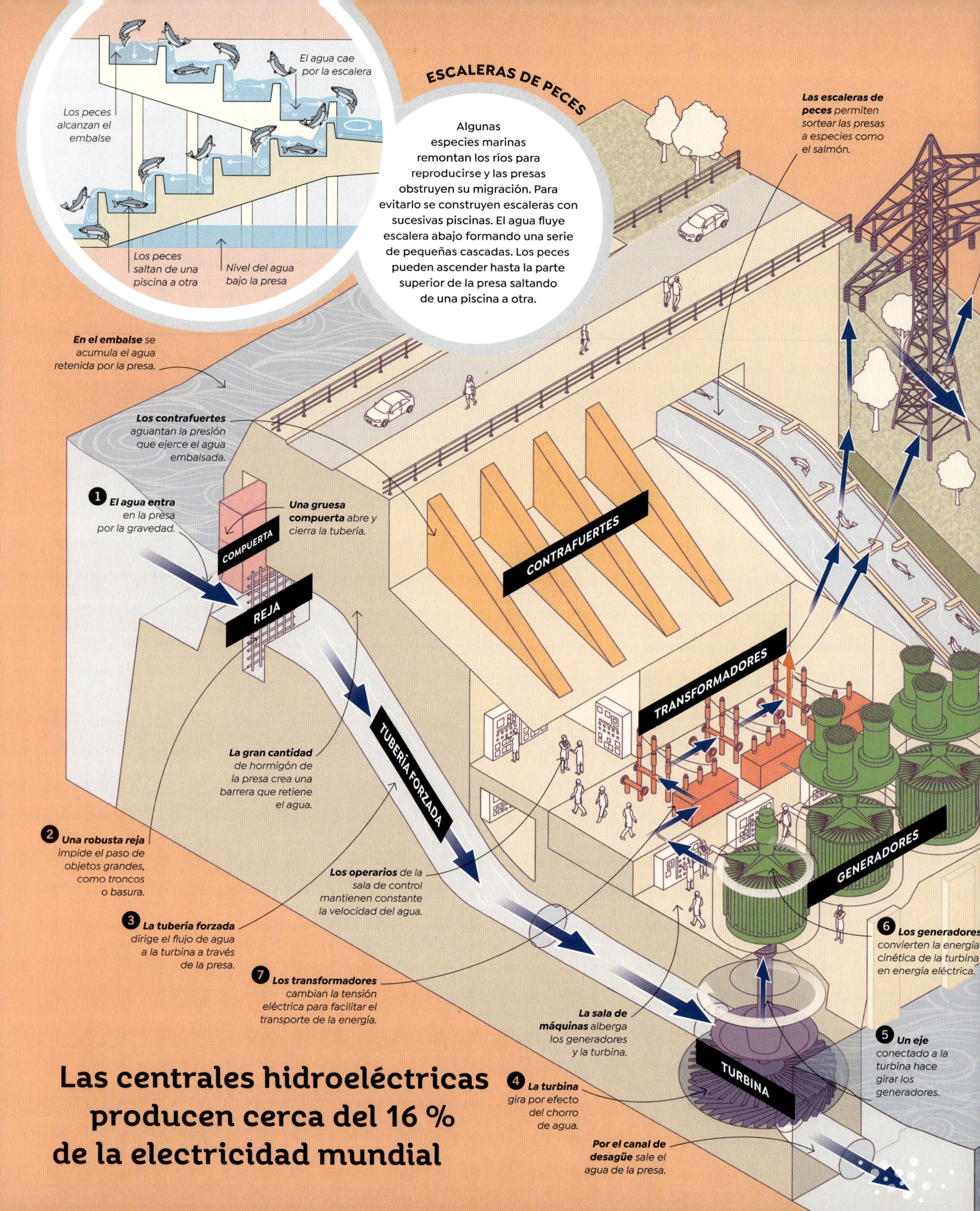

ESCALERAS DE PECES

El agua cae por la escalera

Los peces alcanzan el embalse

Los peces saltan de una piscina a otra

Nivel del agua bajo la presa

Algunas especies marinas remontan los ríos para reproducirse y las presas obstruyen su migración. Para evitarlo se construyen escaleras con sucesivas piscinas. El agua fluye escalera abajo formando una serie de pequeñas cascadas. Los peces pueden ascender hasta la parte superior de la presa saltando de una piscina a otra.

Las escaleras de peces permiten sortear las presas a especies como el salmón.

En el embalse se acumula el agua retenida por la presa.

Los contrafuertes aguantan la presión que ejerce el agua embalsada.

❶ **El agua entra** en la presa por la gravedad.

Una gruesa compuerta abre y cierra la tubería.

COMPUERTA

REJA

CONTRAFUERTES

TRANSFORMADORES

GENERADORES

La gran cantidad de hormigón de la presa crea una barrera que retiene el agua.

TUBERÍA FORZADA

❷ **Una robusta reja** impide el paso de objetos grandes, como troncos o basura.

Los operarios de la sala de control mantienen constante la velocidad del agua.

❸ **La tubería forzada** dirige el flujo de agua a la turbina a través de la presa.

❻ **Los generadores** convierten la energía cinética de la turbina en energía eléctrica.

❼ **Los transformadores** cambian la tensión eléctrica para facilitar el transporte de la energía.

La sala de máquinas alberga los generadores y la turbina.

❺ **Un eje** conectado a la turbina hace girar los generadores.

TURBINA

Las centrales hidroeléctricas producen cerca del 16 % de la electricidad mundial

❹ **La turbina** gira por efecto del chorro de agua.

Por el canal de desagüe sale el agua de la presa.

Centrales hidroeléctricas

Las corrientes fluviales son una fuente de energía renovable: el agua se usa para producir electricidad en las centrales hidroeléctricas. Primero se construye una presa en el cauce de un río para controlar su caudal. A continuación, se embalsa el agua del río y, cuando el embalse tiene suficiente agua, esta se canaliza por la central. La velocidad del agua canalizada alimenta los generadores eléctricos.

CENTRALES REVERSIBLES

Este tipo de centrales pueden funcionar a la inversa, usando la electricidad para bombear el agua cuesta arriba. Cuando se genera demasiada electricidad, la energía sobrante se usa para bombear agua a un embalse situado a mayor altura. Cuando aumenta la demanda de electricidad se libera agua de ese embalse y se utiliza para generar electricidad de la forma habitual.

Red eléctrica

Embalse superior

Líneas eléctricas

Turbina y bomba

Embalse inferior

El bombeo consume energía

El flujo genera energía

Las torres sostienen las líneas de la red eléctrica.

8 **La electricidad** de la central se transporta en líneas de alta tensión.

TORRE

El rebosadero libera agua por la presa cuando hay exceso en el embalse.

La presa más alta del mundo tiene 305 m de altura

Una tubería forzada solo puede llevar una cantidad de agua determinada. Si el embalse tiene demasiada agua, el exceso debe evacuarse para que no rebose por el borde de la presa. Los embalses suelen tener aliviaderos y desagües que permiten liberar agua sin que pase por la turbina. A veces están en el centro del embalse, como en la imagen.

DESAGÜES GIGANTES

La presa de las Tres Gargantas, en China, ha creado un embalse de 600 km

El agua sigue fluyendo río abajo cuando sale de la presa.

CÓMO CONTENER EL AGUA

Las presas se construyen para controlar el caudal de los ríos. El tipo de presa depende de su uso, ya sea para prevenir inundaciones o generar electricidad. La presa Hoover (en la imagen), encajada en las escarpadas márgenes del río Colorado, es una presa de hormigón híbrida (de arco gravedad). Tiene 221 m de altura y 380 m de anchura en la coronación.

Presión del agua · Coronación · Hormigón o mampostería · Cimentación sobre roca · La carga se transfiere a la base

PRESAS DE GRAVEDAD

Estas presas transfieren el empuje del agua hacia abajo. Suelen construirse en valles estrechos y se cimentan sobre roca.

La carga se transfiere a las paredes del cañón · Arco de hormigón · Presión del agua · Cimentación sobre roca o suelo

PRESAS DE ARCO

Las formas finas y curvadas de estas presas tienen como fin transferir el empuje del agua a las paredes de los cañones.

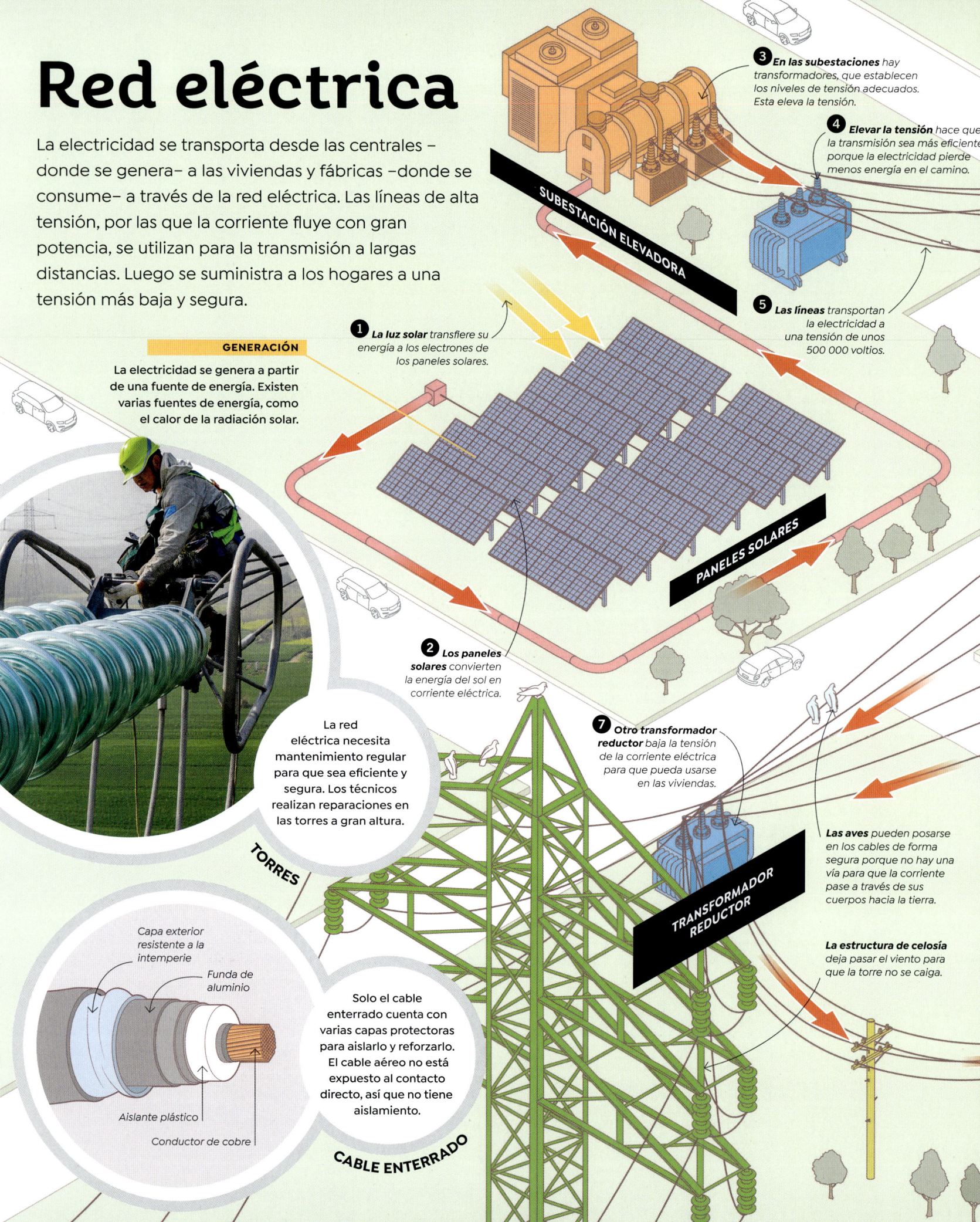

Red eléctrica

La electricidad se transporta desde las centrales –donde se genera– a las viviendas y fábricas –donde se consume– a través de la red eléctrica. Las líneas de alta tensión, por las que la corriente fluye con gran potencia, se utilizan para la transmisión a largas distancias. Luego se suministra a los hogares a una tensión más baja y segura.

GENERACIÓN

La electricidad se genera a partir de una fuente de energía. Existen varias fuentes de energía, como el calor de la radiación solar.

3 *En las subestaciones* hay transformadores, que establecen los niveles de tensión adecuados. Esta eleva la tensión.

4 *Elevar la tensión* hace que la transmisión sea más eficiente porque la electricidad pierde menos energía en el camino.

SUBESTACIÓN ELEVADORA

1 *La luz solar* transfiere su energía a los electrones de los paneles solares.

5 *Las líneas* transportan la electricidad a una tensión de unos 500 000 voltios.

PANELES SOLARES

2 *Los paneles solares* convierten la energía del sol en corriente eléctrica.

La red eléctrica necesita mantenimiento regular para que sea eficiente y segura. Los técnicos realizan reparaciones en las torres a gran altura.

TORRES

7 *Otro transformador reductor* baja la tensión de la corriente eléctrica para que pueda usarse en las viviendas.

Las aves pueden posarse en los cables de forma segura porque no hay una vía para que la corriente pase a través de sus cuerpos hacia la tierra.

TRANSFORMADOR REDUCTOR

La estructura de celosía deja pasar el viento para que la torre no se caiga.

Capa exterior resistente a la intemperie

Funda de aluminio

Aislante plástico

Conductor de cobre

Solo el cable enterrado cuenta con varias capas protectoras para aislarlo y reforzarlo. El cable aéreo no está expuesto al contacto directo, así que no tiene aislamiento.

CABLE ENTERRADO

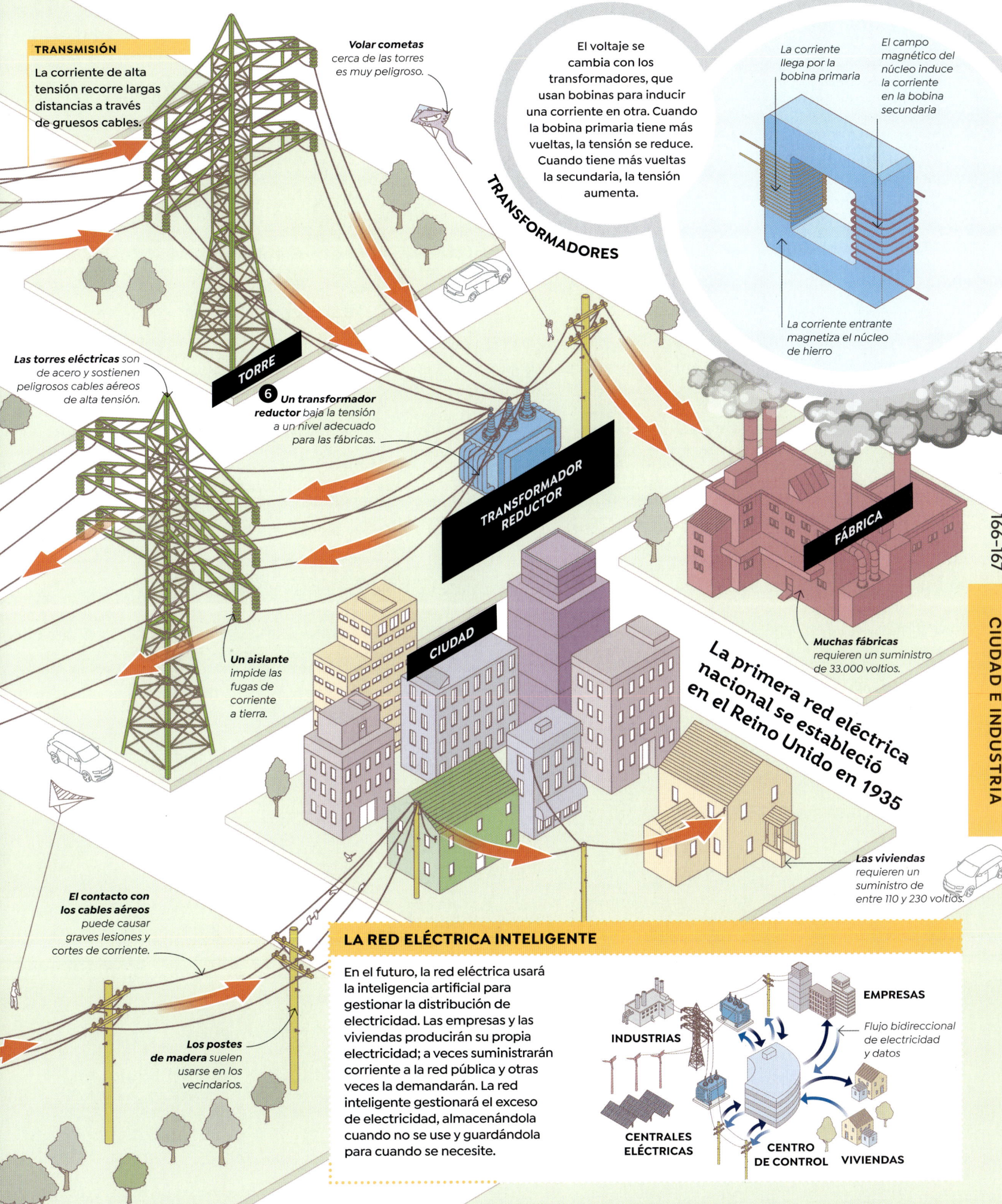

TRANSMISIÓN

La corriente de alta tensión recorre largas distancias a través de gruesos cables.

Volar cometas cerca de las torres es muy peligroso.

El voltaje se cambia con los transformadores, que usan bobinas para inducir una corriente en otra. Cuando la bobina primaria tiene más vueltas, la tensión se reduce. Cuando tiene más vueltas la secundaria, la tensión aumenta.

TRANSFORMADORES

La corriente llega por la bobina primaria

El campo magnético del núcleo induce la corriente en la bobina secundaria

La corriente entrante magnetiza el núcleo de hierro

Las torres eléctricas son de acero y sostienen peligrosos cables aéreos de alta tensión.

TORRE

6 **Un transformador reductor** baja la tensión a un nivel adecuado para las fábricas.

TRANSFORMADOR REDUCTOR

FÁBRICA

Muchas fábricas requieren un suministro de 33.000 voltios.

Un aislante impide las fugas de corriente a tierra.

CIUDAD

La primera red eléctrica nacional se estableció en el Reino Unido en 1935

Las viviendas requieren un suministro de entre 110 y 230 voltios.

El contacto con los cables aéreos puede causar graves lesiones y cortes de corriente.

Los postes de madera suelen usarse en los vecindarios.

LA RED ELÉCTRICA INTELIGENTE

En el futuro, la red eléctrica usará la inteligencia artificial para gestionar la distribución de electricidad. Las empresas y las viviendas producirán su propia electricidad; a veces suministrarán corriente a la red pública y otras veces la demandarán. La red inteligente gestionará el exceso de electricidad, almacenándola cuando no se use y guardándola para cuando se necesite.

EMPRESAS

Flujo bidireccional de electricidad y datos

INDUSTRIAS

CENTRALES ELÉCTRICAS

CENTRO DE CONTROL

VIVIENDAS

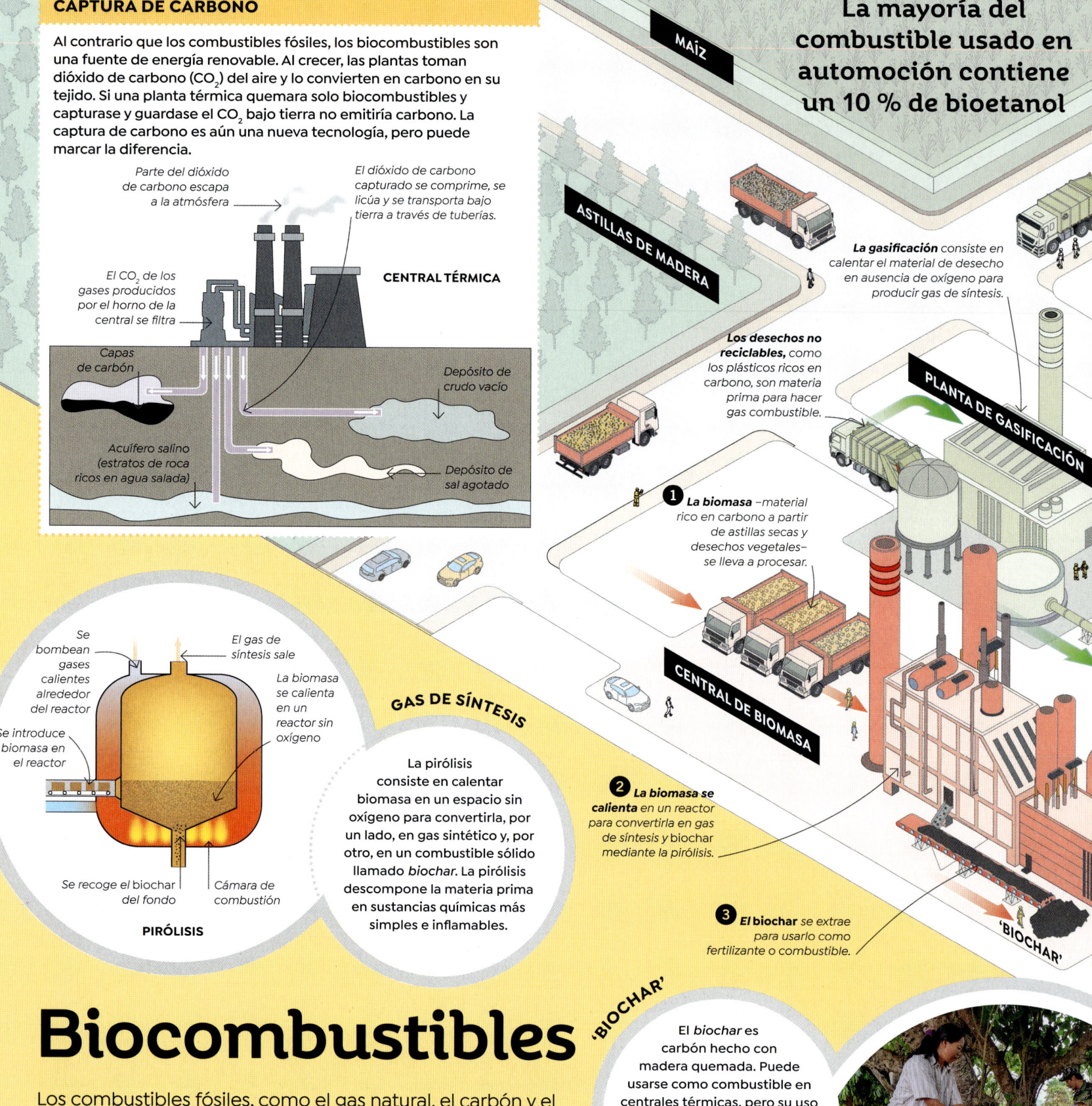

CAPTURA DE CARBONO

Al contrario que los combustibles fósiles, los biocombustibles son una fuente de energía renovable. Al crecer, las plantas toman dióxido de carbono (CO_2) del aire y lo convierten en carbono en su tejido. Si una planta térmica quemara solo biocombustibles y capturase y guardase el CO_2 bajo tierra no emitiría carbono. La captura de carbono es aún una nueva tecnología, pero puede marcar la diferencia.

Parte del dióxido de carbono escapa a la atmósfera

El dióxido de carbono capturado se comprime, se licúa y se transporta bajo tierra a través de tuberías.

El CO_2 de los gases producidos por el horno de la central se filtra

CENTRAL TÉRMICA

Capas de carbón

Depósito de crudo vacío

Acuífero salino (estratos de roca ricos en agua salada)

Depósito de sal agotado

La mayoría del combustible usado en automoción contiene un 10 % de bioetanol

MAÍZ

ASTILLAS DE MADERA

La gasificación consiste en calentar el material de desecho en ausencia de oxígeno para producir gas de síntesis.

Los desechos no reciclables, como los plásticos ricos en carbono, son materia prima para hacer gas combustible.

PLANTA DE GASIFICACIÓN

❶ *La biomasa* –material rico en carbono a partir de astillas secas y desechos vegetales– se lleva a procesar.

CENTRAL DE BIOMASA

GAS DE SÍNTESIS

La pirólisis consiste en calentar biomasa en un espacio sin oxígeno para convertirla, por un lado, en gas sintético y, por otro, en un combustible sólido llamado *biochar*. La pirólisis descompone la materia prima en sustancias químicas más simples e inflamables.

Se bombean gases calientes alrededor del reactor

El gas de síntesis sale

La biomasa se calienta en un reactor sin oxígeno

Se introduce biomasa en el reactor

Se recoge el biochar del fondo

Cámara de combustión

PIRÓLISIS

❷ *La biomasa se calienta* en un reactor para convertirla en gas de síntesis y biochar mediante la pirólisis.

❸ *El biochar* se extrae para usarlo como fertilizante o combustible.

'BIOCHAR'

Biocombustibles

'BIOCHAR'

El *biochar* es carbón hecho con madera quemada. Puede usarse como combustible en centrales térmicas, pero su uso más ecológico es como fertilizante, pues, además de ayudar a crecer a las plantas, evita emitir más CO_2.

Los combustibles fósiles, como el gas natural, el carbón y el petróleo, proceden de restos orgánicos. Los biocombustibles, como el bioetanol y el biodiésel, se producen con materiales vegetales que absorben dióxido de carbono (CO_2) del aire mientras crecen. Cuando se queman también emiten menos CO_2 por unidad de energía generada.

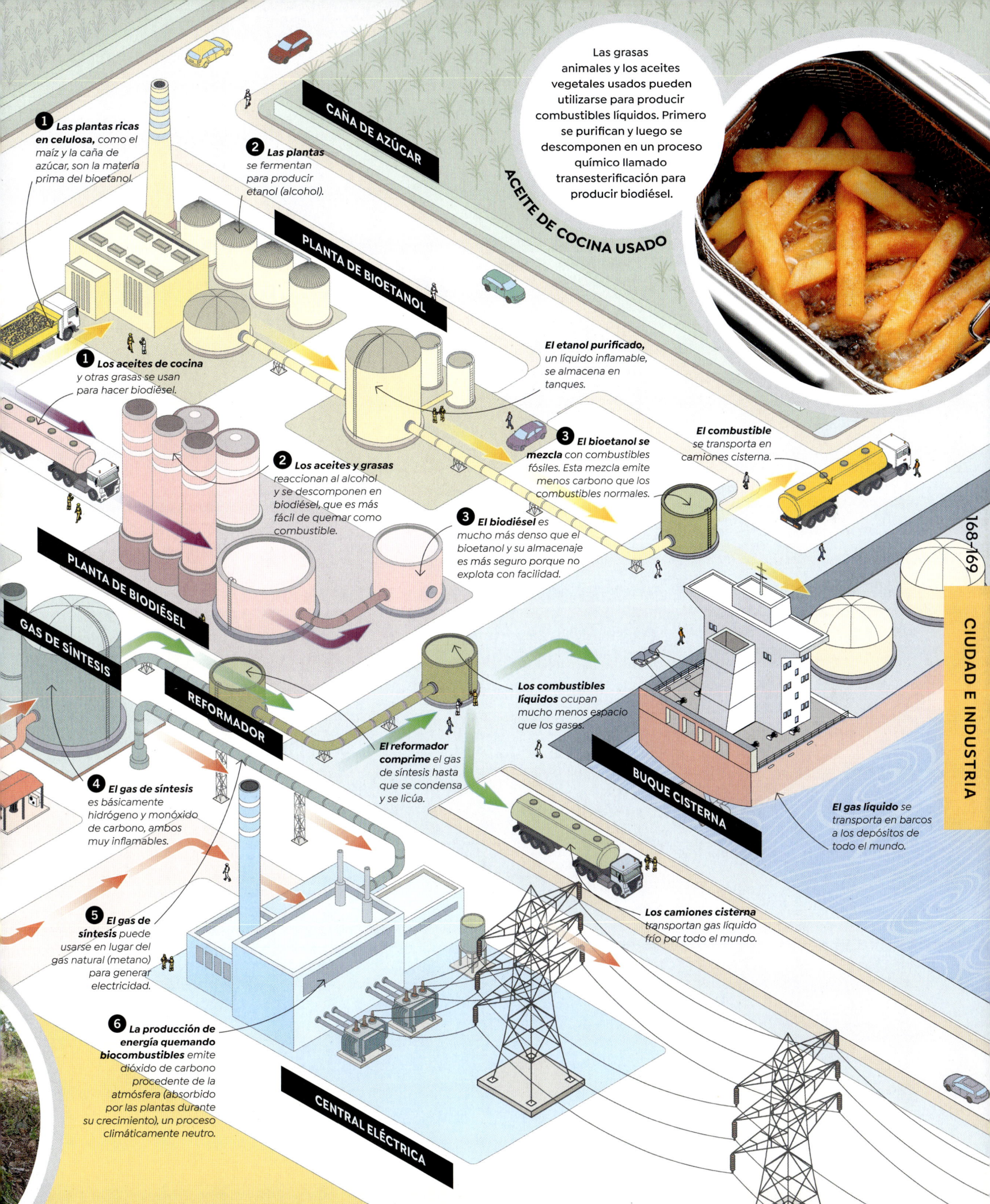

1 **Las plantas ricas en celulosa,** como el maíz y la caña de azúcar, son la materia prima del bioetanol.

2 **Las plantas** se fermentan para producir etanol (alcohol).

CAÑA DE AZÚCAR

Las grasas animales y los aceites vegetales usados pueden utilizarse para producir combustibles líquidos. Primero se purifican y luego se descomponen en un proceso químico llamado transesterificación para producir biodiésel.

ACEITE DE COCINA USADO

PLANTA DE BIOETANOL

1 **Los aceites de cocina** y otras grasas se usan para hacer biodiésel.

El etanol purificado, un líquido inflamable, se almacena en tanques.

2 **Los aceites y grasas** reaccionan al alcohol y se descomponen en biodiésel, que es más fácil de quemar como combustible.

3 **El bioetanol se mezcla** con combustibles fósiles. Esta mezcla emite menos carbono que los combustibles normales.

El combustible se transporta en camiones cisterna.

3 **El biodiésel es** mucho más denso que el bioetanol y su almacenaje es más seguro porque no explota con facilidad.

PLANTA DE BIODIÉSEL

GAS DE SÍNTESIS

REFORMADOR

Los combustibles líquidos ocupan mucho menos espacio que los gases.

El reformador comprime el gas de síntesis hasta que se condensa y se licúa.

CIUDAD E INDUSTRIA

168-169

BUQUE CISTERNA

El gas líquido se transporta en barcos a los depósitos de todo el mundo.

4 **El gas de síntesis** es básicamente hidrógeno y monóxido de carbono, ambos muy inflamables.

5 **El gas de síntesis** puede usarse en lugar del gas natural (metano) para generar electricidad.

Los camiones cisterna transportan gas líquido frío por todo el mundo.

6 **La producción de energía quemando biocombustibles** emite dióxido de carbono procedente de la atmósfera (absorbido por las plantas durante su crecimiento), un proceso climáticamente neutro.

CENTRAL ELÉCTRICA

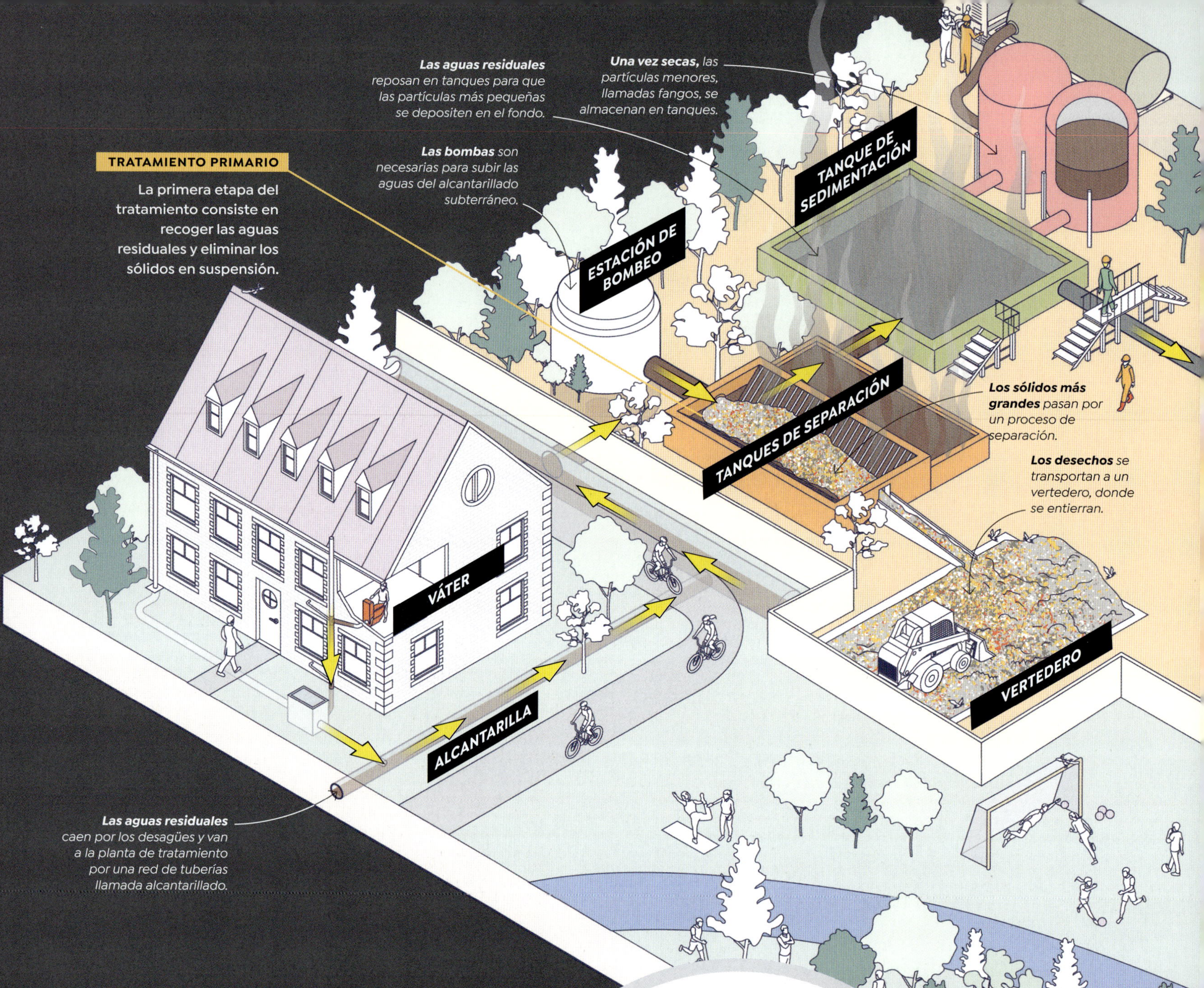

Las aguas residuales reposan en tanques para que las partículas más pequeñas se depositen en el fondo.

Una vez secas, las partículas menores, llamadas fangos, se almacenan en tanques.

Las bombas son necesarias para subir las aguas del alcantarillado subterráneo.

La primera etapa del tratamiento consiste en recoger las aguas residuales y eliminar los sólidos en suspensión.

TANQUE DE SEDIMENTACIÓN

ESTACIÓN DE BOMBEO

Los sólidos más grandes pasan por un proceso de separación.

TANQUES DE SEPARACIÓN

Los desechos se transportan a un vertedero, donde se entierran.

VÁTER

ALCANTARILLA

VERTEDERO

Las aguas residuales caen por los desagües y van a la planta de tratamiento por una red de tuberías llamada alcantarillado.

Aguas residuales

Las plantas de tratamiento reciben las aguas residuales de las alcantarillas, retiran el material sólido y tratan el agua para limpiarla. Una vez filtrados los sólidos, se eliminan las bacterias peligrosas y otros microorganismos causantes de enfermedades. Entonces el agua está lo bastante limpia para verterla en los ríos y otros cursos de agua sin contaminarlos.

Los aceites de cocina que se tiran por los desagües se solidifican, se adhieren a las telas y los plásticos, y acaban formando los llamados *fatbergs* (como icebergs, pero de grasa), que atascan las cloacas.

'FATBERGS'

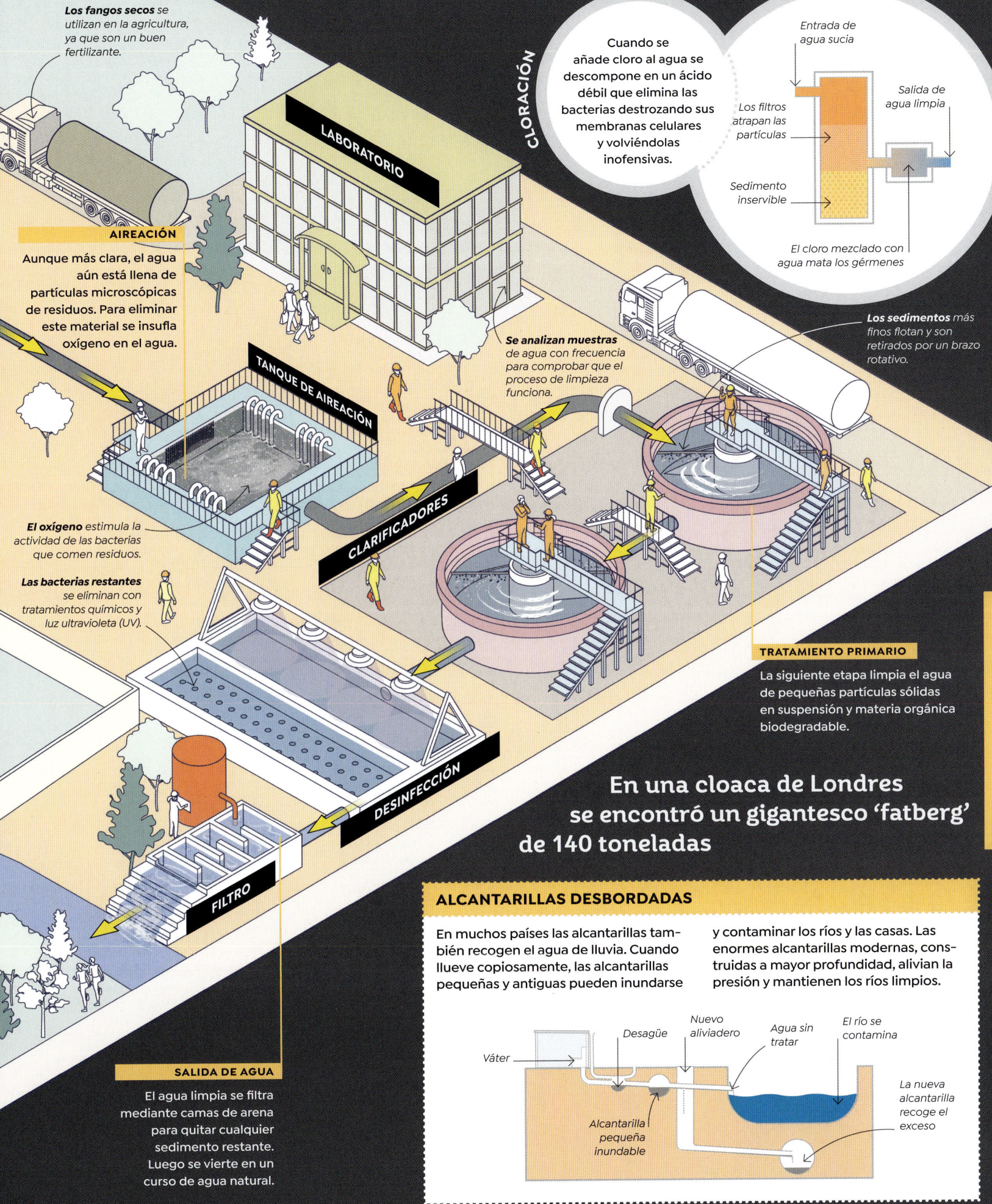

Los fangos secos se utilizan en la agricultura, ya que son un buen fertilizante.

CLORACIÓN

Cuando se añade cloro al agua se descompone en un ácido débil que elimina las bacterias destrozando sus membranas celulares y volviéndolas inofensivas.

Entrada de agua sucia

Salida de agua limpia

Los filtros atrapan las partículas

Sedimento inservible

El cloro mezclado con agua mata los gérmenes

AIREACIÓN

Aunque más clara, el agua aún está llena de partículas microscópicas de residuos. Para eliminar este material se insufla oxígeno en el agua.

LABORATORIO

Se analizan muestras de agua con frecuencia para comprobar que el proceso de limpieza funciona.

Los sedimentos más finos flotan y son retirados por un brazo rotativo.

TANQUE DE AIREACIÓN

CLARIFICADORES

El oxígeno estimula la actividad de las bacterias que comen residuos.

Las bacterias restantes se eliminan con tratamientos químicos y luz ultravioleta (UV).

TRATAMIENTO PRIMARIO

La siguiente etapa limpia el agua de pequeñas partículas sólidas en suspensión y materia orgánica biodegradable.

DESINFECCIÓN

FILTRO

En una cloaca de Londres se encontró un gigantesco 'fatberg' de 140 toneladas

SALIDA DE AGUA

El agua limpia se filtra mediante camas de arena para quitar cualquier sedimento restante. Luego se vierte en un curso de agua natural.

ALCANTARILLAS DESBORDADAS

En muchos países las alcantarillas también recogen el agua de lluvia. Cuando llueve copiosamente, las alcantarillas pequeñas y antiguas pueden inundarse y contaminar los ríos y las casas. Las enormes alcantarillas modernas, construidas a mayor profundidad, alivian la presión y mantienen los ríos limpios.

Váter

Desagüe

Nuevo aliviadero

Agua sin tratar

El río se contamina

Alcantarilla pequeña inundable

La nueva alcantarilla recoge el exceso

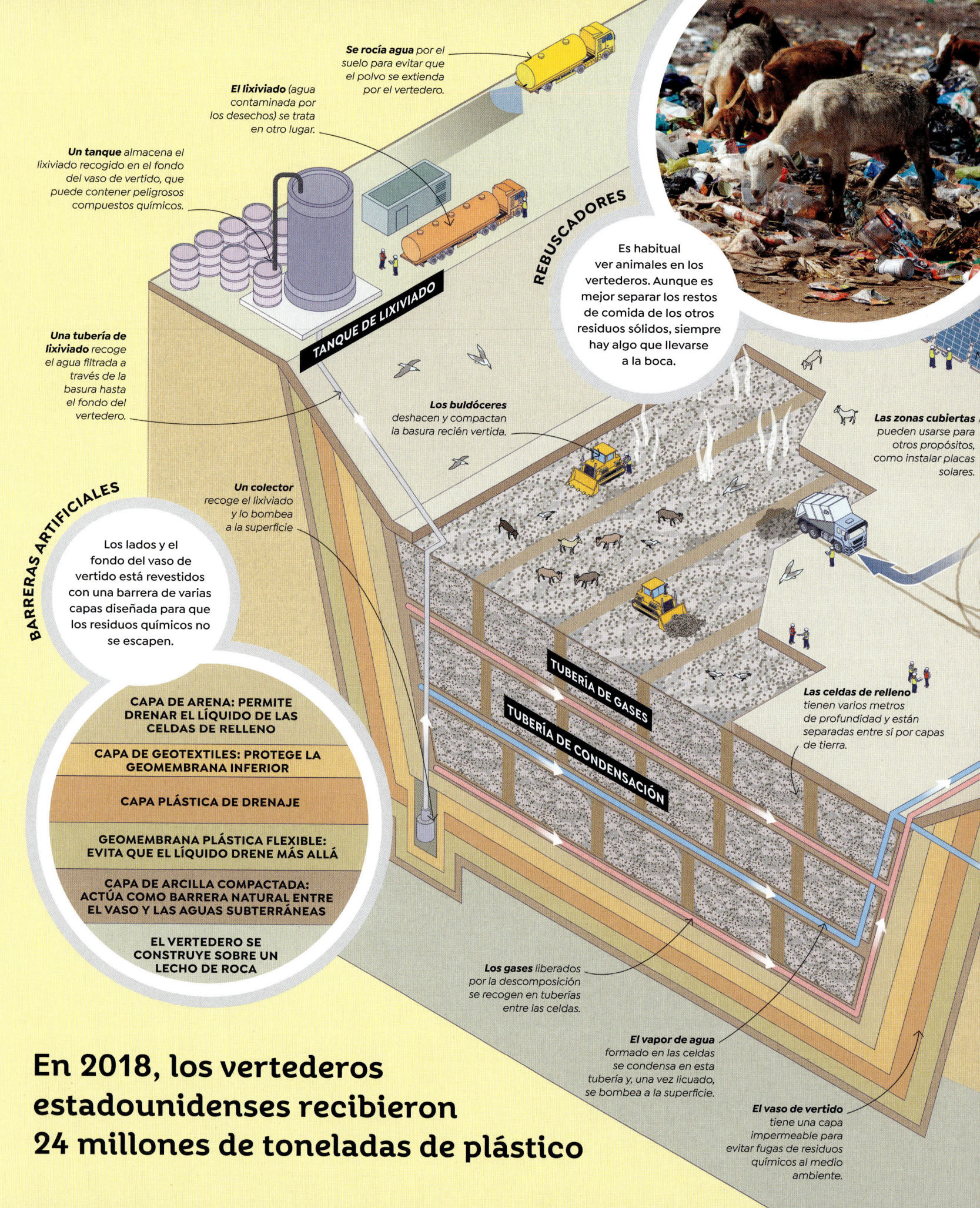

Se rocía agua por el suelo para evitar que el polvo se extienda por el vertedero.

El lixiviado (agua contaminada por los desechos) se trata en otro lugar.

Un tanque almacena el lixiviado recogido en el fondo del vaso de vertido, que puede contener peligrosos compuestos químicos.

Una tubería de lixiviado recoge el agua filtrada a través de la basura hasta el fondo del vertedero.

TANQUE DE LIXIVIADO

REBUSCADORES

Es habitual ver animales en los vertederos. Aunque es mejor separar los restos de comida de los otros residuos sólidos, siempre hay algo que llevarse a la boca.

Los buldóceres deshacen y compactan la basura recién vertida.

Las zonas cubiertas pueden usarse para otros propósitos, como instalar placas solares.

Un colector recoge el lixiviado y lo bombea a la superficie

BARRERAS ARTIFICIALES

Los lados y el fondo del vaso de vertido está revestidos con una barrera de varias capas diseñada para que los residuos químicos no se escapen.

Las celdas de relleno tienen varios metros de profundidad y están separadas entre sí por capas de tierra.

CAPA DE ARENA: PERMITE DRENAR EL LÍQUIDO DE LAS CELDAS DE RELLENO

CAPA DE GEOTEXTILES: PROTEGE LA GEOMEMBRANA INFERIOR

CAPA PLÁSTICA DE DRENAJE

GEOMEMBRANA PLÁSTICA FLEXIBLE: EVITA QUE EL LÍQUIDO DRENE MÁS ALLÁ

CAPA DE ARCILLA COMPACTADA: ACTÚA COMO BARRERA NATURAL ENTRE EL VASO Y LAS AGUAS SUBTERRÁNEAS

EL VERTEDERO SE CONSTRUYE SOBRE UN LECHO DE ROCA

TUBERÍA DE GASES

TUBERÍA DE CONDENSACIÓN

Los gases liberados por la descomposición se recogen en tuberías entre las celdas.

El vapor de agua formado en las celdas se condensa en esta tubería y, una vez licuado, se bombea a la superficie.

El vaso de vertido tiene una capa impermeable para evitar fugas de residuos químicos al medio ambiente.

En 2018, los vertederos estadounidenses recibieron 24 millones de toneladas de plástico

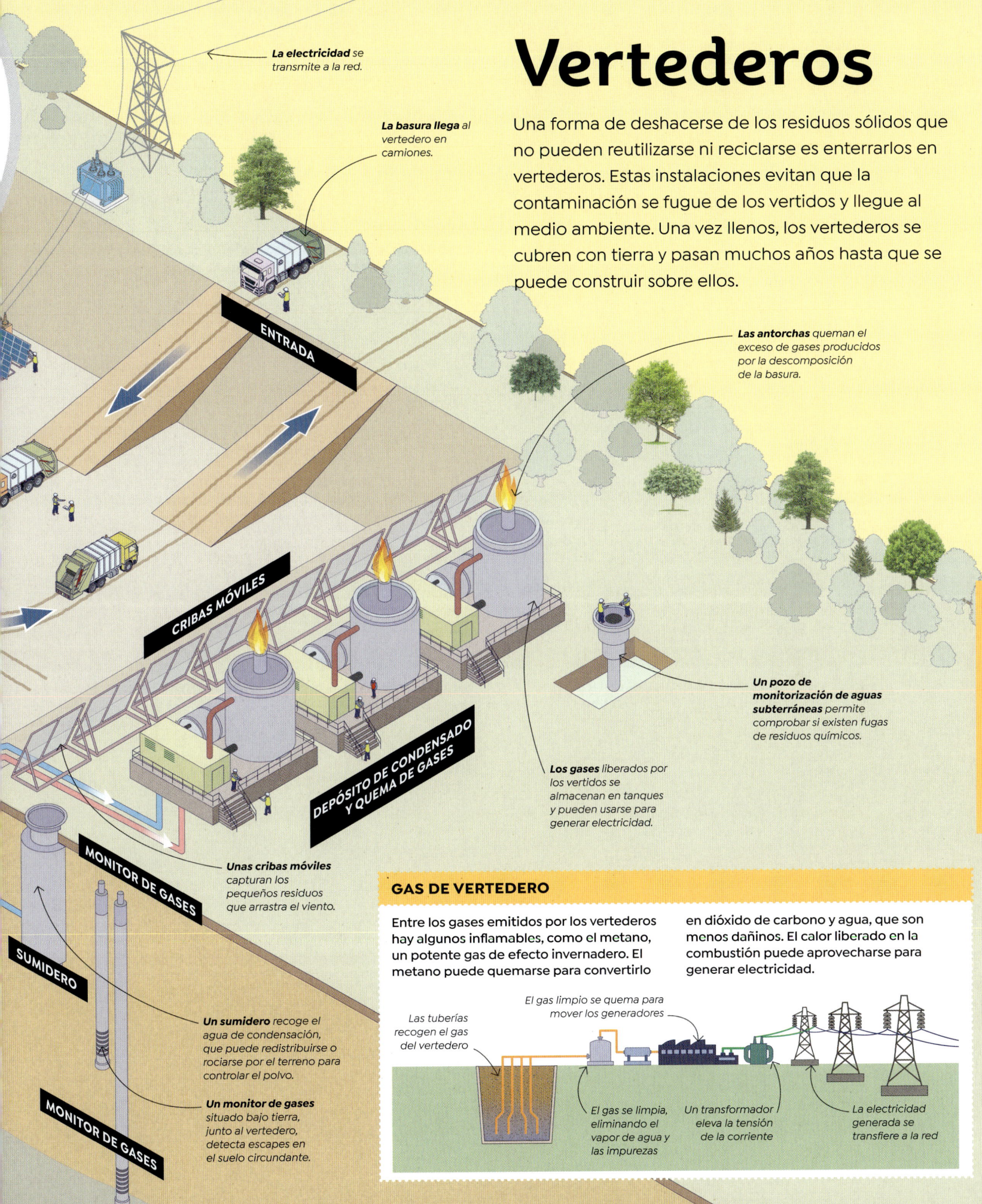

Vertederos

Una forma de deshacerse de los residuos sólidos que no pueden reutilizarse ni reciclarse es enterrarlos en vertederos. Estas instalaciones evitan que la contaminación se fugue de los vertidos y llegue al medio ambiente. Una vez llenos, los vertederos se cubren con tierra y pasan muchos años hasta que se puede construir sobre ellos.

La electricidad se transmite a la red.

La basura llega al vertedero en camiones.

Las antorchas queman el exceso de gases producidos por la descomposición de la basura.

ENTRADA

CRIBAS MÓVILES

DEPÓSITO DE CONDENSADO Y QUEMA DE GASES

Un pozo de monitorización de aguas subterráneas permite comprobar si existen fugas de residuos químicos.

Los gases liberados por los vertidos se almacenan en tanques y pueden usarse para generar electricidad.

Unas cribas móviles capturan los pequeños residuos que arrastra el viento.

MONITOR DE GASES

SUMIDERO

Un sumidero recoge el agua de condensación, que puede redistribuirse o rociarse por el terreno para controlar el polvo.

Un monitor de gases situado bajo tierra, junto al vertedero, detecta escapes en el suelo circundante.

MONITOR DE GASES

GAS DE VERTEDERO

Entre los gases emitidos por los vertederos hay algunos inflamables, como el metano, un potente gas de efecto invernadero. El metano puede quemarse para convertirlo en dióxido de carbono y agua, que son menos dañinos. El calor liberado en la combustión puede aprovecharse para generar electricidad.

Las tuberías recogen el gas del vertedero

El gas limpio se quema para mover los generadores

El gas se limpia, eliminando el vapor de agua y las impurezas

Un transformador eleva la tensión de la corriente

La electricidad generada se transfiere a la red

Reciclaje

En los centros de reciclaje se separan todos los materiales reciclables que se mezclan durante el proceso de recogida. Entre dichos materiales se incluyen metales, papel, cartón, vidrio y diferentes tipos de plástico. Una vez separados, los materiales se reprocesan en otros lugares para convertirlos en materias primas que puedan usarse para fabricar nuevos artículos.

El ordenador analiza los datos

Láser

Basura mezclada

El chorro de aire separa los objetos identificados

Contenedores para diferentes tipos de objetos

La forma en que el láser se refleja en un objeto dice de qué material es. Los chorros de aire dirigen cada objeto al contenedor correcto.

SEPARADORES ÓPTICOS

Un separador óptico identifica con láseres qué objetos son de vidrio.

PAPEL MEZCLADO

PERIÓDICOS

SEPARADOR ÓPTICO

CRIBA

SEPARADOR ÓPTICO

CARTÓN

CRIBA

TRITURADORA DE VIDRIO

Los operarios buscan objetos no idóneos entre los materiales mezclados.

Los objetos de vidrio se trituran para que ocupen menos espacio.

Una criba rotatoria selecciona los objetos por forma, peso y tamaño.

La basura mezclada llega en camiones, se descarga en el suelo y se pone en una cinta transportadora.

Hasta los coches son reciclables. Alrededor del 80 % de un vehículo puede reutilizarse

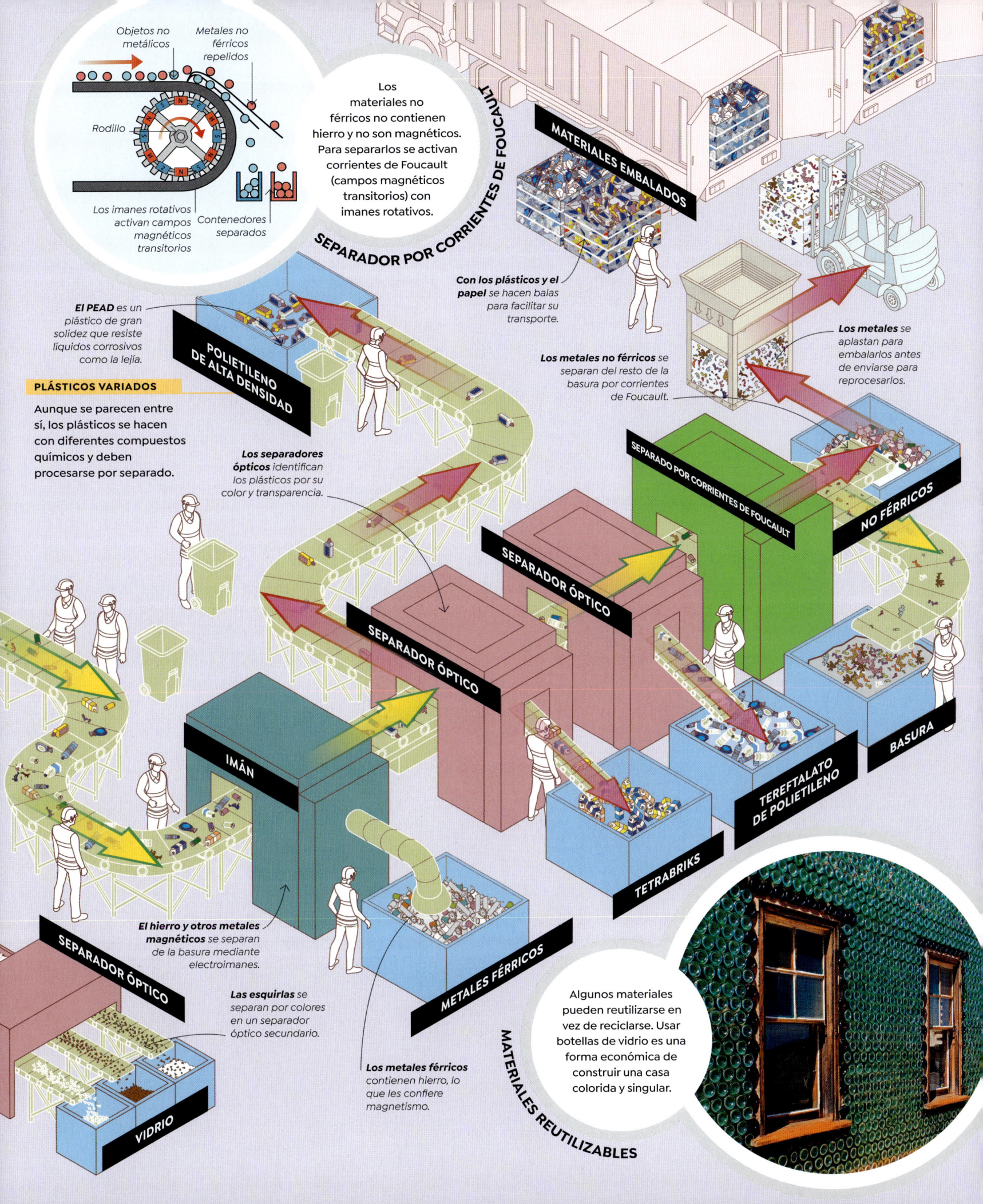

Objetos no metálicos

Metales no férricos repelidos

Rodillo

Los imanes rotativos activan campos magnéticos transitorios

Contenedores separados

Los materiales no férricos no contienen hierro y no son magnéticos. Para separarlos se activan corrientes de Foucault (campos magnéticos transitorios) con imanes rotativos.

SEPARADOR POR CORRIENTES DE FOUCAULT

MATERIALES EMBALADOS

Con los plásticos y el papel se hacen balas para facilitar su transporte.

Los metales no férricos se separan del resto de la basura por corrientes de Foucault.

Los metales se aplastan para embalarlos antes de enviarse para reprocesarlos.

El PEAD es un plástico de gran solidez que resiste líquidos corrosivos como la lejía.

POLIETILENO DE ALTA DENSIDAD

PLÁSTICOS VARIADOS

Aunque se parecen entre sí, los plásticos se hacen con diferentes compuestos químicos y deben procesarse por separado.

Los separadores ópticos identifican los plásticos por su color y transparencia.

SEPARADO POR CORRIENTES DE FOUCAULT

NO FÉRRICOS

SEPARADOR ÓPTICO

SEPARADOR ÓPTICO

TETRABRIKS

TEREFTALATO DE POLIETILENO

BASURA

IMÁN

El hierro y otros metales magnéticos se separan de la basura mediante electroimanes.

METALES FÉRRICOS

SEPARADOR ÓPTICO

Las esquirlas se separan por colores en un separador óptico secundario.

Los metales férricos contienen hierro, lo que les confiere magnetismo.

Algunos materiales pueden reutilizarse en vez de reciclarse. Usar botellas de vidrio es una forma económica de construir una casa colorida y singular.

VIDRIO

MATERIALES REUTILIZABLES

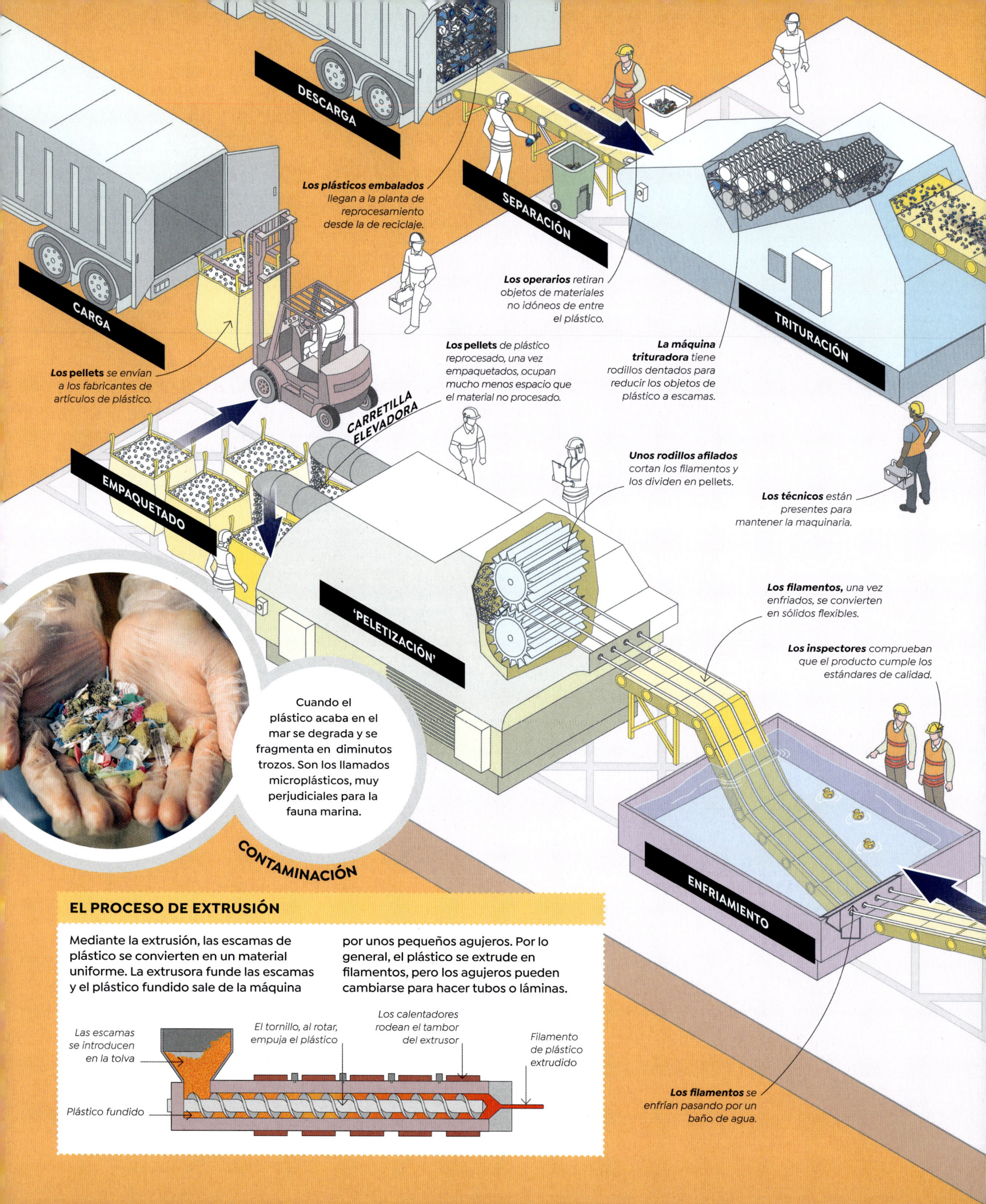

DESCARGA

SEPARACIÓN

TRITURACIÓN

CARGA

Los plásticos embalados llegan a la planta de reprocesamiento desde la de reciclaje.

Los operarios retiran objetos de materiales no idóneos de entre el plástico.

Los pellets se envían a los fabricantes de artículos de plástico.

Los pellets de plástico reprocesado, una vez empaquetados, ocupan mucho menos espacio que el material no procesado.

La máquina trituradora tiene rodillos dentados para reducir los objetos de plástico a escamas.

CARRETILLA ELEVADORA

EMPAQUETADO

Unos rodillos afilados cortan los filamentos y los dividen en pellets.

Los técnicos están presentes para mantener la maquinaria.

'PELETIZACIÓN'

Los filamentos, una vez enfriados, se convierten en sólidos flexibles.

Los inspectores comprueban que el producto cumple los estándares de calidad.

Cuando el plástico acaba en el mar se degrada y se fragmenta en diminutos trozos. Son los llamados microplásticos, muy perjudiciales para la fauna marina.

CONTAMINACIÓN

ENFRIAMIENTO

EL PROCESO DE EXTRUSIÓN

Mediante la extrusión, las escamas de plástico se convierten en un material uniforme. La extrusora funde las escamas y el plástico fundido sale de la máquina por unos pequeños agujeros. Por lo general, el plástico se extrude en filamentos, pero los agujeros pueden cambiarse para hacer tubos o láminas.

Las escamas se introducen en la tolva

El tornillo, al rotar, empuja el plástico

Los calentadores rodean el tambor del extrusor

Filamento de plástico extrudido

Plástico fundido

Los filamentos se enfrían pasando por un baño de agua.

Reprocesamiento de materiales

Reprocesar es como fabricar al revés. Los objetos recogidos para reciclar no pueden usarse tal cual están, sino que deben lavarse y transformarse en materiales con los que se puedan crear nuevos productos. Los metales, el vidrio y los plásticos son ideales para el reprocesamiento y pueden pasar por este proceso muchas veces.

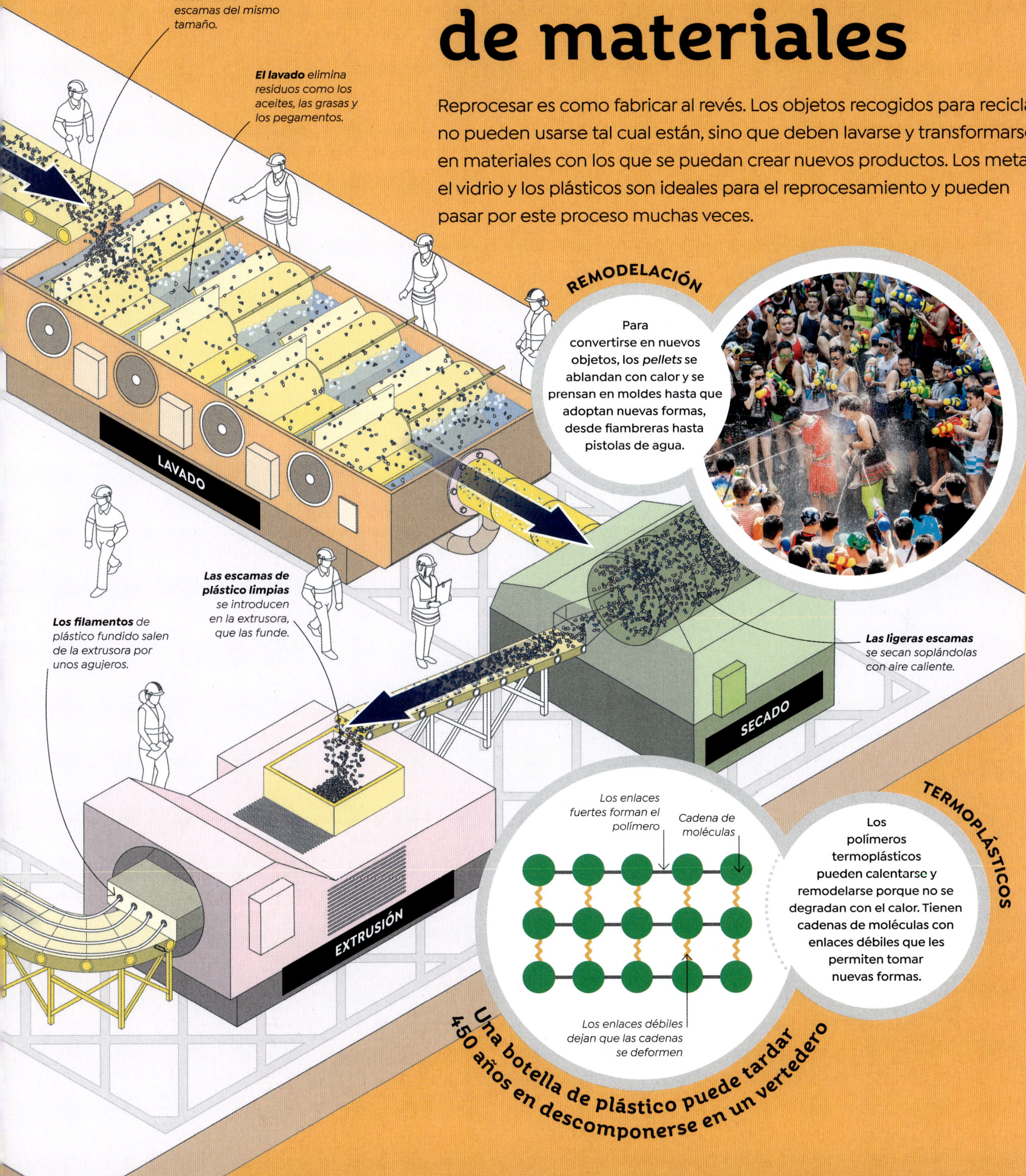

Los objetos de plástico se convierten en escamas del mismo tamaño.

El lavado elimina residuos como los aceites, las grasas y los pegamentos.

LAVADO

Los filamentos de plástico fundido salen de la extrusora por unos agujeros.

Las escamas de plástico limpias se introducen en la extrusora, que las funde.

EXTRUSIÓN

REMODELACIÓN

Para convertirse en nuevos objetos, los *pellets* se ablandan con calor y se prensan en moldes hasta que adoptan nuevas formas, desde fiambreras hasta pistolas de agua.

Las ligeras escamas se secan soplándolas con aire caliente.

SECADO

TERMOPLÁSTICOS

Los enlaces fuertes forman el polímero

Cadena de moléculas

Los polímeros termoplásticos pueden calentarse y remodelarse porque no se degradan con el calor. Tienen cadenas de moléculas con enlaces débiles que les permiten tomar nuevas formas.

Los enlaces débiles dejan que las cadenas se deformen

Una botella de plástico puede tardar 450 años en descomponerse en un vertedero

Mundo natural

Más allá de los hábitats humanos urbanos y rurales se extienden vastos bosques, desiertos y océanos. Cada hábitat funciona como una comunidad de organismos vivos, desde las bacterias a los osos, que compiten y luchan, pero también cooperan.

Bacterias

Las bacterias están entre las formas de vida más antiguas y simples de la Tierra. Estos microorganismos unicelulares están presentes en todos los hábitats –desde las fuentes hidrotermales a los glaciares– y en las plantas y los animales. Como cualquier forma de vida, las bacterias están controladas por sus genes y, al contrario que los organismos más complejos, tienen la capacidad de transferirse genes entre sí.

Una membrana de lípidos separa el medio intracelular del extracelular. Solo ciertas sustancias químicas pueden atravesarla.

Un plásmido es una pequeña molécula de ADN. Contiene genes extra que dan a la bacteria una ventaja, como la resistencia a los antibióticos.

❶ **El plásmido se desarma** y una parte de su ADN pasa por un pilus sexual a la bacteria receptora.

Una rígida pared de polisacáridos y proteínas rodea la célula.

Gránulos de nutrientes, como los almidones y las grasas, se almacenan en el citoplasma.

En los ribosomas se lee el código genético y se crean las proteínas que la bacteria necesita para crecer y sobrevivir.

El conjunto del ADN de la bacteria se llama genoma. Gran parte de él se almacena en un nucleoide grande y enmarañado.

PARED CELULAR

MEMBRANA

GENOMA

BACTERIA DONANTE

CÀPSULA

Un pilus sexual enlaza las dos células hasta que la transferencia de ADN se complete.

Una cápsula protege la célula. Puede ser una capa viscosa o una envoltura rígida.

Un motor hace girar el flagelo.

El duro flagelo hace las veces de antena o ayuda a la bacteria a moverse rotando como una hélice.

FLAGELO

Los diminutos pili permiten a la bacteria aferrarse a superficies o a otras células.

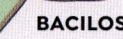

BACILOS

Las bacterias con forma de bastón se denominan bacilos.

El citoplasma es el principal constituyente de la célula. Es agua en su mayor parte.

DONACIÓN DE GENES

BACTERIA DONANTE

La transferencia de genes útiles de una célula a otra se llama conjugación. Una bacteria dona una hebra de ADN de plásmido a otra célula a través de un pilus sexual. El ADN donado da a la receptora herramientas para sobrevivir.

El ADN tiene aspecto de cremallera, tanto el del genoma principal de la bacteria como el de sus plásmidos. Para donar genes, la bacteria abre la cremallera de un plásmido, dejando libre una hebra que puede salir de la célula y entrar en la bacteria receptora. La hebra que queda se reconstruye hasta doblarse de nuevo.

La hebra de ADN del plásmido donante sale de la célula

Las hebras del ADN se separan al romperse los enlaces químicos

ADN DE PLÁSMIDO

Cada base se une con su pareja para restaurar la secuencia

Las subunidades de ADN libres, llamadas bases, reconstruyen la cremallera

Las bacterias esféricas que crecen en cadenas se llaman estreptococos.

ESTREPTOCOCOS

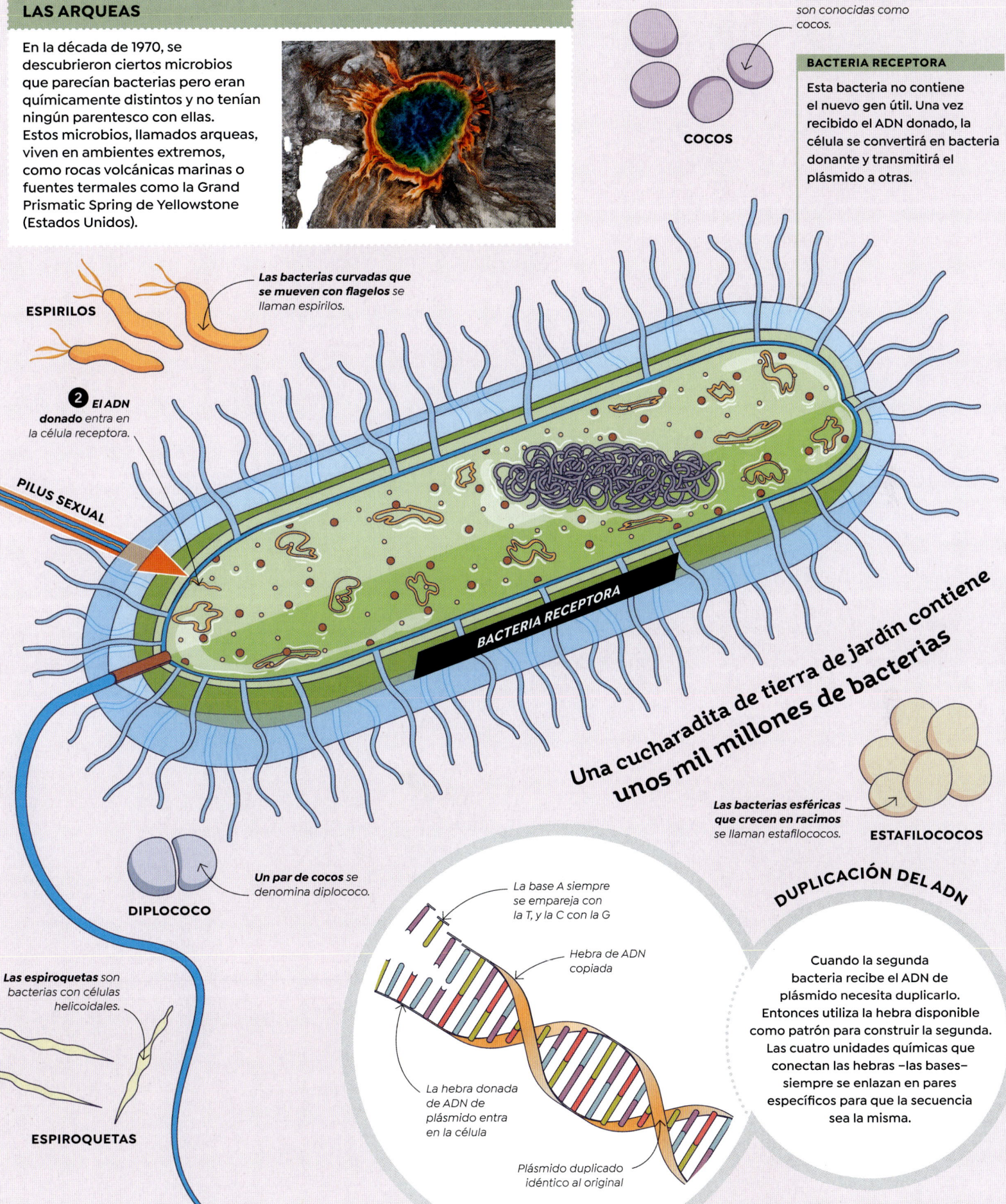

LAS ARQUEAS

En la década de 1970, se descubrieron ciertos microbios que parecían bacterias pero eran químicamente distintos y no tenían ningún parentesco con ellas. Estos microbios, llamados arqueas, viven en ambientes extremos, como rocas volcánicas marinas o fuentes termales como la Grand Prismatic Spring de Yellowstone (Estados Unidos).

Las bacterias esféricas son conocidas como cocos.

COCOS

BACTERIA RECEPTORA

Esta bacteria no contiene el nuevo gen útil. Una vez recibido el ADN donado, la célula se convertirá en bacteria donante y transmitirá el plásmido a otras.

ESPIRILOS

Las bacterias curvadas que se mueven con flagelos se llaman espirilos.

2 *El ADN donado* entra en la célula receptora.

PILUS SEXUAL

BACTERIA RECEPTORA

Una cucharadita de tierra de jardín contiene unos mil millones de bacterias

Las bacterias esféricas que crecen en racimos se llaman estafilococos.

ESTAFILOCOCOS

Un par de cocos se denomina diplococo.

DIPLOCOCO

Las espiroquetas son bacterias con células helicoidales.

ESPIROQUETAS

DUPLICACIÓN DEL ADN

La base A siempre se empareja con la T, y la C con la G

Hebra de ADN copiada

La hebra donada de ADN de plásmido entra en la célula

Plásmido duplicado idéntico al original

Cuando la segunda bacteria recibe el ADN de plásmido necesita duplicarlo. Entonces utiliza la hebra disponible como patrón para construir la segunda. Las cuatro unidades químicas que conectan las hebras –las bases– siempre se enlazan en pares específicos para que la secuencia sea la misma.

Células vegetales y animales

Los cuerpos de las plantas y los animales están formados por diminutas piezas llamadas células. Una célula vegetal tiene grandes diferencias con una animal, pero también tiene muchas cosas en común. Ambos tipos de células contienen unidades aún más pequeñas –los orgánulos– donde se llevan a cabo los procesos vitales.

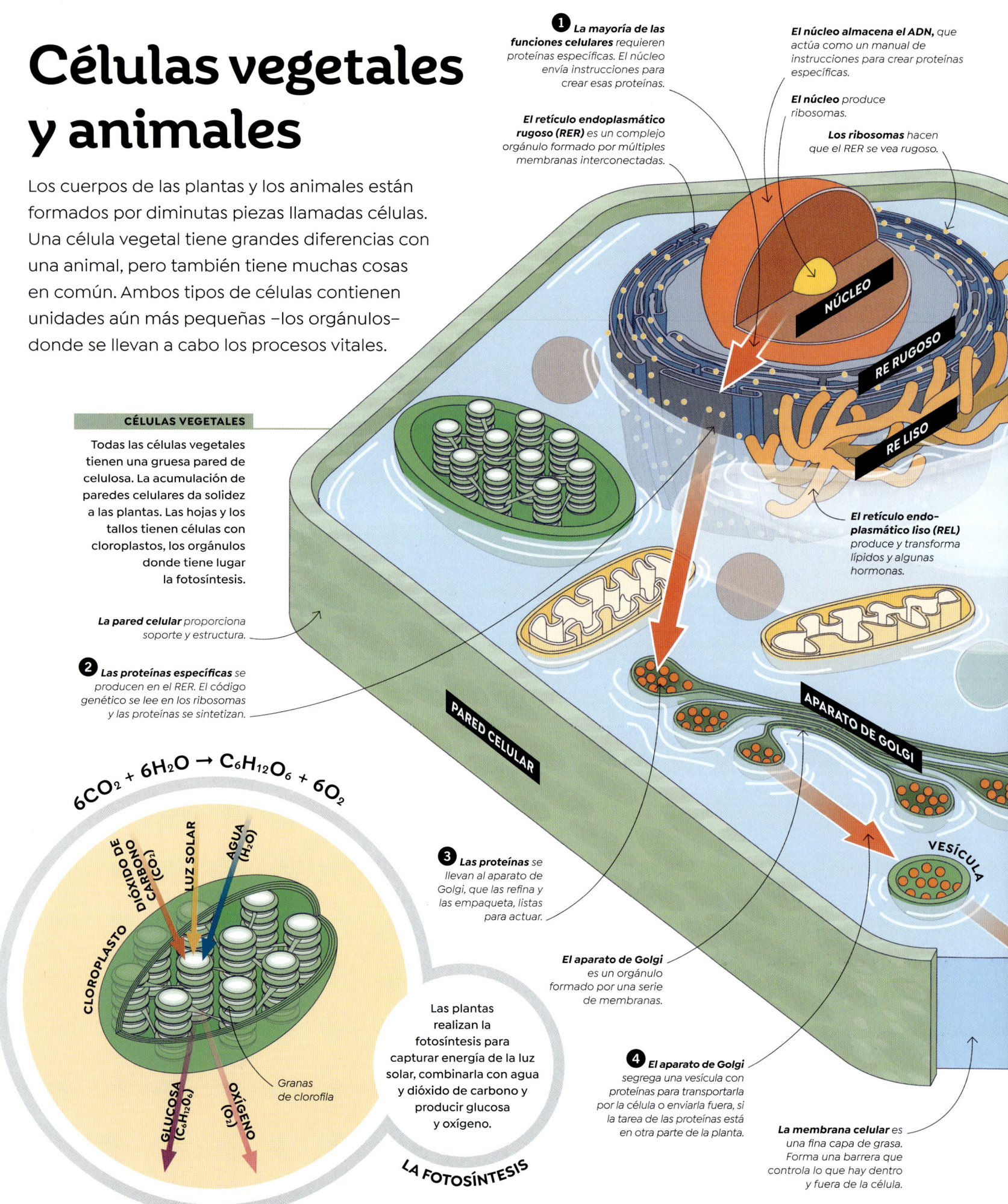

CÉLULAS VEGETALES

Todas las células vegetales tienen una gruesa pared de celulosa. La acumulación de paredes celulares da solidez a las plantas. Las hojas y los tallos tienen células con cloroplastos, los orgánulos donde tiene lugar la fotosíntesis.

La pared celular proporciona soporte y estructura.

2 *Las proteínas específicas* se producen en el RER. El código genético se lee en los ribosomas y las proteínas se sintetizan.

1 *La mayoría de las funciones celulares* requieren proteínas específicas. El núcleo envía instrucciones para crear esas proteínas.

El retículo endoplasmático rugoso (RER) es un complejo orgánulo formado por múltiples membranas interconectadas.

El núcleo almacena el ADN, que actúa como un manual de instrucciones para crear proteínas específicas.

El núcleo produce ribosomas.

Los ribosomas hacen que el RER se vea rugoso.

NÚCLEO

RE RUGOSO

RE LISO

El retículo endoplasmático liso (REL) produce y transforma lípidos y algunas hormonas.

PARED CELULAR

APARATO DE GOLGI

3 *Las proteínas* se llevan al aparato de Golgi, que las refina y las empaqueta, listas para actuar.

El aparato de Golgi es un orgánulo formado por una serie de membranas.

VESÍCULA

$$6CO_2 + 6H_2O \rightarrow C_6H_{12}O_6 + 6O_2$$

DIÓXIDO DE CARBONO (CO_2)

LUZ SOLAR

AGUA (H_2O)

CLOROPLASTO

GLUCOSA ($C_6H_{12}O_6$)

OXÍGENO (O_2)

Granas de clorofila

Las plantas realizan la fotosíntesis para capturar energía de la luz solar, combinarla con agua y dióxido de carbono y producir glucosa y oxígeno.

4 *El aparato de Golgi* segrega una vesícula con proteínas para transportarla por la célula o enviarla fuera, si la tarea de las proteínas está en otra parte de la planta.

La membrana celular es una fina capa de grasa. Forma una barrera que controla lo que hay dentro y fuera de la célula.

LA FOTOSÍNTESIS

Las mitocondrias son los orgánulos donde tiene lugar la respiración, que da energía a la célula.

$$C_6H_{12}O_6 + 6O_2 \rightarrow 6CO_2 + 6H_2O$$

La membrana interior plegada proporciona una gran superficie para las reacciones químicas

GLUCOSA $(C_6H_{12}O_6)$

OXÍGENO (O_2)

AGUA (H_2O)

DIÓXIDO DE CARBONO (CO_2)

MITOCONDRIA

ENERGÍA QUÍMICA

Las células liberan de la glucosa la energía que necesitan mediante la respiración. Usan el oxígeno para dividir la glucosa en agua y dióxido de carbono.

LA RESPIRACIÓN

MITOCONDRIA

VACUOLA

Las vacuolas almacenan agua y nutrientes y ayudan a las plantas a mantener su forma aportando presión interna.

CLOROPLASTO

Los cloroplastos son los orgánulos donde tiene lugar la fotosíntesis. Contienen un pigmento verde llamado clorofila, que da a las plantas su color principal.

El citoplasma es el fluido gelatinoso que alberga los orgánulos.

Las vesículas son pequeñas bolsas membranosas llenas de proteínas.

LISOSOMA

Los lisosomas contienen enzimas que digieren material de desecho.

Las vesículas son del mismo material que la membrana, por lo que pueden fusionarse con ella.

MEMBRANA CELULAR

5 **La vesícula se fusiona** con la membrana y libera las proteínas para que cumplan su función, que puede ser incitar a otras células a estimular el crecimiento o florecer.

LOS PROTOZOOS

Las plantas y los animales son eucariontes, al igual que los protozoos, unos organismos unicelulares muy variados: algunos tienen flagelos y cilios; otros, como la ameba de la imagen, pueden cambiar su forma extendiendo y retrayendo una especie de tentáculos llamados seudópodos.

Los científicos estiman que el cuerpo humano tiene una media de 37 billones de células

Los centriolos producen microtúbulos, que hacen que las células adopten diferentes formas

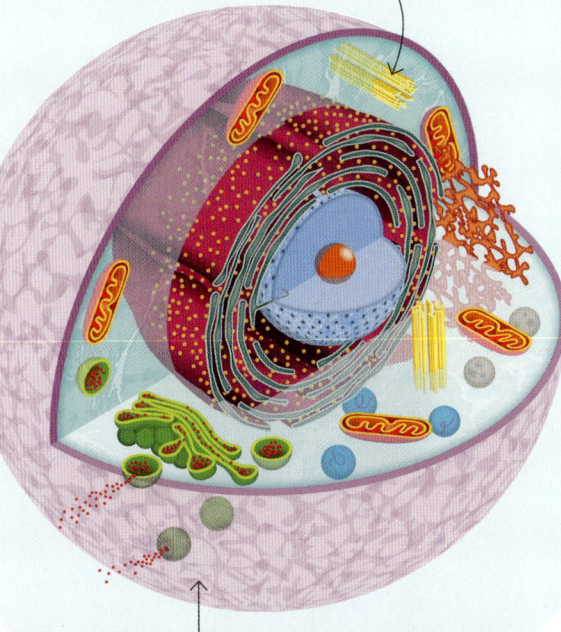

Las células animales difieren de las vegetales en que no tienen pared ni cloroplastos. El resto es igual, excepto que la mayoría de las plantas no tienen centriolos.

La membrana flexible permite a la célula cambiar de forma

CÉLULAS ANIMALES

'ANIMALIA'

Los animales son organismos pluricelulares. La mayoría tienen nervios y músculos para moverse. Obtienen la energía de la comida.

BOGAVANTE

El bogavante usa sus pinzas para capturar animales menores.

PERCA

La perca tiene varias aletas que usa para moverse en el agua.

MACACO CANGREJERO

La vista es el sentido que más usan los macacos para hallar comida.

LOBO

Las largas patas permiten al lobo correr tras sus presas.

GATO MONTÉS AFRICANO

Los gatos usan sus sensibles bigotes para percibir su entorno.

LEÓN

Un cuerpo musculoso ayuda al león a cazar animales grandes.

TIGRE

El tigre puede mover sus orejas para ubicar un sonido.

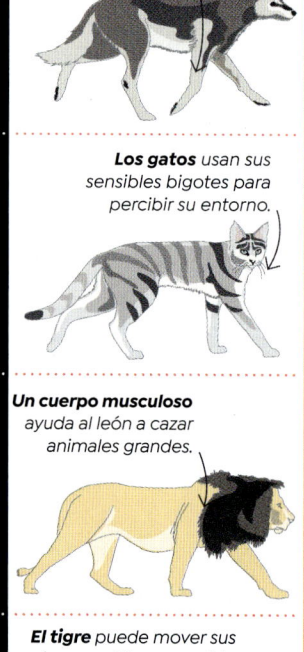

REINO

'CHORDATA'

Los cordados tienen un notocordio macizo desde el embrión. En la mayoría, forma parte de una espina flexible conocida como columna vertebral.

Los cordados que tienen columna vertebral se llaman vertebrados.

Los macacos, como todos los vertebrados, tienen esqueleto interno.

Un fuerte esqueleto sostiene y protege el cuerpo del lobo.

El esqueleto sirve de armazón para las extensiones musculares.

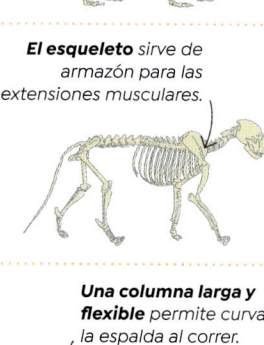

Una columna larga y flexible permite curvar la espalda al correr.

La larga cola le da equilibrio al moverse.

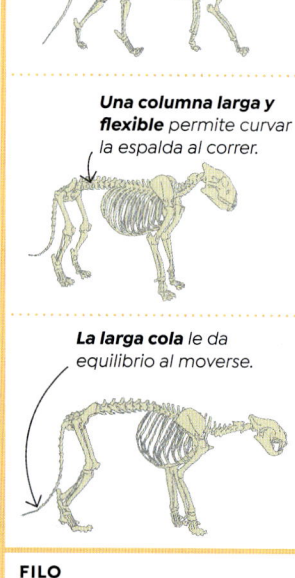

FILO

'MAMMALIA'

Los mamíferos son cordados de sangre caliente que tienen pelo en todo o en parte de su cuerpo. Las hembras adultas alimentan a sus crías con leche producida por sus glándulas mamarias.

Las hembras dan leche a sus crías a través de sus pezones.

El cuerpo del lobo está cubierto de pelo aislante.

El gato africano tiene hasta cinco crías por camada.

Las leonas de la misma manada suelen parir a la vez y amamantan a las crías ajenas.

Las hembras alimentan a sus crías hasta los seis meses.

CLASE

'CARNIVORA'

Los carnívoros son mamíferos con dientes caninos y molares para agarrar, matar y comer presas. Muchos comen preferentemente carne y tienen cuerpos adaptados para la caza.

Los afilados molares se usan para trocear la carne.

Los cuatro largos y agudos caninos matan a las presas.

Las potentes mandíbulas ayudan a matar y comer.

Los caninos se revelan al rugir.

ORDEN

'FELIDAE'

Los félidos o felinos son carnívoros con mandíbulas cortas y garras para sujetar a sus presas, subir a los árboles y luchar. En la mayoría de los casos las garras son retráctiles.

Las garras afiladas y curvadas ofrecen buen agarre.

Las garras se retraen cuando no se necesitan.

Los felinos afilan sus garras arañando.

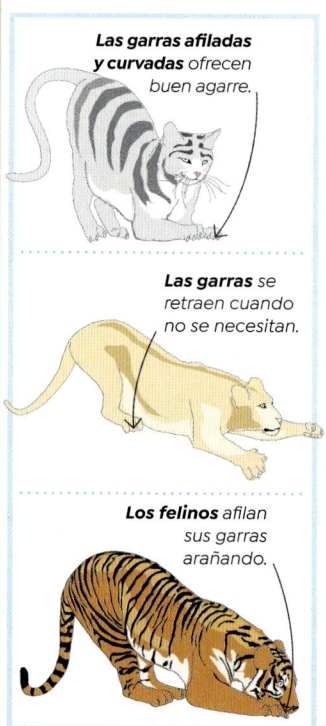

FAMILIA

EL ÁRBOL DE LA VIDA

Los vínculos evolutivos entre las formas de vida se representan en un diagrama llamado árbol de la vida. La división en ramas indica que los distintos grupos evolucionaron de un ancestro común. Estos son los tres mayores grupos de la clasificación, los dominios *Bacteria*, *Archaea* y *Eukarya*. El último tiene cinco ramas: los reinos.

¿QUÉ ES UNA ESPECIE?

Una especie es un grupo de organismos con características físicas y comportamientos comunes, aunque no sean idénticos. Sin embargo, son tan parecidos que pueden aparearse entre sí y engendrar crías sanas, como los cisnes de la imagen. Por regla general, los miembros de dos especies diferentes no pueden procrear con éxito.

'BACTERIA'

Los miembros de este dominio son organismos unicelulares microscópicos. Se reproducen dividiéndose en dos.

'ARCHAEA'

Estos organismos unicelulares parecen bacterias, pero usan otras sustancias químicas para controlar sus procesos vitales.

'EUKARYA'

Los eucariontes tienen células mayores y más complejas que las bacterias y arqueas. Todos los organismos pluricelulares pertenecen a este dominio.

'PROTOZOA'

Este variadísimo grupo de organismos unicelulares incluye las amebas y los flagelados.

'FUNGI'

Este reino comprende las levaduras, los mohos y las setas, presentes en la tierra y en el agua.

'ANIMALIA'

Todos los animales son organismos pluricelulares que pueden moverse para conseguir alimento.

'PLANTAE'

Las plantas son organismos pluricelulares que crean alimento con la fotosíntesis. La mayoría vive en tierra.

'CHROMISTA'

La mayoría son algas pluri o unicelulares que hacen la fotosíntesis y viven en el agua.

Todos los miembros de la familia de los felinos son cazadores especializados con garras curvas

Clasificación biológica

La vida en la Tierra se organiza mediante una clasificación que agrupa a los organismos según su parentesco. Todos los miembros de un grupo comparten una característica específica porque descienden del primer organismo que desarrolló esa innovación: el ancestro común. La especie es la unidad de clasificación más básica. Las especies se organizan en grupos cada vez más grandes hasta el nivel superior, llamado dominio.

'PANTHERA'

Sus miembros son grandes felinos que han desarrollado cuerdas vocales más largas y planas que responden mejor al paso del aire y les permiten rugir y ronronear.

Al rugir la boca se abre mucho para proyectar el sonido.

Los tigres pueden rugir a 114 decibelios, tan alto como un concierto de rock.

GÉNERO

'PANTHERA TIGRIS'

El tigre es el único miembro del género *Panthera* que de adulto tiene el pelaje a rayas. Estas lo camuflan en la vegetación veteada y le permiten ocultarse para cazar.

ESPECIE

La raza es una agrupación artificial creada por el ser humano para las especies domésticas. Los criadores han podido crear organismos con características específicas, como un pelaje suave, eligiendo qué individuos se aparean. A pesar de sus diferencias, las 100 razas de gato doméstico pertenecen a la misma especie, *Felis catus*.

RAZAS

Cadena trófica

Una comunidad de seres vivos –formada por plantas, animales y microorganismos– puede representarse como una cadena trófica, que clasifica a los organismos según lo que comen. Este sistema muestra cómo fluyen en la comunidad la energía que impulsa la vida y los nutrientes necesarios para que los organismos vivan. Las cadenas tróficas dividen a los seres vivos en categorías basadas en quién se come a quién.

Los nutrientes simples (minerales) son devueltos al mar (o al suelo terrestre), donde los absorben los productores primarios.

DESCOMPONEDORES

Estos organismos reciclan los nutrientes que hay en los restos de los organismos muertos al inicio de la cadena trófica. Los hongos y las bacterias son descomponedores comunes.

Las bacterias descomponedoras segregan enzimas digestivas y convierten la materia orgánica en minerales de desecho.

PRODUCTORES PRIMARIOS

Aquí empieza la cadena trófica. Los productores son plantas y algas que usan la fotosíntesis para tomar energía del sol y producir alimento.

CONSUMIDORES PRIMARIOS

Los animales deben alimentarse para obtener la energía y los nutrientes necesarios para vivir. Los animales que comen productores son consumidores primarios, también llamados herbívoros.

Las flechas muestran el flujo de energía y nutrientes en la cadena trófica.

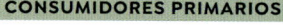

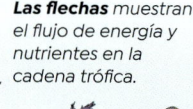

El zooplancton está formado por diminutos animales y protozoos que flotan en el mar y comen fitoplancton. Algunas especies comen zooplancton, así que son consumidoras secundarias.

El fitoplancton está formado por microalgas, diminutos organismos marinos que usan la fotosíntesis para producir alimento. Van a la deriva en aguas soleadas cerca de la superficie.

Enormes bancos de pequeños crustáceos conocidos como kril ascienden a la superficie de noche para alimentarse del fitoplancton flotante.

Las macroalgas crecen en el lecho marino y necesitan la luz del sol para vivir, igual que las plantas terrestres. Por eso se encuentran sobre todo en aguas poco profundas.

En los lechos marinos poco profundos algunos cangrejos y otros consumidores primarios comen algas. Los cangrejos de tierra deben esperar a la bajamar.

NIEVE MARINA

La nieve marina son pequeños fragmentos de desechos y organismos muertos que caen al fondo marino desde las capas superficiales. Conecta la cadena trófica con las profundidades transfiriendo energía y nutrientes, y es la principal fuente de alimento de los detritívoros del lecho marino. Los tentáculos de la anémona *Actinoscyphia aurelia* recogen la nieve a su paso.

DETRITÍVOROS

Cuando las plantas y los animales mueren, sus restos se convierten en comida para unos organismos llamados detritívoros, también conocidos como carroñeros. Son especialmente activos en el lecho marino.

Los cerdos de mar son parientes de los erizos y viven en el lecho marino buscando partículas de comida y desechos que se hunden.

CONSUMIDORES SECUNDARIOS

Son animales que comen consumidores primarios. En muchas cadenas tróficas, los consumidores secundarios comen plantas y animales, por lo que son conocidos como omnívoros.

CONSUMIDORES TERCIARIOS

Los animales de este nivel son cazadores especializados en determinadas presas. Por lo general solo comen carne, así que se llaman carnívoros.

La foca leopardo es una voraz depredadora. Come una amplia gama de animales, como peces, pingüinos y otras focas.

SUPERDEPREDADORES

Están en lo alto de su cadena trófica porque no tienen depredadores naturales. Los superdepredadores suelen ser animales grandes y poco numerosos.

Las ballenas, *los mayores animales del planeta, son consumidoras secundarias. Llenan su boca de agua y filtran cualquier alimento, consumiendo toneladas de kril cada día.*

Los peces *nadan en aguas abiertas buscando animales menores que ellos para alimentarse.*

Los pingüinos *pasan mucho tiempo en el agua para capturar peces, sepias y kril. Regresan a tierra para descansar y aparearse.*

Las orcas *viven en grupos familiares complejos cuyos individuos trabajan juntos para cazar presas de todo tipo, como delfines, focas, pingüinos, tiburones e incluso aves marinas.*

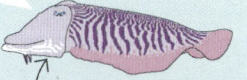

Las sepias, *parientes de los calamares y pulpos, se alimentan en aguas abiertas y en el lecho marino. Cuando comen ciertos peces son consumidoras terciarias.*

Los delfines *son depredadores. Estos mamíferos marinos adaptan su dieta al lugar donde viven, ya sea cerca de la costa o en altamar.*

Una orca de tamaño medio ingiere unos 225 kilos de comida al día

MUERTE

ANIMALES MUERTOS

El cadáver de una ballena es un festín en el lecho marino. En la mayor parte del fondo oceánico la oscuridad no permite que crezcan algas, así que los animales dependen de la comida que cae de arriba.

El cadáver de una ballena da refugio a animales de aguas profundas como los gusanos, los moluscos y los cangrejos, que viven en los restos.

GUSANOS ZOMBIS

Los *Osedax* son gusanos detritívoros del lecho marino. Usan un ácido para perforar los huesos y acceder a la grasa interior.

Los carroñeros, *como los pulpos de aguas profundas, los peces bruja y los tiburones, recorren largas distancias en busca de comida.*

Un cadáver de una ballena puede alimentar a millones de animales durante años

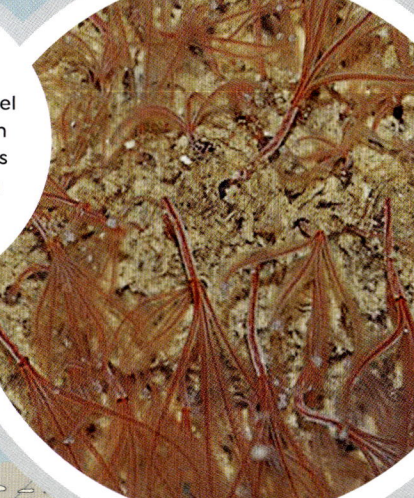

Ciclo del carbono

La vida en la Tierra se basa en el carbono. Todos los organismos vivos toman carbono de una u otra manera –del aire, del agua, del suelo y de otros organismos– y lo sueltan de nuevo. Esto, unido a procesos físicos como la erosión, es el ciclo del carbono, en cuyo equilibrio natural se interpone la actividad humana.

Una sola vaca emite unos 100 kilos de metano al año

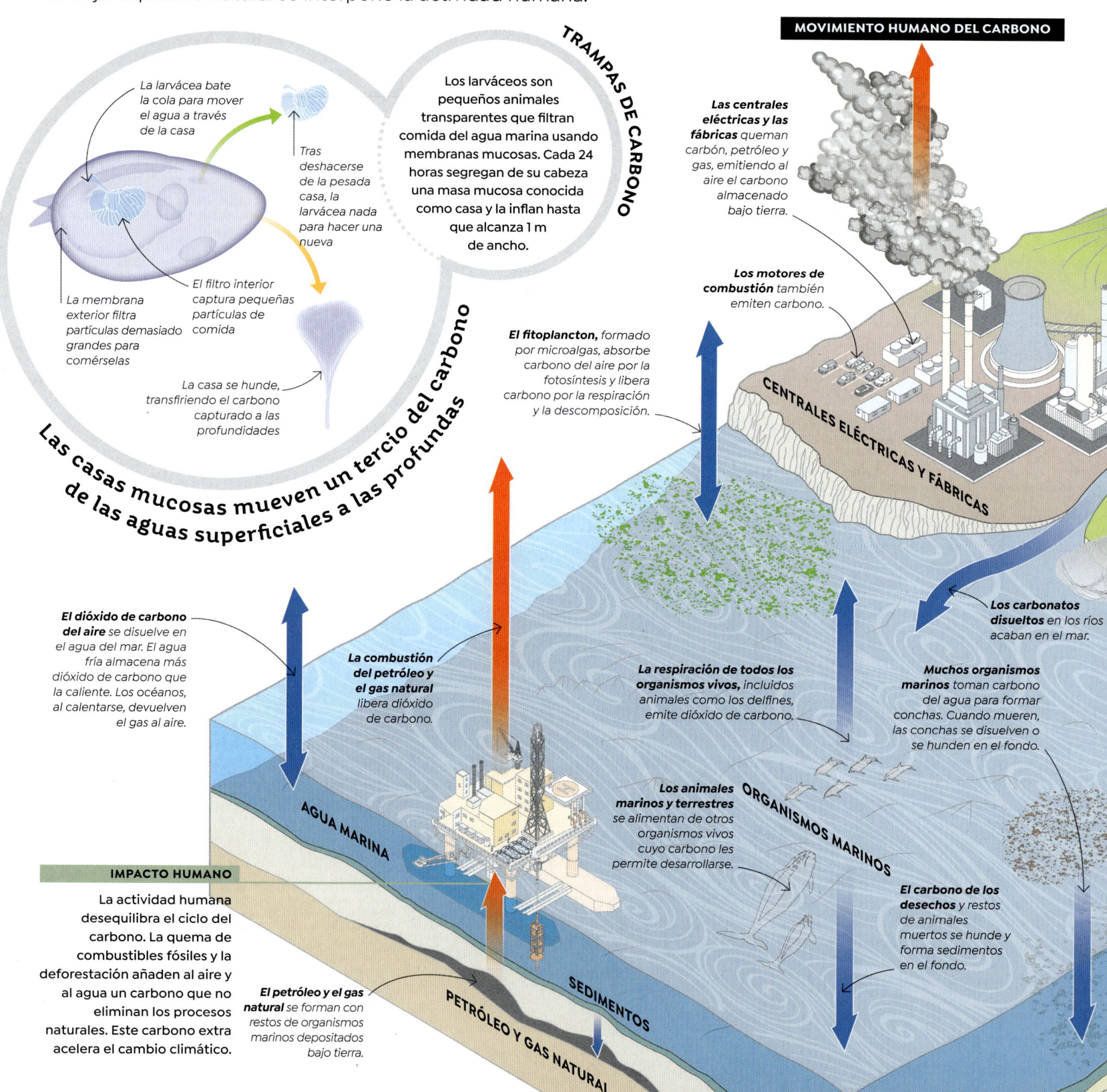

TRAMPAS DE CARBONO

La larvácea bate la cola para mover el agua a través de la casa

Tras deshacerse de la pesada casa, la larvácea nada para hacer una nueva

Los larváceos son pequeños animales transparentes que filtran comida del agua marina usando membranas mucosas. Cada 24 horas segregan de su cabeza una masa mucosa conocida como casa y la inflan hasta que alcanza 1 m de ancho.

El filtro interior captura pequeñas partículas de comida

La membrana exterior filtra partículas demasiado grandes para comérselas

La casa se hunde, transfiriendo el carbono capturado a las profundidades

Las casas mucosas mueven un tercio del carbono de las aguas superficiales a las profundas

MOVIMIENTO HUMANO DEL CARBONO

Las centrales eléctricas y las fábricas queman carbón, petróleo y gas, emitiendo al aire el carbono almacenado bajo tierra.

Los motores de combustión también emiten carbono.

El fitoplancton, formado por microalgas, absorbe carbono del aire por la fotosíntesis y libera carbono por la respiración y la descomposición.

CENTRALES ELÉCTRICAS Y FÁBRICAS

El dióxido de carbono del aire se disuelve en el agua del mar. El agua fría almacena más dióxido de carbono que la caliente. Los océanos, al calentarse, devuelven el gas al aire.

La combustión del petróleo y el gas natural libera dióxido de carbono.

La respiración de todos los organismos vivos, incluidos animales como los delfines, emite dióxido de carbono.

Los carbonatos disueltos en los ríos acaban en el mar.

Muchos organismos marinos toman carbono del agua para formar conchas. Cuando mueren, las conchas se disuelven o se hunden en el fondo.

Los animales marinos y terrestres se alimentan de otros organismos vivos cuyo carbono les permite desarrollarse.

ORGANISMOS MARINOS

AGUA MARINA

IMPACTO HUMANO

La actividad humana desequilibra el ciclo del carbono. La quema de combustibles fósiles y la deforestación añaden al aire y al agua un carbono que no eliminan los procesos naturales. Este carbono extra acelera el cambio climático.

El petróleo y el gas natural se forman con restos de organismos marinos depositados bajo tierra.

PETRÓLEO Y GAS NATURAL

SEDIMENTOS

El carbono de los desechos y restos de animales muertos se hunde y forma sedimentos en el fondo.

FOTOSÍNTESIS

Las plantas y las algas toman dióxido de carbono del aire y el agua y lo convierten en glucosa con la fotosíntesis. Con este proceso, el carbono entra en la cadena trófica.

Las plantas respiran constantemente y liberan dióxido de carbono al aire.

ERUPCIÓN VOLCÁNICA

Las erupciones volcánicas emiten dióxido de carbono a la atmósfera del carbono almacenado en las rocas.

Los diamantes son cristales de carbono puro formados hace miles de millones de años en el manto terrestre. Las erupciones volcánicas arrastran diamantes cerca de la superficie.

DIAMANTES

Los bosques cubren cerca del 30 % de la superficie terrestre; los árboles almacenan carbono en la madera al crecer.

LLUVIA

El dióxido de carbono se disuelve en la lluvia y crea un ácido que descompone las rocas, aportando carbonatos a los ríos.

El dióxido de carbono constituye el 0,04 % de la atmósfera. Este gas se emite y se elimina constantemente en el ciclo del carbono.

La deforestación libera carbono a la atmósfera si los árboles se queman o descomponen.

BOSQUES

La minería de carbón extrae el carbono almacenado en las cuencas sedimentarias de la corteza terrestre.

El cambio climático ha llevado a un incremento de las emisiones de metano desde la tundra por la descongelación del permafrost y los incendios.

Las turberas se forman por la descomposición de plantas en ciénagas y pantanos y en la tundra.

TURBA

El ganado emite carbono al aire en forma de gas metano.

GRANJAS

CARBÓN

El carbón se formó con restos de plantas enterradas antes de pudrirse.

BURBUJAS DE METANO

En el lago Abraham, en Canadá, las bacterias producen burbujas de metano desde el fondo, que se quedan atrapadas en el hielo al subir a la superficie.

CALIZA

DESCOMPOSICIÓN

Carroñeros como los buitres y los gusanos y descomponedores como las bacterias y los hongos se comen los organismos muertos. Los descomponedores devuelven el carbono de esos organismos al medio ambiente.

Los carbonatos de las conchas marinas se compactan para formar caliza.

METEORIZACIÓN Y EROSIÓN

Los carbonatos son minerales que contienen carbono. Forman parte de rocas como la caliza y la dolomía. La meteorización y la erosión descomponen esas rocas y sacan los carbonatos, que se incorporan al suelo o son arrastrados al mar.

En muchos suelos, como los de los arrozales, las bacterias descomponedoras producen metano de desecho al descomponer la materia orgánica.

Praderas

Las praderas se forman donde no llueve suficiente para que crezca un gran número de árboles pero hay agua bastante para que la tierra no se convierta en desierto. La hierba de crecimiento rápido es la vegetación dominante y muchos animales dependen de ella para alimentarse.

NACIMIENTOS SINCRONIZADOS

Los ñus tienen un periodo de celo muy corto, por lo que las crías suelen nacer en la misma época. Esto reduce el riesgo de muerte por depredación.

ACACIA DE COPA PLANA

Las acacias crean islas de fresca sombra en las vastas llanuras herbáceas. Este árbol de crecimiento lento soporta temperaturas de 50 °C, pero también el frío nocturno.

CARROÑEROS

Los guepardos suelen usar los termiteros como puestos de vigilancia para controlar a otros depredadores y a sus presas.

El aire caliente sale del termitero.

Los buitres se reúnen cerca del cadáver, pero deben esperar a que los leones terminen de comer para hacerse con las sobras.

SUPERDEPREDADORES

Los leones cazan en grupo. Se esconden tras las hierbas altas y se acercan sigilosamente a su presa hasta estar lo bastante cerca para atacar.

HERBÍVOROS

Los animales que comen hierba, como el ñu, no tienen dónde esconderse, así que forman grandes manadas por seguridad y huyen a la menor amenaza.

MANADA PASTANDO

CAZADOR SOLITARIO

CAZADORES COOPERATIVOS

El cerdo hormiguero duerme oculto en su madriguera de día y sale de noche a buscar hormigas y termitas.

El aire fresco entra por los conductos de ventilación.

Las raíces superficiales se extienden en todas direcciones para recoger el agua de lluvia.

TERMITEROS

Las colonias de termitas consumen enormes cantidades de tallos herbáceos. Viven en nidos subterráneos bajo torres de tierra con redes de conductos que hacen circular el aire dentro.

Las raíces profundas de la acacia buscan aguas subterráneas permanentes para que el árbol sobreviva en la estación seca.

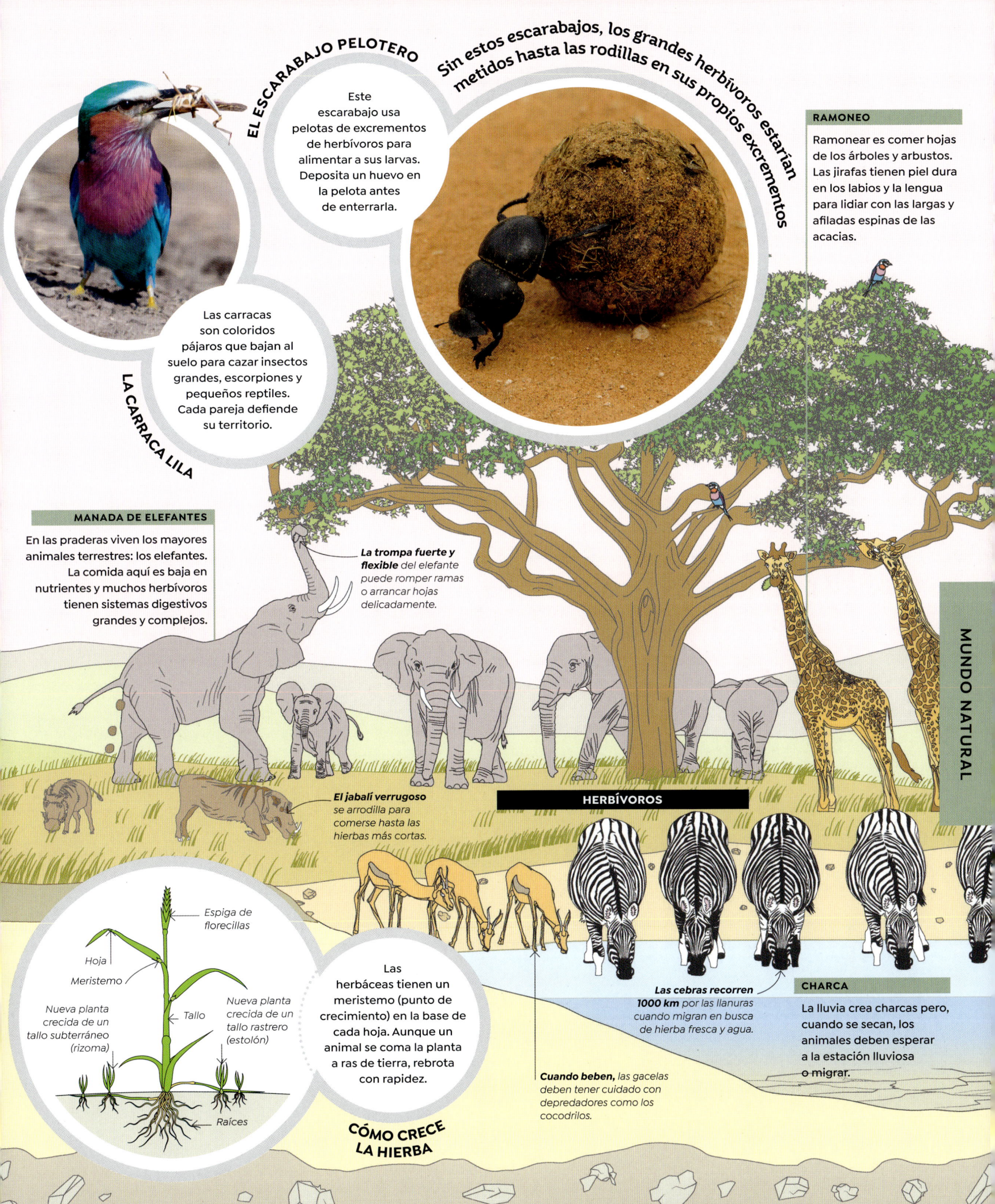

EL ESCARABAJO PELOTERO

Este escarabajo usa pelotas de excrementos de herbívoros para alimentar a sus larvas. Deposita un huevo en la pelota antes de enterrarla.

Sin estos escarabajos, los grandes herbívoros estarían metidos hasta las rodillas en sus propios excrementos

RAMONEO

Ramonear es comer hojas de los árboles y arbustos. Las jirafas tienen piel dura en los labios y la lengua para lidiar con las largas y afiladas espinas de las acacias.

LA CARRACA LILA

Las carracas son coloridos pájaros que bajan al suelo para cazar insectos grandes, escorpiones y pequeños reptiles. Cada pareja defiende su territorio.

MANADA DE ELEFANTES

En las praderas viven los mayores animales terrestres: los elefantes. La comida aquí es baja en nutrientes y muchos herbívoros tienen sistemas digestivos grandes y complejos.

La trompa fuerte y flexible del elefante puede romper ramas o arrancar hojas delicadamente.

El jabalí verrugoso se arrodilla para comerse hasta las hierbas más cortas.

HERBÍVOROS

MUNDO NATURAL

CHARCA

La lluvia crea charcas pero, cuando se secan, los animales deben esperar a la estación lluviosa o migrar.

Las cebras recorren 1000 km por las llanuras cuando migran en busca de hierba fresca y agua.

Cuando beben, las gacelas deben tener cuidado con depredadores como los cocodrilos.

Espiga de florecillas

Hoja

Meristemo

Nueva planta crecida de un tallo subterráneo (rizoma)

Tallo

Nueva planta crecida de un tallo rastrero (estolón)

Raíces

Las herbáceas tienen un meristemo (punto de crecimiento) en la base de cada hoja. Aunque un animal se coma la planta a ras de tierra, rebrota con rapidez.

CÓMO CRECE LA HIERBA

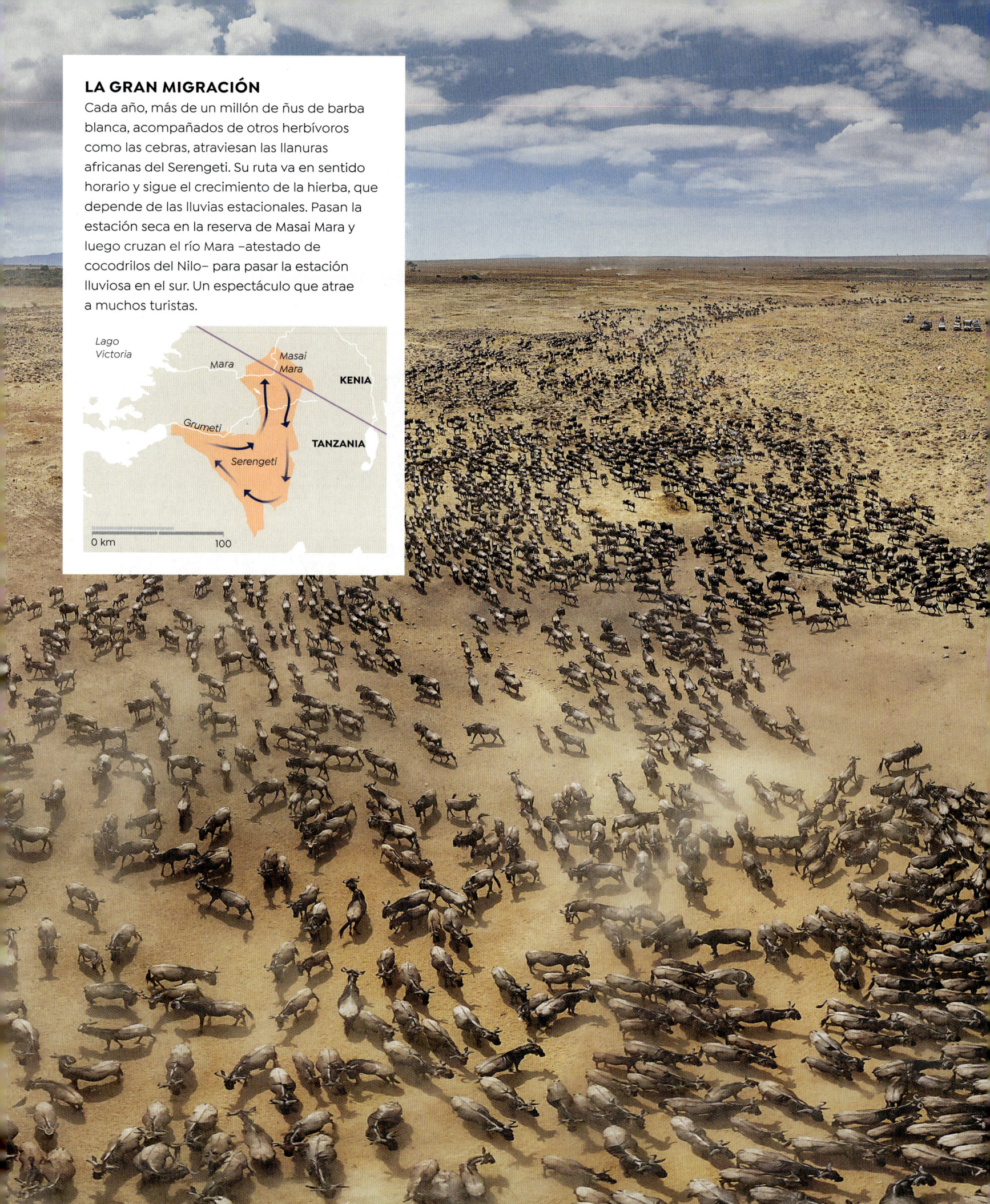

LA GRAN MIGRACIÓN

Cada año, más de un millón de ñus de barba blanca, acompañados de otros herbívoros como las cebras, atraviesan las llanuras africanas del Serengeti. Su ruta va en sentido horario y sigue el crecimiento de la hierba, que depende de las lluvias estacionales. Pasan la estación seca en la reserva de Masai Mara y luego cruzan el río Mara –atestado de cocodrilos del Nilo– para pasar la estación lluviosa en el sur. Un espectáculo que atrae a muchos turistas.

Lago Victoria

Mara

Masai Mara

KENIA

Grumeti

TANZANIA

Serengeti

0 km   100

LA SOMBRA OROGRÁFICA

Algunos desiertos se forman a la sombra de una cadena montañosa. El aire húmero del mar debe pasar por encima de las montañas para alcanzar el otro lado. A medida que asciende se enfría, se forman nubes y llueve. Para cuando alcanza la otra vertiente, el aire ya se ha secado y rara vez trae lluvia. Así se forma el desierto.

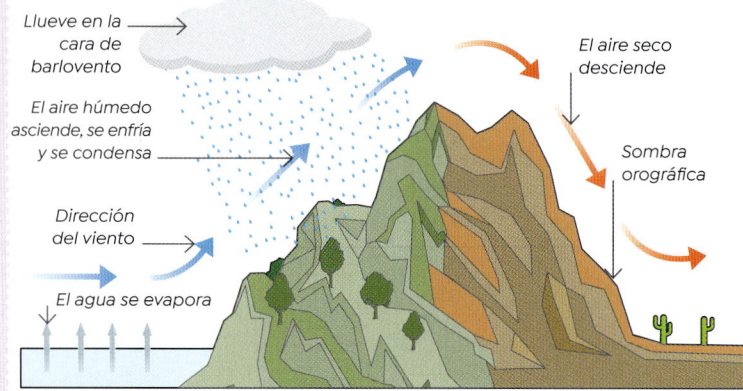

Llueve en la cara de barlovento

El aire húmedo asciende, se enfría y se condensa

Dirección del viento

El agua se evapora

El aire seco desciende

Sombra orográfica

SUCULENTAS

Las plantas suculentas almacenan agua en sus gruesos y carnosos órganos, como en el tallo del asiento de suegra. Las espinas de los cactus son hojas modificadas.

Las espinas protegen al cactus

El agua se guarda en su carnoso tejido

Un tejido ceroso evita la pérdida de agua

Las largas raíces absorben el agua

El pelo de las patas del fénec lo aíslan de la arena caliente y mejoran la tracción

Para emboscar a los lagartos, la víbora cornuda del desierto se oculta en la arena dejando solo los ojos fuera. Se desplaza a golpes de costado.

Cada cuerno es una única escama modificada que reduce el brillo del sol.

El pez de arena nada velozmente en la arena retorciéndose, pero también puede usar sus cortas patas para moverse despacio por la superficie.

El adax no necesita beber agua, ya que obtiene toda la que necesita de las plantas que come.

El pelaje pálido refleja el calor y da al adax el nombre alternativo de antílope blanco.

Las grandes orejas del fénec le ayudan a evacuar calor del cuerpo y oír a sus presas en la arena.

Dirección

Cabeza y parte delantera levantadas

Parte central del cuerpo elevada

El cuerpo empuja contra la arena

Para moverse velozmente en la arena suelta algunas serpientes usan la técnica del golpe de costado. Levantan partes de su cuerpo y se impulsan hacia adelante.

GOLPE DE COSTADO

Conocida también como tuera, la coloquíntida tiene frutos redondos y esponjosos, de pulpa amarga y semillas ricas en proteínas y grasas.

La coloquíntida tiene una larga raíz primaria que alcanza el agua subterránea, lo que le permite mantener las hojas frescas por evaporación.

La hormiga plateada del Sáhara sale del hormiguero solo 10 minutos a la hora más calurosa del día, cuando los lagartos descansan a la sombra.

Durante el día, el jerbo de Egipto tapona las entradas de su madriguera para evitar el calor y a los depredadores.

ARENA

La hormiga del Sáhara avanza 108 veces la longitud de su cuerpo en un segundo

Desiertos

Cualquier territorio que recibe menos de 250 mm de lluvia al año es un desierto. Suelen ser lugares muy cálidos durante el día y muy fríos de noche. Pueden ser arenosos, rocosos e incluso helados. Las plantas y los animales que los habitan se han adaptado a tan hostiles condiciones de varias maneras.

La singular cera de las hojas resiste 70 °C sin derretirse, lo cual evita que se sequen en el calor extremo del desierto.

Los dátiles cuelgan en racimos y cambian su color del amarillo al marrón cuando maduran.

PALMERA DATILERA

Los dulces frutos de las palmeras ayudan a sobrevivir a los moradores del Sáhara y los desiertos árabes desde hace miles de años. Las hojas se usan para hacer tejados.

A medida que el tronco crece, el árbol pierde sus hojas inferiores, dejando sus vainas leñosas.

La ganga suele anidar lejos de los oasis y debe volar cada día para beber y cargar agua para llevársela a sus polluelos.

CARAVANAS

Los dromedarios se domesticaron para el transporte hace unos 4000 años. Pueden sobrevivir sin beber agua ni comer varias semanas gracias a la grasa almacenada en su joroba.

El dromedario puede cerrar los orificios nasales para que no entre arena.

DUNAS

Las pezuñas anchas y acolchadas les permiten caminar en la arena caliente.

CÓMO SE FORMAN LOS OASIS

La lluvia que cae en colinas distantes fluye entre capas de rocas porosas llamadas acuíferos. El agua emerge donde el nivel freático está cerca de la superficie o por una falla de la roca, empujada por la presión.

El agua de lluvia se filtra a los acuíferos

Oasis formado en una depresión próxima al nivel freático

Oasis formado en una falla

El agua subterránea fluye lentamente por el acuífero

La roca impermeable evita que el agua subterránea se fugue

El agua sale por una falla

La ganga macho usa su plumaje pectoral absorbente para recoger agua para sus polluelos.

OASIS

FUENTE DE VIDA

Un oasis es un manantial en el desierto. La disponibilidad de agua es un factor limitante, por eso la vida salvaje en el desierto es escasa.

CAPA DE ROCA IMPERMEABLE

ACUÍFERO

CAPA DE ROCA IMPERMEABLE

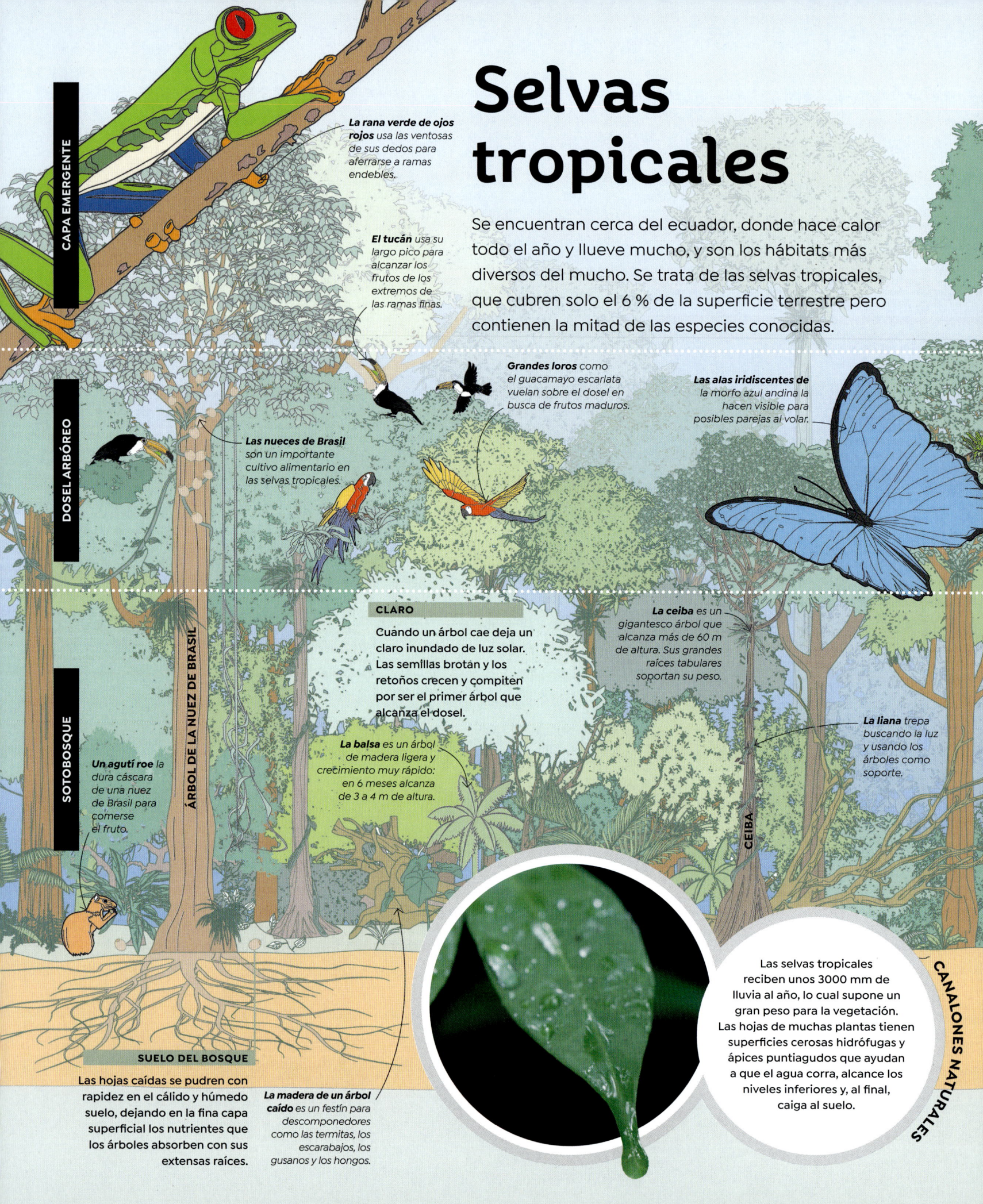

Selvas tropicales

Se encuentran cerca del ecuador, donde hace calor todo el año y llueve mucho, y son los hábitats más diversos del mucho. Se trata de las selvas tropicales, que cubren solo el 6 % de la superficie terrestre pero contienen la mitad de las especies conocidas.

CAPA EMERGENTE

La rana verde de ojos rojos usa las ventosas de sus dedos para aferrarse a ramas endebles.

El tucán usa su largo pico para alcanzar los frutos de los extremos de las ramas finas.

DOSEL ARBÓREO

Grandes loros como el guacamayo escarlata vuelan sobre el dosel en busca de frutos maduros.

Las alas iridiscentes de la morfo azul andina la hacen visible para posibles parejas al volar.

Las nueces de Brasil son un importante cultivo alimentario en las selvas tropicales.

SOTOBOSQUE

ÁRBOL DE LA NUEZ DE BRASIL

Un agutí roe la dura cáscara de una nuez de Brasil para comerse el fruto.

CLARO

Cuando un árbol cae deja un claro inundado de luz solar. Las semillas brotan y los retoños crecen y compiten por ser el primer árbol que alcanza el dosel.

La balsa es un árbol de madera ligera y crecimiento muy rápido: en 6 meses alcanza de 3 a 4 m de altura.

La ceiba es un gigantesco árbol que alcanza más de 60 m de altura. Sus grandes raíces tabulares soportan su peso.

CEIBA

La liana trepa buscando la luz y usando los árboles como soporte.

SUELO DEL BOSQUE

Las hojas caídas se pudren con rapidez en el cálido y húmedo suelo, dejando en la fina capa superficial los nutrientes que los árboles absorben con sus extensas raíces.

La madera de un árbol caído es un festín para descomponedores como las termitas, los escarabajos, los gusanos y los hongos.

Las selvas tropicales reciben unos 3000 mm de lluvia al año, lo cual supone un gran peso para la vegetación. Las hojas de muchas plantas tienen superficies cerosas hidrófugas y ápices puntiagudos que ayudan a que el agua corra, alcance los niveles inferiores y, al final, caiga al suelo.

CANALONES NATURALES

La arpía, una de las mayores aves rapaces del mundo, tiene fuerza para volar con un mono o un perezoso en sus garras.

Las plantas epífitas, como las orquídeas y las bromelias, viven en los árboles y obtienen agua del aire húmedo y nutrientes de los excrementos de los loros y monos.

DULCE NÉCTAR

Muchas plantas tropicales dependen de los animales para reproducirse y segregan néctar para atraerlos. Además de los insectos, los polinizadores de la selva son los colibríes, los murciélagos, los monos y el kinkajú; las flores que atraen a este mamífero nocturno suelen ser grandes, blancas y muy fragantes, como las de la balsa, que solo se abren una noche.

CAPA EMERGENTE

Los mayores árboles – algunos de hasta 75 m de altura– sobresalen del dosel y reciben más luz solar.

DOSEL ARBÓREO

Las ramas superpuestas de los árboles perennifolios crean un techo que bloquea gran parte de la luz solar. El 8 % de las especies tropicales viven en el dosel.

El kinkajú usa sus extremidades y su cola prensil para moverse con agilidad por los árboles.

El mono aullador rojo proclama su territorio desde los árboles al amanecer y al anochecer.

El tapir se oculta en el denso sotobosque. Las crías se camuflan gracias a las rayas y manchas de su pelaje.

ÁRBOL DEL CAUCHO

El árbol del caucho tiene una savia lechosa llamada látex de la que se obtiene el caucho.

HIGUERA

ÁRBOL DEL CACAO

'AÇAÍ'

Los perezosos buscan hojas de noche y usan sus largas y curvadas uñas para colgarse de las ramas.

El açaí es una palmera que se cultiva por sus frutos y sus palmitos.

SOTOBOSQUE

Una capa de árboles menores, arbustos y helechos crece entre el dosel y el casi desnudo suelo del bosque.

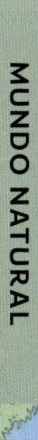

196-197

MUNDO NATURAL

El jaguar es el mayor depredador de la Amazonia. Suele salir de noche a cazar tapires, ciervos y otros mamíferos.

Millones de hormigas cortadoras de hojas viven en hormigueros con varias cámaras donde cultivan hongos sobre las hojas cortadas.

Las hormigas cortadoras de hojas llevan los trozos de hojas a sus hormigueros y los usan para cultivar hongos que les sirven de alimento.

PODADORAS

Las hormigas cortadoras de hojas cortan el 15 % de las hojas de la selva amazónica

Bosques templados

Los bosques templados son propios de regiones donde llueve mucho pero no hace mucho frío ni mucho calor. Estos lugares tienen cuatro estaciones diferenciadas y los ciclos de vida de las plantas y los animales se sincronizan con los cambios anuales.

COMIDA ABUNDANTE

BROTES

Con la llegada de la primavera suben las temperaturas y los días se alargan. En los árboles asoman brotes de hojas y flores, muy solicitados por los pulgones.

Una pareja de carboneros debe encontrar hasta 570 orugas al día para alimentar a sus polluelos

Los huevos de insectos eclosionan en primavera. Las orugas y las larvas son una importante fuente de alimento para aves como los carboneros y sus crías.

Los árboles caducifolios, como el roble, el arce y el abedul, mudan las hojas cada año.

El cárabo suele pasar el día dormitando y despierta de noche para cazar roedores y otras presas pequeñas.

HOJAS Y FLORES

Hacia el final de la primavera la vida alcanza su apogeo. Los árboles están llenos de hojas y sus flores sueltan polen al viento para polinizar otros árboles.

Un macho de tángara rojinegra busca comida para engordar a tiempo para el celo, a finales de primavera y principios de verano.

La salamandra de espalda roja vive en lugares húmedos, bajo hojas y troncos caídos y en nidos.

El ciervo de cola blanca come retoños y brotes que halla en el suelo del bosque.

Las flores silvestres tapizan el suelo a medida que el sol se cuela entre las ramas de los árboles.

Un agujero en un tronco es un nido seguro para aves como el pájaro carpintero y el búho.

ARBUSTOS

ROBLE

HAYA

TRILIO

Si un búho la agarra por la cola, la salamandra puede desprenderse de ella y huir

Esta herbácea corre contra el reloj para florecer y reproducirse antes de que crezcan las hojas de los árboles e impidan que la luz solar llegue al suelo.

Las raíces del haya se extienden bajo tierra tanto como las ramas para absorber agua y sostener el árbol cuando el viento es fuerte.

PRIMAVERA

COSECHA OTOÑAL

Muchos animales, como la ardilla listada, gozan de la gran cantidad de frutos disponibles en otoño. Algunos almacenan comida para pasar el invierno.

POR QUÉ LAS HOJAS SUELEN SER VERDES

En los bosques templados domina el color verde debido a un pigmento foliar llamado clorofila. Este absorbe la luz solar como parte del proceso de la fotosíntesis. La clorofila absorbe la luz red y la azul, pero refleja la verde, haciendo que las hojas se vean de ese color.

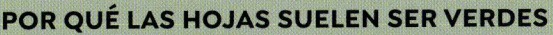

Luz solar

El ojo humano ve la luz verde reflejada

Granas de clorofila dentro de un cloroplasto

El rojo y el azul son absorbidos

Antes de desprenderse de las hojas, el árbol retira la clorofila y deja los pigmentos rojos y marrones que cambian el color de las hojas.

Una hembra de tángara rojinegra alimenta a sus polluelos en un nido hecho con ramas y hierba.

El pájaro carpintero usa su pico puntiagudo para sacar las larvas de escarabajo que se comen la madera que hay bajo la corteza.

Los pavos salvajes buscan semillas e insectos entre las hojas y el suelo.

En verano, los helechos se extienden con rapidez por el suelo del bosque.

FRUTOS

Las flores polinizadas desarrollan frutos. Algunos solo son semillas envueltas en cáscaras, pero con todo lo necesario para que nazca una nueva planta.

CAÍDA DE LAS HOJAS

Los días en invierno son demasiado cortos y grises para la fotosíntesis, así que los árboles caducifolios pierden sus hojas en otoño para que las heladas no los dañen.

HAYA

CUBIERTA VEGETAL

ROBLE

ARCE

La ardilla listada debe estar atenta a los depredadores mientras recoge frutos del suelo. Almacena lo que no se come en su madriguera.

La madriguera de las ardillas tiene una cámara de cría, varios almacenes de comida y túneles de drenaje.

Una gruesa capa de hojarasca cubre el suelo. Al pudrirse añade nutrientes a la tierra.

DESCOMPOSICIÓN

El tronco de un árbol caído es una valiosa fuente de alimento. Las larvas de escarabajo y los hongos proliferan en la madera, pudriéndola poco a poco.

MUNDO NATURAL

VERANO

OTOÑO

Bosques boreales

La taiga siberiana es tan vasta que contiene tantos árboles como el resto de los bosques pluviales del mundo juntos

Un amplio y verde cinturón de árboles se extiende por el norte del planeta bajo la tundra ártica. El bosque boreal, también conocido como taiga, está dominado por coníferas como la pícea, el pino y el abeto, adaptadas a sobrevivir a los largos y duros inviernos y a los cortos y frescos veranos.

PÍCEA

PINO

DISEÑADAS PARA LA NIEVE

Las ramas de las coníferas son flexibles y dotan al árbol de una forma cónica. Así la nieve se desliza cuando pesa mucho, en lugar de romper las ramas.

Las coníferas se reproducen mediante conos; a principios de invierno, los conos femeninos se secan, se abren y dejan caer semillas a la nieve, que brotarán tras el deshielo primaveral.

INVIERNO

Los renos pasan el invierno en los bosques comiendo ramitas y cortezas, y removiendo la nieve en busca de musgo y líquenes.

Las hembras preñadas conservan sus cornamentas hasta que paren en la siguiente primavera, mientras que los machos las mudan en otoño.

La nieve se desliza por las ramas cuando pesa mucho.

La rana del bosque yace en estado latente bajo la nieve.

Viejo cono caído el año anterior.

El pelaje blanco del armiño le ayuda a camuflarse en la nieve cuando caza topillos y otras presas.

Una espesa capa de agujas cubre el suelo y lo acidifica. Los musgos están entre las pocas plantas que crecen en este terreno.

Las raíces se extienden para sostener el árbol en la fina capa de tierra.

La rana del bosque de Alaska pasa el invierno en la hojarasca bajo la nieve, con la piel y la sangre congeladas. Para sobrevivir, sus células segregan glucosa, que actúa como anticongelante hasta la llegada del verano.

CONGELADA Y VIVA

El topillo cava redes de túneles en la nieve que incluyen zonas de anidación forradas de hierba seca, donde las hembras paren.

INVIERNO

Los inviernos son largos y fríos, con temperaturas gélidas que duran hasta ocho meses. El bosque se cubre de nieve y los días son cortos y a menudo grises.

ALERCE

HOJAS COMO AGUJAS

Las coníferas de hoja perenne, como la pícea blanca, tienen acículas cerosas que retienen agua y resisten las heladas. Las hojas viejas se caen y rebrotan.

PÍCEA

SAVIA NUEVA

En primavera la nieve se derrite y el suelo se llena de agua. Las raíces la absorben e insuflan savia fresca en los árboles, que crecen con rapidez.

El arrendajo siberiano habita los bosques boreales todo el año y se alimenta de insectos, bayas y semillas. En otoño almacena comida para el invierno bajo las cortezas sueltas.

VERANO

El alerce, al contrario que los árboles perennifolios, pierde sus hojas antes del invierno para ahorrar agua, aunque crece con rapidez en primavera.

Las potentes quijadas del glotón le permiten machacar los huesos de animales tan grandes como el reno; en verano opta por presas menores, como los pájaros, sus huevos y ciertos frutos.

INSECTOS INVASORES

El escarabajo de la corteza de la pícea sale de los árboles infestados en verano y vuela a otros huéspedes. Este insecto perfora la corteza para aparearse y desovar, y secreta feromonas para atraer a otros escarabajos. Sus larvas perforan la madera y pueden causar la muerte del árbol.

El polen de los conos masculinos llega con el viento a los femeninos, que son fertilizados y producen semillas.

En verano, el pelaje del armiño se vuelve marrón y le ayuda a camuflarse.

RED DE MICORRIZAS

Una red de filamentos llamados hifas se oculta en el suelo. Pertenece a los hongos y solo se hace evidente cuando estos producen sus cuerpos fructíferos, las setas.

Las hifas pasan agua y nutrientes del suelo a los árboles a través de la red y a cambio obtienen azúcares.

Los árboles tienen una relación simbiótica con los hongos llamada micorriza. Los filamentos de los hongos, o hifas, crean conexiones con las raíces de los árboles. A través de esta red, conocida como Wood Wide Web, comparten nutrientes y envían señales químicas.

WOOD WIDE WEB

VERANO

Para aprovechar la corta estación de desarrollo, los árboles perennifolios conservan sus hojas todo el año; así están listos para hacer la fotosíntesis en cuanto los días se hacen más largos y cálidos.

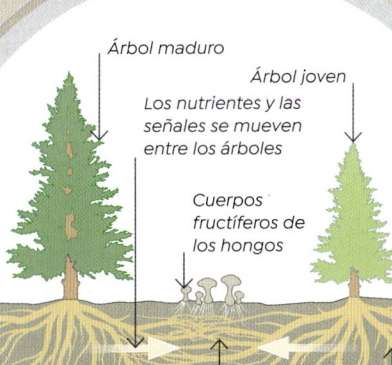

Árbol maduro

Árbol joven

Los nutrientes y las señales se mueven entre los árboles

Cuerpos fructíferos de los hongos

La red de micorrizas conecta los árboles

Raíces revestidas de hifas

Tundra

Las tierras que bordean las regiones polares forman un hábitat llamado tundra. Hace tanto frío todo el año que el subsuelo congelado, llamado permafrost, impide que crezcan árboles. Solo las plantas pequeñas de raíces superficiales pueden vivir aquí.

Las plantas de la tundra tienen poca altura para eludir el viento frío y seco. Las hojas pequeñas y gruesas de la gayuba son ideales para optimizar la preciada agua.

ARBUSTOS ENANOS

UN DURO HÁBITAT

Las plantas de la tundra crecen en una delgada capa activa de suelo, sobre el permafrost. Pasan 10 meses al año sepultadas bajo un manto de nieve.

INVIERNO

Los bueyes almizcleros, enormes y peludos parientes de las ovejas y las cabras, pasan todo el año en la tundra.

NIEVE

Las plantas pasan el invierno en estado latente. Con el frío, su metabolismo es demasiado lento para que crezcan.

Los lemmings excavan galerías en la nieve y comen raíces todo el invierno.

El largo pelaje del buey almizclero, con una densa capa aislante, le protege de vientos que alcanzan los 120 km/h.

CAPA ACTIVA CONGELADA EN INVIERNO

PERMAFROST

CICLOS MÁS LARGOS

Esta oruga peluda no puede crecer lo bastante rápido para convertirse en una polilla tigre en un solo verano. El proceso dura varios años y la oruga pasa cada largo invierno congelada, pero viva.

El charrán ártico migra desde la Antártida en busca de los abundantes insectos que habitan la tundra en verano.

EL ESPERADO DESHIELO

Durante el corto verano, la nieve se funde y la capa superficial del suelo se deshiela. La tundra se convierte en un pantanal porque el agua no permea el permafrost.

VERANO

Grandes manadas de renos dejan el cobijo de los bosques boreales para pastar en la tundra.

CAPA ACTIVA

Las plantas de crecimiento rápido, como la hierba, los juncos y el musgo, brotan del suelo descongelado. Deben reproducirse antes de que vuelva el frío.

Los renos nacen a finales de primavera. Las crías pasan unos seis meses con sus madres.

PERMAFROST

Las temperaturas en la tundra ártica pueden descender hasta los -50 °C

El búho nival encuentra lemmings y pequeñas presas bajo la nieve escuchando los sonidos que hacen.

Una capa plumosa mantiene calientes las garras del búho en la nieve y el hielo.

El zorro ártico es un cazador activo todo el año. Sale de su zorrera de día en busca de roedores, liebres y pájaros.

La liebre ártica escarba en la nieve buscando restos de plantas. Sus orejas son más cortas que las de otras liebres para reducir el riesgo de congelación.

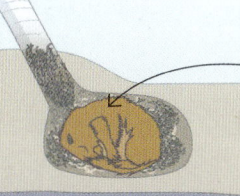

El suslik ártico, una especie de ardilla terrestre, hiberna en una cálida madriguera excavada en el suelo.

BUCLE DE RETROALIMENTACIÓN

El permafrost se está descongelando a causa del cambio climático. El metano almacenado en la turba del permafrost sale al aire, calentándolo. Esto deshiela aún más el permafrost, que libera más metano, causando más deshielo. Se trata de un bucle de retroalimentación.

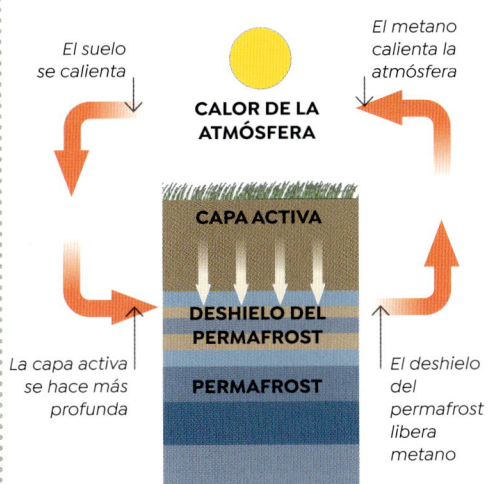

El suelo se calienta

El metano calienta la atmósfera

CALOR DE LA ATMÓSFERA

La capa activa se hace más profunda

El deshielo del permafrost libera metano

CAPA ACTIVA

DESHIELO DEL PERMAFROST

PERMAFROST

RÍO CONGELADO

Las aves migratorias, como el escribano nival de la imagen, se reproducen en la tundra en verano. Alimentan a sus polluelos con los abundantes insectos de este hábitat pantanoso.

VISITANTES ESTIVALES

La corta estación de cría dura de 50 a 60 días

Los ánsares nivales llegan tras pasar el invierno más al sur. Tras desovar y criar a sus polluelos, se marchan al final del verano.

Las amapolas y los lupinos árticos florecen y producen néctar que atrae a insectos polinizadores, como el abejorro del Ártico.

Los osos pardos pescan salmones que van a desovar. Esta madre enseña a su osezno cómo hacerlo.

Los mosquitos se cuentan por millones. Estos insectos buscan presas como el reno para alimentarse de su sangre.

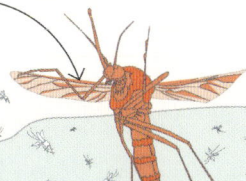

Un vuelvepiedras busca larvas de insectos en el lodo.

El suslik ártico pasa el verano comiendo semillas, frutos y flores para engordar con vistas al invierno.

RÍO

Los salmones remontan los ríos poco profundos para desovar.

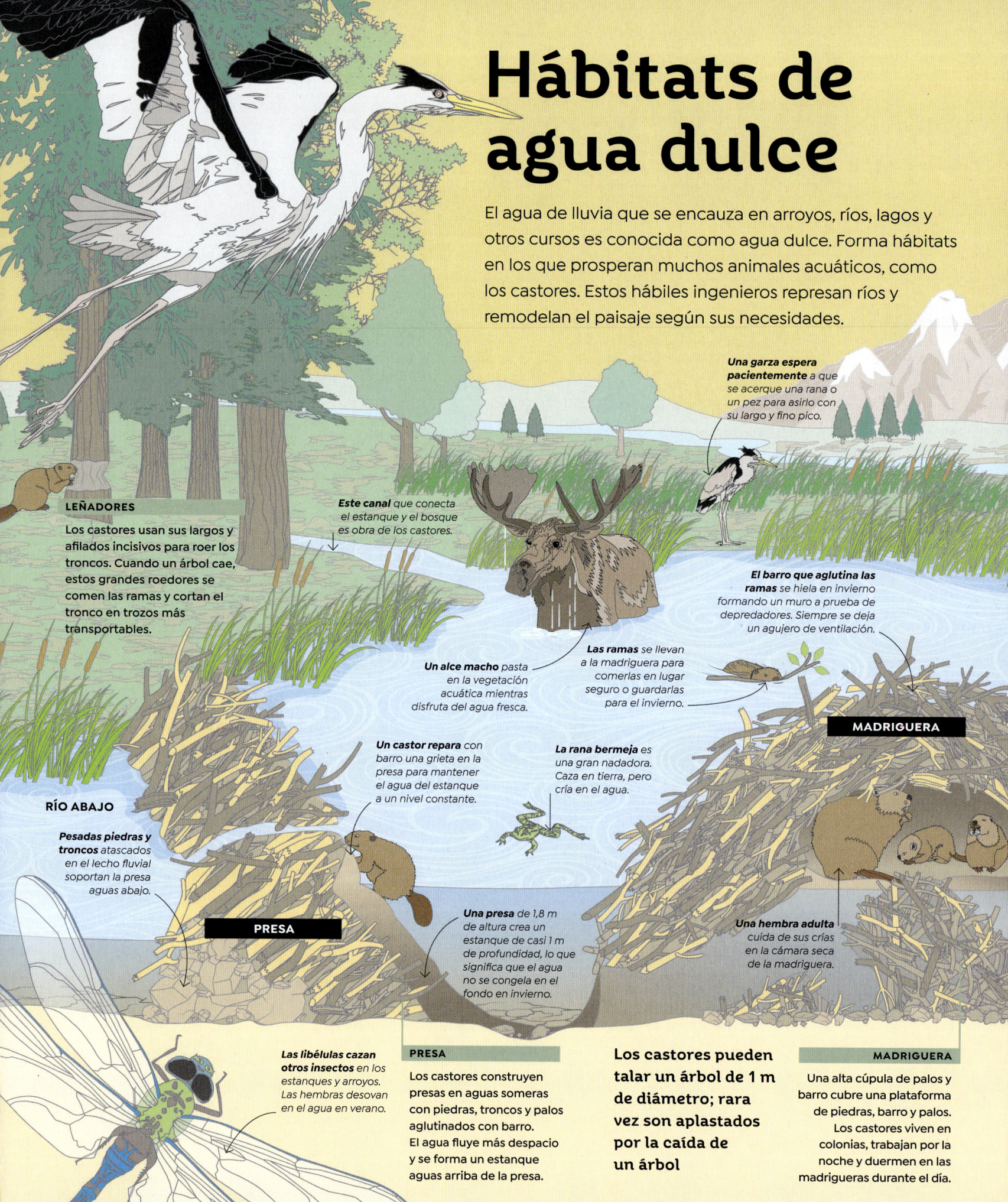

Hábitats de agua dulce

El agua de lluvia que se encauza en arroyos, ríos, lagos y otros cursos es conocida como agua dulce. Forma hábitats en los que prosperan muchos animales acuáticos, como los castores. Estos hábiles ingenieros represan ríos y remodelan el paisaje según sus necesidades.

Una garza espera pacientemente a que se acerque una rana o un pez para asirlo con su largo y fino pico.

LEÑADORES

Los castores usan sus largos y afilados incisivos para roer los troncos. Cuando un árbol cae, estos grandes roedores se comen las ramas y cortan el tronco en trozos más transportables.

Este canal que conecta el estanque y el bosque es obra de los castores.

El barro que aglutina las ramas se hiela en invierno formando un muro a prueba de depredadores. Siempre se deja un agujero de ventilación.

Las ramas se llevan a la madriguera para comerlas en lugar seguro o guardarlas para el invierno.

Un alce macho pasta en la vegetación acuática mientras disfruta del agua fresca.

MADRIGUERA

Un castor repara con barro una grieta en la presa para mantener el agua del estanque a un nivel constante.

La rana bermeja es una gran nadadora. Caza en tierra, pero cría en el agua.

RÍO ABAJO

Pesadas piedras y troncos atascados en el lecho fluvial soportan la presa aguas abajo.

Una presa de 1,8 m de altura crea un estanque de casi 1 m de profundidad, lo que significa que el agua no se congela en el fondo en invierno.

Una hembra adulta cuida de sus crías en la cámara seca de la madriguera.

PRESA

Las libélulas cazan otros insectos en los estanques y arroyos. Las hembras desovan en el agua en verano.

PRESA

Los castores construyen presas en aguas someras con piedras, troncos y palos aglutinados con barro. El agua fluye más despacio y se forma un estanque aguas arriba de la presa.

Los castores pueden talar un árbol de 1 m de diámetro; rara vez son aplastados por la caída de un árbol

MADRIGUERA

Una alta cúpula de palos y barro cubre una plataforma de piedras, barro y palos. Los castores viven en colonias, trabajan por la noche y duermen en las madrigueras durante el día.

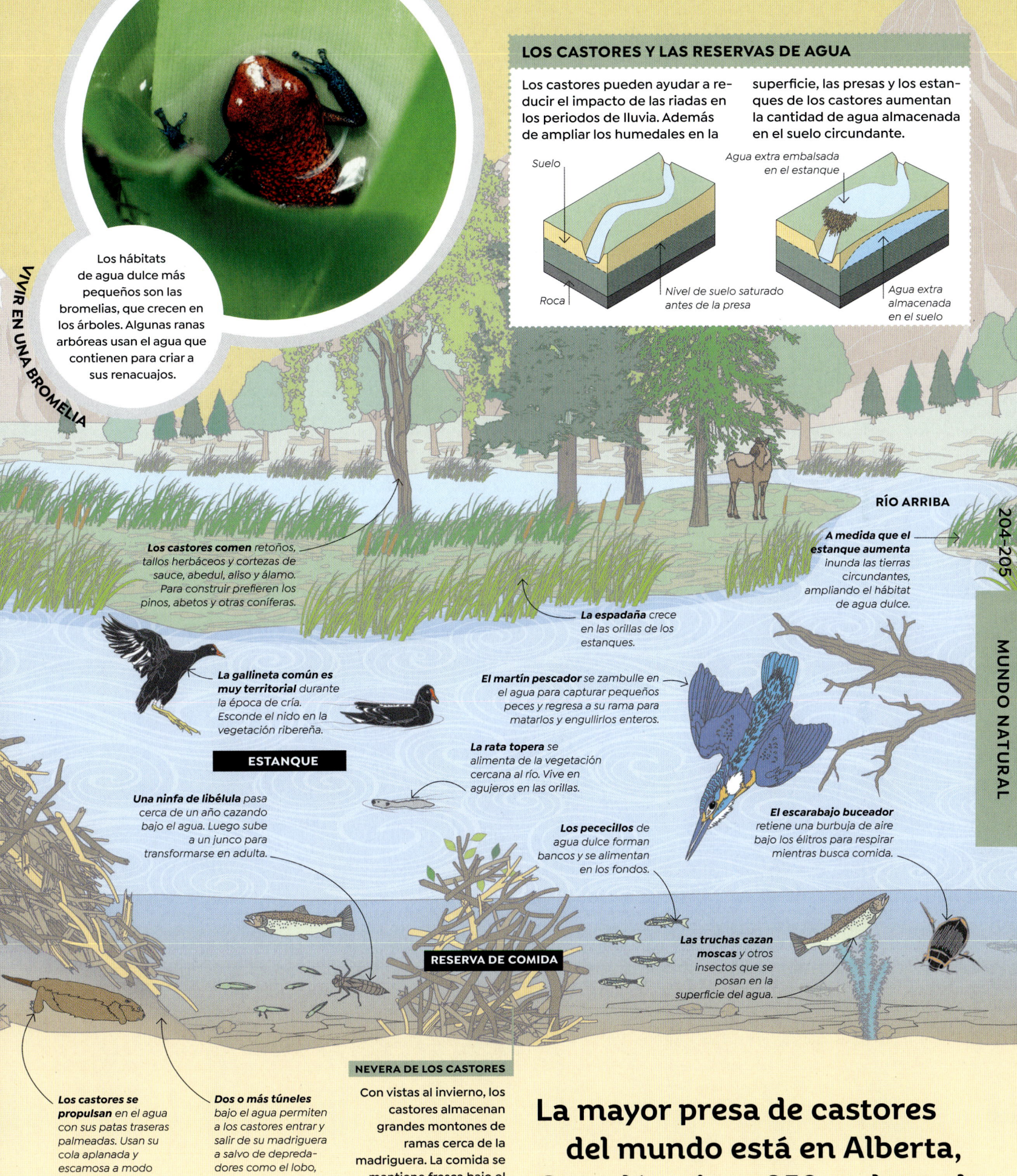

VIVIR EN UNA BROMELIA

Los hábitats de agua dulce más pequeños son las bromelias, que crecen en los árboles. Algunas ranas arbóreas usan el agua que contienen para criar a sus renacuajos.

LOS CASTORES Y LAS RESERVAS DE AGUA

Los castores pueden ayudar a reducir el impacto de las riadas en los periodos de lluvia. Además de ampliar los humedales en la superficie, las presas y los estanques de los castores aumentan la cantidad de agua almacenada en el suelo circundante.

Suelo

Agua extra embalsada en el estanque

Roca

Nivel de suelo saturado antes de la presa

Agua extra almacenada en el suelo

RÍO ARRIBA

A medida que el estanque aumenta inunda las tierras circundantes, ampliando el hábitat de agua dulce.

Los castores comen retoños, tallos herbáceos y cortezas de sauce, abedul, aliso y álamo. Para construir prefieren los pinos, abetos y otras coníferas.

La espadaña crece en las orillas de los estanques.

La gallineta común es muy territorial durante la época de cría. Esconde el nido en la vegetación ribereña.

El martín pescador se zambulle en el agua para capturar pequeños peces y regresa a su rama para matarlos y engullirlos enteros.

La rata topera se alimenta de la vegetación cercana al río. Vive en agujeros en las orillas.

ESTANQUE

Una ninfa de libélula pasa cerca de un año cazando bajo el agua. Luego sube a un junco para transformarse en adulta.

Los pececillos de agua dulce forman bancos y se alimentan en los fondos.

El escarabajo buceador retiene una burbuja de aire bajo los élitros para respirar mientras busca comida.

RESERVA DE COMIDA

Las truchas cazan moscas y otros insectos que se posan en la superficie del agua.

NEVERA DE LOS CASTORES

Los castores se propulsan en el agua con sus patas traseras palmeadas. Usan su cola aplanada y escamosa a modo de timón.

Dos o más túneles bajo el agua permiten a los castores entrar y salir de su madriguera a salvo de depredadores como el lobo, el coyote y el oso.

Con vistas al invierno, los castores almacenan grandes montones de ramas cerca de la madriguera. La comida se mantiene fresca bajo el hielo y disponible.

La mayor presa de castores del mundo está en Alberta, Canadá, y tiene 850 m de ancho

LA VIDA EN EL ESTANQUE

Los animales de agua dulce tienen estilos de vida muy diversos. Los caracoles son comedores pasivos que filtran el plancton por un sifón que también les sirve para respirar. Las hembras tienen crías vivas, versiones en miniatura de los adultos, algo inusual entre los caracoles. Las ninfas de las damiselas y las libélulas son fieras depredadoras que comen larvas de otros insectos y renacuajos. Cuando la ninfa llega a su máximo desarrollo sale del agua, se encarama en una planta y se transforma en un insecto adulto mediante un proceso conocido como metamorfosis.

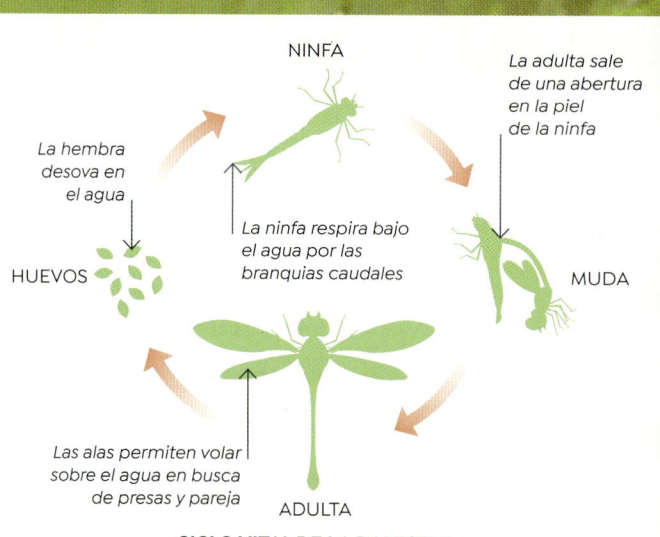

NINFA

La adulta sale de una abertura en la piel de la ninfa

La hembra desova en el agua

La ninfa respira bajo el agua por las branquias caudales

HUEVOS

MUDA

Las alas permiten volar sobre el agua en busca de presas y pareja

ADULTA

CICLO VITAL DE LA DAMISELA

Marismas

Allá donde se encuentran el mar y la tierra existe un complejo hábitat. Dos veces al día se cubre de agua salada, pero pocas horas después se queda a la intemperie. Los animales, las plantas y las algas que lo habitan deben adaptarse a este interminable ciclo y vivir entre los dos extremos.

Cabeza y ojos grandes

GÓBIDO

Caparazón segmentado

GAMBA

Brazos para desplazarse y cazar

Púas protectoras

ERIZO DE MAR

ESTRELLA DE MAR

VIVIR ENTRE ROCAS

El agua atrapada en las grietas ofrece refugio a pequeños animales que no pueden vivir al aire. Algunos son residentes permanentes, otros son temporales.

Las frondas de la Pelvetia canaliculata tienen unos canales en la parte inferior que almacenan agua para la larga espera a la pleamar.

COSTA ROCOSA

El alga Fucus vesiculosus *está* cubierta de una gelatina que impide que se evapore el agua durante la marea baja.

Cuando baja la marea, la lapa elige un lugar concreto en la roca y aprieta su concha contra la superficie.

Fuera del agua, el tomate de mar retrae sus tentáculos y adquiere forma esférica.

El sol calienta el agua de las piscinas e incrementa su salinidad por la evaporación, pero la lluvia las refresca y diluye la sal.

La Zostera marina crece en la parte más baja de la orilla y solo se expone al aire en las mareas vivas.

Como otras aves costeras, el ostrero halla abundante comida con la marea baja, cuando los moluscos y gusanos son fáciles de coger.

COSTA ROCOSA

Las costas rocosas se crean por acción de las olas, que arrastran la arena y los sedimentos. Proporcionan a muchas especies un hábitat duradero, pero muy expuesto a los elementos.

BAJAMAR

BAJAMAR CON MAREAS MUERTAS

BAJAMAR CON MAREAS VIVAS

Los mangles rojos se sostienen sobre unas gruesas raíces leñosas.

El mangle es el único árbol que crece en terrenos inundados salinos

MANGLAR

MANGLAR

En áreas resguardadas de las costas tropicales, los bosques de mangles llegan hasta las zonas intermareales. Estos árboles se han adaptado a este hábitat salino, que alberga muchos animales.

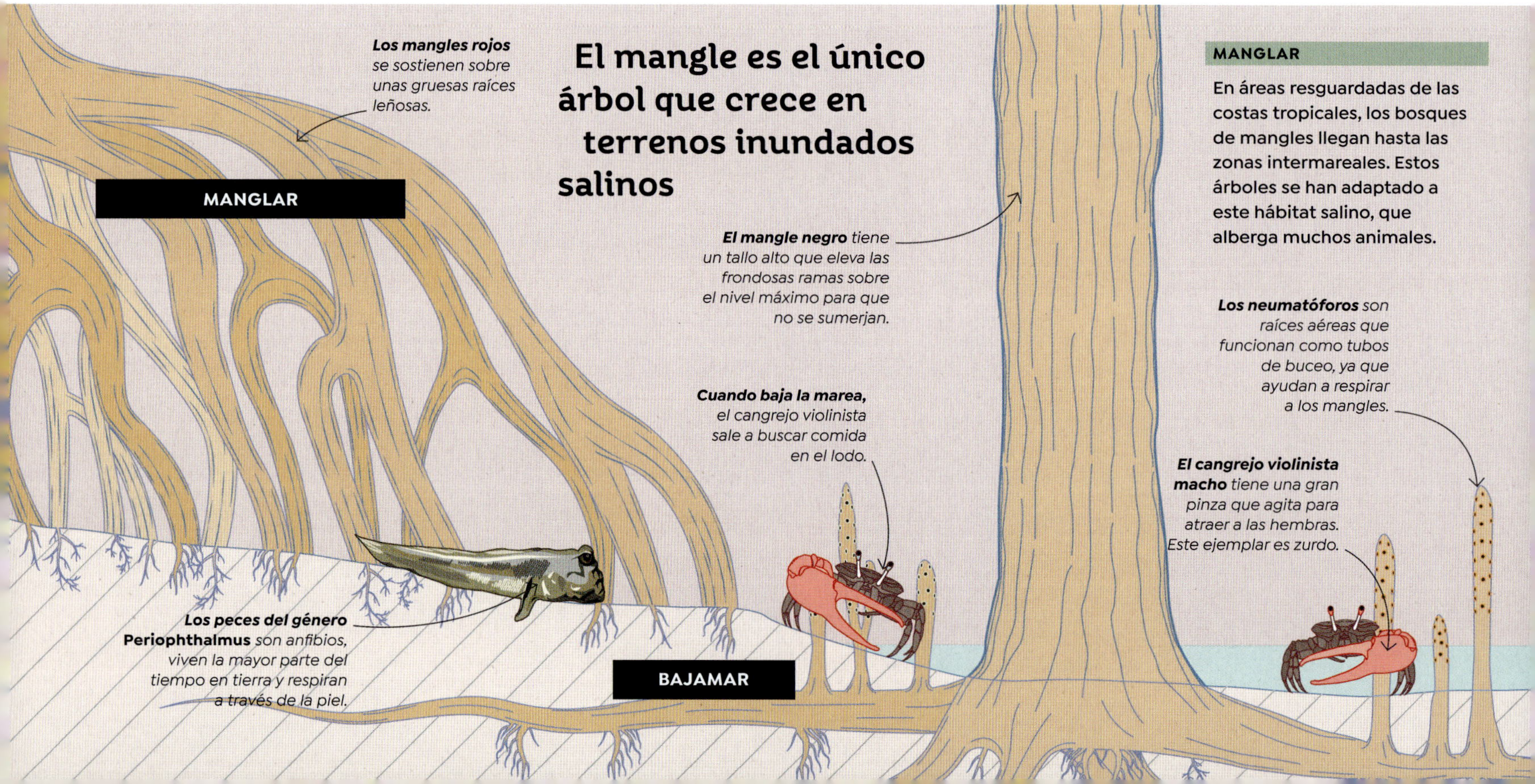

El mangle negro tiene un tallo alto que eleva las frondosas ramas sobre el nivel máximo para que no se sumerjan.

Los neumatóforos son raíces aéreas que funcionan como tubos de buceo, ya que ayudan a respirar a los mangles.

Cuando baja la marea, el cangrejo violinista sale a buscar comida en el lodo.

El cangrejo violinista macho tiene una gran pinza que agita para atraer a las hembras. Este ejemplar es zurdo.

Los peces del género Periophthalmus *son anfibios,* viven la mayor parte del tiempo en tierra y respiran a través de la piel.

BAJAMAR

LAS MAREAS

La atracción gravitatoria de la Luna y el Sol provoca una deformación en la masa acuática de la Tierra que se desplaza por los océanos a medida que el planeta gira. Cuando los astros se alinean (en las fases de Luna llena y nueva) las mareas son más extremas; en las fases de Luna menguante y creciente son más moderadas.

LUNA NUEVA	CUARTO CRECIENTE	LUNA LLENA	CUARTO MENGUANTE	LUNA NUEVA
●	◐	○	◑	●

AMPLITUD

| VIVAS | MUERTAS | VIVAS | MUERTAS | VIVAS |

El sargazo gigante puede crecer 45 cm en un día y superar los 50 m de longitud

Las algas de la parte alta de la orilla solo se sumergen en las mareas vivas.

PLEAMAR CON MAREAS VIVAS
PLEAMAR CON MAREAS MUERTAS

El sargazo es un alga de gran tamaño que crece en vertical cuando la cubre el mar.

Las algas rojas crecen en la parte más baja de la orilla y son capaces de sobrevivir a la sombra de las algas más grandes.

Las vesículas de las algas contienen nitrógeno. Así los tallos flotan y captan la luz solar.

Las anémonas despliegan sus tentáculos, con células urticantes, para capturar pequeños peces.

La lapa usa su pie muscular para desplazarse y encontrar algas para comer.

El caballito de mar, un curioso tipo de pez, se aferra a las algas con su cola prensil.

DIENTES DE LAPA

Para raspar las algas, la lapa usa su rádula, un aparato abrasivo cubierto de diminutos dientes. Por donde pasa deja raspaduras, ya que los dientes son más duros que la roca.

PLEAMAR

El cocodrilo marino es el mayor reptil del planeta, un temible cazador que acecha a sus presas en las aguas calmadas.

Una maraña de raíces de mangle proporciona refugio y alimento a los peces alevines.

PLEAMAR

Arrecifes de coral

Los arrecifes de coral tropicales son ricos hábitats situados en aguas calientes, someras y claras. Un arrecife es una plataforma de lecho marino formada con los restos de muchas generaciones de pólipos de coral duro. Se estima que algunas partes de la Gran Barrera de Coral australiana tienen 500 000 años. Los corales son parientes de las medusas que forman colonias en los arrecifes, paraísos de flora y fauna marina.

Las praderas marinas, habituales en las lagunas arrecife, son una importante fuente de alimento para las tortugas y los manatíes.

Las tortugas verdes jóvenes son en parte carnívoras – comen medusas y esponjas– pero las adultas pastan en las praderas marinas.

LAGUNA

La laguna es una tranquila masa de agua cálida y poco profunda atrapada entre la costa y el arrecife.

El pulpo de anillos azules es muy venenoso. Cuando se siente amenazado, sus anillos se ponen azules en señal de advertencia.

El coral jazmín es blando y sus pólipos tienen volantes que se mecen suavemente con la corriente.

Tentáculos con células urticantes

Boca

Capa de tejido que conecta los pólipos

Esqueleto de aragonita

Los pólipos son como medusas al revés. Tienen un cuerpo cilíndrico blando, en su mayoría menor de 15 mm de longitud, sostenido por un esqueleto de aragonita (un carbonato de calcio). Al morir los pólipos quedan los esqueletos, que forman una sólida plataforma en la que crecen nuevos corales. Con el paso del tiempo se forma un pétreo arrecife.

El coral nido de pájaro forma una bola de duras espinas.

El coral de dedo tiene muchos lóbulos cilíndricos cortos.

El arrecife está formado por restos de coral compactados y convertidos en caliza.

CONSTRUCTORES DE ARRECIFES

ROCA VOLCÁNICA

ARRECIFE DE CALIZA

ARENA

LAGUNA

LLANURA

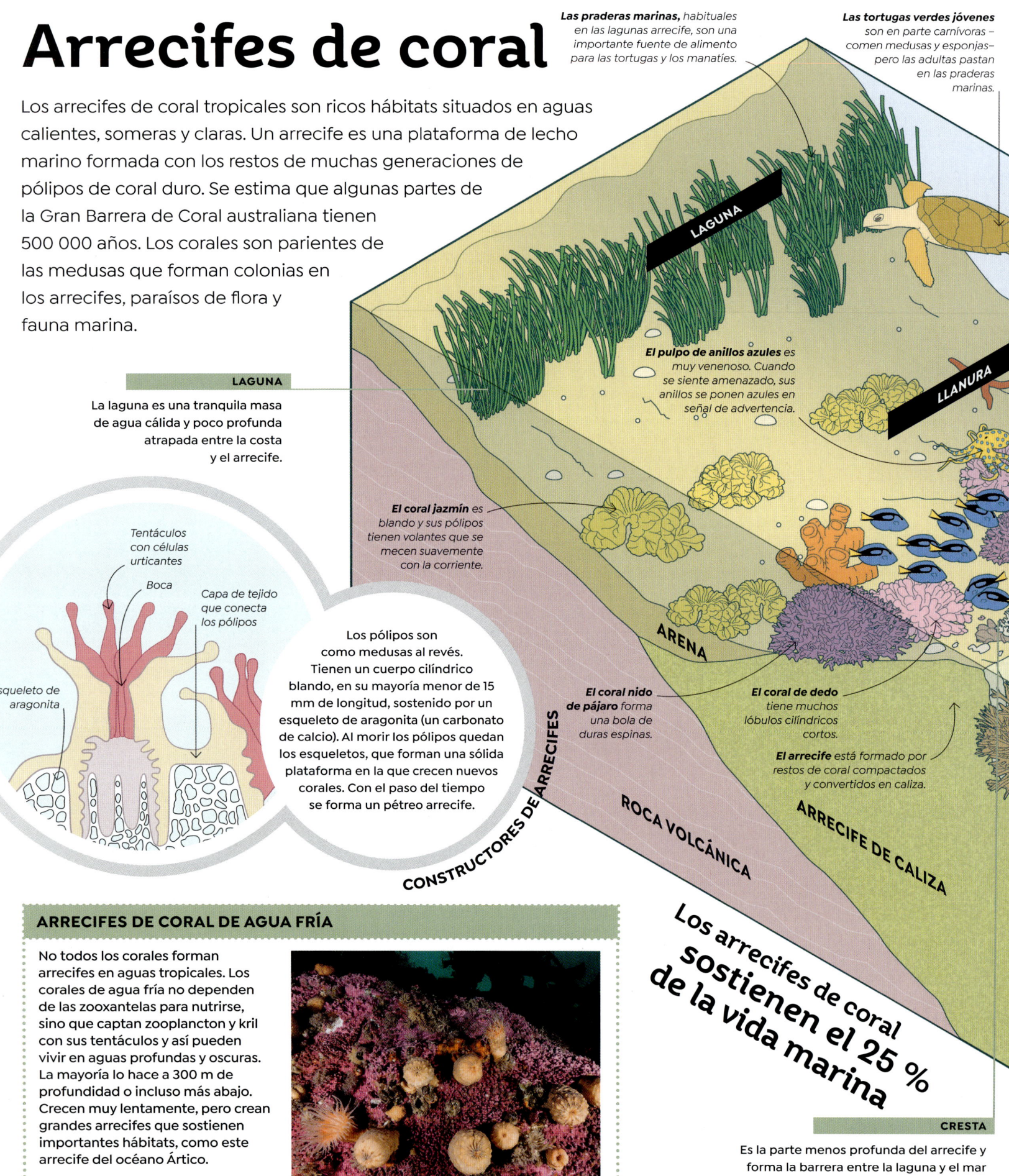

ARRECIFES DE CORAL DE AGUA FRÍA

No todos los corales forman arrecifes en aguas tropicales. Los corales de agua fría no dependen de las zooxantelas para nutrirse, sino que captan zooplancton y kril con sus tentáculos y así pueden vivir en aguas profundas y oscuras. La mayoría lo hace a 300 m de profundidad o incluso más abajo. Crecen muy lentamente, pero crean grandes arrecifes que sostienen importantes hábitats, como este arrecife del océano Ártico.

Los arrecifes de coral sostienen el 25 % de la vida marina

CRESTA

Es la parte menos profunda del arrecife y forma la barrera entre la laguna y el mar abierto. Las olas rompen en ella, por lo que alberga menos vida marina.

Esta parte del arrecife es la más cercana a la costa y la más somera. Cuando baja la marea suele quedarse sin agua, expuesta al aire.

La esponja de tubo *es un sencillo animal que absorbe agua con su cuerpo hueco y filtra la comida.*

Las gorgonias *son corales blandos que crecen en vertical, con ramas extendidas y flexibles.*

El pez cirujano azul *usa sus pequeños y afilados dientes para arrancar las algas.*

El coral asta de ciervo *abunda en los arrecifes, pero es tan frágil que las tormentas lo dañan con facilidad.*

El coral cerebro *puede alcanzar 1,8 m de altura y vivir hasta 900 años. Es un gran constructor de arrecifes.*

Los ídolos moros *viven solos o en parejas.*

SOPORTE VITAL

Unas microalgas llamadas zooxantelas viven dentro de los corales tropicales. Aparte de dotarlos de llamativos colores, les proporcionan azúcares gracias a la fotosíntesis.

La contaminación y el cambio climático dañan los arrecifes. Se están criando corales en peligro, como el asta de ciervo, para asegurar su supervivencia.

ARRECIFES EN PELIGRO

CRESTA

FRENTE

La ancha cabeza del tiburón martillo *le permite detectar señales eléctricas y olores de presas ocultas en el lecho marino.*

El pez payaso *vive entre los tentáculos urticantes de las anémonas, que los mantienen a salvo de los depredadores.*

El coral mesa *desarrolla grandes superficies que captan mucha luz solar, lo cual ayuda a las zooxantelas de los pólipos a hacer la fotosíntesis y a repartir los nutrientes.*

El colorido pez loro *usa sus duras y picudas mandíbulas para masticar los corales vivos, aunque también se come las algas que compiten con los pólipos coralinos.*

FRENTE

Esta es la parte más poblada y productiva del arrecife. Aquí crecen los mayores corales hasta unos 55 m de profundidad.

Con 345 000 m² la Gran Barrera de Coral es la mayor estructura viva de la Tierra

ZONA EPIPELÁGICA

ZONA MESOPELÁGICA

200 M

1000 M

NOCHE

DÍA

El ballenato de Cuvier es el mamífero que se sumerge a mayor profundidad (2992 m) y es el que durante más tiempo (3 horas y 42 minutos).

Los delfines son mamíferos depredadores que capturan peces y calamares cerca de la superficie.

MIGRACIÓN VERTICAL

Muchos depredadores de la zona mesopelágica suben a la superficie cada noche para alimentarse. Al amanecer bajan a ocultarse en aguas más oscuras.

El calamar gigante puede medir hasta 13 m y es el mayor invertebrado del planeta. Se han visto pocos ejemplares.

El calamar nada lanzando chorros de agua de su cuerpo.

El fitoplancton son bacterias y microalgas verdes en fotosíntesis que flotan en la zona luminosa.

El zooplancton son diminutos animales y protozoos que comen fitoplancton. Muchos son copépodos, unos crustáceos que se sumergen de día para evitar a los depredadores.

Las caballas forman grandes bancos y se alimentan de zooplancton en la zona luminosa.

Los tiburones cazan con la vista, el oído y detectando movimientos y cambios en los campos eléctricos.

Las esponjas vítreas tienen un esqueleto espinoso de sílice, el mismo mineral de la arena y el vidrio.

Este tipo de zooplancton se desplaza de la oscuridad a la luz remando con sus antenas

Una pared de sílice a modo de concha rodea a estas algas unicelulares

DIATOMEAS

COPÉPODOS

Este tipo de fitoplancton suele brillar en la oscuridad

DINOFLAGELADOS

El plancton está formado por bacterias y microalgas (fitoplancton) en fotosíntesis y diminutos animales (zooplancton) que flotan a la deriva.

PLANCTON

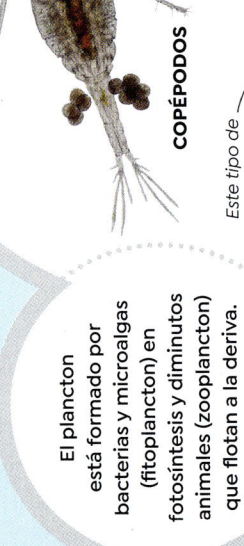

Las esponjas son animales simples que viven adheridos al lecho marino.

El erizo de mar se alimenta por filtración: hace pasar el agua a través de su cuerpo y tamiza las partículas alimenticias.

La medusa común nada contrayendo su cuerpo acampanado y captura plancton con sus tentáculos.

Los peces linterna poseen fotóforos, unos órganos que emiten luz y que usan para aparearse y formar bancos en la oscuridad.

La estrella de mar repta lentamente por el fondo en busca de moluscos, esponjas y corales.

Las algas se fijan al fondo y sus ramas flotan en vertical para captar toda la luz posible.

ZONA EPIPELÁGICA

En la capa superficial del océano penetra la luz solar durante el día, dotando de energía al fitoplancton y a las algas que hacen la fotosíntesis.

ZONA MESOPELÁGICA

Incluso en pleno día, solo una pequeña cantidad de luz llega a estas profundidades. Aunque el ambiente crepuscular impide la fotosíntesis, muchos animales viven aquí.

El calamar gigante es el animal con los ojos más grandes, pueden tener hasta 27 cm de diámetro

4000 M

6000 M

El pulpo Dumbo come caracoles y gusanos del lecho marino profundo.

El calamar cochinillo se llama así por su sifón en forma de hocico, que expulsa agua para desplazarse.

Los ctenóforos viven en aguas profundas de todo el mundo. Emiten luz para aparearse.

Los cerdos de mar se mueven por el fondo bombeando agua con las patas.

Las ofiuras son carroñeras. Reptan por el fondo buscando restos de animales muertos y pueden nadar si es necesario.

Los corales de aguas profundas filtran los nutrientes del agua, de modo que no necesitan vivir en la zona luminosa, como otros corales.

Las gambas de aguas profundas tienen unos órganos especiales que emiten y detectan bioluminiscencia.

El pez caracol de las Marianas vive a una presión 1000 veces mayor que al nivel del mar

El pez caracol de las Marianas es el principal depredador de la fosa de las Marianas. Ha sido hallado a 7966 m de profundidad.

Los lirios de mar viven adheridos al fondo por un largo y fino pie. Atrapan partículas de comida con sus brazos plumosos.

La luz del señuelo del rape la produce una bacteria bioluminiscente dentro de él

LUZ EN LA OSCURIDAD

Muchos organismos de aguas profundas emiten luz mediante un proceso llamado bioluminiscencia. El rape usa un señuelo luminoso para atraer a las presas a su enorme boca.

A esta profundidad no llega la luz, así que aquí reina la oscuridad las 24 horas. Los animales que viven aquí producen su propia luz para ver y ser vistos.

Los peces bruja son carroñeros de las profundidades. Se comen los restos de grandes mamíferos hundidos.

La capa oceánica próxima al lecho marino más profundo es un abismo, una enorme área casi deshabitada debido a que la comida escasea.

La capa oceánica más profunda está en las fosas marinas. Esta zona recibe el nombre de Hades, dios del inframundo en la mitología griega.

212-213

MUNDO NATURAL

Océanos

Los océanos tienen miles de metros de profundidad en la mayor parte de su extensión. Los oceanógrafos dividen la masa acuática en varias zonas según su profundidad. El agua se enfría, la luz disminuye, la presión aumenta y la comida escasea a medida que se gana profundidad. Los seres vivos se han adaptado a las diferentes condiciones.

Hábitat urbano

Alrededor del 3 % de la superficie terrestre está ocupada por ciudades. Más de la mitad de la población mundial vive en ciudades o cerca de ellas. Aunque las áreas urbanas son hábitats artificiales, comparten características con los espacios naturales y muchos animales y plantas se han adaptado a ellas.

Las colmenas pueden instalarse en las azoteas. Las abejas vuelan por parques y jardines.

Las azoteas son ideales para plantar jardines porque reciben mucha luz solar.

Las gaviotas suelen acercarse a la costa para comer carroña. Debido a su modo de vida, se adaptan bien a la búsqueda de desperdicios en las calles.

CENTRO URBANO

El halcón peregrino anida en los rascacielos. En la naturaleza suele anidar en los acantilados.

En los muros de los edificios pueden crecer plantas trepadoras. Los muros verdes tienen sustrato y rejillas para que los tallos se agarren.

Durante la construcción del edificio The Shard, en Londres, se encontró un zorro viviendo en la planta 72

La corteza del plátano se desprende en grandes trozos, lo cual evita que los poros respiratorios, o lenticelas, se obstruyan con la contaminación.

Los halcones planean sobre las calles y se lanzan a gran velocidad sobre aves menores que vuelan debajo.

Los tiestos colgantes crean pequeños jardines para insectos sobre las concurridas calles.

Las palomas domésticas son carroñeras. En su forma silvestre se llaman palomas bravías y habitan lugares secos y rocosos.

El zorro común caza animales menores, como roedores, pájaros y conejos domésticos, y come desperdicios.

CENTRO URBANO

Los edificios altos y las calles estrechas de las ciudades son similares a los acantilados y cañones. Aves como las gaviotas y las palomas prosperan en este hábitat.

Los estanques y lagos son propicios para los insectos, los patos y otras aves acuáticas.

La ardilla gris occidental se ha extendido desde los bosques norteamericanos a las ciudades estadounidenses y europeas.

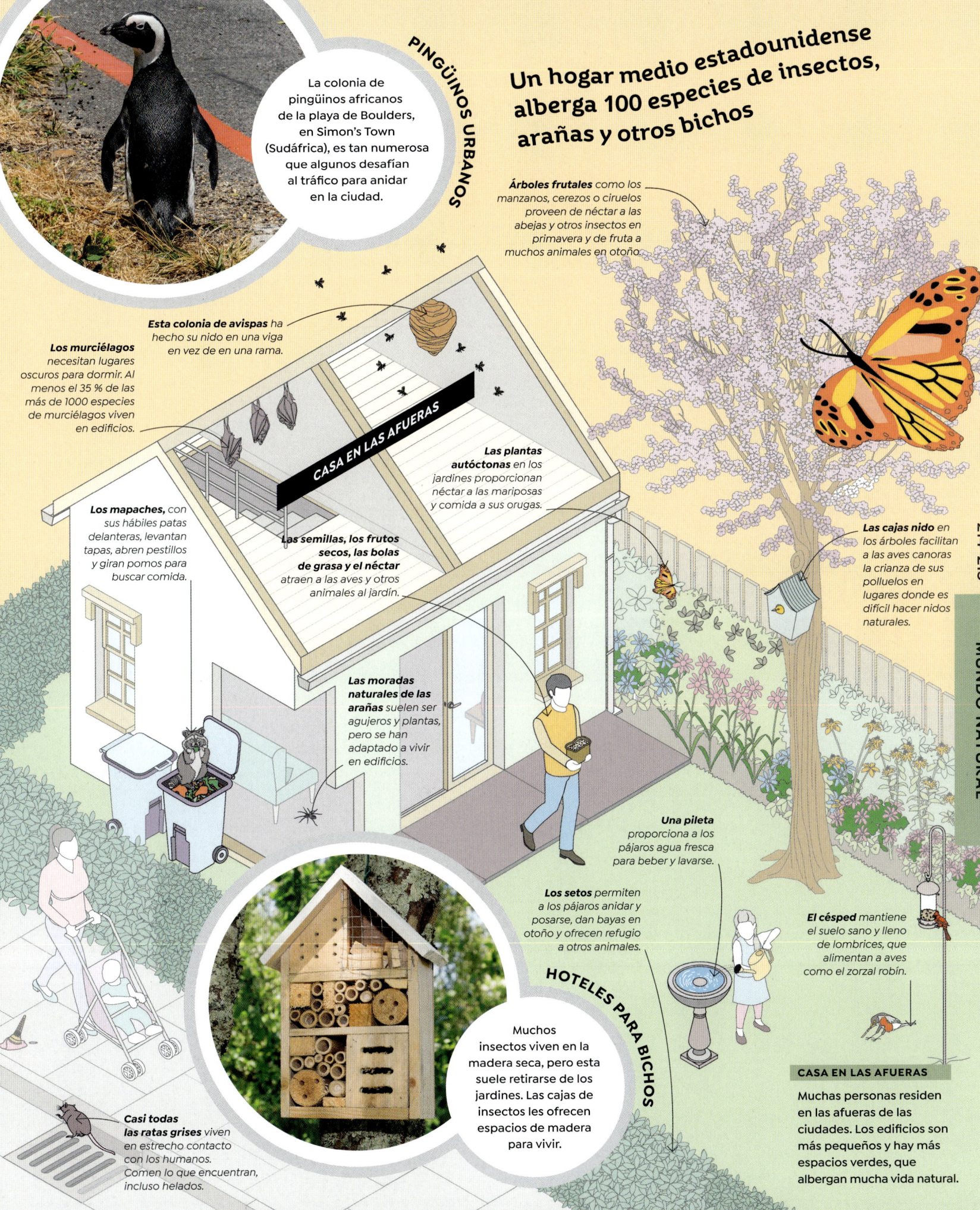

Un hogar medio estadounidense alberga 100 especies de insectos, arañas y otros bichos

La colonia de pingüinos africanos de la playa de Boulders, en Simon's Town (Sudáfrica), es tan numerosa que algunos desafían al tráfico para anidar en la ciudad.

PINGÜINOS URBANOS

Árboles frutales como los manzanos, cerezos o ciruelos proveen de néctar a las abejas y otros insectos en primavera y de fruta a muchos animales en otoño.

Esta colonia de avispas ha hecho su nido en una viga en vez de en una rama.

Los murciélagos necesitan lugares oscuros para dormir. Al menos el 35 % de las más de 1000 especies de murciélagos viven en edificios.

CASA EN LAS AFUERAS

Las plantas autóctonas en los jardines proporcionan néctar a las mariposas y comida a sus orugas.

Los mapaches, con sus hábiles patas delanteras, levantan tapas, abren pestillos y giran pomos para buscar comida.

Las semillas, los frutos secos, las bolas de grasa y el néctar atraen a las aves y otros animales al jardín.

Las cajas nido en los árboles facilitan a las aves canoras la crianza de sus polluelos en lugares donde es difícil hacer nidos naturales.

Las moradas naturales de las arañas suelen ser agujeros y plantas, pero se han adaptado a vivir en edificios.

Una pileta proporciona a los pájaros agua fresca para beber y lavarse.

Los setos permiten a los pájaros anidar y posarse, dan bayas en otoño y ofrecen refugio a otros animales.

El césped mantiene el suelo sano y lleno de lombrices, que alimentan a aves como el zorzal robín.

HOTELES PARA BICHOS

Muchos insectos viven en la madera seca, pero esta suele retirarse de los jardines. Las cajas de insectos les ofrecen espacios de madera para vivir.

CASA EN LAS AFUERAS

Muchas personas residen en las afueras de las ciudades. Los edificios son más pequeños y hay más espacios verdes, que albergan mucha vida natural.

Casi todas las ratas grises viven en estrecho contacto con los humanos. Comen lo que encuentran, incluso helados.

ZORROS URBANOS

Una gran variedad de animales se han adaptado a la vida en las ciudades, atraídos por la abundancia de comida, agua y refugio. Algunos, como las aves canoras, se hacen notar en los jardines, mientras que otros, como las hormigas, pasan desapercibidos. Cada vez es más habitual ver mapaches, zorros e incluso osos buscando comida en los cubos de basura. El zorro rojo se introdujo en Australia en 1855 para la caza y hoy está muy extendido. Su densidad de población depende de los recursos disponibles.

Las hormigas de Broadway, en Nueva York (EE. UU.), comen 544 kilos de desperdicios –el equivalente de 60 000 perritos calientes– en menos de un año

ZONA RURAL ÁRIDA

ZONA URBANA

EL ZORRO ROJO EN AUSTRALIA

En las zonas áridas escasea la comida y cada zorro necesita un territorio de caza de 1,1 m². Sin embargo, en ciudades como Melbourne pueden vivir 16 zorros por km².

Nuestro planeta

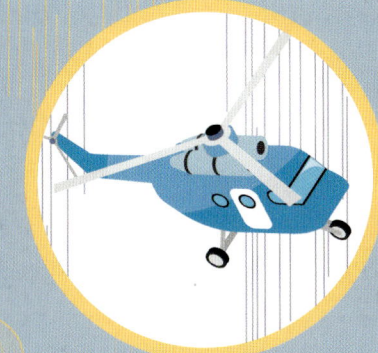

Habitamos solo una pequeña parte del planeta. Bajo nuestros pies hay profundas capas de rocas y metales incandescentes. Sobre nuestras cabezas, una capa de gases nos proporciona oxígeno para respirar y nos protege del frío y hostil espacio.

Hay dos tipos de corteza: la oceánica y la continental. La primera, que forma la mayor parte del lecho marino, es relativamente joven, densa y delgada (hasta 10 km de grosor). La corteza continental es más ligera y gruesa (hasta 70 km). También es más variada y antigua, con rocas de unos 4000 millones de años.

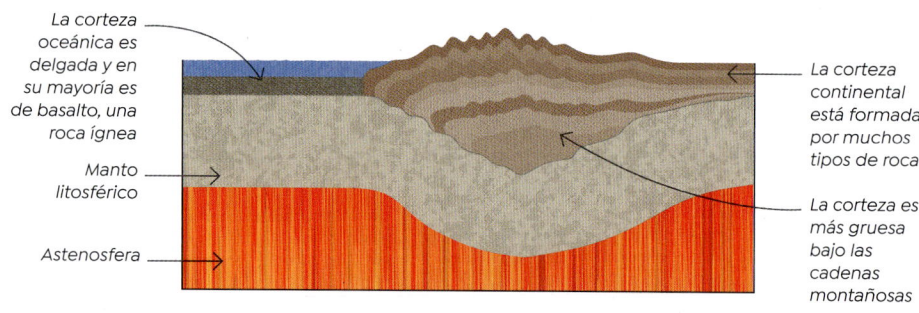

La corteza oceánica es delgada y en su mayoría es de basalto, una roca ígnea

Manto litosférico

Astenosfera

La corteza continental está formada por muchos tipos de rocas

La corteza es más gruesa bajo las cadenas montañosas

El manto constituye unos dos tercios de la masa terrestre, y el núcleo, un tercio

Los puntos amarillos y blancos muestran pequeños seísmos

Los cuadrados muestran las ubicaciones de los sismógrafos

Imagen de una parte de la falla de San Andrés, en California (EE. UU.)

No podemos ver las capas interiores de la Tierra. Lo que sabemos de ellas nos lo dicen los sismógrafos, que detectan las vibraciones que recorren el planeta, sobre todo los seísmos. Las capas se revelan por la forma en que las vibraciones se reflejan, absorben o cambian de dirección. Esta imagen se hizo con datos de muchos sismógrafos.

IMÁGENES DEL INTERIOR

Las zonas rojas y azules son distintos tipos de rocas

En las dorsales, *el magma sale por fisuras entre las placas y forma nueva corteza.*

En los puntos calientes, *una fuente de magma del manto crea una cadena de volcanes o islas volcánicas en la corteza.*

Las corrientes de convección *del manto transfieren calor a la superficie.*

La temperatura del núcleo interno terrestre es de unos 5500 ºC

Capas de la Tierra

Nuestro planeta se formó hace unos 4.500 millones de años como una enorme bola de materiales incandescentes. Al enfriarse, las sustancias se separaron formando capas. Los materiales más pesados, los metales, se hundieron en el medio y los más ligeros flotaron cerca de la superficie. La Tierra aún tiene esta estructura. La capa superficial, llamada corteza, es como una fina piel que cubre las gruesas capas inferiores.

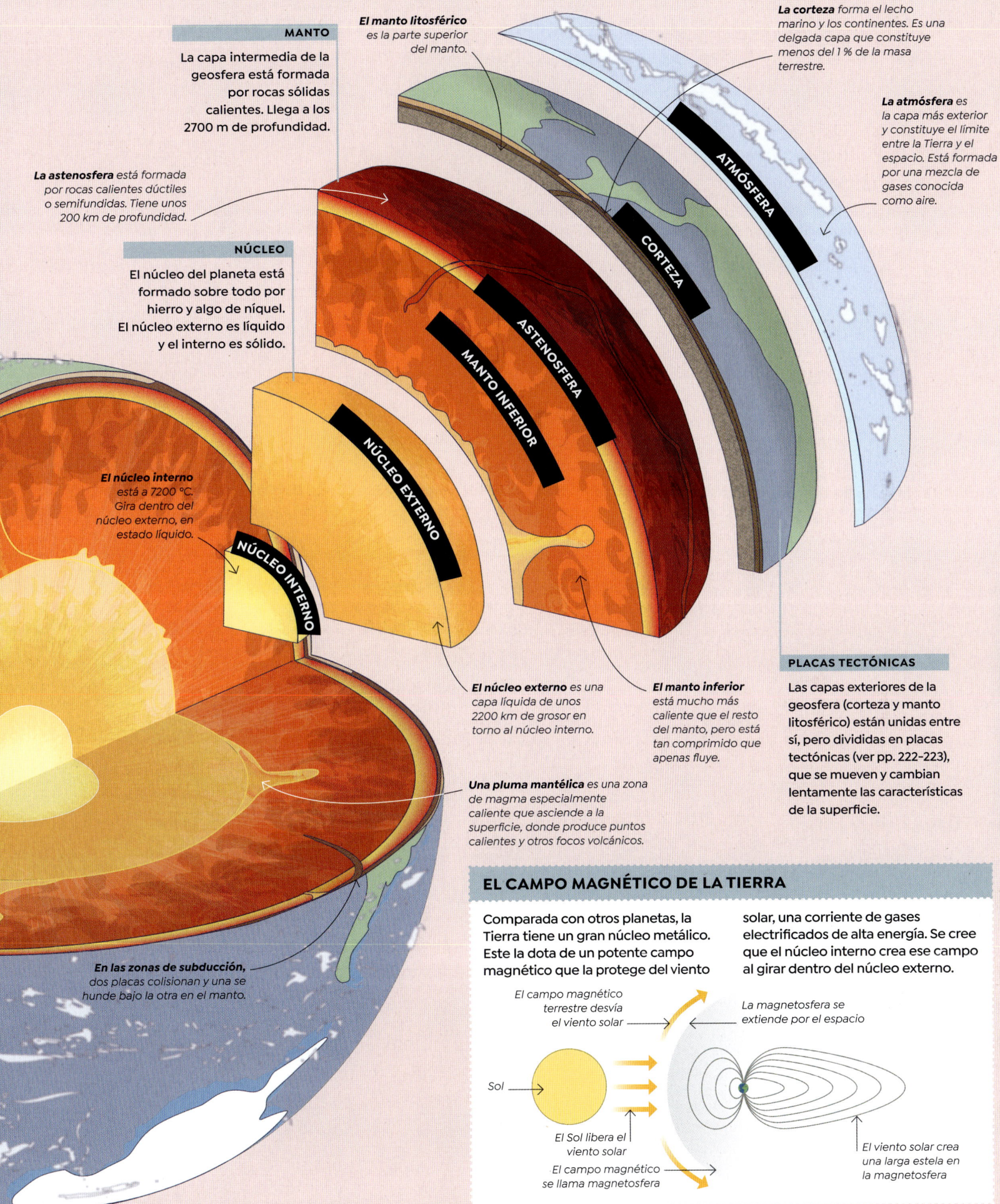

MANTO

La capa intermedia de la geosfera está formada por rocas sólidas calientes. Llega a los 2700 m de profundidad.

El manto litosférico es la parte superior del manto.

La corteza forma el lecho marino y los continentes. Es una delgada capa que constituye menos del 1 % de la masa terrestre.

La atmósfera es la capa más exterior y constituye el límite entre la Tierra y el espacio. Está formada por una mezcla de gases conocida como aire.

La astenosfera está formada por rocas calientes dúctiles o semifundidas. Tiene unos 200 km de profundidad.

NÚCLEO

El núcleo del planeta está formado sobre todo por hierro y algo de níquel. El núcleo externo es líquido y el interno es sólido.

El núcleo interno está a 7200 °C. Gira dentro del núcleo externo, en estado líquido.

ATMÓSFERA

CORTEZA

ASTENOSFERA

MANTO INFERIOR

NÚCLEO EXTERNO

NÚCLEO INTERNO

El núcleo externo es una capa líquida de unos 2200 km de grosor en torno al núcleo interno.

El manto inferior está mucho más caliente que el resto del manto, pero está tan comprimido que apenas fluye.

PLACAS TECTÓNICAS

Las capas exteriores de la geosfera (corteza y manto litosférico) están unidas entre sí, pero divididas en placas tectónicas (ver pp. 222–223), que se mueven y cambian lentamente las características de la superficie.

Una pluma mantélica es una zona de magma especialmente caliente que asciende a la superficie, donde produce puntos calientes y otros focos volcánicos.

En las zonas de subducción, dos placas colisionan y una se hunde bajo la otra en el manto.

EL CAMPO MAGNÉTICO DE LA TIERRA

Comparada con otros planetas, la Tierra tiene un gran núcleo metálico. Este la dota de un potente campo magnético que la protege del viento solar, una corriente de gases electrificados de alta energía. Se cree que el núcleo interno crea ese campo al girar dentro del núcleo externo.

El campo magnético terrestre desvía el viento solar

La magnetosfera se extiende por el espacio

Sol

El Sol libera el viento solar

El campo magnético se llama magnetosfera

El viento solar crea una larga estela en la magnetosfera

Placas tectónicas

Las capas exteriores de la geosfera están divididas en placas que se mueven, rozándose y empujándose entre sí, en un proceso conocido como tectónica de placas. A pesar de ser un proceso muy lento, ha causado muchos terremotos y erupciones volcánicas y, a lo largo del tiempo, ha remodelado la superficie del planeta, desplazando continentes y ampliando y reduciendo océanos.

La tierra tiene siete placas mayores, ocho menores y decenas de microplacas

PLACA SUDAMERICANA

Esta placa tectónica cubre la mayoría de Sudamérica y gran parte del lecho marino del Atlántico sur. Se separa de la placa africana hacia el oeste a razón de 3 cm al año.

El magma mana por el límite de la placa y se enfría hasta crear nuevas rocas en el lecho marino, formando una cordillera submarina llamada dorsal mesoatlántica.

Los volcanes se forman sobre el límite de la placa cuando el magma atraviesa la corteza e irrumpe en la superficie.

Los Andes bordean la costa occidental de Sudamérica. Se han formado por subducción de la placa de Nazca, que presiona y eleva la placa sudamericana.

Se ha formado una profunda fosa donde la densa corteza oceánica se desliza bajo la corteza continental, más ligera.

La corteza continental es mucho más gruesa que la oceánica (una media de 25 km), pero es menos densa; por eso flota a mayor altura sobre el manto.

La corteza oceánica tiene unos 5 km de grosor y forma depresiones en la superficie terrestre que contienen los océanos. También es más densa, por lo que se hunde bajo la corteza continental.

El manto litosférico es el estrato exterior del manto. Está formado por rocas sólidas y fundido con la corteza.

La astenosfera es sólida en su mayoría, pero está tan caliente que las rocas fluyen.

Las cámaras magmáticas se forman cuando una placa en subducción se calienta y suelta agua en el manto, causando su fusión.

La zona donde colisionan la placa de Nazca y la sudamericana se denomina límite convergente.

La subducción es el proceso por el cual una placa se mueve bajo otra y se hunde en el manto.

La densa placa de Nazca se desliza bajo la placa sudamericana y se hunde en el manto.

CORDILLERA DE LOS ANDES

FOSA DE ATACAMA

CORTEZA CONTINENTAL

VOLCÁN

MANTO LITOSFÉRICO

ASTENOSFERA

Esta meseta en los Andes centrales es muy seca y llana. Las montañas de su margen occidental incluyen enormes volcanes formados por la subducción de la placa de Nazca.

ALTIPLANO

PLACA DE NAZCA

Esta placa ocupa parte del lecho marino del océano Pacífico. Se mueve hacia el este, deslizándose bajo la placa sudamericana, a razón de 5 cm al año.

La dorsal mesoatlántica sigue una trayectoria escalonada en lugar de una línea recta. Se divide en secciones a lo largo de unas líneas denominadas fallas de transformación (ver el recuadro inferior)

'RIFTS'

Cuando dos placas se separan, brotan entre ellas rocas fundidas en una zona llamada *rift*, donde se forma nueva corteza. La mayoría de los *rifts* están en el fondo oceánico, pero hay algunos en tierra, como la depresión etíope de Afar (en la imagen). Su superficie es de cristales salinos teñidos de azufre.

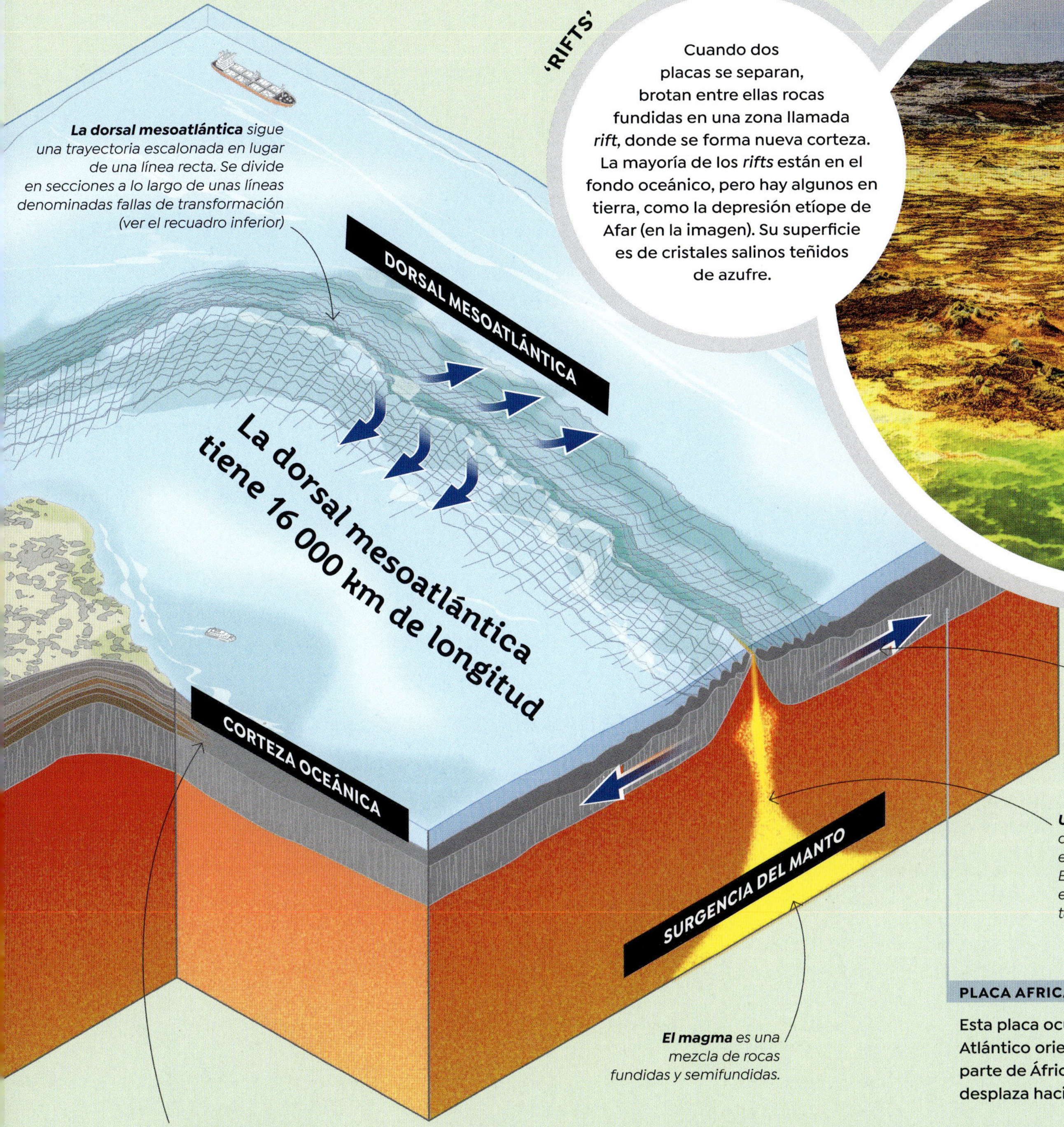

DORSAL MESOATLÁNTICA

La dorsal mesoatlántica tiene 16 000 km de longitud

CORTEZA OCEÁNICA

SURGENCIA DEL MANTO

La placa africana y la sudamericana se mueven en direcciones opuestas, formando un límite divergente.

Un brote de magma del interior de la Tierra oprime la falla que hay entre dos placas, separándolas. El hundimiento de las placas en el manto por su propio peso también hace que se muevan.

El magma es una mezcla de rocas fundidas y semifundidas.

PLACA AFRICANA

Esta placa ocupa el Atlántico oriental y gran parte de África. Se desplaza hacia el este.

El litoral oriental de Sudamérica es un margen pasivo: marca el fin de la corteza continental y el inicio de la oceánica, pero está en el interior de una placa, lejos de su límite.

LÍMITES TRANSFORMANTES

En los límites transformantes, dos placas se desplazan lateralmente una respecto a la otra. Un ejemplo muy conocido está en California (EE. UU.), entre la placa norteamericana y la del Pacífico. El movimiento en estos límites suele ser suave y a menudo las placas se atascan hasta que las fuerzas que las impulsan son demasiado grandes; entonces la roca se rompe y las placas se separan de golpe por una falla transformante, provocando un terremoto. En la dorsal mesoatlántica hay fallas transformantes.

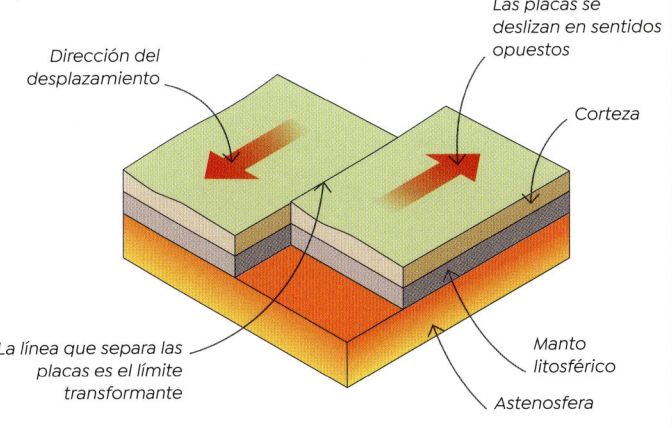

Dirección del desplazamiento

Las placas se deslizan en sentidos opuestos

Corteza

La línea que separa las placas es el límite transformante

Manto litosférico

Astenosfera

Si la Tierra tuviera el tamaño de una manzana, las placas tendrían el grosor de la piel

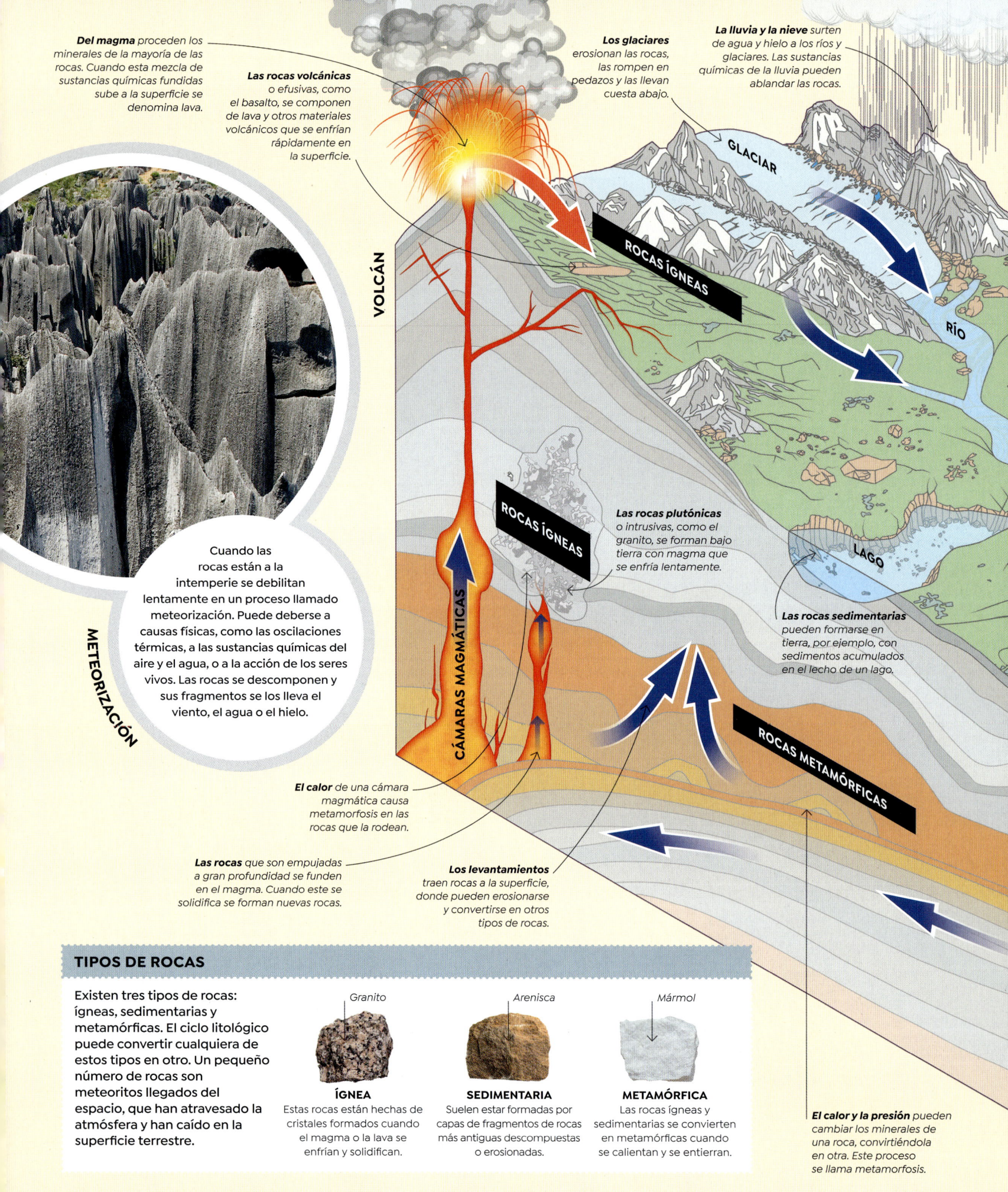

Del magma proceden los minerales de la mayoría de las rocas. Cuando esta mezcla de sustancias químicas fundidas sube a la superficie se denomina lava.

Las rocas volcánicas o efusivas, como el basalto, se componen de lava y otros materiales volcánicos que se enfrían rápidamente en la superficie.

Los glaciares erosionan las rocas, las rompen en pedazos y las llevan cuesta abajo.

La lluvia y la nieve surten de agua y hielo a los ríos y glaciares. Las sustancias químicas de la lluvia pueden ablandar las rocas.

GLACIAR

ROCAS ÍGNEAS

RÍO

VOLCÁN

Cuando las rocas están a la intemperie se debilitan lentamente en un proceso llamado meteorización. Puede deberse a causas físicas, como las oscilaciones térmicas, a las sustancias químicas del aire y el agua, o a la acción de los seres vivos. Las rocas se descomponen y sus fragmentos se los lleva el viento, el agua o el hielo.

METEORIZACIÓN

ROCAS ÍGNEAS

Las rocas plutónicas o intrusivas, como el granito, se forman bajo tierra con magma que se enfría lentamente.

Las rocas sedimentarias pueden formarse en tierra, por ejemplo, con sedimentos acumulados en el lecho de un lago.

LAGO

CÁMARAS MAGMÁTICAS

El calor de una cámara magmática causa metamorfosis en las rocas que la rodean.

Las rocas que son empujadas a gran profundidad se funden en el magma. Cuando este se solidifica se forman nuevas rocas.

Los levantamientos traen rocas a la superficie, donde pueden erosionarse y convertirse en otros tipos de rocas.

ROCAS METAMÓRFICAS

TIPOS DE ROCAS

Existen tres tipos de rocas: ígneas, sedimentarias y metamórficas. El ciclo litológico puede convertir cualquiera de estos tipos en otro. Un pequeño número de rocas son meteoritos llegados del espacio, que han atravesado la atmósfera y han caído en la superficie terrestre.

Granito

ÍGNEA
Estas rocas están hechas de cristales formados cuando el magma o la lava se enfrían y solidifican.

Arenisca

SEDIMENTARIA
Suelen estar formadas por capas de fragmentos de rocas más antiguas descompuestas o erosionadas.

Mármol

METAMÓRFICA
Las rocas ígneas y sedimentarias se convierten en metamórficas cuando se calientan y se entierran.

El calor y la presión pueden cambiar los minerales de una roca, convirtiéndola en otra. Este proceso se llama metamorfosis.

Ciclo litológico

Las rocas de la Tierra se crean, se destruyen y se transforman constantemente en un proceso llamado ciclo litológico. Todas las rocas son mezclas de diferentes minerales. La manera en que los minerales se aglutinan en una roca es lo que les dice a los geólogos cómo se formó esa roca.

Las partículas erosionadas se transportan al mar

Las partículas se depositan en el fondo del mar

La compactación escurre la mayoría del agua y reduce los espacios entre granos

Las sustancias químicas disueltas en el agua se solidifican y llenan los huecos, consolidando la roca

Los fragmentos de roca o clastos creados por la meteorización y la erosión son transportados por los ríos.

DE SEDIMENTOS A ROCA

Si no sufren alteraciones, los sedimentos se convierten en rocas sólidas. El proceso empieza con unos fragmentos depositados en el suelo o el fondo del mar. Al añadirse más fragmentos, estos se comprimen y se juntan. Bajo tierra sube la temperatura, lo que origina reacciones químicas que adhieren los fragmentos entre sí.

Las sustancias químicas disueltas en el agua se depositan como sedimentos cuando el agua se evapora para acabar convirtiéndose en rocas.

Las olas y las corrientes marinas erosionan las rocas del litoral. También mueven los sedimentos por la orilla o mar adentro.

La caliza es una roca sedimentaria formada a partir de cadáveres de animales o por precipitación de minerales fuera de aguas poco profundas.

LECHO LACUSTRE

Los fragmentos mayores procedentes de tierras más altas, como los granos de arena, se depositan en las desembocaduras.

ROCAS SEDIMENTARIAS

Los clastos más pequeños, como las arcillas, van al mar, donde acaban depositándose en el fondo como gruesas capas sedimentarias.

Las rocas más antiguas de la Tierra son unos bloques de roca verde de Canadá que tienen 4280 millones de años

Los movimientos tectónicos tiran de las rocas sedimentarias formadas cerca de la superficie hacia el interior de la Tierra.

Los estratos de sedimentos quedan enterrados por nuevas capas. Al final, el peso compacta los sedimentos, que se convierten en rocas.

PLIEGUES Y FALLAS

Las extremas fuerzas que crean las montañas pueden hacer que la corteza se doble y forme pliegues, cuyas partes altas se convierten en crestas. También pueden romper la corteza y formar profundas grietas llamadas fallas. La fricción de las rocas en las fallas origina terremotos.

Las rocas se comprimen entre sí

El pliegue isoclinal es muy vertical

En un pliegue recumbente, el plano inferior está tan inclinado que puede invertirse

En un cabalgamiento, la roca más antigua se monta sobre la más joven

En una falla lateral, las rocas se mueven hacia los lados

Un pliegue anticlinal forma una cresta

Un pliegue sinclinal forma una depresión

Una falla es una profunda grieta en la roca

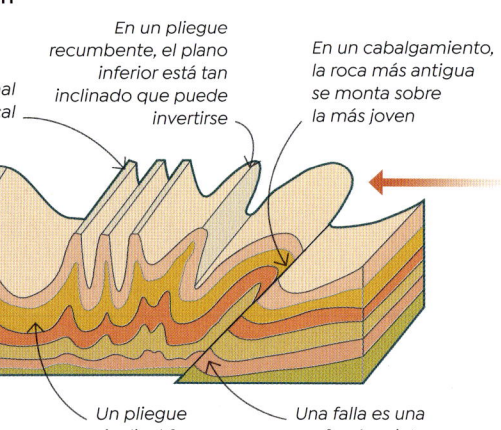

La cara es el lateral de una montaña.

La cota de nieve es la altitud mínima a partir de la cual las precipitaciones son de nieve.

Un valle es una llanura o depresión entre montañas formada por el curso de un río.

Las estribaciones son las montañas menores de una cordillera, cercanas a las tierras bajas.

LÍMITE ARBÓREO

RÍO

Las cabeceras de los ríos están en las montañas.

El límite arbóreo es la altitud máxima a la que pueden crecer árboles. Por encima el ambiente es demasiado frío, ventoso y seco.

Suele haber una llanura junto a una cordillera, sobre la placa que ha quedado abajo por subducción.

PLACA INDIA

La corteza continental y el manto litosférico forman las placas tectónicas. En Asia, la placa india se desplazó al norte y se deslizó bajo la placa euroasiática. Así se formó la cordillera del Himalaya durante más de 50 millones de años.

La astenosfera es una capa sólida del manto, pero se comporta como una capa líquida debido al calor y la presión.

LLANURA

CORTEZA CONTINENTAL

MANTO LITOSFÉRICO

ASTENOSFERA

BATOLITOS

Cordilleras

La mayoría de las cadenas montañosas se forman por colisión de dos placas tectónicas. Las rocas de la corteza terrestre se pliegan y se elevan hasta alcanzar alturas superiores a los 8000 m. Las rocas se rompen y se erosionan con el tiempo, formando largas series de picos afilados a lo largo de los límites de las placas.

El Half Dome, en Yosemite (EE. UU.), es un ejemplo de batolito, un pico constituido por una única y enorme masa de granito u otra roca, formada bajo tierra por el enfriamiento de una cámara magmática. Las rocas más blandas que rodeaban el granito se erosionaron hace muchos años hasta revelar esta gigantesca cúpula partida.

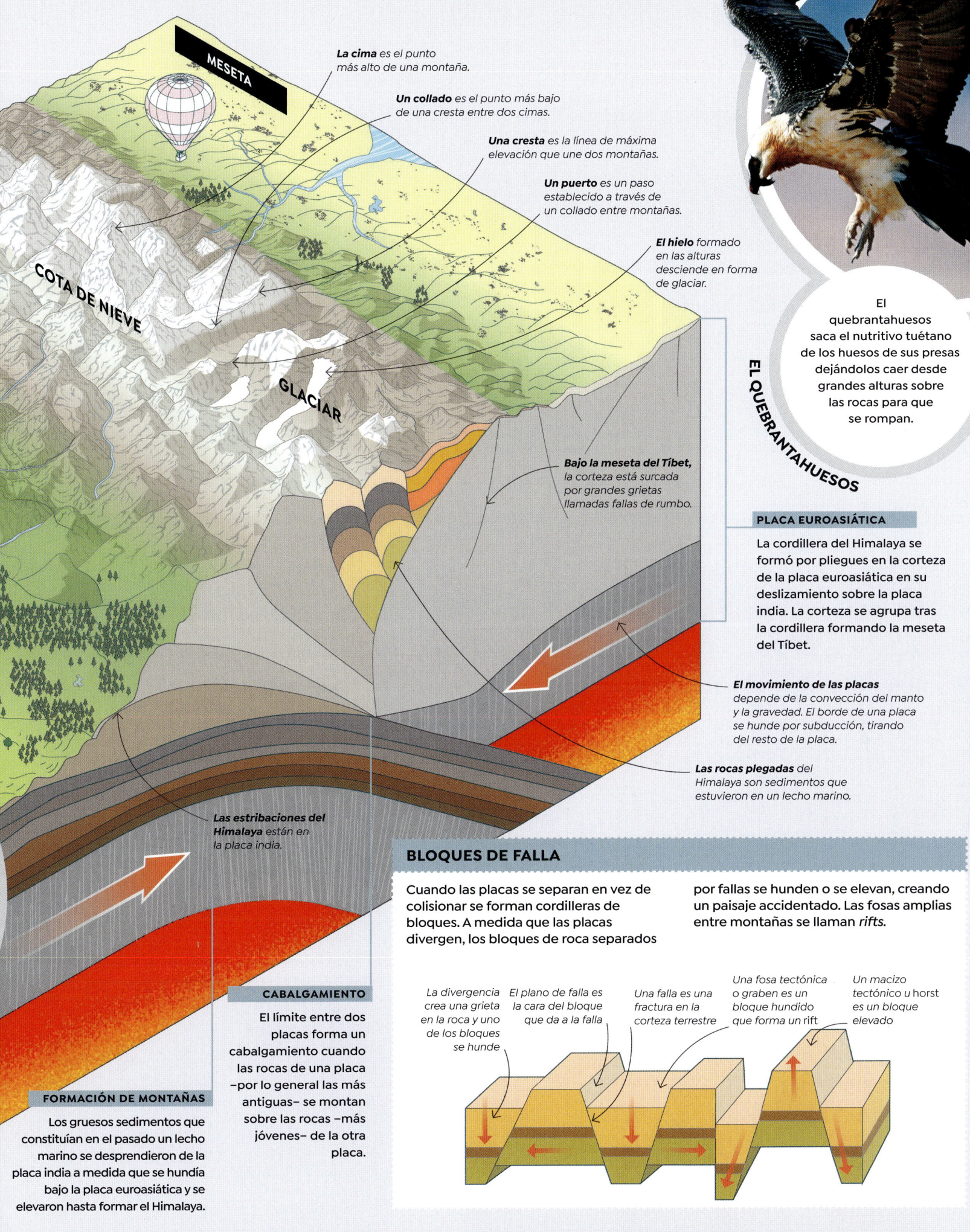

La cima es el punto más alto de una montaña.

Un collado es el punto más bajo de una cresta entre dos cimas.

Una cresta es la línea de máxima elevación que une dos montañas.

Un puerto es un paso establecido a través de un collado entre montañas.

El hielo formado en las alturas desciende en forma de glaciar.

MESETA

COTA DE NIEVE

GLACIAR

Bajo la meseta del Tíbet, la corteza está surcada por grandes grietas llamadas fallas de rumbo.

El quebrantahuesos saca el nutritivo tuétano de los huesos de sus presas dejándolos caer desde grandes alturas sobre las rocas para que se rompan.

EL QUEBRANTAHUESOS

PLACA EUROASIÁTICA

La cordillera del Himalaya se formó por pliegues en la corteza de la placa euroasiática en su deslizamiento sobre la placa india. La corteza se agrupa tras la cordillera formando la meseta del Tíbet.

El movimiento de las placas depende de la convección del manto y la gravedad. El borde de una placa se hunde por subducción, tirando del resto de la placa.

Las rocas plegadas del Himalaya son sedimentos que estuvieron en un lecho marino.

Las estribaciones del Himalaya están en la placa india.

BLOQUES DE FALLA

Cuando las placas se separan en vez de colisionar se forman cordilleras de bloques. A medida que las placas divergen, los bloques de roca separados por fallas se hunden o se elevan, creando un paisaje accidentado. Las fosas amplias entre montañas se llaman *rifts*.

La divergencia crea una grieta en la roca y uno de los bloques se hunde

El plano de falla es la cara del bloque que da a la falla

Una falla es una fractura en la corteza terrestre

Una fosa tectónica o graben es un bloque hundido que forma un rift

Un macizo tectónico u horst es un bloque elevado

CABALGAMIENTO

El límite entre dos placas forma un cabalgamiento cuando las rocas de una placa –por lo general las más antiguas– se montan sobre las rocas –más jóvenes– de la otra placa.

FORMACIÓN DE MONTAÑAS

Los gruesos sedimentos que constituían en el pasado un lecho marino se desprendieron de la placa india a medida que se hundía bajo la placa euroasiática y se elevaron hasta formar el Himalaya.

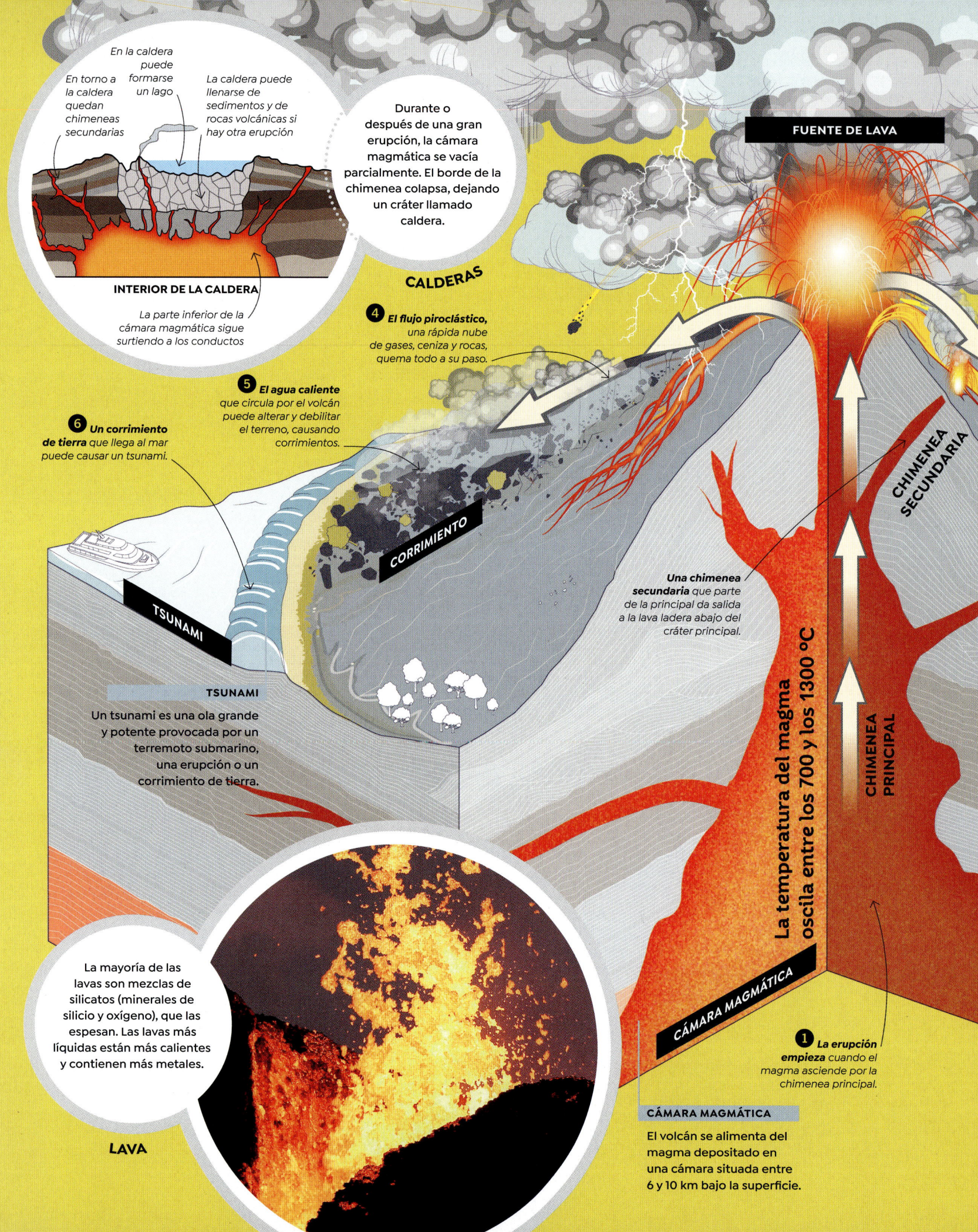

En la caldera puede formarse un lago

En torno a la caldera quedan chimeneas secundarias

La caldera puede llenarse de sedimentos y de rocas volcánicas si hay otra erupción

Durante o después de una gran erupción, la cámara magmática se vacía parcialmente. El borde de la chimenea colapsa, dejando un cráter llamado caldera.

FUENTE DE LAVA

INTERIOR DE LA CALDERA

La parte inferior de la cámara magmática sigue surtiendo a los conductos

CALDERAS

4 *El flujo piroclástico,* una rápida nube de gases, ceniza y rocas, quema todo a su paso.

5 *El agua caliente* que circula por el volcán puede alterar y debilitar el terreno, causando corrimientos.

6 *Un corrimiento de tierra* que llega al mar puede causar un tsunami.

CORRIMIENTO

Una chimenea secundaria que parte de la principal da salida a la lava ladera abajo del cráter principal.

CHIMENEA SECUNDARIA

TSUNAMI

TSUNAMI

Un tsunami es una ola grande y potente provocada por un terremoto submarino, una erupción o un corrimiento de tierra.

La temperatura del magma oscila entre los 700 y los 1300 °C

CHIMENEA PRINCIPAL

La mayoría de las lavas son mezclas de silicatos (minerales de silicio y oxígeno), que las espesan. Las lavas más líquidas están más calientes y contienen más metales.

CÁMARA MAGMÁTICA

1 *La erupción empieza* cuando el magma asciende por la chimenea principal.

LAVA

CÁMARA MAGMÁTICA

El volcán se alimenta del magma depositado en una cámara situada entre 6 y 10 km bajo la superficie.

2 *Repentinas erupciones explosivas* liberan gases y cenizas, así como lava.

Las cargas eléctricas en la nube de cenizas generan rayos.

Las partículas de ceniza más pequeñas vuelan lejos del volcán antes de caer a tierra.

3 *La lava caliente* fluye por la ladera del volcán. La lava puede continuar saliendo durante muchos años.

Los piroclastos expulsados por el cráter se enfrían en el aire y forman veloces bombas sólidas.

Volcanes

El interior de la Tierra está tan caliente que las rocas se funden y forman un líquido llamado magma. Si este halla una salida a la superficie por las grietas de la corteza se forma un volcán. Cuando el magma sale al exterior se llama lava y, al enfriarse, se transforma en roca. Un volcán es una montaña de lava y otros depósitos eruptivos.

Los campos de lava se forman cuando la lava se enfría, se solidifica y se transforma en roca.

CAMPO DE LAVA

Plantas de crecimiento rápido empiezan a colonizar los campos de lava a los pocos meses.

Las poblaciones cercanas a los volcanes deben ser evacuadas para proteger a sus habitantes.

ANTIGUOS VOLCANES

DIQUE

Los viejos cráteres y chimeneas quedan ocultos bajo los campos de lava de erupciones posteriores.

Un dique se forma cuando el magma se extiende por una grieta vertical y se enfría.

CORTEZA

CORTEZA

La superficie de la Tierra es una delgada capa de rocas sólidas. Los volcanes se forman sobre profundas grietas de la corteza.

LÁMINA

Cuando el magma se extiende por una grieta horizontal y se enfría se forma una lámina.

TIPOS DE VOLCANES

La forma de un volcán depende de su lava. Si es espesa y pegajosa crea volcanes con laderas escarpadas y si es fluida forma volcanes más bajos. Los conos de escoria se forman por acumulación de granos de ceniza y roca. Los volcanes en escudo, los más grandes, se forman con lava muy fluida. Los estratovolcanes alternan varios tipos de lava en sucesivas erupciones.

Fragmentos de roca sueltos

CONO DE ESCORIA

Laderas suaves

VOLCÁN EN ESCUDO

Laderas escarpadas

Nube de cenizas

ESTRATOVOLCÁN

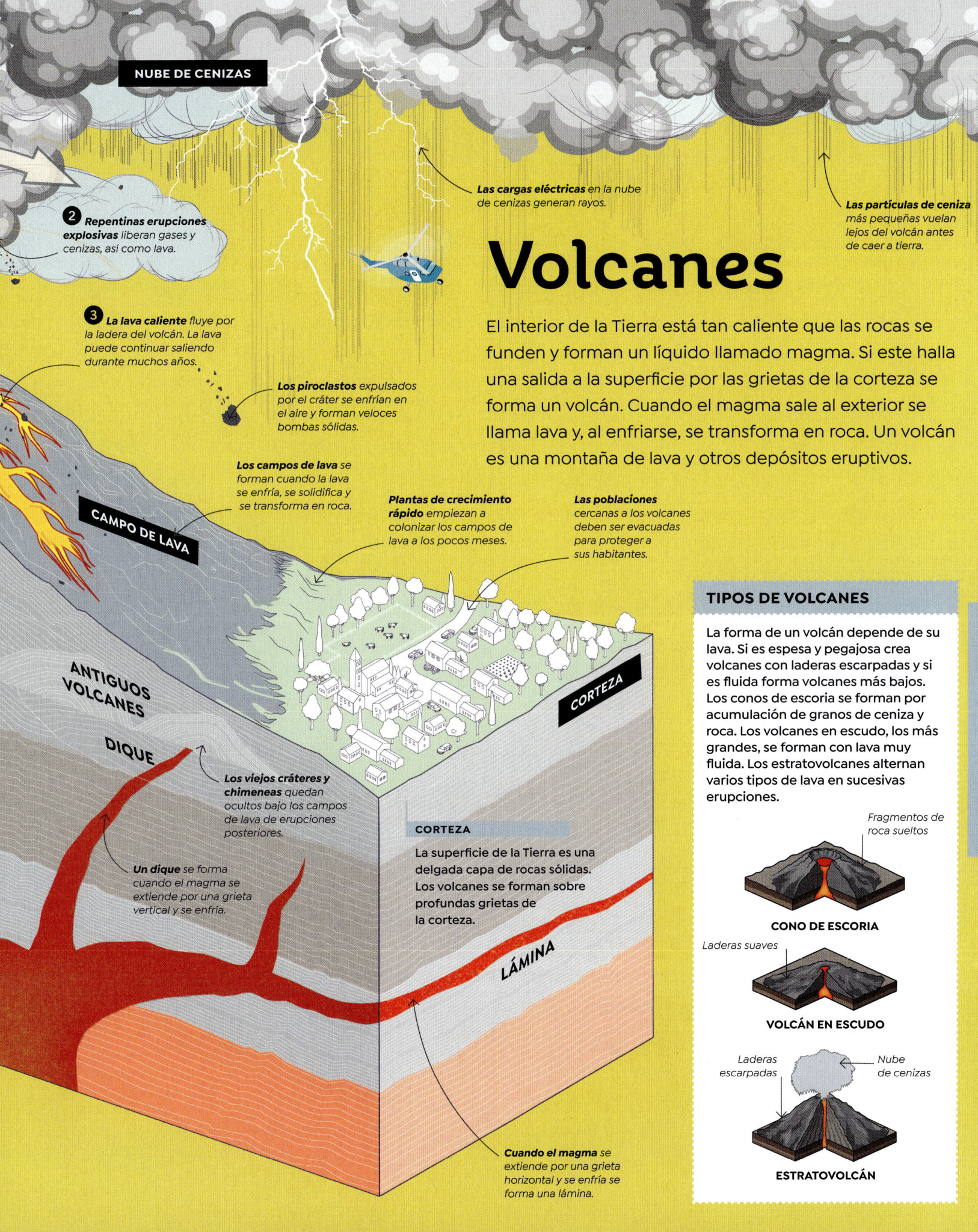

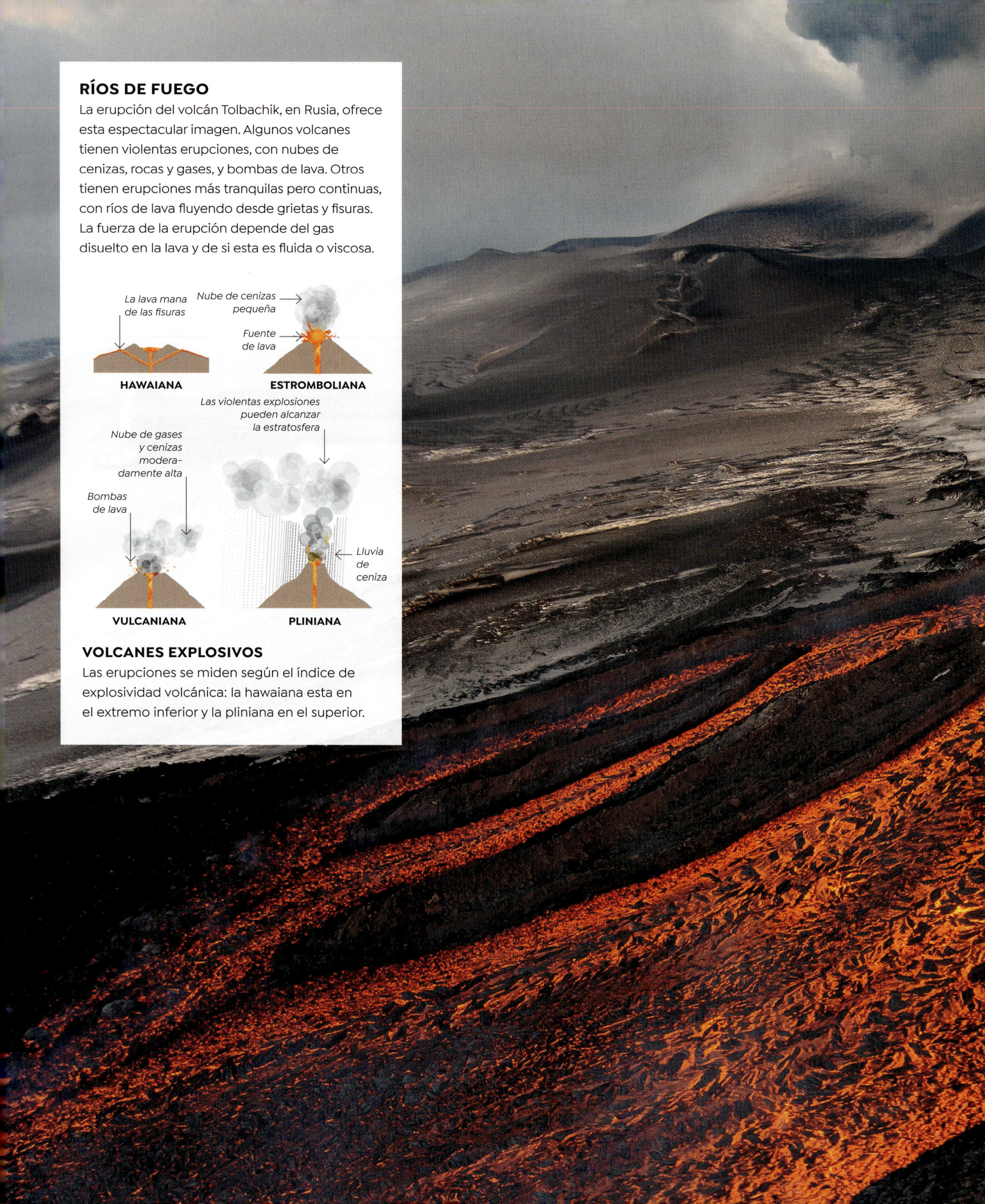

RÍOS DE FUEGO

La erupción del volcán Tolbachik, en Rusia, ofrece esta espectacular imagen. Algunos volcanes tienen violentas erupciones, con nubes de cenizas, rocas y gases, y bombas de lava. Otros tienen erupciones más tranquilas pero continuas, con ríos de lava fluyendo desde grietas y fisuras. La fuerza de la erupción depende del gas disuelto en la lava y de si esta es fluida o viscosa.

La lava mana de las fisuras

Nube de cenizas pequeña

Fuente de lava

HAWAIANA

ESTROMBOLIANA

Nube de gases y cenizas moderadamente alta

Las violentas explosiones pueden alcanzar la estratosfera

Bombas de lava

Lluvia de ceniza

VULCANIANA

PLINIANA

VOLCANES EXPLOSIVOS

Las erupciones se miden según el índice de explosividad volcánica: la hawaiana esta en el extremo inferior y la pliniana en el superior.

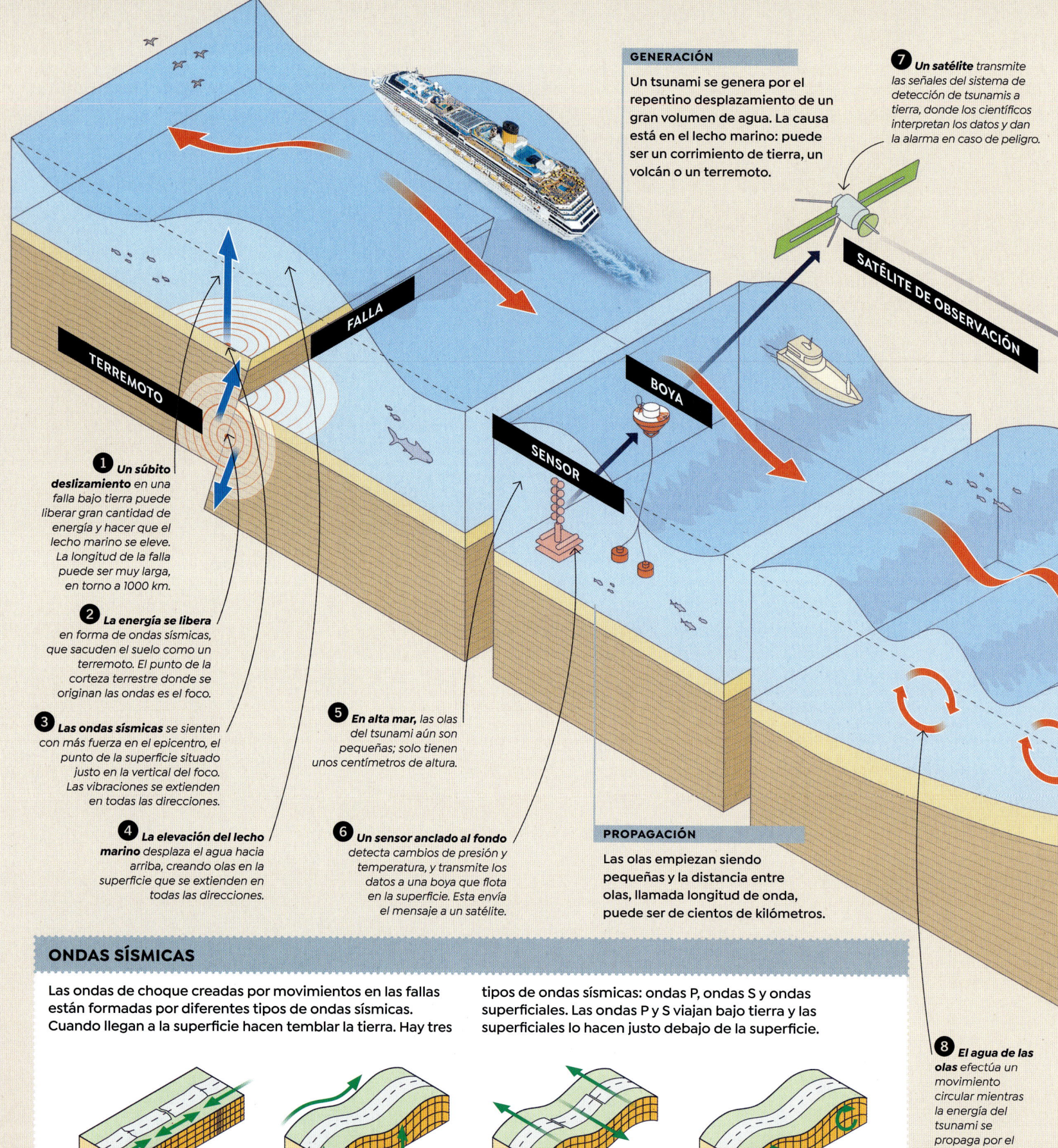

GENERACIÓN

Un tsunami se genera por el repentino desplazamiento de un gran volumen de agua. La causa está en el lecho marino: puede ser un corrimiento de tierra, un volcán o un terremoto.

7 *Un satélite* transmite las señales del sistema de detección de tsunamis a tierra, donde los científicos interpretan los datos y dan la alarma en caso de peligro.

SATÉLITE DE OBSERVACIÓN

TERREMOTO

FALLA

BOYA

SENSOR

1 *Un súbito deslizamiento* en una falla bajo tierra puede liberar gran cantidad de energía y hacer que el lecho marino se eleve. La longitud de la falla puede ser muy larga, en torno a 1000 km.

2 *La energía se libera* en forma de ondas sísmicas, que sacuden el suelo como un terremoto. El punto de la corteza terrestre donde se originan las ondas es el foco.

3 *Las ondas sísmicas* se sienten con más fuerza en el epicentro, el punto de la superficie situado justo en la vertical del foco. Las vibraciones se extienden en todas las direcciones.

4 *La elevación del lecho marino* desplaza el agua hacia arriba, creando olas en la superficie que se extienden en todas las direcciones.

5 *En alta mar,* las olas del tsunami aún son pequeñas; solo tienen unos centímetros de altura.

6 *Un sensor anclado al fondo* detecta cambios de presión y temperatura, y transmite los datos a una boya que flota en la superficie. Esta envía el mensaje a un satélite.

PROPAGACIÓN

Las olas empiezan siendo pequeñas y la distancia entre olas, llamada longitud de onda, puede ser de cientos de kilómetros.

8 *El agua de las olas* efectúa un movimiento circular mientras la energía del tsunami se propaga por el mar; no va en dirección a la tierra.

ONDAS SÍSMICAS

Las ondas de choque creadas por movimientos en las fallas están formadas por diferentes tipos de ondas sísmicas. Cuando llegan a la superficie hacen temblar la tierra. Hay tres tipos de ondas sísmicas: ondas P, ondas S y ondas superficiales. Las ondas P y S viajan bajo tierra y las superficiales lo hacen justo debajo de la superficie.

ONDAS P
Las ondas P (primarias) son las más rápidas. Se mueven bajo tierra presionando y estirando la roca.

ONDAS S
Las ondas S (secundarias) son más lentas y hacen que la tierra suba y baje en sucesivas oscilaciones.

ONDAS DE LOVE
Estas ondas superficiales sacuden el terreno horizontalmente, de lado a lado.

ONDAS DE RAYLEIGH
Son superficiales y hacen que el terreno se ondule con movimientos circulares, como las olas del mar.

Terremotos y tsunamis

Las placas tectónicas se mueven constantemente, lo cual hace que se acumule tensión en sus límites. Si esta tensión se hace demasiado grande se pueden producir fracturas en la corteza, liberándose una energía que sacude el suelo con violencia. Cuando esto ocurre cerca o debajo del mar se puede producir un tsunami, una serie de enormes olas que pueden inundar la tierra.

Tsunami es una palabra
japonesa que significa ola en el puerto

Los tsunamis pueden recorrer el mar a 800 km/h. Los sistemas de alerta modernos tienen aparatos de observación en los océanos Pacífico e Índico para informar de peligros potenciales a las poblaciones.

ALERTAS DE TSUNAMIS

INUNDACIÓN

Cerca de la costa, las olas se juntan y pueden alcanzar los 10 m de altura. El tsunami golpea la orilla con una enorme fuerza y puede inundar varios kilómetros de tierra.

ESTACIÓN DE OBSERVACIÓN

Una alerta temprana permite a los habitantes de las poblaciones costeras ponerse a salvo en lugares elevados, como las torres de evacuación.

En algunos edificios resistentes a los tsunamis las paredes pueden derrumbarse para dejar pasar el agua sin que afecte a la estructura principal.

9 Al aproximarse a la costa, *las olas toman contacto con el fondo y su velocidad se reduce, pero su altura aumenta.*

UNA FUERZA COLOSAL

Las olas de tsunami no rompen en la orilla como las olas normales, sino que entran en la tierra con una gran cantidad de energía. Son capaces de derribar árboles y casas, y de llevarse por delante barcos y coches.

Las casas construidas sobre pilotes *dejan pasar el agua por debajo sin sufrir daños significativos.*

Cuencas fluviales

Una cuenca fluvial es un territorio con un único sistema de drenaje natural, es decir, que recoge aguas que afluyen a un mismo río. Pequeños arroyos, cada uno originado en una fuente, se unen para formar ríos más grandes. Al final, el agua que cae en forma de lluvia o nieve en la misma cuenca llega al mar por el mismo río.

CASCADAS Y RÁPIDOS

La roca blanda se erosiona antes que la dura. El agua actúa como una excavadora en el lecho de roca blanda de una cascada y esta se retira río arriba cuando la roca dura colapsa. Los rápidos se forman en superficies irregulares de rocas blandas y duras.

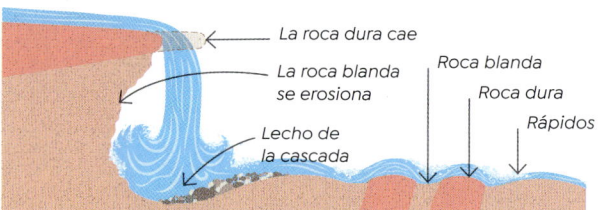

La roca dura cae
La roca blanda se erosiona
Roca blanda
Roca dura
Lecho de la cascada
Rápidos

DELTAS

Los deltas están llenos de sedimentos ricos en nutrientes y constituyen hábitats muy diversos. El delta del río Okavango, en Botsuana, es tan importante para la supervivencia de la fauna local que los animales han adaptado sus ciclos reproductivos para coincidir con las riadas invernales.

Los meandros son curvas formadas por procesos de erosión y sedimentación cuando el caudal y la energía del río desplazan su cauce.

El lugar donde dos o más ríos se juntan se llama confluencia.

Las llanuras ribereñas se inundan cuando los ríos se desbordan.

En la orilla convexa del meandro, más baja, se depositan los sedimentos.

La orilla cóncava del meandro es más alta y escarpada que la opuesta debido a la erosión causada por el agua.

MEANDRO

BRAZO MUERTO

Un brazo muerto es un meandro abandonado por el cauce principal de un río.

DIVISORIA DE AGUAS

DELTA

CURSO BAJO

La cuenca del Amazonas tiene una extensión de siete millones de km²

Una divisoria de aguas es un elemento físico –por ejemplo, una cresta– que marca el límite del área drenada por un río. La lluvia que cae a un lado de la divisoria drena por un río, y la que cae al otro lado, drena por otro río.

Muchas poblaciones han nacido a orillas de ríos, ya que proporcionan agua, transporte y suelo fértil.

Al llegar al mar, los ríos pueden dividirse en varios brazos separados por islas de cieno de origen sedimentario. Son los deltas.

La desembocadura es donde el río vierte sus aguas en el mar, en otro río o en un lago.

CURSO BAJO

Al acercarse al mar, el cauce del río se hace más ancho y recto. El volumen de agua y la cantidad de sedimentos aumentan.

En las montañas nacen la mayoría de los ríos. Por ejemplo, en el Himalaya nacen al menos 10 grandes ríos.

La mayoría de los ríos tienen su nacimiento en pequeñas fuentes situadas en colinas o montañas.

Los glaciares son masas de hielo que se mueven despacio. En los meses cálidos se derriten parcialmente y el agua va a los ríos.

Los afluentes son ríos menores que vierten sus aguas en el río principal.

Pocos materiales resisten el poder erosivo del agua. Por ejemplo, el río Colorado ha desgastado 300 m de roca para trazar el meandro de la imagen.

El agua de deshielo fluye por las pendientes en primavera y aumenta el caudal de los ríos.

Los lagos pueden formarse en hondonadas que recogen agua de deshielo. Cuando se desbordan vierten el agua en los ríos.

GLACIAR

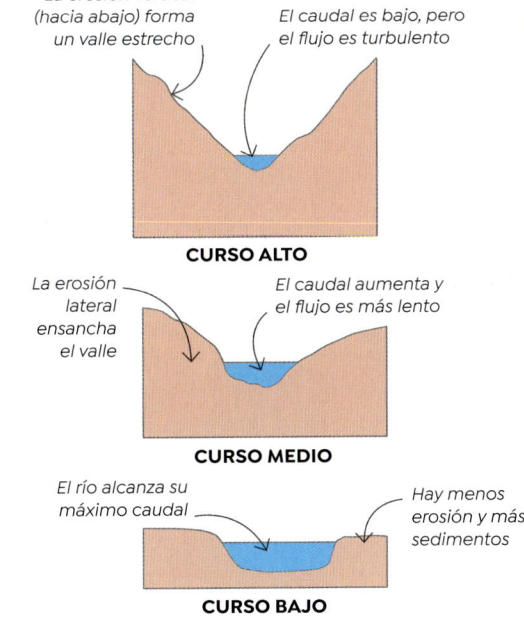

Los arroyos son pequeños cursos de agua, a menudo de carácter estacional.

ARROYO

GARGANTA

RÁPIDOS

Cuando un río fluye por un terreno con capas de roca blanda y dura, socava y erosiona la roca blanda hasta formar una cascada.

Las gargantas se forman donde las cascadas erosionan el terreno y las rocas circundantes.

CURSO ALTO

Los rápidos se forman cuando la roca blanda del lecho fluvial se erosiona y sobresale la roca dura, perturbando el flujo de agua.

CURSO MEDIO

CURSO ALTO

Esta es la parte donde nace el río y, por lo general, la de mayor pendiente. Varios arroyos o torrentes aportan agua al cauce principal.

UN VALLE, VARIOS PERFILES

En la parte superior de una cuenca, el agua solo tiene energía para erosionar hacia abajo, trazando una V pronunciada. Cuando el río gana caudal, en su curso medio, su creciente energía se dirige a los laterales, restando profundidad al valle. En el curso inferior, el valle casi se ha convertido en una llanura.

La erosión vertical (hacia abajo) forma un valle estrecho

El caudal es bajo, pero el flujo es turbulento

CURSO ALTO

La erosión lateral ensancha el valle

El caudal aumenta y el flujo es más lento

CURSO MEDIO

El río alcanza su máximo caudal

Hay menos erosión y más sedimentos

CURSO BAJO

CURSO MEDIO

Atravesando un terreno suavemente inclinado y propenso a las inundaciones, el río traza amplias curvas en el paisaje.

RÍOS TRENZADOS

Cuando la carga de cieno y arena es demasiado pesada para ser transportada, el río se trenza. Los sedimentos forman pequeñas islas que dividen el cauce en varios canales.

INUNDACIONES

Una riada comienza con un súbito aumento del caudal del río debido a lluvias intensas o a un deshielo rápido. El nivel del agua asciende y el río acaba desbordándose. Si está encajonado en un cauce angosto, como esta garganta del río Jinsha, en China, la velocidad del flujo aumenta, convirtiendo un tranquilo río en un furioso torrente. En zonas más llanas, el agua rebasa las orillas e inunda las tierras circundantes, depositando barro y otros materiales acarreados. Las inundaciones tienen un impacto devastador en las personas y propiedades de las áreas ribereñas.

221 MILLONES

147 MILLONES

72 MILLONES

2010   2030   2050

PERSONAS AFECTADAS

El Instituto de Recursos Mundiales prevé un aumento significativo de los daños causados por las inundaciones a personas y propiedades hasta 2050.

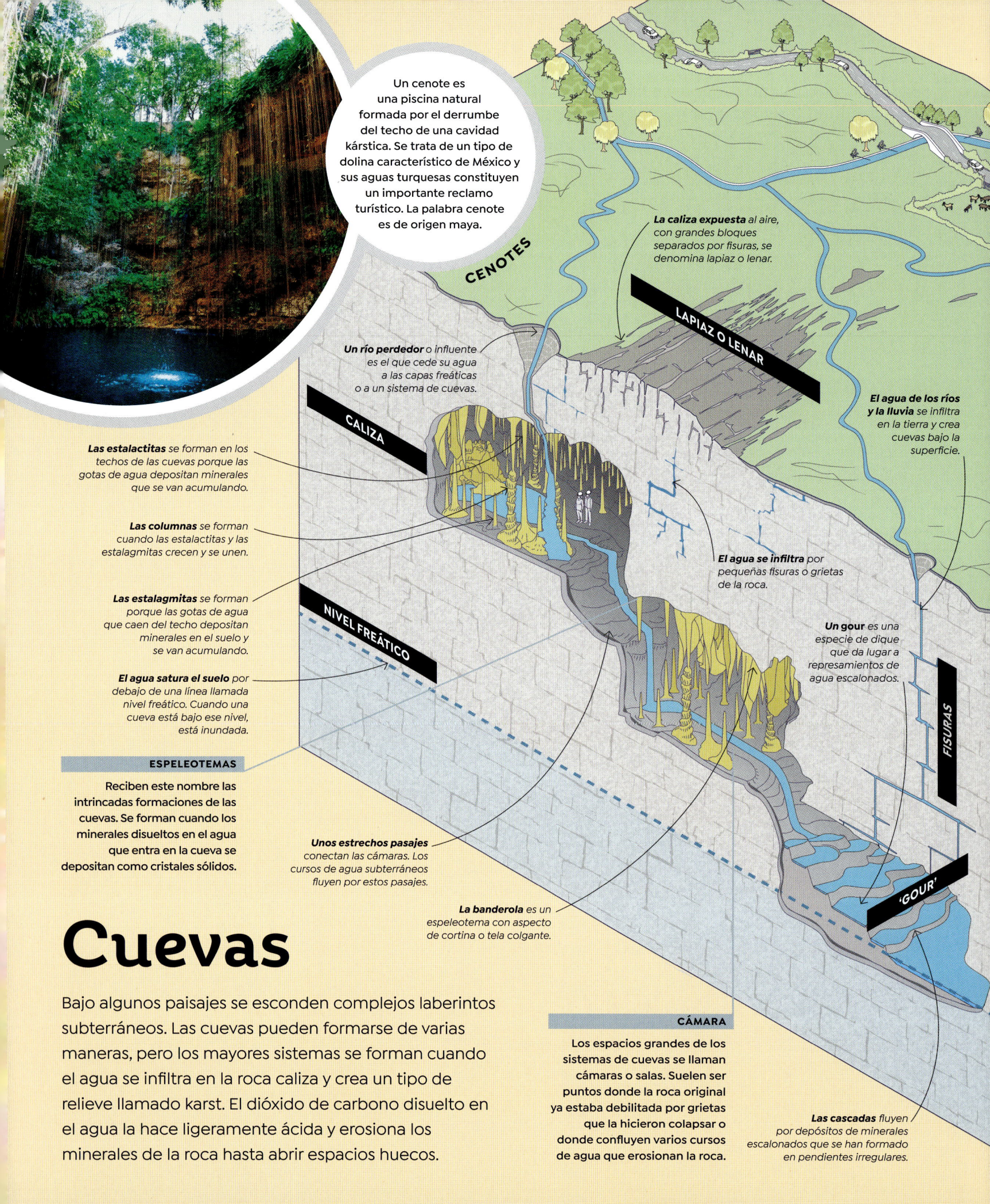

Un cenote es una piscina natural formada por el derrumbe del techo de una cavidad kárstica. Se trata de un tipo de dolina característico de México y sus aguas turquesas constituyen un importante reclamo turístico. La palabra cenote es de origen maya.

CENOTES

La caliza expuesta al aire, con grandes bloques separados por fisuras, se denomina lapiaz o lenar.

LAPIAZ O LENAR

El agua de los ríos y la lluvia se infiltra en la tierra y crea cuevas bajo la superficie.

Un río perdedor o influente es el que cede su agua a las capas freáticas o a un sistema de cuevas.

CALIZA

Las estalactitas se forman en los techos de las cuevas porque las gotas de agua depositan minerales que se van acumulando.

Las columnas se forman cuando las estalactitas y las estalagmitas crecen y se unen.

Las estalagmitas se forman porque las gotas de agua que caen del techo depositan minerales en el suelo y se van acumulando.

El agua se infiltra por pequeñas fisuras o grietas de la roca.

Un gour es una especie de dique que da lugar a represamientos de agua escalonados.

NIVEL FREÁTICO

El agua satura el suelo por debajo de una línea llamada nivel freático. Cuando una cueva está bajo ese nivel, está inundada.

FISURAS

ESPELEOTEMAS

Reciben este nombre las intrincadas formaciones de las cuevas. Se forman cuando los minerales disueltos en el agua que entra en la cueva se depositan como cristales sólidos.

Unos estrechos pasajes conectan las cámaras. Los cursos de agua subterráneos fluyen por estos pasajes.

La banderola es un espeleotema con aspecto de cortina o tela colgante.

'GOUR'

Cuevas

Bajo algunos paisajes se esconden complejos laberintos subterráneos. Las cuevas pueden formarse de varias maneras, pero los mayores sistemas se forman cuando el agua se infiltra en la roca caliza y crea un tipo de relieve llamado karst. El dióxido de carbono disuelto en el agua la hace ligeramente ácida y erosiona los minerales de la roca hasta abrir espacios huecos.

CÁMARA

Los espacios grandes de los sistemas de cuevas se llaman cámaras o salas. Suelen ser puntos donde la roca original ya estaba debilitada por grietas que la hicieron colapsar o donde confluyen varios cursos de agua que erosionan la roca.

Las cascadas fluyen por depósitos de minerales escalonados que se han formado en pendientes irregulares.

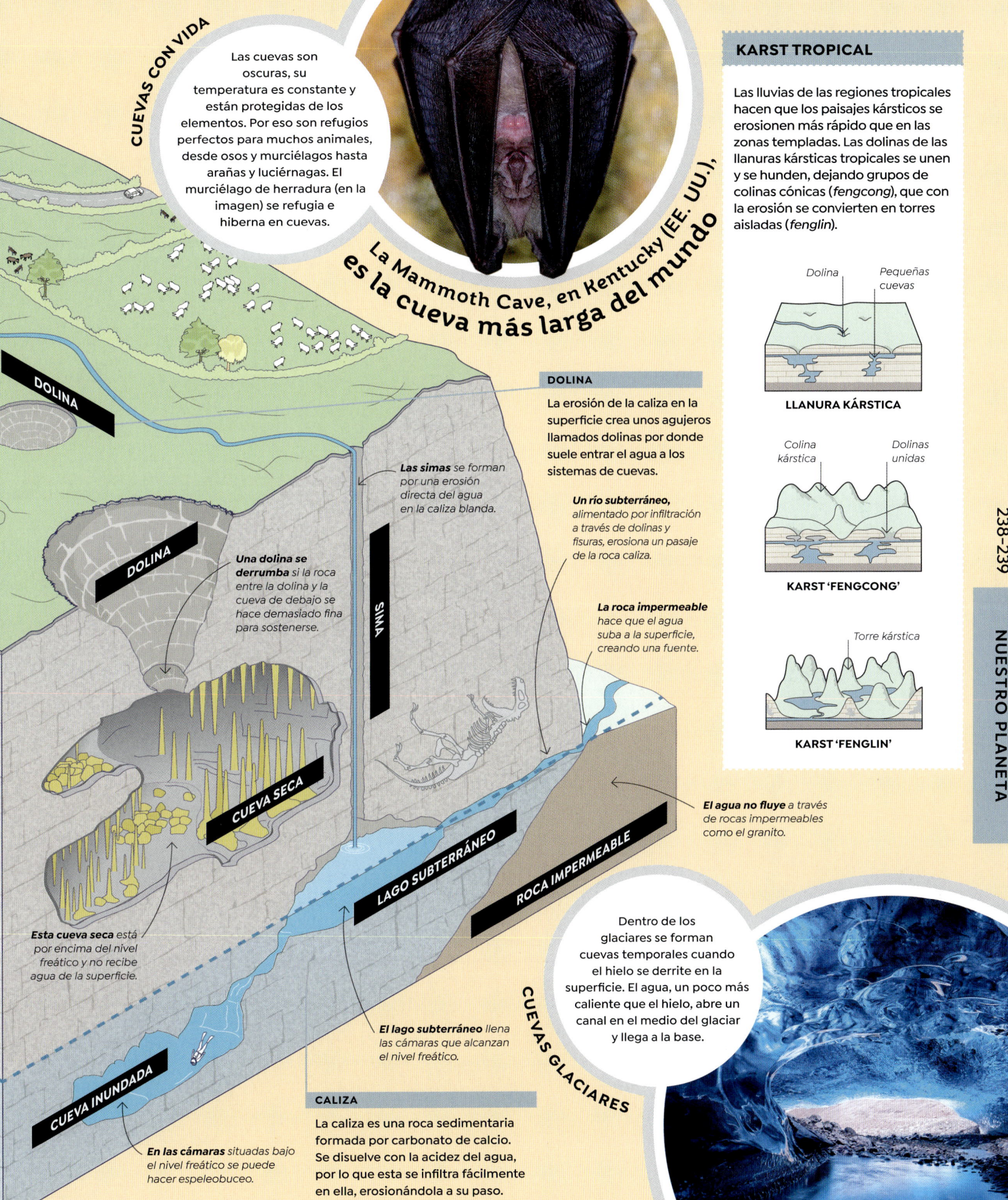

CUEVAS CON VIDA

Las cuevas son oscuras, su temperatura es constante y están protegidas de los elementos. Por eso son refugios perfectos para muchos animales, desde osos y murciélagos hasta arañas y luciérnagas. El murciélago de herradura (en la imagen) se refugia e hiberna en cuevas.

La Mammoth Cave, en Kentucky (EE. UU.), es la cueva más larga del mundo

KARST TROPICAL

Las lluvias de las regiones tropicales hacen que los paisajes kársticos se erosionen más rápido que en las zonas templadas. Las dolinas de las llanuras kársticas tropicales se unen y se hunden, dejando grupos de colinas cónicas (*fengcong*), que con la erosión se convierten en torres aisladas (*fenglin*).

Dolina — Pequeñas cuevas

LLANURA KÁRSTICA

Colina kárstica — Dolinas unidas

KARST 'FENGCONG'

Torre kárstica

KARST 'FENGLIN'

DOLINA

DOLINA

La erosión de la caliza en la superficie crea unos agujeros llamados dolinas por donde suele entrar el agua a los sistemas de cuevas.

Las simas se forman por una erosión directa del agua en la caliza blanda.

Un río subterráneo, alimentado por infiltración a través de dolinas y fisuras, erosiona un pasaje de la roca caliza.

DOLINA

Una dolina se derrumba si la roca entre la dolina y la cueva de debajo se hace demasiado fina para sostenerse.

SIMA

La roca impermeable hace que el agua suba a la superficie, creando una fuente.

CUEVA SECA

El agua no fluye a través de rocas impermeables como el granito.

LAGO SUBTERRÁNEO

ROCA IMPERMEABLE

Esta cueva seca está por encima del nivel freático y no recibe agua de la superficie.

El lago subterráneo llena las cámaras que alcanzan el nivel freático.

CUEVAS GLACIARES

Dentro de los glaciares se forman cuevas temporales cuando el hielo se derrite en la superficie. El agua, un poco más caliente que el hielo, abre un canal en el medio del glaciar y llega a la base.

CUEVA INUNDADA

CALIZA

CALIZA

La caliza es una roca sedimentaria formada por carbonato de calcio. Se disuelve con la acidez del agua, por lo que esta se infiltra fácilmente en ella, erosionándola a su paso.

En las cámaras situadas bajo el nivel freático se puede hacer espeleobuceo.

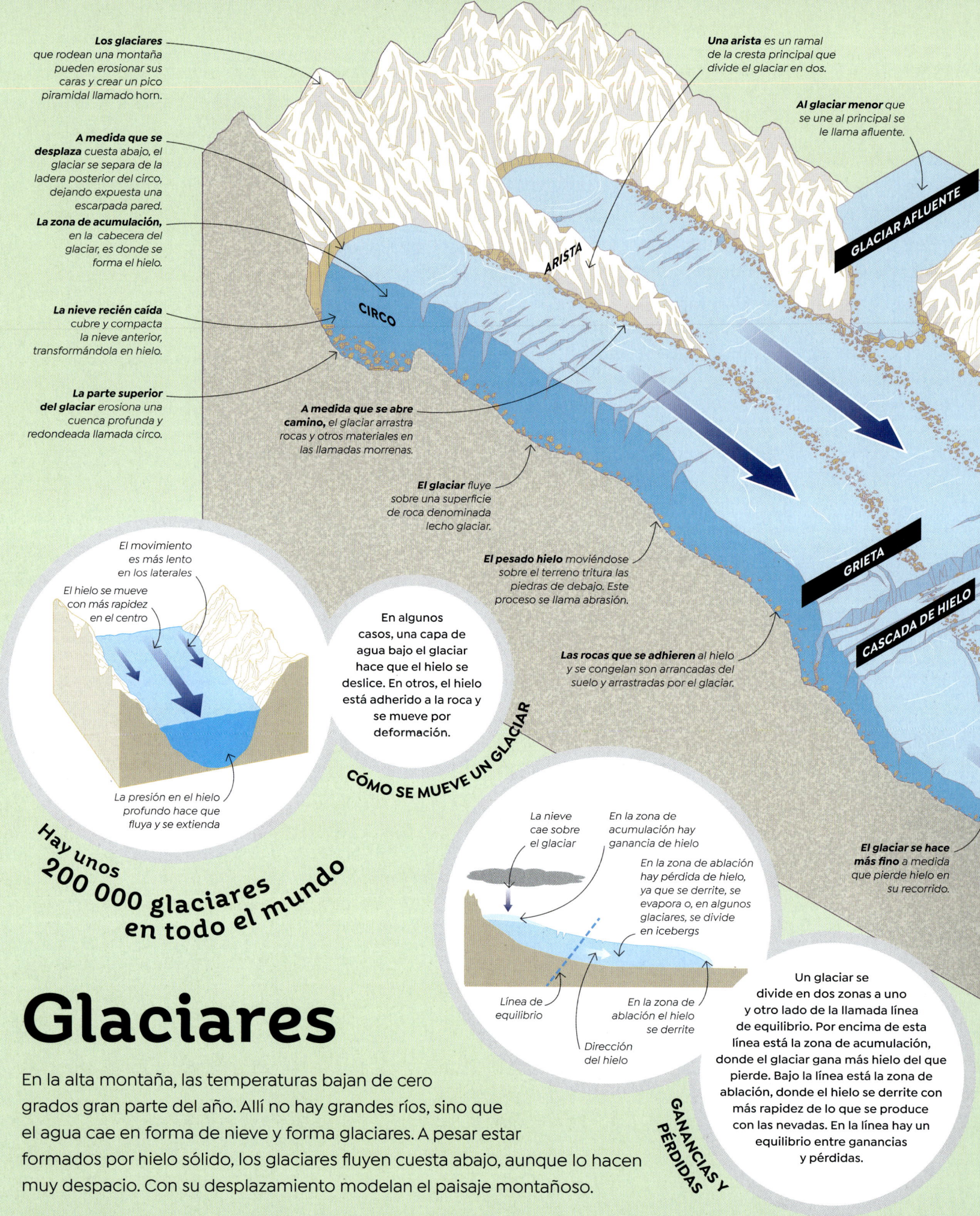

Los glaciares que rodean una montaña pueden erosionar sus caras y crear un pico piramidal llamado horn.

Una arista es un ramal de la cresta principal que divide el glaciar en dos.

Al glaciar menor que se une al principal se le llama afluente.

A medida que se desplaza cuesta abajo, el glaciar se separa de la ladera posterior del circo, dejando expuesta una escarpada pared.

La zona de acumulación, en la cabecera del glaciar, es donde se forma el hielo.

La nieve recién caída cubre y compacta la nieve anterior, transformándola en hielo.

La parte superior del glaciar erosiona una cuenca profunda y redondeada llamada circo.

A medida que se abre camino, el glaciar arrastra rocas y otros materiales en las llamadas morrenas.

El glaciar fluye sobre una superficie de roca denominada lecho glaciar.

El pesado hielo moviéndose sobre el terreno tritura las piedras de debajo. Este proceso se llama abrasión.

Las rocas que se adhieren al hielo y se congelan son arrancadas del suelo y arrastradas por el glaciar.

GLACIAR AFLUENTE

ARISTA

CIRCO

GRIETA

CASCADA DE HIELO

El movimiento es más lento en los laterales

El hielo se mueve con más rapidez en el centro

La presión en el hielo profundo hace que fluya y se extienda

En algunos casos, una capa de agua bajo el glaciar hace que el hielo se deslice. En otros, el hielo está adherido a la roca y se mueve por deformación.

CÓMO SE MUEVE UN GLACIAR

El glaciar se hace más fino a medida que pierde hielo en su recorrido.

La nieve cae sobre el glaciar

En la zona de acumulación hay ganancia de hielo

En la zona de ablación hay pérdida de hielo, ya que se derrite, se evapora o, en algunos glaciares, se divide en icebergs

Línea de equilibrio

En la zona de ablación el hielo se derrite

Dirección del hielo

Un glaciar se divide en dos zonas a uno y otro lado de la llamada línea de equilibrio. Por encima de esta línea está la zona de acumulación, donde el glaciar gana más hielo del que pierde. Bajo la línea está la zona de ablación, donde el hielo se derrite con más rapidez de lo que se produce con las nevadas. En la línea hay un equilibrio entre ganancias y pérdidas.

GANANCIAS Y PÉRDIDAS

Hay unos 200 000 glaciares en todo el mundo

Glaciares

En la alta montaña, las temperaturas bajan de cero grados gran parte del año. Allí no hay grandes ríos, sino que el agua cae en forma de nieve y forma glaciares. A pesar estar formados por hielo sólido, los glaciares fluyen cuesta abajo, aunque lo hacen muy despacio. Con su desplazamiento modelan el paisaje montañoso.

CASQUETES GLACIARES

Las formaciones glaciares que cubren grandes extensiones se llaman casquetes glaciares. Solo se encuentran en los polos. El hielo se desplaza hacia abajo desde el punto más alto y fluye en todas direcciones. Al llegar a la costa, el hielo flota en el agua marina formando icebergs.

Mar

Cuando el hielo se rompe se forman icebergs

CASQUETE GLACIAR

LECHO DE ROCA

Plataforma de hielo, donde el casquete se prolonga sobre el mar

'CREVASSES' Y CASCADAS

Una *crevasse* es una grieta entre secciones de hielo que se mueven a distintas velocidades. Una cascada es una sección de flujo rápido donde el hielo se rompe y forma una superficie caótica y agrietada.

Las cascadas y crevasses suelen formarse donde el glaciar fluye sobre un lecho rocoso empinado.

Una morrena lateral está compuesta de material arrancado del margen del valle y rocas caídas de las laderas próximas.

Una morrena central es una franja de material en el centro del glaciar. Se forma cuando confluyen dos glaciares y sus morrenas laterales se unen.

Suele formarse un lago entre el frente del glaciar y la morrena terminal.

El deshielo forma arroyos en la superficie de la parte más baja y menos fría del glaciar.

MORRENA CENTRAL

Los arroyos a veces caen dentro del glaciar por agujeros llamados molinos y siguen fluyendo por el lecho.

FRENTE

LAGO GLACIAR

MORRENA TERMINAL

'SANDUR'

El frente marca el final del glaciar, donde el hielo se ha derretido. Su posición cambia con el estado atmosférico.

El glaciar Lambert, en la Antártida, es el más largo del mundo, con unos 400 km de longitud

La morrena terminal es un banco de rocas y sedimentos depositados por el hielo fundido.

Los riachuelos se dispersan desde el frente del glaciar entre los sedimentos por una llanura aluvial llamada sandur.

El agua de deshielo fluye desde el glaciar y se convierte en afluente de un sistema fluvial.

AMENAZAS FLOTANTES

Los icebergs son fragmentos de hielo separados de glaciares o casquetes. Pueden tener pocos metros de anchura o el tamaño de un país pequeño. Entre los menores destacan los *bergy bits* (del tamaño de una casa) y los *growlers* (como un coche). Puede parecer que el iceberg de la imagen es mucho mayor que el barco, pero este está lejos y el iceberg, un *growler*, está justo delante de la cámara. En torno al 90 % de un iceberg está sumergido, de ahí su peligro. En su deriva, desde los polos hacia el ecuador, los icebergs se rompen, se voltean, se encogen y se derriten.

TABULAR   **CUÑA**   **CÚPULA**

DIQUE SECO   **PINÁCULO**   **BLOQUE**

TIPOS DE ICEBERGS

La mayoría de los icebergs son tabulares o bloques cuando se desprenden y cambian de forma por el deshielo y la erosión.

LA CINTA TRANSPORTADORA OCEÁNICA

Se llama así al sistema de corrientes que hunde paulatinamente el agua superficial en el fondo oceánico. El agua cálida fluye desde el ecuador hacia los polos. Allí se enfría y se sumerge antes de fluir por el lecho marino de vuelta al ecuador, donde vuelve a calentarse y emerge a la superficie, con lo que el ciclo empieza de nuevo.

El agua pierde calor en el aire

Corriente superficial cálida

Corriente profunda fría

CORRIENTES CÁLIDAS

Por lo general, las corrientes que van del ecuador hacia los polos llevan agua cálida. Su temperatura se debe a la intensa insolación del ecuador.

La gran mancha de basura del Pacífico es una masa de millones de trozos de plástico atrapados en un giro oceánico. Ocupa una superficie mayor que la de Texas.

La contracorriente ecuatorial está motivada por el viento. Fluye hacia el este por el ecuador en los océanos Pacífico, Atlántico e Índico.

OCÉANO PACÍFICO

CONTRACORRIENTE ECUATORIAL

Un giro oceánico es un gran bucle creado por un sistema de corrientes que hace circular el agua.

La corriente de Humboldt crea una fértil área oceánica. Sus frías aguas están llenas de nutrientes.

Las corrientes frías traen tiempo frío y seco. Las costas cercanas suelen ser desérticas, como en América del Sur.

CORRIENTE CIRCUMPOLAR

OCÉANO ANTÁRTICO

AMÉRICA DEL SUR

OCÉANO ATLÁNTICO

ANTÁRTIDA

El agua tarda 1000 años en completar un ciclo en la cinta transportadora oceánica

Rotación de la Tierra

La corriente en el hemisferio norte se desvía a la derecha

La corriente en el hemisferio norte se desvía a la izquierda

Ecuador

Las corrientes oceánicas y aéreas (el viento) no fluyen en línea recta, sino que son desviados por el efecto Coriolis, causado por la rotación de la Tierra de oeste a este. Al moverse la superficie del planeta, los flujos de agua y aire son arrastrados hacia la derecha en el hemisferio norte y hacia la izquierda en el hemisferio sur.

EL EFECTO CORIOLIS

LA CIRCULACIÓN TERMOHALINA

Las corrientes oceánicas pueden crearse por diferencias en la densidad del agua. A esto se le llama circulación termohalina, ya que la temperatura (*termo*) y la salinidad (*halina*) causan las diferencias de densidad. El agua fría y salada es más pesada que la cálida y siempre se hunde, haciendo sitio en la superficie al agua más cálida y ligera, que emerge. Esto ocurre en un ciclo constante: el agua más fría y densa va al fondo y la más cálida y ligera va a la superficie.

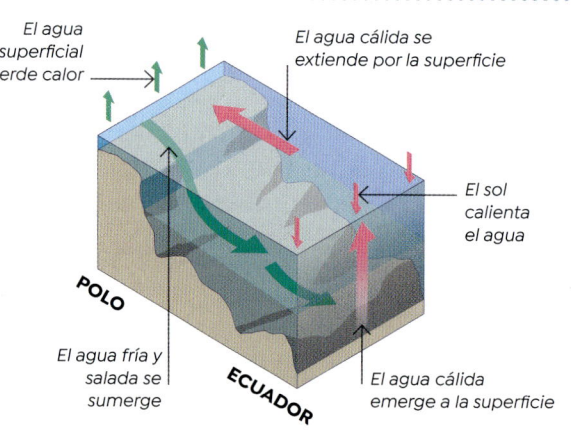

El agua superficial pierde calor

El agua cálida se extiende por la superficie

El sol calienta el agua

POLO

El agua fría y salada se sumerge

ECUADOR

El agua cálida emerge a la superficie

Donde se encuentran las corrientes, sus aguas superficiales colisionan. El impacto y la presión empujan el agua hacia abajo en un proceso llamado contrasurgencia, que oxigena las profundidades.

La corriente oceánica más rápida es la del Golfo, con una velocidad punta de 9 km/h

Corrientes marinas

Las corrientes mezclan el agua de los océanos. Suelen ser horizontales y se mueven en la superficie o cerca de ella, pero también pueden ser verticales: el agua desciende al lecho marino en un sitio y emerge a la superficie en otro. En todo caso, siempre son más evidentes en la superficie, creadas en parte por fuertes vientos. Las corrientes superficiales forman una especie de red viaria entre continentes.

CORRIENTES FRÍAS

Las corrientes que fluyen hacia el ecuador tienden a ser frías. Su agua viene de los mares polares, que están fríos todo el año.

SURGENCIA COSTERA

El agua que asciende de las profundidades está llena de restos de plantas y animales ricos en nutrientes. Allá donde emerge a la superficie, gran número de peces, aves y mamíferos, como las ballenas, van a darse el festín.

OCÉANO ÁRTICO

AMÉRICA DEL NORTE

CORRIENTE DEL GOLFO

EUROPA

La corriente del Golfo transporta agua del golfo de México a los mares del oeste de Europa, atemperando su clima.

El ecuador divide los hemisferios norte y sur. En esta zona las temperaturas, las corrientes y el tiempo son moderados.

ÁFRICA

La superficie del agua no es completamente llana. Las partes cálidas y saladas sobresalen hasta 2 m por encima de las frías aguas de los polos.

La corriente del Monzón, en el océano Índico, cambia de dirección con las estaciones, ya que el viento sopla de tierra a mar en invierno y al revés en verano.

ASIA

Esta mancha es un área de alta salinidad. Las zonas más claras muestran menos salinidad.

NUESTRO PLANETA

CONTRACORRIENTE ECUATORIAL

OCÉANO ÍNDICO

La corriente Circumpolar forma un bucle continuo en torno a la Antártida. Mueve más agua que cualquier otra corriente.

AUSTRALIA Y OCEANÍA

OCÉANO PACÍFICO

ECUADOR

SALINIDAD

Las sustancias químicas extraídas de las rocas por los ríos hacen salado al mar. La salinidad también depende de cuánta agua de lluvia no salina caiga y de cuánta agua se pierda por la evaporación (que deja atrás la sal).

La surgencia se da cuando el viento sopla sobre el agua cálida y asciende agua más fría de las profundidades a la superficie.

Islas volcánicas

En algunos lugares bajo el océano, el magma se abre camino a través de la corteza terrestre por puntos calientes o a lo largo de los límites de las placas tectónicas para formar nuevas rocas en el lecho marino. Si sale lava suficiente se puede formar un monte submarino o incluso una cordillera. Y cuando esas montañas sobresalen del nivel del mar se convierten en islas.

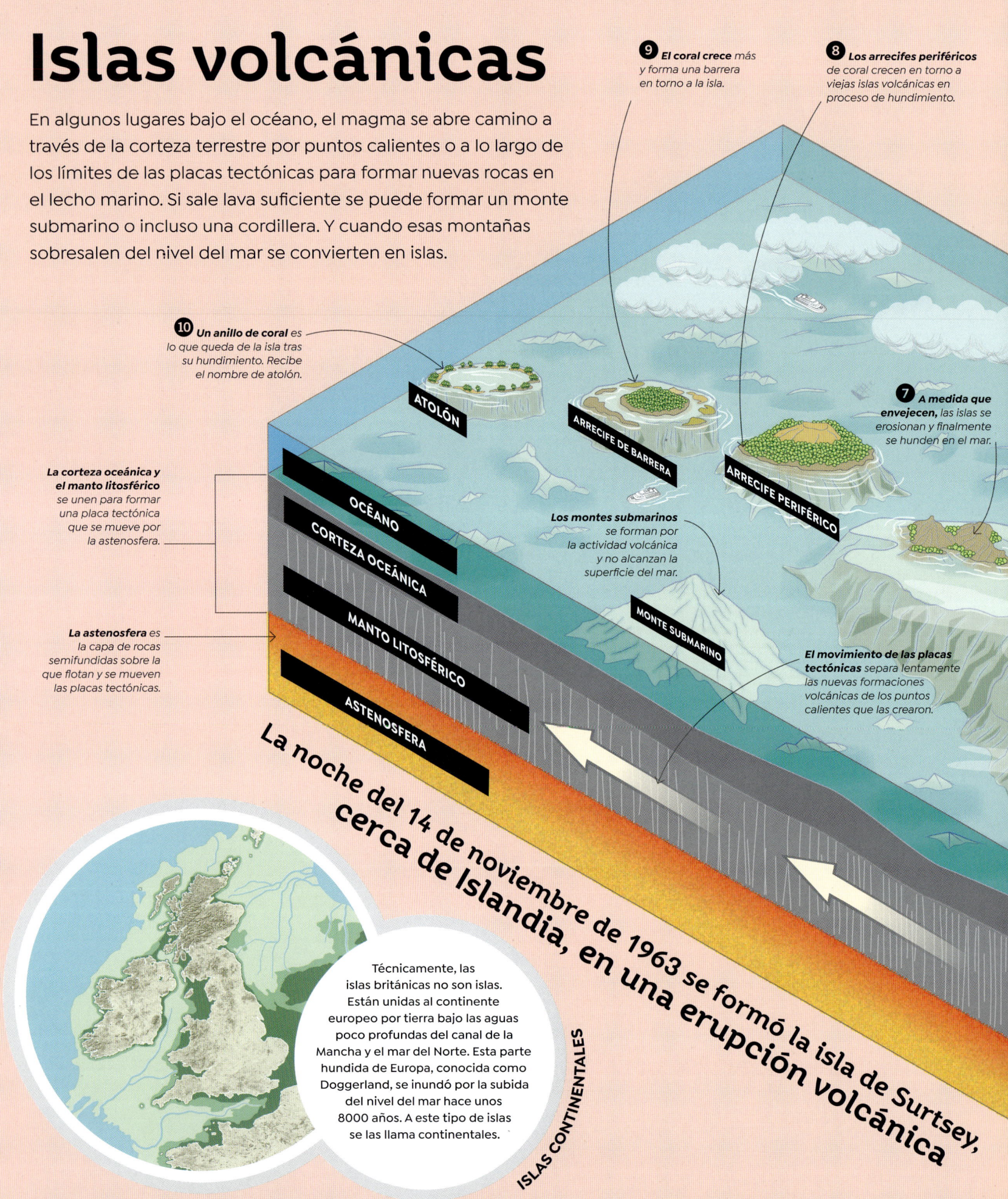

9 *El coral crece* más y forma una barrera en torno a la isla.

8 *Los arrecifes periféricos* de coral crecen en torno a viejas islas volcánicas en proceso de hundimiento.

10 *Un anillo de coral* es lo que queda de la isla tras su hundimiento. Recibe el nombre de atolón.

7 *A medida que envejecen,* las islas se erosionan y finalmente se hunden en el mar.

La corteza oceánica y el manto litosférico se unen para formar una placa tectónica que se mueve por la astenosfera.

La astenosfera es la capa de rocas semifundidas sobre la que flotan y se mueven las placas tectónicas.

Los montes submarinos se forman por la actividad volcánica y no alcanzan la superficie del mar.

El movimiento de las placas tectónicas separa lentamente las nuevas formaciones volcánicas de los puntos calientes que las crearon.

ATOLÓN

ARRECIFE DE BARRERA

ARRECIFE PERIFÉRICO

OCÉANO

CORTEZA OCEÁNICA

MANTO LITOSFÉRICO

ASTENOSFERA

MONTE SUBMARINO

La noche del 14 de noviembre de 1963 se formó la isla de Surtsey, cerca de Islandia, en una erupción volcánica

ISLAS CONTINENTALES

Técnicamente, las islas británicas no son islas. Están unidas al continente europeo por tierra bajo las aguas poco profundas del canal de la Mancha y el mar del Norte. Esta parte hundida de Europa, conocida como Doggerland, se inundó por la subida del nivel del mar hace unos 8000 años. A este tipo de islas se las llama continentales.

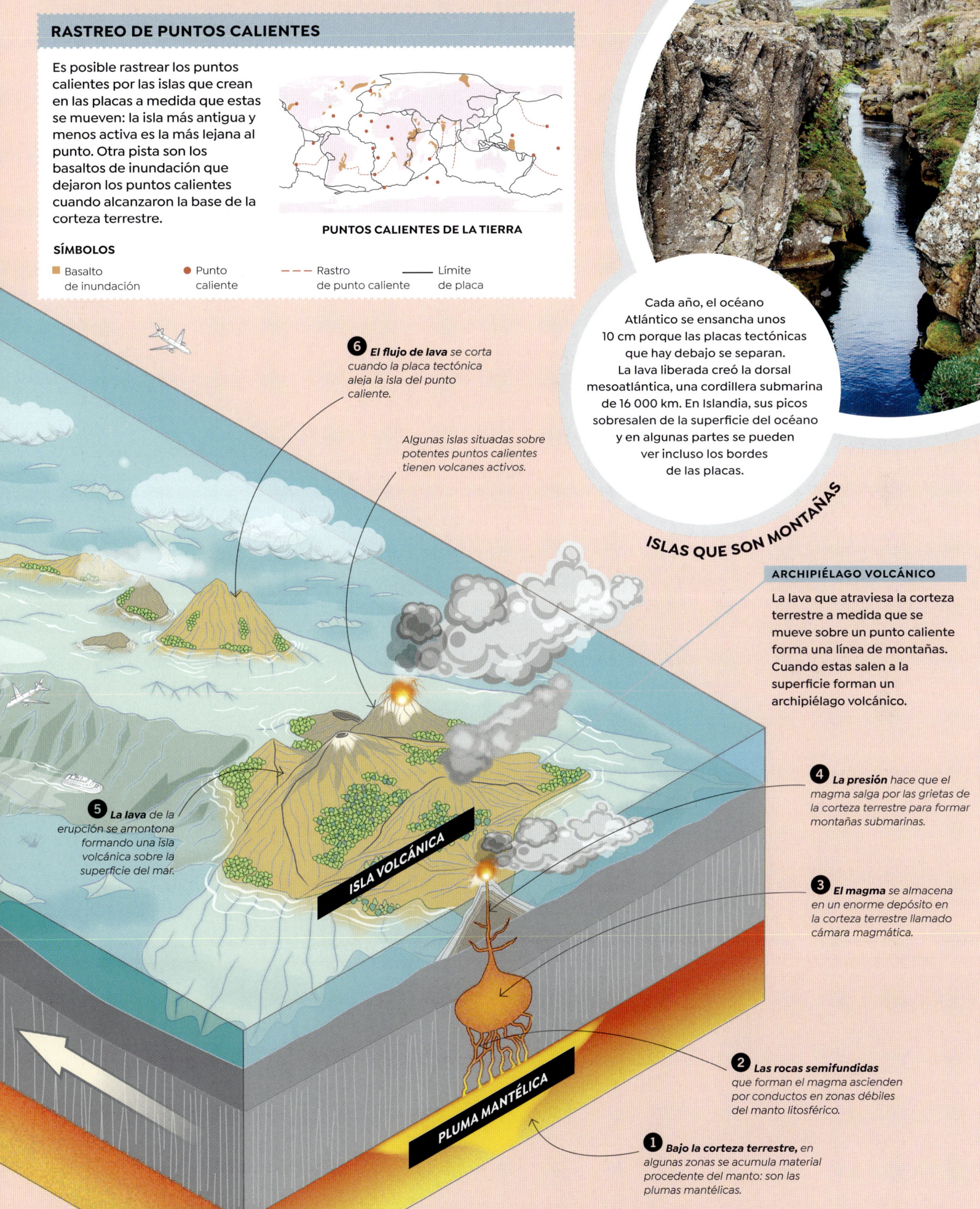

RASTREO DE PUNTOS CALIENTES

Es posible rastrear los puntos calientes por las islas que crean en las placas a medida que estas se mueven: la isla más antigua y menos activa es la más lejana al punto. Otra pista son los basaltos de inundación que dejaron los puntos calientes cuando alcanzaron la base de la corteza terrestre.

PUNTOS CALIENTES DE LA TIERRA

SÍMBOLOS

- ■ Basalto de inundación
- ● Punto caliente
- ‒ ‒ ‒ Rastro de punto caliente
- —— Límite de placa

Cada año, el océano Atlántico se ensancha unos 10 cm porque las placas tectónicas que hay debajo se separan. La lava liberada creó la dorsal mesoatlántica, una cordillera submarina de 16 000 km. En Islandia, sus picos sobresalen de la superficie del océano y en algunas partes se pueden ver incluso los bordes de las placas.

ISLAS QUE SON MONTAÑAS

ARCHIPIÉLAGO VOLCÁNICO

La lava que atraviesa la corteza terrestre a medida que se mueve sobre un punto caliente forma una línea de montañas. Cuando estas salen a la superficie forman un archipiélago volcánico.

6 *El flujo de lava* se corta cuando la placa tectónica aleja la isla del punto caliente.

Algunas islas situadas sobre potentes puntos calientes tienen volcanes activos.

5 *La lava* de la erupción se amontona formando una isla volcánica sobre la superficie del mar.

ISLA VOLCÁNICA

4 *La presión* hace que el magma salga por las grietas de la corteza terrestre para formar montañas submarinas.

3 *El magma* se almacena en un enorme depósito en la corteza terrestre llamado cámara magmática.

PLUMA MANTÉLICA

2 *Las rocas semifundidas* que forman el magma ascienden por conductos en zonas débiles del manto litosférico.

1 *Bajo la corteza terrestre,* en algunas zonas se acumula material procedente del manto: son las plumas mantélicas.

Lecho marino

Debajo del mar hay un mundo lleno de formaciones fascinantes, desde cañones que seccionan la plataforma continental hasta cordilleras que se extienden miles de kilómetros por el lecho marino. Los océanos cubren más del 70 % de la superficie terrestre, pero más del 80 % de este mundo acuático está sin explorar.

CARTOGRAFIANDO EL FONDO

Los buques hidrográficos usan sondas náuticas para medir la profundidad del mar. Estos aparatos envían ondas sonoras que rebotan en el fondo y vuelven al barco. El tiempo que tardan en volver revela la profundidad. Los datos se usan para cartografiar el fondo marino.

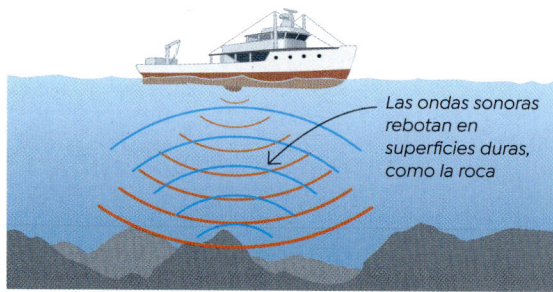

Las ondas sonoras rebotan en superficies duras, como la roca

EXPLORACIÓN SUBMARINA

La Luna ha sido visitada por más personas que las partes más profundas del mar. Los exploradores marinos usan unos submarinos llamados batiscafos para bajar al lecho marino en viajes que duran varias horas. Los batiscafos están preparados para resistir presiones extremas y garantizar la seguridad de sus tripulantes.

Una falla es una grieta que se forma donde dos secciones del lecho marino se mueven a diferentes velocidades o direcciones.

FOSA

En zonas de subducción, donde dos placas convergen y una se desliza bajo la otra, se producen grandes depresiones en el lecho marino. Se llaman fosas y son las partes más profundas de la Tierra.

Las islas volcánicas se forman cuando los volcanes sobresalen de la superficie del mar.

Las colinas abisales son relieves que se elevan unos cientos de metros sobre las llanuras abisales.

Los montes submarinos son volcanes que no alcanzan la superficie del mar. Muchos están extinguidos.

FOSA

ARCO VOLCÁNICO

ARCO VOLCÁNICO

Las erupciones volcánicas cercanas a las zonas de subducción crean cadenas de volcanes a lo largo de los límites de las placas. Los volcanes crecen con las sucesivas erupciones formando montes submarinos e islas.

Los volcanes pueden formarse sobre las zonas de subducción, ya que el magma caliente mana del suelo y se solidifica.

Una zona de subducción es donde dos placas tectónicas convergen y una se desliza bajo la otra. La subducción causa la fusión parcial del manto, lo cual genera magma.

EMERSIÓN CONTINENTAL

Los sedimentos que caen por el talud continental crean una zona con una suave pendiente conocida como emersión continental, situada entre el talud continental y la llanura abisal.

PLATAFORMA CONTINENTAL

Es la zona del lecho marino menos profunda y más cercana a la costa. Forma parte de los continentes.

En la costa acaba el mar y empieza la tierra. El mar da forma a la costa, erosiona la roca y crea ricos hábitats.

La corteza continental puede ser muy antigua y es más gruesa y flota más que la oceánica.

LLANURA ABISAL

Gran parte del fondo oceánico que no pertenece a la plataforma continental es llanura abisal, un área plana y cubierta de sedimentos.

Un cañón submarino es un profundo corte en la plataforma continental. Algunos son más profundos que el Gran Cañón (EE. UU.).

Un guyot es un monte submarino (un volcán extinto) cuya cima ha sido erosionada por las olas hasta aplanarse.

Sedimentos compuestos por partículas de roca y suelo arrastradas desde tierra y restos de organismos marinos se depositan en el fondo.

TALUD CONTINENTAL

Marca el límite de la plataforma continental con una escarpada pendiente que desaparece en las profundidades del océano. También forma el borde de los continentes.

Un abanico abisal se despliega desde un cañón submarino. Está formado por sedimentos arrastrados desde tierra.

La corteza oceánica es más fina que la continental (tiene 5 km de grosor) y en su mayoría es de una roca densa llamada basalto.

La astenosfera es una parte sólida del manto, pero está tan caliente que las rocas fluyen. En las dorsales mediooceánicas, al separarse las placas tectónicas, se funde al ascender, expulsando lava al lecho marino.

El manto litosférico es la capa superior sólida del manto, situada sobre la astenosfera.

OCÉANO

LLANURA ABISAL

DORSAL MEDIOOCEÁNICA

CAÑÓN SUBMARINO

COSTA

'GUYOT'

CORTEZA CONTINENTAL

MANTO LITOSFÉRICO

ASTENOSFERA

CORTEZA OCEÁNICA

DORSAL MEDIOOCEÁNICA

Las dorsales se forman en límites divergentes, donde las rocas fundidas de la astenosfera ascienden para rellenar el hueco entre las placas. Al acumularse la lava se forma una cordillera en el lecho marino.

CAÑONES LLENOS DE VIDA

Las paredes de los cañones submarinos pueden alcanzar los 2600 m de altura. Son santuarios de vida marina porque permiten que los restos de plantas y animales bajen hasta las profundidades. Estos ricos nutrientes proporcionan alimento a criaturas tan distintas como los corales (en la imagen) y las ballenas.

El lecho marino tiene una profundidad media de 3688 m. El punto más profundo, el llamado abismo Challenger, está cerca de Guam, a 10 935 m de la superficie

Fuentes hidrotermales

En las profundidades oceánicas reina el frío
y la soledad. Sin embargo, de algunas partes del lecho
marino salen chorros de agua muy caliente. Son las
fuentes hidrotermales, lugares misteriosos habitados
por microbios y otras criaturas que crecen en un agua rica
en minerales, lejos de la luz del sol.

¿EL ORIGEN DE LA VIDA?

Muchos científicos creen que la vida empezó
en las fuentes hidrotermales. Aunque nos
parecen lugares extremos, eran unos de los
hábitats más estables cuando la Tierra era
joven. Puede que en el ambiente caliente y
húmedo de las fumarolas, las sustancias
químicas simples reaccionaran para formar
sustancias vitales como el ADN y las proteínas.

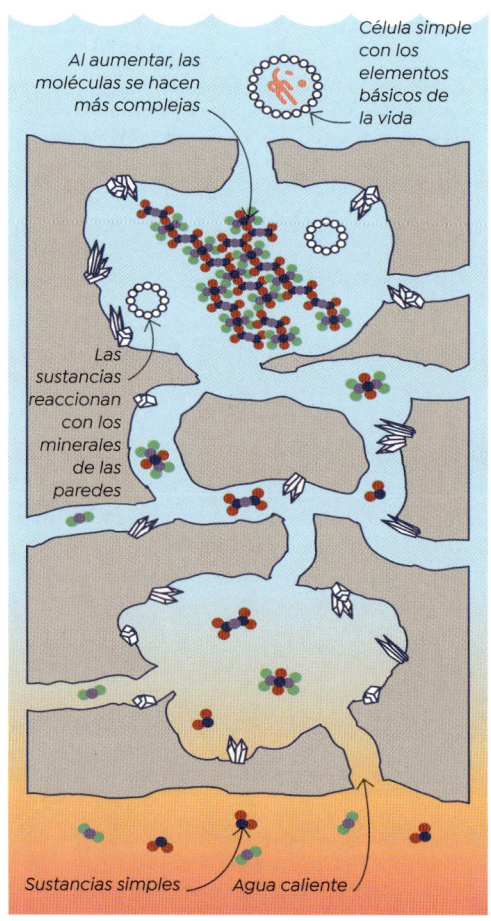

Al aumentar, las
moléculas se hacen
más complejas

Célula simple
con los
elementos
básicos de
la vida

Las
sustancias
reaccionan
con los
minerales
de las
paredes

Sustancias simples   Agua caliente

INTERIOR DE UNA CHIMENEA

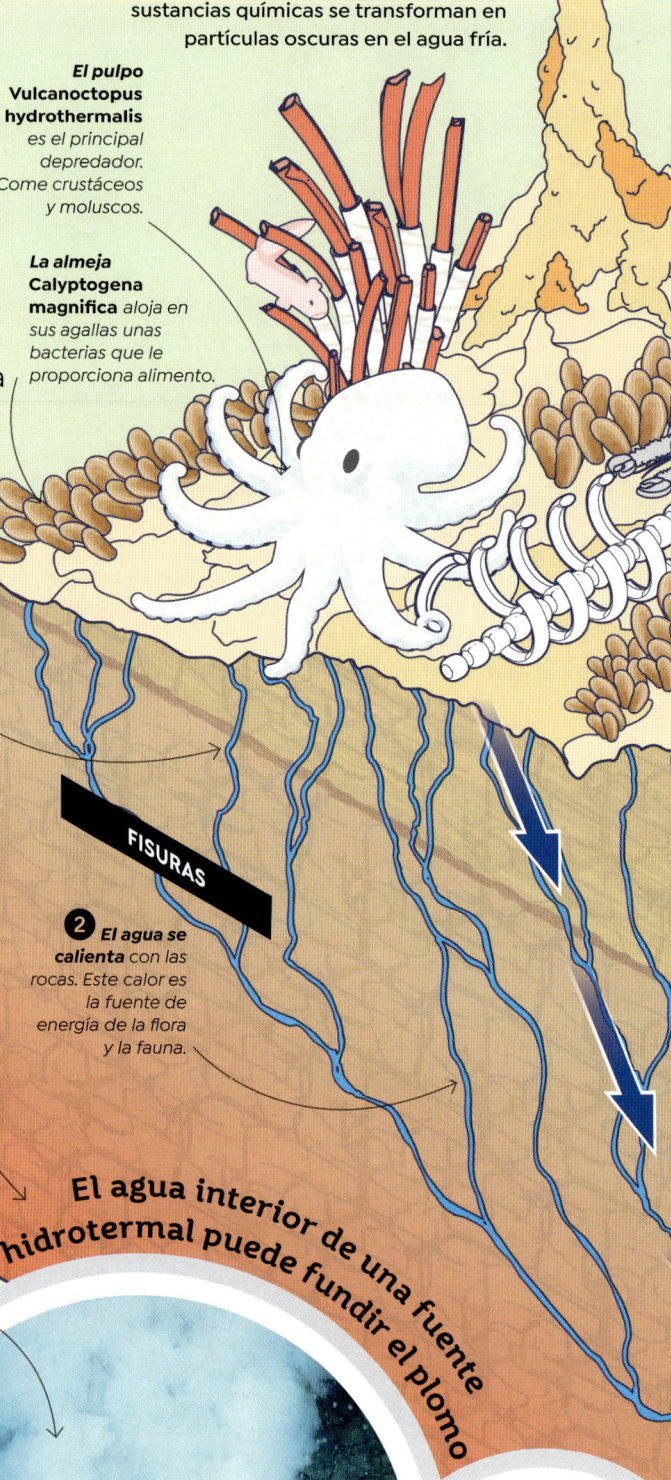

FUMAROLA NEGRA

Las fumarolas más calientes emiten lo
que parece humo negro. De hecho, sus
sustancias químicas se transforman en
partículas oscuras en el agua fría.

*El pulpo
Vulcanoctopus
hydrothermalis*
es el principal
depredador.
Come crustáceos
y moluscos.

*La almeja
Calyptogena
magnifica* aloja en
sus agallas unas
bacterias que le
proporciona alimento.

❶ *La fuente se
alimenta* de
agua marina fría
que se infiltra por
fisuras del lecho.

FISURAS

La roca
subterránea
se calienta con
una cámara
magmática
más profunda.

❷ *El agua se
calienta* con las
rocas. Este calor es
la fuente de
energía de la flora
y la fauna.

El humo blanco
tiene una
composición
química rica en
silicio y calcio.

El agua interior de una fuente
hidrotermal puede fundir el plomo

Si la
temperatura del
agua de la fuente baja de
300 °C crea una fumarola
blanca. Su flujo es más lento
que el de las fumarolas
negras y forman
chimeneas menores.

FUMAROLAS BLANCAS

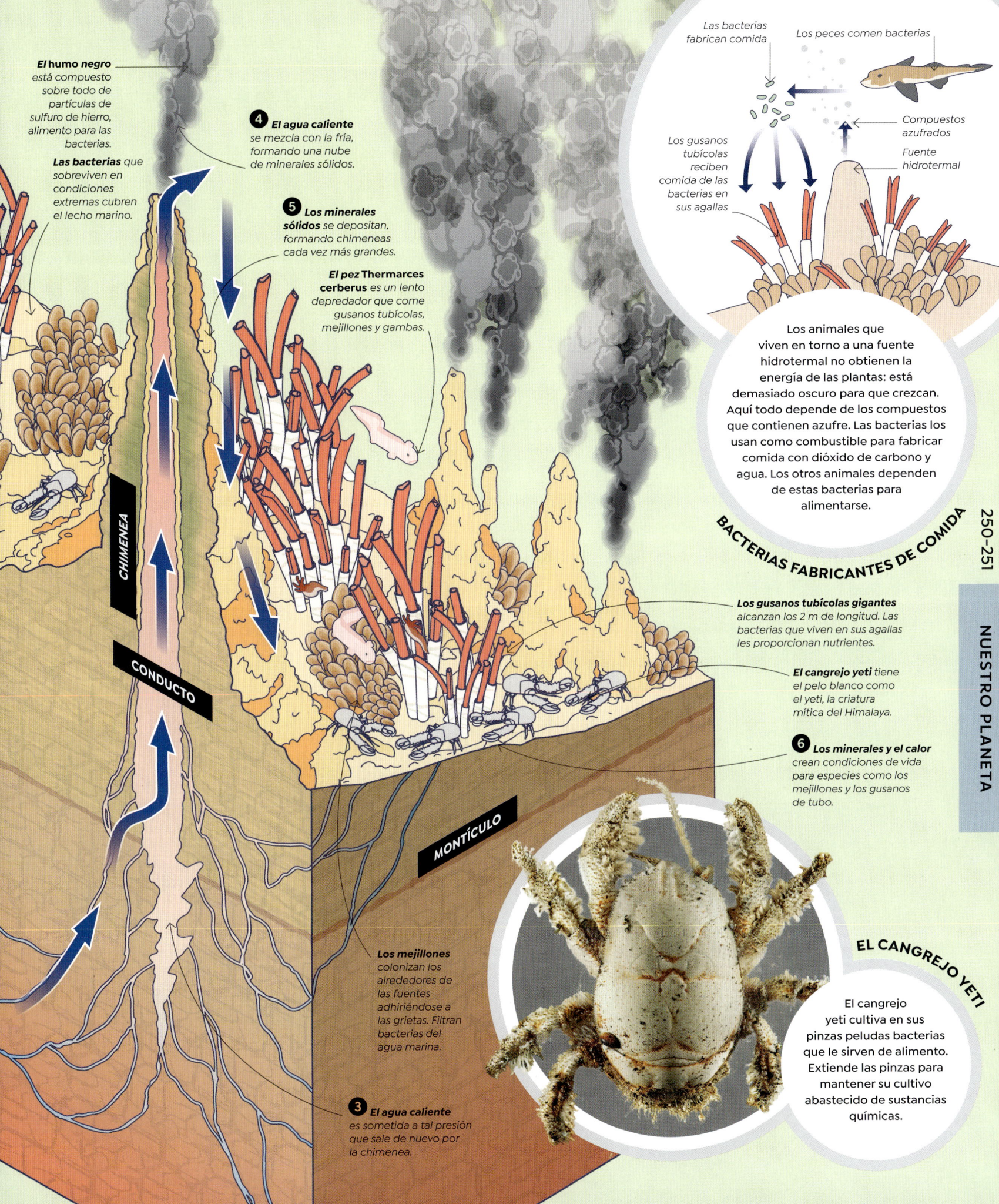

El humo negro está compuesto sobre todo de partículas de sulfuro de hierro, alimento para las bacterias.

Las bacterias que sobreviven en condiciones extremas cubren el lecho marino.

❹ El agua caliente se mezcla con la fría, formando una nube de minerales sólidos.

❺ Los minerales sólidos se depositan, formando chimeneas cada vez más grandes.

El pez Thermarces cerberus es un lento depredador que come gusanos tubícolas, mejillones y gambas.

CHIMENEA

CONDUCTO

MONTÍCULO

Los mejillones colonizan los alrededores de las fuentes adhiriéndose a las grietas. Filtran bacterias del agua marina.

❸ El agua caliente es sometida a tal presión que sale de nuevo por la chimenea.

Las bacterias fabrican comida

Los peces comen bacterias

Compuestos azufrados

Los gusanos tubícolas reciben comida de las bacterias en sus agallas

Fuente hidrotermal

Los animales que viven en torno a una fuente hidrotermal no obtienen la energía de las plantas: está demasiado oscuro para que crezcan. Aquí todo depende de los compuestos que contienen azufre. Las bacterias los usan como combustible para fabricar comida con dióxido de carbono y agua. Los otros animales dependen de estas bacterias para alimentarse.

BACTERIAS FABRICANTES DE COMIDA

Los gusanos tubícolas gigantes alcanzan los 2 m de longitud. Las bacterias que viven en sus agallas les proporcionan nutrientes.

El cangrejo yeti tiene el pelo blanco como el yeti, la criatura mítica del Himalaya.

❻ Los minerales y el calor crean condiciones de vida para especies como los mejillones y los gusanos de tubo.

EL CANGREJO YETI

El cangrejo yeti cultiva en sus pinzas peludas bacterias que le sirven de alimento. Extiende las pinzas para mantener su cultivo abastecido de sustancias químicas.

Los humedales costeros son áreas total o parcialmente cubiertas de agua, así que les afecta menos la erosión de las mareas y las olas. En ellas se incluyen los manglares y las marismas de agua dulce y salada, como las de México. Estas áreas tienen una fauna muy variada, desde aves zancudas a peligrosos depredadores como el cocodrilo.

HUMEDALES COSTEROS

Las dunas son montículos de arena apilada por el viento. El espacio resguardado entre dunas se llama surco interdunar.

La fuerza y la dirección del viento dan forma al paisaje costero.

DUNAS

Los estuarios son las desembocaduras de los ríos en el mar. Son ricos en flora y fauna debido a la mezcla de agua dulce y salada.

Las restingas son largos depósitos de arena unidos a tierra por uno de sus extremos.

DERIVA LITORAL

BAHÍA

La deriva litoral es el proceso por el cual las olas que rompen en ángulo oblicuo en la orilla transportan material por la costa.

ISLA BARRERA

SEDIMENTACIÓN

Los ríos, las olas y las mareas depositan grandes cantidades de material en la costa, por lo que es un paisaje en constante cambio.

TRANSPORTE

Las olas arrastran arena, cieno y guijarros. La mayor parte de estos sedimentos caen al fondo del mar, pero algunos flotan y se depositan en la costa.

Las islas barrera son depósitos de arena y cieno paralelos a la costa.

En 1958, un corrimiento de tierra en Alaska (EE. UU.) causó la mayor ola de la que se tiene registro: 30,4 m de altura

¿CÓMO ROMPEN LAS OLAS?

Las olas se deben al viento y las mareas (causadas por la atracción gravitatoria de la Luna y el Sol). Las marejadas ciclónicas, los tsunamis y los vientos fuertes producen olas destructivas que inundan las áreas costeras; las mareas normales y los vientos suaves crean olas constructivas que dan forma a las costas y las conservan.

En fondos llanos, el agua más rápida de la cresta se derrama sobre el agua más lenta de la base

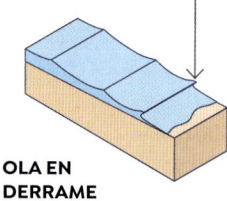

OLA EN DERRAME

En fondos inclinados, la cresta se eleva y luego rompe con un movimiento circular

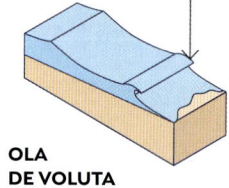

OLA DE VOLUTA

En fondos con mucha pendiente, las olas alcanzan gran altura y rompen sobre sí mismas

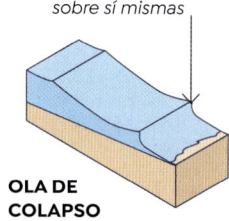

OLA DE COLAPSO

Una gran masa de agua llega a la orilla y no rompe, sino que inunda la costa, como ocurre con los tsunamis

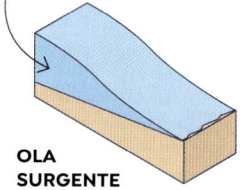

OLA SURGENTE

Al contrario que las costas creadas por el oleaje, las costas glaciares están formadas por enormes glaciares que se abren camino hasta el mar. Cuando un glaciar se derrite deja un valle costero de laterales escarpados llamado fiordo. Sus playas están constituidas por rocas y otros depósitos sólidos arrastrados por el glaciar.

COSTAS GLACIARES

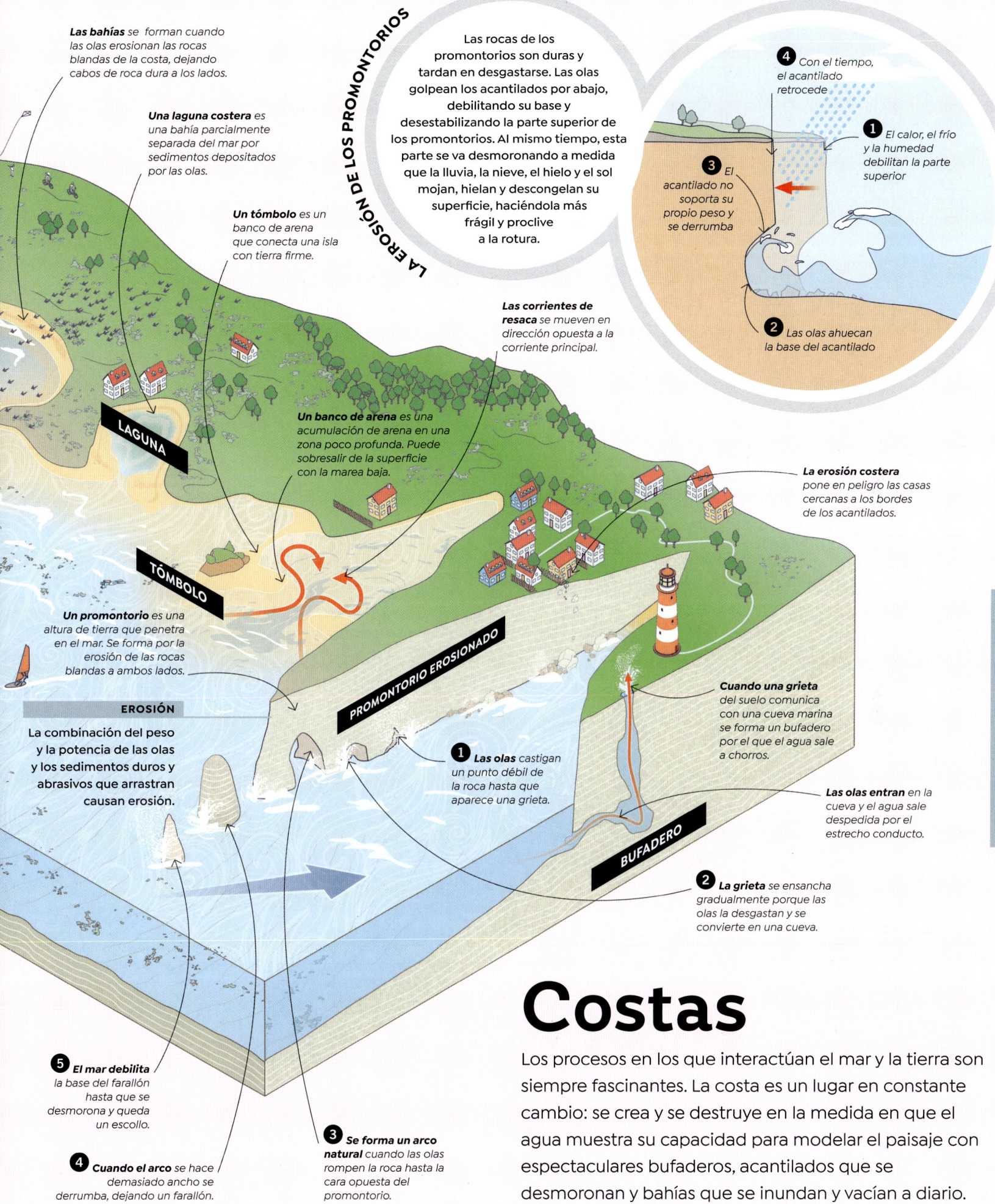

Las bahías se forman cuando las olas erosionan las rocas blandas de la costa, dejando cabos de roca dura a los lados.

Una laguna costera es una bahía parcialmente separada del mar por sedimentos depositados por las olas.

Un tómbolo es un banco de arena que conecta una isla con tierra firme.

Las rocas de los promontorios son duras y tardan en desgastarse. Las olas golpean los acantilados por abajo, debilitando su base y desestabilizando la parte superior de los promontorios. Al mismo tiempo, esta parte se va desmoronando a medida que la lluvia, la nieve, el hielo y el sol mojan, hielan y descongelan su superficie, haciéndola más frágil y proclive a la rotura.

4 Con el tiempo, el acantilado retrocede

1 El calor, el frío y la humedad debilitan la parte superior

3 El acantilado no soporta su propio peso y se derrumba

2 Las olas ahuecan la base del acantilado

Las corrientes de resaca se mueven en dirección opuesta a la corriente principal.

Un banco de arena es una acumulación de arena en una zona poco profunda. Puede sobresalir de la superficie con la marea baja.

La erosión costera pone en peligro las casas cercanas a los bordes de los acantilados.

LAGUNA

TÓMBOLO

Un promontorio es una altura de tierra que penetra en el mar. Se forma por la erosión de las rocas blandas a ambos lados.

PROMONTORIO EROSIONADO

Cuando una grieta del suelo comunica con una cueva marina se forma un bufadero por el que el agua sale a chorros.

EROSIÓN

La combinación del peso y la potencia de las olas y los sedimentos duros y abrasivos que arrastran causan erosión.

1 **Las olas** castigan un punto débil de la roca hasta que aparece una grieta.

Las olas entran en la cueva y el agua sale despedida por el estrecho conducto.

BUFADERO

2 **La grieta** se ensancha gradualmente porque las olas la desgastan y se convierte en una cueva.

5 **El mar debilita** la base del farallón hasta que se desmorona y queda un escollo.

4 **Cuando el arco** se hace demasiado ancho se derrumba, dejando un farallón.

3 **Se forma un arco natural** cuando las olas rompen la roca hasta la cara opuesta del promontorio.

Costas

Los procesos en los que interactúan el mar y la tierra son siempre fascinantes. La costa es un lugar en constante cambio: se crea y se destruye en la medida en que el agua muestra su capacidad para modelar el paisaje con espectaculares bufaderos, acantilados que se desmoronan y bahías que se inundan y vacían a diario.

La atmósfera

La atmósfera es una de las cosas que hacen posible la vida en nuestro planeta. Es una mezcla de gases que se mantiene en su sitio por la gravedad e impide que el sol abrase la superficie del planeta. También es una burbuja protectora que conserva los gases en el aire, en especial el oxígeno, necesario para vivir.

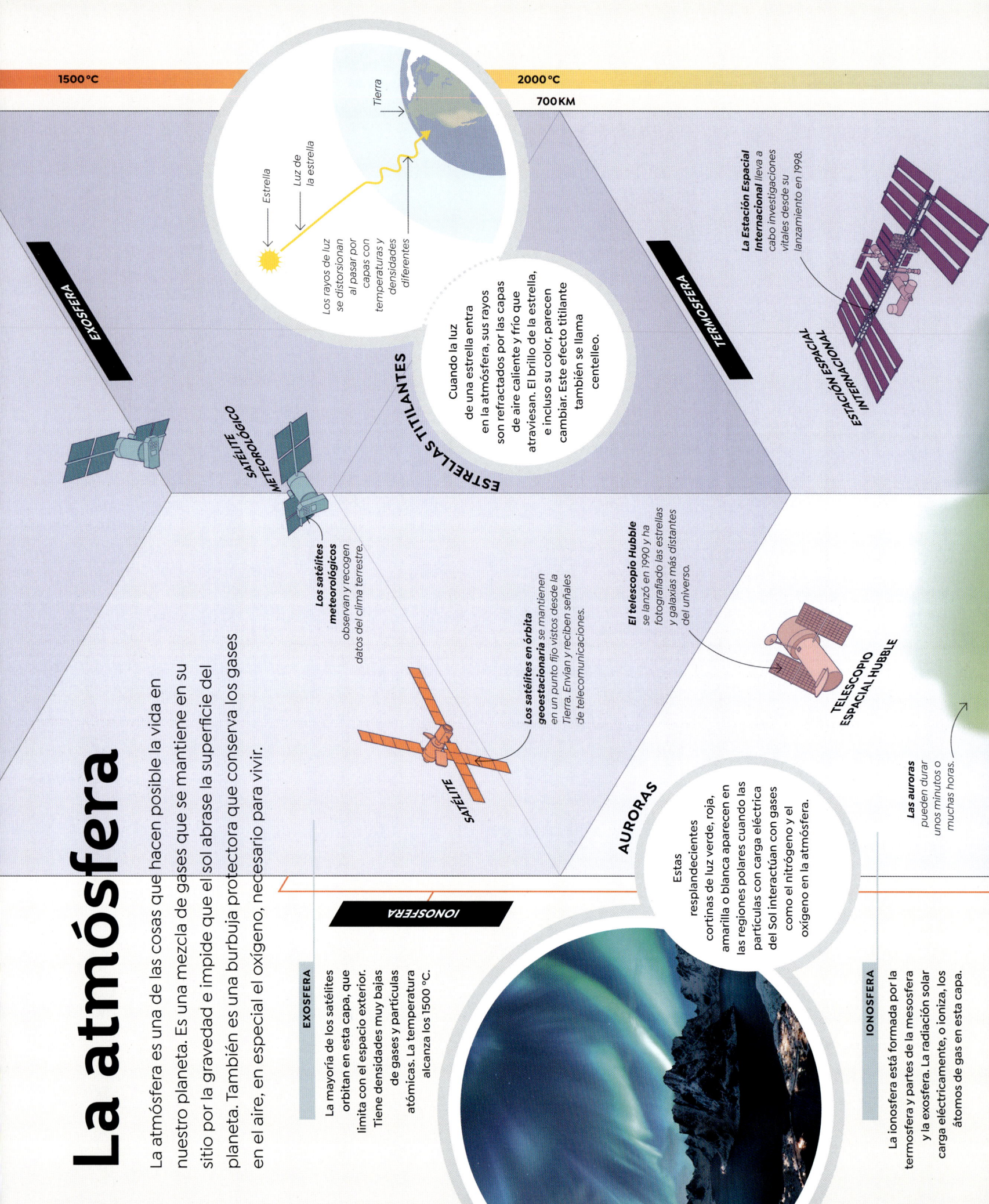

1500 °C

2000 °C

700 KM

Estrella

Luz de la estrella

Tierra

Los rayos de luz se distorsionan al pasar por capas con temperaturas y densidades diferentes

EXOSFERA

ESTRELLAS TITILANTES

Cuando la luz de una estrella entra en la atmósfera, sus rayos son refractados por las capas de aire caliente y frío que atraviesan. El brillo de la estrella, e incluso su color, parecen cambiar. Este efecto titilante también se llama centelleo.

SATÉLITE METEOROLÓGICO

Los satélites meteorológicos observan y recogen datos del clima terrestre.

SATÉLITE

Los satélites en órbita geoestacionaria se mantienen en un punto fijo vistos desde la Tierra. Envían y reciben señales de telecomunicaciones.

TERMOSFERA

ESTACIÓN ESPACIAL INTERNACIONAL

La Estación Espacial Internacional lleva a cabo investigaciones vitales desde su lanzamiento en 1998.

TELESCOPIO ESPACIAL HUBBLE

El telescopio Hubble se lanzó en 1990 y ha fotografiado las estrellas y galaxias más distantes del universo.

AURORAS

Estas resplandecientes cortinas de luz verde, roja, amarilla o blanca aparecen en las regiones polares cuando las partículas con carga eléctrica del Sol interactúan con gases como el nitrógeno y el oxígeno en la atmósfera.

Las auroras pueden durar unos minutos o muchas horas.

IONOSFERA

EXOSFERA

La mayoría de los satélites orbitan en esta capa, que limita con el espacio exterior. Tiene densidades muy bajas de gases y partículas atómicas. La temperatura alcanza los 1500 °C.

IONOSFERA

La ionosfera está formada por la termosfera y partes de la mesosfera y la exosfera. La radiación solar carga eléctricamente, o ioniza, los átomos de gas en esta capa.

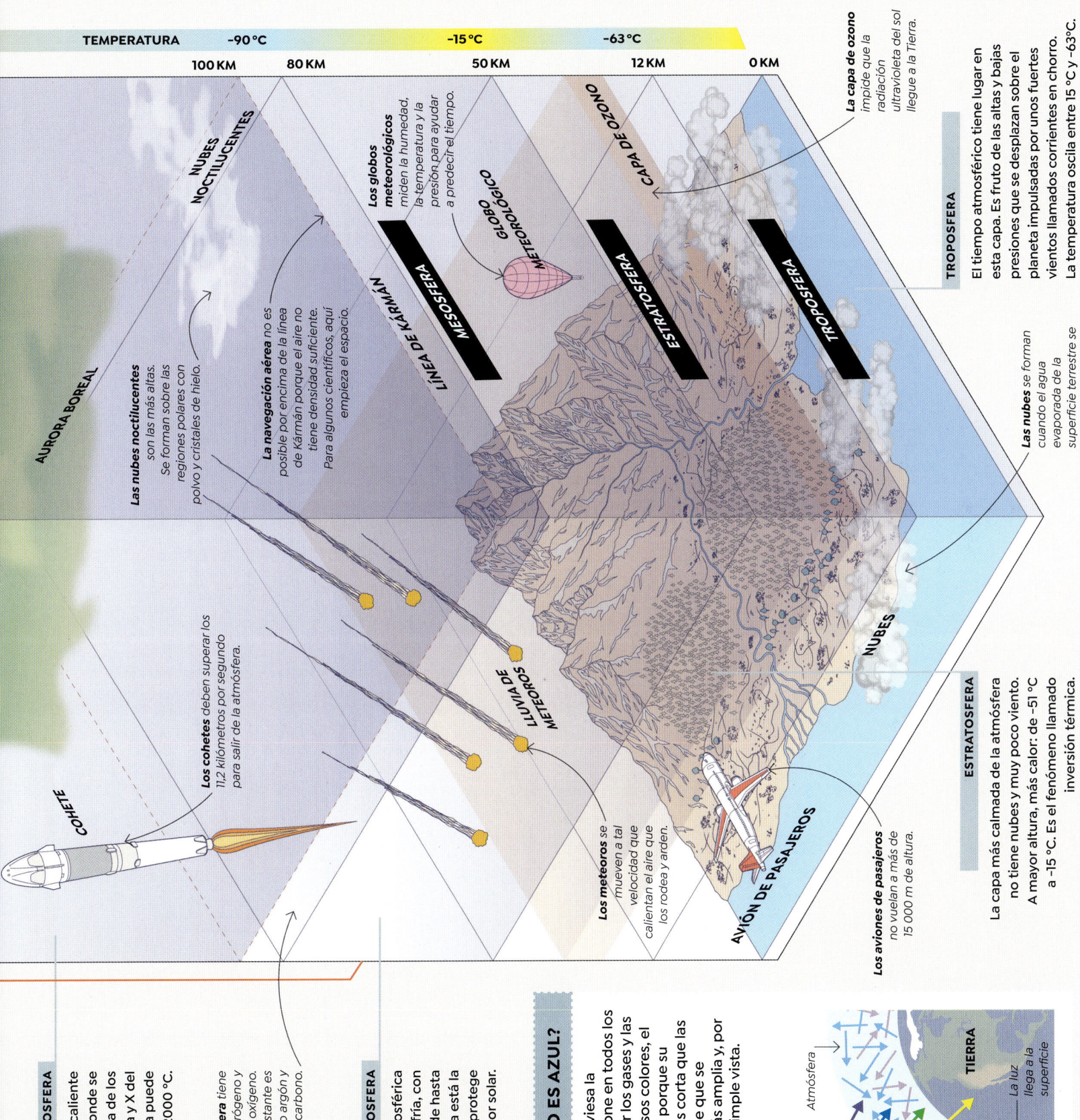

TEMPERATURA –90 °C –15 °C –63 °C

100 KM 80 KM 50 KM 12 KM 0 KM

NUBES NOCTILUCENTES

AURORA BOREAL

COHETE

LÍNEA DE KÁRMÁN

MESOSFERA

GLOBO METEOROLÓGICO

CAPA DE OZONO

ESTRATOSFERA

TROPOSFERA

LLUVIA DE METEOROS

AVIÓN DE PASAJEROS

NUBES

Las nubes noctilucentes son las más altas. Se forman sobre las regiones polares con polvo y cristales de hielo.

La navegación aérea no es posible por encima de la línea de Kármán porque el aire no tiene densidad suficiente. Para algunos científicos, aquí empieza el espacio.

Los globos meteorológicos miden la humedad, la temperatura y la presión para ayudar a predecir el tiempo.

Los cohetes deben superar los 11,2 kilómetros por segundo para salir de la atmósfera.

Los meteoros se mueven a tal velocidad que calientan el aire que los rodea y arden.

La capa de ozono impide que la radiación ultravioleta del sol llegue a la Tierra.

TROPOSFERA

El tiempo atmosférico tiene lugar en esta capa. Es fruto de las altas y bajas presiones que se desplazan sobre el planeta impulsadas por unos fuertes vientos llamados corrientes en chorro. La temperatura oscila entre 15 °C y –63 °C.

Las nubes se forman cuando el agua evaporada de la superficie terrestre se enfría y se condensa.

Los aviones de pasajeros no vuelan a más de 15 000 m de altura.

ESTRATOSFERA

La capa más calmada de la atmósfera no tiene nubes y muy poco viento. A mayor altura, más calor: de –51 °C a –15 °C. Es el fenómeno llamado inversión térmica.

TERMOSFERA

Esta es la capa más caliente de la atmósfera, donde se absorbe la mayoría de los dañinos rayos gamma y X del Sol. La temperatura puede superar los 2000 °C.

La atmósfera tiene un 78 % de nitrógeno y un 21 % de oxígeno. El 1 % restante es sobre todo argón y dióxido de carbono.

MESOSFERA

Es la capa atmosférica más fría, con temperaturas de hasta –90 °C. Sobre ella está la termosfera, que la protege del calor solar.

¿POR QUÉ EL CIELO ES AZUL?

Cuando la luz solar atraviesa la atmósfera se descompone en todos los colores del espectro por los gases y las partículas del aire. De esos colores, el que más se ve es el azul porque su longitud de onda es más corta que las de los otros. Esto supone que se dispersa por un área más amplia y, por tanto, es más visible a simple vista.

SOL

El color azul se dispersa

Atmósfera

La luz llega a la superficie

TIERRA

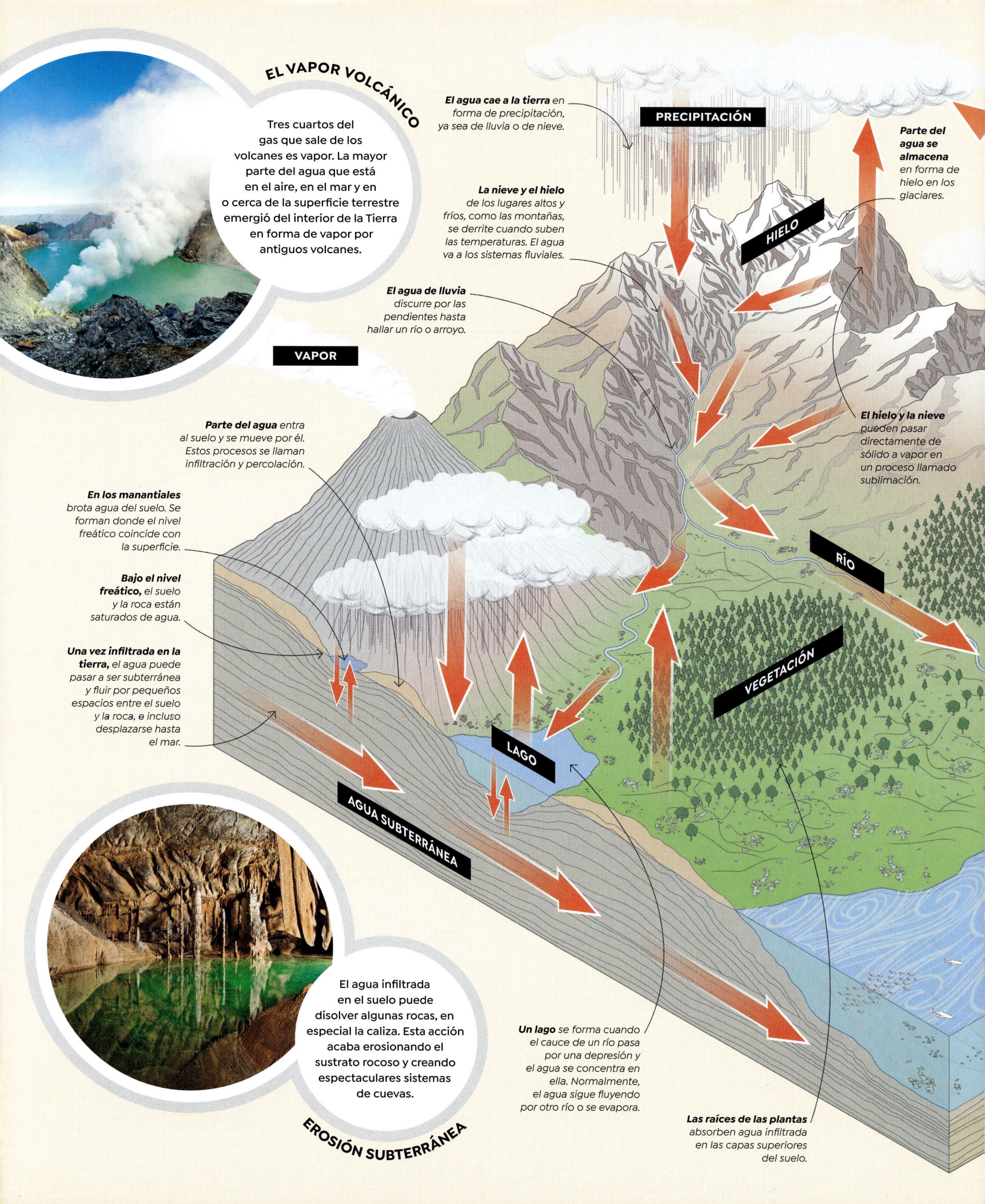

EL VAPOR VOLCÁNICO

Tres cuartos del gas que sale de los volcanes es vapor. La mayor parte del agua que está en el aire, en el mar y en o cerca de la superficie terrestre emergió del interior de la Tierra en forma de vapor por antiguos volcanes.

VAPOR

El agua cae a la tierra en forma de precipitación, ya sea de lluvia o de nieve.

PRECIPITACIÓN

La nieve y el hielo de los lugares altos y fríos, como las montañas, se derrite cuando suben las temperaturas. El agua va a los sistemas fluviales.

El agua de lluvia discurre por las pendientes hasta hallar un río o arroyo.

Parte del agua se almacena en forma de hielo en los glaciares.

HIELO

El hielo y la nieve pueden pasar directamente de sólido a vapor en un proceso llamado sublimación.

Parte del agua entra al suelo y se mueve por él. Estos procesos se llaman infiltración y percolación.

En los manantiales brota agua del suelo. Se forman donde el nivel freático coincide con la superficie.

Bajo el nivel freático, el suelo y la roca están saturados de agua.

Una vez infiltrada en la tierra, el agua puede pasar a ser subterránea y fluir por pequeños espacios entre el suelo y la roca, e incluso desplazarse hasta el mar.

RÍO

VEGETACIÓN

LAGO

AGUA SUBTERRÁNEA

El agua infiltrada en el suelo puede disolver algunas rocas, en especial la caliza. Esta acción acaba erosionando el sustrato rocoso y creando espectaculares sistemas de cuevas.

EROSIÓN SUBTERRÁNEA

Un lago se forma cuando el cauce de un río pasa por una depresión y el agua se concentra en ella. Normalmente, el agua sigue fluyendo por otro río o se evapora.

Las raíces de las plantas absorben agua infiltrada en las capas superiores del suelo.

Ciclo del agua

La cantidad de agua en la Tierra es fija. No se crea ni se destruye, sino que está en constante circulación entre la atmósfera, la tierra y el mar, cambiando entre los estados líquido, gaseoso y sólido en un proceso denominado ciclo del agua. La energía del sol es la que dirige todo el ciclo.

Los árboles y otras plantas liberan vapor de agua al aire a través de sus hojas en un proceso llamado transpiración.

El vapor se condensa y crea nubes de gotitas de agua cuando baja la temperatura del aire. Las gotitas se forman en torno a partículas de polvo o esporas que flotan en el aire.

El calor del sol convierte el agua de la superficie del mar en vapor en un proceso llamado evaporación.

INUNDACIONES

Cuando el agua de lluvia o deshielo deja de infiltrarse en el suelo y supera la capacidad de los ríos se producen inundaciones. El agua se sale de los cauces y anega temporalmente las áreas ribereñas.

El 97 % del agua de la Tierra está en los océanos

Los ríos llevan el agua de las tierras altas al mar, donde el ciclo empieza de nuevo.

AGUA MARINA

La mayor parte del agua del planeta se halla en estado líquido en las cuencas oceánicas.

El 68 % del agua dulce del planeta está en casquetes de hielo y glaciares

LOS POZOS ARTESIANOS

El agua subterránea puede extraerse mediante pozos artesianos usando la presión hidrostática. Esta se crea cuando el agua situada a gran altura fluye a las tierras bajas a través de capas de roca porosa y se queda confinada entre capas de roca impermeable. Si se perfora un pozo hasta el agua confinada, la presión hidrostática hace que salga a la superficie.

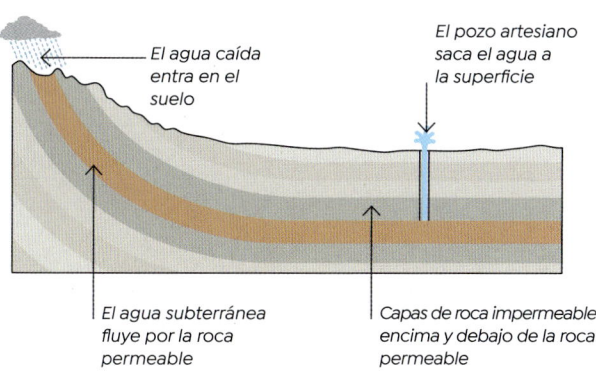

El agua caída entra en el suelo

El pozo artesiano saca el agua a la superficie

El agua subterránea fluye por la roca permeable

Capas de roca impermeable encima y debajo de la roca permeable

En el hemisferio norte, el viento sopla en las borrascas en sentido contrario a las agujas del reloj. En el hemisferio sur lo hace en sentido horario.

BORRASCA

Una borrasca es una amplia área de la atmósfera donde la presión del aire es baja. El aire tiende a moverse de las áreas de alta presión a las de baja. Al precipitarse al centro de la baja presión, produce viento y otros fenómenos meteorológicos.

En torno al centro de la baja presión se forma una espiral porque la rotación de la Tierra desvía la trayectoria del aire.

El aire asciende en espiral desde el centro de la baja presión.

FRENTE FRÍO

Una línea azul en el mapa del tiempo muestra la posición de un frente frío. Los triángulos azules indican hacia dónde se mueve el frente.

AIRE FRÍO

Un frente es la franja que limita dos masas de aire, por ejemplo, una cálida y húmeda y otra fría y seca. El aire se desestabiliza en los frentes, produciendo nubes y lluvia.

FRENTES

La lluvia persistente y a veces los rayos son propios de los frentes fríos.

AIRE CALIENTE

FRENTE FRÍO

En un frente frío, el aire frío se mete debajo de una masa de aire caliente y la fuerza a ascender, haciendo que la humedad se condense y forme nubes.

Las nubes de desarrollo vertical, a veces con aparato eléctrico, se forman en los frentes fríos.

Tiempo atmosférico

La mayoría de los fenómenos meteorológicos que conocemos se producen cuando entran en contacto grandes masas de aire y crean sistemas de presión. Algunos de los fenómenos más turbulentos, como las tormentas, son fruto de unos sistemas llamados borrascas, propios de las áreas de bajas presiones. Las altas presiones crean anticiclones, con cielos despejados y buen tiempo.

Un sistema de bajas presiones se mueve cuando llega primero el frente cálido y, horas después, el frente frío.

FRENTE CÁLIDO

Se forma cuando una masa de aire caliente alcanza a una de aire frío. El aire caliente es menos denso y tiende a ascender, produciendo chaparrones, niebla y nubes finas y altas.

LOS ANTICICLONES

Lo opuesto a una borrasca es un anticiclón, un área donde la presión del aire es alta. Las altas presiones fuerzan al aire a salir del centro, creando una espiral de viento que se dispersa en todas direcciones.
Los anticiclones no desarrollan frentes y traen periodos de tiempo estable y despejado, caluroso en verano y frío en invierno.

El aire de altura alimenta el sistema

El viento sopla desde el centro hacia fuera

El viento sopla en sentido horario en el hemisferio norte y al contrario en el hemisferio sur

Centro del sistema de altas presiones

Los cirros (nubes altas) sobre el frente o delante de este son la primera señal de que se avecina un cambio de tiempo.

Una línea roja con semicírculos en el mapa del tiempo muestra la posición de un frente cálido.

El cielo que precede a un frente cálido en avance suele estar despejado.

FRENTE CÁLIDO

Las nubes bajas y densas tras el frente producen lluvia continua.

Los frentes se desplazan a unos 25 km/h

AIRE FRÍO

La B indica el centro de un sistema de bajas presiones

La A indica el centro de un sistema de altas presiones

Los meteorólogos usan los datos de las estaciones meteorológicas y las imágenes de los satélites para seguir el movimiento de los sistemas. Para predecir la interacción de las masas de aire también utilizan modelos informáticos de la atmósfera. Estos expertos trazan las posiciones de los sistemas y frentes en los llamados mapas sinópticos.

PREDICCIÓN DEL TIEMPO

Las isobaras son líneas imaginarias que unen puntos con la misma presión

Frente ocluido, donde se solapan un frente cálido y otro frío

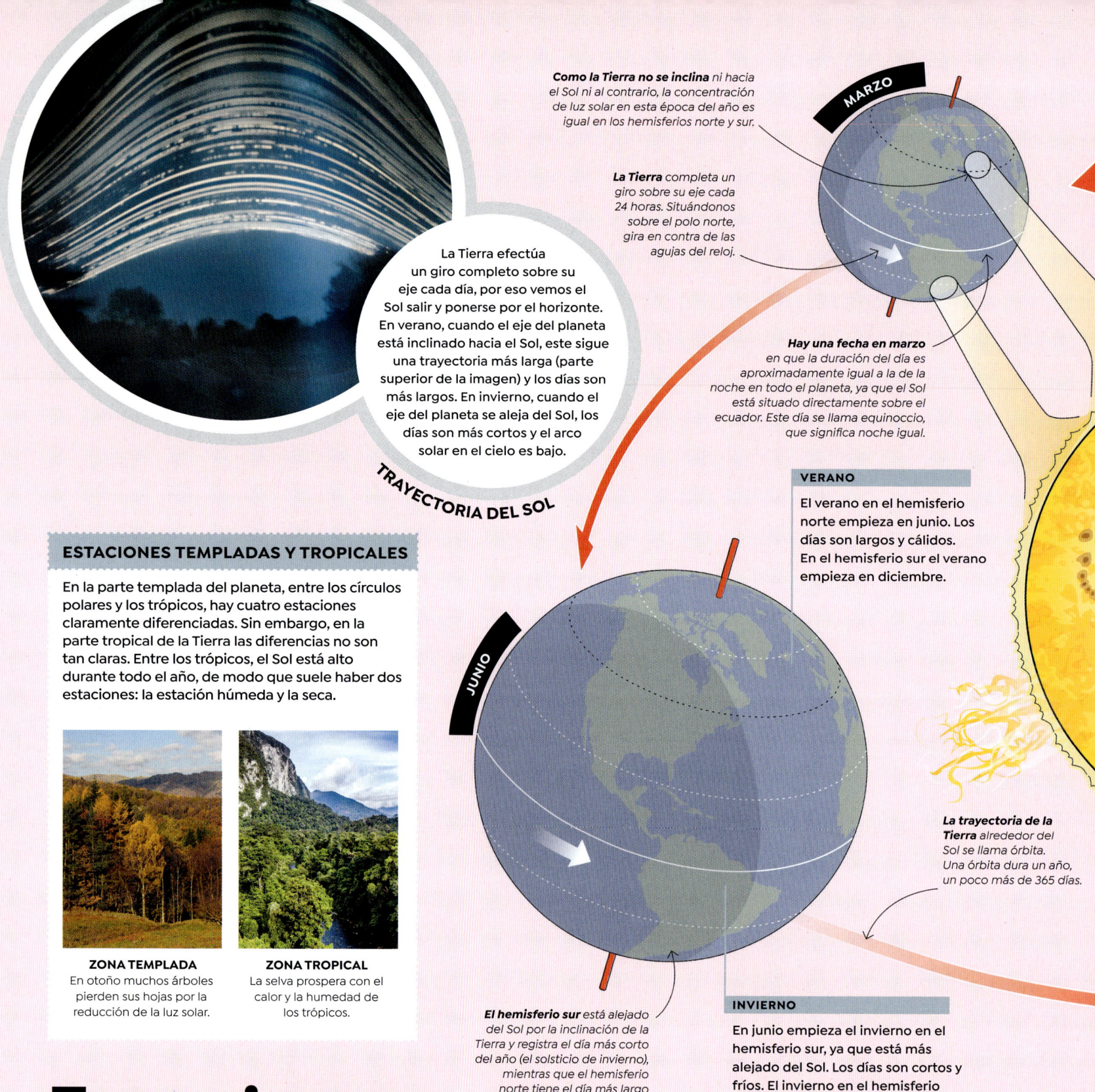

Como la Tierra no se inclina ni hacia el Sol ni al contrario, la concentración de luz solar en esta época del año es igual en los hemisferios norte y sur.

MARZO

La Tierra completa un giro sobre su eje cada 24 horas. Situándonos sobre el polo norte, gira en contra de las agujas del reloj.

La Tierra efectúa un giro completo sobre su eje cada día, por eso vemos el Sol salir y ponerse por el horizonte. En verano, cuando el eje del planeta está inclinado hacia el Sol, este sigue una trayectoria más larga (parte superior de la imagen) y los días son más largos. En invierno, cuando el eje del planeta se aleja del Sol, los días son más cortos y el arco solar en el cielo es bajo.

Hay una fecha en marzo en que la duración del día es aproximadamente igual a la de la noche en todo el planeta, ya que el Sol está situado directamente sobre el ecuador. Este día se llama equinoccio, que significa noche igual.

TRAYECTORIA DEL SOL

VERANO

El verano en el hemisferio norte empieza en junio. Los días son largos y cálidos. En el hemisferio sur el verano empieza en diciembre.

ESTACIONES TEMPLADAS Y TROPICALES

En la parte templada del planeta, entre los círculos polares y los trópicos, hay cuatro estaciones claramente diferenciadas. Sin embargo, en la parte tropical de la Tierra las diferencias no son tan claras. Entre los trópicos, el Sol está alto durante todo el año, de modo que suele haber dos estaciones: la estación húmeda y la seca.

JUNIO

ZONA TEMPLADA
En otoño muchos árboles pierden sus hojas por la reducción de la luz solar.

ZONA TROPICAL
La selva prospera con el calor y la humedad de los trópicos.

La trayectoria de la Tierra alrededor del Sol se llama órbita. Una órbita dura un año, un poco más de 365 días.

El hemisferio sur está alejado del Sol por la inclinación de la Tierra y registra el día más corto del año (el solsticio de invierno), mientras que el hemisferio norte tiene el día más largo (el solsticio de verano).

INVIERNO

En junio empieza el invierno en el hemisferio sur, ya que está más alejado del Sol. Los días son cortos y fríos. El invierno en el hemisferio norte empieza en torno a diciembre.

Estaciones

A lo largo de un año, las condiciones meteorológicas cambian dentro de un ciclo dividido en estaciones. La causa es la inclinación del eje de rotación de la Tierra. En su órbita alrededor del Sol, diferentes partes del planeta se acercan o alejan de la estrella. Esto supone que unos lugares reciban más calor que otros en determinados momentos del año.

Si el eje de la Tierra no estuviera inclinado no habría cambios estacionales

La inclinación del eje terrestre varía entre 22,1° y 24,5° cada 41 000 años

En esta época del año el polo norte está en completa oscuridad las 24 horas por estar oculto del Sol.

En diciembre el Sol está al sur del ecuador, a su máxima distancia, justo sobre el trópico de Capricornio. El polo norte se aleja del Sol y tienen lugar el día más corto en el hemisferio norte y el más largo en el sur.

DICIEMBRE

Cuando un hemisferio se aleja del Sol, la luz solar es menos directa y se extiende por un área más amplia cuando llega a la Tierra. Por tanto, tiene menos brillo e intensidad.

LUZ SOLAR

Al menos un día al año el Sol no sale ni se pone al norte del círculo polar ártico. La línea equivalente en el hemisferio sur es el círculo polar antártico.

SOL

La luz solar siempre es intensa en el ecuador, donde los rayos son verticales y se concentran en un área relativamente pequeña.

El trópico de Cáncer marca la latitud más septentrional en que los rayos solares pueden incidir verticalmente. El equivalente en el hemisferio sur es el trópico de Capricornio.

Al sur del ecuador las estaciones son opuestas a las del norte.

CÍRCULO POLAR ÁRTICO

TRÓPICO DE CÁNCER

OTOÑO

En el hemisferio norte el otoño empieza en torno a septiembre. Los días se van haciendo cada vez más fríos y cortos. El otoño en el hemisferio sur empieza en marzo.

EL SOL DE MEDIANOCHE

La inclinación de la Tierra tiene mayor impacto en los polos, donde los días de verano son tan largos que, al menos durante un día, el sol no se pone. El día más largo del año, el Sol se aproxima al horizonte hacia la medianoche y vuelve a ascender sin que se produzca el ocaso.

ECUADOR

TRÓPICO DE CAPRICORNIO

El ecuador se encuentra a la misma distancia de los polos. En esta zona los cambios estacionales son menos marcados.

SEPTIEMBRE

PRIMAVERA

En septiembre empieza la primavera en el hemisferio sur. Los días se van haciendo más cálidos y largos. La primavera en el hemisferio norte empieza en marzo.

La Tierra rota sobre una línea imaginaria llamada eje, que está inclinado 23,5° con respecto a la vertical.

En septiembre hay una fecha en que el día y la noche duran aproximadamente lo mismo en todo el planeta, ya que el Sol está situado directamente sobre el ecuador y la Tierra no está ni inclinada hacia el Sol ni al contrario.

SOL

Parte del calor reflejado por la superficie terrestre se irradia de nuevo al espacio. Esto equilibra la radiación que llega del Sol para mantener el planeta a una temperatura constante.

EL ALBEDO

El efecto invernadero depende de cuánta radiación reflejen las superficies, es decir, de su albedo. El hielo refleja mucha radiación y ayuda a enfriar el planeta.

Sin el efecto invernadero natural la temperatura media de la Tierra sería de −20 °C

EFECTO INVERNADERO NATURAL

El efecto invernadero es crucial para la vida en la Tierra, ya que garantiza que el agua líquida cubra gran parte de su superficie. Sin él, la Tierra sería un planeta helado.

Las nubes atenúan la radiación en la superficie y tienen un efecto refrigerante.

GASES DE EFECTO INVERNADERO

Parte de la luz solar se dispersa fuera de la atmósfera terrestre y vuelve al espacio.

Parte del calor que irradia la superficie terrestre es absorbido por los gases de efecto invernadero, como el dióxido de carbono, el vapor de agua y el metano. Esto hace la atmósfera más cálida.

Las nubes reflejan el calor que sube desde la tierra, manteniendo el aire caliente a baja altura.

La tierra absorbe la mayoría de la energía de la radiación solar. Esta energía calienta la tierra.

NATURAL

OCÉANO

HIELO

El agua absorbe menos energía de la radiación solar que la tierra y refleja más.

TIERRA

La superficie de la Tierra irradia calor en forma de radiación infrarroja. Los gases de efecto invernadero la absorben y vuelven a irradiarla hacia la Tierra.

El hielo refleja casi toda la luz solar que recibe. Por eso parece blanco y se funde lentamente, incluso a pleno sol.

BOSQUE

Las cenizas volcánicas dispersas en el aire pueden reducir la cantidad de luz solar que alcanza la Tierra. Es el llamado oscurecimiento global.

EL OSCURECIMIENTO GLOBAL

Los árboles y otras plantas absorben dióxido de carbono de manera natural. Esto es crucial para controlar la cantidad de gases de efecto invernadero en el aire.

Efecto invernadero

Un invernadero es una estructura que permite que entre la radiación solar pero impide que se escape el calor. Algunos gases de la atmósfera tienen el mismo efecto: atrapan el calor e impiden que el planeta se congele. Son conocidos como gases de efecto invernadero. La actividad humana está alterando el efecto invernadero natural y provocando un peligroso calentamiento global.

Toda la energía que calienta la Tierra proviene de la luz y el calor que irradia el Sol.

Además de luz y calor, la radiación solar contiene luz ultravioleta. La atmósfera impide que llegue a la superficie del planeta en gran medida.

RADIACIÓN SOLAR

Con más gases de efecto invernadero en el aire, el planeta se calienta gradualmente.

Los gases adicionales absorben más calor y reducen la cantidad que escapa al espacio.

GASES DE EFECTO INVERNADERO

IMPACTO HUMANO

El ser humano emite gases de efecto invernadero en cantidades antinaturales. Esto aumenta el calentamiento a escala global y está cambiando el clima de todo el planeta.

IMPACTO HUMANO

Los principales gases de efecto invernadero en la atmósfera son el dióxido de carbono y el metano.

Quemando combustibles para calentarnos, desplazarnos y generar electricidad emitimos dióxido de carbono extra al aire.

La deforestación reduce la cantidad de dióxido de carbono que las plantas absorben del aire, con lo que aumenta la presencia de gases de efecto invernadero.

CIUDAD

GANADERÍA

HUMEDALES

El ganado emite grandes cantidades de gases de efecto invernadero.

Las ciudades son islas de calor porque lo absorben durante el día y lo desprenden de noche. Materiales como el hormigón absorben más calor que las superficies naturales.

Los humedales almacenan dióxido de carbono y metano. Su destrucción acelera el cambio climático.

HIELO

El hielo se derrite a medida que el planeta se calienta. Con menor cobertura helada, la superficie terrestre absorbe más radiación solar.

El petróleo es un combustible fósil, igual que el carbón y el gas natural. Contiene carbono depositado bajo tierra hace millones de años. Su combustión libera ese carbono como gas de efecto invernadero.

En los últimos 250 años, la cantidad de dióxido de carbono en la atmósfera ha aumentado un 50 %

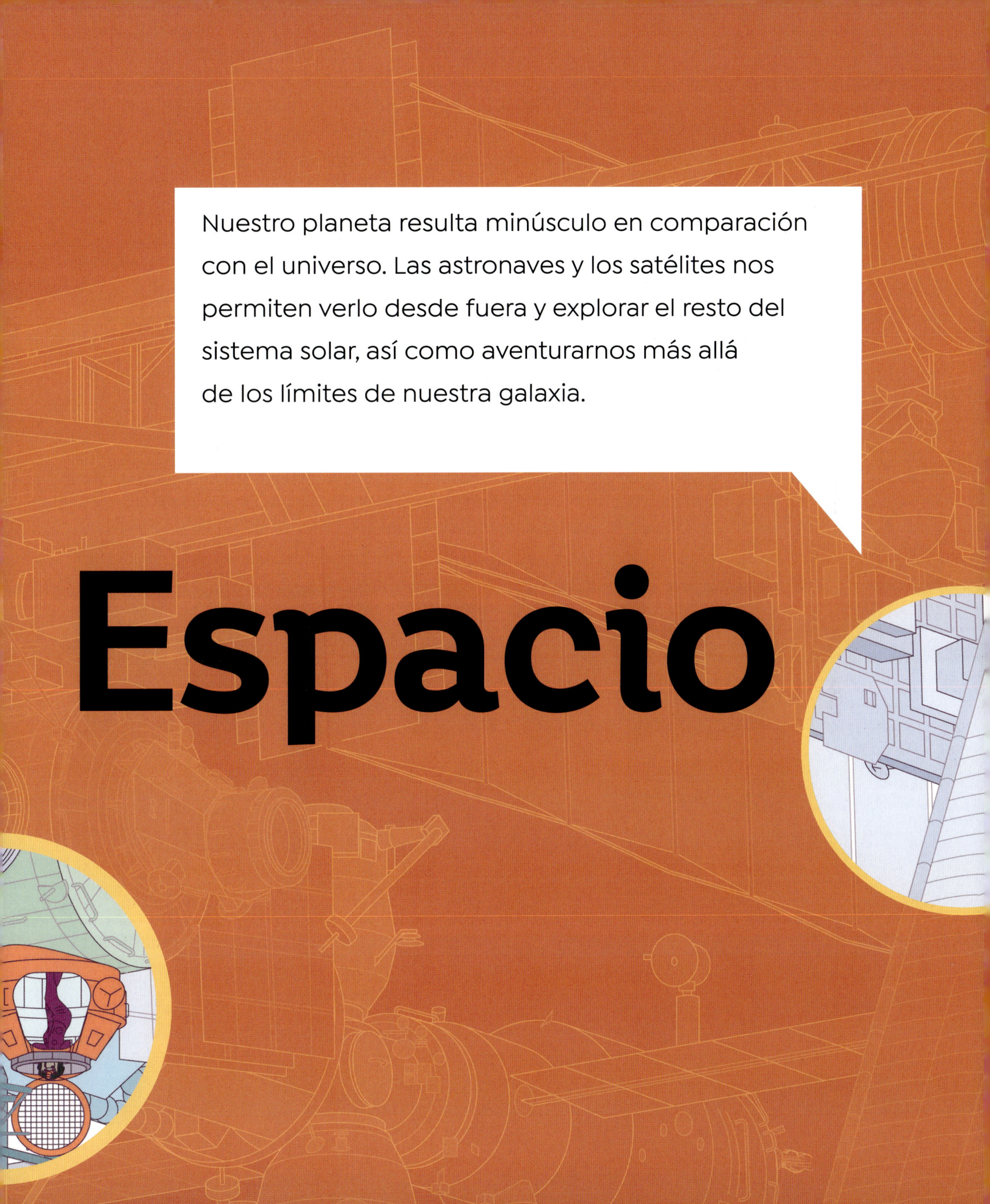

Nuestro planeta resulta minúsculo en comparación con el universo. Las astronaves y los satélites nos permiten verlo desde fuera y explorar el resto del sistema solar, así como aventurarnos más allá de los límites de nuestra galaxia.

Espacio

LA NUBE DE OORT

Los astrónomos han hallado una nube de objetos rocosos y helados de cuando el sistema solar estaba formándose, hace 4600 millones de años. La nube de Oort, como se la llama, está en los límites del sistema solar, entre 2000 y 200 000 veces más lejos del Sol que de la Tierra. Cuando se ven afectados por colisiones, los objetos caen hacia el sol, convirtiéndose en cometas.

El borde exterior está a medio camino de la estrella más cercana

Los objetos trazan órbitas de todo tipo en torno al Sol

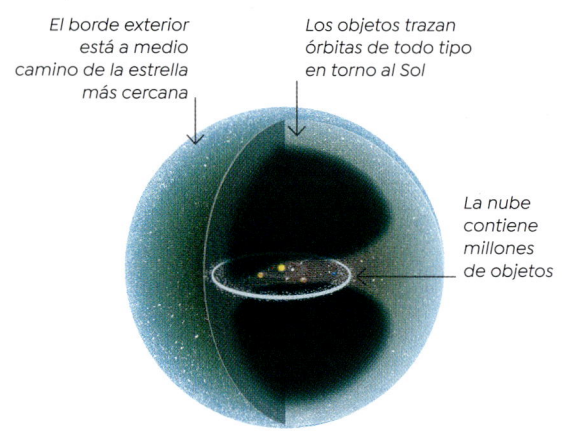

La nube contiene millones de objetos

Plutón, un planeta enano, está en el cinturón de Kuiper, un disco de materia acumulada, como polvo y gas.

El sistema solar se formó hace 4600 millones de años, 8000 millones después que la Vía Láctea

Los cometas son pequeños cuerpos celestes de roca y hielo.

COMETA

Neptuno es el planeta más distante del Sol. Su atmósfera es azul debido a la presencia de gas metano.

NEPTUNO

PLANETAS GIGANTES

Sistema solar

El sistema solar está dominado por nuestra estrella más cercana, el Sol, tan grande que su gravedad hace que millones de cuerpos celestes orbiten a su alrededor. Entre esos cuerpos hay cuatro planetas pequeños y rocosos con finas atmósferas gaseosas y cuatro planetas gaseosos con núcleos líquidos o sólidos. También orbitan alrededor del Sol millones de objetos menores, como asteroides, cometas y planetas enanos. Todos ellos forman el sistema solar.

SATURNO

Como todos los planetas gigantes, Saturno tiene anillos de roca y hielo.

Urano tiene una inclinación única: su eje de rotación forma un ángulo de más de 90° con su órbita (el de la Tierra es de 23,5°).

URANO

JÚPITER

Júpiter, un gigante gaseoso, es el planeta más grande: tiene más de 300 veces la masa de la Tierra.

El Sol es una brillante bola gaseosa con una temperatura superficial de unos 5500 °C.

SOL

Nuestro planeta, la Tierra, es el único lugar del universo conocido que alberga vida. Está cubierto de agua en su mayoría.

TIERRA

El cinturón de asteroides contiene más de un millón de pequeños objetos rocosos de forma irregular llamados asteroides.

Las órbitas que trazan los planetas en torno al sol se deben a la atracción gravitatoria que este ejerce sobre ellos.

Mercurio es el planeta más pequeño del sistema solar. Tarda solo 88 días en dar una vuelta al Sol.

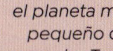

MERCURIO

PLANETAS ROCOSOS

VENUS

Venus tiene un tamaño similar al de la Tierra. Su atmósfera está llena de gotas de ácido sulfúrico.

MARTE

Marte es el planeta rocoso más alejado del Sol

El Sol es tan grande que contiene el 99,8 % de la masa del sistema solar

LA LÍNEA DE CONGELACIÓN

Esta línea marca la distancia al Sol dentro de la cual un planeta recibe calor suficiente para mantener agua líquida en su superficie. Por lo general, los planetas rocosos están dentro de esta línea, pero los gigantes gaseosos y helados no.

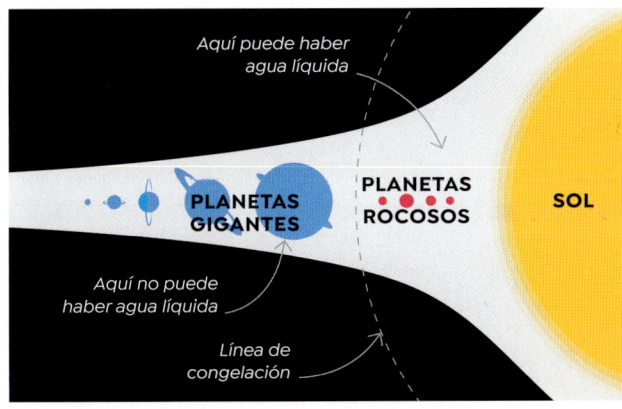

Aquí puede haber agua líquida

PLANETAS GIGANTES

PLANETAS ROCOSOS

SOL

Aquí no puede haber agua líquida

Línea de congelación

LUNAS PLANETARIAS

Igual que los planetas orbitan el Sol, la mayoría de los planetas de nuestro sistema solar tienen lunas orbitándolos. La Tierra tiene una, pero Júpiter y Saturno tienen más de 60 cada uno.

Titán, la mayor luna de Saturno

Dione, la cuarta luna más grande de Saturno

Anillos de Saturno

DISTANCIAS PLANETARIAS

Las órbitas de los planetas del sistema solar se separan entre sí a medida que aumenta su distancia al Sol.

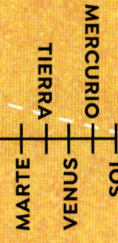

NEPTUNO

URANO

SATURNO

JÚPITER

MARTE

TIERRA

VENUS

MERCURIO

SOL

Sol

El Sol ocupa el centro del sistema solar, con todos los planetas, lunas, cometas y otros cuerpos celestes orbitando alrededor de él. Es una estrella, una enorme bola de gas que brilla porque está muy caliente. La temperatura en la superficie, o fotosfera, es de 5500 °C. Las reacciones nucleares en el centro, o núcleo, liberan enormes cantidades de energía y lo mantienen a 15 millones de kélvines.

La corona varía en tamaño y forma. No suele apreciarse a simple vista.

En la zona convectiva, los gases más calientes ascienden a expensas de los menos calientes, se refrigeran y descienden de nuevo.

En la zona radiativa, la energía viaja en forma de radiación electromagnética.

ZONA CONVECTIVA

Las corrientes circulares de gases irradian energía a la parte superior de la zona convectiva, se refrigeran y descienden hacia la zona radiativa.

El núcleo tiene la densidad y la temperatura adecuadas para que se produzca fusión nuclear.

NÚCLEO

ZONA CONVECTIVA

ZONA RADIATIVA

NÚCLEO

El proceso de fusión en el núcleo convierte el hidrógeno en helio, llberando calor y luz.

FUSIÓN NUCLEAR EN EL SOL

Con las temperaturas y presiones extremas del núcleo solar, los núcleos (partes centrales) de los átomos de hidrógeno se fusionan formando núcleos de átomos de helio. Esta fusión nuclear genera una energía que mantiene caliente el Sol. A este le queda suficiente hidrógeno para producir energía durante 5000 millones de años más.

En el interior del Sol los átomos de hidrógeno se fusionan

Cada átomo de helio está formado por dos protones y dos neutrones

Algunos de los protones se convierten en neutrones

Se libera energía cuando las partículas se fusionan

Cada átomo de hidrógeno está formado por un único protón

ZONA RADIATIVA

La energía generada en el núcleo se desplaza lentamente por la densísima zona radiativa y se difunde a la vez.

PROMINENCIA SOLAR

Una prominencia solar es un chorro de gas cargado eléctricamente y lanzado al espacio por el campo magnético del Sol.

CORONA

PROMINENCIAS SOLARES

Las prominencias solares duran días o semanas y son mucho mayores que la Tierra, e incluso que Júpiter. Liberan enormes cantidades de gas al exterior de la corona.

CORONA

La capa exterior de la atmósfera del Sol está extremadamente caliente y se extiende varios millones de kilómetros en el espacio.

CROMOSFERA

La capa intermedia de la atmósfera solar emite un brillo rojo que se ve como un anillo durante los eclipses solares.

CROMOSFERA

El Sol podría contener cerca de un million de Tierras

Otros elementos, como oxígeno, carbono, hierro y neón.

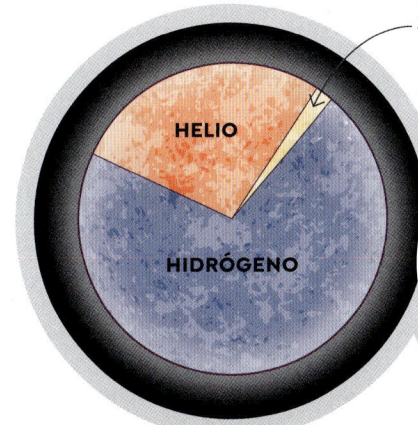

HELIO

HIDRÓGENO

COMPOSICIÓN DEL SOL

El Sol se compone casi por completo de dos elementos químicos: hidrógeno y helio. Los demás elementos constituyen menos del 2 % de su masa.

FOTOSFERA

Las manchas solares son áreas de la fotosfera cuya temperatura es menor. Suelen durar pocas semanas.

FOTOSFERA

La capa inferior de la atmósfera del Sol es la más interna que se puede ver. Irradia la mayoría de la luz que llega a la Tierra.

LOS ECLIPSES SOLARES

Por lo general, la Luna llena está ligeramente encima o debajo del Sol, vista desde la Tierra. Pero a veces se alinea con él y bloquea su luz, proyectando una sombra sobre la Tierra. A esto se le llama eclipse solar. En algunas partes del mundo, donde la Luna bloquea por completo la luz solar, el eclipse es total y el día se oscurece.

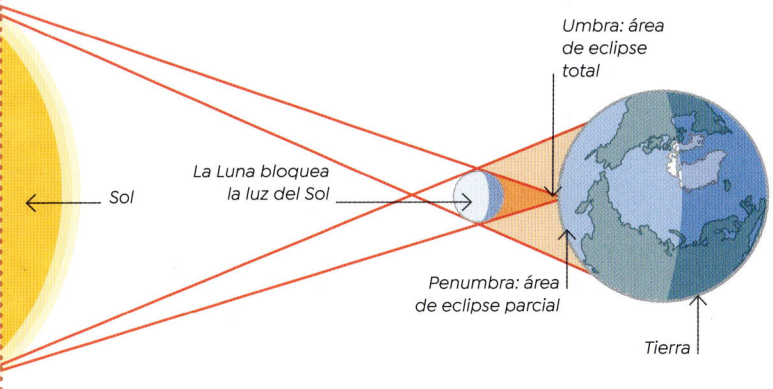

Umbra: área de eclipse total

Sol

La Luna bloquea la luz del Sol

Penumbra: área de eclipse parcial

Tierra

Planetas

En el sistema solar hay ocho planetas, incluido el nuestro, la Tierra. Los cuatro más cercanos al Sol son pequeños y rocosos. Los otros cuatro son gigantes, con núcleos sólidos o líquidos y atmósferas gruesas y densas. Los planetas rocosos tienen pocas lunas o no tienen, mientras que los gigantes tienen muchas.

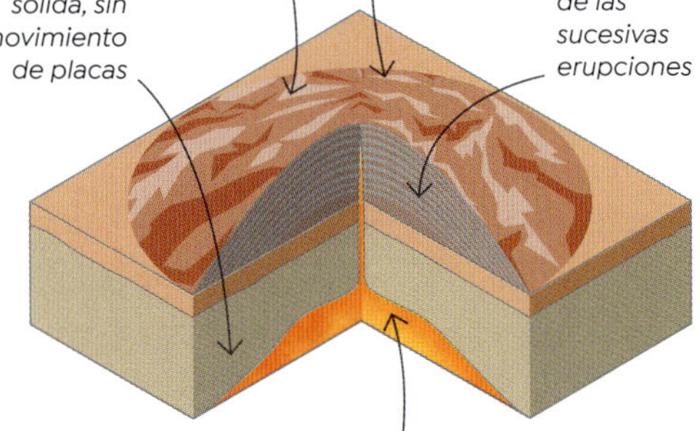

VOLCÁN MARCIANO

El volcán es estacionario, ya que no hay placas tectónicas

Pendiente suave creada por un flujo de lava lento

Corteza sólida, sin movimiento de placas

Capas de lava de las sucesivas erupciones

La cámara magmática contiene roca fundida

Los volcanes son propios de los planetas rocosos. Se forman donde el magma atraviesa la corteza. Marte alberga el mayor volcán del sistema solar, el monte Olimpo.

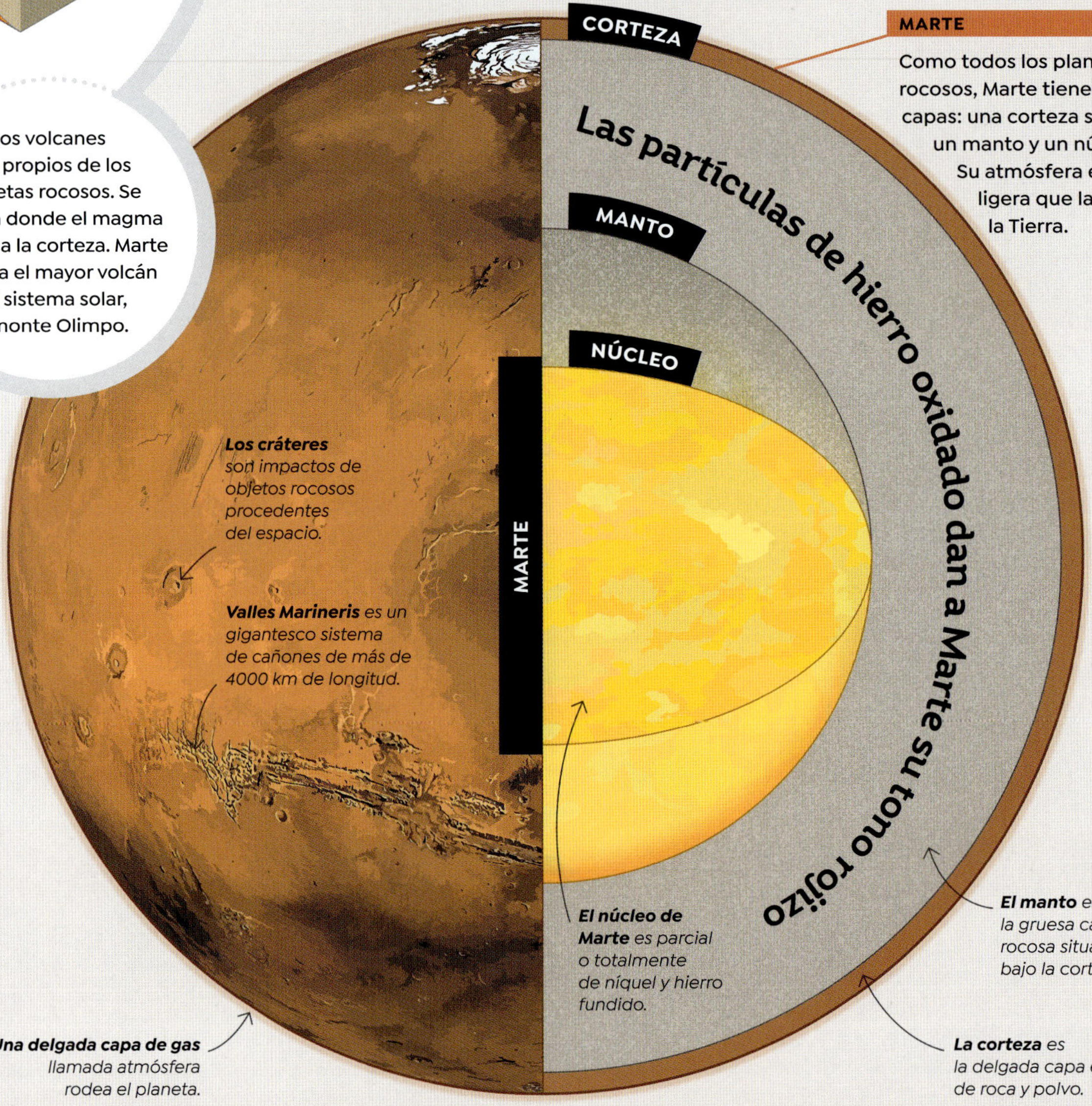

PLANETAS ROCOSOS

Todos los planetas rocosos, excepto Mercurio, tienen atmósferas lo bastante gruesas para que el viento sople en sus superficies.

TIERRA
La Tierra es el único planeta que alberga vida y agua líquida en la superficie.

VENUS
Venus es un poco menor que la Tierra. Su atmósfera es densa, caliente y tóxica.

MERCURIO
Mercurio es el planeta más pequeño. Tiene un núcleo sólido y una atmósfera muy ligera.

CORTEZA

MANTO

NÚCLEO

MARTE

Las partículas de hierro oxidado dan a Marte su tono rojizo

MARTE
Como todos los planetas rocosos, Marte tiene tres capas: una corteza sólida, un manto y un núcleo. Su atmósfera es más ligera que la de la Tierra.

Los cráteres son impactos de objetos rocosos procedentes del espacio.

Valles Marineris es un gigantesco sistema de cañones de más de 4000 km de longitud.

El núcleo de Marte es parcial o totalmente de níquel y hierro fundido.

El manto es la gruesa capa rocosa situada bajo la corteza.

La corteza es la delgada capa exterior de roca y polvo.

Una delgada capa de gas llamada atmósfera rodea el planeta.

TEORÍA DEL GRAN IMPACTO

La Luna es el único satélite de la Tierra; Marte tiene dos y Mercurio y Venus no tienen. Es probable que la Luna se formara con restos de la colisión de un protoplaneta –que los científicos han llamado Tea– y la Tierra poco después de la formación del sistema solar, hace unos 4.500 millones de años.

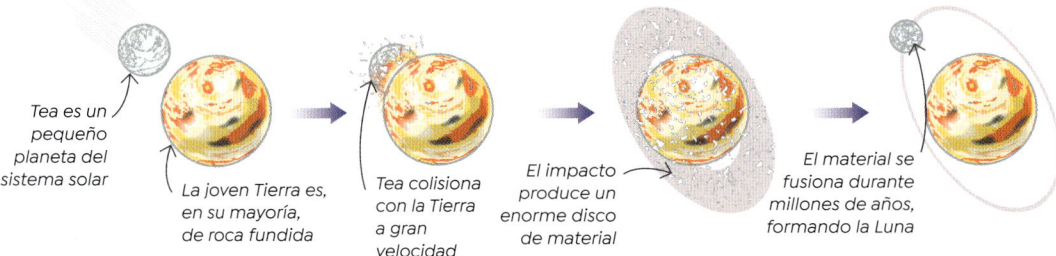

Tea es un pequeño planeta del sistema solar

La joven Tierra es, en su mayoría, de roca fundida

Tea colisiona con la Tierra a gran velocidad

El impacto produce un enorme disco de material

El material se fusiona durante millones de años, formando la Luna

PLANETAS GIGANTES

Los planetas gigantes tienen anillos de hielo y rocas. Saturno y Júpiter son gigantes gaseosos. Urano y Neptuno son gigantes helados.

La atmósfera de Urano es de agua helada, amoniaco y metano.

URANO

Neptuno tiene una atmósfera rica en metano, que le da su color azul.

NEPTUNO

El segundo planeta más grande, tras Júpiter, tiene los anillos más espectaculares.

SATURNO

La sonda Juno de la NASA, actualmente en órbita polar alrededor de Júpiter, ha captado imágenes increíbles de gigantescos ciclones en los polos del planeta. Tienen 1000 km de diámetro y siguen patrones regulares. Los producen gases calientes que se expanden y ascienden por la atmósfera jupiterina.

JÚPITER

Júpiter está formado por gas y líquido. Como los otros planetas gigantes, su atmósfera se hace más densa hacia el centro.

Las auroras se forman en los polos debido al campo magnético de la Tierra.

La Gran Mancha Roja es una enorme tormenta.

ATMÓSFERA

MANTO EXTERNO

MANTO INTERNO

NÚCLEO

JÚPITER

La atmósfera superior tiene 5000 km de grosor.

El hidrógeno constituye el 90 % del volumen de la atmósfera superior.

El núcleo interno es de roca sólida y densa.

El hidrógeno está en forma líquida en las altas presiones bajo la atmósfera superior.

El hidrógeno metálico, un tipo de hidrógeno que conduce la electricidad, se forma a muy alta presión.

Los vientos soplan en diferentes direcciones encima y debajo de las bandas

Bandas de nubes blancas y marrones forman la atmósfera superior

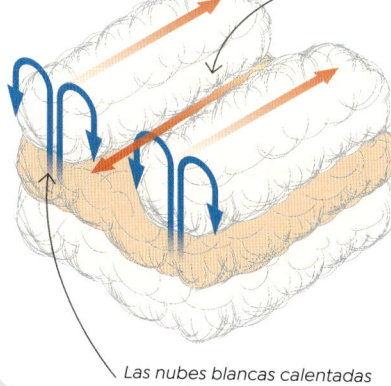

Las nubes blancas calentadas ascienden a través de las marrones, más templadas

Igual que las nubes de la Tierra, las de Júpiter están formadas por incontables gotitas y cristales helados. Pero no de agua. Las nubes marrones son de gotitas de compuestos de azufre; las nubes blancas están constituidas por cristales de amoniaco helado. Calentadas desde abajo, las nubes blancas ascienden, formando bandas sobre las nubes marrones.

Jupiter tiene el día más corto del sistema solar: solo dura 9 horas y 56 minutos

UN PLANETA TORMENTOSO

Júpiter está formado en gran parte por gases
fríos y tiene un pequeño núcleo sólido. Se han
enviado nueve sondas para estudiarlo; la
última, *Juno*, tomó esta foto de su atmósfera.
Las imágenes mejoradas nos permiten ver su
dinamismo, con nubes de gas formando
torbellinos por las constantes tormentas.

0,04 % agua
0,06 % amoníaco
13,6 %
Helio
0,1 % Otros gases
0,4 %
86 %
Hidrógeno
0,2 % metano

COMPOSICIÓN DE LA ATMÓSFERA

La atmósfera de Júpiter es muy diferente de
la de la Tierra: está compuesta por gases
ligeros, sobre todo hidrógeno y helio.

Un meteoroide es un cuerpo celeste cuyo tamaño oscila entre una mota de polvo y un pequeño asteroide.

METEORO

Si un meteoroide arde al entrar en la atmósfera terrestre se le llama meteoro. Al hacerlo, deja un rastro de luz brillante.

La atmósfera brillante que envuelve al núcleo se llama coma.

El núcleo de un cometa está formado por roca y hielo. A medida que se aproxima al Sol, el hielo se funde y se evapora, liberando vapor y polvo.

Un bólido es un meteoro muy brillante y lo bastante grande como para formar un cráter si alcanza la superficie de la Tierra.

Un meteorito es un meteoroide que no se ha desintegrado en la atmósfera y ha impactado en la superficie terrestre.

Hace 66 millones de años, un enorme asteroide chocó contra la Tierra y provocó una extinción masiva

A veces grandes meteoritos impactan en la Tierra dejando cráteres como los de la Luna. Esto era más habitual en las primeras etapas de la historia del sistema solar.

CRÁTERES

COLA DE POLVO

COLAS DEL COMETA

Los cometas generan dos colas cuando se acercan al Sol. Una es de polvo y la otra es de vapor de agua y otros gases ionizados (cargados eléctricamente).

Asteroides, cometas y meteoros

No solo los planetas y sus lunas orbitan en torno al Sol; también hay restos de la formación del sistema solar. Las rocas, dependiendo de su tamaño, se llaman asteroides o meteoroides; las rocas con hielo y polvo que forman colas al acercarse al Sol son cometas. Los meteoroides que alcanzan la Tierra y arden en la atmósfera dejando un rastro luminoso son meteoros o estrellas fugaces.

ESTRELLAS FUGACES

Cuando los meteoroides entran en la atmósfera se calientan y desprenden un fulgor durante unos segundos para convertirse en meteoros, o estrellas fugaces. La mayoría son fragmentos que dejan los cometas. La Tierra atraviesa las órbitas de varios cometas cada año, lo cual permite predecir lluvias de meteoros visibles.

ASTEROIDE

Los asteroides son grandes cuerpos celestes rocosos del sistema solar interior. La mayoría están en un cinturón entre las órbitas de Marte y Júpiter.

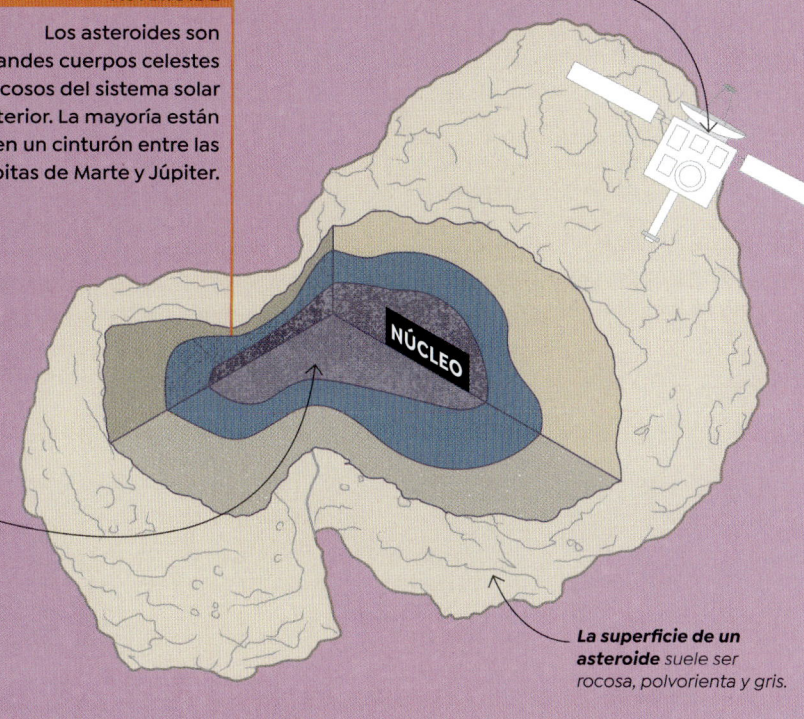

En 2005, la sonda Hayabusa aterrizó en un asteroide llamado Itokaea y recogió muestras de su superficie.

NÚCLEO

El núcleo contiene elementos más pesados, como metales.

La superficie de un asteroide suele ser rocosa, polvorienta y gris.

El cometa Halley puede verse cada 75 años

El arco de choque se crea por el choque de una corriente de partículas cargadas –el viento solar– y los vapores y gases ionizados del cometa.

La cola de iones se forma cuando las rápidas partículas emitidas por el Sol interactúan con partículas ionizadas de la coma del cometa.

COLA DE IONES

La cola de iones es recta y apunta en dirección contraria al Sol.

La cola de polvo es curvada y está formada por partículas sólidas liberadas por el calentamiento del cometa.

ÓRBITAS LARGAS

Los cometas siguen órbitas muy elípticas. La mayoría pasa cientos de años en el sistema solar exterior antes de acercarse al Sol y formar colas.

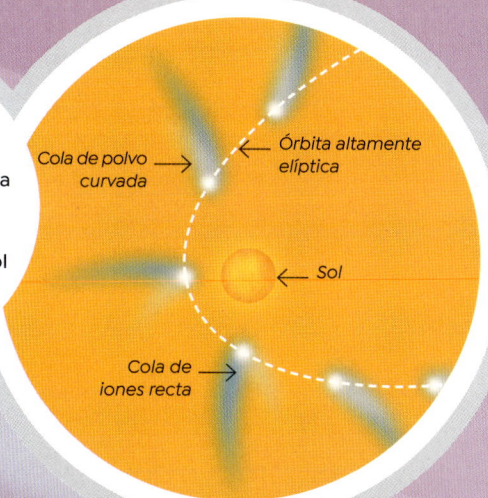

Cola de polvo curvada

Órbita altamente elíptica

Sol

Cola de iones recta

EL DARDO DE LA NASA

En el improbable caso de que un asteroide chocara contra la Tierra podría aniquilar nuestra civilización, así que los astrónomos observan los cuerpos que rondan nuestro planeta. Si detectaran uno que pudiera golpearnos, los ingenieros podrían enviar una nave para desviarlo a otra órbita. En 2022, con la Prueba de Redirección de un Asteroide Binario (DART en inglés, que significa dardo), la NASA estrelló con éxito una nave contra el asteroide Dimorfo para probar esta nueva tecnología.

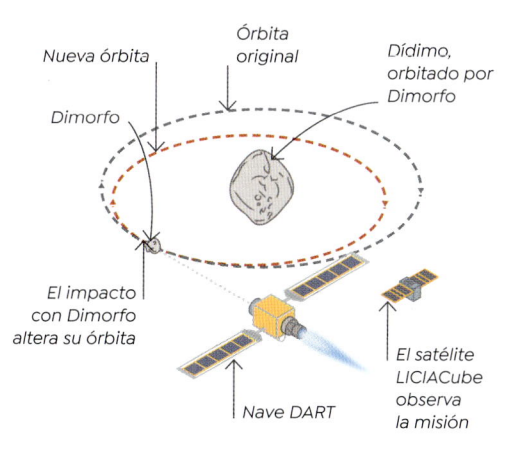

Nueva órbita

Órbita original

Dídimo, orbitado por Dimorfo

Dimorfo

El impacto con Dimorfo altera su órbita

Nave DART

El satélite LICIACube observa la misión

Estrellas

Una estrella es una enorme bola de plasma (gas con carga eléctrica) tan caliente que brilla. El calor se debe a las reacciones nucleares. El Sol es una estrella y de noche se ven unos cuantos miles más, pero hay miles de millones en nuestra galaxia. Su tamaño determina la luz que emiten, cuánto tiempo brillan y qué les pasa cuando dejan de brillar.

Las estrellas nacen en enormes nubes de gas y polvo llamadas nubes moleculares. En estos viveros, la gravedad hace que el gas y el polvo se aglomeren. Los primeros conglomerados se unen entre sí, forman glóbulos de Bok y, al final, protoestrellas. Cuando empiezan las reacciones nucleares en el núcleo de una protoestrella nace una estrella.

PROTOESTRELLA MASIVA

Una protoestrella masiva forma una estrella masiva. Cuanto más grande sea, más brillará y más corta será su vida.

Una protoestrella de masa intermedia forma una estrella de masa intermedia, como el Sol.

ESTRELLA MASIVA

Las reacciones nucleares liberan enormes cantidades de energía. Las estrellas más grandes lucen solo unos pocos millones de años.

Las gemelas solares, de tamaño intermedio, brillan varios miles de millones de años.

SUPERGIGANTE ROJA

La estrella masiva se expande hasta formar una estrella aún más grande llamada supergigante roja.

La estrella aumenta de tamaño al disminuir su energía, formando una gigante roja.

PROTOESTRELLA DE MASA INTERMEDIA

GEMELA SOLAR

GIGANTE ROJA

Una protoestrella de masa baja forma una estrella pequeña, relativamente fría y tenue llamada enana roja.

Las enanas rojas son las estrellas más comunes. Lucen muchos miles de millones de años.

Una enana azul se forma cuando una enana roja envejece y se calienta.

PROTOESTRELLA DE MASA BAJA

ENANA ROJA

ENANA AZUL

Esta nube molecular forma parte de la nebulosa de la Quilla, situada a unos 7500 años luz, en la constelación homónima. Las estrellas jóvenes le dan formas increíbles.

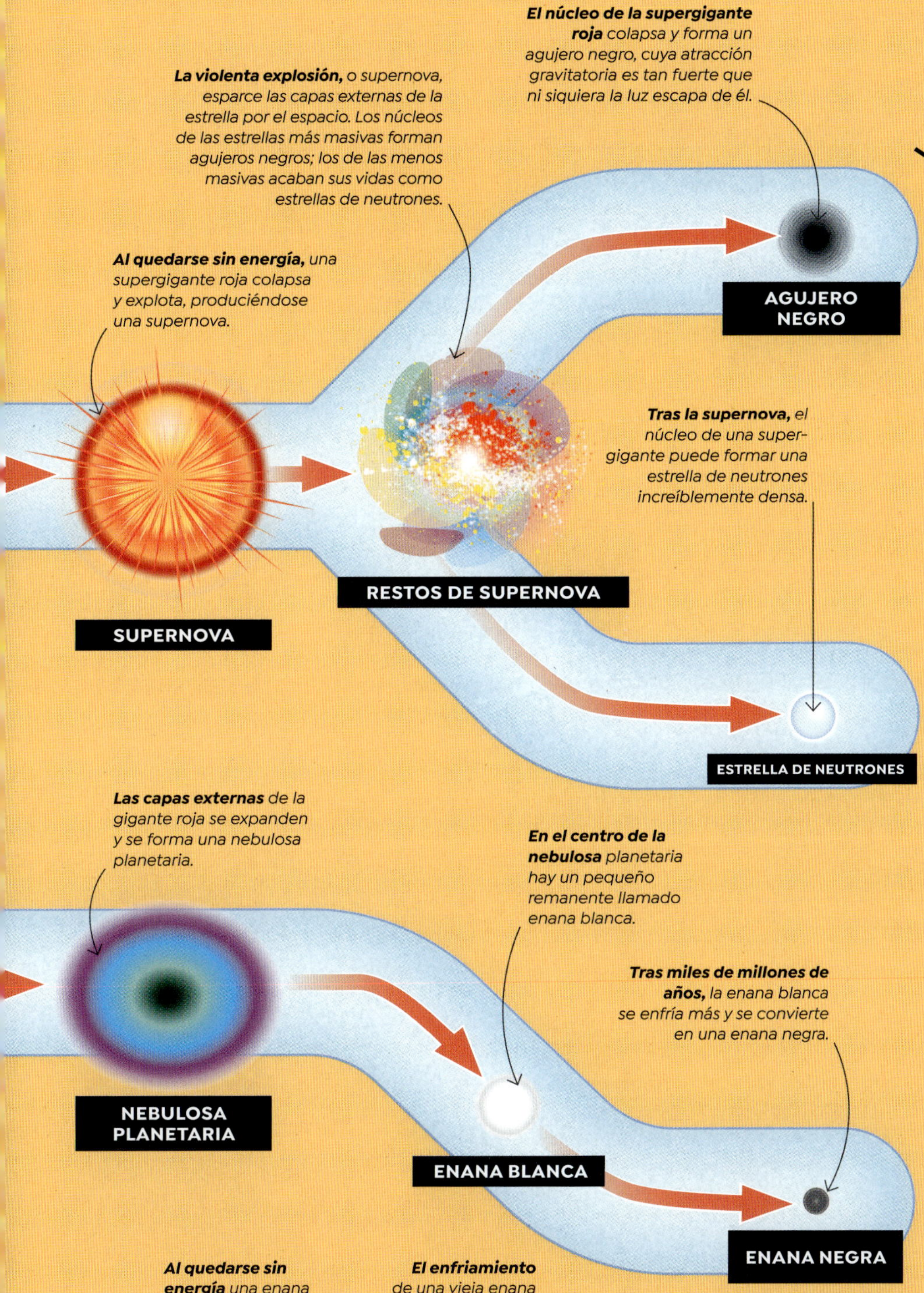

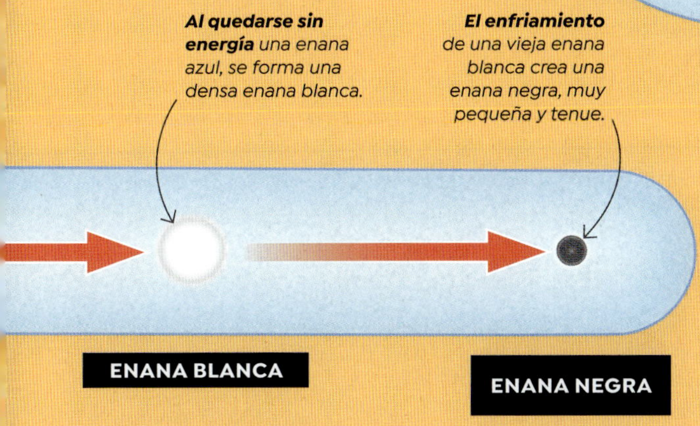

Al quedarse sin energía, una supergigante roja colapsa y explota, produciéndose una supernova.
La violenta explosión, o supernova, esparce las capas externas de la estrella por el espacio. Los núcleos de las estrellas más masivas forman agujeros negros; los de las menos masivas acaban sus vidas como estrellas de neutrones.
El núcleo de la supergigante roja colapsa y forma un agujero negro, cuya atracción gravitatoria es tan fuerte que ni siquiera la luz escapa de él.
AGUJERO NEGRO
Tras la supernova, el núcleo de una supergigante puede formar una estrella de neutrones increíblemente densa.
SUPERNOVA
RESTOS DE SUPERNOVA
ESTRELLA DE NEUTRONES
Las capas externas de la gigante roja se expanden y se forma una nebulosa planetaria.
En el centro de la nebulosa planetaria hay un pequeño remanente llamado enana blanca.
Tras miles de millones de años, la enana blanca se enfría más y se convierte en una enana negra.
NEBULOSA PLANETARIA
ENANA BLANCA
ENANA NEGRA

Al quedarse sin energía una enana azul, se forma una densa enana blanca.
El enfriamiento de una vieja enana blanca crea una enana negra, muy pequeña y tenue.
ENANA BLANCA
ENANA NEGRA

El diámetro de la estrella más grande es 1500 veces mayor que el diámetro del Sol

La luz de la estrella más cercana después del Sol tarda 4,2 años en llegar a la Tierra

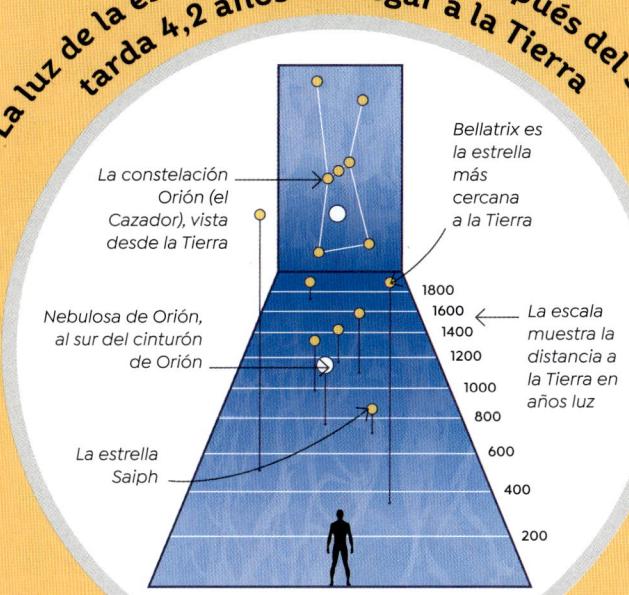

La constelación Orión (el Cazador), vista desde la Tierra
Bellatrix es la estrella más cercana a la Tierra
Nebulosa de Orión, al sur del cinturón de Orión
La estrella Saiph
1800
1600
1400
1200
1000
800
600
400
200
La escala muestra la distancia a la Tierra en años luz

Los astrónomos dividen el cielo nocturno en constelaciones, agrupaciones de estrellas que evocan personajes míticos o animales de la antigüedad. Las estrellas que parecen cercanas entre sí desde la Tierra no lo están en el espacio: las constelaciones tendrían un aspecto muy diferente vistas desde otro sistema planetario.

CONSTELACIONES

EXOPLANETAS

Un exoplaneta es cualquier planeta que orbita una estrella distinta del Sol. Los primeros exoplanetas –dos planetas que orbitan la estrella Lich, PSR B1257+12, en la constelación Virgo, a 2300 años luz– se descubrieron en 1992. Desde entonces los astrónomos han descubierto unos 5000 más. Los exoplanetas se organizan en categorías similares a las de los planetas del sistema solar: hay planetas rocosos grandes y pequeños (como la Tierra), gigantes helados (como Neptuno) y gigantes gaseosos (como Júpiter).

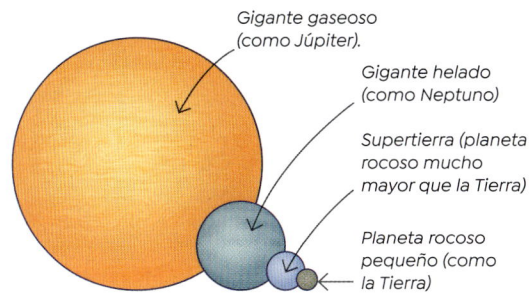

Gigante gaseoso (como Júpiter).
Gigante helado (como Neptuno)
Supertierra (planeta rocoso mucho mayor que la Tierra)
Planeta rocoso pequeño (como la Tierra)

Supernovas

Algunas estrellas masivas llegan al final de su vida con una explosión muy violenta y brillante llamada supernova. Los elementos químicos resultantes se esparcen por el espacio con las capas externas de la estrella moribunda. En el centro, el resto de la masa se comprime para formar una estrella de neutrones o un agujero negro.

Algunas supernovas expulsan materia a 40 000 kilómetros por segundo

SUPERNOVA TÍPICA

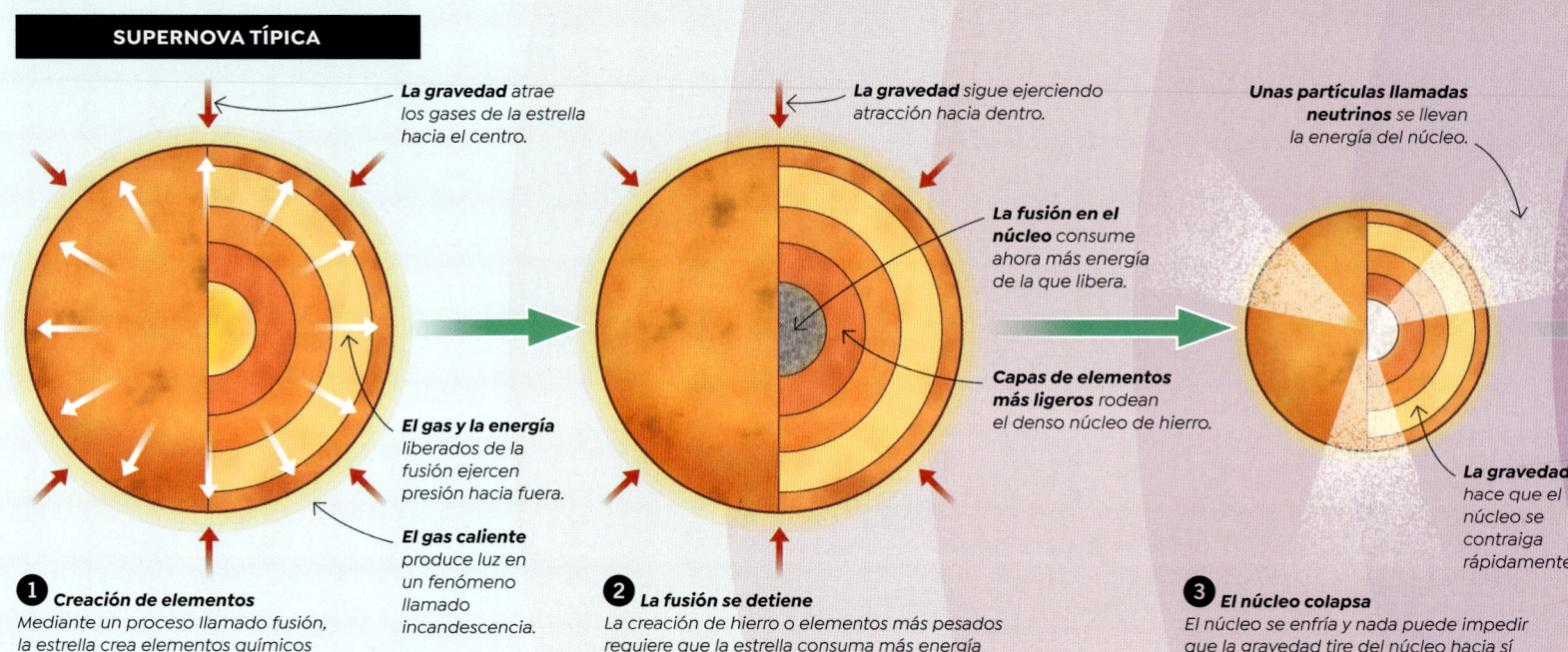

La gravedad atrae los gases de la estrella hacia el centro.

La gravedad sigue ejerciendo atracción hacia dentro.

Unas partículas llamadas **neutrinos** se llevan la energía del núcleo.

La fusión en el núcleo consume ahora más energía de la que libera.

El gas y la energía liberados de la fusión ejercen presión hacia fuera.

El gas caliente produce luz en un fenómeno llamado incandescencia.

Capas de elementos más ligeros rodean el denso núcleo de hierro.

La gravedad hace que el núcleo se contraiga rápidamente.

❶ Creación de elementos
Mediante un proceso llamado fusión, la estrella crea elementos químicos y libera energía, lo cual impide su colapso.

❷ La fusión se detiene
La creación de hierro o elementos más pesados requiere que la estrella consuma más energía de la que produce. Al crear hierro en el núcleo, la estrella se aproxima al final de su vida.

❸ El núcleo colapsa
El núcleo se enfría y nada puede impedir que la gravedad tire del núcleo hacia sí mismo. Entonces colapsa, hasta que está tan denso que no puede compactarse más.

LOS AGUJEROS NEGROS

Los núcleos colapsan hasta cierto punto y forman estrellas de neutrones. Pero los núcleos más grandes tienen tanta masa que siguen colapsando hasta que su materia se reduce a un espacio infinitesimal llamado singularidad. A este objeto densísimo se le llama agujero negro porque su gravedad es tan fuerte que ni la luz escapa de él. Si vemos la gravedad como la urdimbre del espacio-tiempo, el tejido del universo, un agujero negro es un pozo infinitamente profundo.

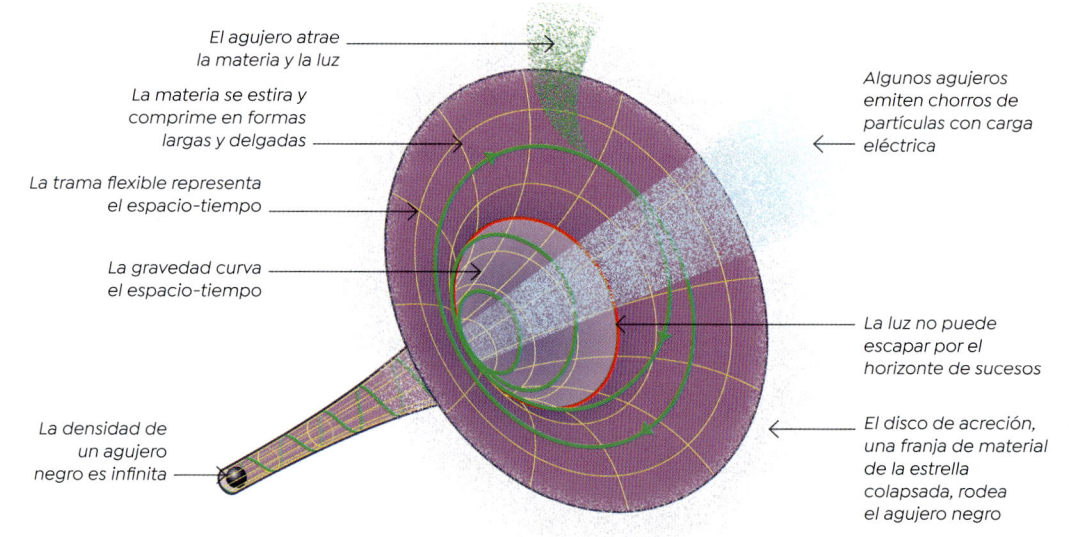

El agujero atrae la materia y la luz

La materia se estira y comprime en formas largas y delgadas

La trama flexible representa el espacio-tiempo

La gravedad curva el espacio-tiempo

La densidad de un agujero negro es infinita

Algunos agujeros emiten chorros de partículas con carga eléctrica

La luz no puede escapar por el horizonte de sucesos

El disco de acreción, una franja de material de la estrella colapsada, rodea el agujero negro

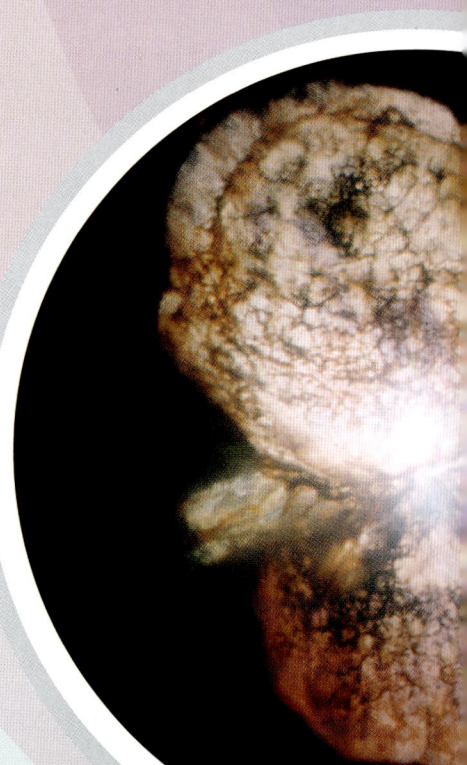

Los planetas cercanos *son destruidos por la energía de los gases calientes.*

Nuevos elementos pesados *creados en la explosión se esparcen por el espacio.*

Las capas externas de la estrella *salen despedidas.*

En el centro *hay una estrella de neutrones o un agujero negro en ciernes.*

La liberación de energía *hace que la supernova brille tanto como una galaxia entera.*

4 La estrella explota
El núcleo colapsado rebota, emitiendo ondas de choque. Esto causa una nueva fusión que produce elementos más pesados. Estos se esparcen por el espacio en una enorme explosión.

RESTOS DE SUPERNOVA

Durante una supernova, las capas externas de la estrella salen despedidas al espacio y forman una vasta y bella nube. La nebulosa del Cangrejo es el resto de una supernova observada por primera vez en 1054. Era tan brillante que podía verse de día a simple vista.

Muchos elementos químicos de nuestro cuerpo se crearon en supernovas

LISTA PARA EXPLOTAR

Durante los dos siglos pasados, el brillo de esta estrella, Eta Carinae, ha variado mucho. Los astrónomos creen que será una supernova en los próximos milenios.

ESTRELLAS DE NEUTRONES

El núcleo de una estrella en fase supernova se contrae. Su materia está formada inicialmente por protones, neutrones y electrones. La presión hace que se unan los protones y los electrones, formando más neutrones. Al final, el núcleo está formado sobre todo por neutrones, que evitan que siga colapsando (excepto si el núcleo es muy masivo).

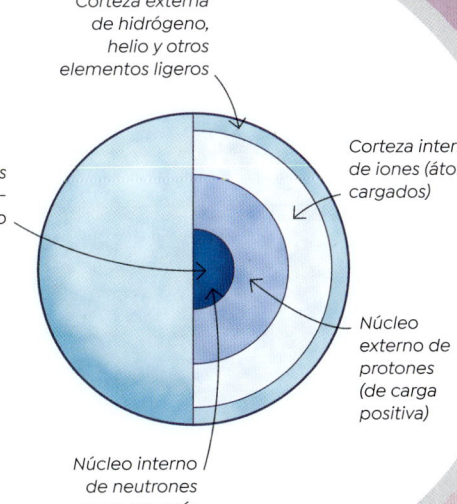

Corteza externa de hidrógeno, helio y otros elementos ligeros

Corteza interna de iones (átomos cargados)

El núcleo es extremadamente denso

Núcleo externo de protones (de carga positiva)

Núcleo interno de neutrones en su mayoría

Galaxias

Nuestro planeta forma parte de una galaxia, un gran sistema de estrellas, planetas, polvo y gas. Hay millones de galaxias en el universo. La nuestra, llamada Vía Láctea, es espiral y tiene un bulbo central rodeado por un disco plano dividido en varios brazos. Todo orbita en torno al centro, donde hay un enorme agujero negro. Gran parte de la galaxia es de un tipo de materia aún desconocida: la materia oscura.

EL HALO DE LA VÍA LÁCTEA

La región esférica conocida como halo contiene cúmulos de estrellas muy antiguas. Más allá del halo se extiende la corona galáctica, de gas ligero y caliente.

Posición del sistema solar

El disco tiene los bordes combados

Halo esférico

Cúmulos de estrellas antiguas

Bulbo central

Las estrellas del bulbo siguen órbitas aleatorias, ya que el propio bulbo es más o menos esférico.

En el centro de la galaxia hay un agujero negro supermasivo. Su masa es cuatro millones de veces mayor que la del Sol.

Los brazos espirales contienen mucho gas y polvo. Son zonas de formación de estrellas.

Las regiones entre los brazos contienen mucha menos materia que los brazos y el bulbo.

BRAZOS ESPIRALES

La Vía Láctea tiene brazos espirales donde se concentra la mayoría de la materia. Son elementos estables, es decir, su forma no cambia con el tiempo.

Nuestro sistema solar está situado en el brazo de Orión.

La gravedad hace que las estrellas del disco orbiten el centro de la galaxia. Los brazos son áreas más densas que se mueven a través de las estrellas.

ÓRBITA DE UNA ESTRELLA DEL HALO

ÓRBITA DE UNA ESTRELLA DEL BULBO

BULBO CENTRAL

CENTRO GALÁCTICO

Las galaxias con forma de disco tienen un bulbo central con mayor densidad de estrellas que el disco. En el centro hay un agujero negro supermasivo.

BRAZO DE PERSEO

BRAZO DE ORIÓN

BRAZO DE NORMA

ÓRBITA DE UNA ESTRELLA DEL DISCO

Nuestra estrella, el Sol, es una de las 100 000 millones de estrellas de la Vía Láctea

Las órbitas de las estrellas del halo están orientadas aleatoriamente.

TIPOS DE GALAXIAS

Los astrónomos distinguen tres tipos de galaxias. Las elípticas son esféricas u ovaladas. Contienen estrellas antiguas y en ellas no nacen nuevas estrellas. Las espirales, con forma de disco, contienen muchas estrellas jóvenes, que les dan un tono blanco azulado. Las galaxias que no son ni elípticas ni espirales se llaman irregulares.

ELÍPTICA

ESPIRAL

IRREGULAR

VÍA LÁCTEA

BRAZO DE ESCUDO-CENTAURO

La galaxia más cercana
a la Vía Láctea está a 25 000 años luz del Sol

La materia oscura es una sustancia hipotética que no puede verse, pero tiene una influencia gravitacional en otros objetos que puede observarse. Según la teoría, en los inicios de la historia del universo la materia oscura colapsó bajo su propia gravedad, creando halos (amarillos en esta simulación) que atrajeron materia para formar galaxias.

LA MATERIA OSCURA

ESPACIO

Las estrellas del disco suben y bajan al orbitar.

LOS CUÁSARES

Los cuásares son centros galácticos que emiten gran cantidad de luz y radiación. Un cuásar emite miles de veces la radiación de todas las estrellas de nuestra galaxia. Las estrellas, el gas y el polvo del cuásar alcanzan temperaturas extremadamente altas al caer a un agujero negro supermasivo y producen esa radiación. Chorros de partículas a alta velocidad salen por arriba y abajo del cuásar.

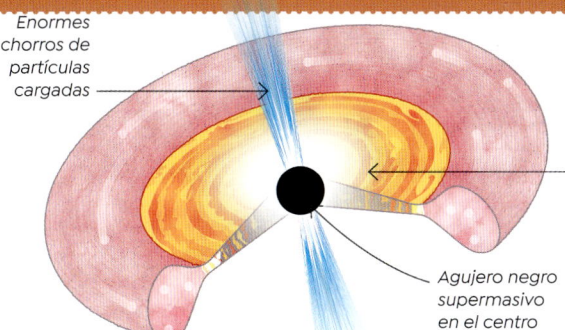

Enormes chorros de partículas cargadas

La materia cae al centro del agujero negro

Agujero negro supermasivo en el centro de la galaxia

EL BIG BANG

La teoría propone que el universo empezó con una gran explosión (*big bang* en inglés), pero no explica por qué pudo surgir de la nada.

INFLACIÓN

Una mínima fracción de segundo después del Big Bang, el universo se expandió con increíble rapidez: como si un átomo adquiriera el tamaño de un pomelo.

Al final de la inflación, la fuerza electromagnética y la fuerza débil se separaron y se crearon los electrones, positrones y fotones.

LA RADIACIÓN CMB

La radiación emitida cuando se formaron los primeros átomos podría detectarse aún, ya que sus ondas se estiraron por la expansión del espacio hasta convertirse en microondas. Este fondo cósmico de microondas (CMB en inglés) se descubrió en 1964.

La fuerza fuerte se separa y el universo se llena de un plasma de cuarks y gluones.

Durante la inflación, el universo aumenta su tamaño de manera exponencial.

Aparecen los protones y los neutrones, cada uno formado por la unión estable de tres cuarks.

Se forman los núcleos atómicos del hidrógeno y el helio por la unión de protones y neutrones.

FUERZAS

Existen cuatro fuerzas fundamentales. La fuerza nuclear fuerte, la gravitatoria y la electromagnética afectan a la interacción de las partículas, mientras que la fuerza nuclear débil es responsable del decaimiento radiactivo. En los inicios del universo formaban una única superfuerza y se separaron.

La gravedad es la primera fuerza que se separa de la superfuerza.

UNA BILLONÉSIMA DE SEGUNDO DESPUÉS DEL BIG BANG

UNA MILLONÉSIMA DE SEGUNDO DESPUÉS DEL BIG BANG

DE 1 A 3 MINUTOS DESPUÉS DEL BIG BANG

380 000 AÑOS DESPUÉS DEL BIG BANG

Big Bang

La teoría del Big Bang es la teoría científica más aceptada sobre la formación del universo. Sugiere que empezó expandiéndose hace 13 800 millones de años a partir de un punto extremadamente caliente y denso. Describe cómo se crearon el espacio, el tiempo y la materia. Existen multitud de evidencias que sustentan esta teoría, desde las interacciones de partículas hasta la observación del universo a gran escala.

El universo aún está demasiado caliente para que se formen los protones y neutrones.

No pueden formarse los átomos hasta que la temperatura del universo permita que los electrones se fijen a los núcleos.

Al principio, toda la energía del universo estaba contenida en un espacio menor que un protón

Se libera radiación cuando los electrones y los núcleos se combinan para formar átomos.

LA FÍSICA DE PARTÍCULAS

Los físicos tratan de recrear las condiciones del primer segundo del universo haciendo colisionar partículas subatómicas. Se pueden observar con detectores de partículas.

EL TELESCOPIO ESPACIAL JAMES WEBB

Cuando los astrónomos observan el espacio también ven el pasado, ya que la luz y otras radiaciones de partes distantes del universo tardan millones de años en llegar a la Tierra. El telescopio espacial James Webb (en la imagen) observará las primeras estrellas y galaxias que emitieron la primera luz del universo y quizás revele cuándo se formaron.

PARTÍCULAS SUBATÓMICAS

Aunque los átomos no se formaron hasta al menos 380 000 años después del Big Bang, muchas partículas menores (subatómicas) aparecieron en el primer segundo de existencia del universo. Algunas tienen partículas gemelas con carga eléctrica opuesta. Son las llamadas antipartículas.

POSITRÓN
Antipartícula del electrón, con carga positiva.

ELECTRÓN
Partícula subatómica con carga negativa.

FOTÓN
Partícula portadora de radiación electro-magnética, como la luz.

GLUON
Partícula portadora de la fuerza fuerte. Une los cuarks.

CUARK
Partícula formadora de los protones y neutrones.

ANTICUARK
Antipartícula del cuark. Forma los antiprotones y antineutrones.

ANTIPROTÓN
Antipartícula del protón, con carga negativa.

PROTÓN
Partícula formada por cuarks con carga positiva.

NEUTRÓN
Partícula sin carga eléctrica formada por cuarks.

ANTINEUTRÓN
Antipartícula del neutrón formada por anticuarks.

Se forman los átomos de hidrógeno y helio, ahora que el universo está lo bastante frío.

UNIVERSO OSCURO
Hasta que nacieron las primeras estrellas, el universo era totalmente oscuro porque no había fuentes de luz.

Las estrellas empiezan a brillar porque la gravedad hace que vastas nubes de hidrógeno y helio colapsen y se inicien reacciones nucleares.

Se forman las primeras galaxias porque la gravedad une grandes números de estrellas en enormes grupos.

Nuestra galaxia, la Vía Láctea, contiene miles de millones de estrellas, como el Sol.

DE 380 000 A 200 MILLONES DE AÑOS DESPUÉS DEL BIG BANG

DE 500 A 600 MILLONES DE AÑOS DESPUÉS DEL BIG BANG

DE 2000 A 3000 MILLONES DE AÑOS DESPUÉS DEL BIG BANG

PRESENTE

El universo es casi tres veces más antiguo que el Sol

UN ESPACIO EN EXPANSIÓN

Los científicos concibieron la teoría del Big Bang al darse cuenta de que las galaxias se están separando de la Tierra. Esto sugiere que el espacio se está expandiendo y enfriando, y que alguna vez fue mucho más pequeño y caliente. Para imaginarlo basta con imaginar un globo con galaxias dibujadas. Al inflarlo, las galaxias se separan entre sí.

A medida que el espacio se expande, las galaxias se alejan entre sí

La superficie bidimensional del globo representa el espacio tridimensional

El espacio sigue en expansión y se observan galaxias por todas partes separándose de nosotros.

PRESENTE
El universo sigue expandiéndose. Las galaxias colisionan, mueren estrellas y se forman otras nuevas.

Telescopios ópticos

Los telescopios de los astrónomos tienen lentes o espejos curvados para concentrar y enfocar la luz de los planetas, estrellas, galaxias y otros objetos del espacio. Se llaman lentes o espejos primarios y, a mayor diámetro, más luz concentran. Las lentes o espejos secundarios producen imágenes aumentadas de los objetos, que pueden verse o ser capturadas por sensores como los de las cámaras digitales. Los astrónomos usan otros telescopios para recoger ondas de radio, rayos X y otras radiaciones (ver pp. 286–287).

Algunos telescopios grandes tienen espejos de más de 90 segmentos que se mueven por separado

SEDE DEL OBSERVATORIO

Los astrónomos trabajan en un gran edificio que alberga las potentes computadoras que controlan el telescopio y procesan las imágenes que capta.

EN LAS ALTURAS

Los observatorios suelen estar a gran altitud para reducir la cantidad de atmósfera que debe atravesar la luz que reciben. Estos telescopios están en un volcán extinto de Hawái.

6 *Potentes computadoras* procesan y almacenan las imágenes digitales.

SALA DE COMPUTADORAS

REFLECTORES Y REFRACTORES

La mayoría de los grandes telescopios son reflectores: usan espejos como objetivos para recoger la luz. Muchos telescopios menores son refractores, con lentes como objetivos. El objetivo enfoca la luz produciendo una imagen y una potente lente la aumenta para que se vea (o para que un sensor la detecte y la grabe).

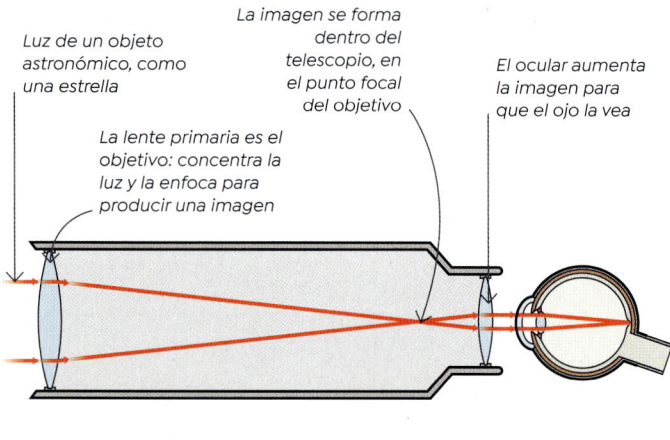

Luz de un objeto astronómico, como una estrella

La lente primaria es el objetivo: concentra la luz y la enfoca para producir una imagen

La imagen se forma dentro del telescopio, en el punto focal del objetivo

El ocular aumenta la imagen para que el ojo la vea

7 *Los astrónomos estudian las imágenes* del telescopio en sus ordenadores.

El mayor espejo del mundo mide 10,4 m de diámetro

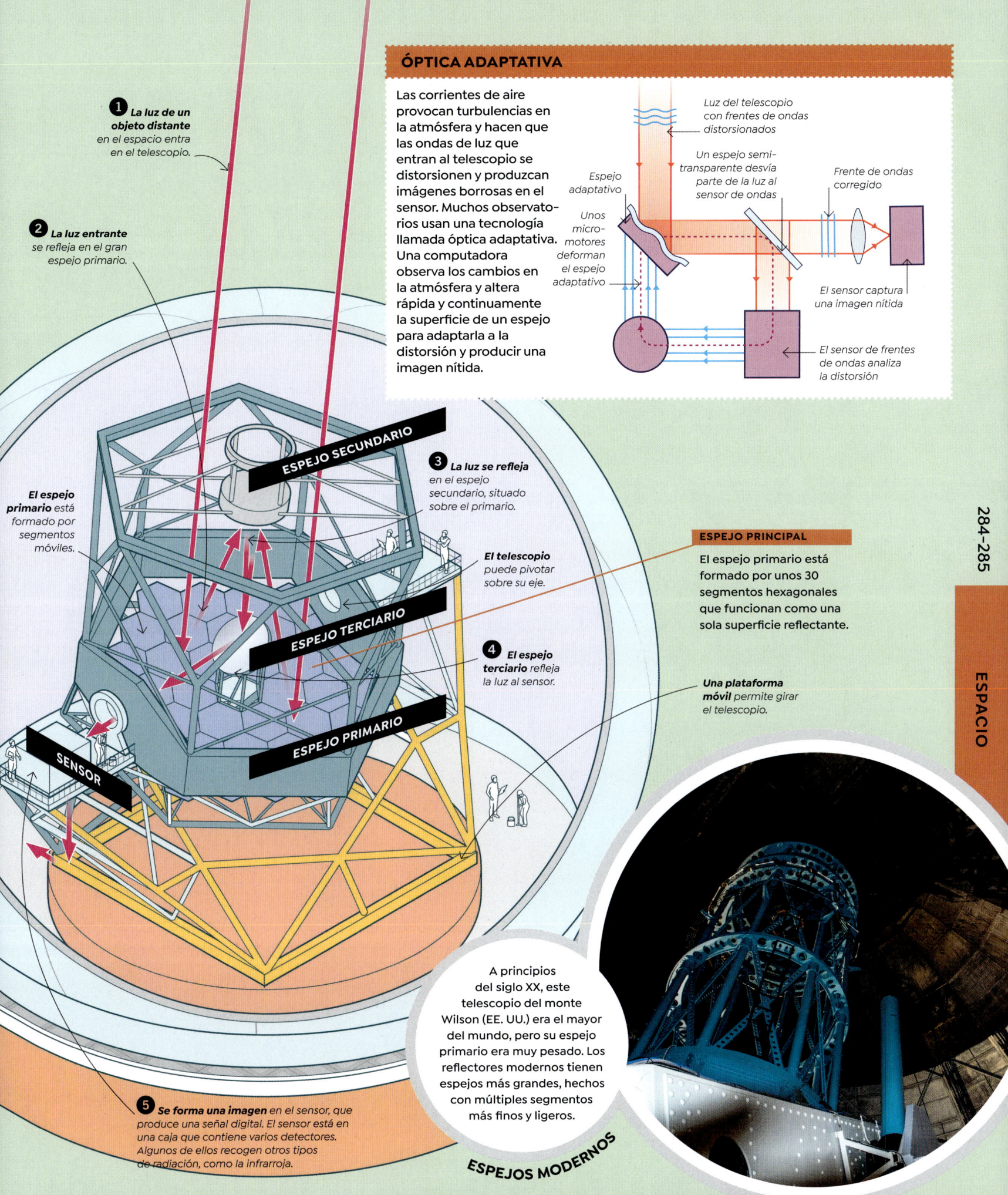

1 *La luz de un objeto distante* en el espacio entra en el telescopio.

2 *La luz entrante* se refleja en el gran espejo primario.

ÓPTICA ADAPTATIVA

Las corrientes de aire provocan turbulencias en la atmósfera y hacen que las ondas de luz que entran al telescopio se distorsionen y produzcan imágenes borrosas en el sensor. Muchos observatorios usan una tecnología llamada óptica adaptativa. Una computadora observa los cambios en la atmósfera y altera rápida y continuamente la superficie de un espejo para adaptarla a la distorsión y producir una imagen nítida.

Luz del telescopio con frentes de ondas distorsionados

Espejo adaptativo

Un espejo semi-transparente desvía parte de la luz al sensor de ondas

Frente de ondas corregido

Unos micro-motores deforman el espejo adaptativo

El sensor captura una imagen nítida

El sensor de frentes de ondas analiza la distorsión

El espejo primario está formado por segmentos móviles.

ESPEJO SECUNDARIO

3 *La luz se refleja* en el espejo secundario, situado sobre el primario.

El telescopio puede pivotar sobre su eje.

ESPEJO PRINCIPAL

El espejo primario está formado por unos 30 segmentos hexagonales que funcionan como una sola superficie reflectante.

ESPEJO TERCIARIO

4 *El espejo terciario* refleja la luz al sensor.

Una plataforma móvil permite girar el telescopio.

ESPEJO PRIMARIO

SENSOR

A principios del siglo XX, este telescopio del monte Wilson (EE. UU.) era el mayor del mundo, pero su espejo primario era muy pesado. Los reflectores modernos tienen espejos más grandes, hechos con múltiples segmentos más finos y ligeros.

5 *Se forma una imagen* en el sensor, que produce una señal digital. El sensor está en una caja que contiene varios detectores. Algunos de ellos recogen otros tipos de radiación, como la infrarroja.

ESPEJOS MODERNOS

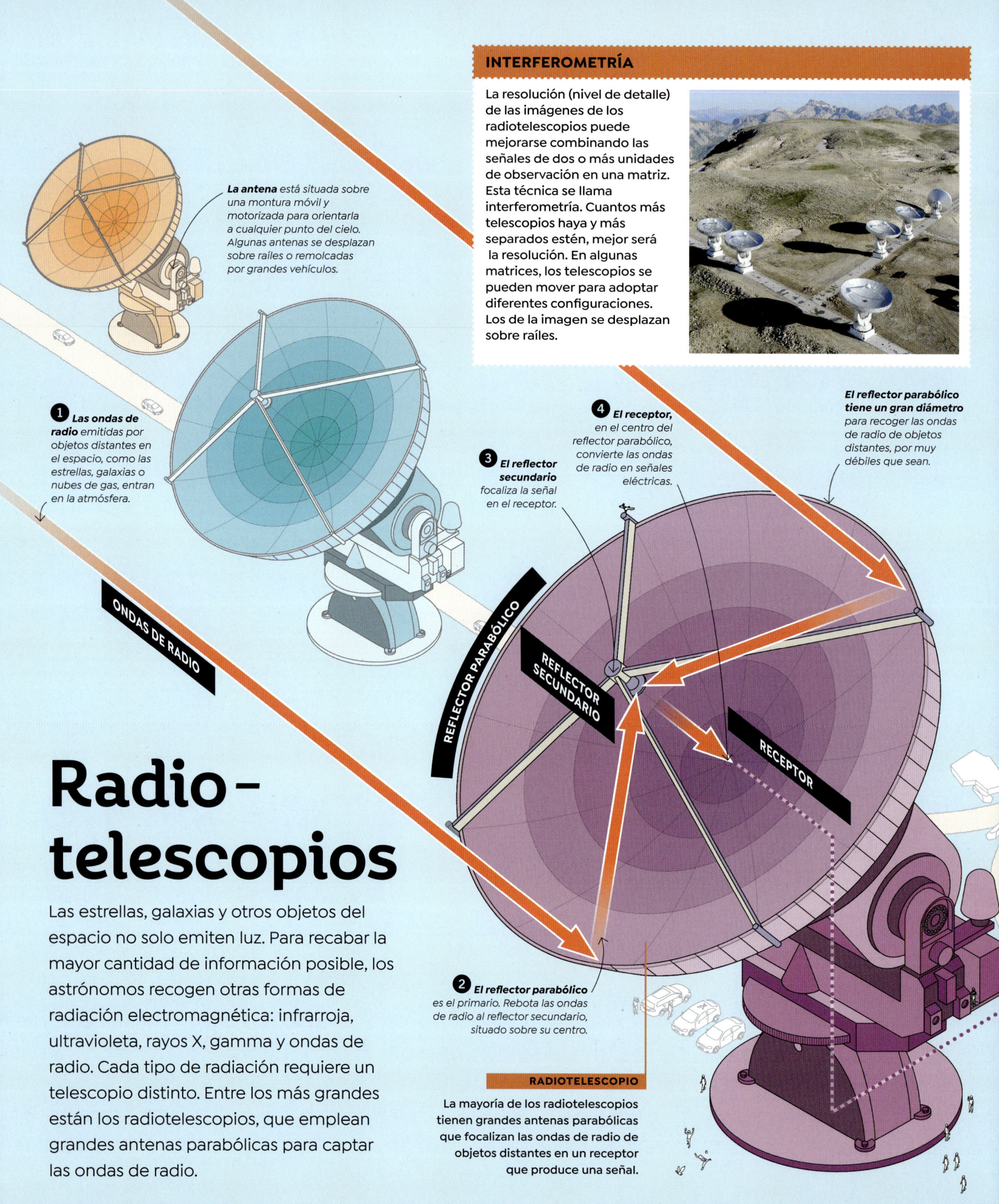

La resolución (nivel de detalle) de las imágenes de los radiotelescopios puede mejorarse combinando las señales de dos o más unidades de observación en una matriz. Esta técnica se llama interferometría. Cuantos más telescopios haya y más separados estén, mejor será la resolución. En algunas matrices, los telescopios se pueden mover para adoptar diferentes configuraciones. Los de la imagen se desplazan sobre raíles.

La antena está situada sobre una montura móvil y motorizada para orientarla a cualquier punto del cielo. Algunas antenas se desplazan sobre raíles o remolcadas por grandes vehículos.

❶ *Las ondas de radio* emitidas por objetos distantes en el espacio, como las estrellas, galaxias o nubes de gas, entran en la atmósfera.

❹ *El receptor,* en el centro del reflector parabólico, convierte las ondas de radio en señales eléctricas.

❸ *El reflector secundario* focaliza la señal en el receptor.

El reflector parabólico tiene un gran diámetro para recoger las ondas de radio de objetos distantes, por muy débiles que sean.

ONDAS DE RADIO

REFLECTOR PARABÓLICO

REFLECTOR SECUNDARIO

RECEPTOR

Radio-telescopios

Las estrellas, galaxias y otros objetos del espacio no solo emiten luz. Para recabar la mayor cantidad de información posible, los astrónomos recogen otras formas de radiación electromagnética: infrarroja, ultravioleta, rayos X, gamma y ondas de radio. Cada tipo de radiación requiere un telescopio distinto. Entre los más grandes están los radiotelescopios, que emplean grandes antenas parabólicas para captar las ondas de radio.

❷ *El reflector parabólico* es el primario. Rebota las ondas de radio al reflector secundario, situado sobre su centro.

RADIOTELESCOPIO

La mayoría de los radiotelescopios tienen grandes antenas parabólicas que focalizan las ondas de radio de objetos distantes en un receptor que produce una señal.

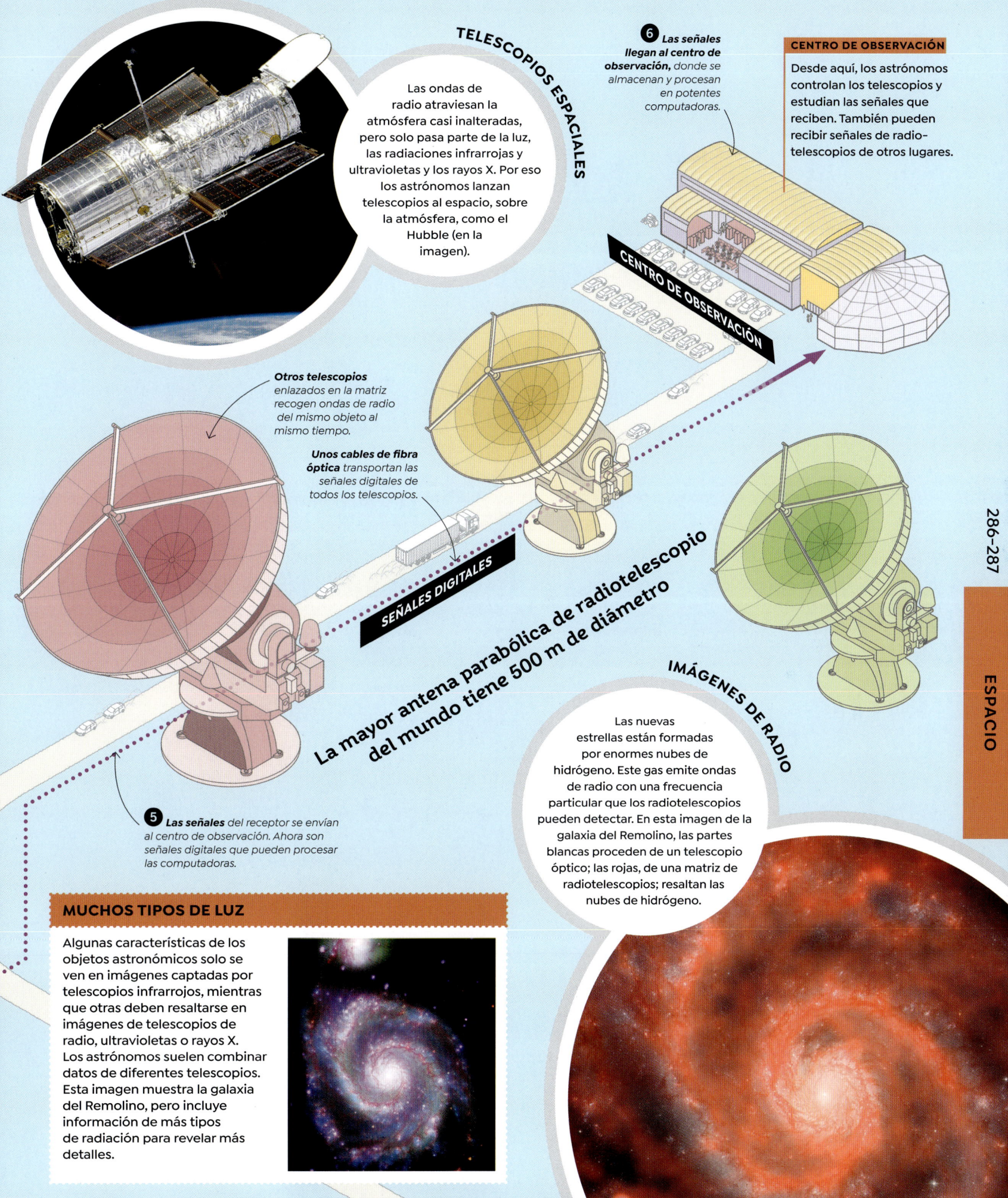

6 *Las señales llegan al centro de observación,* donde se almacenan y procesan en potentes computadoras.

Las ondas de radio atraviesan la atmósfera casi inalteradas, pero solo pasa parte de la luz, las radiaciones infrarrojas y ultravioletas y los rayos X. Por eso los astrónomos lanzan telescopios al espacio, sobre la atmósfera, como el Hubble (en la imagen).

CENTRO DE OBSERVACIÓN

Desde aquí, los astrónomos controlan los telescopios y estudian las señales que reciben. También pueden recibir señales de radio-telescopios de otros lugares.

CENTRO DE OBSERVACIÓN

Otros telescopios enlazados en la matriz recogen ondas de radio del mismo objeto al mismo tiempo.

Unos cables de fibra óptica transportan las señales digitales de todos los telescopios.

SEÑALES DIGITALES

La mayor antena parabólica de radiotelescopio del mundo tiene 500 m de diámetro

IMÁGENES DE RADIO

5 *Las señales* del receptor se envían al centro de observación. Ahora son señales digitales que pueden procesar las computadoras.

Las nuevas estrellas están formadas por enormes nubes de hidrógeno. Este gas emite ondas de radio con una frecuencia particular que los radiotelescopios pueden detectar. En esta imagen de la galaxia del Remolino, las partes blancas proceden de un telescopio óptico; las rojas, de una matriz de radiotelescopios; resaltan las nubes de hidrógeno.

MUCHOS TIPOS DE LUZ

Algunas características de los objetos astronómicos solo se ven en imágenes captadas por telescopios infrarrojos, mientras que otras deben resaltarse en imágenes de telescopios de radio, ultravioletas o rayos X. Los astrónomos suelen combinar datos de diferentes telescopios. Esta imagen muestra la galaxia del Remolino, pero incluye información de más tipos de radiación para revelar más detalles.

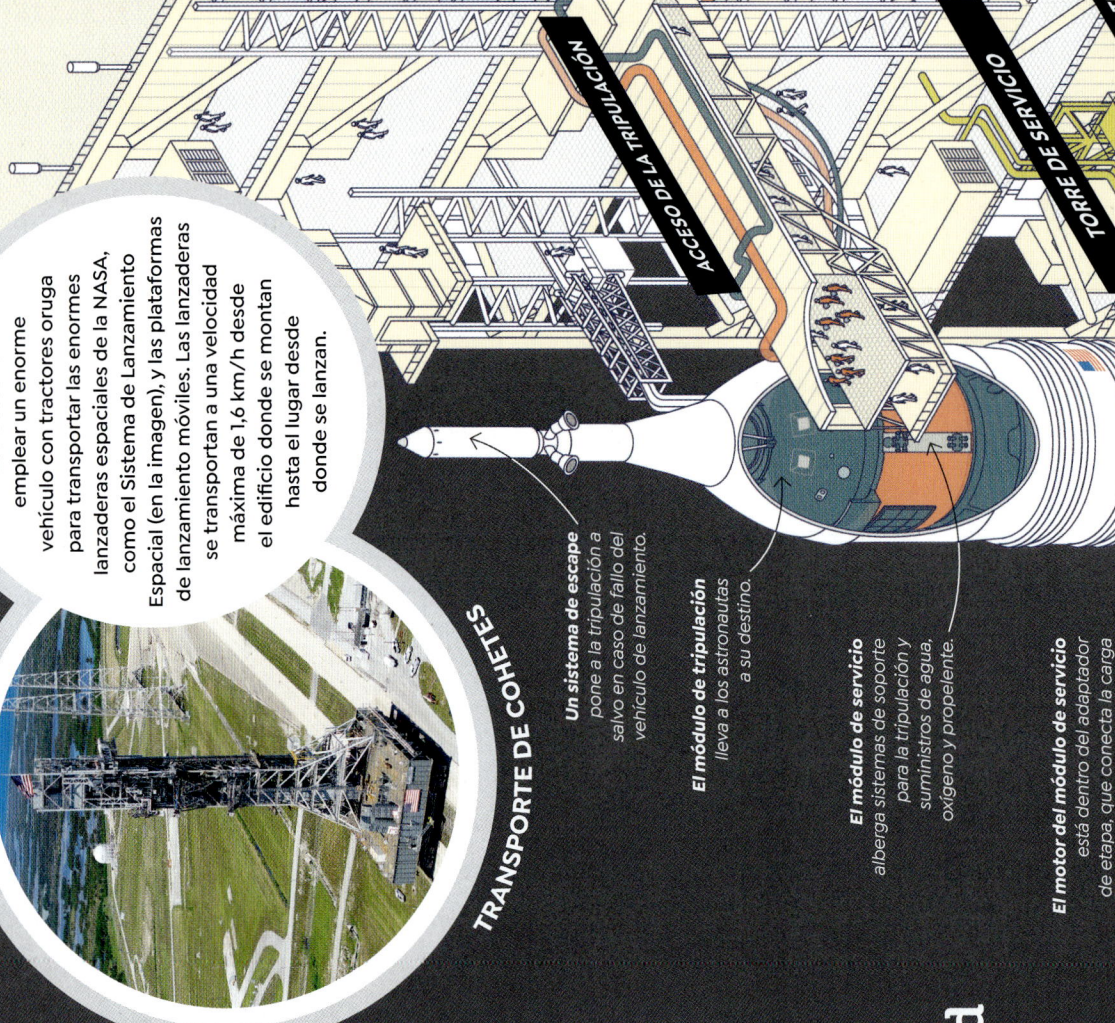

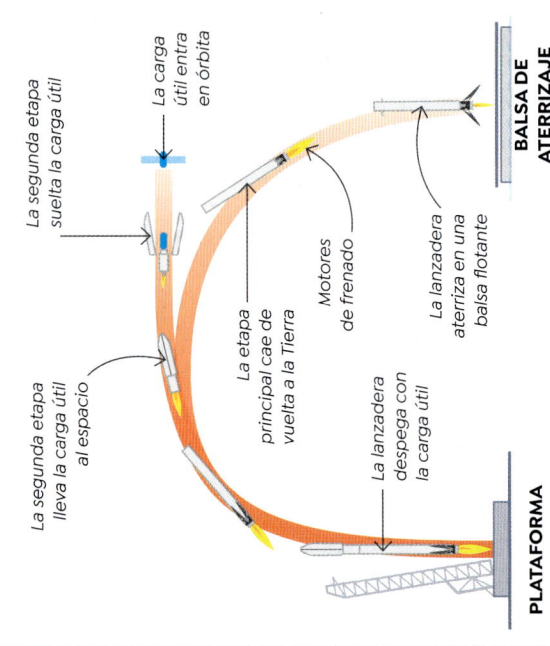

ACCESO DE LA TRIPULACIÓN

TORRE DE SERVICIO

UMBILICAL DEL MÓDULO DE TRIPULACIÓN

UMBILICAL DEL COMBUSTIBLE

Es necesario emplear un enorme vehículo con tractores oruga para transportar las enormes lanzaderas espaciales de la NASA, como el Sistema de Lanzamiento Espacial (en la imagen), y las plataformas de lanzamiento móviles. Las lanzaderas se transportan a una velocidad máxima de 1,6 km/h desde el edificio donde se montan hasta el lugar desde donde se lanzan.

TRANSPORTE DE COHETES

Un sistema de escape pone a la tripulación a salvo en caso de fallo del vehículo de lanzamiento.

El módulo de tripulación lleva a los astronautas a su destino.

El módulo de servicio alberga sistemas de soporte para la tripulación y suministros de agua, oxígeno y propelente.

El motor del módulo de servicio está dentro del adaptador de etapa, que conecta la carga útil con el motor principal.

El tanque menor contiene oxígeno líquido para el motor principal.

Las conexiones umbilicales proveen de electricidad, refrigeración y sustancias químicas a la astronave.

COHETES REUTILIZABLES

Para que las misiones espaciales sean más económicas y limpias se usan lanzaderas reutilizables. Tras dejar la carga útil en el espacio, la lanzadera reutilizable cae de vuelta a la Tierra. Unos pequeños motores reducen su velocidad para que aterrice con suavidad.

La segunda etapa lleva la carga útil al espacio

La segunda etapa suelta la carga útil

La carga útil entra en órbita

La etapa principal cae de vuelta a la Tierra

Motores de frenado

La lanzadera despega con la carga útil

La lanzadera aterriza en una balsa flotante

PLATAFORMA

BALSA DE ATERRIZAJE

Un cohete puede producir la misma cantidad de energía que 18 aviones Boeing 747

Cohetes

Para transportar pesadas cargas al espacio, más allá de la atmósfera, los cohetes han de ser enormes y llevar mucho combustible. La mayoría se divide en varias secciones llamadas etapas, propulsadas por potentes motores. Las etapas se desprenden una a una a medida que se agota su combustible.

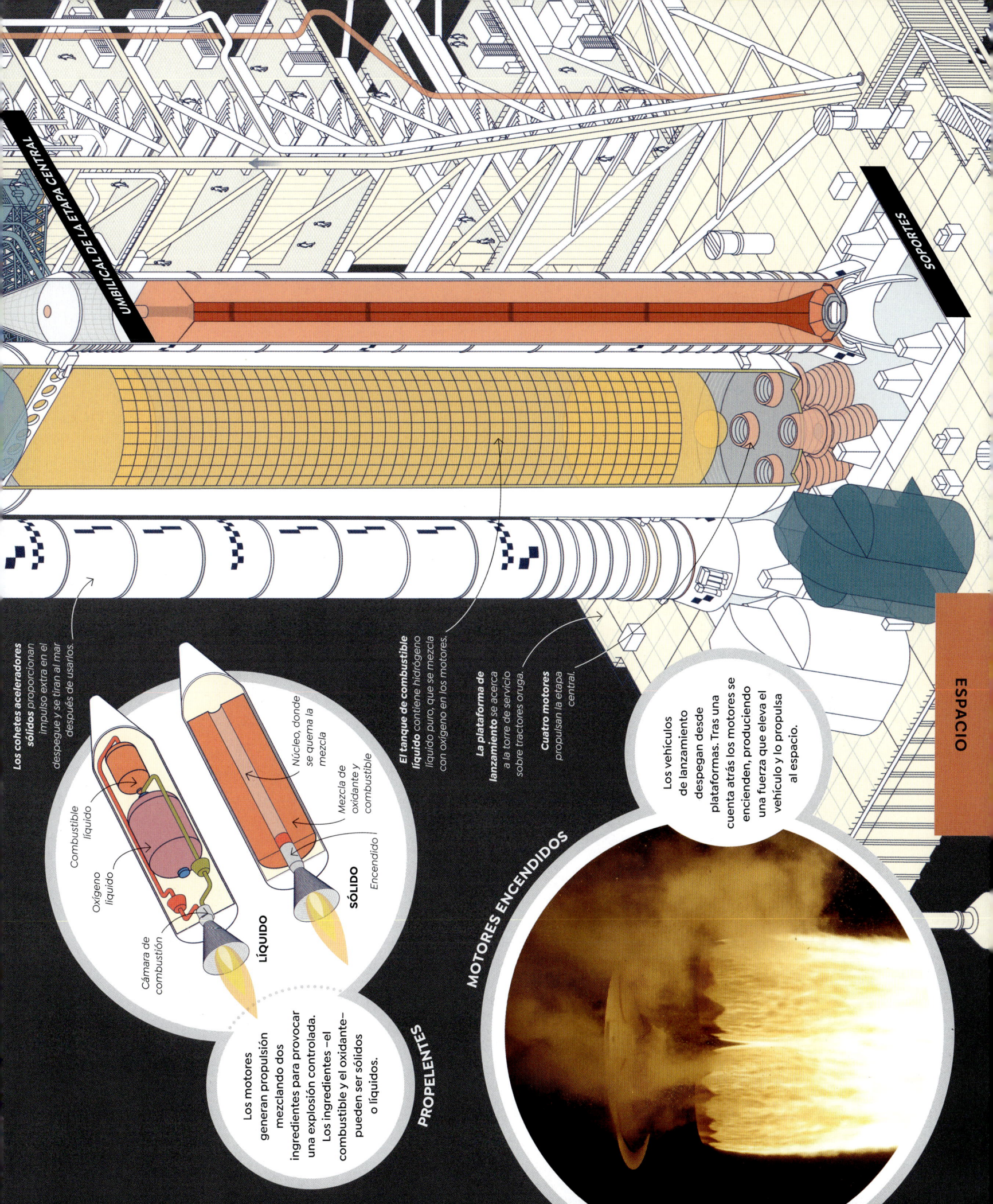

Los cohetes aceleradores sólidos proporcionan impulso extra en el despegue y se tiran al mar después de usarlos.

Combustible líquido

Oxígeno líquido

Cámara de combustión

LÍQUIDO

Núcleo, donde se quema la mezcla

Mezcla de oxidante y combustible

Encendido

SÓLIDO

El tanque de combustible líquido contiene hidrógeno líquido puro, que se mezcla con oxígeno en los motores.

La plataforma de lanzamiento se acerca a la torre de servicio sobre tractores oruga.

Cuatro motores propulsan la etapa central.

Los vehículos de lanzamiento despegan desde plataformas. Tras una cuenta atrás los motores se encienden, produciendo una fuerza que eleva el vehículo y lo propulsa al espacio.

MOTORES ENCENDIDOS

Los motores generan propulsión mezclando dos ingredientes para provocar una explosión controlada. Los ingredientes —el combustible y el oxidante— pueden ser sólidos o líquidos.

PROPELENTES

VIAJEROS ESPACIALES

Un cohete Falcon 9 despega con la misión de reabastecer la EEI. La cápsula Dragon que lleva encima puede transportar a 7 astronautas y 6 toneladas de comida y equipamiento en una órbita terrestre baja. Si el ser humano desea volver a la Luna o ir a Marte necesitará cohetes más grandes con cargas mayores.

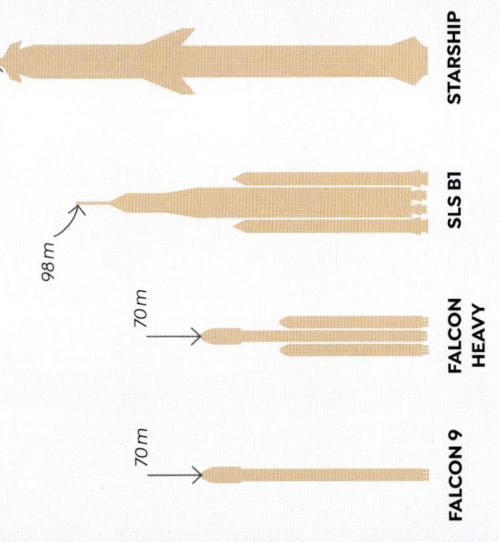

70 m — **FALCON 9**

70 m — **FALCON HEAVY**

98 m — **SLS B1**

120 m — **STARSHIP**

NUEVOS MODELOS

Se están probando nuevos cohetes, como el Falcon Heavy y el SLS. El Starship es un cohete reutilizable que está en fase de diseño.

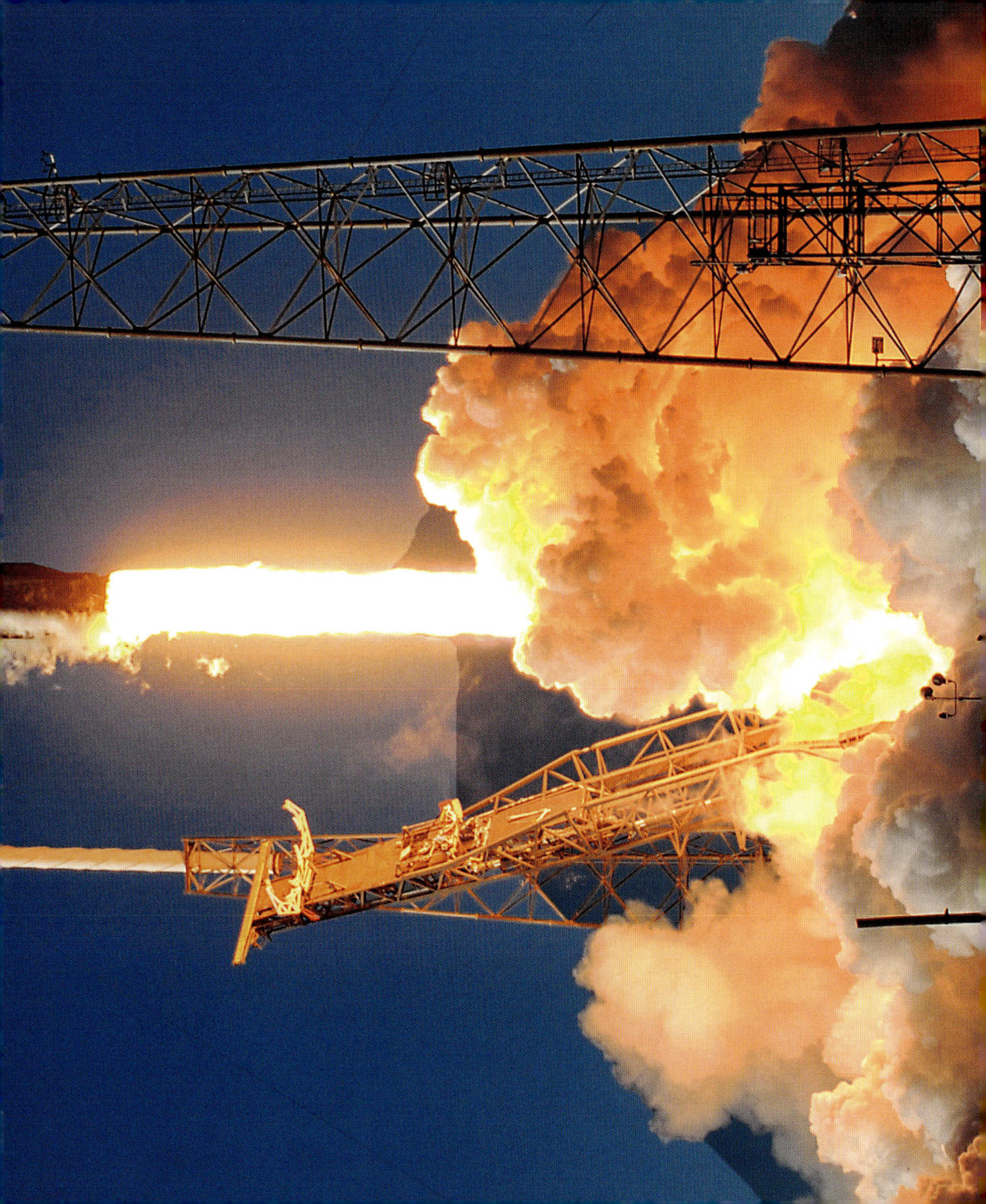

Se necesitan potentes cohetes para poner una astronave en órbita. Aquí mostramos la nave Orión de la NASA, diseñada para llevar astronautas a la Luna. La lanzará el gigantesco cohete SLS con aceleradores.

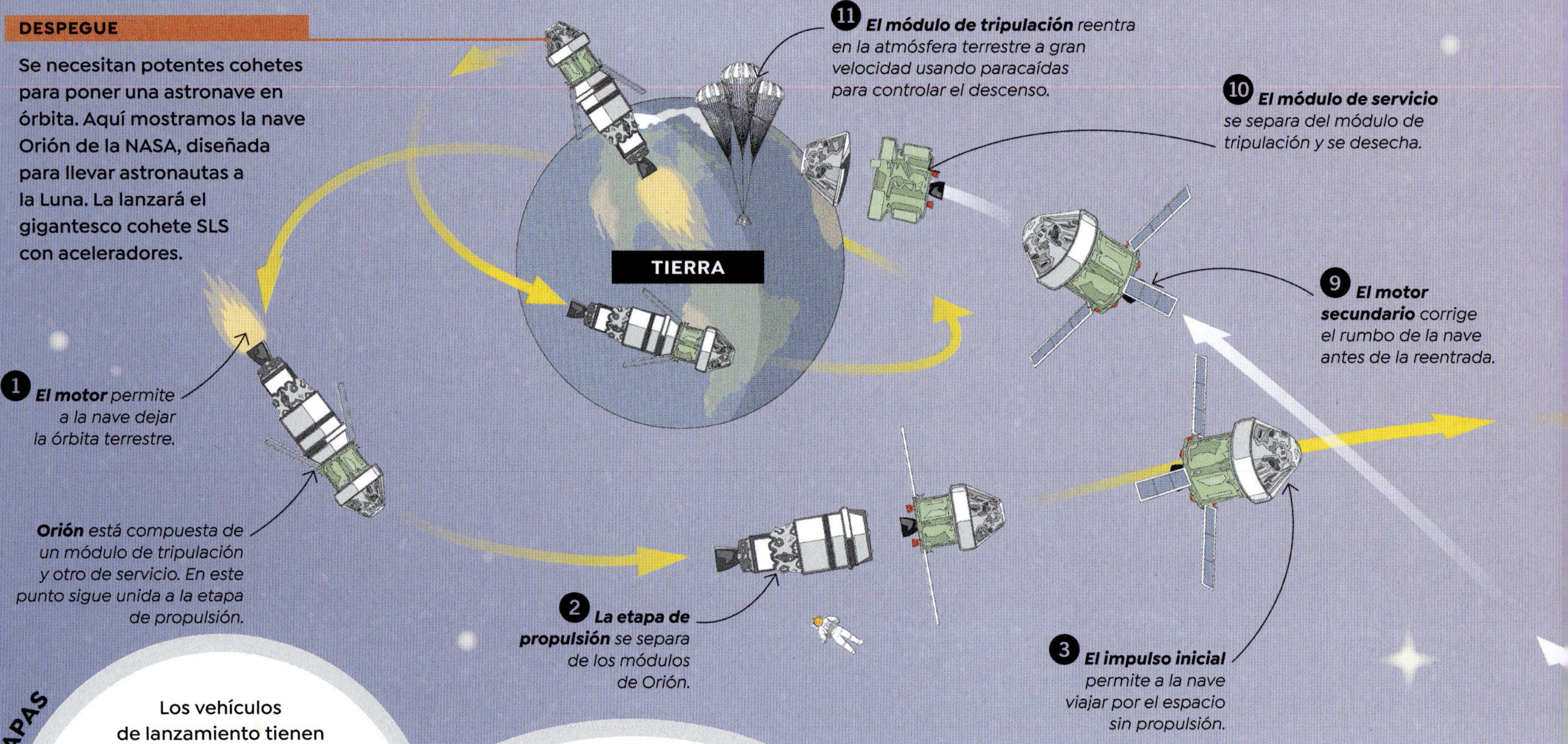

11 *El módulo de tripulación* reentra en la atmósfera terrestre a gran velocidad usando paracaídas para controlar el descenso.

10 *El módulo de servicio* se separa del módulo de tripulación y se desecha.

TIERRA

9 *El motor secundario* corrige el rumbo de la nave antes de la reentrada.

1 *El motor* permite a la nave dejar la órbita terrestre.

Orión está compuesta de un módulo de tripulación y otro de servicio. En este punto sigue unida a la etapa de propulsión.

2 *La etapa de propulsión* se separa de los módulos de Orión.

3 *El impulso inicial* permite a la nave viajar por el espacio sin propulsión.

LANZAMIENTO POR ETAPAS

Los vehículos de lanzamiento tienen dos o más secciones, o etapas. La primera es la mayor y suele tener acoplados dos aceleradores. Estos y los propulsores principales se desprenden para aligerar el peso cuando su combustible se agota. Entonces la nave entra en órbita y maniobra en el espacio con sus motores.

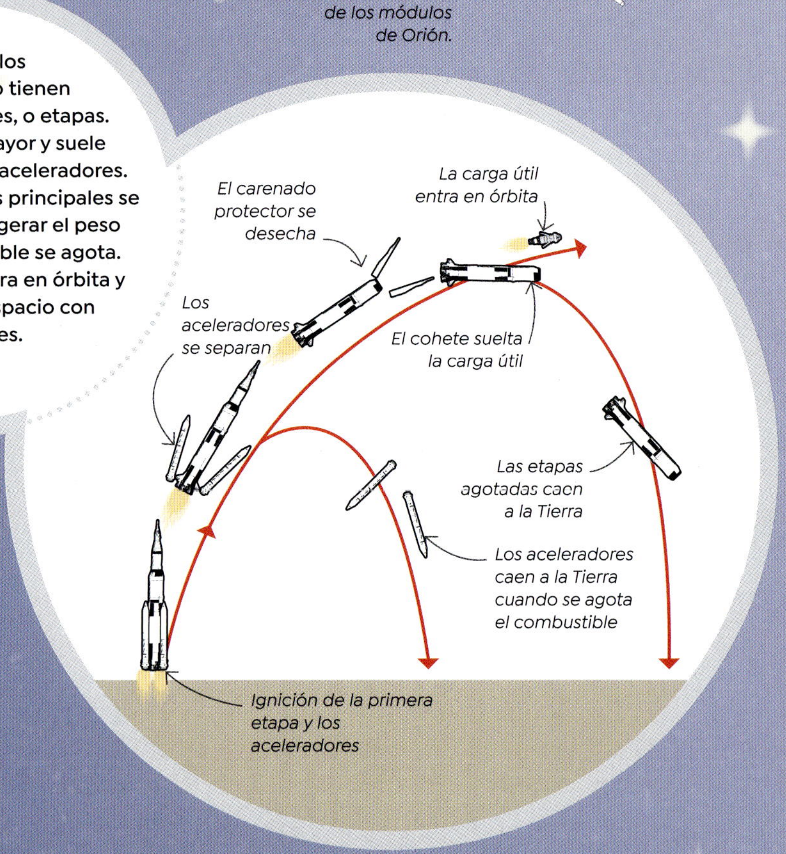

El carenado protector se desecha

La carga útil entra en órbita

Los aceleradores se separan

El cohete suelta la carga útil

Las etapas agotadas caen a la Tierra

Los aceleradores caen a la Tierra cuando se agota el combustible

Ignición de la primera etapa y los aceleradores

En julio de 1969, en la misión Apolo 11, el astronauta Neil Armstrong se convirtió en la primera persona que pisaba la Luna. Desde entonces, 12 astronautas han alunizado en 6 misiones Apolo. Descendieron a la superficie de la Luna desde la órbita lunar en módulos de alunizaje y volvieron a despegar para retomar la órbita lunar y regresar a la Tierra.

Vuelos espaciales

Una vez lanzadas al espacio por los cohetes, las naves espaciales entran en órbita. Los satélites y las estaciones espaciales permanecen en órbita y pueden cambiar su altitud alterando su velocidad. Otras naves, como las sondas o las astronaves tripuladas, aceleran para escapar de la gravedad terrestre. Estas misiones requieren que las naves realicen complejas maniobras en el espacio.

LA VELOCIDAD ORBITAL

Todo lo que sube baja, a no ser que esté en órbita. A velocidad orbital, la atracción gravitatoria sobre una nave y la resistencia de esta a que cambie su velocidad (inercia) están equilibradas y la órbita de la nave es estable. Esto puede ser difícil de lograr para una astronave. Las condiciones ideales son una velocidad de 27 360 km/h y una altitud de 242 km.

Las velocidades más bajas no superan la gravedad terrestre

El equilibrio entre inercia y gravedad permite al objeto seguir en órbita

4 *Se encienden* los motores para ajustar el rumbo y entrar en la órbita lunar.

7 *Los módulos ensamblados* orbitan la Luna varias veces en su primera misión.

LUNA

VIAJE A LA LUNA

Se tardan tres días en llegar a la Luna. Durante la mayor parte del viaje no se necesita combustible porque en el espacio no hay aire que frene la nave.

5 *La gravedad* mantiene la nave en la órbita lunar, igual que en la Tierra.

8 *Los motores* permiten escapar de la gravedad lunar y poner rumbo a la Tierra.

VUELTA A CASA

Tras orbitar la Luna varias veces, la nave está lista para iniciar su viaje de regreso a la Tierra. En futuras misiones, un módulo alunizará y luego despegará de la superficie lunar.

6 *Los paneles solares* se usan para generar energía durante la órbita lunar.

El cosmonauta Alexei Leonov realizó el primer paseo espacial en 1965

CAÍDA LIBRE

Una nave en órbita cae, igual que cualquier objeto inerte. Pero el hecho de que se mueva a gran velocidad supone que no caiga hacia abajo, a la Tierra.

Atracción de la gravedad sobre la nave

Impulso en la dirección de vuelo

Trayectoria resultante de la nave en caída libre constante

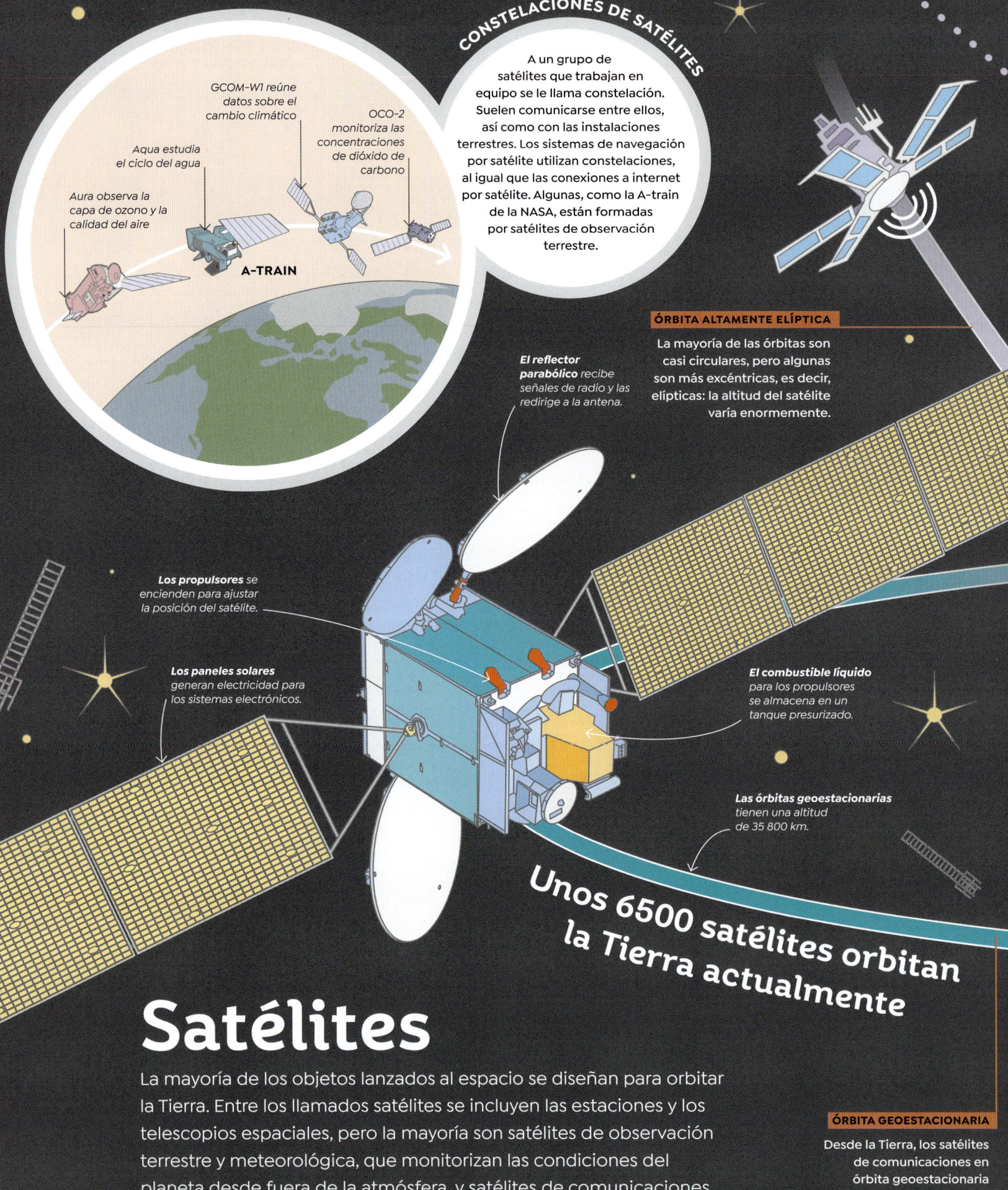

A un grupo de satélites que trabajan en equipo se le llama constelación. Suelen comunicarse entre ellos, así como con las instalaciones terrestres. Los sistemas de navegación por satélite utilizan constelaciones, al igual que las conexiones a internet por satélite. Algunas, como la A-train de la NASA, están formadas por satélites de observación terrestre.

GCOM-W1 reúne datos sobre el cambio climático

Aqua estudia el ciclo del agua

OCO-2 monitoriza las concentraciones de dióxido de carbono

Aura observa la capa de ozono y la calidad del aire

A-TRAIN

El reflector parabólico recibe señales de radio y las redirige a la antena.

ÓRBITA ALTAMENTE ELÍPTICA

La mayoría de las órbitas son casi circulares, pero algunas son más excéntricas, es decir, elípticas: la altitud del satélite varía enormemente.

Los propulsores se encienden para ajustar la posición del satélite.

Los paneles solares generan electricidad para los sistemas electrónicos.

El combustible líquido para los propulsores se almacena en un tanque presurizado.

Las órbitas geoestacionarias tienen una altitud de 35 800 km.

Unos 6500 satélites orbitan la Tierra actualmente

Satélites

La mayoría de los objetos lanzados al espacio se diseñan para orbitar la Tierra. Entre los llamados satélites se incluyen las estaciones y los telescopios espaciales, pero la mayoría son satélites de observación terrestre y meteorológica, que monitorizan las condiciones del planeta desde fuera de la atmósfera, y satélites de comunicaciones, que transmiten señales de televisión e internet.

ÓRBITA GEOESTACIONARIA

Desde la Tierra, los satélites de comunicaciones en órbita geoestacionaria permanecen inmóviles en el cielo.

El tanque de un solo uso se desecha y cae a la Tierra

Carcasa de aleación de aluminio

ÓRBITA DE TRANSFERENCIA

Los satélites a veces necesitan cambiar de órbita. La ignición de los motores produce aceleración y permite trasladarse a una órbita de transferencia elíptica que confluye con la nueva órbita. El aparato se mueve lentamente en el punto culminante de su órbita y, para evitar caer de nuevo, los motores aceleran y el satélite alcanza la velocidad de la nueva órbita.

Nuevo rumbo orbital alcanzado

La órbita de transferencia confluye con la nueva órbita

El satélite está en una órbita terrestre baja tras el lanzamiento

La aceleración lleva al satélite a una órbita de transferencia elíptica

Se estima que orbitan la Tierra unos 523 000 objetos de desecho

BASURA ESPACIAL

Cuando un satélite deja de funcionar puede desorbitarse y acabar ardiendo en la atmósfera. Pero muchos satélites siguen en órbita y se convierten en basura espacial, igual que las piezas de astronaves que se han averiado o desprendido tras el lanzamiento. Hay desde pequeños fragmentos de material hasta etapas de cohetes enteras.

La órbita polar pasa por ambos polos. La utilizan los satélites de observación terrestre y meteorológica.

Los satélites averiados se queman cuando entran en la atmósfera debido a la fricción del aire.

La órbita terrestre baja da a los satélites un campo de visión pequeño.

Células fotoeléctricas

El diseño modular permite apilar los CubeSats

Los CubeSats son pequeños satélites de investigación científica. Miden 10 cm, lo cual abarata su lanzamiento como parte de misiones grandes.

CUBESATS

ÓRBITA TERRESTRE BAJA

Las órbitas terrestres bajas, con una altitud inferior a 2000 km, están pobladas de estaciones y telescopios espaciales.

Una órbita heliosíncrona es una órbita terrestre baja en la que el satélite siempre pasa por el mismo punto a la misma hora.

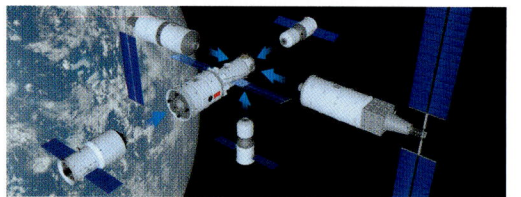

MÓDULO *KIBŌ*

El modulo más grande es el *Kibō*, construido por la Agencia Japonesa de Exploración Aeroespacial. Su brazo robótico tiene 12 m de longitud.

El laboratorio es donde los astronautas controlan y monitorizan los experimentos.

MÓDULO DE ALMACENAJE DE EXPERIMENTOS

MÓDULO *COLUMBUS*

Este módulo de la Agencia Espacial Europea es un laboratorio y forma parte de la EEI desde 2008.

Un adaptador de acoplamiento presurizado permite ampliar la estación acoplando más módulos.

En los armazones se ensamblan los módulos y los paneles solares.

MÓDULO HARMONY

MÓDULO KIBŌ

ESTACIÓN ESPACIAL INTERNACIONAL

MÓDULO COLUMBUS

MÓDULO DESTINY

Las estaciones espaciales permiten estudiar cómo los materiales y los seres vivos responden a la ingravidez, conocida como microgravedad.

Los módulos están presurizados para que los astronautas puedan respirar sin usar trajes espaciales.

EXPERIMENTOS EN EL ESPACIO

El aislamiento, hecho con capas de diferentes materiales, garantiza una temperatura confortable en el interior de la EEI.

Los grandes radiadores contienen un refrigerante que evita el exceso de calor en los sistemas eléctricos y mecánicos, sensibles a la temperatura.

MÓDULO *DESTINY*

Es un laboratorio científico. Los resultados de los experimentos realizados en el *Destiny* se envían a científicos de todo el mundo.

MÓDULO *LEONARDO*

Se utilizó como transbordador entre la EEI y la Tierra entre 2001 y 2011. Ahora es un módulo permanente de la estación y se usa para almacenar repuestos y provisiones.

Estaciones espaciales

Una estación espacial es una nave que orbita la Tierra y en la que los astronautas pasan semanas o meses para hacer experimentos y estudiar cómo la vida en el espacio afecta al cuerpo humano. Estas y otras actividades se llevan a cabo en los llamados módulos. La mayor estación es la Estación Espacial Internacional (EEI), fruto de la colaboración de 15 países. Está habitada de forma continua desde el año 2000.

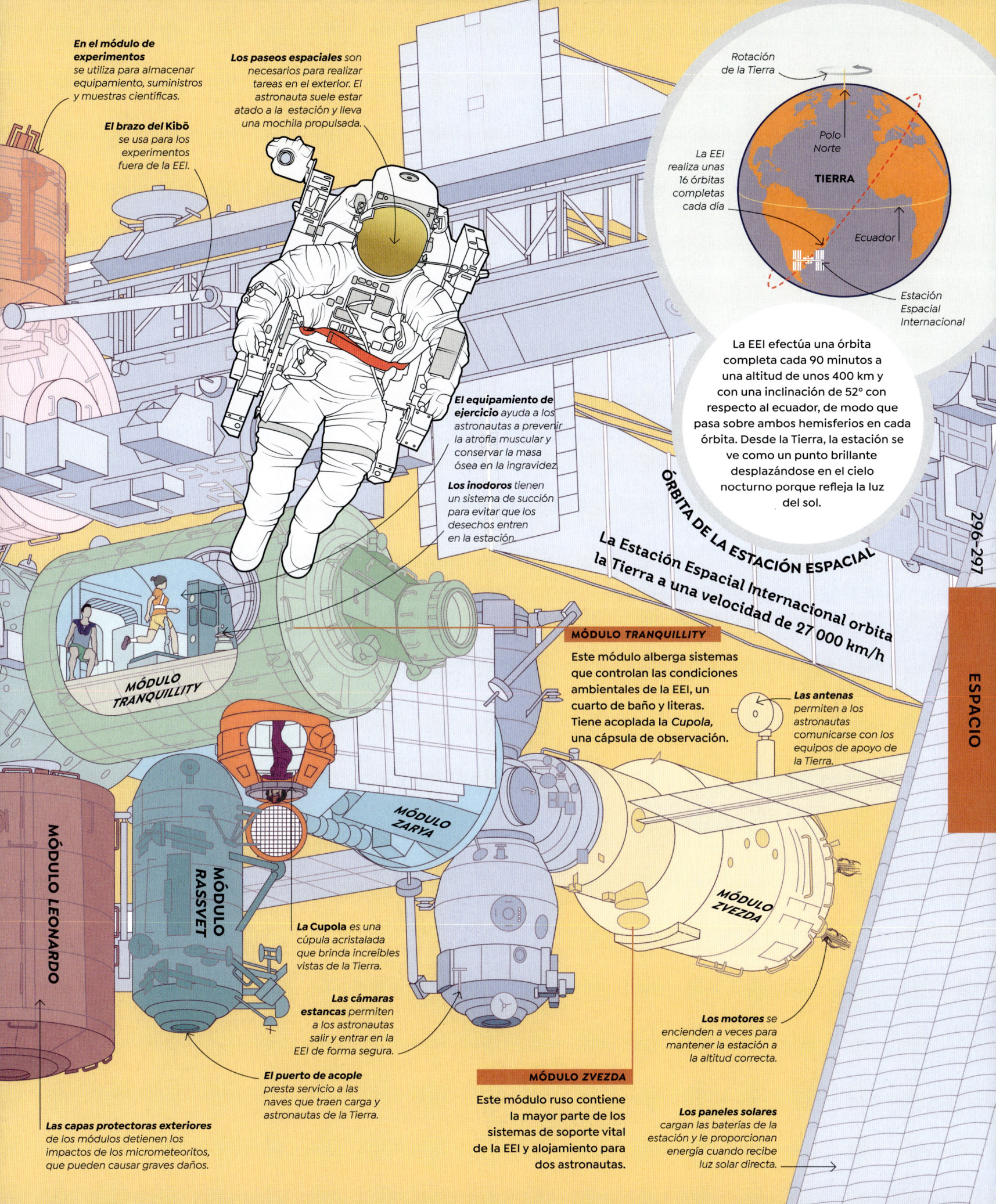

En el módulo de experimentos se utiliza para almacenar equipamiento, suministros y muestras científicas.

El brazo del Kibō se usa para los experimentos fuera de la EEI.

Los paseos espaciales son necesarios para realizar tareas en el exterior. El astronauta suele estar atado a la estación y lleva una mochila propulsada.

El equipamiento de ejercicio ayuda a los astronautas a prevenir la atrofia muscular y conservar la masa ósea en la ingravidez.

Los inodoros tienen un sistema de succión para evitar que los desechos entren en la estación.

Rotación de la Tierra

Polo Norte

La EEI realiza unas 16 órbitas completas cada día

TIERRA

Ecuador

Estación Espacial Internacional

La EEI efectúa una órbita completa cada 90 minutos a una altitud de unos 400 km y con una inclinación de 52° con respecto al ecuador, de modo que pasa sobre ambos hemisferios en cada órbita. Desde la Tierra, la estación se ve como un punto brillante desplazándose en el cielo nocturno porque refleja la luz del sol.

ÓRBITA DE LA ESTACIÓN ESPACIAL

La Estación Espacial Internacional orbita la Tierra a una velocidad de 27 000 km/h

MÓDULO TRANQUILLITY

MÓDULO TRANQUILLITY

Este módulo alberga sistemas que controlan las condiciones ambientales de la EEI, un cuarto de baño y literas. Tiene acoplada la *Cupola*, una cápsula de observación.

Las antenas permiten a los astronautas comunicarse con los equipos de apoyo de la Tierra.

MÓDULO ZARYA

MÓDULO LEONARDO

MÓDULO RASSVET

MÓDULO ZVEZDA

La Cupola es una cúpula acristalada que brinda increíbles vistas de la Tierra.

Las cámaras estancas permiten a los astronautas salir y entrar en la EEI de forma segura.

El puerto de acople presta servicio a las naves que traen carga y astronautas de la Tierra.

Los motores se encienden a veces para mantener la estación a la altitud correcta.

MÓDULO ZVEZDA

Este módulo ruso contiene la mayor parte de los sistemas de soporte vital de la EEI y alojamiento para dos astronautas.

Las capas protectoras exteriores de los módulos detienen los impactos de los micrometeoritos, que pueden causar graves daños.

Los paneles solares cargan las baterías de la estación y le proporcionan energía cuando recibe luz solar directa.

El Robonaut de la NASA es un robot humanoide diseñado para colaborar con los astronautas llevando a cabo muchas de sus tareas. Pasó siete años a bordo de la Estación Espacial Internacional y realizó tareas rutinarias y repetitivas usando herramientas sencillas.

Trajes espaciales

Cuando los astronautas pasan tiempo fuera de la estación espacial o cuando caminan por la Luna necesitan protegerse del ambiente hostil del espacio. Para eso llevan sofisticados trajes que crean un entorno en el cual se mantienen vivos y pueden moverse con libertad para llevar a cabo sus tareas. El traje espacial proporciona a los astronautas oxígeno presurizado para respirar y agua para beber y refrescarse. También los protege de la radiación dañina.

CASCO

MOCHILA

La mochila rígida contiene el sistema de soporte vital.

La botella de oxígeno de reserva puede usarse si el paseo espacial se alarga más de lo previsto.

El depósito de agua contiene agua purificada para beber y refrigerar el traje.

El cartucho purificador contiene hidróxido de litio, que absorbe el dióxido de carbono exhalado.

Por los tubos circula el oxígeno, los gases exhalados y el agua.

Un filtro de agua purifica el agua que circula por el traje.

El colector de humedad recoge el agua del sudor.

Un transmisor y receptor de radio permite al astronauta comunicarse con el control de tierra y con otros astronautas.

El tanque de oxígeno primario suministra oxígeno respirable al astronauta.

La batería proporciona energía a las bombas de agua y la radio.

MOCHILAS PROPULSADAS

La mochila se llama unidad de maniobra tripulada

Mando para controlar los propulsores

Gas presurizado para los propulsores

Propulsores

Los astronautas pueden dar paseos espaciales en vuelo libre usando mochilas propulsadas. Normalmente están atados a la nave durante los paseos, pero llevan mochilas por seguridad. Estos dispositivos tienen pequeños propulsores de gas que permiten a los astronautas volver a la nave si se rompe el enlace.

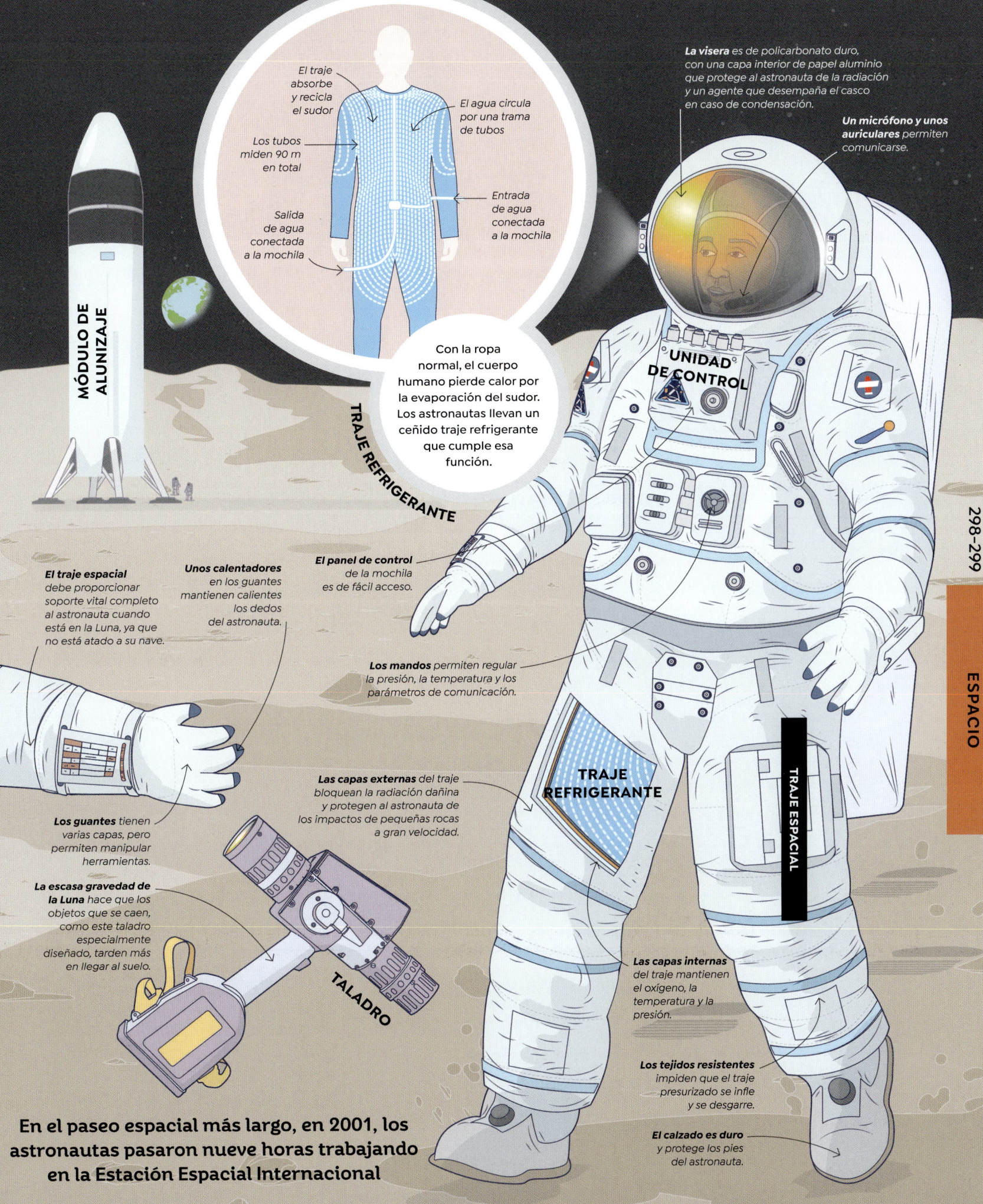

MÓDULO DE ALUNIZAJE

El traje absorbe y recicla el sudor

El agua circula por una trama de tubos

Los tubos miden 90 m en total

Salida de agua conectada a la mochila

Entrada de agua conectada a la mochila

Con la ropa normal, el cuerpo humano pierde calor por la evaporación del sudor. Los astronautas llevan un ceñido traje refrigerante que cumple esa función.

TRAJE REFRIGERANTE

La visera es de policarbonato duro, con una capa interior de papel aluminio que protege al astronauta de la radiación y un agente que desempaña el casco en caso de condensación.

Un micrófono y unos auriculares permiten comunicarse.

UNIDAD DE CONTROL

El traje espacial debe proporcionar soporte vital completo al astronauta cuando está en la Luna, ya que no está atado a su nave.

Unos calentadores en los guantes mantienen calientes los dedos del astronauta.

El panel de control de la mochila es de fácil acceso.

Los mandos permiten regular la presión, la temperatura y los parámetros de comunicación.

TRAJE REFRIGERANTE

TRAJE ESPACIAL

Los guantes tienen varias capas, pero permiten manipular herramientas.

La escasa gravedad de la Luna hace que los objetos que se caen, como este taladro especialmente diseñado, tarden más en llegar al suelo.

Las capas externas del traje bloquean la radiación dañina y protegen al astronauta de los impactos de pequeñas rocas a gran velocidad.

TALADRO

Las capas internas del traje mantienen el oxígeno, la temperatura y la presión.

Los tejidos resistentes impiden que el traje presurizado se infle y se desgarre.

El calzado es duro y protege los pies del astronauta.

En el paseo espacial más largo, en 2001, los astronautas pasaron nueve horas trabajando en la Estación Espacial Internacional

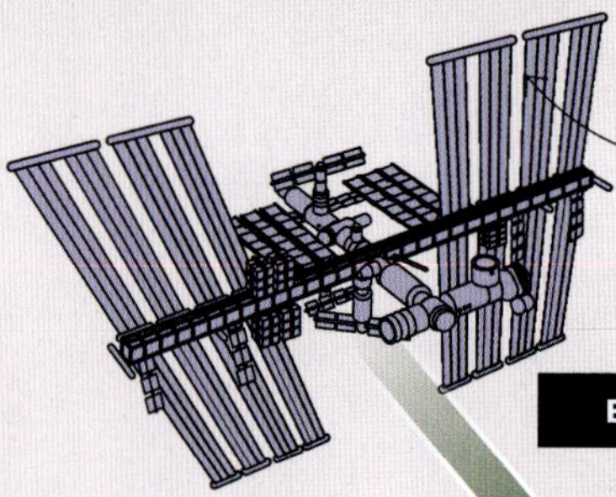

ESTACIÓN ESPACIAL

La Estación Espacial Internacional (EEI) aloja a astronautas que llevan a cabo variados experimentos en el espacio.

Desde el despegue, una astronave tarda aproximadamente un día en llegar a la EEI

La cápsula de tripulación se acopla automáticamente a la estación espacial, formando un espacio estanco. Permanece acoplada hasta que los astronautas se van.

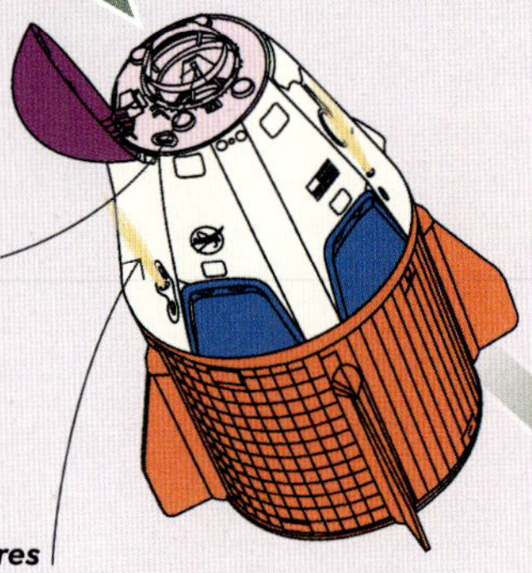

ACOPLE A LA ESTACIÓN

① **Una escotilla situada** bajo el cono desacopla la nave de la EEI.

Los propulsores permiten maniobrar la nave mientras está en órbita.

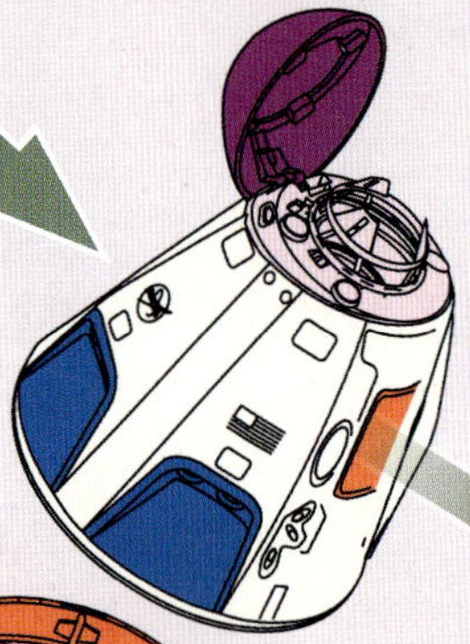

② **El módulo de carga** se separa del módulo de tripulación antes de la reentrada y se quema en la atmósfera.

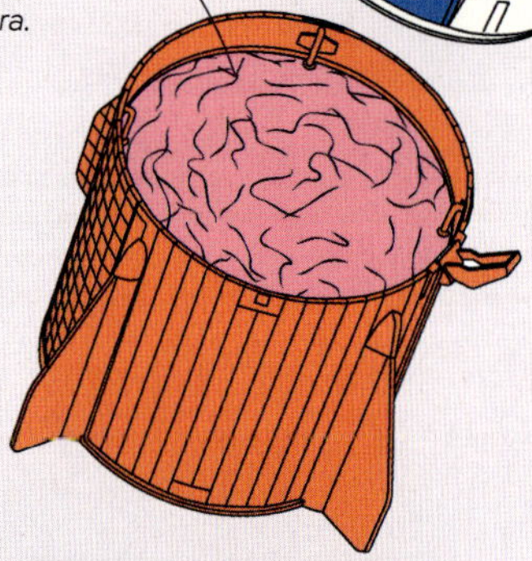

MÓDULO DE TRIPULACIÓN

MÓDULO DE CARGA

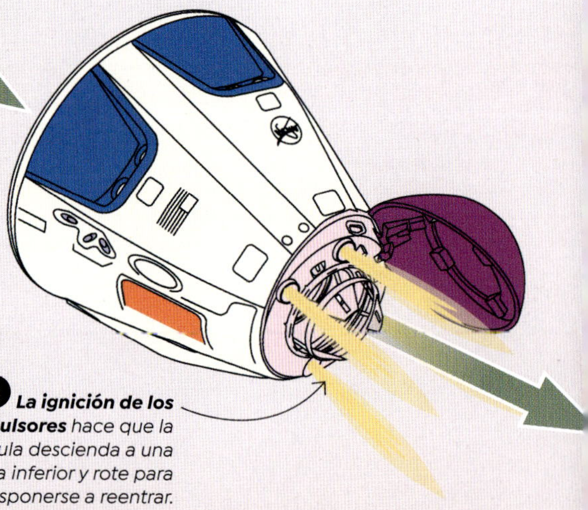

③ **La ignición de los propulsores** hace que la cápsula descienda a una órbita inferior y rote para disponerse a reentrar.

DENTRO DE LA CÁPSULA

Los módulos de tripulación transportan a cuatro astronautas, que tienen acceso a las pantallas de datos y los controles de vuelo.

REGRESO A LA TIERRA

No todas las cápsulas tripuladas amerizan. La Soyuz rusa aterriza. Poco después de desacoplarse de la EEI, las tres partes de la Soyuz se separan. El módulo orbital y el de servicio se descartan y caen a la atmósfera, donde se incendian una vez dentro. El módulo de descenso, que transporta a la tripulación, entra en la atmósfera con un ángulo de ataque concreto y su escudo térmico delante. Un gran paracaídas y un motor ayudan a frenar el descenso.

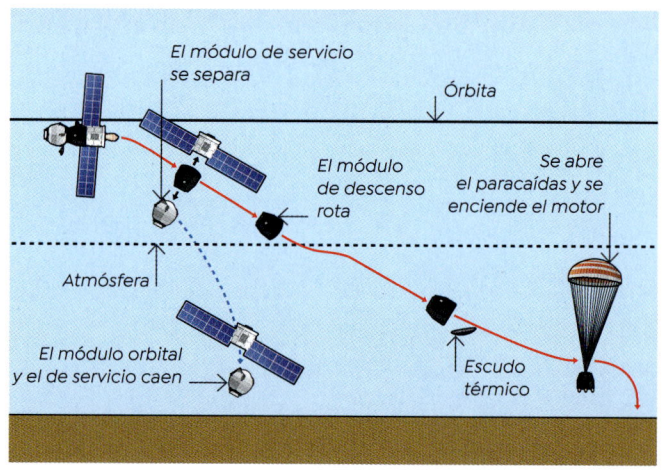

El módulo de servicio se separa

Órbita

El módulo de descenso rota

Se abre el paracaídas y se enciende el motor

Atmósfera

El módulo orbital y el de servicio caen

Escudo térmico

Vehículos de reentrada

Al volver a entrar en la atmósfera tras pasar un tiempo en el espacio, las naves que llevan a los astronautas afrontan desafíos singulares. Deben resistir la peligrosa cantidad de calor causada por la fricción con las partículas del aire y decelerar hasta alcanzar una velocidad adecuada antes de aterrizar o amerizar.

Tras amerizar, la cápsula se recupera para reutilizar la mayor parte en futuras misiones. El escudo térmico está demasiado dañado para usarse.

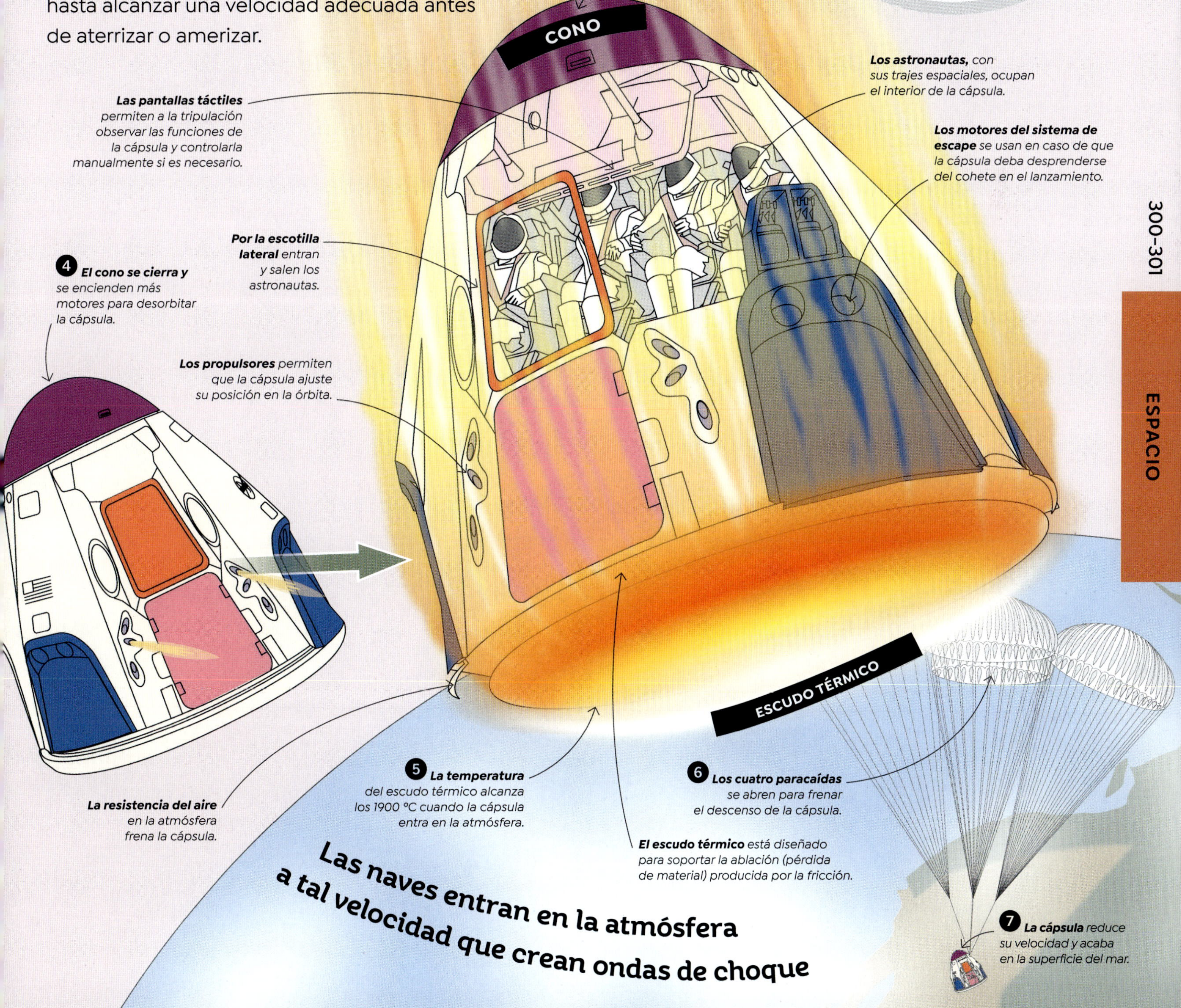

El cono protege el mecanismo de acoplamiento y los paracaídas de frenada.

CONO

Las pantallas táctiles permiten a la tripulación observar las funciones de la cápsula y controlarla manualmente si es necesario.

Por la escotilla lateral entran y salen los astronautas.

4 **El cono se cierra y** se encienden más motores para desorbitar la cápsula.

Los propulsores permiten que la cápsula ajuste su posición en la órbita.

Los astronautas, con sus trajes espaciales, ocupan el interior de la cápsula.

Los motores del sistema de escape se usan en caso de que la cápsula deba desprenderse del cohete en el lanzamiento.

La resistencia del aire en la atmósfera frena la cápsula.

5 **La temperatura** del escudo térmico alcanza los 1900 °C cuando la cápsula entra en la atmósfera.

El escudo térmico está diseñado para soportar la ablación (pérdida de material) producida por la fricción.

ESCUDO TÉRMICO

6 **Los cuatro paracaídas** se abren para frenar el descenso de la cápsula.

7 **La cápsula** reduce su velocidad y acaba en la superficie del mar.

Las naves entran en la atmósfera a tal velocidad que crean ondas de choque

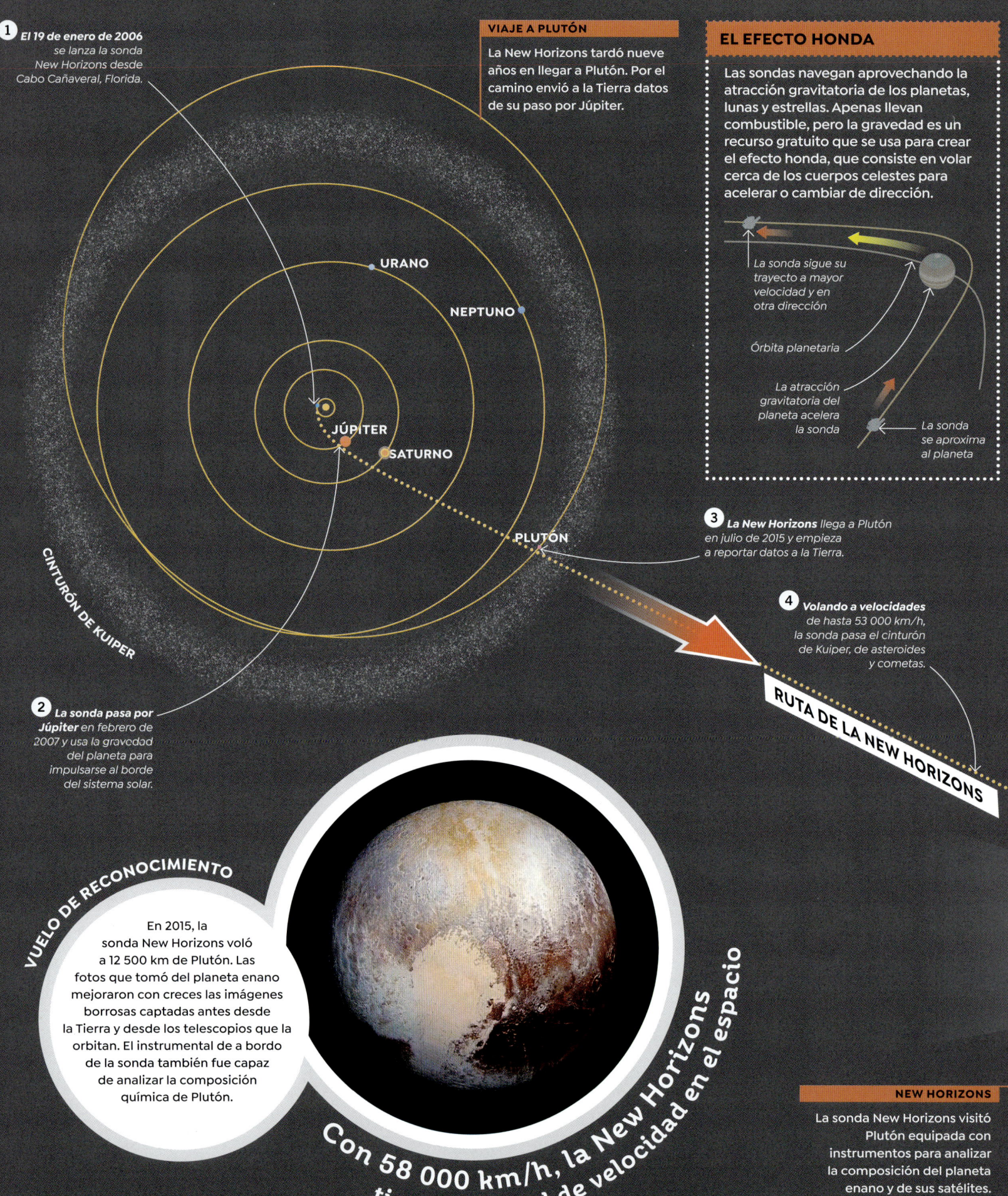

1 *El 19 de enero de 2006* se lanza la sonda New Horizons desde Cabo Cañaveral, Florida.

VIAJE A PLUTÓN

La New Horizons tardó nueve años en llegar a Plutón. Por el camino envió a la Tierra datos de su paso por Júpiter.

EL EFECTO HONDA

Las sondas navegan aprovechando la atracción gravitatoria de los planetas, lunas y estrellas. Apenas llevan combustible, pero la gravedad es un recurso gratuito que se usa para crear el efecto honda, que consiste en volar cerca de los cuerpos celestes para acelerar o cambiar de dirección.

La sonda sigue su trayecto a mayor velocidad y en otra dirección

Órbita planetaria

La atracción gravitatoria del planeta acelera la sonda

La sonda se aproxima al planeta

URANO

NEPTUNO

JÚPITER

SATURNO

PLUTÓN

CINTURÓN DE KUIPER

3 *La New Horizons* llega a Plutón en julio de 2015 y empieza a reportar datos a la Tierra.

4 *Volando a velocidades* de hasta 53 000 km/h, la sonda pasa el cinturón de Kuiper, de asteroides y cometas.

2 *La sonda pasa por Júpiter* en febrero de 2007 y usa la gravedad del planeta para impulsarse al borde del sistema solar.

RUTA DE LA NEW HORIZONS

VUELO DE RECONOCIMIENTO

En 2015, la sonda New Horizons voló a 12 500 km de Plutón. Las fotos que tomó del planeta enano mejoraron con creces las imágenes borrosas captadas antes desde la Tierra y desde los telescopios que la orbitan. El instrumental de a bordo de la sonda también fue capaz de analizar la composición química de Plutón.

Con 58 000 km/h, la New Horizons tiene el récord de velocidad en el espacio

NEW HORIZONS

La sonda New Horizons visitó Plutón equipada con instrumentos para analizar la composición del planeta enano y de sus satélites.

Sondas espaciales

Una sonda espacial es una nave no tripulada que viaja por el sistema solar y más allá grabando imágenes y recogiendo datos sobre el universo para enviarlos a la Tierra mediante señales de radio. Algunas sondas regresan a nuestro planeta y otras, como la New Horizons de la NASA, hacen viajes sin retorno.

ATERRIZAJE FORZOSO

La sonda Deep Impact de la NASA se envió para interceptar el cometa Tempel 1 en 2005. Al llegar al cometa, la sonda lanzó sobre el Tempel 1 el dispositivo Impactor, que recogió información vital sobre el núcleo del cometa. La propia sonda tomó 500 000 imágenes durante la misión antes de perderse el contacto con ella, en 2013.

La antena de baja ganancia es un dispositivo de comunicación bidireccional usado al principio de la misión.

La antena de media ganancia es un sistema de comunicación de emergencia.

El instrumento SWAP (Solar Wind Around Pluto) mide las partículas solares de baja energía que alcanzan Plutón.

El espectrómetro PEPPSI (Pluto Energetic Particle Spectrometer Science Investigation) mide las partículas solares de alta energía que llegan a Plutón.

El instrumental del REX (Radio Science Experiment) mide la presión atmosférica, la temperatura y el diámetro de Plutón.

REX

La fuente de energía de la New Horizons es un generador termoeléctrico de radioisótopos. Funciona con muy poco combustible nuclear y produce 250 vatios de electricidad.

Una bocina de alimentación concentra las señales captadas de Plutón u otros cuerpos celestes por la antena y las transmite a la Tierra.

GENERADOR

ANTENA

PEPPSI

SWAP

LORRI

SONDA ESPACIAL NEW HORIZONS

El instrumento LORRI (Long Range Reconnaissance Imager) integra una cámara digital y un telescopio con una lente de 20,8 cm que soporta el ambiente hostil del espacio.

ALICE

RALPH

ALICE es un espectrómetro ultravioleta visible que permite a la sonda analizar la composición de la atmósfera de Plutón.

Los propulsores permiten a la sonda cambiar de posición para alinear las cámaras y orientar la antena a la Tierra.

RALPH es un espectrómetro visible e infrarrojo cuya cámara capta imágenes y las evalúa.

Un rastreador de estrellas localiza las posiciones de las estrellas para ayudar a la sonda a orientarse.

'ROVERS' LUNARES

En la Luna se han utilizado varios vehículos robóticos. Además, entre 1971 y 1972, los astronautas de las misiones Apolo 15, 16 y 17 usaron el Lunar Roving Vehicle (en la imagen), apodado *Moon Buggy*. Los astronautas recorrieron un total de 91 km por la Luna en este vehículo.

Sonda en órbita

Banda X

Sonda en órbita

TIERRA

Señal de radio UHF

Señales de banda X

UHF

Rover

MARTE

EN CONTACTO CON LA TIERRA

Los *rovers* reciben órdenes desde la Tierra y envían imágenes e información mediante señales de radio. Algunas señales viajan directamente entre la Tierra y el *rover*, pero la mayoría las transmiten sondas que orbitan Marte. Dada la rotación de la Tierra, tres estaciones en lugares diferentes garantizan que siempre haya al menos una estación en la visual de Marte.

Las antenas de radio en banda X pueden comunicarse directamente con antenas parabólicas en la Tierra.

CÁMARA

La cámara de alta resolución tiene un rayo láser para limpiar el polvo de las rocas y un espectrómetro para conocer su composición.

La antena de radio UHF se comunica con las sondas que orbitan Marte.

ANTENA DE RADIO

Una cámara panorámica capta imágenes en 3D del paisaje marciano.

La fuente de energía genera electricidad con el calor producido por el plutonio radiactivo.

FUENTE DE ENERGÍA

Una estación meteorológica mide la velocidad y la dirección del viento, la temperatura, la humedad y el tamaño de las partículas de polvo de la atmósfera.

El georradar puede detectar agua a 10 m de profundidad.

RAYO LÁSER

Una cámara orientada hacia arriba tomó fotos durante el descenso del rover a Marte.

CARROCERÍA

'ROVER' MARCIANO

La suspensión permite al vehículo mantenerse estable en superficies irregulares.

En el espacio de almacenaje se guardan muestras de rocas, suelo y atmósfera.

PERSEVERANCE

El *rover* Perseverance llegó a Marte en 2021. Tiene el tamaño de un automóvil familiar, pero solo puede desplazarse a velocidades inferiores a 0,15 km/h.

El dibujo estriado de las anchas ruedas proporciona agarre extra.

Las seis ruedas permiten al vehículo girar 360° en el mismo sitio.

Los radios curvados de titanio hacen más flexibles las ruedas sobre rocas pequeñas.

El 'rover' Opportunity recorrió más de 45 km en Marte entre 2004 y 2018

① **El Perseverance** entró en la atmósfera marciana a una velocidad de 20 000 km/h.

② **La resistencia del aire** frenó el descenso y generó un calor intenso.

Un escudo térmico protegió el rover y el vehículo de descenso del calor al entrar en la atmósfera.

Cada *rover* tiene su forma de aterrizar para no dañarse. Un paracaídas y una grúa autopropulsada llamada Sky Crane frenaron el descenso del Perseverance a Marte.

INGENUITY

En 2021, un pequeño helicóptero llamado Ingenuity realizó el primer vuelo autopropulsado en otro planeta. Desde entonces ha hecho muchos vuelos autónomos.

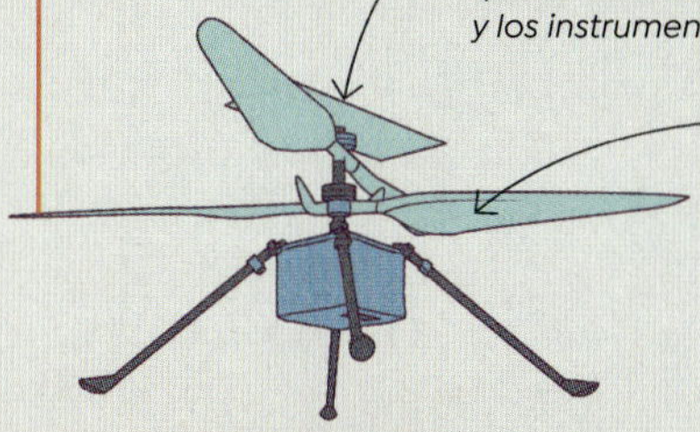

③ **El paracaídas se abrió** a unos 11 km de la superficie.

La Sky Crane siguió volando y aterrizó tras soltar el rover.

Un panel solar carga la batería del helicóptero, que alimenta el motor y los instrumentos.

④ **El escudo térmico** se desprendió a unos 8 km de altitud y a una velocidad de 580 km/h.

⑤ **El módulo de descenso** se soltó a unos 2 km de altitud.

Las palas del rotor miden 1,2 m de longitud y giran 45 veces por segundo.

⑥ **La Sky Crane** encendió los motores para frenar y bajó el rover a la superficie con unos cables.

HELICÓPTERO

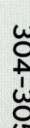
El Perseverance tardó unos siete meses en llegar a Marte

El brazo robótico es muy flexible gracias a sus múltiples articulaciones. Maneja herramientas para excavar y recoge muestras.

Una bola con resorte sella la muestra en el tubo

Muestra

El espectrómetro ultravioleta con cámara estudia los minerales a 5 cm de distancia.

El tubo mide unos 15 cm de longitud

Capa de alúmina

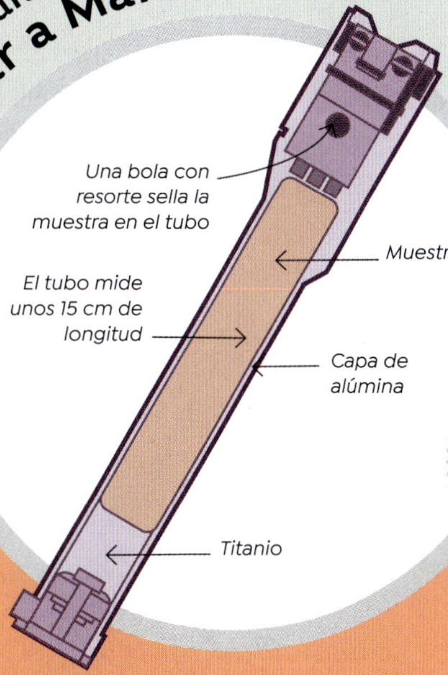

Algunos *rovers* toman muestras y las analizan. El Perseverance toma muestras de suelo, rocas y atmósfera en tubos que almacena hasta que se envíen a la Tierra.

TOMA DE MUESTRAS

BRAZO ROBÓTICO

Titanio

El espectrómetro de rayos X detecta compuestos químicos en las rocas.

ESPECTRÓMETRO

El taladro tiene brocas cilíndricas que extraen muestras de roca y regolito (arena y polvo).

'Rovers'

Los *rovers* son vehículos que pueden moverse por la superficie de otros planetas o satélites. Llevan cámaras e instrumentos para observar el terreno y la atmósfera, y envían imágenes y datos a la Tierra. Los controlan equipos humanos a distancia. Como las señales de radio tardan más de una hora en llegar desde la Tierra a Marte, los *rovers* funcionan con las instrucciones cargadas en las computadoras de a bordo.

SALUDOS DESDE MARTE

Marte puede ser el primer planeta visitado por el ser humano, pero antes de que eso suceda hay que conocer su medio ambiente. El rover Curiosity de la NASA (en la imagen) tiene 10 instrumentos que detectan la radiación, miden el viento atmosférico, hacen análisis químicos del suelo y las rocas, registran las temperaturas y buscan agua. También tiene 17 cámaras que envían fotos a la Tierra, incluido algún selfi ocasional.

Índice

Los números en **negrita** hacen referencia a las entradas principales.

A

abdominales 19
acacia 190
ácaros 29
accidentes geográficos
    ciclo litológico 224-225
    cordilleras 226-227
    costas 252-254
    cuevas 238-239
    fuentes hidrotermales 250-251
    glaciares 240-241
    islas 246-247
    lecho marino 248-249
    ríos 234-278, 236-237
    volcanes 228-229, 230-231
aceite 34, 56
    fatbergs 170
    para biodiésel 169
acero 150
    acerías **148-149**, 150-151
    armazones 74, 75
acero al carbono 150
acero inoxidable 150
ácido desoxirribonucleico (ADN) **12-13**, 42, 182
acoplador multifuncional 115
acoplamiento (nave espacial) 297, 300
adax 194
adelantamiento 98
adenina 12
ADN (ácido desoxirribonucleico) **12-13**, 42, 182
    bacterias 180, 181
aeropuertos **124-125**
    controlador aéreo 125, 126
    pistas **126-127**
    señalero 125
aficionados (deportes) 90
afluentes 235, 240
África 192-193
Agencia Espacial Europea 296
Agencia Espacial Tripulada de China 296
agente de aduanas 125
agente de policía 124, 125
agricultura
    cultivos 138-139
    granjas ganaderas 136-137
    hidroponía 140-141
agricultura sin suelo 141
agua
    agua dulce 204-205
    aguas residuales 170, 171
    calderas domésticas 60, 160
    centrales termoeléctricas 154
    ciclo del agua **256-257**
    en el cuerpo humano 36
    erosión 235
    hábitats

arrecifes de coral 210-211
    marismas 208-209
    océanos 212-213
    plantas de tatamiento **170-171**
    reciclada 65
    sistemas de riego 138
    suministro doméstico 52, 53, **60-61**
    trajes espaciales 298
    vertederos 172
aguas profundas, hábitats de 213
agua salada, hábitats de 208-209
agujas (ferrocarriles) 113
agujeros negros 277, 278
    supermasivo 280
agutí 196
AGV (vehículos de guiado automático) 92
aire
    calentamiento 148
    calidad 59, 65
    corrientes 244
    plantas 197
    purificadores 120
    tráfico aéreo 125, 126
    unidad evaporadora 59
aire acondicionado **58-59**, 115
aislamiento
    acústico 89
    electricidad 167
    en casa 46, 47, 59
    estaciones espaciales 296
alas (avión) 128, 129
albedo 262
alce 204
alcohol 57, 169
aleaciones 149, 150
alfombrilla antideslizante 52
algas 186, 208-209, 212
alicatado 53
ALICE 303
alimentos fermentados 34
almacenamiento
    centrales hidroeléctricas 163
    centrales termoeléctricas 154
    pozos petrolíferos 152
    puertos de contenedores 122
    refinerías de petróleo 146
    rovers 305
almacenes 92-93, 94
alojamientos
    cohetes 288
    cruceros 116-117
    estaciones espaciales 296, 297
    pozos petrolíferos 152
    submarinos 120
    yates y veleros 118, 119
altavoces
    cines 88
    impermeable 52
    inteligentes 67
    teléfonos inteligentes 106
    televisores 68

altos hornos 148
amígdala 21
aminoácido 13
amnios 43
amortiguador de masa 79
amortiguadores 79
anágena 29
analógico, sonido 69
ancla 117
anclajes 77
andamio 46, 75
andamios de bambú 75
andén 112
Andes 222
anestesia 87
anfibios
    en bosques boreales 200
    en hábitats de agua dulce 204
    en las selvas tropicales 196
animales
    cadena trófica 186-187
    células **183**
    clasificación biológica 184-185
    de agua dulce 206-207
    en el ciclo del carbono 188, 189
    en fuentes hidrotermales 250-251
    granjas **136-137**
    migración 192-193
    rastreo por GPS 109
    rebuscadores 172
    zorros urbanos 216-217
    ver también hábitats
animales cazadores 190
animales de corral 136
animales de madriguera
    en bosques 199, 200
    en desiertos 194
    en la tundra 202, 203
    en praderas 190
animales de pasto 137, 190
ánodo 68
ánsares 203
antena terrestre 109
antenas
    estaciones espaciales 297
    GPS 109, 121
    sondas espaciales 303, 304
    telecomunicaciones 79, 105
anticiclones 259
anticuark 283
anticuerpos 39, 40, 41
antifalsificación 96
antígenos 38, 40, 41
antílope 194
antineutrones 283
antiprotón 283
antorchas 152, 173
aparato digestivo 10, **30-31**
    intestinos 32-33
    y hormonas 37
aparato reproductor 11, **42-43**
aparato respiratorio 11, 183, 188
    corazón y pulmones 26-27
aparcamiento 79, 95
aplicaciones *ver apps*
apps 66, 95, 106

arado 138
arañas 215
árbol del caucho 197
árboles
    en bosques boreales 200-201
    en bosques templados 198-199
    en desiertos 195
    en el ciclo del agua 257
    en hábitats de agua dulce 204
    en praderas 190
    en selvas tropicales 196-197
    mangle 208, 209
    urbanos 214, 215
árboles caducifolios 198
árboles de hoja perenne 201
arbustos 198
arce 199
arcén 98
archivo de datos 110
arco de choque 275
arco natural 253
ardilla listada 199
ardillas 203, 214
arenisca 224
arista 240
armazón *ver andamio*
armazones 296
armiño 200, 201
ARN (ácido ribonucleico) 12, 13
arpía 197
arqueas 181, 185
arrecife de barrera 246
arrecifes 210-211
    corales 213, 246
arrecifes de coral de agua fría 210
arrecifes periféricos 246
arroyos 235
arroz 138
arterias 26, 27
arteriola 29
artesianos, pozos 257
articulaciones (esqueleto) 14, 15
articulaciones esferoideas 15
articulaciones sinoviales 15
ascensores 79, **82-83**
ascensores exteriores 82
asientos
    cine 89
    coches 133
    estadios 90
    trenes 115
asistentes virtuales 66, 67
aspersores 139
astenosfera 221, 222, 226, 246, 249
asteroides 267, **274-275**
astronautas
    en estaciones espaciales 297
    trajes espaciales 298-299
    vehículos de reentrada 300, 301
    y la Estación Espacial Internacional 296-297
atención al cliente 95
atmósfera 221, **254-255**
    de Júpiter 272-273
    y el efecto invernadero 262-263
atolón 246

átomos 282
A-Train 294
aurícula 27
auroras 254, 271
Australia 216
autocares 90
autoescaneo 95
autopistas 98-99
autopistas de peaje 99
autopistas del mar 122
autovías 98
aves
    en bosques boreales 201
    en bosques templados 198, 199
    en desiertos 195
    en hábitats costeros 208
    en hábitats de agua dulce 204, 205
    en hábitats urbanos 214, 215
    en la tundra 202, 203
    en praderas 191
    en selvas tropicales 196
    seguridad 159, 166
    y cultivos 138
aviones 126, **128-129**
    en la atmósfera 255
avispas 215
axones 20, 21
azúcar 34, 138

B

bacilos 180
bacterias **180-181**, 185
    en el sistema digestivo 31
    en fuentes hidrotermales 251
        en la cadena trófica 186
    y el sistema inmune 38, 39
bahías 253
ballenas 212, 245
    en la cadena trófica 187
    y cruceros 116
banco 97
baño *ver* cuartos de baño
barra de combustible 157
barras de control 156
barrera, islas 252
barreras
    aeropuertos 125
    carreteras 99
    estaciones de ferrocarril 112
    pistas 127
basalto de inundación 247
bastones (retina) 22
baterías
    coches eléctricos 100
    coches híbridos 101
    teléfonos inteligentes 107
    trajes espaciales 298
batidora 55
batiscafo 248
batolito 226
bíceps 18
Big Bang **282-283**
binarios 69
biochar 168
biocombustibles **168-169**

biodiésel 169
biodiversidad 65
bioetanol 169
bioluminiscencia 213
biomasa 168
biométrico, pasaporte 124
blancas, fumarolas 250
blástula 43
bloques de falla 227
bloques de hormigón 49
boca (biología) 30
bodega (avión) 128
bólido 274
bolo 30
bomba de calor geotérmica 61
bombas
    centrales hidroeléctricas 163
    centrales nucleares 156
    de agua 160, 170
    de calor 61
boreal, bosque 200-201
Bosco Verticale, Italia 65
bosques
    bosques boreales **200-201**
    bosques templados **198-199**
    en el ciclo del carbono 189
    selvas tropicales **196-197**
    y el efecto invernadero 262
botes salvavidas 117, 152
botones gustativos 22
boya 232
brazo muerto 234
brazo rotatorio 54
brazos espirales (espacio) 280
bromelia 205
bronquiolos 27
bronquios 27
brotes 198
buey almizclero 202
bufaderos 253
búho 198, 203
buitres 190, 227
bulbo olfativo 21, 22
buldóceres 172
buques
    contenedores 123
    cruceros **116-117**
    submarinos **120-121**
    ver también yates
Burj Khalifa 80

C

cabalgamiento 227
cabezal de cosechadora 139
cabina 76
    aviones 128
    yates y veleros 119
cabinas de prensa 91
cable cinta 106
cable de alimentación 100
    aéreo 114
    ferrocarriles 112
    red eléctrica 166-167
cables de fibra óptica 105
cables submarinos 104, 105

cabras 136, 137
cadena trófica **186-187**
café 88
cafeína 34
cafeteras 55
caída libre 293
cajas de autoservicio 95
cajas de fusibles 113
calcio 34, 35
calderas (volcanes) 228
calderas
    centrales termoeléctricas 154
    domésticas 60, 160
calefacción **58-59**
    agua 60
    energía solar 160
    hornos 54, 55, 57
    lámpara de calor 132
    suelo radiante 61
    trajes espaciales 299
caliza 225
    arrecifes 210
    cuevas 238
calle sin salida 99
calor de conducción 56
calor de convección 56
cámara de una cueva 238
cámaras
    drones 130
    estadio 91
    rovers 304
    teléfonos inteligentes 106, 107
    timbre de la puerta 66
    tráfico 98
cámaras estancas 297
camarotes 116
camiones de plataforma 74
camiones de reparto 93, 95
campana extractora 55
campanas de borboteo 147
canal de Panamá 122
canal de parto 43
canal de Suez 122
canalones naturales 196
cañería 46
cañones submarinos 249
capa de emisión 68
capa de ozono 255
capa emergente 196-197
Capadocia, Turquía 50-51
capataz 74
capilares 26
cápsula espacial 300-301
cara (montaña) 226
caracoles 206-207
carbohidratos 35
carbono
    captura 168
    ciclo **188-189**
    y el efecto invernadero 263
cargadores
    coches eléctricos 100
    teléfonos inteligentes 107
carne 34, 56

carnívoros 184, 187
carreteras **98-99**, 122
carretillas elevadoras 74, 92, 176
carril bus 98
carriles 99
carriles bici 99
carriles de aceleración 98
carrito 62
carro 76
carroñeros 187, 190
cartílago 14, 15
cartografía
    GPS 109
    lecho marino 248
    tiempo atmosférico 259
cartón 93, 174
cartucho purificador 298
casas
    agua caliente y bombas de calor
        60-61
            calefacción y aire acondicionado
        58-59
    casas de ladrillo 48-49
    casas de madera 46-47
    cines 89
    cocinas 54-55, 56-57
    contenedor 123
    cuartos de baño 52-53
    dispositivos digitales 66-67
    ecológicas 64-65
    en hábitats urbanos 215
    entretenimiento 68-69, 70-71
    red eléctrica 167
    reformas 62-63
    subterránea 50-51
cascadas 234, 235
casco (embarcación) 116, 118
casco (traje espacial) 299
castillete 142
catágena 29
catenaria 112, 114
cátodo 68
cebras 191, 192
ceiba 196
células 10, **182-183**
    reproductiva 42
    retina 22
    sistema inmune 38-39
    tipos 12
células fotovoltáicas 161
celulosa 182
cemento 75
ceniza volcánica 229
    tipos de erupciones 230
    y el efecto invernadero 262
cenotes 238
centelleo 254
central, morrena 241
central internacional 105
central telefónica 104
centrales eléctricas 188
    biocombustibles 169
    hidroeléctricas 162-163, 164-165
    nucleares 156-157
    red eléctrica 166-167
    termoeléctricas 154-155

centrales geotérmicas 154
centros de distribución **92-93**
centros de reciclaje **174-175**
    ver también plantas de
    reprocesamiento de materiales
cepillo 62
cerdo hormiguero 190
cereales 35
cerebelo 21
cerebro
    y el sistema nervioso **20-21**
    y los sentidos 22-23
cerradura 66
cérvix 43
césped 215
charcas 191
charrán 202
chasis 132
chatarra 148
chevron 127
chimenea (centrales termoeléctricas)
    154
chimenea (volcanes) 229
chimeneas 51
    fuentes hidrotermales 250, 251
chips de ordenador 106
Chromista 185
ciclones 258, 271
ciclos de la materia
    ciclo del agua 256-257
    ciclo del carbono 188-189
    ciclo litológico 224-225
ciclos vitales 202, 206
cielo (atmósfera) 254-255
cielo abierto, minería a 144
ciervo de cola blanca 198
cigoto 42
cima 227
cimentación 46
cimientos
    edificio 46, 49, 79
    grúa 77
cines **88-89**, 116
cinta transportadora
    aeropuertos 125
    centros de distribución 93
    minería 142
    montaje de coches 132
cinta transportadora oceánica 244
cintas 88
circo 240
circulación
    corazón y pulmones 26-27
    corrientes marinas 244-245
    de la sangre 11
    del agua en las casas 61
circulación termohalina 244
circulares, sierras 62, 63
Circumpolar, corriente 244
cirugía ambulatoria 85
cirujano 85, 86
cisterna (cuarto de baño) 53
cisternas
    buque cisterna 169
    camión cisterna 127
    petrolero 146

citoplasma 180, 183
citoquinas 29
citosina 12
ciudades 263
    aeropuertos 124-125, 126-127
    aguas residuales 170-171
    carreteras 98-99
    centros de distribución 92-93
    centros de reciclaje 174-175
    cines 88-89
    estadios 90-91
    ferrocarriles 112-113, 114-115
    hábitats urbanos 214-215, 216-217
    hospitales 84-85, 86-87
    medios de pago 96-97
    obras 74-75, 76-77
    puertos de contenedores 122-123
    rascacielos 78-79, 80-81
    red eléctrica 166-167
    redes de telecomunicaciones 104-105
    supermercados 94-95
    vertederos 172-173
    ver también industrias
clarificadores 171
claro del bosque 196
clase (clasificación biológica) 184
clase ejecutiva 128
clase turista 129
clasificación biológica **184-185**
clastos 225
clavícula 14
clima
    cambio climático 188, 189, 203, 211
        efecto invernadero 262-263
    estaciones 260-261
    tiempo atmosférico 258-259
cloración 171
clorofila 199
cloroplasto 182, 183
coches
    ascensores 79, 82
    eléctricos **100-101**
    GPS 109
    líneas de montaje **132-133**, 134-135
    motor de combustión 101
    vagones de tren 113
coches cama 115
coches híbridos 101
cocina de inducción 55
cocina eléctrica 56
cocinar 35, **56-57**
    ver también cocinas
cocinas **54-55**, 56-57
cóclea 23
cocodrilos 192, 209, 252
cocos 181
códigos de barras 94, 96
cohetes **288-289**, 290-291
    salir de la atmósfera 255
    vehículos de reentrada **300-301**
colágeno 14
colapso, ola de 252
collado 227
colmenas 214
colonias
    avispas 215

colmenas 214
    termitas 190
color de la piel 28
Columbus, módulo 296
columna vertebral 16-17, 18
    médula espinal 10, 18
    y sistema nervioso 20
columnas (cuevas) 238
coma 274
combustible 101, 147, 188
    biocombustibles 168-169
    cohetes 288
    nuclear 156
    ver también combustibles fósiles
combustible líquido 289, 294
combustible sólido 289
combustibles fósiles 168
    centrales termoeléctricas 154, 155
    y el ciclo del carbono 188
    y el efecto invernadero 263
combustión, motores de 101
comederos (granjas) 136
cometas 266, **274-275**
    Deep Impact 303
comida **34-35**
    dulce néctar 197
    en hábitats urbanos 215
    puestos 90
    y el sistema digestivo 32-33
compartimentos de pasajeros 115
compras
    medios de pago 96-97
    supermercados 94-95
compresor 59
condensadores
    calderas 60
    centrales nucleares 157
    centrales termoeléctricas 155
    neveras 54
    unidades de aire acondicionado 59
    vertederos 173
conducto deferente 42
conducto eyaculatorio 42
conductos 142
conductos de aire 58
conectividad 48, 67
conexiones
    de trenes 113
    en carreteras 98-99
confluencia 234
coníferas 200, 201
conjugación 180
cono 300, 301
cono de escoria 229
conos (retina) 22
conos de pino 200
consola
    de juegos 70, 71
    quirúrgica 86
constelaciones
    de estrellas 277
    de satélites 108, 294
consultas 84
consumidores (cadena trófica) 186-187,
    190-191
contaminación 173

microplasticos 176
    ver también combustibles fósiles
contaminación lumínica 214
contenedores (puertos) 122, 123
contenedores (obras) 74
continentales, islas 246
contracorriente ecuatorial 244, 245
contrafuertes 162
contrapesos 76, 83
contrasurgencia 244
control de calidad 133
control remoto 69, 131
controlador electrónico de potencia
    101, 102
controles
    ascensor 82
    baterías de tracción (coches
        eléctricos) 100, 101, 102
    remoto 69, 131
    trajes espaciales 299
    videojuegos 71
controles de temperatura 56, 57, 66
    calefacción y aire acondicionado 58,
        60
    edificios ecológicos 65
    hidroponía 141
    horno 57
convertidor DC/DC 100
copépodos 212
    arrecifes de coral **210-211**
coquización 148
coral asta de ciervo 211
coral cerebro 211
coral de dedo 210
corales 213, 246
corazón 18, **26-27**
cordados 184
cordilleras **226-227**, 235
Coriolis, efecto 244
corona (Sol) 268, 269
corona de giro 76
corona radiada 42
corpúsculos 28
correo electrónico 110
corrientes cálidas 244
corrientes de convección 220
corrientes de resaca 253
corrientes frías 245
corrimiento 228
corteza
    planetaria 270
    terrestre 221, 229, 248-249
        continental 220, 222, 226
        oceánica 220, 222, 246
corteza cerebral 21, 23
corteza continental 220, 222, 226, 249
corteza oceánica 220
    lecho marino 246, 249
    placas tectónicas 222
corteza prefrontal 21
cosecha 139, 141
cosechadora combinada 139
costera, surgencia 245
costillas 15
CPU (unidad central de procesamiento)
    106

cráneo 14
craqueo, unidades de 146
cráteres 270, 274
crecimiento humano 11
crestas 226, 227
crevasses 240, 241
cromosfera 269
crucero, misiles de 121
cruceros **116-117**
crudo, petróleo 146, 153
   y el efecto invernadero 263
crustáceos 186, 212
cuádriceps 18, 19
cuadricópteros 130-131
cuadrículas amarillas 99
cuadro eléctrico 161
cuarks 282
cuartos de baño 46, 52, 53
   aguas residuales 170
   aviones 128
   estaciones espaciales 297
   inteligentes 67
   trenes 115
cuásares 281
CubeSats 295
cúbito 14
cuencas fluviales **234-235**
cuerda 52
cuerpo humano **10-11**
   ADN y genes 12-13
   aparato digestivo 30-31, 32-33
   cerebro 20-21, 22-23
   comida y nutrición 34-35
   corazón y pulmones 26-27
   hormonas 36-37
   piel, pelo y uñas 28-29
   sistema inmune 38-39, 40-41
   sistema muscular 18-19
   sistema nervioso 20-21
   sistema óseo 14-15, 16-17
   sistema reproductivo 42-43
   sistema sensorial 22-23, 24-25
cuevas **238-239**, 256
cultivos **138-139**
   hidroponía 140-141
   para bioetanol 169
culturismo 19
Cupola 297
Curiosity, rover 306-307
curso (río) 234-235
cúter 63

D

damisela 206-207
DART (Prueba de Redirección de un
   Asteroide Binario) 275
datos 110, 111
   itinerancia 111
   lectores 92
decorar 62
Deep Impact 303
deforestación 189, 204
deglución 30
delfines 187
delgado, intestino 31, 32

delta del Okavango, Botsuana 234
deltoides 19
demoliciones 155
dendritas 20, 21
deporte
   estadios **90-91**
   y la columna vertebral 16-17
   y la propiocepción (sexto sentido) 24-25
depósito de combustible 101
depósito de materiales 74
depredadores 187, 190
Derinkuyu, Turquía 51
dermis 29
derrame, ola en 252
desarrollo humano 11
desastres naturales
   inundaciones 237, 257
   terremotos y tsunamis 232-233
   volcanes 228-229, 230-231
descomponedores 186, 196
descomposición 189, 199
desechos
   aguas residuales 170
   reciclaje 174-175
   reprocesamiento de materiales 176-177
   vertederos 172-173
desembocadura 234
deshielo 241
desiertos **194-195**
desinfección 171
Destiny, módulo 296
destornillador 62
desulfurador 154
detector, perro 125
detectores de movimiento 70
detritívoros 187
diamantes 189
diatomeas 212
diésel 116
dieta 34
diferencial 103
digital, sonido 69
dinero 96
dinoflagelados 212
dinteles 48
diplococo 181
dique 229
dirección IP 110
discos (columna vertebral) 17
discos de Merkel 28
disparador 71
dispositivos digitales **66-67**
dispositivos inalámbricos 66, 106-107
dispositivos inteligentes
   como medios de pago 97
   contadores 161
   domésticos 66-67
   GPS 109
   teléfonos 60, **106-107**
   videojuegos 70
disyuntor 114
divisor de potencia 100
divisoria de aguas 234
DLP, proyectores 89
DNS (sistema de nombres de dominio)
   110

doble acristalamiento 48
doble hélice 12
Doggerland 246
dolina 238, 239
dormitorios ver alojamientos
dorsal medioceánica 249
dorsal mesoatlántica 223, 247
dosel arbóreo 196-197
dromedarios 195
drones **130-131**, 139
ducha 52
dunas 194-195, 252

E

eclipse solar 269
ecológicos, edificios 64-65
ecuador 245, 261
edificios
   de madera 46-47
   ecológicos 64-65
   hábitats urbanos 214, 215
   rascacielos 78-79, 80-81
   ver también casas; ciudades
EEI (Estación Espacial Internacional)
   296-297, 300
efecto honda 302
efecto invernadero **262-263**
eje de transmisión
   centrales hidroeléctricas 162
   coches eléctricos 101, 103
electricidad
   centrales hidroeléctricas 163
   centrales nucleares 156
   centrales termoeléctricas 154
   coches eléctricos **100-101**
   ducha eléctrica 52
   electromagnetismo 174, 282
   enchufe 53
   energía renovable 158, 163
   horno eléctrico 56, 57
   hornos de arco eléctrico 148
   motor eléctrico de tracción 101
   motores eléctricos **102-103**
   red 161, 166-167, 173
   torres 154, 163, 166-167
electrón 283
elefante 191
elementos 269, 278
elevadores de tijera 93
elíptica, galaxia 281
émbolo 53
embrión 43
emergencia, salidas de 89
empaquetadores 93
Empire State Building 80
enana azul 276
enana blanca 277
enana negra 277
enana roja 276
enanos, planetas 266
endometrio 43
endoscopio 87
energía solar **160-161**, 172
   paneles 48, 161, 166, 294
   red eléctrica 166

vidrio solar 78
enfermedades
   comida y nutrición 34, 35
   transmisión 40
   y el sistema inmune 39
   y los genes 13
enfermedades infecciosas 39, 41
enfermera instrumentista 86
enfermero 85, 86
engranajes 102, 158
enlaces viarios 98
enlucido 47
entradas 88, 90, 112
entretenimiento
   cines 88-89
   cruceros 116
   en casa **68-69**
   estadios 90-91
envolvente, sonido 88
enzima helicasa 12
enzimas 12, 13, 32
epicentro 232
epidermis 28, 29
epífitas, plantas 197
equilibrio
   cuerpo humano 23, 24
   quilla del barco 116, 118
erizo de mar 208
erosión
   costera 253
   en cuevas 238, 239
   en el ciclo del agua 235, 256
   en el ciclo del carbono 189
   en el ciclo litológico 225
   ver también meteorización
erupciones volcánicas 230-231
escaleras 48, 49
escaleras plegables 62
escáneres
   centros de distribución 93
   códigos de barras 94, 97
   hospitales 85
   supermercados 95
escápula 14
escarabajos 191, 201, 205
escollo 253
escudo, volcanes en 229
Escudo-Centauro, brazo de 281
escudo térmico 301, 305
esófago 30
espacio
   asteroides, cometas y meteoros
      274-275
   basura espacial 295
   Big Bang 282-283
   estrellas 276-277
   galaxias 280-281
   paseos espaciales 297
   planetas 270-271, 272-273
   sistema solar 266-267
   Sol 268-269
   supernovas 278-279
   telescopios 284-285, 286-287
   trajes espaciales **298-299**
   vuelos espaciales **292-293**
   y la atmósfera 255

esparcidor 139
especie (clasificación biológica) 185
espejos 67, 285
espeleotemas 238
esperma 42
espiral, galaxia 281
espirilos 181
espiroquetas 181
esponjas 211, 212
esquilador 137
estabilizadores (barco) 117
estación de ferrocarril 112
estación de seguimiento 109, 233
Estación Espacial Internacional (EEI) **296-297**, 300
　　en la ionosfera 254
　　restablecimiento 290
estaciones (clima) 198-199, **260-261**
estadios **90-91**
estafilococos 181
estalactitas 238
estalagmitas 238
estátor 102
estómago 30, 31, 32
estratosfera 255
estratovolcán 229
estrella de mar 208
estrella de neutrones 277, 279
estrellas **276-277**
　　centelleo 254
　　formación 283
　　supernovas **278-279**
　　ver también Sol
estrellas del bulbo 280
estrellas fugaces 275
estreptococos 180
estribaciones 226
estrógenos 37
estromboliana, erupción 230
estructuras subterráneas
　　ferrocarriles 112
　　minas 142-143, 144-145
　　pozos 152-153, 257
　　viviendas 51, 79
estuarios 252
Eta Carinae 279
etanol 169
eucariontes 183, 185
evaporación 54, 257
excavadoras 74
　　minería 142, 144-145
　　obras 74, 75
exoplanetas 277
exosfera 254
experimentos científicos 296
expositor cero residuos 94
euroasiática, placa 227

F

fabricación 134-135, 177
fábricas 167, 188
Falcon 9, cohete 290-291
Falcon Heavy, cohete 290
fallas 226, 232, 248
fallas de rumbo 227

Falopio, trompa de 42, 43
falsificación 96
familia (clasificación biológica) 184
fango 170, 171
farallón 253
farmacia 84
farmacólogo 85
faro delantero 115
fascículo 19
fatbergs 170
félidos 184
felinos 184-185
fémur 15
ferrocarriles **112-113**
　　minas 142
　　pasos a nivel 98, 99
　　puertos de contenedores 122
fertilización
　　cultivos 138
　　reproducción humana 42
feto 43
fibra (nutrición) 35
fibras (naturales) 14, 19
filo (clasificación biológica) 184
filtro 171
filtros de colores (televisores) 68
fimbrias 43
fingers 124, 126
física de partículas 282
fisión 156
fisioterapia 84
fisuras 250
fitoplancton 186, 188, 212
flagelo 180
flambeado 57
flores 198
flujo piroclástico 228
folículos 28, 43
foque 118
fórceps 86
fosas nasales 22
fosas oceánicas 222, 248
　　océanos 212-213
fotón 283
fotosfera 269
fotosíntesis 182, 189
Foucault, corrientes de 175
fracturas 14, 85
frenos 100, 102
freno regenerativo 100
frenos 100, 102
frente cálido 259
frente del glaciar 241
frente frío 258
frente ocluido 259
frío, almacenamiento en *ver* refrigeración, sistemas de
frutos 34, 199
fuego 57
fuentes de alimentación aérea 114
fuentes hidrotermales **250-251**
fuerza nuclear 282
fumarolas 250
Fungi 185
　　en la cadena trófica 186
　　patógenos 39
　　red de micorrizas 201

G

gacelas 191
gafas de realidad virtual 70
galaxias **280-281**, 283
gallinas 136
gamba 208
ganado 136
ganga 195
gargantas 235, 236-237
gaseosos, planetas 266, 267, 271
gases
　　aire acondicionado 58
　　de efecto invernadero 262-263
　　de erupciones volcánicas 230
　　en la atmósfera de Júpiter 273
　　gas de síntesis 168, 169
　　gas natural 188
　　refinerías de petróleo 147
　　vertederos 173
gasóleo 147
gaviotas 214
generador de vapor 156
generadores
　　aerogeneradores 158
　　centrales hidroeléctricas 162
　　centrales nucleares 157
　　centrales termoeléctricas 155
　　rovers 304
　　sondas espaciales 303
　　submarinos 120
género (clasificación biológica) 185
genes **12-13**, 180
genoma 12, 180
gerente de compras 92
gerente de inventario 92
gestión de residuos
　　aguas residuales **170-171**
　　basura espacial 295
　　biocombustibles 168
　　centrales nucleares 157
　　centros de reciclaje **174-175**
　　domésticos 52, 53
　　　　ver también cuartos de baño
　　plantas de reprocesamiento de materiales **176-177**
　　vertederos **172-173**
　　ver también sistema digestivo
gigante y supergigante rojas 276
gimnasio 91
giro cingulado 21
giro oceánico 244
glaciares 227, **240-241**
　　costas glariares 252
　　cuevas 239
　　e icebergs 243
　　en el ciclo del agua 256
　　en el ciclo litológico 224
　　y cuencas fluviales 235
glándulas
　　hormonas 36
　　piel 28
　　próstata 42
　　sistema sensorial 22
glándulas sebáceas 28
glándulas suprarrenales 36

glóbulos blancos 26
　　e inmunidad 38, 40
glóbulos rojos 26
glotón 201
glucosa 37
gluon 283
Golfo, corriente del 245
Golgi, aparato de 182
góndola 158
gorgonias 211
gour 238
GPS (sistema de posicionamiento global) **108-109**, 121
Gran Barrera de Coral 210-211
Gran Mancha Roja 271
Grand Prismatic Spring de Yellowstone 181
granito 224
granjas
　　agrícolas **138-139**
　　efecto invernadero 263
　　en el ciclo del carbono 189
　　eólicas 159
　　ganaderas **136-137**
　　hidroponía 140-141
　　solares 161
granjas verticales 141
granjero 137
grano 139
granos 28
grasas (nutrición) 34, 35
gratinador 57
gravedad 282
　　en galaxias 280, 281
　　en supernovas 278
　　y cohetes 293
　　y sondas espaciales 302
grifo monomando 53, 55
grifos 53, 60
grúa móvil 77
grúa pórtico 122
grúa torre 75, **76-77**
grúas **76-77**
　　obras 75
　　operador 76
　　pozos petrolíferos 152
　　puertos de contenedores 122
　　rovers 305
grueso, intestino 30, 31, 32
guanina 12
guantes 62, 299
guepardos 190
gusanos tubícolas 251
gusto 22-23

H

hábitats
　　arrecifes de coral 210-211
　　bosques boreales 200-201
　　bosques templados 198-199
　　bromelias 205
　　desiertos 194-195
　　hábitats de agua dulce 204-205, 206-207
　　marismas 208-209

océanos 212-213
praderas 190-191, 192-193
selvas tropicales 196-197
tundra 202-203
urbanos 214-215, 216-217
halcón peregrino 214
halo (estrellas) 280
hawaiana, erupción 230
haya 198
heces 31
hélices
cruceros 116
submarinos 120
yates y veleros 119
helicópteros 131
en cruceros 117
en pozos petrolíferos 152
rovers 305
ver también drones
helipuertos 79, 152
hematosis 27
hemisferios 258, 260
heno 136
herbívoros 186, 191
heridas 29
herramientas 62-63, 86, 150
híbrido enchufable, coche 101
hidráulica
ascensores 83
elevadores de tijera 93
grúas 77
montaje de coches 132, 133
hidroeléctricas, centrales **162-163**
presa Hoover 164-165
hidrógeno 271, 287
gas de síntesis 168
hornos de inyección 149
hidroponía 140-141
hielo
casquetes 241
en cometas 274
en el ciclo del agua 256
en otros planetas 271
glaciar 240-241
icebergs 242-243
línea de congelación 267
y el efecto invernadero 262, 263
hierro 35
hifas 201
hígado 30, 36
Himalaya 226-227
hipocampo 21
hipodermis 29
hipotálamo 36
hojas 198, 199
Hong Kong 80-81
Hoover, presa 164-165
hormigas 197, 216
hormigón
armazones 74
hormigoneras 49, 75
hormonas **36-37**
hormonas sexuales 37
hornear 56-57
horno de cuchara 149
horno de oxígeno básico 148

horno de planchones 149
hornos
acerías 148, 149
refinerías de petróleo 146
hornos (cocina) 54, 57
microondas 55
hospitales **84-85**
quirófanos **86-87**
hoteles para bichos 215
Hubble, telescopio 254
huella digital 107
huesecillos 23
huesos 14-15, 17
huesos sesamoideos 15
huída o lucha 36
Humboldt, corriente de 244
húmeda, estación 260
humedales
costeros 252
delta 234
tundra 202
y el efecto invernadero 263
húmero 15
hydrofoils 119

I

ignimbrita 51
iluminación
bioluminiscencia 213
carreteras 98
hidroponía 141
inteligente 67
mineros 143
pistas 126
quirófano 86
sala de cine 88
usando drones 131
y volcanes 229
impresora 96
impulsos eléctricos (corazón) 27
impulsos nerviosos involuntarios 20
impulsos nerviosos voluntarios 20
india, placa 226
industrias
acerías 148-149, 150-151
aerogeneradores 158-159
aeropuertos 124-125, 126-127
agricultura y ganadería 136-137,
138-139, 140-141
ascensores 82-83
biocombustibles 168-169
centrales hidroeléctricas 162-163,
164-165
centrales nucleares 156-157
centrales termoeléctricas 154-155
centros de distribución 92-93
coches eléctricos 100-101, 102-103
cruceros 116-117
energía solar 160-161
ferrocarriles 112-113, 114-115
medios de pago 96-97
minería 142-143, 144-145
montaje de coches 132-133, 134-135
obras 74-75, 76-77
plantas de reprocesamiento de

materiales 176-177
pozos petrolíferos 152-153
puertos de contenedores 122-123
red eléctrica 166-167
redes de telecomunicaciones
104-105
refinerías de petróleo 146-147
ver también ciudades
inferior, manto 221
infiltración 256
Ingenuity, rover 305
inmunidad de rebaño 41
inmunidad innata 38
insectos
como alimento 34
en bosques boreales 201
en desiertos 194
en hábitats urbanos 214, 215
en praderas 190, 191
en selvas tropicales 197
instrumental quirúrgico 86
insulina 37
inteligencia artificial 116, 167
inteligentes, teléfonos 106-107
intercambiador de calor 160
interferometría 286
interna, tubería 153
internet 67, **110-111**
y los videojuegos 71
intestinos 31, 32-33
inundaciones 237, 257
inversor 161
invertebrados
en arrecifes de coral 210, 211
en hábitats de agua dulce 204, 205
en hábitats oceánicos 212, 213
en hábitats urbanos 215
en la tundra 203
ver también insectos
invierno 260
en bosques boreales 200
en la tundra 202-203
ionosfera 254
IRM, escáneres de 85
islas
barrera 252
volcánicas **246-247**, 248
isobaras 259
ISP (proveedores de servicios de
internet) 110, 111
isquiotibiales 18, 19

J

jabalí verrugoso 191
jaguar 197
James Webb, telescopio espacial 282
jardines 78, 215, 216
Jinsha, río (China) 236-237
Júpiter 267, **271**
sonda Juno 271, 272-273
sonda New Horizons 302

K

Kármán, línea de 255

Kibō, módulo 296, 297
kril 186, 210
Kuiper, cinturón de 266, 302
lunares, rovers 304

L

laboratorios 296
lácteos (nutrición) 34
ladrillo 46, 49
albañiles 49, 74
lagos 235
artificiales 162
brazo muerto 234
en el ciclo del agua 256
glaciares 241
subterráneos 239
lagunas 210, 253
lapa 209
lateral, morrena 241
lava 228-229, 247
tipos de erupciones 230-231
lavabo 53
lavadoras 66
lavavajillas 54
lecho marino **248-249**
arrecifes de coral 210-211
fuentes hidrotermales 250-251
marismas 208-209
legumbres 35
lemmings 202
lengua 22
lentes 89
Leonardo, módulo 296
liebres 203
ligero, gasóleo 147
limitador 82
limitadores de velocidad 98
límite convergente 222
límite divergente 223
límite transformante 223
limpieza 78, 85, 137
líneas de montaje **132-133**, 134-135
linfocito B 38-39, 39, 40
linfocito T 38-39, 39
lisosomas 183
litológico, ciclo **224-225**
litosférico, manto 221, 222
llanura abisal 249
llanuras 226
llanuras ribereñas 234
llegadas (aeropuerto) 124
lluvia 189, 258
en el ciclo del agua 256
en el ciclo litológico 224
en las selvas 196
inundaciones 237
localizador 108
locomotoras 113
logística 92
loros 196
LORRI (Long Range Reconnaissance
Imager) 303
lucha o huída 36
Luna 270, 293
alunizajes 292

rovers lunares 304
lunas 267

M

macrófagos 29, 38, 39
madrigueras 204, 205
magma 228
  e islas volcánicas 247
  en el ciclo litológico 224
  y placas tectónicas 223
magnetismo 221
  aerogeneradores 159
  centros de reciclaje 175
  electroimanes 174
  trenes maglev 113
  y las placas tectónicas 222
maíz 138
mamíferos 184
  en bosques boreales 200, 201
  en bosques templados 198, 199
  en desiertos 194, 195
  en hábitats de agua dulce 204, 205
  en hábitats urbanos 214, 215
  en la tundra 202, 203
  en praderas 190, 191
  en selvas tropicales 196, 197
manadas 190, 191
manantiales 256
manchas solares 269
manglares 208-209
maniobras 118, 128
maniobras, locomotoras de 113
mano, sierra de 63
mantequilla 56
manto
  planetario 270, 271
  terrestre 220, 221
mapaches 215, 216
marcapasos 27
mariposas 196, 215
marismas **208-209**
marítimos, puertos 122-123
mármol 224
Marte 267, **270**
  rovers **304-305**, 306-307
martillo 62
mástiles
  aerogeneradores 158
  ménsulas 115
  submarinos 121
  telecomunicaciones 79
  yates y veleros 118
materia oscura 281
matriz de telescopios 286
meandros 234
mecanismo de elevación
  ascensor 82, 83
  grúa 76
medianoche, sol de 261
medicamentos 32
médico 85
medios de pago **96-97**
médula 14
Meissner, corpúsculos de 29
  membrana 180, 182

ménsulas 115
Mercurio 267, 270
mesa
  caballete 63
  de operaciones 86
meseta 227
mesosfera 255
metal
  acerías 150
  chapa 132
  detectores 124
  reciclaje 148, 175
metal fundido 148
metamorfosis 206
metano173
  en el ciclo del carbono 188, 189
  y el efecto invernadero 263
meteoritos 274
meteorización
  en el ciclo del carbono 189
  en el ciclo litológico 224
  ver también erosión
meteoroide 274
meteorología 259
meteoros 255, **274-275**
metro 112
micorrizas, red de 201
microalgas 186, 211
micrófono 299
microondas 55
microorganismos
  bacterias 180-181
  cadena trófica 186
  en plantas de tratamiento de aguas 170
microplásticos 176
migración
  aves 203
  ñus 192-193
  vertical oceánica 212
mina a cielo abierto 142
minerales 35, 251
minería **142-143**, 144-145
  en el ciclo del carbono 189
minigolf 116
miofibrilla 18
mirador 79
misiles 121
mitocondrias 183
mochilas 298
módulo de identidad del abonado
  (SIM) 107
módulos espaciales 296
moléculas 12, 22
molino 241
monedas 96
monitor 87
monitores de constantes vitales 84
monocultivo 138
monos 197
montes submarinos 246, 248
Monzón, corriente del 245
morrenas 240, 241
mortero 49
mórula 42
mosquitos 203
  motor de tracción 82

motoras, señales 20
motores
  ascensores 82
  aviones 128, 129
  coches 101, 132
  cohetes 289, 292, 293, 297
  cruceros 116
  drones 130, 131
  eléctricos 100, **102-103**
  submarinos 120
  superyates 119
  teléfonos inteligentes 106
  vehículos de reentrada 301
móviles, teléfonos 104, 106-107
mozo de equipaje 125
muebles 62
muelle (puerto marítimo) 123
muelle (trenes) 114
multijugador, videojuego 71
murciélagos 215, 239
muro doble 49
muro interior 49
muros de construcción 47, 63
músculo cardiaco 18
músculo liso 10, 18
músculos erectores del pelo 18, 28
músculos faciales 19
músculos intercostales 19

N

nacimiento del río 235
nacimientos sincronizados 190
nafta 147
Narendra Modi, India 91
NASA (National Aeronautics and Space
Administration) 288, 298
  A-Train 294
  DART 275
  EEI 296-297, 300
  nave Orión 292-293
  rover Perseverance 304-305
  sonda Deep Impact 303
  sonda Juno 271, 272-273
  sonda New Horizons 302-303
naves espaciales
  cohetes 288-289, 290-291
  estaciones espaciales **296-297**
  rovers **304-305**, 306-307
  satélites 294-295
  sondas **302-303**
  vehículos de reentrada 300-301
Nazca, placa de 222
nebulosa planetaria 277
nebulosas 276, 279
néctar 197
negras, fumarolas 250, 251
Neptuno 266, 271
nervio facial 22
nervio glosofaríngeo 23
nervio óptico 22
nervios craneales 21
neumáticos 132
neuronas 20, 21, 22
neurotransmisores 21
neutrófilos 29

neutrones 282, 283
neveras 54, 67
New Horizons, sonda 302-303
nidos *ver* colonias
nieve
  cota de nieve 226
  en bosques boreales 200
  en el ciclo del agua 256
  en el ciclo litológico 224
  hondonada 235
nieve marina 186
ninfas 206-207
nivel 46, 62
nivel freático 238, 256
nivel láser 62
nodo sinoauricular 27
norte, hemisferio 258, 260
norte, polo 261
nubes 258, 259
  en el ciclo del agua 257
  en Júpiter 271
  en la atmósfera 255
nubes noctilucentes 255
nucleares, centrales **156-157**
núcleo
  de un asteroide 275
  de una supernova 278
  planetario 270, 271
  solar 268
  terretre 221
núcleo (biología) 20, 182
núcleo externo 221
núcleo interno 221
nueces 196, 199
nuevas tegnologías 91
nutrición **34-35**
ñus 190, 192-193

O

oasis 195
obras **74-75**
  grúas 76-77
  y medio ambiente 49
obreros 48, 74
observatorios 284, 287
océanos
  corrientes **244-245**
  en el ciclo del agua 257
  hábitats
    arrecifes de coral 210-211
    fuentes hidrotermales 250-251
    marismas 208-209
    zonas oceánicas **212-213**
  islas volcánicas 246-247
  lecho marino 248-249
  tsunamis 232-233
oceánicas, fosas 222
oficinas 74, 78
  centros de distribución 92
  redes 110
  supermercados 94
oficinas de seguridad 94, 124, 125
oído 22-23
oído interno 23, 24
ojos 22, 24

ojos de buey 117
olas 252, 253
    en el ciclo litológico 225
    terremotos y tsunamis 232-233
OLED 68
olfato 22-23
Olimpo, monte 270
omnívoros 187
ondas de radio 286
ondas sísmicas 232
Oort, nube de 266
operador de grúa 76, 122
operarios de obra 74
óptico, separador 174, 175
ópticos, telescopios **284-285**
órbita altamente elíptica 294
órbita de transferencia 295
órbita heliosincrónica 295
órbita polar 295
órbita terrestre baja 295
órbitas geoestacionarias 294
orden (clasificación biológica) 184
ordenador 66, 69
    internet 110-111
    lectores de datos 92
    teléfonos inteligentes 106-107
    videojuegos 70
ordenadores portátiles 67, 70, 111
ordeño 137
oreja 23
organismos marinos
    en el ciclo del carbono 188
    en fuentes hidrotermales 250-251
    en la cadena trófica 186-187
    ver también hábitats; océanos
organismos unicelulares 183
    bacterias 38, 180-181
    patógenos 38
órganos 10
orgánulos 182-183
Orión, brazo de 280
Orión, nave 292-293
oruga, tractores 288
orugas 198, 202, 215
oscurecimiento global 262
osos 203, 216
otoño 199, 261
ovarios 37, 42, 43
oveja 137
óvulos 42, 43
oxígeno 27, 298

P

pacientes externos 84
Pacini, corpúsculos de 28
páginas web 110
pago con chip y pin 96
pago con tarjeta 97
pago en efectivo 96
pago sin contacto 97
paisajes kársticos 239
pájaro carpintero 198, 199
palas de aerogenerador 158
palcos corporativos 90
palés 92

palmeras 195, 197
palomas 214
palomitas 88
panadería 94
páncreas 30, 36
paneles
    coches 132
    solares 48, 161, 166, 294
pantallas 68, 91
Panthera 185
pantógrafo 114
papilas gustativas 22
parabólicas en satélites 294
    ver también telescopios
parabrisas 133
paredes celulares 182
paredes vivas 78
parques eólicos marinos 159
partículas subatómicas 283
pasajeros
    aeropuertos 125
    aviones 129
    compartimentos 115
    trenes 112
pasaporte 124
pasarelas 78, 90, 112
pasillos de interconexión 114
paso subterráneo 112
pasos canadienses 99
pasos elevados 98
pastor 137
patata 138
patógenos 38, 39, 40, 41
patrón de espera 126
pavos 199
peces
    en arrecifes de coral 211
    en fuentes hidrotermales 251
    en hábitats de agua dulce 205
    en hábitats oceánicos 212, 213
    en la cadena trófica 187
    en la tundra 203
    en marismas 208, 209
    escaleras de peces 162
pellets 176
pelo **28-29**
pelotero, escarabajo 191
pelvis 15
pene 42
peón de obra 74
percolación 256
perezoso 197
Periophthalmus 208
permafrost 202, 203
perro detector 125
perros
    aeropuertos 125
    pastores 137
    rescate 108
Perseo, brazo de 280
Perseverance, *rover* 304-305
personal de aerolínea 124
pestañas 29
pesticidas 139
petróleo
    en el ciclo del carbono 188

petróleo crudo 146, 153, 263
    pozos petrolíferos **152-153**
    refinerías de petróleo 146
    vertidos de petróleo 147
pez loro 211
piel **28-29**
pili 180
pilotes de cimentación 79
piloto 125
pilus sexual 180, 181
PIN 96
pingüinos 187, 215
pintura 62, 132, 135
pirólisis 168
piscinas 78, 116
pistas de aeropuertos **126-127**
pituitaria 36
píxeles 69
placa africana 223
placa base 71, 107
placa de interconexión 107
placa de yeso 47
placa secundaria 106
placas tectónicas **222-223**
    e islas volcánicas 246, 247
    en el ciclo litológico 225
    y cordilleras 226, 227
    zona de subducción 248
placenta 43
plancton
    fitoplancton 186, 188, 212
    zooplancton 186, 210, 212
planetas 266-267, **270-271**
    exoplanetas 277
planos de profundidad 120, 121
plantas 185
    células **182-183**
    en campos de lava 229
    en desiertos 194, 195
    en el ciclo del agua 256
    en el ciclo del carbono 189
    en hábitats de agua dulce 204, 205
    en hábitats oceánicos 212
    en hábitats urbanos 214, 215
    en la cadena trófica 186
    en la tundra 202
    en las selvas tropicales 196-197
    en marismas 208, 209
    en praderas 190, 191
    ver también árboles
plantas de reprocesamiento de
materiales **176-177**
    ver también centros de reciclaje
plantas suculentas 194
plaquetas 26
plasma 26, 39, 40, 276
plásmido 180
plástico 146
    reciclaje 175
    reprocesamiento 176
plataforma 126
plataforma de lanzamiento 288, 289
plataforma petrolífera **152-153**
playas **252-253**
    hábitats **208-209**
pliegues 226, 227

pliniana, erupción 230
pluma 76
Plutón 266, 302
poblaciones
    ceca de los volcanes 229
    cerca de cuencas fluviales 234
    en tsunamis 233
    ver también ciudades
poleas y cables 75
polen 201
pólipos 210
pollero 137
polos 261, 271
polvo de cometa 274
positrón 283
pozos
    artesianos 257
    petrolíferos **152-153**
praderas **190-191**, 192-193
praderas marinas 210
precipitador 154
predicción del tiempo 259
prensa 132
preparadores de pedidos 93
presas **162-163**
    madrigueras 204, 205
    presa Hoover 164-165
presas de arco 165
presas de gravedad 165
presión atmosférica 258
presurizado 296
primarios, consumidores 186
primarios, productores 186
primavera 198, 261
proa 116, 117
proceso de extrusión 176, 177
productores (cadena trófica) 186
productos 93, 95
productos del club 90
progesterona 37
prominencias solares 269
promontorios, erosión de los 253
propelentes 289
propiocepción 24
propulsión 116
propulsores
    cruceros 116
    mochilas propulsadas 298
    satélites 294
    sondas espaciales 303
    vehículos de reentrada 300
próstata 42
protectores auriculares 63
proteínas 13, 182
prótesis 14
protistas 39
protoestrella 276
protones 282, 283
protozoos 183, 185
proveedores de servicios de internet
(ISP) 110, 111
proyectores 88, 89
Prueba de Redirección de un Asteroide
Binario (DART) 275
pubertad 37
pueblos *ver* ciudades; poblaciones

puente (barco) 117
puertas correderas 114
puerto (montaña) 227
puertos 117, **122-123**
pulmones **26-27**
pulpos 210, 213, 250
punto blanco 29
punto negro 28
puntos calientes 247

Q

queratina 28, 29
queroseno 147
quilla 116, 118
Quilla, nebulosa de la 276
quimo 30, 31
quirófanos **86-87**

R

radares 126, 304
radiación
  en el universo 282
  en la cocina 56
  energía nuclear 156
  microondas 67
  solar 268
  y radiotelescopios 286
radiación infrarroja 286
radiación solar 263
radiación ultravioleta 286, 303, 305
radiador toallero 52
radiadores 52, 60
  estaciones espaciales 296
  inteligentes 67
radio 14
radio, señales de 66, 286
  lector RFID (identificación por
    radiofrecuencia) 92
  radiotelescopios **286-287**
  transmisor de radio 298
radiología 85
radomos 109
raíces 190, 198
  manglar 208
  red de micorrizas 201
RALPH 303
ranas
  en bosques boreales 200
  en hábitats de agua dulce 204, 205
  en selvas tropicales 196
rápidos 234, 235
rascacielos **78-79**, 80-81
rayos gamma 286
rayos X 286
  escáneres de equipajes 124
  escáneres de hospital 85
  espectrómetro de rover 305
razas 185
reactores
  aviones 128, 129
  misiles 121
reactores nucleares
  centrales 156
  submarinos 120

realidad virtual (RV) 70
realimentación negativa 37
rebosadero 163
receptores
  drones 130
  radiotelescopios 286
  rovers 304
  sistema de posicionamiento global
    (GPS) 108
  teléfono 105
  trajes espaciales 298
receptores sensitivos 20, 22
reciclaje de papel 174
reciclaje de periódicos 174
recogida de equipajes 125
reconocimiento facial 107
recto 31
recursos energéticos
  biocombustibles 168-169
  centrales hidroeléctricas 162-163,
    164-165
  centrales nucleares 156-157
  centrales termoeléctricas 154-155
  energía eólica 158-159
  energía solar 160-161
  red eléctrica 166-167
  vertederos 173
red eléctrica **166-167**
redecoración 62
redes de telecomunicaciones **104-105**
redes ferroviarias **112-113**
  trenes **114-115**
refinerías de petróleo **146-147**
reflectores 284, 286, 294
reformador 169
reformas **62-63**
refractores 284
refrigeración, sistemas de
  aire acondicionado 59
  contenedores 122
  neveras 54, 67
  supermercados 94
regiones costeras 249, **252-253**
  erosión 253
  hábitats **208-209**
registro de enlace (teléfono) 105
reino (clasificación biológica) 184
relojes 67
renos 200, 202
repetidor 105
repositores 93
repostaje 127
reprocesamiento, plantas de **176-177**
reptiles
  en arrecifes de coral 210
  en bosques templados 198
  en desiertos 194
  en marismas 209
RER (retículo endoplasmático rugoso)
  182
rescate de montaña 108
residuos ver gestión de residuos
restaurante 116
restingas 252
retículo endoplasmático rugoso (RER)
  182

retina 22
revestimiento 47
ribosomas 13, 180, 182
riego 138
rifts 223, 227
ríos
  cuencas fluviales **234-235**
  en el ciclo del agua 257
  inundaciones 237
  presas 162-163, 164-165
  subterráneos 239
  y cordilleras 226
roble 198, 199
robots
  AGV 92
  brazos robóticos 92, 132, 135
  drones 130
  fabricación 134-135
  montaje de coches 132
  quirúrgicos 86, 87
  Robonaut 298
robots aspiradores 67
roca metamórfica 224
roca sedimentaria 224, 225
rocas 208
rocas ígneas 224
rocosos, planetas 270
roedores 54
rojo, zorro 216-217
ropa reflectante 143
rotondas 98
rotores
  aerogeneradores 158, 159
  drones 130
  motores eléctricos 103
router de núcleo 111
router wifi 66, 69, 70, 110
rovers 304-305
ruedas
  aviones 129
  coches 132
  rovers 304
  trenes 114
Ruffini, corpúsculos de 28
RV (realidad virtual) 70

S

sabia 201
sal 35
sala (cuevas) 238
sala de mando 121
salamandras 198
salas
  de cine 88-89
  quirófanos **86-87**
salas de control
  aeropuertos 127
  ascensores 82
  centrales nucleares 156-157
  observatorios 284
  puertos de contenedores 123
salas de descanso 74
salida de audio 107
salidas (aeropuertos) 124
salidas de emergencia

aviones 129
cines 89
pozos petrolíferos 152
salinidad 245
salmones 203
salones para eventos 90
salpicadero 132
salvavidas 116
sangre 26
  vasos 14, 26, 29, 37
Sapporo Dome, Japón 90
sargentos 62
satélite en órbita geoestacionaria 254
satélites **294-295**
  de observación de terremotos y
    tsunamis 232
  en sistemas de comunicación 105,
    108
  meteorológicos 254
  teléfonos 104
Saturno 266, 271
seca, estación 260
secundarios, consumidores 187
sedimentación 252
sedimentos
  en cordilleras 227
  en el ciclo litológico 225
  sobre el lecho marino 249
seguridad
  ascensores 82
  cruceros 116
  limitadores de velocidad 98
  ropa 62, 143
  y reformas 63
selvas 196-197
semáforos 98, 99
sembradora 138
semen 42
sensor 232
señales
  ferrocarriles 113
  GPS 108
  radio 66, 286
  rovers 304
  sistema nervioso y cerebro 20, 21, 24
  teléfonos móviles 104
  wifi 66
separadores (centros de reciclaje) 174
Serengeti, llanuras del 192-193
serpientes 194
servicios de rescate 108
sexo 42
sexto sentido 24
sierras 62, 63
silos 137, 139
SIM (módulo de identidad del
  abonado) 107
sinapsis 21
sinterización 148
sismógrafos 220
sistema inmune **38-39**, 40
sistema muscular 10, **18-19**
  y la digestión 30
  y las hormonas 37
sistema nervioso 11, **20-21**
  y la piel 28

y los músculos 18
sistema nervioso periférico 20
sistema óseo 10, **14-15**
   de pólipos de coral 210
   músculos 19
sistema sensorial **22-23**
   propiocepción (sexto sentido) 24
   receptores 20
sistema solar **266-267**
   en la Vía Láctea 280
   planetas 270-271
   y el Sol 268-269
sistema tegumentario 11
sistemas de agua caliente **60-61**
sistemas de navegación 109
sistemas de refrigeración
   centrales termoeléctricas 155
   dispositivos electrónicos 71
   trajes espaciales 299
SLS-B1, cohete 290
Sol 261, 267, **268-269**
   y el efecto invernadero 262
Solar Wind Around Pluto (SWAP) 303
soldadura 74
   montaje de coches 132, 135
sombra orográfica 194
sonar (Sound Navigation and Ranging) 120, 121
sonda náutica 248
sonido
   digital 69
   envolvente 88
   sondas náuticas 248
   teléfonos inteligentes 107
sotobosque 196-197
Starship, cohete 290
subestaciones 166
sublimación 256
submarinos **120-121**
subterráneo 112
sudamericana, placa 222, 223
sudor
   glándulas 28
   y trajes espaciales 298, 299
suelo
   aislamiento 46
   radiante 61
suelo del bosque 196
suelo podotáctil 115
sumideros 52, 54, 173
suministros 46
superdepredadores 187, 190
supermercados **94-95**
supernovas 277, **278-279**
sur, hemisferio 258, 260
surgencia 245
surgente, ola 252
suspendidas, pasarelas 78
sustancias químicas
   en el ciclo litológico 225
   en fuentes hidrotermales 251
   en los sistemas sensoriales 22
   fugas 172, 173
   pesticidas 139
   refinerías **146-147**
sustentación (aviones) 129

SWAP (Solar Wind Around Pluto) 303
syngas 168, 169

T

tabletas 66, 70
tacto 22-23
   pantallas táctiles 66, 106
   receptores 28
taiga (bosque boreal) 200-201
Taipei 101 80
taladros
   herramientas 63, 299
   pozos petrolíferos 153
   rovers 305
tálamo 21, 23
tallo 139
tanque de aireación 171
tanque de lixiviado 172
tanques de lastre 120
tapir 197
tarjetas de crédito 97
tarjetas de débito 97
tasa metabólica basal 36
techo retráctil 91
técnico de hospital 85
tectónicas *ver* placas tectónicas
tejados
   a dos aguas 48
   azotea 78-79
   entibación 46, 47, 143
   plano 47
   techos retráctiles 90, 91
tejidos 10
telecomunicaciones 79, **104-105**, 110
teléfonos 70, 105
   central telefónica 104, 105
   medios de pago 97
   teléfonos inteligentes 106-107
   satélite 104
telescopios 282
   espaciales 254, 287
   ópticos **284-285**
   radiotelescopios **286-287**
televisores **68-69**
   estadios 91
   inteligentes 67
   y videojuegos 71
telógena 29
temperatura
   atmosférica 254-255
   corporal 36
templadas, estaciones 260
templado, bosque **198-199**
tendones 19
teoría del gran impacto 270
terciarios, consumidores 187
terminal, morrena 241
terminales 122, 146
termitas 190
termoeléctricas, centrales 154-155
termoplásticos 177
termosfera 254, 255
termostatos
   calefacción y aire acondicionado 58, 60

digitales 66
   horno 57
terremotos 228, **232-233**
testículos 42
testosterona 37
TFT 68
Tiangong, estación espacial 296
tibial anterior 19
tiburones 211, 212
tiempo
   atmosférico **258-259**
      estación meteorológica 304
      satélites 254, 295
Tierra 267, 270
   atmósfera 254-255
   capas 220-221
   ciclo del agua 256-257
   ciclo litológico 224-225
   cordilleras 226-227
   corrientes marinas 244-245
   costas 252-253
   cuevas 238-239
   efecto invernadero 262-263
   estaciones 260-261
   fuentes hidrotermales 250-251
   glaciares 240-243
   islas volcánicas 246-247
   lecho marino 248-249
   placas tectónicas 222-223
   ríos 234-235, 236-237
   terremotos y tsunamis 232-233
   tiempo atmosférico 258-259
   volcanes 228-229, 230-231
timina 12
timo 36
timón 116, 118, 119
timonel 118
tiroides 36
Tolbachik, volcán (Rusia) 230-231
tómbolo 253
topillo 200
topógrafo 74
torre de destilación 147
torre de perforación 152
torres de electricidad 154, 163
   red eléctrica 166-167
Torres Petronas 80
tortugas 210
tostadora 55
Tottenham Hotspur Stadium, Londres 90
tractores 138
tragaluz
   edificios 47, 78
   yates y veleros 119
tráiler 92
trampolín 119
Tranquillity, módulo 297
transesterificación 169
transferencia de calor 56, 160
transformadores
   centrales hidroeléctricas 162
   centrales termoeléctricas 155
   red eléctrica 166, 167
transmisión, eje de 101, 103
transmisor de vídeo 130

transpaletas 93
transporte (olas) 252
transporte (vehículos)
   ascensores 82-83
   aviones 128-129
   camión de reparto 93
   carreteras 98-99
   coches eléctricos 100-101, 102-103
   cohetes 288-289, 290-291
   cruceros 116-117
   drones 130-131
   estaciones espaciales 296-297
   ferrocarriles 112-113, 114-115
   puertos de contenedores 122-123
   robots AGV 92
   submarinos 120-121
   trenes 114-115
   yates y veleros 118-119
trapecio 19
tráquea 27
tren de aterrizaje
   aviones 126, 129
   drones 130
trenes abarrotados 115
trenes de mercancías 113
tríceps 18
trigo 138
tripulación
   aerolíneas 129
   astronave 288, 292, 300
   submarinos 120
tripulante 125
trituradora 176
trituradora de carbón 143, 154
trofoblasto 43
tronco 195
tropicales, estaciones 260
tropicales, selvas **196-197**
trópico de Cáncer 261
trópico de Capricornio 261
troposfera 255
tsunamis 228, **232-233**
tuberías
   agua 52, 60
   aguas residuales 170
   nevera 54
   oleoductos 147, 153
   sistemas de calefacción 61
tubería forzada 162, 163
tundra **202-203**
turberas 189
turbinas
   aerogeneradores **158-159**
   centrales hidroeléctricas 162
   centrales nucleares 157
   centrales termoeléctricas 155
turbogenerador 120

U

unidad central de procesamiento (CPU) 106
unidad de craqueo catalítico 146
unidad de disco 71
unidad trepadora 76
unidades de hospital 85

universo *ver* espacio
uñas **28-29**
UPC (código universal de producto) 94
uracilo 13
Urano 266, 271
urbanos, hábitats 214-215, 216-217
uretra 42
urgencias 84
URL (localizador de recursos uniforme) 110
útero 43

V

vacas 30, 137
vacunación **40-41**
vagina 43
valles 226, 235
Valles Marineris 270
válvulas
  corazón 27
  depósito o tanque 59, 60, 120
vapor 256
vapor de agua 257
vaquero 137
váter 53
vehículo de guiado automático (AGV) 92
vehículos de reentrada **300-301**
veleros 118
vellón 137
vellosidades 31, 32
velocidad orbital 293

venas 26, 27
ventanas 46, 48
  aviones 129
  ojos de buey 117
  rascacielos 78
ventilación
  aire acondicionado 58, 59
  almacenaje en silos 139
  consolas de videojuegos 71
  cuarto de baño 52
  extracción 55, 111
  hidroponía 141
  minería 142
  refrigeración 54
ventiladores *ver* ventilación
vénulas 29
Venus 267, 270
verano 260
  en bosques boreales 201
  en climas templados 198, 199
  en la tundra 202-203
verduras 34, 95
vértebras 14, 15
vertederos **172-173**
vesículas 42, 183
vestuarios 91
vetas de carbón 142, 143
vía espiral 112
vía férrea 113
Vía Láctea 280-281, 283
vida, clasificación de la 184-185
vida en el estanque 206-207

videojuegos **70-71**
videollamadas 110
vidrio
  reciclaje 174
  solar 78
vientos 258
  aerogeneradores **158-159**
  corrientes marinas 244
  costeros 252
vigas 48
virus 38-39, 41
vista 22-23
vitaminas 35
viveros de estrellas 276
volante de videojuego 71
volcanes **228-229**
  ceniza volcánica 229, 230, 262
  en el ciclo del agua 256
  en el ciclo del carbono 189
  en el ciclo litológico 224
  en Marte 270
  islas volcánicas **246-247**
  placas tectónicas 221, 222
  submarinos 248
  tipos de erupciones 230-231
voluta, ola de 252
vuelo 130, 131

W

Wembley Stadium, Inglaterra 91
wifi, *routers* 66, 69, 70, 110

Y

yates y veleros **118-119**
yodo 35
Yosemite, EE. UU. 226

Z

zinc 35, 47
zona abisal 213
zona batial 213
zona convectiva 268
zona de lavado 87
zona de subducción 221, 222, 248
zona epipelágica 212
zona hadal 213
zona mesopelágica 212
zona pelúcida 42
zona rural árida 216
zooplancton 212
  en arrecifes de coral de agua fría 210
  en la cadena trófica 186
zooxantelas 210, 211
zorro
  ártico 203
  fénec 194
  urbano 214, 216-217
Zvezda, módulo 297

Agradecimientos

DK quiere agradecer a las siguientes personas su contribución a este libro: Tom Jackson por su trabajo en los contenidos; Bharti Bedi, Tom Booth e Ian Fitzgerald por los contenidos adicionales; Steve Setford por la edición adicional; Sharon Spencer y Duncan Turner por el trabajo de diseño; Satish Gaur, Tarun Sharma y Rajdeep Singh por el diseño DTP; Ann Baggaley por la corrección de pruebas; y Elizabeth Wise por la compilación del índice.

El editor quiere agradecer a las siguientes personas, instituciones y compañías su permiso para reproducir sus fotografías:

(Clave: a-arriba; b-abajo/bottom; c-centro; f-extremo; I-izquierda; r-derecha; t-superior)

10 Dreamstime.com: Ferli Achirulli Kamaruddin (tl). 13 Science Photo Library: Edward Kinsman (br). 14 Getty Images: Addictive Stock / Jose Luis Carrascosa (cra). 15 Getty Images / iStock: Viorika (cl). 16-17 Shutterstock.com: Paul Aiken. 19 123RF.com: Csak Istvan (tl). 23 Getty Images / iStock: ti-ja / E+ (tr). 24-25 Getty Images: Jakob Sanne / 500px Prime. 27 Alamy Stock Photo: Science Photo Library (br). 29 Alamy Stock Photo: Science Photo Library / Steve Gschmeissner. 30 Dreamstime.com: Mike_kiev (bc). 32-33 Science Photo Library: Steve Gschmeissner. 34 Getty Images: Karen Bleier / AFP (bl). 35 Science Photo Library: Steve Gschmeissner (br). 37 Alamy Stock Photo: Massimo Parisi (br). 39 Science Photo Library: NIBSC (br). 40 Alamy Stock Photo: Victor Okhumale (bl). Science Photo Library: David Scharf (tr). 43 Science Photo Library: Edelmann (tc). 46 Dreamstime.com: Larry Jordan (cl). 47 Dreamstime.com:

Andrii Afanasiev (bl). 49 Alamy Stock Photo: dpa picture alliance / Julian Stratenschulte (tr). 50-51 Alamy Stock Photo: Apurva Madia. 51 Shutterstock.com: katesid (cra). 52 Dreamstime.com: Majkl85 (bl). 53 Alamy Stock Photo: Hans Georg Eiben / F1online digitale Bildagentur GmbH (br). 54 Dreamstime.com: Tenrook (tl). Getty Images: golf was here / Moment (bc). 56 Getty Images: Catherine Ledner / DigitalVision (br). 57 Getty Images / iStock: hayatikayhan (cb). 58 Alamy Stock Photo: le Moal Olivier (tl). 59 Getty Images / iStock: sturti (tr). 62 Dreamstime.com: Valmedia Creatives (tl). Getty Images: Education Images / Universal Images Group Editorial (bc). 63 Dorling Kindersley: basado en Metabowerke GmbH (Metabo) drill (br). Getty Images / iStock: ferrantraite / E+ (cra). 64-65 Dreamstime.com: Cristianzamfir. 67 Shutterstock.com: David Pereiras (br). 69 Dreamstime.com: Destina156 (bc). Getty Images / iStock: Salomonus_ (cr). 75 Getty Images / iStock: leungchopan (tr). 76 Online Crane University (bc). 79 Alamy Stock Photo: John Henshall (tr). 80-81 Getty Images: Ratnakorn Piyasirisorost / Moment. 82 Dreamstime.com: Nadtochiy (crb). Getty Images: suraark / Moment Open (bl). 83 TK Elevator: (bl). 84 Getty Images / iStock: andresr / E+ (bl). 86 123RF.com: Macrovector (Referencia para robot quirúrgico, consola de control). Dreamstime.com: Chanawit (bl). 87 Getty Images / iStock: gorodenkoff (tr). 88 Dreamstime.com: Angel Claudio (cl). 89 Dreamstime.com: Alexandre Zveiger (br). 90 Alamy Stock Photo: Edmund Sumner-VIEW (cla). Getty Images: Javier Soriano / AFP (clb). 91 Alamy Stock Photo: Konrad Zelazowski (tr). 92 Getty Images / iStock: imaginima / E+ (tl). 94 Getty

Images: Luis Alvarez / DigitalVision (bc). 95 Getty Images / iStock: FatCamera / E+ (br); SamuelBrownNG (tr). 96 123RF.com: Marian Vejcik (cl). 98-99 Getty Images: Jackal Pan / Moment. 100 Alamy Stock Photo: Matthew Richardson (crb). 106 Getty Images / iStock: Avalon_Studio / E+ (tl). 109 Alamy Stock Photo: Maximilian Weinzierl (tr). 110 123RF.com: Dean Drobot (tl). 112 Getty Images / iStock: yuelan (bc). 115 Shutterstock.com: Sk Hasan Ali (cr). 116 Alamy Stock Photo: Cultura Creative RF / Steve Woods Photography (cla). 117 Alamy Stock Photo: Matthias Scholz (cra). Getty Images / iStock: sambrogio / E+ (tc). 119 Getty Images / iStock: mbbirdy / E+ (tl). 120 Dreamstime.com: Fiona Ayerst / Fionaayerst (br). Pixabay: Scholty1970 (tr). 121 Alamy Stock Photo: US Navy Photo (c). 122 Alamy Stock Photo: Cynthia Lee (tl). Getty Images: Songphol Thesakit / Moment (bc). 123 Truth Box Architects: Nat Rea (cr). Wikimedia Commons: AlMare (bl). 125 Alamy Stock Photo: Viacheslav Iakobchuk (br). 127 Alamy Stock Photo: Eraza Collection (cr). 129 Getty Images: The Sydney Morning Herald / Fairfax Media (bl). 131 Getty Images: China News Service (bl). 132 Getty Images: Visual China Group (cl). 133 Dreamstime.com: Irina Borsuchenko. 134-135 Getty Images: Bloomberg. 136 Dreamstime.com: Perseo8888 (tr). 137 Alamy Stock Photo: William Arthur (ca, ca/Sheep, ca/Sheep 2). Getty Images / iStock: RosaFrei (crb). 138 Dreamstime.com: Anny Ben (fcla); Katerina Kovaleva (cla); Nevinates (ca). Getty Images / iStock: Chaiyaporn1144 (tr). 140-141 Getty Images / iStock: JohnnyGreig / E+. 142 Epiroc: (clb). 143 Shutterstock.com: Sunshine Seeds (ca); waniuszka (br). 144-145 Getty Images: Georgy Rozov /

EyeEm. 146 Dreamstime.com: Roman Zaiets (cl). 149 Shutterstock.com: DedMityay (tc). 150-151 Getty Images: Monty Rakusen / Image Source. 152 Alamy Stock Photo: Everett Collection Historical (bc). Getty Images / iStock: sambrogio / E+ (tl). 153 Dorling Kindersley: Broca de cono de rodillo de Schlumberger (tc). 154 Getty Images: Westend61 (br). 157 Alamy Stock Photo: archivo de la alianza de imágenes dpa (bl). Dreamstime.com: Pavel Dolgikh (tl). 158 Getty Images / iStock: CharlieChesvick / E+ (tl). 161 Alamy Stock Photo: aerial-photos.com (tr). 163 Dreamstime.com: Chris Labasco (cb). 164-165 Getty Images: Nigel Killeen / Moment. 166 Getty Images: Visual China Group (cl). 168 Getty Images / iStock: ronemmons (br). 169 Alamy Stock Photo: Tim Hill (tr). 170 Getty Images: Adrian Dennis / AFP (bc). 172 Alamy Stock Photo: Ros Drinkwater (tr). 175 Alamy Stock Photo: Steve Hamblin (br). 176 123RF.com: David Pereiras Villagr (clb). 177 Dreamstime.com: James Kelley (cr). 181 Dreamstime.com: Photo263 (tc). 183 Getty Images / iStock: micro_photo (cra). 184 Dreamstime.com: Indukal1 (tr). 185 Dreamstime.com: Nils Jacobi (br). 186 Alamy Stock Photo: PF-(usna1) (bl). 187 Shutterstock.com: Dr Gregory Rouse (br). 189 Alamy Stock Photo: Kevin Schafer (br); Bjrn Wylezich (tr). 190 Dreamstime.com: Slowmotiongli (tr). 191 Dreamstime.com: Dazztan1 (tl); Michael Sheehan / Bondsza (tc). 192-193 AirPano images: LLC. 194-195 Dreamstime.com: Agami Photo Agency (cla). 195 Dreamstime.com: Agami Photo Agency (ca). 196 naturepl.com: Gerry Ellis (bc). naturepl.com: Christian Ziegler (tc). 197 123RF.com: wollertz (bc). 198 Dreamstime.com: Pkzphotos (tr).

199 Alamy Stock Photo: Susan Feldberg (cla). **200 Janet M. Storey, Carleton University:** (bc). **201 Dreamstime.com:** Danler (cra); Tartalia (tc). **202 Alamy Stock Photo:** Robert L. Potts / Design Pics - Brand B (cb). **203 Alamy Stock Photo:** Rolf Nussbaumer Photography (crb). **205 Alamy Stock Photo:** Michael y Patricia Fogden / Minden Pictures (tl). **206-207 naturepl.com:** Jan Hamrsky. **209 Alamy Stock Photo:** ajs / Jason Smalley Photography (cr); Seaphotoart (br). **210 Alamy Stock Photo:** Wildestanimal (bc). **Getty Images:** Oxford Scientific / The Image Bank (tc). **211 Dreamstime.com:** Sfagnan (cra). **212 Alamy Stock Photo:** Eric Grave / Science History Images (clb). **Dreamstime.com:** Puntasit Choksawatdikorn (fclb). **Science Photo Library:** Gerd Guenther (clb/pyrolysis). **213 naturepl.com:** David Shale (cb). **214 Dreamstime. com:** Songquan Deng (cra). **215 Dreamstime.com:** Gerold Grotelueschen (tl); Sylvain Robin (clb). **216-217 naturepl.com:** Matthew Maran. **220 Science Photo Library:** J. Lees & P.malin, UC Santa Barbara (c). **222 Dreamstime.com:** Davide Guidolin (bl). **223 Depositphotos Inc:** Homocosmicos (tr). **224 Dorling Kindersley:** Museo de Historia Natural, Londres (bc). **Getty Images:** Best View Stock (cla). **226 Getty Images / iStock:** paule858 (crb). **227 Getty Images:** Martin Harvey / The Image Bank (tr). **228 Getty Images:** Mario Tama (bc). **230-231 naturepl.com:** Sergey Gorshkov. **232 Dreamstime.com:** Dezzor (tc). **233 Alamy Stock Photo:** Hideo Kurihara (bl); Reuters (tr). **234 Alamy Stock Photo:** Steve Bloom Images (cl). **235 Alamy Stock Photo:** imageBROKER / Dirk Bleyer (bc). **Dreamstime.com:** Galyna Andrushko (tr). **236-237 Getty Images:** STR / AFP. **238 Dreamstime.com:** Sergey Novikov (tl). **239 Dreamstime.com:** Ian Redding (tc). **Getty Images / iStock:** Rixipix (br). **241 Getty Images:** Bo Tornvig / Photodisc (cr). **242-243 Shutterstock.com:** Rick Du Boisson / Solent News. **245 Getty Images:** Christopher Cove / 500Px Plus (cra). **246 Science Photo Library:** Claus Lunau (bl). **247 Alamy Stock Photo:** Bart Pro (tr). **248 naturepl. com:** Richard Herrmann (cl). **249 Alamy Stock Photo:** Norbert Wu / Minden Pictures (br). **250 Science Photo Library:** Expedición Anillo de Fuego del Pacífico 2004. Oficina Nacional de Administración Oceánica y Atmosférica; Dr. Bob Embley, Noaa Pmel, Chief Scientist (bc). **251 naturepl.com:** David Shale (br). **252 Alamy Stock Photo:** Robertharding / Roberto Moiola (crb). **Getty Images / iStock:** cinoby (tl). **256 Alamy Stock Photo:** Photoshot / Avalon.red (bl); Mara Brandl / imageBROKER (tl). **257 Getty Images:** Brendon Thorne / Bloomberg (cr). **258 Alamy Stock Photo:** allan wright (cl). **260 Alamy Stock Photo:** Kathy Traynor / Paul Thompson Images (fclb). **Dreamstime.com:** Lukas Vejrik (clb). **Science Photo Library:** Ted Kinsman (tl). **261 Dreamstime.com:** Kittipong Jirasukhanont (cra). **Getty Images:** Paul Souders / Stone (br). **262 Dreamstime.com:** Goldilock Project (tc); Leonel Mijangos (bl). **264-265 Dorling Kindersley:** NASA. **267 NASA:** JPL-Caltech / Instituto de Ciencias del Espacio (cb). **269 Alamy Stock Photo:** Photo Researchers / Science History Images (tr). **271 NASA:** JPL-Caltech / SwRI / MSSS / Betsy Asher Hall / Gervasio Robles-PIA21641~orig (tr). **272-273 Getty Images:** Roberto Machado Noa / Moment. **274 NASA:** Descarga de datos cartográficos nacionales del USGS y Servicios de Visualización. Pie de foto de Robert Simmon (c). **274-275 Getty Images:** Dneutral Han / Moment (t). **276 Alamy Stock Photo:** Geopix (l). **278-279 ESA:** NASA (b). **279 NASA:** ESA / JPL / Arizona State Univ (tr); ESA, J. Hester y A. Loll (Arizona State University) (cra). **281 Science Photo Library:** Volker Springel / Instituto Max Planck de Astrofísica (cr). **282 Science Photo Library:** CERN (bl). **Shutterstock.com:** Best-Backgrounds (br). **282-283 Science Photo Library:** Planck Collaboration / Agencia Espacial Europea (t). **284 Alamy Stock Photo:** Michele Falzone (cl). **284-285 Dorling Kindersley:** El observatorio W. M. Keck. **285 Alamy Stock Photo:** Euskera Photography (br). **286 Alamy Stock Photo:** aerial-photos.com (tr). **287 Dreamstime.com:** Photojogtom (tl). **NRAO:** AUI / NSF; Composición HST de B. Saxton (br). **Science Photo Library:** NASA / JPL-CALTECH / CXC / STSCI (bc). **288-289 Dorling Kindersley:** NASA. **288 NASA:** Jamie Peer (cl). **289 NASA:** Bill Ingalls (br). **290-291 Getty Images:** Anadolu Agency. **292 NASA. 295 Getty Images:** NASA (tl). **NASA:** Rymansat Spaces (crb). **296 Alamy Stock Photo:** Alejandro Miranda (tc). **NASA:** clb. **296-297 Dorling Kindersley:** NASA. **298 NASA. 300 Dreamstime.com:** Karaevgen (tr). **NASA:** SpaceX (clb). **301 NASA:** Bill Ingalls (tr). **302 NASA:** Laboratorio de física aplicada de la Universidad Johns Hopkins / Instituto de Investigación del Suroeste (cb). **303 NASA:** JPL-Caltech / UMD (tr). **304 NASA:** David Scott (cla). **304-305 NASA. 306-307 Alamy Stock Photo:** Geopix

Resto de imágenes © Dorling Kindersley